21世纪职业教育规划教材

职业活动导向型特色教材



# 纳税实务

NASHUI SHIWU

吕福智　主　编

李　灵　副主编

化学工业出版社

·北　京·

本书依据最新税收会计法规和税务会计（办税员）岗位能力要求编写。本书由10个模块、42个课题、80个学习项目和250个学习任务组成，内容以纳税指引、税务会计岗位说明、税务登记办理、账证管理、应纳税额计算、涉税业务会计核算、编制纳税申报表、纳税申报、税款缴纳、纳税筹划为逻辑主线，突出依据前沿、内容实用、结构新颖、形式活泼、语言流畅等特色。

本书主要作为职业学校财经商贸类专业的教学用书，也可作为在职财会人员的岗位培训教材或自学用书。

**图书在版编目（CIP）数据**

纳税实务/吕福智主编．—北京：化学工业出版社，2009，8
21世纪职业教育规划教材
职业活动导向型特色教材
ISBN 978-7-122-05828-7

Ⅰ．纳… Ⅱ．吕… Ⅲ．税收管理-中国-专业学校-教材 Ⅳ．F812．42

中国版本图书馆CIP数据核字（2009）第105888号

责任编辑：于　卉　　文字编辑：王新辉
责任校对：王素芹　　装帧设计：尹琳琳

出版发行：化学工业出版社（北京市东城区青年湖南街13号　邮政编码100011）
印　　刷：北京云浩印刷有限责任公司
装　　订：三河市前程装订厂
787mm×1092mm　1/16　印张$29\frac{1}{2}$　字数633千字　2009年8月北京第1版第1次印刷

购书咨询：010-64518888（传真：010-64519686）　售后服务：010-64518899
网　　址：http://www.cip.com.cn
凡购买本书，如有缺损质量问题，本社销售中心负责调换。

定　　价：54.00元

# 序

迎着新一轮职业教育课程的改革浪潮，以就业为导向、以工作为本位的课程开发、构建与实施，在高级技校、技师学院、职业学校乃至高职学院中广泛展开。如何在这场课程改革中取得优异成绩，什么才是基于工作过程系统化的职教课程，这是广大职教工作者亟盼寻找的答案。广州白云工商高级技工学校是广东省技工学校综合实力20强第一名的国家级重点学校，2005年开始探讨基于工作任务分析的会计电算化专业课程改革。几年来，该系的老师学习理论、走访企业、请教专家，锐意改革，确立了会计电算化专业学生就业的若干主要岗位，构建了出纳岗位实务、会计岗位实务、会计软件应用、成本会计、纳税实务、统计岗位实务等学习领域，编写了一系列具有职业活动导向特色的教材。

“三段式”的职教课程模式在我国沿用多年，今天已经不适应当前职业教育工学结合课改的需要。因此，构建职业活动导向的课程体系，编写理论与实践一体化的专业教材十分必要。

本系列教材最显著的特点是按职业岗位设置课程，针对不同的会计工作岗位或相关联的工作岗位编写不同的教材，每本教材以岗位能力培养为核心，以基本素质和专业技能培养为主线，按能力培养的目的和要求构建课程内容，通过工作过程的项目任务展开学习活动，既培养了学生的专业技术能力，又通过专业实践活动引领培养学生职业核心能力，使学生具备较强的实践能力、方法能力和社会能力。

教材的创新之处是融“做中学，做中教”的理念于教材内容中，实现教学过程行动化，把学生置身于实际工作情境之中，丰富学生的岗位实践经验。教学过程可选择“项目教学”、“任务驱动”、“模拟教学”、“一体化教学”、“多媒体教学”等多种教学方法，克服过去理论与实践脱节的弊端。

教材中所构建的技术模块与工作任务来源于生产实践，符合现代会计电算化等会计工作和管理要求，有助于学生及读者快捷掌握和运用，对职业教育的课程研究及特色教材的编写起到积极推动的作用。

广东省职业教育特级教师<br>邓婉球<br>2009年4月

# 前言

职业活动导向型财会系列教材，在对市场作充分调研和分析的基础上，通过会计岗位工作任务和职业能力分析，以职业活动为导向，围绕会计工作岗位任职人员所需专业知识和职业能力进行编写。本系列教材包括《会计核算技能实训》、《会计岗位实务》、《会计岗位模拟训练》、《出纳实务》、《会计电算化模拟实习》、《成本会计》、《纳税实务》、《物流企业会计》、《Excel财务应用》、《财务管理》、《财务管理学习指导》、《统计岗位实务》等。

纳税实务教材全套共两册，分别是《纳税实务》和《纳税实务学习指导》。

《纳税实务》教材突出以下五个特点。

一是依据前沿。教材内容紧跟会计和税收改革的步伐，编写依据为2008年最新的税收法规和会计准则，具有鲜明的时代特征。

二是内容实用。教材内容充分体现了税务会计的岗位能力要求，突出实用性、针对性。力求淡化理论、强化实践、重视能力，实现课堂教学内容与企业岗位需要的无缝对接。

三是结构新颖。教材由10个模块42个课题组成，各模块由学习目标、学习课题、工作项目和工作任务四个部分组成。教材结构充分体现“在实践中学习、在学习中实践”和“做中学，做中教，教学相长”的指导思想。

四是形式活泼。教材中穿插“案例讨论”，引导学生养成良好的思考和学习习惯，激发自主学习的积极性，培养创新思维；设置“知识驿站”栏，进一步向纵拓展正文信息，补充解释相关知识点，以拓宽学生的知识视野，丰富教材的内涵；通过“试一试”等栏目，达到学、练、议、评四结合，及时巩固所学知识和技能。教材形式图文并茂，生动活泼，集启发性和趣味性于一体，达到激发学生求知欲的目的。

五是语言流畅。教材注重语言的描述，把较难理解的专业术语转换成浅显易懂的说明，同时采用图表的形式将其具体化、形象化，便于读者理解。

《纳税实务学习指导》是为了配合教师备课、组织教学，帮助学生利用课堂和课后时间较好地理解教材，及时掌握教材内容和强化纳税基本技能而编写的。教材结构由六部分内容构成：第一部分是税务会计岗位工作任务与职业能力分析；第二部分是纳税实务学习领域构建；第三部分是纳税实务课程标准；第四部分是纳税实务模块训练；第五部分是纳税实务模块训练参考答案；第六部分是教学补充资料。

本书由吕福智担任主编，李灵担任副主编。一、二、三、四、五、六、九、十模块由吕福智编写，七、八模块由李灵编写，另外刁秀敏、许光胜、徐宏洋、陈健、晋柯也参与了部分编写工作。

在此，非常感谢广州市白云工商技师学院、广州白云工商高级技工学校职业教育研究所专家们给予的悉心指导和大力支持！

本书主要作为职业学校财经类专业的教学用书，也可作为在职财会人员的岗位培训教材或自学用书。

由于时间仓促和编者水平有限，疏漏与不当之处在所难免，敬请同行及广大读者批评指正，以便再版时修订。

编　者

2009年4月15日

# 目 录

# 纳税实务概述

## 学习目标

◆掌握我国现行税法体系和开征的税种
◆能结合纳税人行业类型和经营范围初步确定应纳的税费
◆明确征纳主体双方各自的权利和义务
◆学会办理税务登记业务
◆能办理税种登记（初始申报）业务
◆能正确填写各类税务登记表及相关附表
◆学会报税凭证领购、使用和管理
◆熟悉正常纳税申报业务流程和要求
◆掌握办理税款缴纳业务的流程和要求
◆能配合税务机关进行税务检查
◆能执行《税收征收管理法》和《发票管理办法》等法律规定
◆领会税务会计岗位的业务范围、工作流程和任职要求

## 课题一　纳税人应纳的主要税费

### 项目一　认识税收

税收是什么。在认识税收之前，请阅读一个故事。

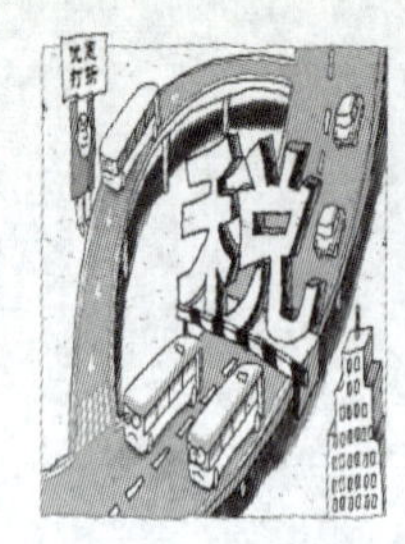


在美国，有位年事很高的老太太，每年都要颤颤巍巍地去一趟白宫，她要用双手抚摩一下白宫的石栏杆。有些人不理解她的举动，她这样认为，白宫是用美国公民缴纳的税建造起来的，白宫有我的“一份”！在英国，很多人喜欢豢养宠物，如果小猫小狗爬上楼顶，居民就会打电话叫警察帮他们把宠物捉回来；如果钥匙不注意忘到了屋里，他们也会请警察帮忙，这样做的理由是他向国家交了税，政府工作人员有义务为他提供公共服务。

上面的这个故事，说明一个道理，税收是国家为公众提供公共物品服务的“经费”。一个人，自己的房子、汽车，家里的电视等，这些都属于个人的私人物品，而马路、路灯、交通、医院、学校、国防等，则都属于公共物品，保证这些公共物品正常运转的机构、人员等，就是依靠国家的税收来为公众提供公共服务的。税收在我们身边。绿树成荫的公共花园，宽阔平坦的公路，“神六”飞天所用的燃料，宏伟的三峡工程等，这些建设费用从哪里来？是税收！可以说，万丈高楼平地起，税收是根基。那是因为税收走进了我们的生活，幸福了我们的生活，税收就在我们身边，与我们密不可分。

## 任务一　领会税收概念

税收是国家为了实现其职能，向单位或个人强制、无偿、固定地取得财政收入的一种手段。现从不同角度分析税收的概念。

**案例讨论1-1** 税收与财政是什么关系？国家征税后干什么？

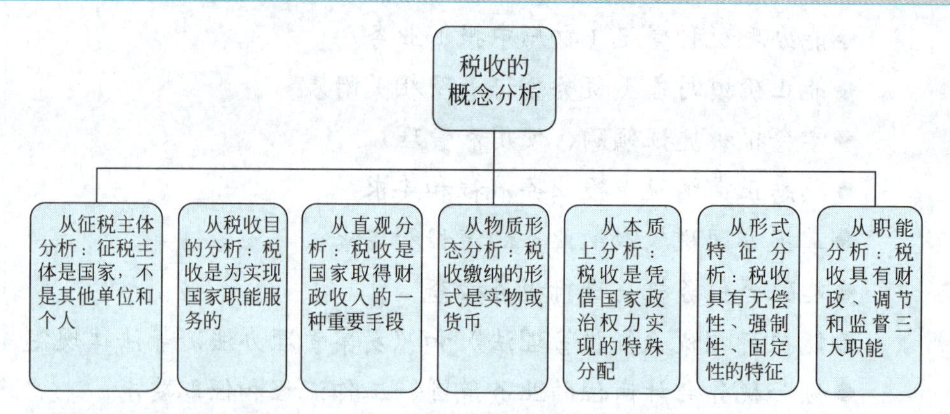


### 知识驿站1-1

#### “赋税”二字的由来

“赋”由“贝”、“武”二字组成。古代以“贝”代表珍宝、货币，以“武”说明用于军事、战争。远在西周时期，周王室和诸侯国君将所征的兵车、兵器、衣甲等军用品称为“赋”，征的土产均称税。“税”由“禾”、“兑”演化而来，是交换的意思，即农民缴纳粮食，国君诸侯保护他们的土地和人身安全。秦汉起，赋税通常指按地、丁、户征收的土地税、壮丁税、户口税。明朝摊丁入地，即将壮丁税、户口税合并到土地一并课征，赋税主要是指田赋。清末，赋税逐渐成为多种税的统称，与租相同。

【例1-1】有关税收说法错误的论断是（D）。

A. 税收的征收对象是社会剩余产品　　B. 税收的征收主体是国家

C. 税收的征收依据是法律规定　　D. 税收具有公平、有偿、固定等特征

**解析**　税收具有强制、无偿、固定等特征。

知识驿站 1-2

**名人谈税收**

- 税收与你获得的利益如影随形。　——爱默生
- 避税与逃税的区别就是监狱围墙的厚度。　——丹尼斯·黑勒
- 税收如母亲，经常被误解，但很少被遗忘。　——劳德·布兰威尔
- 税收是我们为文明付出的代价。　——奥利弗·温德尔·霍姆
- 所谓赋税，就是国家不付任何报酬而向居民取得东西。　——列宁
- 税收就是国家为了支付行政经费而向人民强制征收的财物。　——小川乡太郎（日本）

## 任务二　掌握我国税收分类

税收分类就是按照一定的标准对构成税收制度的各个税种进行的归类。通过税收分类可以揭示各类税收的性质、特点、功能，以及各类税种的区别和联系等，对评判税制结构的优劣、税收负担的分布，以及税收作用的发挥程度等具有十分重要的意义。

| 序号 | 分类标准 | 分类内容 | 说　明 |
|---|---|---|---|
| 1 | 以征税对象的性质分类 | 流转税 | 流转税即以流转额（包括商品销售额和非商品营业额等）为征税对象的税种，如增值税、消费税、营业税等 |
| | | 所得税 | 所得税是以所得额为征税对象的税种，如企业所得税、个人所得税等 |
| | | 财产税 | 财产税是以财产为征税对象的税种，如房产税、契税、车船税等 |
| | | 行为税 | 行为税是以特定行为为征税对象的税种，如印花税、资源税等 |
| 2 | 以征税环节分类 | 生产环节课税 | 生产环节课税就是在商品的生产环节课征的税收 |
| | | 流通环节课税 | 流通环节课税就是在流通环节对商品或劳务课征的税收 |
| | | 分配环节课税 | 分配环节课税就是在分配环节对纳税人所取得的收入课征的税收 |
| | | 资源占用环节课税 | 资源占用环节课税就是在资源占用环节对占有和使用国有资源的单位和个人课征的税收 |
| | | 消费环节课税 | 消费环节课税就是在消费环节对消费品或消费行为课征的税收 |
| | | 投资环节课税 | 投资环节课税就是在投资环节对单位或个人进行的投资活动课征的税收 |
| 3 | 以税收缴纳的形式分类 | 实物税 | 实物税就是纳税人用实物形式缴纳的税收 |
| | | 力役税 | 力役税就是纳税人以提供力役的形式缴纳的税收 |
| | | 货币税 | 货币税就是纳税人以货币形式缴纳的税收 |

续表

| 序号 | 分类标准 | 分类内容 | 说明 |
| --- | --- | --- | --- |
| 4 | 以计税依据分类 | 从价税 | 从价税就是以征税对象的价值量为依据课征的税收 |
| | | 从量税 | 从量税就是以征税对象的实物量为依据课征的税收 |
| 5 | 以税收与价格关系分类 | 价内税 | 价内税就是税金包含在价格之中，作为价格构成部分的税种 |
| | | 价外税 | 价外税是指税金不包含在价格之中，价税分列的税种 |
| 6 | 以税收管理权限和收入归属分类 | 中央税 | 中央税是指由中央政府负责征收管理，收入归中央政府支配使用的税种 |
| | | 地方税 | 地方税是指由方政府负责征收管理，收入归地方政府支配使用的税种 |
| | | 中央地方共享税 | 中央地方共享税是指由中央和地方政府共同负责征收管理，收入由中央政府和地方政府按一定比例分享的税种 |
| 7 | 以税收负担能否转嫁分类 | 直接税 | 直接税是指税收负担不能转嫁，纳税人与负税人一致的税种，如所得税和财产税等 |
| | | 间接税 | 间接税是指税收负担可以通过一定方式转嫁出去，纳税人与负税人不一致的税种，如流转税和行为税等 |
| 8 | 以国家预算收入口径和征收管理机关分类 | 工商税 | 工商税是以工商企业为主要纳税人并由税务机关负责征收管理的税种。我国现行的税收制度主要由工商税构成，包括增值税、消费税、营业税、资源税、企业所得税、个人所得税等 |
| | | 农（牧）业税 | 农（牧）业税是以从事农牧业生产经营的单位和个人为主要纳税人并由财政机关负责征收的税种，如农业税、牧业税、农业特产税等 |
| | | 关税 | 关税是由海关负责征收管理，对进出口关境的货物课征的税收 |

【例1-2】下列属于中央政府固定收入的有（　　）。

A. 增值税　　B. 土地增值税　　C. 企业所得税　　D. 消费税

**解析**　答案选D。土地增值税是地方政府收入，而增值税与企业所得税都属于中央、地方共享收入。

*试一试1-1*　**依据所学知识作出正确选择**

1. 以下税种中属于流转税类的是（　　）。

A. 个人所得税　B. 增值税　C. 资源税　D. 印花税

2. 下列税种收入中属于中央政府与地方政府共享收入的是（　　）。

A. 消费税　B. 增值税　C. 车辆购置税　D. 土地增值税

**知识驿站 1-3**

**国外税种五花八门**

世界各国的税收种类不少，可谓形形色色、五花八门。

◆ 风景税：美国加利福尼亚州的海滨小镇外尼密，因政府财政收支入不敷出，新开了一个税种叫“风景税”。按规定，凡是住在海滨、住宅面向大海和沙滩的公民每年须缴纳66 ~ 184美元的“风景税”。因此，当地60%的居民都是纳税人，而政府则每年可增加财政收入40万美元。

- 易名税：比利时新法律规定，父母可以任意给子女改名，但是每改一次名字必须缴纳200比利时法郎的改名税。
- 无子女税：前苏联自1987年2月1日起，对已婚未育的夫妇征收无子女税。
- 独身税：前苏联对年龄在20岁以上50岁以下独身男子征收独身税，独身女人不是本税的纳税人。
- 乞丐税：法国巴黎的香榭丽舍大街，是世界上最有名的大街，但是这里也是乞丐云集的地方，法国政府感到颇煞风景，于是规定，只有缴纳1.5万元法郎税款的乞丐，才能获得准许证，在此大街上行乞。
- 犯罪税：在澳大利亚的新南威尔士州，凡是犯罪者，除被法庭判刑和罚款外，还要缴纳50澳元的税。

# 项目二　纳税人应缴纳的主要税费

依法纳税是每个纳税人应尽的义务。不同的行业、不同的经营环节和不同的经营主体所纳的税费不同。

## 任务一　行业纳税指引

**案例讨论1–2**　广州白云房地产有限公司是一家专门从事房地产开发和销售的公司，请问本公司有可能缴纳的主要税种有哪些？

| 序号 | 行业名称 | 业务范围 | 应缴纳的税费 |
|---|---|---|---|
| 1 | 工商业 | 特指缴纳增值税的行业，包括工业生产、工业加工修理、机动车维修、商品销售等行业 | ①企业所得税；②城市维护建设税；③教育费附加；④个人所得税；⑤印花税；⑥房产税；⑦城镇土地使用税；⑧车船税；⑨防洪保安资金 |
| 2 | 饮食业 | 饮食业是指通过同时提供饮食和饮食场所的方式为顾客提供饮食消费服务的业务 | ①企业所得税；②营业税；③城市维护建设税；④教育费附加；⑤个人所得税；⑥印花税；⑦房产税；⑧城镇土地使用税；⑨车船税；⑩防洪保安资金 |
| 3 | 娱乐业 | 娱乐业是指为娱乐活动服务的业务，包括经营歌厅、舞厅、卡拉OK歌舞厅、音乐茶座、台球、高尔夫球、保龄球场、游艺场所、网吧等 | ①企业所得税；②营业税；③城市维护建设税；④教育费附加；⑤个人所得税；⑥印花税；⑦房产税；⑧城镇土地使用税；⑨车船税；⑩文化事业建设费；⑪防洪保安资金 |
| 4 | 代理业 | 代理业是指代委托人办理受托事项的业务，包括代购代销货物、代办进出口、介绍服务、其他代理等服务 | ①企业所得税；②营业税；③城市维护建设税；④教育费附加；⑤个人所得税；⑥印花税；⑦房产税；⑧城镇土地使用税；⑨车船税；⑩防洪保安资金 |
| 5 | 交通运输业 | 交通运输业包括陆路运输、水路运输、航空运输、管道运输、装卸搬运，以及与运营业务有关的各项劳务活动 | ①企业所得税；②营业税；③城市维护建设税；④教育费附加；⑤个人所得税；⑥印花税；⑦房产税；⑧城镇土地使用税；⑨车船税；⑩防洪保安资金 |
| 6 | 广告业 | 广告业是指利用图书、报纸、杂志、广播、电视、电影等形式为介绍商品、经营服务项目等事项进行宣传和提供相关服务业务 | ①企业所得税；②营业税；③城市维护建设税；④教育费附加；⑤个人所得税；⑥印花税；⑦房产税；⑧城镇土地使用税；⑨车船税；⑩防洪保安资金 |

续表

| 序号 | 行业名称 | 业务范围 | 应缴纳的税费 |
|---|---|---|---|
| 7 | 其他服务业 | 其他服务业是指除代理业、旅店业、饮食业、旅游业、仓储业、租赁业、广告业以外的服务行业 | ①企业所得税；②营业税；③城市维护建设税；④教育费附加；⑤个人所得税；⑥印花税；⑦房产税；⑧城镇土地使用税；⑨车船税；⑩防洪保安资金 |
| 8 | 建筑业 | 建筑业是指建筑安装工程行业，包括建筑、安装、修缮、装饰和其他工程作业 | ①企业所得税；②营业税；③城市维护建设税；④教育费附加；⑤个人所得税；⑥印花税；⑦房产税；⑧城镇土地使用税；⑨车船税；⑩防洪保安资金 |
| 9 | 文化体育业 | 文化体育业是指经营文化、体育活动的业务，包括表演、播映、其他文化业、游览场所、体育活动 | ①企业所得税；②营业税；③城市维护建设税；④教育费附加；⑤个人所得税；⑥印花税；⑦房产税；⑧城镇土地使用税；⑨车船税；⑩防洪保安资金 |

## 任务二　经营环节纳税指引

**案例讨论1-3**　企业生产经营中有可能缴纳的税种有哪些？

| 税　费 | 投资创建 | 生产经营 | | | | | 终止清算 |
|---|---|---|---|---|---|---|---|
| | | 购　进 | 生　产 | 销　售 | 费用结算 | 利润结算 | |
| 增值税 | | ● | | ● | | | ● |
| 消费税 | | | ● | ● | | | ● |
| 营业税 | | | | ● | | | ● |
| 关税 | | ● | | ● | | | |
| 城市建设维护税 | | | | ● | | | ● |
| 教育费附加 | | | | ● | | | ● |
| 资源税 | | | | ● | | | |
| 企业所得税 | | | | | | ● | ● |
| 个人所得税 | | | | | | ● | |
| 土地增值税 | | | | ● | | | |
| 土地使用税 | ● | | | | ● | | |
| 房产税 | ● | | | | ● | | |
| 车船税 | ● | | | | ● | | |
| 印花税 | ● | ● | ● | ● | ● | | |

## 任务三　经营主体纳税指引

案例讨论1-4　个人工作生活中有可能要缴纳的税种有哪些？

| 序号 | 纳税主体类别 | 缴纳税种名称 |
|---|---|---|
| 1 | 中国公民个人 | 个人所得税、印花税、房产税、营业税、车辆购置税、车船税、城镇土地使用税、土地增值税，以及耕地占用税和契税。此外，进入我国境内的旅客行李物品、个人邮递物品和其他个人自用物品，应当向海关缴纳行李和邮递物品进口税 |
| 2 | 中国内资企业 | ①工业、商业企业应当缴纳增值税；②交通运输、建筑安装、金融保险、服务等类企业应当缴纳营业税；③农业生产者应当缴纳农业税（农业特产税）；④有生产、经营和其他所得的境内企业应当缴纳企业所得税；⑤生产应税消费品的企业应当缴纳消费税；⑥采矿企业应当缴纳资源税；⑦进行固定资产投资的企业应当缴纳固定资产投资方向调节税（目前暂停征收）；⑧企业的生产经营账册和签订的各类应税合同应当缴纳印花税；⑨企业的房产、土地、车船应当缴纳房产税、土地使用税、车船税和车辆购置税 |
| 3 | 外商投资企业 | 目前，我国适用于外商投资企业、外国企业的税种有12个，即增值税、消费税、营业税、企业所得税、车辆购置税、资源税、土地增值税、城市房地产税、车船税、印花税、契税和关税 |

# 项目三　了解我国现行税法体系

## 任务一　了解我国现行税法立法

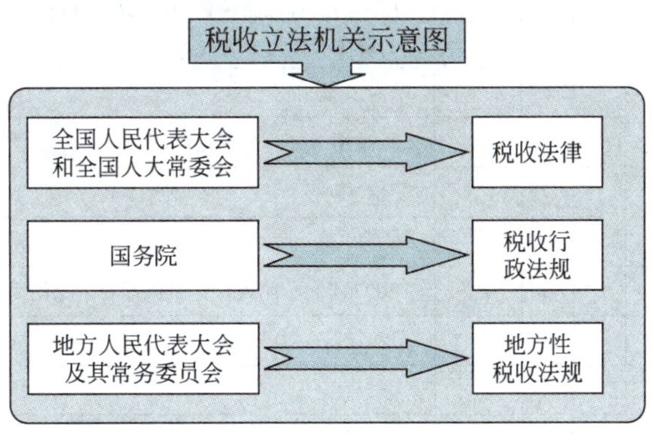


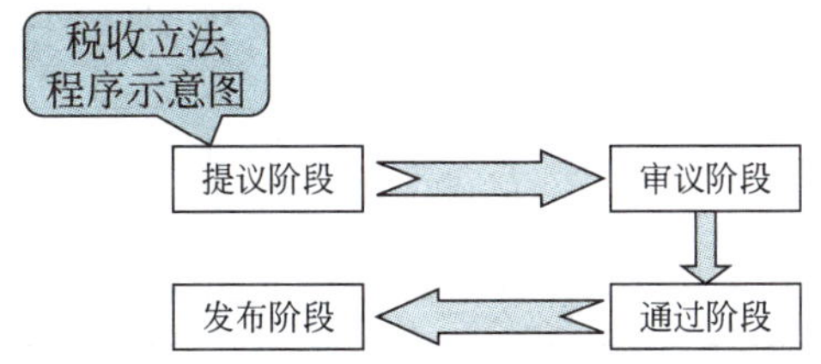

## 任务二 掌握我国现行税法体系

我国现行税法体系由税收实体法和税收程序法所构成。

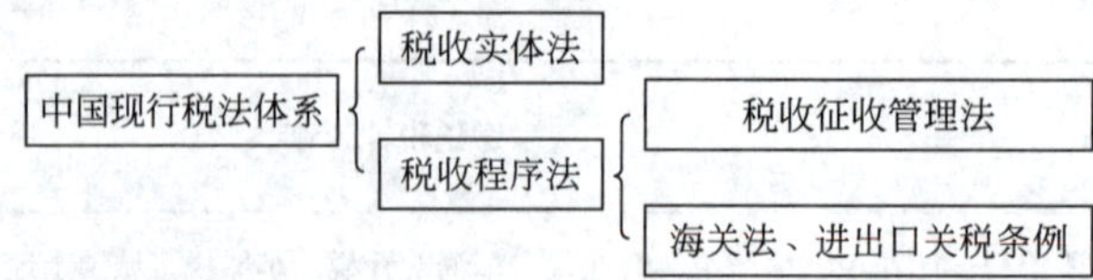


我国现行税法体系中共有25种税，现已开征的有18种。

| 税　种 | 外商适用的税种 | 中央税 | 地方税 | 中央地方共享税 | 备　注 |
|---|---|---|---|---|---|
| 增值税 | √ | √ |  | √ | 海关代征的增值税为中央固定收入；其他为共享，中央分享75%，地方分享25% |
| 消费税 | √ | √ |  |  | 含海关代征的消费税 |
| 营业税 | √ | √ | √ |  | 铁道部门、各银行总行、各保险公司等集中缴纳的营业税，金融、保险企业缴纳的营业税中，按提高3%税率征收的部分，为中央固定收入，其他为地方固定收入 |
| 车辆购置税 | √ | √ |  |  |  |
| 关税 | √ | √ |  |  |  |
| 企业所得税 |  | √ |  | √ | 从2002年起铁道运输、邮电、国有商业银行、开发行、农发行、进出口行，以及海洋石油天然气企业缴纳的所得税为中央收入；其他由中央与地方共享 |
| 外商投资企业和外国企业所得税 | √ | √ |  | √ | 从2008年1月1日起，内资企业所得税与外商投资企业和外国企业所得税合并为企业所得税 |
| 个人所得税 | √ |  |  | √ | 从2002年开始调整为共享税 |
| 资源税 | √ |  |  | √ | 按不同的资源品种划分，大部分资源税作为地方税，海洋石油企业缴纳的资源税作为中央收入 |
| 房产税 |  |  | √ |  |  |
| 城市房地产税 | √ |  | √ |  | 只适用于外商投资企业 |
| 契税 | √ |  | √ |  |  |
| 城镇土地使用税 |  |  | √ |  |  |
| 车船税 |  |  | √ |  | 2007年起车船税替代原执行的车船使用税和车船使用牌照税 |
| 土地增值税 | √ |  | √ |  |  |
| 遗产和赠与税 |  |  |  |  | 未开征 |
| 证券交易税 |  |  |  |  | 未开征 |
| 印花税 | √ |  | √ |  | 证券交易印花税，中央与地方分成，94%归中央，6%和其他印花税收入归地方 |
| 城市维护建设税 |  | √ | √ |  | 铁道部门、各银行总行、各保险总公司等集中缴纳的城市维护建设税为中央固定收入，其他为地方收入 |
| 固定资产投资方向调节税 |  |  | √ |  | 2000年1月1日起已停征 |

续表

| 税　种 | 外商适用的税种 | 中央税 | 地方税 | 中央地方共享税 | 备　注 |
|---|---|---|---|---|---|
| 耕地占用税 | | | √ | | |
| 筵席税 | | | √ | | 1994年起下放地方管理，开征与否由省、市、自治区决定，目前绝大部分省、市已停征 |
| 屠宰税 | √ | | √ | | 从2000年起，实行农村税费改革试点的地区，取消屠宰环节和收购环节的屠宰税，2006年2月17日起废止 |
| 农业税 | √ | | √ | | 2004年开始逐步停征，2006年全国取消 |
| 农业特产农业税 | √ | | √ | | 2004年开始逐步停征，2006年全国取消 |

注：表中“√”表示“是”。

## 任务三　了解我国税务机构的设置

我国现行税务机构的设置情况是：中央政府设立国家税务总局（正部级），省及省以下税务机构分设国家税务局和地方税务局。

国家税务总局
- 国税系统
  - 省、自治区、直辖市国家税务局
    - 地区、自治州、盟国家税务局
      - 县、县级市、旗国家税务局
      - 征收分局、税务所
- 地税系统
  - 省、自治区、直辖市地方税务局
    - 地区、自治州、盟地方税务局
      - 县、县级市、旗地方税务局
      - 征收分局、税务所

**【例1-3】**下列现行税法中属于实体法的是（　　）。

A. 增值税暂行条例　　B. 税务行政复议规则

C. 税务行政处罚实施办法　　D. 税收征收管理法

**解析**　答案选A。按税法内容的不同，将税法分为税收实体法、税收程序法、税收处罚法及税务行政法。税收实体法是规定税收法律关系主体的实体权利、义务的法律规范的总称。

*试一试1-2*　**依据所学知识作出正确选择**

1. 税法是各种税收法律规范的总和，其法律体系包括（　　）。

A. 税收实体法　B. 税收程序法　C. 税收基本法　D. 税法争讼法

2. 有权制定税收行政法规的部门是（　　）。

A. 全国人民代表大会及其常务委员会　B. 国务院

C. 财政部和国家税务总局　D. 省级国家税务局和地方税务局

## 任务四　明确我国税收收入的划分

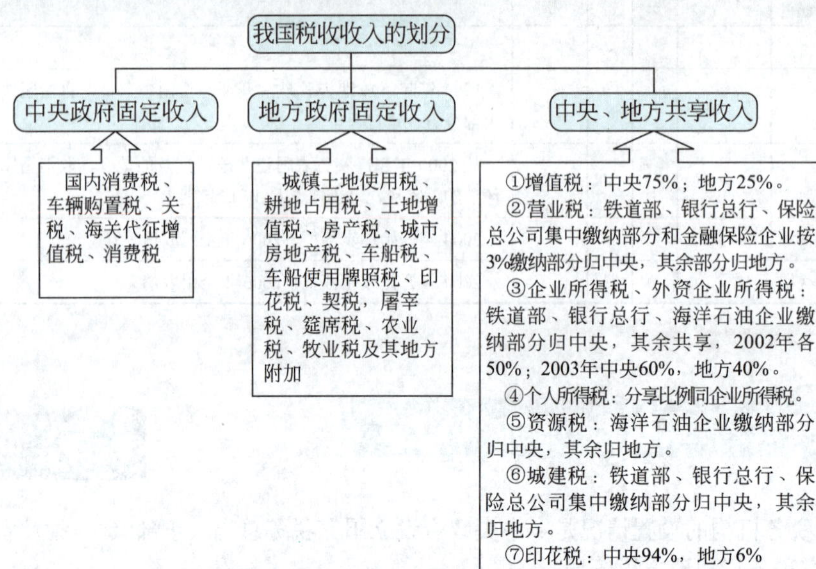


**案例讨论1–5**　“超级女声”已经落下帷幕，这档节目以其强大的影响力，不仅创造了巨大的经济效益，也为地方政府带来了巨额税收收入。从2005年3月份开始至8月26日“超级女声”进入决赛，这档节目观众4亿，平均收视率超过中央电视台“春节晚会”。这档节目单场手机短信收入超过1 500万元，加上节目冠名和其他广告收入数以亿计。按照税法规定，手机短信取得的收入按照邮电通信业税目征收营业税，适用3%税率，如此算来，单场短信税收就可实现45万元。结合案例，谈谈您的感想。

# 项目四　征纳主体权利和义务

## 任务一　明确纳税主体的权利义务

为提高纳税人依法纳税意识，帮助纳税人维护自身合法权益，现行《税收征管法》规定了纳税人享有下列16项权利。

| 序号 | 权利名称 | 说　明 |
| --- | --- | --- |
| 1 | 知情权 | 《税收征管法》第八条规定：纳税人、扣缴义务人有权向税务机关了解国家税收法律、行政法规的规定以及与纳税程序有关的情况 |
| 2 | 要求保密权 | 《税收征管法》第八条第二款规定：纳税人、扣缴义务人有权要求税务机关为纳税人、扣缴义务人的情况保密。税务机关应当依法为纳税人、扣缴义务人的情况保密 |

续表

| 序号 | 权利名称 | 说明 |
| --- | --- | --- |
| 3 | 申请减、免、退税权 | 根据《税收征管法》第八条、第三十三条规定:纳税人有依照法律、行政法规的规定书面申请减、免、退税的权利 |
| 4 | 陈述、申辩权 | 《税收征管法》第八条第四款规定:纳税人、扣缴义务人对税务机关所作出的决定，享有陈述权、申辩权 |
| 5 | 复议和诉讼权 | 《税收征管法》第八条、第八十八条规定：纳税人、扣缴义务人对税务机关所作出的决定，依法享有申请行政复议、提起行政诉讼的权利 |
| 6 | 请求国家赔偿权 | 《税收征管法》第八条、第三十九条、第四十三条规定：纳税人、扣缴义务人对税务机关所作出的决定，享有请求国家赔偿的权利；税务机关滥用职权违法采取税收保全措施、强制执行措施，或者采取税收保全措施、强制执行措施不当，使纳税人、扣缴义务人或者纳税担保人的合法权益遭受损失的，应当依法承担赔偿责任 |
| 7 | 控告、检举权 | 《税收征管法》第八条第五款规定：纳税人、扣缴义务人有权控告和检举税务机关、税务人员的违法违纪行为 |
| 8 | 请求回避权 | 《税收征管法》第十二条规定：税务人员征收税款和查处税收违法案件，与纳税人、扣缴义务人或者税收违法案件有利害关系的，应当回避 |
| 9 | 检举权 | 《税收征管法》第十三条规定：任何单位和个人都有权检举违反税收法律、行政法规的行为。收到检举的机关和负责查处的机关应当为检举人保密。税务机关应当按照规定给予奖励 |
| 10 | 申请延期申报权 | 《税收征管法》第二十七条第一款规定：纳税人、扣缴义务人不能按期办理纳税申报或者报送代扣代缴、代收代缴税款报告表的，经税务机关核准，可以延期申报 |
| 11 | 取得代扣、代收手续费权 | 《税收征管法》第三十条第三款规定：税务机关按照规定付给扣缴义务人代扣、代收手续费 |
| 12 | 申请延期缴纳税款权 | 《税收征管法》第三十一条第二款规定：纳税人因有特殊困难，不能按期缴纳税款的，经省、自治区、直辖市国家税务局、地方税务局批准，可以延期缴纳税款；但是最长不得超过3个月 |
| 13 | 索取完税凭证权 | 《税收征管法》第三十四条规定：税务机关征收税款时，必须给纳税人开具完税凭证。扣缴义务人代扣、代收税款时，纳税人要求扣缴义务人开具代扣、代收税款凭证的，扣缴义务人应当开具 |
| 14 | 索取收据或清单权 | 《税收征管法》第四十七条规定：税务机关扣押商品、货物或其他财产时，必须开付收据；查封商品、货物或者其他财产时，必须开付清单 |
| 15 | 拒绝检查权 | 《税收征管法》第五十九条规定：税务机关派出的人员进行税务检查时，应当出示税务检查证和税务检查通知书，并有责任为被检查人保守秘密；未出示税务检查证和税务检查通知书的，被检查人有权拒绝检查 |
| 16 | 委托税务代理权 | 《税收征管法》第八十九条规定：纳税人、扣缴义务人可以委托税务代理人代为办理税务事宜 |

《税收征管法》规定了纳税人应当履行以下18项义务。

| 序号 | 纳税人义务 | 说明 |
| --- | --- | --- |
| 1 | 按时缴纳或解缴税款的义务 | 《税收征管法》第四条、第三十一条规定：纳税人、扣缴义务人应按照法律、行政法规规定或者税务机关依照法律、行政法规的规定确定的期限，缴纳或者解缴税款 |
| 2 | 代扣、代收税款的义务 | 《税收征管法》第四条第二款规定：法律、行政法规规定负有代扣代缴、代收代缴税款义务的单位和个人为扣缴义务人。《税收征管法》第三十条规定：扣缴义务人依照法律、行政法规的规定履行代扣、代收税款的义务 |

续表

| 序号 | 纳税人义务 | 说明 |
|---|---|---|
| 3 | 依法办理税务登记的义务 | 根据《税收征管法》第十五条、第十六条有关规定，纳税人在发生纳税事宜时，有义务在规定期限内申报办理税务登记；在税务登记内容发生变化时，有义务按规定办理变更或注销税务登记 |
| 4 | 按照规定使用税务登记证件的义务 | 《税收征管法》第十八条规定：纳税人按照国务院税务主管部门的规定使用税务登记证件。税务登记证件不得转借、涂改、损毁、买卖或者伪造 |
| 5 | 依法设置账簿、进行核算并保管账簿和有关资料的义务 | 《税收征管法》第十九条、第二十四条规定：纳税人、扣缴义务人按照有关法律、行政法规和国务院财政、税务主管部门的规定设置账簿，根据合法、有效凭证记账、进行核算；保管账簿、记账凭证、完税凭证及其有关资料；账簿、记账凭证、完税凭证及其他有关资料不得伪造、变造或者擅自损毁 |
| 6 | 报送财务会计制度或办法、会计核算软件备案的义务 | 《税收征管法》第二十条规定：从事生产、经营的纳税人的财务、会计制度或者财务会计处理办法和会计核算软件，应当报送税务机关备案。纳税人、扣缴义务人的财务、会计制度或者财务、会计处理办法与国务院或者国务院财政、税务主管部门有关税收的规定抵触的，依照国务院或者国务院财政、税务主管部门有关税收的规定计算应纳税款、代扣代缴和代收代缴税款 |
| 7 | 按规定开具、使用、取得发票的义务 | 《税收征管法》第二十一条第二款规定：单位、个人在购销商品、提供或者接受经营服务以及从事其他经营活动中，应当按照规定开具、使用、取得发票 |
| 8 | 按照规定安装、使用税控装置的义务 | 《税收征管法》第二十三条规定：国家根据税收征收管理的需要，积极推广使用税控装置。纳税人应当按照规定安装、使用税控装置，不得损毁或者擅自改动税控装置 |
| 9 | 办理纳税申报和报送纳税资料的义务 | 《税收征管法》第二十五条规定：纳税人有义务在税法规定的申报期限内如实办理纳税申报，报送纳税申报表、财务会计报表以及税务机关根据实际需要要求纳税人报送的其他纳税资料。扣缴义务人也有在规定的申报期限内如实报送代扣代缴、代收代缴税款报告表以及其他需要报送资料的义务 |
| 10 | 延期申报必须预缴税款的义务 | 《税收征管法》第二十七条第二款规定：经核准延期办理第二十七条第一款规定的申报、报送事项的，应当在纳税期内按照上期实际缴纳的税额或者税务机关核定的税额预缴税款，并在核准的延期内办理税款结算 |
| 11 | 不得拒绝扣缴义务人代扣、代收税款的义务 | 《税收征管法》第三十条第二款规定：扣缴义务人依法履行代扣、代收税款义务时，纳税人不得拒绝。纳税人拒绝的，扣缴义务人应当及时报告税务机关处理 |
| 12 | 依法计价核算与关联企业之间的业务往来的义务 | 《税收征管法》第三十六条规定：企业或者外国企业在中国境内设立的从事生产、经营的机构、场所与其关联企业之间的业务往来，应当按照独立企业之间的业务往来收取或者支付价款、费用 |
| 13 | 结清税款或提供担保的义务 | 《税收征管法》第三十八条规定：税务机关有根据认为从事生产、经营的纳税人有逃避纳税义务行为的，可以在规定的纳税期之前，责令限期缴纳应纳税款；在限期内发现纳税人有明显的转移、隐匿其应纳税的商品、货物以及其他财产或者应纳税的收入的迹象的，税务机关可以责成纳税人提供纳税担保。《税收征管法》第四十四条规定：欠缴税款的纳税人或者它的法定代表人需要出境的，应当在出境前向税务机关结清应纳税款、滞纳金或者提供担保。《税收征管法》第四十八条规定：纳税人有合并、分立情形的，应当向税务机关报告，并依法缴清税款 |
| 14 | 欠税人应当向抵押权人、质权人说明欠税情况的义务 | 《税收征管法》第四十六条规定：纳税人有欠税情形而以其财产设定抵押、质押的，应当向抵押权人、质权人说明其欠税情况 |
| 15 | 继续纳税和承担连带责任的义务 | 《税收征管法》第四十八条规定：纳税人合并时未缴清税款的，应当由合并后的纳税人继续履行未履行的纳税义务；纳税人分立时未缴清税款的，分立后的纳税人对未履行的纳税义务应当承担连带责任 |
| 16 | 向税务机关提供税务信息的义务 | 《税收征管法》第六条、第十七条、第四十八条、第四十九条规定：纳税人、扣缴义务人和其他有关单位应当按照国家有关规定如实向税务机关提供与纳税人和代扣代缴、代收代缴税款有关的信息；从事生产经营的纳税人应当将全部银行账号向税务机关报告；有合并、分立情形的应当向税务机关报告；欠缴税款数额较大的纳税人在处分其不动产或者大额资产之前，应当向税务机关报告 |

续表

| 序号 | 纳税人义务 | 说　明 |
|---|---|---|
| 17 | 接受税务检查的义务 | 《税收征管法》第五十六条规定：纳税人、扣缴义务人必须接受税务机关依法进行的税务检查，如实反映情况，提供有关资料，不得拒绝、隐瞒 |
| 18 | 发生纳税争议先缴纳税款或提供担保的义务 | 《税收征管法》第八十八条规定：纳税人、扣缴义务人、纳税担保人同税务机关在纳税上发生争议时，必须先依照税务机关的纳税决定缴纳或者解缴税款及滞纳金或者提供相应的担保，然后可以依法申请行政复议。对行政复议决定不服的，可以依法向人民法院起诉 |

## 任务二　明确征税主体的权利和义务

我国征税主体通常是税务机关、财政机关和海关。它们作为行政机关，享有相应的行政权力；作为税收征纳关系中的债权人，又享有征税主体对纳税主体的权利。

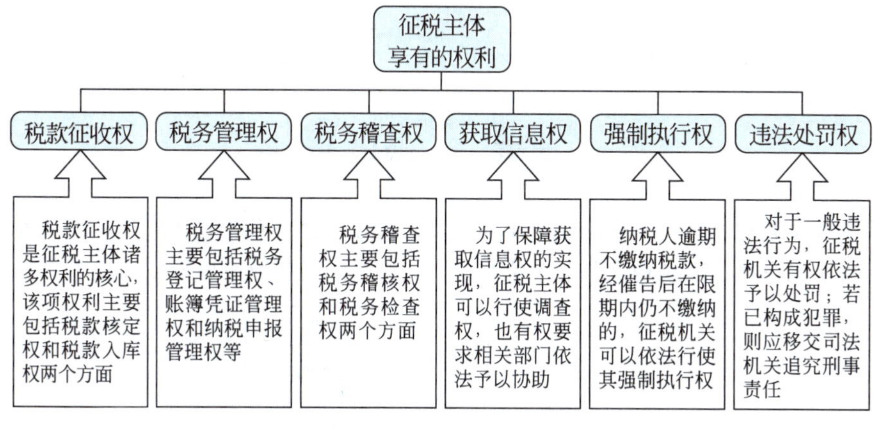


《税收征管法》规定了征税主体应当履行以下4项义务。

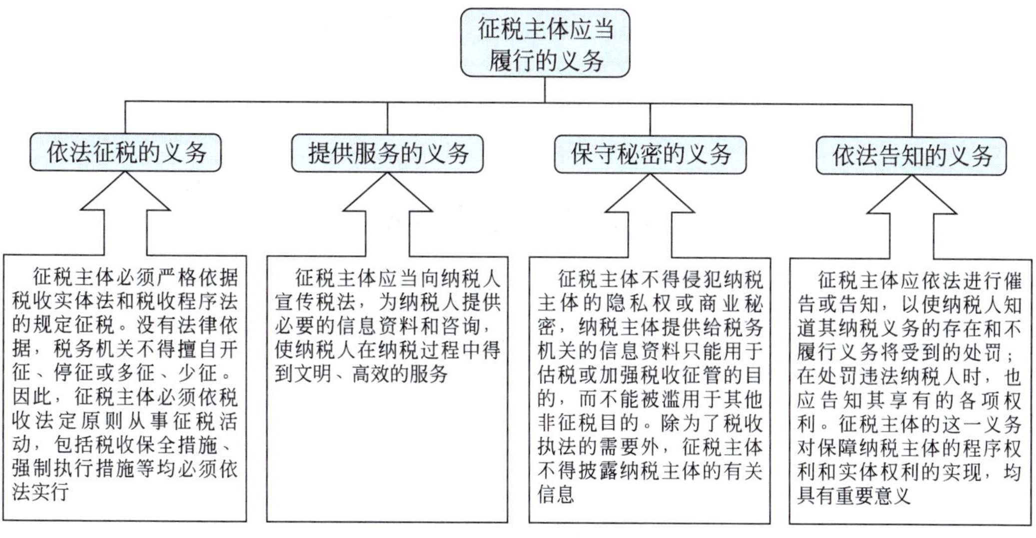

【例1-4】会计小王认为，在税收征收管理法律关系中，税务机关是行政主管部门，享有征收税款的行政权力，没有义务；纳税人负有纳税义务的，没有权利。分析小王的观点是否正确。

**解析** 小王的观点不正确。税务机关与纳税人的确是征税主体和纳税主体的关系，但税务机关在行使征税权力的同时，也必须履行法律规定的义务；纳税人在尽纳税义务的同时，也享有法律赋予的保护自己合法权益的权利。

*试一试1-3* **依据纳税主体的权利规定作出正确选择**

在税款征收过程中，纳税人依法享有一定的权利。下列各项中，属于纳税人权利的有（　　）。

A. 要求税务机关对纳税人情况保密

B. 对税务机关所作出的决定，享有陈述权、申辩权

C. 要求税务机关退还多缴纳的税款并加算同期存款利息

D. 对税务机关的处罚决定，可以申请行政复议，也可以提起诉讼

## 课题二　税收实体法要素

### 要素一　纳税人

税收主体主要包括征税主体和纳税主体两类。纳税主体亦称纳税人、纳税义务人。纳税人是税法上规定的直接负有纳税义务的单位和个人。纳税人是税收制度构成的基本要素之一。

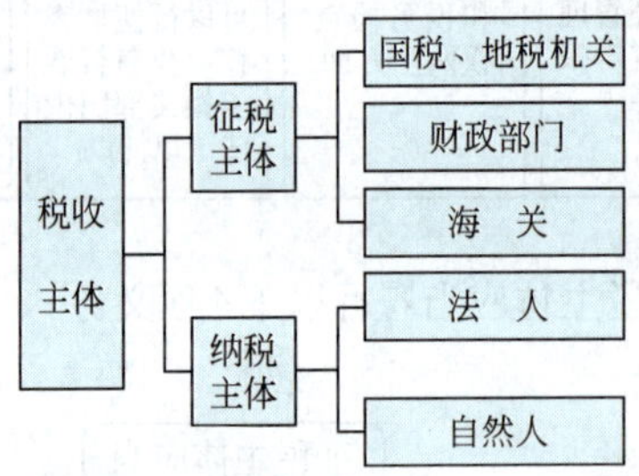


案例讨论1-6　纳税人与负税人、扣缴人有何区别？

### 要素二　征税对象

征税对象亦称“税收客体”或“课税客体”，是征税的标的物，即对什么东西课税。它是税制构成的基本要素之一。其内容十分广泛，可以是人丁、土地、财产、商品、收入、行为等。

征税对象
- 内容具体化：征税范围、税目
- 数量具体化：计税依据
  - 自然计量单位（从量税）：定额税率
  - 货币计量单位（从价税）：比例税率和累进税率

知识驿站 1-4

**征税对象与税源、税种、税目、税本的联系与区别**

- 税源：税源是税收收入的最终经济来源。一般认为是物质生产部门创造的国民收入。有的税种征税对象与税源是一致的，如各种所得税；有的税种征税对象与税源是不一致的，如房产税。
- 税种：税种是国家税收制度中规定征收的税收种类，也就是国家征收的某一种税叫什么名称。它一般由课税对象来决定，如对个人所得课税叫个人所得税，对服务企业的营业额课税，就叫营业税；对增值额课税就叫增值税等。
- 税目：又称“课税品目”，它规定课税对象的具体项目，是课税对象在应税内容上的具体化。按确定方式不同，税目分为概括税目和列举税目。
- 税本：税本是创造税源的基础，表现为创造国民收入的物质生产部门，包括生产的三要素：劳动者、劳动资料和劳动对象。

## 要素三　税率

税率是应纳税额占征税对象数额的比率。例如，对某一价值100元的商品课税10元，税率就是10与100的比率10%。税率是税制构成的基本要素之一。税率是税收制度的核心要素。

税率的表示方法有两种：一是用征收多少税额的绝对量表示；二是用征收百分之几的百分比相对量表示。前者适用于从量计征的税种，称为定额税率；后者适用于从价计征的税种，又分为比例税率和累进税率。

定额税率、比例税率和累进税率是税率的三种基本形式。

| 序号 | 税　率 | | 适用范围 | 优　点 | 缺　点 |
|---|---|---|---|---|---|
| 1 | 比例税率 | 行业比例税率 | 适用于流转税类 | ①计算简便；②同一课税对象的不同纳税人税收负担相同，有利于公平竞争；③有利于税收的征收管理 | 对收入调节的效果不理想。就高，低收入者难以承受。就低，对高收入者缺乏调节作用 |
| | | 产品比例税率 | | | |
| | | 地区差别比例税率 | | | |
| | | 幅度比例税率 | | | |
| 2 | 定额税率 | 地区差别税额 | 适用于从量计征的税种 | ①计算简便，适用于从量计征的税种；②征税对象应该是价格固定，质量和规格标准统一的产品；③有利于企业改进包装；④有利于促进企业提高产品质量 | ①在价格下降时，则会限制纳税人的生产经营积极性；<br>②在价格提高时，客观上会减少税收收入 |
| | | 幅度税额 | | | |
| | | 分类分级税额 | | | |
| 3 | 累进税率 | 全额累进税率 | 适用于收益、财产征税 | ①最能体现公平税负的原则，多得多交，少得少交，无得不交；②据以征税，将缩小纳税人之间的收入差距 | 计算和征收都比较复杂 |
| | | 全率累进税率 | | | |
| | | 超额累进税率 | | | |
| | | 超率累进税率 | | | |

【例1-5】税收收入不受价格水平影响，只与征税对象的实物量有关的税率是（　　）。

A. 定额税率　　B. 累进税率　　C. 名义税率　　D. 比例税率

**解析**　正确答案为A。B、D与价格有关。

*试一试1-4*　**依据税收实体法要素知识作出正确选择**

1. 在收益课税中，税率形式多采用（　　）。

A. 定额税率　　B. 平均税率　　C. 边际税率　　D. 累进税率

2. 税法构成要素中，用以区分不同税种的是（　　）。

A. 纳税义务人　　B. 征税对象　　C. 税目　　D. 税率

**案例讨论1-7**　我国哪些税种适用超额累进税率？

## 要素四　纳税环节

纳税环节是课税对象在其运行过程中应当缴纳税款的环节。例如，课税对象“商品”有产制、批发销售、零售过程，课税对象“所得”有创造、支付和收受过程，课税对象“财产”有买卖、租赁、使用、赠与或继承过程，课税对象“行为”有发生、进行、结束过程。在这些过程中，哪些环节该纳税，哪些环节不纳税，税收制度必须作出明确的规定。按照纳税环节的多少，可将税收课征制分为三类，即一次课征制、两次课征制和多次课征制。

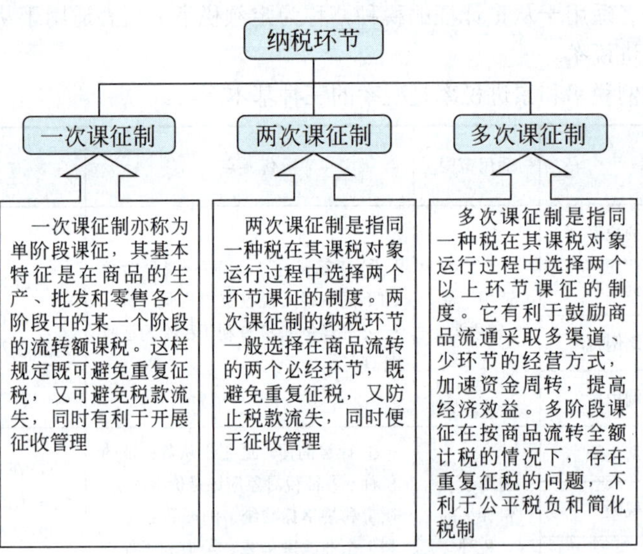


## 要素五　计税依据

计税依据亦称“课税依据”、“课税基数”，是计算应纳税额的根据，即根据什么来计算纳税人应缴纳的税额。它是税制构成要素中一项十分重要的内容。国家在设计税制时都规定了计税依据。

计税依据和课税对象存在十分紧密的关系。计税依据与课税对象反映的都是课税的客体，但两者要解决的问题不同。课税对象解决对什么征税的问题，计税依据则是在确定了课税对象之后，解决如何计量的问题。

计税依据按照计量单拉来划分，有两种情况：一是按照课税对象的价值即货币单位计算，称为从价计征；二是按照课税对象的自然计量单位计算，称为从量计征，采用从价计征还是采用从量计征，除和课税对象的特殊性质有关联外，更重要的是取决于商品经济的发达程度。

## 要素六　纳税期限

纳税期限是税法规定的纳税人发生纳税义务后计算申报纳税的一个时间区间。

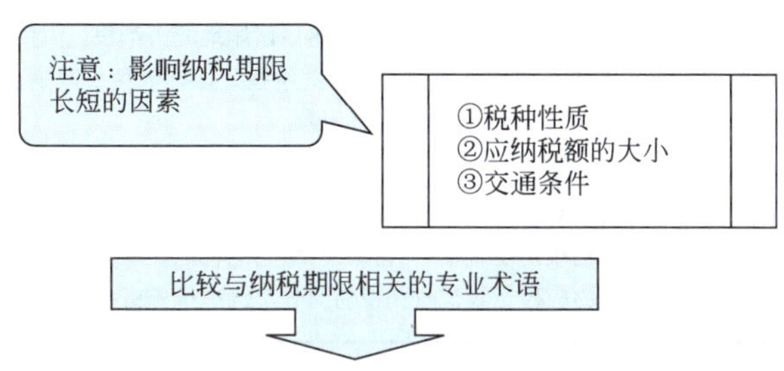


| 序号 | 名称 | 含义 | 举 例 说 明 |
|---|---|---|---|
| 1 | 纳税义务发生时间 | 税法规定的纳税人发生纳税义务的起始时间 | 《中华人民共和国增值税暂行条例》第十九条规定增值税纳税义务发生时间：①销售货物或者应税劳务，为收讫销售款或者取得索取销售款凭据的当天。②进口货物，为报关进口的当天 |
| 2 | 申报期限 | 税法规定的纳税人向税务机关申报纳税的时间 | 《中华人民共和国增值税暂行条例》规定：纳税人以 1 个月为 1 期纳税的，自期满之日起 10 日内申报纳税；以 1 日、3 日、5 日、10 日、15 日为 1 期纳税的，自期满之日起 5 日内预缴税款，于次月 1 日起 10 日内申报纳税并结清上月应缴税款。"这里的自期满之日起 10 日内"和"于次月 1 日起 10 日内"即为申报期限 |
| 3 | 缴库期限 | 纳税人或扣缴义务人把应纳税款缴入国库的时间 | 《中华人民共和国增值税暂行条例》第二十四条规定：纳税人进口货物，应当自海关填发税款缴纳证的次日起 7 日内缴纳税款。这"7 日内"就是缴库期限 |
| 4 | 纳税年度 | 税法对按年计征的税种规定的计算征税的起止日期 | 中华人民共和国企业所得税、城市房地产税等都是按年计征的税种，都有纳税年度的规定。中国现行纳税年度的规定主要采用公历制，即公历 1 月 1 日起至 12 月 31 日止 |

## 要素七　纳税地点

纳税地点是纳税人（包括代征、代扣代缴义务人）申报缴纳税款的地点。纳税地点一般实行属地管辖原则，规定纳税人申报纳税的地点，既有利于税务机关实施税源征管，防止税收流失，又便利纳税人缴纳税款。一般来讲，纳税的具体地点有：就地纳税、口岸纳税、集中纳税、营业行为所在地纳税、汇总缴库等形式。

| 序号 | 纳税地点 | 说　明 |
|---|---|---|
| 1 | 就地纳税 | 就地纳税指纳税人向自己所在地的主管税务机关纳税。中国大多数纳税人及纳税对象采取的就是这种形式。如增值税、营业税、消费税、所得税等（另有规定者除外） |

续表

| 序号 | 纳税地点 | 说　明 |
| --- | --- | --- |
| 2 | 营业行为所在地纳税 | 指纳税人离开主管税务机关管辖的所在地，向营业行为所在地税务机关纳税。这主要适用于跨地区经营和临时经营的纳税人。如工商业户总、分支机构不设在同一税收主管机关管辖范围内的，分别在其营业行为所在地纳税等 |
| 3 | 集中纳税 | 集中纳税指对少数中央部、局实行统一核算的生产经营单位，由主管部、局直接纳税。如对铁路运营（不包括铁道部直属独立核算企业）、金融、保险企业（不包括中国人民保险总公司所属各省、自治区、直辖市分公司）等，分别由中央各部、行、总公司集中纳税 |
| 4 | 口岸纳税 | 口岸纳税指缴纳进出口关税的纳税人向进出口口岸地海关纳税，主要适用于关税。在商品进出口岸地，由收、发货人或其代理人向口岸地海关纳税。如增值税条例第 22 条就规定：进口货物，应当由进口人或其代理人向报关地海关申报纳税 |
| 5 | 其他纳税地点 | 除上述纳税地点外，对代征、代扣、代缴（包括海关代征）税款，国家为了简化征纳手续，加强对税源的源泉控制，也规定了代征、代扣、代缴的纳税地点。如海关代征，即由海关在其口岸所在地对进口的应税进口的应税货物征收关税的同时，代理税务机关征纳各税 |

## 要素八　减税免税

减税是从纳税人的应纳税额中减征部分税额的措施。免税是免除纳税人全部应纳税额的措施。减税免税不仅直接表现为国家财政收入的减少，而且关系到国家政治经济政策的贯彻，关系到纳税人税收负担的轻重，关系到税收调节经济作用的充分发挥。因此，国家必须在税收制度中依据减免的目的对减税免税作出科学的、明确的规定。减免的对象、减免的范围、减免的幅度、减免的审批权限及减免的实施等，都要规定得清楚明了，以利于纳税人和税务机依法执行。任何任意扩大减税免税范围和擅自减免的做法，都是违背税法的行为，应受到法律的制裁。

按减税免税的方法，减税免税有税基式减免、税率式减免、税额式减免。

| 序号 | 减税免税方法 | 说　明 |
| --- | --- | --- |
| 1 | 税基式减免 | 税基式减免是以减少税基为形式的税收减免。即通过缩小计税依据来实现减税免税。在税率既定的前提下，缩小计税依据可使应纳税额减少，缩小计税依据为零可使应纳税额全部免除。属于税基式减免的具体形式有税收豁免、纳税扣除、亏损抵补、起征点、免征额等 |
| 2 | 税率式减免 | 税率式减免是以降低税率为形式的税收减免。即通过降低税率来实现减税免税。在税基既定的前提下，降低税率可使应纳税额减少，把税率降为零可使应纳税额全部免除。属于税率式减免的具体形式包括按低税率征税和实行零税率 |
| 3 | 税额式减免 | 税额式减免是以直接减免应纳税额为形式的税收减免，即直接通过减少或免除应纳税额来实现税收减免。在税基和税率不变的前提下，减少或免除纳税人的应纳税额可以直接减轻纳税人的税收负担。属于税额式减免的具体形式有全部免征、减半征收、规定减征比例和核定减征税额等 |

按照减税免税的目的和方式，减税免税分为法定减免、特定减免和临时减免。

| 序号 | 减免方式 | 说　明 |
| --- | --- | --- |
| 1 | 法定减免 | 法定减免是指各种税的基本法规中列举的减税免税。它体现该种税减税免税的政策精神，具体规定了减税免税的范围和项目，具有长期适用性。例如，《中华人民共和国增值税暂行条例》规定，农业生产者销售的自产农业产品、避孕药品和用具等八个项目可以免征增值税 |
| 1 | 特定减免 | 特定减免是根据国家的税收政策和政治经济需要而特别规定的减税免税。主要有两种情况：一是在税收的基本法确定以后，随着政治经济的发展变化所作的新的减税免税补充规定；二是在税收基本法确定以后，不能或不宜一一列举，而采用专案形式规定减税免税。以上两种专案规定的减免，通常是由国务院或国家主管业务部门的财政部、国家税务总局、海关总署作出决定 |
| 3 | 临时减免 | 临时减免是为临时照顾纳税人的困难而给予的减税免税。主要是照顾纳税人的某些特殊的暂时的困难。根据困难产生的原因不同，又可将其分为灾情减免和社会减免。前者指因纳税人遇到风、火、水等自然灾害而给予的减免；后者是指因纳税人遇到自然灾害以外的某些特殊的社会原因而给予的减免。临时减免一般是一次性减免或定期减免，由税务机关按照税收管理权限的规定临时批准 |

**知识驿站 1-5**

### 起征点和免征额的联系与区别

- ◆ 起征点和免征额相同的一点，都是对纳税人的优惠和照顾，使其少纳一部分税款。
- ◆ 起征点是征税的起点，未达到起征点的不征税，达到起征点的则要对征税对象的全部数额计算征税。假如规定起征点为100元，税率为10%。某纳税人甲取得应税收入100元，应纳税10元（100元×10%）；某纳税人乙取得应税收入99元，未达到起征点，则不纳税。
- ◆ 免征额，是指税法规定的对征税对象中免于征税的数额。它是按照税法规定的标准从征税对象中预先扣除的部分。对免征额的部分不征税，只对其超过部分征税。如中国的个人所得税法中规定“工资、薪金所得，以每月收入额减除费用1 600元后的余额，为应纳税所得额”。这1 600元就是免征额。假定某纳税人征税对象数额为1 601元，则只就超过1 600元的1元征税。

**【例1-6】**某纳税人8月份取得收入1 800元。若规定起征点为100元，采用超额累进税率，应税收入为1～1 000元，适用税率为5%，应税收入为1 000～2 000元，适用税率为10%，则纳税人应纳税额为（　　）。

A. 40元　　B. 90元　　C. 130元　　D. 50元

**解析**　答案为C。应纳税额＝1 000×5%＋800×10%＝130（元）。

*试一试1-5*　**依据起征点和免征额知识作出正确选择**

某纳税人某月取得的收入为700元，税率为10%，假定起征点和免征额均为600元，则按起征点和免征额计算，其应纳税额分别为（　　）。

A. 70元和10元　　B. 70元和60元

C. 60元和10元　　D. 以上说法都不对

**案例讨论1-8** 起征点和免征额对同一笔涉税业务，哪个税负较轻？

## 要素九 违章处理

违章处理是对纳税人违反税收法制的行为采取的惩罚措施，它是税收强制性在税收制度中的体现。违章处理也是税制构成必不可少的要素之一。违章处理的内容包括欠税处理、漏税处理、偷税处理、抗税处理及违反税务管理行为的处理等。

| 序号 | 违章行为 | 违章处理 |
| --- | --- | --- |
| 1 | 欠税 | 欠税是指纳税人超过纳税期限而未缴纳税款的行为。它属于一般的违章行为。实际上是纳税人拖欠和占用了国家税款。对欠税的处理，除向纳税人追缴所欠税款外，一般从滞纳之日起，按所欠税款按日加收一定的滞纳金 |
| 2 | 漏税 | 漏税是纳税人出于无意而发生的未缴或少缴应纳税款的行为。如由于不熟悉税法和财务会计制度，或因工作疏忽错用税率、漏报应税项目、少计应税收入以及计算技术上的差错而造成少缴税款等都属于漏税行为。它亦是一般的违章行为，实质上也影响了国家财政收入的及时入库。对漏税的处理，一般和欠税处理相似，除限令纳税人在一定时间内照章补缴外，并从漏税之日起，按日加收滞纳金 |
| 3 | 偷税 | 偷税是纳税人有意违反税法规定，用欺骗手段逃避纳税的行为。如采用伪造、涂改、销毁账证，瞒报应税项目、收入和利润，多摊费用，虚增成本，转移资产等手段逃避纳税的，都属于偷税行为。偷税损害国家利益，破坏经济秩序，触犯国家法律，应进行严厉打击和处罚。一般的处罚是除按照税法规定补缴税款外，还可处以应纳税款一定倍数的罚款；对情节严重的可送交司法部门依法惩处 |
| 4 | 抗税 | 抗税是纳税人抗拒按照国家税法规定履行纳税义务的违法行为。如公然拒缴税款，以各种借口抵制税务机关的纳税通知拒缴税款，聚众围攻税务机关和殴打税务人员等，均属于抗税行为。对抗税的处理可分情节轻重而定，情节轻微的属一般的抗税行为，除追缴其应纳税款外，并可处以一定数额的罚款；对抗税情节严重的，除补缴税款和处以罚款外，还可送交司法部门依法惩处 |
| 5 | 违反税务管理行为 | 违反税务管理行为，一般是纳税人在开业、歇业时不办理税务登记、注册登记，不按规定进行纳税申报，不按规定建立、使用和保存账务、票账，不按规定向税务机关提供纳税资料，以及拒绝接受税务机关监督检查等，都属于违反税务管理的行为。对这些违章行为，可以采取不同的措施给予处罚。如限期缴纳税款、处以罚款、吊销税务登记证、收回有关税务票证、提请工商部门吊销营业执照、书面通知纳税人开户银行扣缴税款等。在采取这些措施无效时，还可由税务机关提请司法部门强制执行 |

税务违章处理是一项政策性很强而又十分严肃的工作，税收制度中应明确规定处罚措施，以利税务机关和纳税人在执行中有法可依，严格按照税收法规办事，做到“有法必依、执法必严、违法必究”，确保国家税收法制的贯彻实施，确保国家财政收入及时足额入库。

**【例1-7】**某事业单位按照税法规定为个人所得税的扣缴义务人。该单位认为自己是行政事业单位，因此，虽经税务机关多次通知，还是未按照税务机关确定的申报期限报送《扣缴个人所得税报告表》，被主管地方税务机关责令限期改正并处以罚款500元。对此，该单位负责人非常不理解，认为自己不是个人所得税的纳税义务人，而是替税务机关代扣税款，只要税款没有少扣，晚几天申报不应受到处罚，故派财务人员前往某税务师事务所进行政策咨询。

请判断税务机关的处罚决定是否正确？为什么？

**解析** （1）税务机关的处罚决定是正确的。（2）《税收征管法》第25条规定：“扣缴义务人必须依照法律、行政法规或者税务机关依照法律、行政法规的规定确定的申报期限、申报内容如实报送代扣代缴、代收代缴税款报告表以及税务机关根据实际需要要求扣缴义务人报送的其他有关资料。”因此，该事业单位作为扣缴义务人与纳税人一样，也应按照规定期限进行申报。（3）根据《税收征管法》第62条规定：“纳税人、扣缴义务人未按照规定的期限办理纳税申报和报送纳税资料的，或者扣缴义务人未按照规定的期限向税务机关报送代扣代缴、代收代缴报告表和有关资料的，由税务机关责令限期改正，可处以2000元以下的罚款；情节严重的，可处以2000元以上1万元以下的罚款。”因此，税务机关作出的处罚决定是正确的。

*试一试1-6*　**案例分析——李某是否可以向法院提起行政诉讼？并说明理由。**

2008年1月12日，某地税局接到群众举报，反映辖区居民李某偷逃个人所得税。该局立即组织人员进行调查取证，查明李某2005年取得多项收入，在没有扣缴义务人的情况下，未申报缴纳个人所得税。在经过告知、听证程序后，区地税分局于2008年1月28日送达了《税务处理决定书》和《税务行政处罚决定书》，责令其限期缴纳税款、滞纳金，并处以2倍罚款。李某对此处罚不服，于1月31日向市地税局申请复议，但直到2008年4月15日，市地税局仍未作出复议决定。李某决定向法院提起行政诉讼。

表1-1为税务行政处罚具体项目、标准及依据。

**表1-1　税务行政处罚具体项目、标准及依据**

| 类别 | 处罚项目 | 处罚标准 | 处罚依据 |
|---|---|---|---|
| 税务登记类 | 纳税人未按照规定的期限申报办理税务登记、变更或者注销登记的 | 责令限期改正，可以处2000元以下的罚款；情节严重的，处2000元以上1万元以下的罚款 | 《税收征管法》第六十条第一款 |
| | 纳税人未按照规定办理税务登记证件验证或换证手续的 | 责令限期改正，可以处2000元以下的罚款；情节严重的，处2000元以上1万元以下的罚款 | 《税收征管法实施细则》第九十条 |
| | 纳税人不办理税务登记的 | 责令限期改正；逾期不改正的，经税务机关提请，由工商行政管理机关吊销其营业执照 | 《税收征管法》第六十条第二款 |
| | 纳税人未按规定使用税务登记证件，或者转借、涂改、损毁、买卖、伪造税务登记证件的 | 处2000元以上1万元以下的罚款；情节严重的，处1万元以上5万元以下的罚款 | 《税收征管法》第六十条第三款 |
| | 纳税人未按照规定将其全部银行账号向税务机关报告的 | 责令限期改正，可以处2000元以下的罚款；情节严重的，处2000元以上1万元以下的罚款 | 《税收征管法》第六十条第一款 |
| | 银行和其他金融机构未依照税收征管法的规定在从事生产、经营的纳税人的账户中登录税务登记证件号码，或者未按规定在税务登记证件中登录从事生产、经营的纳税人的账户账号的 | 责令限期改正，处以2000元以上2万元以下的罚款；情节严重的，处2万元以上5万元以下的罚款 | 《税收征管法实施细则》第九十二条 |
| 账簿凭证类 | 纳税人未按照规定设置、保管账簿或者保管记账凭证和有关资料的 | 责令限期改正，可以处2000元以下的罚款；情节严重的，处2000元以上1万元以下的罚款 | 《税收征管法》第六十条第一款 |
| | 非法印制、转借、倒卖、变造或者伪造完税凭证的 | 责令限期改正，处以2000元以上1万元以下的罚款；情节严重的，处1万元以上5万元以下的罚款；构成犯罪的，依法追究刑事责任 | 《税收征管法实施细则》第九十一条 |
| | 扣缴义务人未按照规定设置、保管代扣代缴、代收代缴税款账簿或者保管代扣代缴、代收代缴税款记账凭证及有关资料的 | 责令限期改正，可以处2000元以下的罚款；情节严重的，处2000元以上5000元以下的罚款 | 《税收征管法》第六十一条 |
| | 纳税人未按照规定将财务、会计制度或者财务、会计处理办法和会计核算软件报送税务机关备查的 | 责令限期改正，可以处2000元以下的罚款；情节严重的，处2000元以上1万元以下的罚款 | 《税收征管法》第六十条第一款 |
| | 纳税人未按照规定安装、使用税控装置，或者损毁或者擅自改动税控装置的 | 责令限期改正，可以处2000元以下的罚款；情节严重的，处2000元以上1万元以下的罚款 | 《税收征管法》第六十条第一款 |

续表

| 类别 | 处罚项目 | 处罚标准 | 处罚依据 |
| --- | --- | --- | --- |
| 纳税申报类 | 纳税人未按照规定的期限办理纳税申报和报送纳税资料的 | 责令限期改正，可以处2000元以下的罚款；情节严重的，可以处2000元以上1万元以下的罚款 | 《税收征管法》第六十二条 |
| | 扣缴义务人未按照规定的期限向税务机关报送代扣代缴、代收代缴税款报告表和有关资料的 | 责令限期改正，可以处2000元以下的罚款；情节严重的，可以处2000元以上1万元以下的罚款 | 《税收征管法》第六十二条 |
| | 纳税人、扣缴义务人编造虚假计税依据的 | 责令限期改正，并处5万元以下的罚款 | 《税收征管法》第六十四第一款 |
| | 纳税人不进行纳税申报，不缴或者少缴应纳税款的 | 追缴其不缴或者少缴的税款、滞纳金，并处不缴或者少缴税款50%以上5倍以下的罚款 | 《税收征管法》第六十四第二款 |
| 税款征收类 | 纳税人、扣缴义务人在规定期限内不缴或者少缴应纳或者应解缴的税款 | 经税务机关责令限期缴纳，逾期仍未缴纳的，税务机关除依照《税收征管法》第四十条的规定采取强制执行措施追缴其不缴或者少缴的税款外，可以处不缴或者少缴的税款50%以上5倍以下的罚款 | 《税收征管法》第六十八条 |
| | 扣缴义务人应扣未扣、应收而不收税款的 | 向纳税人追缴税款，对扣缴义务人处应扣未扣、应收未收税款50%以上3倍以下的罚款 | 《税收征管法》第六十九条 |
| | 纳税人拒绝代扣、代收税款，经追缴据不缴纳的 | 除依照《税收征管法》第四十条的规定采取强制执行措施追缴其不缴或者少缴的税款外，可以处不缴或者少缴的税款50%以上5倍以下的罚款 | 《税收征管法》第六十八条、《征管法实施细则》第九十四条 |
| | 纳税人伪造、变造、隐匿、擅自销毁账簿、记账凭证，或者在账簿上多列支出或者不列、少列收入，或者经税务机关通知申报而拒不申报或者进行虚假的纳税申报，不缴或者少缴应纳税款的 | 追缴其不缴或者少缴的税款、滞纳金，并处不缴或者少缴的税款50%以上5倍以下的罚款；构成犯罪的，依法追究刑事责任 | 《税收征管法》第六十三条第一款 |
| | 扣缴义务人采用伪造、变造、隐匿、擅自销毁账簿、记账凭证，或者在账簿上多列支出或者不列、少列收入，或者经税务机关通知申报而拒不申报或者进行虚假的纳税申报的手段，不缴或者少缴已扣、已收税款的 | 追缴其不缴或者少缴的税款、滞纳金，并处不缴或者少缴的税款50%以上5倍以下的罚款；构成犯罪的，依法追究刑事责任 | 《税收征管法》第六十三条第二款 |
| | 纳税人欠缴应纳税款，采取转移或者隐匿财产的手段，妨碍税务机关追缴欠缴的税款的 | 追缴欠缴的税款、滞纳金，并处欠缴税款50%以上5倍以下的罚款；构成犯罪的，依法追究刑事责任 | 《税收征管法》第六十五条 |
| | 以暴力、威胁方法拒不缴纳税款的 | 除由税务机关追缴其拒缴的税款、滞纳金外，依法追究刑事责任。情节轻微，未构成犯罪的，由税务机关追缴其拒缴的税款、滞纳金，并处欠缴税款1倍以上5倍以下的罚款 | 《税收征管法》第六十七条 |
| 税务检查类 | 纳税人、扣缴义务人逃避、拒绝或者以其他方式阻挠税务机关检查的 | 责令改正，可以处1万元以下的罚款；情节严重的，处1万元以上5万元以下的罚款 | 《税收征管法》第七十条 |
| | 纳税人、扣缴义务人有下列情形之一的，依照《税收征管法》第七十条的规定处罚：①提供虚假资料，不如实反映情况，或者拒绝提供有关资料的；②拒绝或阻止税务机关记录、录音、录像、照相和复制与案件有关的情况和资料的；③在检查期间，纳税人、扣缴义务人转移、隐匿、销毁有关资料的；④有不依法接受税务检查的其他情形的 | 责令改正，可以处以1万元以下的罚款；情节严重的，处1万元以上5万元以下的罚款 | 《税收征管法》第七十条、《征管法实施细则》第九十六条 |
| | 税务机关依法到车站、码头、机场、邮政企业及其分支机构检查纳税人有关情况时，有关单位拒绝的 | 责令限期改正，可以处1万元以下的罚款；情节严重的，处1万元以上5万元以下的罚款 | 《税收征管法实施细则》第九十五条 |

续表

| 类别 | 处罚项目 | 处罚标准 | 处罚依据 |
| --- | --- | --- | --- |
| 发票管理类 | 违反《税收征管法》第二十二条规定，非法印制发票的 | 销毁非法印制的发票，没收非法所得和作案工具，并处1万元以上5万元以下的罚款；构成犯罪的，依法追究刑事责任 | 《税收征管法》第七十一条 |
| | 从事生产、经营的纳税人、扣缴义务人有《税收征管法》规定的税收违法行为，拒不接受税务机关处理的 | 可以收缴其发票或者停止向其发售发票 | 《税收征管法》第七十二条 |
| | 有以下违反发票管理法规的行为之一的：①未按照规定印制发票或者生产、销售发票防伪专用品的；②未按照规定领取发票的；③未按照规定开具发票的；④未按照规定取得发票的；⑤未按照规定保管发票的；⑥未按照规定缴销发票的；⑦未按照规定使接受税务检查的 | 责令限期改正，没收违法所得，可以并处以1万元以下的罚款；有所列两种或者两种以上行为的，分别处罚 | 《发票管理办法》第三十六条 |
| | 私自印制、伪造、变造、倒买倒卖发票，私自制作发票监制章、发票防伪专用品的 | 由税务机关依法予以查封、扣押或者销毁，没收非法所得和作案工具，可以并处以1万元以上5万元以下的罚款；构成犯罪的，依法追究刑事责任 | 《发票管理办法》第三十八条 |
| | 非法携带、邮寄、运输或者存放空白发票的 | 由税务机关收缴发票，没收非法所得，可以并处1万元以下的罚款 | 《发票管理办法》第三十七条 |
| | 违反发票管理法规，导致其他单位或者个人未缴、少缴或者骗取税款的 | 由税务机关没收非法所得，可以并处未缴、少缴或者骗取税款1倍以下的罚款 | 《发票管理办法》第三十九条 |
| 其他 | 纳税人、扣缴义务人的开户银行或者其他金融机构拒绝接受税务机关依法检查纳税人、扣缴义务人存款账户，或者拒绝执行税务机关作出的冻结存款或者扣缴税款的决定，或者在接到税务机关书面通知后帮助纳税人、扣缴义务人转移存款，造成税款流失的 | 处10万元以上50万元以下的罚款，对直接负责的主管人员和其他直接责任人员处1000元以上1万元以下的罚款 | 《税收征管法》第七十三条 |
| | 为纳税人、扣缴义务人非法提供银行账户、发票、证明或者其他方便，导致未缴、少缴税款或者骗取国家出口退税款的 | 除没收其非法所得外，可以处未缴、少缴税款或者骗取的税款1倍以下的罚款 | 《税收征管法实施细则》第九十三条 |
| | 税务代理人违反税收法律、行政法规，造成纳税人未缴或者少缴税款的 | 除由纳税人缴纳或者补缴应纳税款、滞纳金外，对税务代理人处纳税人未缴或者少缴税款50%以上3倍以下的罚款 | 《税收征管法实施细则》第九十八条 |

**【例1-8】**某基层税务所2008年8月15日在实施税务检查中发现，辖区内大众饭店（系私营企业）自2008年5月10日办理工商营业执照以来，一直没有办理税务登记证，也没有申报纳税。根据检查情况，该饭店应纳未纳税款1 500元，税务所于6月18日作出如下处理决定。

（1）责令大众饭店8月20日前申报办理税务登记并处以500元罚款。

（2）补缴税款、加收滞纳金，并处不缴税款1倍，即1 500元的罚款。

问：本处理决定是否正确？为什么？

**解析**　本处理决定是正确的。

（1）根据《税收征管法》第60条的有关规定：未按照规定期限申报办理税务登记、变更或者注销税务登记的，由税务机关责令限期改正，可以处2 000元以下的罚款；情节严重的，处2 000元以上10 000元以下 的罚款。

（2）根据《税收征管法》第64条的有关规定：纳税人不进行纳税申报，不缴或者少缴应纳税款的，由税务机关追缴其不缴或者少缴的税款、滞纳金，并处不缴或者少缴的税款50%

以上5倍以下的罚款。

（3）根据《税收征管法》第74条的有关规定：本法规定的行政处罚，罚款额在2 000元以下的，可以由税务所决定。

**【例1-9】** 某个体餐馆老板张某欠缴2008年5月份营业税15 000元，县地税局责令其6月18日前缴纳。但张某在未缴纳税款的情况下，于6月16日将餐馆转让、财产转移，致使县地税局无法追缴其欠缴的税款。税务机关对该案应如何处理？张某的行为是否已构成犯罪，法院应如何量刑处罚？

**解析** （1）根据《税收征管法》第65条规定，税务机关应追缴税款及相应的滞纳金，并对逃避追缴欠税行为，处50%以上5倍以下的罚款。

（2）张某的行为已构成犯罪。《刑法》第203条规定，纳税人欠缴应纳税款，采取隐匿或转移财产的手段，致使税务机关无法追缴欠缴的税款，数额在1万元以上不到10万元的，处3年以下有期徒刑或者拘役，并处或者单处欠缴税款1倍以上5倍以下的罚金。可见，张某的行为已构成逃避追缴欠税罪，法院应对其处3年以下有期徒刑，并处或者单处1倍以上5倍以下罚金。

**【例1-10】** 某县地税局在2008年6月份开展的税务登记清查中，发现李某于上年初领取营业执照开了一家照相馆，至今未向地税机关申请办理税务登记，也从未申报纳税。地税局对李某应如何处理？

**解析** 对李某未办理税务登记的行为，根据《税收征管法》第60条第一款规定，责令限期办理，可处2 000元以下罚款；如情节严重，处2 000元以上10 000元以下罚款；逾期仍不办理的，申请工商行政管理机关吊销其营业执照。对未申报纳税的行为，根据《税收征管法》第64条规定，由税务机关追缴其不缴或者少缴的税款、滞纳金，并处不缴或者少缴税款50%以上5倍以下的罚款。

*试一试1-7* **案例分析——这种争议如何解决**

税务机关认为某企业少纳税款12 000元，该企业经过查核后，认为自己所纳税款无误，因此与税务机关发生了争议。你认为这种争议应如何解决？税务机关申请县税务局局长批准对该企业采取了强制执行措施，企业对此不服。这种争议应如何解决？

## 课题三 税务登记

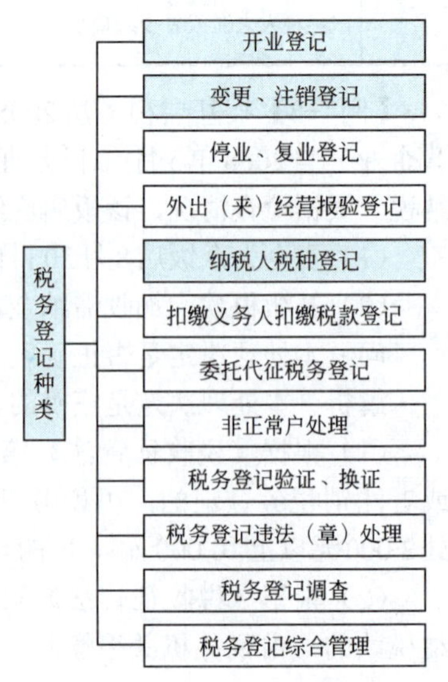


税务登记是税务机关对纳税人的基本情况及生产经营项目进行登记并据此对纳税人实施税务管理的一项法定制度，也是纳税人已经纳入税务机关监督管理的一项证明。税务登记是整个税收征收管理工作的首要环节和基础工作，是征纳双方法律关系成立的依据和证明，也是纳税人必须履行的义务。

税务登记内容包括开业登记，变更、注销登记，停业、复业登记，外出（来）经营报验登记，纳税人税种登记，扣缴义务人扣缴税款登记，委托代征税务登记，非正常户处理，税务登记验证、换证，税务登记违法（章）处理，税务登记调查，税务登记综合管理等。本教材只介绍纳税人常用的税务登记业务。

# 项目一　开业税务登记

各类企业、企业在外地设立的分支机构和从事生产、经营的场所，以及个体工商户和从事生产、经营的事业单位，应当自领取营业执照之日起30日内向所在地税务机关申请办理税务登记。其他纳税人应当自依照税收法律、行政法规成为纳税义务人之日起30日内向所在地税务机关申报办理税务登记。

## 任务一　掌握开业税务登记的操作规程

**办理开业税务登记时间**

◆从事生产、经营的纳税人应当自领取营业执照之日起30日内，主动依法向国家税务机关申报办理登记。

◆按照规定不需要领取营业执照的纳税人，应当自有关部门批准之日起30日内或者自发生纳税义务之日起30日内，主动依法向主管国家税务机关申报办理税务登记。

**办理开业税务登记地点**

◆纳税企业和事业单位向当地主管国家税务机关申报办理税务登记。

◆纳税企业和事业单位跨县(市)、区设立的分支机构和从事生产经营的场所，除总机构向当地主管国家税务机关申报办理税务登记外，分支机构还应当向其所在地主管国家税务机关申报办理税务登记。

◆有固定生产经营场所的个体工商业户向经营地主管国家税务机关申报办理税务登记。

◆流动经营的个体工商户，向户籍所在地主管国家税务机关申报办理税务登记；对未领取营业执照从事承包、租赁经营的纳税人，向经营地主管国家税务机关申报办理税务登记。

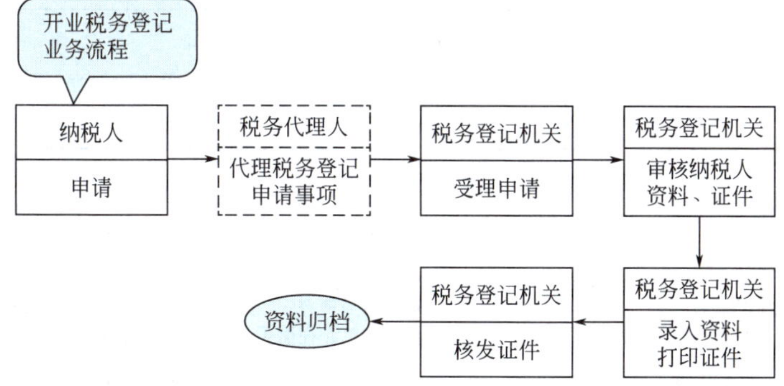


**案例讨论1-9**　税务登记与工商登记有何区别与联系？

**案例讨论1-10**　张三和李四出资500 000万元，设立一家有限责任公司，于2009年1月10日领取工商营业执照。该公司是否需要办理税务登记？如何办理？

第一步
申请

开业税务登记业务流程说明

纳税人在规定的期限内，到税务登记机关申请办理税务登记，领取并填写《税务登记表》和《纳税人税种登记表》，加盖单位公章和法定代表人或负责人签章后报送税务登记机关，同时附送下列证件和资料。

| 序号 | 附送下列证件和资料名称 |
|---|---|
| 1 | 营业执照原件及复印件 |
| 2 | 领取其他核准执业证件而无营业执照的应提供执业证件原件及复印件 |
| 3 | 有关机关、部门批准设立的文件或本单位证明 |
| 4 | 出口经营权批文或自营进出口权登记证书、其他许可证 |
| 5 | 有关合同、章程、协议书复印件 |
| 6 | 组织机构统一代码证书及复印件 |
| 7 | 自理报关单位注册登记证明书 |
| 8 | 法定代表人和董事会成员名单 |
| 9 | 法定代表人（负责人）或业主的身份证、护照或者其他合法证件 |
| 10 | 房地产证明和房屋土地租赁合同（房产证、租赁合同等）原件及复印件 |
| 11 | 纳税人的关联企业名单、相互关系及地址 |
| 12 | 属于享受税收优惠政策的企业，应提供相应的证明、资料 |
| 13 | 税务登记机关要求提供的其他有关证件、资料 |

第二步 受理

◆税务登记机关受理。申报办理税务登记的纳税人在提交资料、证件后，税务登记机关应及时查验，对手续完备、符合要求的受理登记，并制作《税务文书领取通知单》交给纳税人。纳税人凭《税务文书领取通知单》在服务承诺的期限内领取税务登记证件、文书。

◆受理点受理。税务登记机关可根据需要在税务所或主管税务机关征收大厅设立受理点，对不能到税务登记机关办理税务登记的纳税人，可到受理点办理，受理点在规定的时间内到税务登记机关集中办理。

第三步 审核

◆税务登记机关管理部门对纳税人填报的表格、提供的证件、资料应及时审核。主要审核纳税人申请办理税务登记的时间是否逾期，填报内容是否齐全，报送证件、资料是否完备。对符合规定的应在30日内予以登记；不符合规定的，应说明理由，要求纳税人在15日内补报资料或重新填报。

◆对经审核符合要求的，办理核定税务登记有效期限、加盖税务登记机关公章或税务登记专用章，以及经办人签章等工作；对填报符合要求的《纳税人税种登记表》，应按工作程序移交主管税务机关办理核准申报事项。

**第四步　录入资料、核发证件**

◆税务登记机关的登记部门在《税务登记表》上加具审批意见，同时根据"属地征管"的原则，确定纳税人的主管税务机关和按照财政体制的规定确定应纳费的财政预算级次及财政隶属关系。

◆登记部门将《税务登记表》的各项内容录入计算机，生成电脑编码，并按照统一代码打印《税务登记证件》及生成《税务登记底册》。

◆已收取工本费的纳税人，税务登记机关管理部门凭收取工本费票据和《税务文书领取通知单》，核发税务登记证件正、副本或注册税务登记证件正、副本（副本根据纳税人实际需要可增发），并退一份加盖税务登记机关公章的《税务登记表》和《纳税人税种登记表》给纳税人。

◆税务登记证件由税务登记机关核发。核发证件时应分别情况处理：对办理工商营业执照的纳税人及其跨县区非独立核算的分支机构，核发税务登记证及副本；对应当办理而未办理营业执照的纳税人，核发临时税务登记证及副本；对不需要办理营业执照的纳税人，核发注册税务登记证及副本；对从事生产、经营的纳税人在同一县内设立的非独立核算的分支机构或生产经营场所，核发注册税务登记证及副本。税务登记机关应当自受理申报之日起30日内审核并发给税务登记证件。对前款以外的纳税人，由纳税义务发生地税务机关只进行税务登记，不核发税务登记证件。

## 任务二　填写开业税务登记主要表格

开业税务登记业务，填写的相关表格有三种，即税务登记表（表1-2）、财务会计制度及核算软件备案报告书（表1-3）、纳税人存款账户账号报告表（表1-4）。

**试一试1-8　请根据以下资料填写《税务登记表》**

白云酒店有限公司为民营股份制企业，于2008年1月5日领取工商营业执照，11月26日正式开业。该酒店主管单位为某教育集团，申请注册地为广州市白云区，生产经营地址为白云区天南路13号。该酒店为餐饮、住宿、娱乐为一体的五星级酒店，兼营烟酒、字画、古董、玉石的零售，经营期限20年，酒店员工共计150人。该大酒店实行独立核算，自负盈亏。该酒店工商营业执照核准的注册资本为15 000万元，企业合同规定的投资总额为16 000万元。

**表1-2　税务登记表**（适用单位纳税人）

填表日期：

| 纳税人识别号 | | 纳税人名称 | | | |
|---|---|---|---|---|---|
| 英文名称 | | | | | |
| 登记注册类型 | | 组织机构代码 | | | |
| 工商机关标志 | | 工商机关名称 | | | |
| 证照名称 | | 证照号码 | | | |
| 批准设立机关 | | 批准设立证明或文件号 | | | |
| 工商发照日期 | | 开业（设立）日期 | | | |
| 生产经营期限起 | | 生产经营期限止 | | | |
| 注册地址 | | 邮政编码 | | 联系电话 | |
| 生产经营地址 | | 邮政编码 | | 联系电话 | |

续表

| 纳税人识别号 | | 纳税人名称 | |
|---|---|---|---|
| 核算方式 | 请选择对应项目打"√"<br>□ 独立核算□ 非独立核算 | 从业人数 | 其中外籍人数 |
| 单位性质 | 请选择对应项目打"√"□ 企业 □ 事业单位 □ 社会团体 □ 民办非企业单位□ 其他 | | |
| 网站网址 | | 国标行业 | □□ □□ □□ □□ |
| 适用会计制度 | 请选择对应项目打"√"<br>□ 企业会计制度 □ 小企业会计制度 □ 金融企业会计制度 □ 行政事业单位会计制度 | | |
| 经营范围 | 请将法定代表人（负责人）身份证件复印件粘贴在此处 | | |

| 项目<br>内容<br>联系人 | 姓名 | 身份证件<br>种类 | 身份证件<br>号码 | 固定电话 | 移动电话 | 电子邮箱 |
|---|---|---|---|---|---|---|
| 法定代表人（负责人） | | | | | | |
| 财务负责人 | | | | | | |
| 办税人 | | | | | | |

| 税务代理人名称 | 税务代理人纳税人识别号 | 税务代理人联系电话 | 税务代理人电子邮箱 |
|---|---|---|---|
| | | | |

| 注册资本或投资总额 | 币种 | 金额 | 币种 | 金额 | 币种 | 金额 |
|---|---|---|---|---|---|---|
| | | | | | | |

| 投资方名称 | 投资方经济性质 | 投资比例 | 证件种类 | 证件号码 | 国籍 | 地址 |
|---|---|---|---|---|---|---|
| | | | | | | |
| | | | | | | |
| | | | | | | |
| | | | | | | |

| 自然人投资比例 | | 外资投资比例 | | 国有投资比例 | |
|---|---|---|---|---|---|
| 总分支机构标志 | | | | | |

| 分支机构纳税人识别号 | 分支机构名称 | 注册地址 |
|---|---|---|
| | | |
| | | |

| 总机构纳税人识别号 | | 总机构纳税人名称 | |
|---|---|---|---|
| 注册地址 | | 注册地址邮政编码 | |
| 法定代表人姓名 | | 联系电话 | |

续表

<table>
<tr><td>纳税人识别号</td><td></td><td colspan="2">纳税人名称</td><td colspan="2"></td></tr>
<tr><td>经营范围</td><td colspan="5"></td></tr>
<tr><td rowspan="3">代扣代缴、代收代缴税款业务情况</td><td colspan="3">代扣代缴、代收代缴税款业务内容</td><td colspan="3">代扣代缴、代收代缴税种</td></tr>
<tr><td colspan="3"></td><td colspan="3"></td></tr>
<tr><td></td><td></td><td></td><td></td><td></td><td></td></tr>
<tr><td colspan="7">附报资料：</td></tr>
<tr><td colspan="2">经办人签章：<br>____年____月____日</td><td colspan="3">法定代表人（负责人）签章：<br>____年____月____日</td><td colspan="2">纳税人公章：<br>____年____月____日</td></tr>
</table>

**以下由税务机关填写**

<table>
<tr><td>纳税人所处街乡</td><td></td><td>隶属关系</td><td></td></tr>
<tr><td>是否属于国、地税共管户</td><td></td><td>联合证办证标志</td><td></td></tr>
<tr><td>国税主管税务局</td><td></td><td>国税主管税务所（科）</td><td></td></tr>
<tr><td>地税主管税务局</td><td></td><td>地税主管税务所（科）</td><td></td></tr>
<tr><td>经办人（签章）：<br>国税经办人：________<br>地税经办人：________<br><br>受理日期：<br>____年____月____日</td><td colspan="2">国家税务登记机关<br>（税务登记专用章）：<br><br>核准日期：<br>____年____月____日<br>国税主管税务机关：</td><td>地方税务登记机关<br>（税务登记专用章）：<br><br>核准日期：<br>____年____月____日<br>地税主管税务机关：</td></tr>
<tr><td colspan="4">国税核发《税务登记证副本》数量：　　本　发证日期：　　____年____月____日</td></tr>
<tr><td colspan="4">地税核发《税务登记证副本》数量：　　本　发证日期：　　____年____月____日</td></tr>
</table>

国家税务总局监制

**填 表 说 明**

**一、本表适用于各类单位纳税人填写。**

**二、从事生产、经营的纳税人应当自领取营业执照，或者自有关部门批准设立之日起30日内，到税务机关领取税务登记表，填写完整后提交税务机关，办理税务登记。**

**三、办理税务登记应当出示、提供以下证件资料（所提供资料原件用于税务机关审核，复印件留存税务机关）。**

1．营业执照副本或其他核准执业证件原件及其复印件。

2．组织机构代码证书副本原件及其复印件。

3．注册地址及生产、经营地址证明（产权证、租赁协议）原件及其复印件；如为自有房产，请提供产权证或买卖契约等合法的产权证明原件及其复印件；如为租赁场所，请提供租赁协议原件及其复印件，出租人为自然人的还须提供产权证明的复印件；如生产、经营地址与注册地址不一致，请分别提供相应证明。

4．公司章程复印件。

5．有权机关出具的验资报告或评估报告原件及其复印件。

6．法定代表人（负责人）居民身份证、护照或其他证明身份的合法证件原件及其复印件；复印件分别粘贴在税务登记表的相应位置上。

7. 纳税人跨县（市）设立的分支机构办理税务登记时，还须提供总机构的税务登记证（国、地税）副本复印件。

8. 改组改制企业还须提供有关改组改制的批文原件及其复印件。

9. 税务机关要求提供的其他证件资料。

**四、纳税人应向税务机关申报办理税务登记。完整、真实、准确、按时地填写此表。**

**五、使用碳素或蓝墨水的钢笔填写本表。**

**六、本表一式二份（国地税联办税务登记的本表一式三份）。税务机关留存一份，退回纳税人一份（纳税人应妥善保管，验换证时需携带查验）。**

**七、纳税人在新办或者换发税务登记时应报送房产、土地和车船有关证件，包括：房屋产权证、土地使用证、机动车行驶证等证件的复印件。**

**八、表中有关栏目的填写说明**

1.“纳税人名称”栏：指《企业法人营业执照》或《营业执照》或有关核准执业证书上的“名称”。

2.“身份证件名称”栏：一般填写“居民身份证”，如无身份证，则填写“军官证”、“士兵证”、“护照”等有效身份证件。

3.“注册地址”栏：指工商营业执照或其他有关核准开业证照上的地址。

4.“生产经营地址”栏：填办理税务登记的机构生产经营地地址。

5.“国籍或地址”栏：外国投资者填国籍，中国投资者填地址。

6.“登记注册类型”栏：即经济类型，按营业执照的内容填写；不需要领取营业执照的，选择“非企业单位”或者“中国港、澳、台商企业常驻代表机构及其他”，以及“外国企业”；如为分支机构，按总机构的经济类型填写。

分类标准：

110国有企业　120集体企业　130股份合作企业

141国有联营企业　142集体联营企业　143国有与集体联营企业

149其他联营企业　151国有独资公司　159其他有限责任公司

160股份有限公司　171私营独资企业　172私营合伙企业

173私营有限责任公司　174私营股份有限公司　190其他企业

210合资经营企业（中国港、澳、台资）　220合作经营企业（中国港、澳、台资）

230中国港、澳、台商独资经营企业　240中国港、澳、台商独资股份有限公司

310中外合资经营企业　320中外合作经营企业

330外资企业　340外商投资股份有限公司

400中国港、澳、台商企业常驻代表机构及其他　500外国企业

600　非企业单位

7.“投资方经济性质”栏：单位投资的，按其登记注册类型填写；个人投资的，填写自然人。

8.“证件种类”栏：单位投资的，填写其组织机构代码证；个人投资的，填写其身份证件名称。

9.“国标行业”栏：按纳税人从事生产经营行业的主次顺序填写，其中第一个行业填写纳税人的主行业。

国民经济行业分类标准（GB/T 4754—2002）。

A—农、林、牧、渔业

01—农业　02—林业　03—畜牧业　04—渔业　05—农、林、牧、渔服务业

B—采矿业

06—煤炭开采和洗选业　07—石油和天然气开采业　08—黑色金属矿采选业

09—有色金属矿采选业　10—非金属矿采选业　11—其他采矿业

C—制造业

13—农副食品加工业　14—食品制造业　15—饮料制造业
16—烟草制品业　17—纺织业　18—纺织服装、鞋、帽制造业
19—皮革、毛皮、羽毛（绒）及其制品业　20—木材加工及木、竹、藤、棕、草制品业
21—家具制造业　22—造纸及纸制品业
23—印刷业和记录媒介的复制　24—文教体育用品制造业
25—石油加工、炼焦及核燃料加工业　26—化学原料及化学制品制造业
27—医药制造业　28—化学纤维制造业
29—橡胶制品业　30—塑料制品业
31—非金属矿物制品业　32—黑色金属冶炼及压延加工业
33—有色金属冶炼及压延加工业　34—金属制品业
35—普通机械制造业　36—专用设备制造业
37—交通运输设备制造业　39—电气机械及器材制造业
40—通信设备、计算机及其他电子设备制造业　41—仪器仪表及文化、办公用机械制造业
42—工艺品及其他制造业　43—废弃资源和废旧材料回收加工业

D—电力、燃气及水的生产和供应业

44—电力、燃气及水的生产和供应业　45—燃气生产和供应业
46—水的生产和供应业

E—建筑业

47—房屋和土木工程建筑业　48—建筑安装业
49—建筑装饰业　50—其他建筑业

F—交通运输、仓储和邮政业

51—铁路运输业　52—道路运输业　53—城市公共交通业　54—水上运输业
55—航空运输业　56—管道运输业　57—装卸搬运及其他运输服务业
58—仓储业　59—邮政业

G—信息传输、计算机服务和软件业

60—电信和其他信息传输服务业　61—计算机服务业　62—软件业

H—批发和零售业

63—批发业　65—零售业

I—住宿和餐饮业

66—住宿业　67—餐饮业

J—金 融 业

68—银行业　69—证券业　70—保险业　71—其他金融活动

K—房地产业

72—房地产业

L—租赁和商务服务业

73—租赁业　74—商务服务业

M—科学研究、技术服务和地质勘察业

75—研究与试验发展　76—专业技术服务业
77—科技交流和推广服务业　78—地质勘察业

N—水利、环境和公共设施管理业

79—水利管理业　80—环境管理业　81—公共设施管理业

O—居民服务和其他服务业

82 —居民服务业　　83 —其他服务业

P—教 育

84 —教育

Q—卫生、社会保障和社会福利业

85 —卫生　　86 —社会保障业　　87 —社会福利业

R—文化、体育和娱乐业

88 —新闻出版业　　89 —广播、电视、电影和音像业

90 —文化艺术业　　91 —体育　　92 —娱乐业

S—公共管理与社会组织

93 —中国共产党机关　　94 —国家机构　　95 —人民政协和民主党派

96 —群众社团、社会团体和宗教组织　　97 —基层群众自治组织

T—国际组织

98 —国际组织

**表 1-3　财务会计制度及核算软件备案报告书**

| 纳税人名称 | | 纳税人识别号 | |
|---|---|---|---|
| 资　料 | 名　称 | | 备　注 |
| 1. 财务、会计制度 | | | |
| 2. 低值易耗品摊销方法 | | | |
| 3. 折旧方法 | | | |
| 4. 成本核算方法 | | | |
| 5. 会计核算软件 | | | |
| 6. 会计报表 | | | |
| 纳税人：<br><br>经办人：　　负责人：　纳税人（签章）<br>报告日期：　　年　月　日 | | 税务机关：<br><br>经办人：　　负责人：税务机关（签章）<br>受理日期：　　年　月　日 | |

注：从事生产、经营的纳税人应当自领取税务登记证件之日起 15 日内，将本表报送税务机关备案。

**表 1-4　纳税人存款账户账号报告表**

| 纳税人名称 | | | 纳税人识别号 | | | |
|---|---|---|---|---|---|---|
| 经营地址 | | | | | | |
| 银行开户登记证号 | | 发证日期 | | | 年　月　日 | |
| 账户性质 | 开户银行 | 账号 | 开户时间 | 变更时间 | 注销时间 | 备注 |
| | | | | | | |
| | | | | | | |
| | | | | | | |
| | | | | | | |

续表

| 纳税人名称 | | 纳税人识别号 | |
|---|---|---|---|
| 报告单位：<br>经办人：<br>法定代表人（负责人）：<br>报告单位（签章）<br>年　月　日 | | 受理税务机关：<br>经办人：<br>负责人：<br>税务机关（签章）<br>年　月　日 | |

注：1. 账户性质按照基本账户、一般账户、专用账户、临时账户如实填写。
2. 本表一式二份，主管国税机关一份，纳税人留存一份。

【例1-11】小王在学习税法时注意到，从事生产、经营的纳税人到银行开立存款账户时要持税务登记证件，开立账户后要将账号向税务机关报告，小王想，法律做这样规定的意义，一定是为了防止个别纳税人逃避税务机关的监管进行偷税吧。分析小王的想法是否正确。

**解析**　小王的想法正确。利用银行系统降低税收管理成本、防止偷税已经被许多国家的实践证明是有效的。《税收征管法》规定纳税人需持税务登记证件开设账户，并向税务机关报告其全部账号，在账户和税务登记证件中互相登记号码，将设立账户与税务登记管理联系起来，增强了银行在税源监控中的作用，提高了税务登记证的法律地位。

*试一试1-9*　**分析张三的观点是否正确**

下岗职工张三开办了一个商品经销部，按规定享受一定期限内免税优惠。他认为既然免税就不需办理税务登记。

# 项目二　税务变更登记

纳税人的税务登记内容发生变化时，应当依法向原税务登记机关申报办理变更税务登记。

## 任务一　掌握税务变更登记的操作规程

变更税务登记的适用条件

纳税人办理开业税务登记后，有以下税务登记内容发生变化的，必须申报办理变更税务登记：
1. 单位名称、法定代表人或者业主姓名及其身份证、护照或者其他合法证件的号码；
2. 住所、经营地点（注册地址）（不涉及主管税务机关变动的）；
3. 登记注册类型；
4. 生产经营或经营方式；
5. 生产经营范围；
6. 注册资金（资本）、投资总额、注册资本金账户的开户银行和账号；
7. 生产经营期限、从业人数、营业执照号码；
8. 企业隶属关系、生产经营权属；
9. 财务负责人、办税人员、联系电话；
10. 进出口经营权批准文号；
11. 企业投资方的名称、地址，以及企业的总机构或分支机构的名称、地址、法定代表人、主要业务范围；
12. 其他需变更的事项或工商行政管理机关等政府管理部门已变更营业执照的其他内容。

**案例讨论1-11**　住所、经营地点涉及主管税务机关变动的应办理变更税务登记吗？

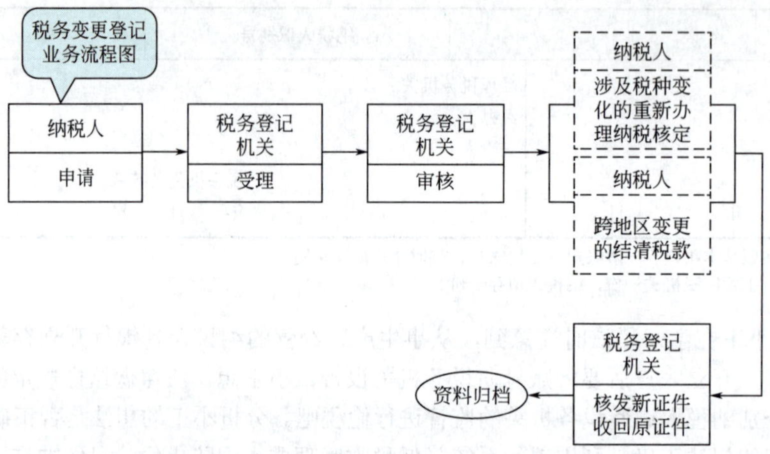


税务变更登记业务流程说明

**第一步 申请**

◆ 在工商行政管理机关办理注册登记的纳税人，由于税务登记的内容发生变化需要变更税务登记，并且税务登记变更内容与工商登记变更内容一致的，应当自工商行政管理机关办理变更登记之日起30日内，向原税务登记机关填报《税务登记变更表》申报办理变更税务登记，同时提交如下资料：①工商变更登记表及工商执照（注册登记执照）复印件；②纳税人提交变更登记内容的决议及有关证明文件；③税务机关发放的原税务登记证件；④税务登记机关要求提供的其他有关资料。

◆ 按照规定不需要在工商行政管理机关办理注册登记的纳税人，由于税务登记内容发生变化需要办理变更登记的，或者虽在工商行政管理机关办理注册登记，但变更税务登记与工商登记内容无关的，应当自有关机关批准或者宣布变更之日起30日内，向原税务登记机关填报《税务登记变更表》，办理变更税务登记申报手续，并提交如下资料：①纳税人提交变更内容的决议及有关证明资料；②税务机关发放的原税务登记证件；③税务登记机关要求提供的其他有关材料。

**第二步 受理**

税务登记机关受理纳税人填报的表格、资料、证件后，符合要求的，制发《税务文书领取通知书》交纳税人。

**第三步 审核**

◆ 登记部门对纳税人填报的表格及提供的证件、资料应及时审核。经审核符合有关变更登记条件的，在纳税人填报的《税务登记变更表》上签署同意变更税务登记意见及加盖税务登记机关公章；对不符合规定要求的，应说明理由，要求纳税人在15日内补报。

◆ 将纳税人变更税务登记信息资料录入计算机，打印新的税务登记证件，并将税务登记变更内容填写到《税务登记变更表》上和税务登记证件副本的有关栏次内作变更记录。如纳税人变更税务登记内容，涉及税种变化的，税务登记机关应要求纳税人重新填报《纳税人税种登记表》，并在规定的期限内要求纳税人到主管税务机关重新核定税种、税目、申报期限、纳税期限、适用税率等事项后方可办理变更手续，同时通过计算机自动生成《税务登记底册》。

◆ 对注册地址或经营地点跨地区（含县区及以下地区）迁移的纳税人，税务登记机关应制作《变更税务登记清理情况结果表》，由纳税人到主管税务机关办理结清税款、滞纳金、罚款，核缴发票等手续。纳税人办理后，主管税务机关在《变更税务登记清理检查结果表》上签署意见、加盖公章，并退给纳税人一份到税务登记机关办理变更登记手续；对纳税人未能在规定的30日期限内结清税款、滞纳金、罚款，核缴发票的，主管税务机关应同意办理变更登记，并要求纳税人填写《纳税人迁移通知书》交登记机关办理变更登记手续。纳税人欠缴的税款、滞纳金、罚款由变更后的主管税务机关负责追缴。

**第四步 发证**

对变更《税务登记证》内容的，登记部门重新打印税务登记证件正、副本一起发给纳税人，并收回原税务登记证的正、副本。

## 知识驿站 1-6

**增值税一般纳税人被取消资格需变更登记的，应当哪些证件？**

增值税一般纳税人被取消资格需变更登记的，应当提交下列证件：

- ◆ 增值税一般纳税人申请认定书原件；
- ◆ 税务登记证（正、副本）原件；
- ◆ 纳税人税种登记表；
- ◆ 其他有关资料。

## 任务二　填写变更税务登记表（见表1-5）

*试一试1-10*　**请根据以下资料填写《变更税务登记表》**

长江管件有限公司为了进一步扩大产品出口规模，经董事会决议，于2008年10月增加投资80万元人民币，中外方投资比例不变。其中，韩方主要以现汇和设备投资48万元，中方以厂房投资32万元。2008年11月18日该管件有限公司得到×市商务主管部门同意增资的批复，在增资到位并经注册会计师验证后，到工商行政管理局办理了工商变更登记。另外，根据公司管理的需要，经董事会决议，报请×区商务主管部门批准，免除原委派××、×××董事会董事的职务，委派××、×××为董事会董事。该管件有限公司在办理注册资本工商变更登记和取得董事会成员变更批复之日起30天内，持批件到主管税务机关办理变更税务登记手续。纳税人识别号为440100122345××。

**表1-5　变更税务登记表**

| 纳税人名称 | | 纳税人识别号 | | |
|---|---|---|---|---|
| 变更登记事项 | | | | |
| 序号 | 变更项目 | 变更前内容 | 变更后内容 | 批准机关名称及文件 |
| 1 | 经营期限 | | | |
| 2 | 经营范围 | | | |
| 3 | 企业注册类型 | | | |
| 4 | 法定代表人 | | | |
| 5 | 注册资本 | | | |
| 6 | | | | |
| 送缴证件情况： | | | | |
| 纳税人<br>经办人：<br>年　月　日 | 法定代表人（负责人）：<br>年　月　日 | 纳税人（签章）<br>年　月　日 | | 公　章 |

续表

| 纳税人名称 | | 纳税人识别号 | | |
|---|---|---|---|---|

经办税务机关审核意见:

税务机关（签章）

经办人:　年　月　日　　负责人:　年　月　日　　年　月　日

注：1. 本表适用于各类纳税人变更税务登记填用。

2. 报送此表时还应附送以下资料。

(1) 税务登记变更内容与工商行政管理部门登记变更内容一致的应提交：

①工商执照及工商变更登记表复印件；②纳税人变更登记内容的决议及有关证明文件；③主管税务机关发放的原税务登记证件（税务登记证正、副本和税务登记表等）；④主管税务机关需要的其他资料。

(2) 变更税务登记内容与工商行政管理部门登记内容无关的应提交：

①纳税人变更登记内容的决议及有关证明、资料；②主管税务机关需要的其他资料。

3. 变更项目：填需要变更的税务登记项目。

4. 变更前内容：填变更税务登记前的登记内容。

5. 变更后内容：填变更的登记内容。

6. 批准机关名称及文件：凡需要经过批准才能变更的项目须填写此项。

7. 本表一式二份，税务机关一份，纳税人一份。

# 项目三　注销税务登记

纳税人发生解散、破产、撤销及其他情形，依法终止纳税义务的，应当在向工商行政管理机关办理注销登记前，向原税务登记管理机关申报办理注销税务登记。

## 任务一　掌握税务注销登记操作规程

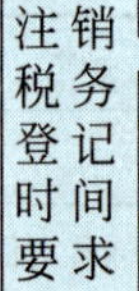


纳税人发生解散、破产、撤销，以及其他情形，依法终止纳税义务的，应当在向工商行政管理机关办理注销登记前，持有关证件向原税务登记机关申报办理注销税务登记；依照规定不需要在工商行政管理机关办理注册登记的，应当自有关机关批准或者宣告终止之日起 15 日内，持有关证件向原税务登记机关申报办理注销税务登记。

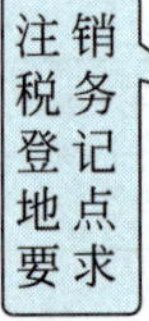


纳税人因住所、经营地点变动而涉及改变税务登记机关的，应当在向工商行政管理机关申请办理变更或注销登记前或者住所、经营地点变动前，向原税务登记机关申报办理注销税务登记，并在 30 日内向迁达地税务机关申请办理税务登记。纳税人被工商行政管理机关吊销营业执照的，应当自营业执照被吊销之日起 15 日内，向原税务登记机关申报办理注销税务登记。

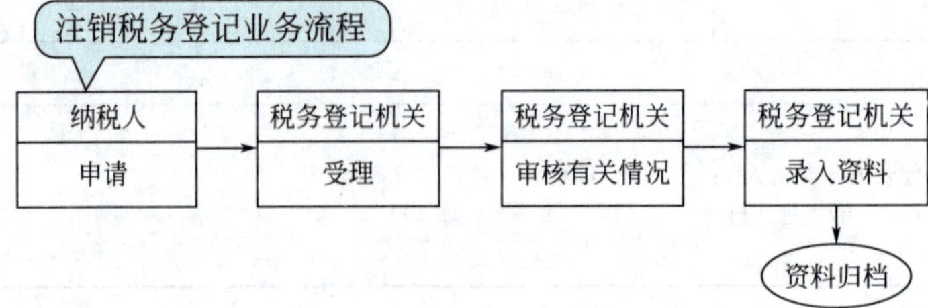

注销税务登记业务流程说明

| 步骤 | 流程名称 | 流 程 说 明 |
|---|---|---|
| 第一步 | 申请 | 纳税人应在规定的期限内申请办理注销税务登记，领取并填写《注销税务登记申请审批表》，并附送如下资料：上级主管部门批文或董事会、职代会的决议及其他有关证明文件；工商行政管理机关吊销营业执照的文件；原发放的税务登记证件正、副本；税务登记机关需要的其他有关资料 |
| 第二步 | 受理 | 税务登记机关登记部门受理纳税人填报的表格，审阅其填写表格是否符合要求，资料是否齐全 |
| 第三步 | 审核 | 税务登记机关对纳税人填报的《注销税务登记申请审批表》应审核：① 对纳税人已按主管税务机关的规定期限缴纳税款、多退（免）税款、滞纳金、罚款，缴销发票的，予以办理注销税务登记。② 对纳税人已按税务稽查机构的决定缴纳查补的税款、滞纳金、罚款，予以办理注销税务登记。③ 对纳税人未按照主管税务机关、税务稽查机构的规定缴纳税款、滞纳金、罚款和核缴发票的，登记机关不予办理注销税务登记。同时，主管税务机关有权向其财产承继人追缴。④ 对纳税人因生产、经营地点变动而办理注销税务登记的，原税务登记机关必须在受理申请之日起30日内完成注销税务登记手续，同时向迁达地税务登记机关传递《纳税人迁移通知书》和《纳税人档案移交清单》，由迁达地税务登记机关重新办理税务登记。如遇纳税人已经或正在享受税收优惠待遇的，迁出地税务登记机关应在《纳税人迁移通知书》上注明。⑤ 纳税人发生解散、破产、撤销情况时，按照破产法规定的破产清算程序进行清算，清算后仍然收不回欠税的，税务登记机关根据破产清算证明，予以办理注销税务登记。⑥ 对正接受税务稽查机构检查的纳税人，提出办理注销税务登记的，税务登记机关暂不受理 |
| 第四步 | 录入资料 | 对已核准注销税务登记的纳税人，税务登记机关应将有关注销税务登记信息资料录入计算机。 在办妥上述事项的情况下，税务登记机关依照服务承诺的期限给纳税人下达《注销税务登记通知书》 |

**【例1-12】**李某在广州市天河区设立蓝天个人独资企业，其住所即为其经营地点。后根据经营情况，李某将企业搬至广州市白云区。分析王某要办理何种税务登记。

**解析**　已办理税务登记的纳税人因税管登记内容发生变化的，应办理变更税务登记；但若纳税人因住所、经营地点发生变动，涉及改变税务登记机关的，应向原税务登记机关申报办理注销税务登记，并自注销税务登记之日30日内向迁达地税务机关申报办理税务登记。所以，李四应先到广州市天河区税务局办理注销税务登记，再到广州市白云区税务局办理设立税务登记。

*试一试1-11*　**判断正误并说明理由**

1. 纳税人发生解散、破产、撤销，以及其他情形，依法终止纳税义务的，应当先向工商行政管理机关办理注销登记，然后向原税务登记管理机关申报办理注销税务登记。

2. 纳税人在办理注销税务登记前，应当向税务机关结清应纳税款、滞纳金、罚款，提供清缴欠税的纳税担保，提交相关证明文件和资料，缴销发票和税务登记证件。

## 任务二　填写注销税务登记申请审批表

**案例讨论1-12**　张某等5位股东创办的东风公司准备解散，该公司应当如何办理注销税务登记？

注销税务登记业务，填写的相关表格有5种，即注销税务登记申请审批表（见表1-6）、注销税务登记应上缴涉税物品及资料清单（见表1-7）、纳税人注销清算应税事项报告表（见表

1-8)、注销税务登记清算报告（见表1-9）、出口企业退（免）税注销认定申请表（见表1-10）。

**试一试1-12　请根据以下资料填写《注销税务登记申请审批表》**

泰国某建筑工程公司承包境内某酒店的建筑设计劳务，承包费510万元，负责工程质量监理收入820万元。工期从2006年6月至2008年12月。工程竣工清算后，经市建委批准其所设机构撤销。经详细核查该公司的计税资料，有关情况如下。

（1）应缴营业税166.5万元，所得税设计劳务按15%、质量监理按20%核定利润率应缴87.78万元，均已缴纳无误。

（2）该公司与玉林酒店所签设计劳务合同，印花税率为0.005%，质量监理合同印花税率为0.003%，应缴未缴印花税共计0.5万元。

（3）该公司外籍人员15名，来华工作期间工资薪金所得应缴个人所得税40.4万元，实缴36.2万元；劳务报酬所得应缴个人所得税37.9万元，实缴18.15万元，应补缴个人所得税共计23.6万元。

（4）××地税对外税务分局核发的《发票领购簿》一本，建筑安装收入统一发票一本未启用。应与税务登记证（正副本）一并缴销。

该公司主动申报补缴了印花税和个人所得税，并缴纳滞纳金8.38万元。

**表1-6　注销税务登记申请审批表**

纳税人识别号 | | | | | | | | | | | | | | | | | | | | |

纳税人名称：

<table>
<tr><td>联系地址</td><td colspan="4"></td><td>联系电话</td><td></td></tr>
<tr><td>注销原因</td><td colspan="6"></td></tr>
<tr><td rowspan="2">批　准<br>机　关</td><td>名　称</td><td colspan="5"></td></tr>
<tr><td>批准文号及日期</td><td colspan="5"></td></tr>
<tr><td colspan="2">迁入地税务机关代码</td><td colspan="3"></td><td>税务机关名称</td><td></td></tr>
<tr><td colspan="2">迁入地址</td><td colspan="5"></td></tr>
<tr><td colspan="7">纳税人（签章）<br>法定代表人：　　办税人员：　　年　月　日</td></tr>
<tr><td colspan="7">以　下　由　税　务　机　关　填　写</td></tr>
<tr><td rowspan="6">发票管理环节<br>缴销发票情况</td><td>购领发票名称</td><td></td><td></td><td colspan="2"></td><td>防伪设备</td></tr>
<tr><td>购领发票数量</td><td></td><td></td><td colspan="2"></td><td rowspan="5">收缴情况或联系单号码：<br>收缴人：<br>年　月　日</td></tr>
<tr><td>已使用发票数量</td><td></td><td></td><td colspan="2"></td></tr>
<tr><td>结存发票数量</td><td></td><td></td><td colspan="2"></td></tr>
<tr><td>起　止　号　码</td><td></td><td></td><td colspan="2"></td></tr>
<tr><td colspan="5">经办人：　　年　月　日</td></tr>
</table>

续表

<table>
<tr><td>征收环节结算清缴税款情况</td><td colspan="4">经办人：　　　　　　　　　　年　月　日</td></tr>
<tr><td rowspan="4">登记管理环节审核意见</td><td rowspan="3">封存税务机关发放证件情况</td><td>税务登记证正（副）本</td><td>其他有关证件</td><td rowspan="3">是否是增值税一般纳税人：</td></tr>
<tr><td></td><td></td></tr>
<tr><td></td><td></td></tr>
<tr><td colspan="4">经办人：　　　　　　　　　　年　月　日</td></tr>
<tr><td colspan="2">分支机构名称</td><td colspan="2">税务登记注销情况</td><td>主管税务机关</td></tr>
<tr><td colspan="2"></td><td colspan="2"></td><td></td></tr>
<tr><td colspan="2"></td><td colspan="2"></td><td></td></tr>
<tr><td colspan="2"></td><td colspan="2"></td><td></td></tr>
<tr><td>稽查</td><td>实际经营期限</td><td></td><td>已享受税收优惠</td><td></td></tr>
<tr><td rowspan="2">（稽核）清算情况（详见清算报告）</td><td colspan="2">经办人：<br>年　月　日</td><td colspan="2">负责人签字：<br>年　月　日</td></tr>
<tr><td colspan="4">局长签字：<br>年　月　日<br>（公章）<br>年　月　日</td></tr>
<tr><td>征管系统操作情况</td><td colspan="4">操作人：　　　　　　　年　月　日</td></tr>
</table>

注：本表一式三份（防伪税控企业一式四份），其中一份交纳税人。

**表 1-7　注销税务登记应上缴涉税物品及资料清单**

<table>
<tr><td>单位</td><td></td><td>经济性质</td><td></td></tr>
<tr><td>地址</td><td></td><td>电话</td><td></td></tr>
<tr><td>法人</td><td colspan="3"></td></tr>
<tr><td>序号</td><td>名称</td><td>数　量</td><td></td></tr>
<tr><td>1</td><td>税务登记证</td><td colspan="2">正本　本　　副本　本</td></tr>
<tr><td>2</td><td>发票领购簿</td><td colspan="2">本</td></tr>
<tr><td>3</td><td>防伪税控金税卡、IC卡</td><td colspan="2">金税卡　张　　IC卡　张</td></tr>
<tr><td>4</td><td>注销税务登记申请审批表</td><td colspan="2">份</td></tr>
<tr><td>5</td><td>上级主管部门批文和董事会决议</td><td colspan="2">份</td></tr>
<tr><td>6</td><td>人民法院终结破产程序的民事裁定书</td><td colspan="2">份</td></tr>
<tr><td>7</td><td>营业执照被吊销的应提交工商行政管理部门发出的吊销决定及复印件</td><td colspan="2">份</td></tr>
<tr><td>8</td><td>纳税人注销清算应税事项报告表</td><td colspan="2">份</td></tr>
<tr><td>9</td><td>其他应税物品、证明和材料</td><td colspan="2">份</td></tr>
</table>

续表

| 纳税人签章： | 税务部门盖章： |
| --- | --- |
| 经手人签字： | 经手人签字： |
| 上缴时间：　　年　月　日 | 收缴时间：　　年　月　日 |
| | 备注： |

注：本表一式两份，税务机关和纳税人各一份。

**表1-8　纳税人注销清算应税事项报告表**

税务登记证号：　　　　　　　　　　　　　　　　　　　　　　金额：元（列至角分）

| 纳税人名称 | | 生产经营地址 | |
| --- | --- | --- | --- |
| 企业注销原因 | | | |
| 企业清算时间 | 年　月　日至　　年　月　日 | | |
| 存　货　资　产　清　理　情　况 | | | |
| 项目 | 清理前存货账面原值 | 清理后存货实有价值 | 差　额 |
| 外购货物 | | | |
| 自产货物 | | | |
| 存货总值 | | | |
| 存　货　资　产　清　偿　处　理　情　况 | | | |
| 项目 | 外购货物 | 自产货物 | 合　计 |
| 支付职工工资和劳保费用 | | | |
| 清偿企业债务 | | | |
| 无偿赠送他人 | | | |
| 分配股东或投资者 | | | |
| 其他处理情况 | | | |
| 合计清偿总值 | | | |
| 增值税税率或征收率 | | | |
| 补缴增值税税额 | | | |
| 其他应税（所得税等）事项报告 | | | |

续表

<table>
<tr><td>企业办税人员：<br><br>企业法人代表：<br><br>企业盖公章：<br><br>年　　月　　日</td><td>国税管理机关审核意见<br>经审核，企业申报进行清算的存货资产账面原值，与原企业报送的清算前当月资产负债表存货数值＿＿＿＿＿＿；企业解散清算应税事项的报告，与清算组编列的财产清单和清算报＿＿＿＿＿。<br>建议：<br><br>经办人：　　　　负责人：　　　　管理机关（盖章）<br>年　　月　　日</td></tr>
</table>

注：本表一式两份，税务机关和纳税人各一份。

### 表1-9　注销税务登记清算报告

国税注清字＿＿号

| 纳税人名称 | | | |
|---|---|---|---|
| 生产经营地址 | | 纳税人识别号 | |
| 法定代表人 | | 经济性质 | |
| 经营方式 | | 是否为增值税一般纳税人 | |
| 经营范围 | | | |

<table>
<tr><td>纳税人因＿＿＿＿＿＿＿＿＿＿＿＿原因，于＿＿＿年＿＿月＿＿日申请注销税务登记。</td></tr>
<tr><td>检查清算情况：<br><br>检查人员签字：<br>年　　月　　日</td></tr>
<tr><td>主管税务分局（税源管理科）意见：<br>（公章）<br>负责人签字：　　　　年　　月　　日</td></tr>
</table>

注：此表为A4竖式，一式二份：主管税务分局（税源管理科）一份，征管科（综合业务科）一份。

### 表1-10　出口企业退（免）税注销认定申请表

| 企业名称 | | 法定代表人 | |
|---|---|---|---|
| 税务登记号 | | 海关代码 | |
| 纳税人管理码 | | 主管税务机关 | |
| 注销认定原因 | | | |
| 批准机关 | | | |
| 上缴税务机关应退税的资料 | | | |
| 已退税款及未退税款情况 | | | |
| 出口退（免）税款是否全部结清 | | | |

续表

<table>
<tr><td>需要说明的事项</td><td colspan="2"></td></tr>
<tr><td>附送件</td><td colspan="2"></td></tr>
<tr><td>申请注销认定者请认真阅读以下条款，并由企业法定代表人或个体工商负责人签字、盖章以示确认。<br>一、遵守各项税收法律、法规及规章。<br>二、在出口货物退（免）税注销认定申请表中所填写的信息及提交的材料是完整、准确、真实的。<br><br>申请人签字（盖章）：<br>年　月　日</td><td>主管税务机关调查情况：<br><br>经办人签字（盖章）：<br>年　月　日</td><td>县（市）局审批意见：<br><br>经办人签字（盖章）：<br>年　月　日</td></tr>
</table>

注：本表为 A4 竖式，一式三份：纳税人一份，主管分局一份，县（市）局一份。

# 项目四　税务停业登记

实行定期定额征收方式的纳税人在营业执照核准的经营期限内需要停业的，应当向税务机关提出停业登记，说明停业的理由、时间、停业前的纳税情况和发票的领、用、存情况，并如实填写申请停业登记表（表1-11）。

## 任务一　掌握税务停业登记操作流程

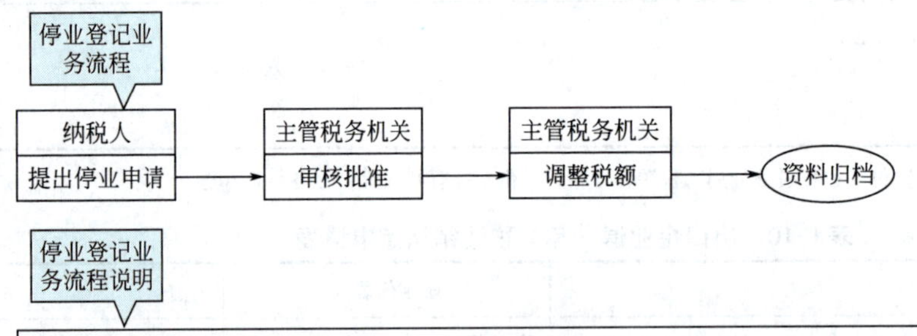


停业登记业务流程说明

第一步　申请

实行定期定额方式征收税款的个体工商户及核算不健全的小型工商企业，在营业执照核准的经营期t限内需要停业的，应向原主管税务机关提出申请，领取并填报《停业登记表》，说明停业的原因、起止时间、纳税和发票领、用、存情况。小型工商企业有上级主管部门的，应提交上级主管部门同意其停业的批准文件。查账征收的纳税人不办理停业登记，在核定的纳税期间内无经营收入或其他收入的，应办理零申报。

第二步　审核批准

主管税务机关对纳税人提出的停业申请应专门审核，派员实地调查。经审核无误后，结清税款、滞纳金、罚款、缴销发票，收回《发票领购簿》，交回或由税务机关封存有关单证，将停业信息录入计算机，建立停业信息资料库。并给纳税人下发《核准停业通知书》，确认纳税人停业。

第三步　调整税额

经核准停业在 15 日以上的纳税人，税务机关应相应调整已经核定的应纳税额（不足 15 日不进行调整，超过 15 日不足 30 日的该月按减半调整，超过 30 日该月不征税）。

纳税人停业期间发生纳税义务，应及时向主管税务机关申报，依法补缴应纳税款。

**案例讨论1-13**　注销税务登记与停业税务登记有何不同？

## 任务二　填写停业税务登记表（见表1-11）

**表1-11　停业税务登记表**

| 纳税人识别号 | | | | | | | | | | | | | | | | | | | | |
|---|---|---|---|---|---|---|---|---|---|---|---|---|---|---|---|---|---|---|---|---|

纳税人名称：

<table>
<tr><td colspan="7">停业原因：</td></tr>
<tr><td>批准机关名称</td><td colspan="6"></td></tr>
<tr><td>批准文号</td><td colspan="3"></td><td>批准日期</td><td colspan="2">年　月　日</td></tr>
<tr><td>申请停业期限</td><td colspan="6">年　月　日至　年　月　日</td></tr>
<tr><td colspan="7">法定代表人：　　办税人员：　　纳税人（签章）<br>年　月　日</td></tr>
<tr><td colspan="7">以下由税务机关填写</td></tr>
<tr><td rowspan="9">发票管理环节封存发票情况</td><td>序号</td><td>发票名称</td><td>发票代码</td><td>发票起号</td><td>发票止号</td><td>数量</td></tr>
<tr><td></td><td></td><td></td><td></td><td></td><td></td></tr>
<tr><td></td><td></td><td></td><td></td><td></td><td></td></tr>
<tr><td></td><td></td><td></td><td></td><td></td><td></td></tr>
<tr><td>序号</td><td>证件名称</td><td>数量</td><td>证件号码</td><td>顺序号</td><td></td></tr>
<tr><td></td><td></td><td></td><td></td><td></td><td></td></tr>
<tr><td></td><td></td><td></td><td></td><td></td><td></td></tr>
<tr><td></td><td></td><td></td><td></td><td></td><td></td></tr>
<tr><td colspan="6">负责人：　　经办人：　　年　月　日</td></tr>
<tr><td>稽查环节清算情况</td><td colspan="6">意见：<br>负责人：　　经办人：　　年　月　日</td></tr>
<tr><td>征收环节结算清缴税款情况</td><td colspan="6">意见：<br>负责人：　　经办人：　　年　月　日</td></tr>
<tr><td rowspan="5">登记管理环节审核意见</td><td>序号</td><td>证件名称</td><td>数量</td><td>证件号码</td><td colspan="2">证件顺序号</td></tr>
<tr><td></td><td></td><td></td><td></td><td colspan="2"></td></tr>
<tr><td></td><td></td><td></td><td></td><td colspan="2"></td></tr>
<tr><td>核准停业期限</td><td colspan="5">年　月　日至　年　月　日</td></tr>
<tr><td colspan="6">负责人：　　经办人：　　年　月　日</td></tr>
<tr><td>批准意见</td><td colspan="6">主管税务机关：<br>（公章）<br>年　月　日</td></tr>
</table>

注：本表一式二份，一份税务机关留存，一份交纳税人。

# 项目五　复业税务登记

纳税人应当于恢复生产、经营之前，向税务机关提出复业登记申请，经确认后，办理复业登记，领回或启用税务登记证件和发票领购簿及其领购的发票，纳入正常管理。

纳税人停业期满不能及时恢复生产、经营的，应当在停业期满前向税务机关提出延长停业登记。

纳税人停业期满未按期复业又不申请延长停业的，税务机关应当视为已恢复营业，实施正常的税收征收管理。

## 任务一　掌握复业税务登记操作流程

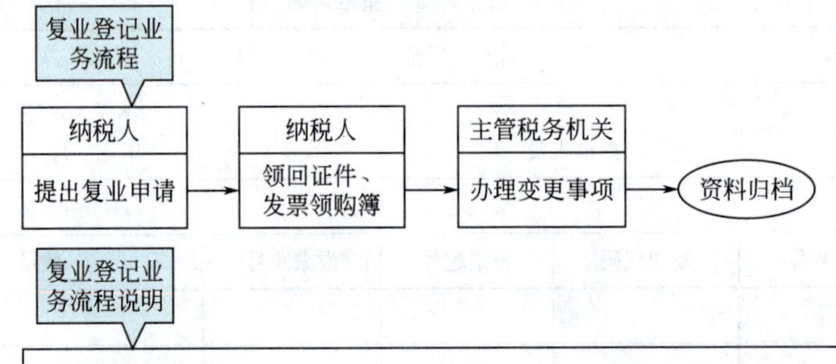


复业登记业务流程说明

第一步　申请

纳税人应当于恢复生产、经营之前向原主管税务机关提出复业申请，领取并填写《复业单证领取表》办理复业登记。需要延长停业时间的，应当在停业期限届满前向原主管税务机关申报延长停业时间，但连续停业期限不得超过6个月，经税务机关核准后方可延期。停业期满后既不提出延长停业时间申请，又不办理复业手续的，主管税务机关应视其为营业，计算机将自动恢复对纳税人纳税申报义务的正常监控。纳税人在税务机关核准的期限内恢复营业的，应当在恢复营业的次日，向主管税务机关报告，并依法履行纳税义务。

第二步　纳税人领回单证

纳税人复业时，领回税务登记证件、发票领购簿等单证，主管税务机关对纳税人纳入正常管理。

第三步　办理变更事项

纳税人恢复营业后经营情况发生变化的，应向主管税务机关申请办理变更登记手续，若涉及税种变化的，主管税务机关应重新办理有关纳税核定事项。

**案例讨论1-14**　开业税务登记与复业税务登记有何不同？

## 任务二　填写停业复业（提前复业）报告书（见表1-12）

表1-12　停业复业（提前复业）报告书

填表日期：　　年　　月　　日

| 纳税人基本情况 | 纳税人名称 | 纳税人识别号 | 经营地点 |
|---|---|---|---|
| | | | |

续表

| 停业期限 | | | | 复业时间 | | | |
|---|---|---|---|---|---|---|---|
| 缴回发票情况 | 种　类 | 号　码 | 本　数 | 领回发票情况 | 种类 | 号　码 | 本　数 |
| | | | | | | | |
| | | | | | | | |
| | | | | | | | |
| 缴存税务资料情况 | 发票领购簿 | 税务登记证 | 其他资料 | 领用税务资料情况 | 发票领购簿 | 税务登记证 | 其他资料 |
| | 是（否） | 是（否） | 是（否） | | 是（否） | 是（否） | 是（否） |
| 结清税款情况 | 应纳税款 | 滞纳金 | 罚款 | 停业期是（否）纳税 | 已缴应纳税款 | 已缴滞纳金 | 已缴罚款 |
| | 是（否） | 是（否） | 是（否） | | 是（否） | 是（否） | 是（否） |

纳税人（签章）：

年　月　日

| 税务机关复核 | 经办人：<br>年　月　日 | 负责人：<br>年　月　日 | 税务机关（签章）<br>年　月　日 |
|---|---|---|---|

注：1．申请提前复业的纳税人在表头“提前复业”字样上画“√”。

2．已缴还或领用税务资料的纳税人，在“是”字上画“√”，未缴还或未领用税务资料的纳税人，在“否”字上画“√”。

3．纳税人在停业期间有义务缴纳税款的，在“停业期是（否）纳税”项目的“是”字上画“√”，然后填写后面内容；没有纳税义务的，在“停业期是（否）纳税”项目的“否”字上画“√”，后面内容不用填写。

## 项目六　外出经营活动税收登记

从事生产、经营的纳税人到外县（市）进行生产经营的，应当向主管税务机关申请开具外出经营活动税收管理证明。

主管税务机关审核后，按照一地（外出经营地应当具体填写到县、市）一证的原则，核发《外出经营活动税收管理证明》（以下简称《证明》）。纳税人到外县（市）销售货物的，《证明》的有效期限一般为30日；到外县（市）从事建筑安装工程的，《证明》的有效期限最长为1年，因工程需要延长的，应当向原《证明》核发机关重新申请。

纳税人应当在到达经营地进行生产、经营前向经营地税务机关申请报验登记，并提交下列证件、资料：①税务登记证件副本；②《证明》；③销售货物的，填写《外出经营货物报验单》并申请查验货物。

## 任务一 掌握外出经营活动税收登记操作流程

外出经营活动税收登记操作流程

| 纳税人 | | 税务登记机关 | | 主管税务机关 | | |
|---|---|---|---|---|---|---|
| 申请 | → | 受理核发单证 | → | 办理缴销手续 | → | 资料归档 |

外出经营活动税收登记操作流程说明

第一步 申请

管辖地纳税人到外县、市从事生产、经营活动的，在外出经营前，持税务登记证副本及有关资料（建安企业需提供中标通知书、施工合同、施工许可证或开工报告等）到所在地税务机关领取并填写《外出经营活动税收管理证明申请审批表》。

第二步 受理、核发单证

受理纳税人提交的《外出经营活动税收管理证明申请审批表》和有关资料后，经审核无误，符合要求的按照“一地一证”原则向纳税人填发《外出经营活动税收管理证明单》（一式五份），加盖经办人印章及主管税务机关公章后，一份留存，四份供纳税人外出经营使用。纳税人外出销售货物的，《外出经营活动税收管理证明单》的有效期限为30日；外出从事建筑安装业务的有效期限最长为1年。需要延长期限的，应向原核发税务机关重新申请。

第三步 办理缴销手续

1.外出经营纳税人在《外出经营活动税收管理证明单》有效期满，但经营活动尚未结束需继续经营的，应回原主管税务机关缴销原证明，同时重新申请延长外出经营时间。

2.外出经营纳税人在其经营活动结束后，应在《外出经营活动税收管理证明单》有效期届满10日内持经营地主管税务机关注明经营情况并加盖印章的《外出经营活动税收管理证明单》返回主管税务机关缴销。

## 任务二 填写外出经营活动税收管理证明申请审批表（见表1-13）

**表1-13 外出经营活动税收管理证明申请审批表**

纳税人识别号：

| | | | | | | | | | | | | | | | | | | | |
|---|---|---|---|---|---|---|---|---|---|---|---|---|---|---|---|---|---|---|---|

纳税编码：

| | | | | | | | | | |
|---|---|---|---|---|---|---|---|---|---|

纳税人名称：

| 注册地址 | | 邮政编码 | |
|---|---|---|---|
| 生产经营地址 | | 邮政编码 | |
| 法定代表人 | | 法人证件类型 | |
| 证件号码 | | | |
| 电话号码 | | 行业 | |
| 登记注册类型 | | 经营方式 | |
| 运销地点 | | | |
| 销　售　货　物 | | | |
| 货物名称 | 单价 | 起运数量 | 总值 |
| | | | |
| | | | |
| | | | |
| 合　计 | | | |
| 金额合计大写 | | | |

续表

<table>
<tr><td colspan="4">建 安 工 程</td></tr>
<tr><td>工程项目</td><td>工程地点</td><td>工 程 期 限</td><td>工程预算</td></tr>
<tr><td></td><td></td><td>年　月　日至　　年　月　日</td><td></td></tr>
<tr><td></td><td></td><td>年　月　日至　　年　月　日</td><td></td></tr>
<tr><td colspan="4">申报单位<br>（公章）<br>法定代表人（负责人）：　　办税人员：　　年　月　日</td></tr>
<tr><td colspan="4">以下由税务机关填写</td></tr>
<tr><td colspan="4">主管税务机关意见：<br>（公章）<br>负责人：　　经办人：　　年　月　日</td></tr>
<tr><td>有效日期</td><td colspan="2">自　　年　月　日至<br>年　月　日</td><td>开具证明的字轨号：<br>开具日期：　　年　月　日</td></tr>
</table>

注：本表一式二份，一份税务机关留存，一份交纳税人。

# 项目七　外出经营活动报验登记

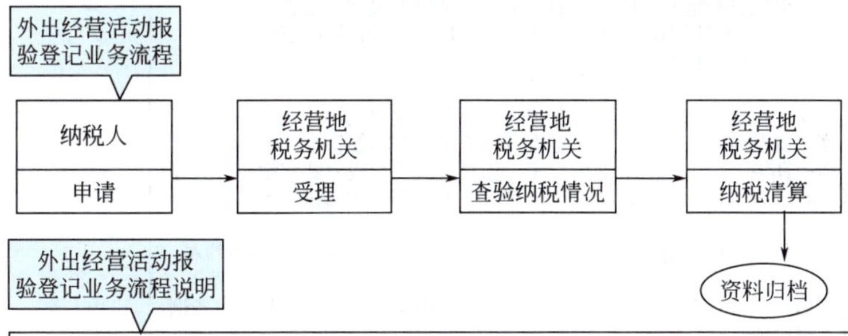


外出经营活动报验登记业务流程说明

第一步　申请

纳税人外出经营到达经营地后，应向经营地税务登记机关申请报验登记，接受税务管理，领取并填写《外出经营活动报验单》并提交下列资料、证件：①税务登记证副本；②外出经营活动税收管理证明单；③经营地税务登记机关需要的其他资料、证件。

第二步　受理

经营地税务登记机关受理，审阅纳税人填写表格是否符合要求，所附资料是否齐全，经审核无误后在税务登记模块中录入数据并注明＂外来户＂标志（只在计算机中办报验登记赋予其企业编码，不再对其核发税务登记证），制作《税务文书领取通知单》交纳税人，同时将纳税人提交的《外出经营活动税收管理证明单》和有关资料转送主管税务机关。

第三步　查验

1．经营地主管税务机关对纳税人报送的有关资料进行审验。报验与实际一致的在《外出经营活动报验单》上签署查验意见并加盖税务机关印章后，交纳税人一份，另一份存档，同时封存《外出经营活动税收管理证明单》（证明联、回执联）；不一致的，对纳税人就地征税。

2．纳税人所携货物未在《外出经营活动税收管理证明单》注明地点销售完毕需异地销售的，必须经过注明地点税务机关验审，并在其所持《外出经营活动税收管理证明单》上转注。异地销售而未经注明地主管税务机关验审转注的，视为未持有《外出经营活动税收管理证明单》。

3．纳税人如需要购买发票，必须提供担保人或缴纳发票保证金，经审核后方可供应发票。对应在经营地纳税的，应给纳税人核发《纳税人税种登记表》和《外出经营活动情况申报表》，办理有关纳税核定，同时将纳税人的资料录入计算机。

第四步　纳税清算

经营活动结束后，纳税人应向经营地税务机关填报《外出经营活动情况申报表》，经主管税务机关实地稽核，纳税人按规定结清税款、缴销未使用完的发票、交回发票领购簿后进行报验登记注销处理。经营地税务机关应当在《外出经营活动情况申报表》上注明纳税人的经营、纳税及发票使用情况，将回执联交纳税人报送填发地税务机关，证明联留存。并在纳税人提交的《外出经营活动税收管理证明单》和填报的《外出经营活动情况申报表》加盖公章，留存一份，其他资料连同在经营地缴税的完税凭证退回纳税人交所在地主管税务机关办理有关税款补征手续。税务登记机关在《税务登记底册》中注销。外出经营期满后仍不办理有关注销手续的纳税人，经催办后仍不办理的，主管税务机关应及时查处或按照规定的工作程序移交税务稽查机构查处，同时对其外出经营作注销处理。

# 项目八　纳税人税种登记

## 任务一　掌握纳税人税种登记业务流程

税收登记是纳税人在办理开业或变更税务登记的同时申请填报的，由税务机关根据其生产、经营范围及拥有的财产等情况，认定录入纳税人所适用的税种、税目、税率、报缴税款期限、征收方式和缴库方式的一种登记手续。

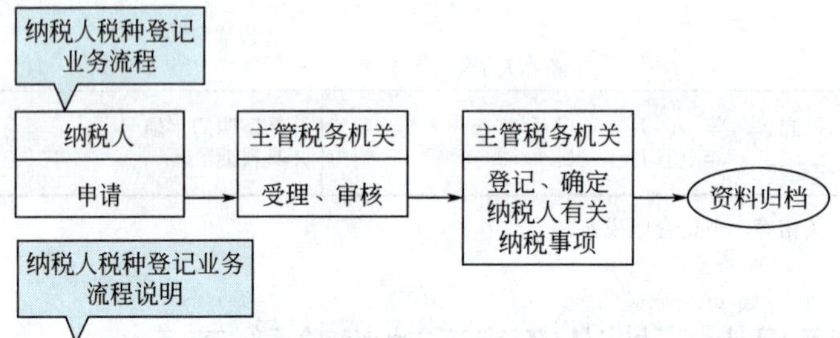


纳税人税种登记业务流程说明

第一步　申请

纳税人在办理开业或变更税务登记的同时，领取并填写《纳税人税种登记表》（一式三份），根据税收法规、政策的规定于7日内填写完毕，同时携带财务、会计制度或财务、会计处理办法，到主管税务机关申报税种登记。

第二步　受理、审核

税务登记机关受理纳税人报送的《纳税人税种登记表》，核对填报内容是否准确齐全，并审查其财务、会计制度或者财务、会计处理办法是否符合要求，对填报符合要求的按工作程序核定税种、税目、申报期限、纳税期限、适用税率、预算级次、征收方式和缴库方式等作为税务机关监控纳税人履行纳税义务的依据；不符合规定的要求其重新填报补齐。

第三步　登记

主管税务机关依据《纳税人税种登记表》所填写的项目，自受理之日起3日内进行税种登记。

1. 根据税种登记表中申报的货物名称、经营项目和税务登记表中的经济类型及各税条例，确定纳税人的应纳税种、税目或品目。
2. 按照有关规定核定缴库方式。
3. 根据纳税人财务核算形式和征管范围确定纳税地点。
4. 确定纳税期限。
5. 确定纳税人在纳税期限满后申报缴纳税款的期限。
6. 根据税收法律、法规的规定和企业隶属关系确定税款缴入国家金库的级次，确定中央或地方收入，并按预算款项进行分类。

## 任务二　填写纳税人税种登记表（见表1-14、表1-15）

**表1-14　纳税人税种登记表**（适用企业所有涉税税种）

纳税人识别号 | | | | | | | | | | | | | | | | | | | | |

纳税人名称：

**一、增值税**

<table>
<tr><td rowspan="2">类<br>别</td><td rowspan="2">1.销售货物<br>2.加工<br>3.修理修配<br>4.其他</td><td rowspan="2">货物<br>或项<br>目名<br>称</td><td>主营</td><td></td></tr>
<tr><td>兼营</td><td></td></tr>
</table>

续表

<table>
<tr><td colspan="2">纳税人认定情况</td><td colspan="3">1.增值税一般纳税人 □　　2.小规模纳税人 □　　3.暂定增值税一般纳税人 □</td></tr>
<tr><td colspan="2">经营方式</td><td colspan="3">1.境内经营货物 □　　2.境内加工修理 □　　3.自营出 □ □<br>4.间接出 □ □　　5.收购出 □ □　　6.加工出 □ □</td></tr>
<tr><td colspan="5">备注：</td></tr>
<tr><td colspan="5">二、消费税</td></tr>
<tr><td>类别</td><td>1.生产<br>2.委托加工<br>3.零售</td><td>应税消费品名称</td><td colspan="2">1.烟 □　2.酒及酒精 □　3.化妆品 □　4.护肤、护发品 □<br>5.贵重首饰及珠宝玉石 □　6.鞭炮、烟火 □　7.汽油 □<br>8.柴油 □　9.汽车轮胎 □　10.摩托车 □　11.小汽车 □</td></tr>
<tr><td colspan="2">经营方式</td><td colspan="3">1.境内销售 □　　2.委托加工出 □ □　　3.自营出 □ □　　4.境内委托加工 □</td></tr>
<tr><td colspan="5">备注：</td></tr>
<tr><td colspan="5">三、营业税</td></tr>
<tr><td rowspan="2">经营项目</td><td>主营</td><td colspan="3"></td></tr>
<tr><td>兼营</td><td colspan="3"></td></tr>
<tr><td colspan="5">备注：</td></tr>
<tr><td colspan="5">四、企业所得税、外商投资企业和外国企业所得税</td></tr>
<tr><td colspan="2">法定或申请纳税方式</td><td colspan="3">1.按实纳税 □　　2.核定利润率计算纳税 □<br>3.按经费支出换算收入计算纳税 □　　4.按佣金率换算收入纳税 □<br>5.航空、海运企业纳税方式 □　　6.其他纳税方式 □</td></tr>
<tr><td colspan="2">非生产性收入占总收入的比例/%</td><td colspan="3"></td></tr>
<tr><td colspan="5">备注：季度预缴方式：1.按上年度1/4 □　　2.按每季度实际所得 □</td></tr>
<tr><td colspan="5">五、资源税</td></tr>
<tr><td colspan="2">产品名称</td><td></td><td>应税项目</td><td></td></tr>
<tr><td colspan="5">备注：</td></tr>
<tr><td colspan="5">六、土地增值税</td></tr>
<tr><td colspan="5">七、房产税</td></tr>
<tr><td colspan="2">计 税 类 别</td><td colspan="3">1.自有房产 □　　2.出租房产 □</td></tr>
<tr><td colspan="5">备注：</td></tr>
<tr><td colspan="5">八、车船税</td></tr>
<tr><td colspan="2">车 船 类 别</td><td colspan="3">1.机动船 □　2.非机动船 □　3.机动车 □　4.非机动车 □</td></tr>
<tr><td colspan="5">九、屠宰税</td></tr>
<tr><td colspan="2">屠宰类别</td><td colspan="3">1.猪 □　　2.牛 □　　3.羊 □</td></tr>
<tr><td colspan="5">备注：</td></tr>
<tr><td colspan="5">十、城镇土地使税</td></tr>
<tr><td colspan="2">税 额 类 别</td><td colspan="3">1.大城市 □　2.中等城市 □　3.小城市 □　4.县城、建制镇、工矿区 □</td></tr>
<tr><td colspan="5">备注：</td></tr>
</table>

续表

| 十一、城市维护建设税 1.市区 □ 2.县城镇 □ 3.其他 □ | |
|---|---|
| 十二、教育费附加 | |
| 十三、基金 | |
| 十四、矿区使用费 | |
| 原油 | 不超过100万吨 □ 100万吨至150万吨 □ 150万吨至200万吨 □<br>200万吨至300万吨 □ 300万吨至400万吨 □ 400万吨以上 □ |
| 天然气 | 不超过20亿立方米 □ 20亿至35亿立方米 □<br>35亿至50亿立方米 □ 50亿立方米以上 □ |
| 预缴方式 | 分次 □ 分期 □ |
| 十五、其他费用 | |
| 以上内容纳税人必须如实填写，如内容发生变化，应及时办理变更登记 | |

以下由税务机关填写

| 税种 | 税目或品目 | 子目 | 申报期限 | 纳税期限 | 征收率或单位税额 | 征收项目分类 | 申报方式 | 征缴方式 | 预算款名 | 预算项名 | 级次分配比例 | | | | | 是否单独纳税 |
|---|---|---|---|---|---|---|---|---|---|---|---|---|---|---|---|---|
| | | | | | | | | | | | 中央 | 省 | 市 | 县、区 | 乡、街 | |
| | | | | | | | | | | | | | | | | |
| | | | | | | | | | | | | | | | | |
| | | | | | | | | | | | | | | | | |
| | | | | | | | | | | | | | | | | |
| 鉴定人 | | 鉴定日期 | | 录入人 | | 录入日期 | | | | | | | | | | |

注：1．本表系纳税人根据工商登记的生产经营范围及税法的有关规定，对纳税事项的自行核定及税务机关据此核定的应税项目。

2．税目或品目、子目：按税收统计项目填写。

3．申报期限、纳税期限：按各税种条例规定填写。

4．征收项目分类：填“城市”或“农村”。

5．征缴方式：填“一般转账缴款方式”、“自核自缴”、“预储账户缴税”、“支票缴税”、“现金缴税”、“信用卡缴税”、“委托代征”等。

6．本表一式一份，纳税人填写后，与税务登记表一同交给主管税务机关，由税务机关留存。

**表1-15 税种登记表（适用每一税种）**

| 纳税人识别号 | | 法定代表人 | | |
|---|---|---|---|---|
| 纳税人名称 | | | | |
| 征收项目（税种） | | 预算科目 | | |
| 申报期限 | | 纳税期限 | | |
| 征收项目分类 | | 征缴方式 | | |
| 预算分配比例 | | 是否单独纳税 | 经办人 | |
| 登记日期 | | 有效期起 | | |

续表

| 征收方式 | | 增值税企业类型 | |
|---|---|---|---|
| 缴款期限（天） | | 预缴期限（天） | |
| 申报方式 | | 收款国库 | |
| 征收品目 | 税率（或单位税额） | 征收率 | 计量单位 |
| | | | |
| 录入人 | | 录入日期 | |

注：1．本表系纳税人根据工商登记的生产经营范围及税法的有关规定，对纳税事项的自行核定及税务机关据此核定的应税项目。每一税种填一张表。

2．税目或品目、子目：按税收统计项目填写。

3．申报期限、纳税期限、缴款期限：按各税种条例规定填写。

4．征收项目分类：填“城市”或“农村”。

5．“征缴方式”统一设置为：对实行电子申报的个体户的核定为“预储账户缴税”；对未实行电子申报的个体户核定为“现金缴税”；对其他企业核定为“一般转账缴款方式”。

6．有效期起：决定该纳税人该税种的税款所属期限起始日期，是纳税人发生纳税义务的标志；填纳税人发生纳税行为实际日期，该时间填写不能早于核准税务登记日期，并且为发生纳税义务的月份1日。

7．本表一式三份，税源管理科墙报，办税服务厅一份，税源管理部门一份。

# 项目九　扣缴义务人扣缴税款登记

## 任务一　掌握扣缴义务人扣缴税款登记操作流程

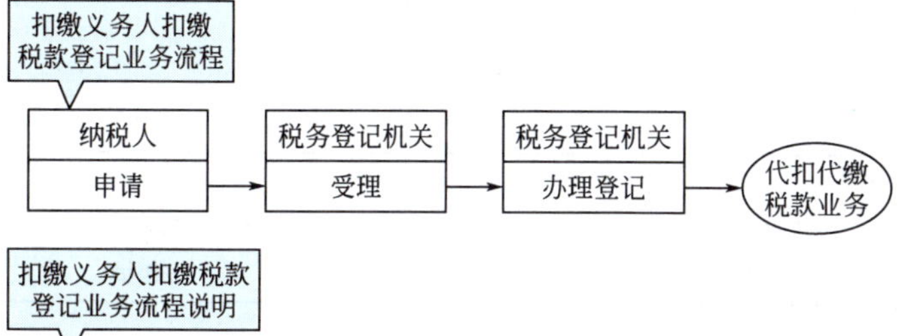


扣缴义务人扣缴税款登记业务流程说明

第一步　申请

扣缴义务人应当自扣缴义务发生之日起30日内向税务登记机关申报办理扣缴税款登记。同时附送如下证件、资料：

（一）营业执照或其他合法证件；

（二）与扣缴税款有关的合同、协议书副本；

（三）组织机构统一代码证书；

（四）税务机关要求提供的其他有关证件、资料。

第二步　受理

（一）税务登记机关受理扣缴义务人提交办理扣缴登记的有关证件、资料后，发给扣缴义务人《代扣（收）代缴税务登记表》，由扣缴义务人按要求如实填写，审核无误后予以登记。同时将有关资料录入计算机，生成《代扣（收）代缴税务登记底册》。

（二）个人所得税的税务登记。对在两处以上取得工资、薪金所得个人；没有扣缴义务人的个人；从境外取得应纳税所得的个人；外籍人员（包括中国港、澳、台人员，下同）；按照各市标准确定的高收入个人（包括按照各市确定的高收入行业中的高收入个人）；以及税务机关根据个人所得税法及有关规定要求办理税务登记的个人，都应按照规定申报办理税务登记，填写《个人所得税税务登记表》，个体工商户按原有的税务登记表格式填报。税务机关发给《个人所得税代扣代缴证书》。

第三步　办理代扣（收）代缴手续

**案例讨论1-15** 扣缴义务人扣缴税款登记与开业税务登记业务流程有何不同？

## 任务二 填写扣缴义务人登记表（见表1-16）

**表1-16 扣缴义务人登记表**

<table>
<tr><td rowspan="2">扣缴义务人名称</td><td rowspan="2"></td><td colspan="2">组织机构统一代码</td><td colspan="2"></td></tr>
<tr><td colspan="2">纳税人识别号</td><td colspan="2"></td></tr>
<tr><td>法定代表人（负责人）</td><td></td><td>身份证件名称</td><td></td><td>证件号码</td><td></td></tr>
<tr><td>地址</td><td colspan="3"></td><td>邮政编码</td><td></td></tr>
<tr><td>财务负责人</td><td colspan="3"></td><td>联系电话</td><td></td></tr>
<tr><td>行业</td><td colspan="5"></td></tr>
</table>

| 开户银行 | 账号 | 是否是缴税账号 |
|---|---|---|
| | | |
| | | |
| | | |
| | | |

| 代扣代缴代收代缴税款的业务内容 | |
|---|---|

扣缴义务人

经办人： 法定代表人（负责人）： 扣缴义务人（签章）

年 月 日

税务机关

| 是否办理税务登记 | | 是否发放扣缴税款登记证件 | |
|---|---|---|---|
| □是 | □否 | □是 | □否 |

经办人： 负责人 税务机关（签章）

年 月 日

注：1. 本表依据《中华人民共和国税收征收管理法实施细则》第十三条设置。

2. 适用范围：本表适用于具有代扣代缴、代收代缴税款义务的扣缴义务人向税务机关申报办理扣缴税款登记时使用。

3. 填表说明

（1）组织机构统一代码：办理组织机构统一代码证书的扣缴义务人填写质量技术监督部门核发的9位国标码，未办的不填写。

（2）纳税人识别号：办理税务登记的扣缴义务人填写。

（3）开户银行、账号：扣缴义务人用于缴纳税款的开户银行的全称及银行账号。

（4）代扣代缴、代收代缴税款的业务内容：依照税法规定具有代扣代缴、代收代缴义务的扣缴义务人，应代扣代缴、代收代缴的具体项目。

4. 本表为A4型竖式，一式二份，税务机关一份，扣缴义务人一份。

# 项目十　税务登记证的使用和管理

## 任务一　掌握税务登记证的办理程序

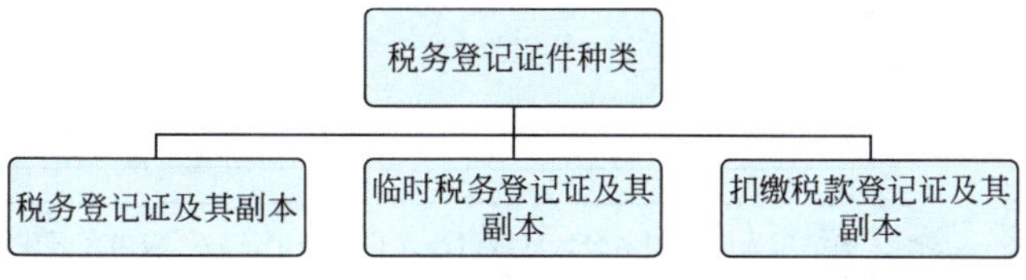

税务登记证

纳税人名称：丹阳市协力气体设备有限公司

法定代表人(负责人)：

地　　址：丹阳市延陵镇北门头村

登记注册类型：私营有限责任公司

经营范围：气体设备、金属软管的销售，小五金生产、加工、销售

批准设立机关：工商部门

扣缴义务：依法确定

### 知识驿站 1-7

**税务登记代码是如何规定的?**

◆ 国家税务局（分局）、地方税务局（分局）执行统一税务登记代码。税务登记代码由省级国家税务局、地方税务局联合编制，统一下发各地执行

◆ 已领取组织机构代码的纳税人税务登记代码为：区域码＋国家技术监督部门设定的组织机构代码；个体工商户税务登记代码为其居民身份证号码；从事生产、经营的外籍及中国港、澳、台人员税务登记代码为：区域码＋相应的有效证件（如护照，中国香港、澳门、台湾居民往来大陆通行证等）号码。

◆ 国家税务局（分局）、地方税务局（分局）分别办理税务登记的，各自核发相应税务登记证件；联合办理税务登记的，则对同一纳税人核发同一份加盖国家税务局（分局）、地方税务局（分局）印章的税务登记证。

税务登记证办理程序

纳税人向税务机关提出申请，税务机关接受纳税人申请后发给其税务登记表，纳税人如实填写好表格，税务机关对纳税人填写的表格进行审核，符合规定的，输入电脑打印税务登记证正，副本，发放给纳税人。纳税人可以委托税务代理人员代办税务登记。

## 任务二 税务登记证的使用与管理规定

税务登记证的使用与管理规定

◆纳税人领取税务登记证或者注册税务登记证后，应当在其生产、经营场所内明显易见的地方张挂，亮证经营。

◆税务登记证件只限纳税人自己使用，不得转借、涂改、损毁、买卖或者伪造。

### 知识驿站1-8 纳税人办理下列事项时必须持税务登记证证件

- 开立银行账户。
- 申请减、免、退税。
- 申请办理延期申报、延期缴纳税款。
- 办理停业、歇业。
- 申请开具外出经营活动税收管理证明。
- 领购发票。
- 其他有关税务事项。

**案例讨论1-16** 税务登记证丢失了，如何处理？

## 任务三 税务登记证件的验证和换证

税务登记证件验证、换证的时间规定

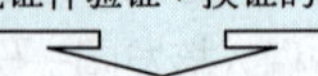

税务登记证件的验证和换证是指税务机关对已核发的税务登记证件实行定期审验和换发，以确保税务登记内容与纳税人生产经营实际情况相一致的一项管理制度。纳税人应当在规定的期限内持有关证件到税务登记机关办理验证或者换证手续。税务登记证件3年更换一次，1年验审一次。

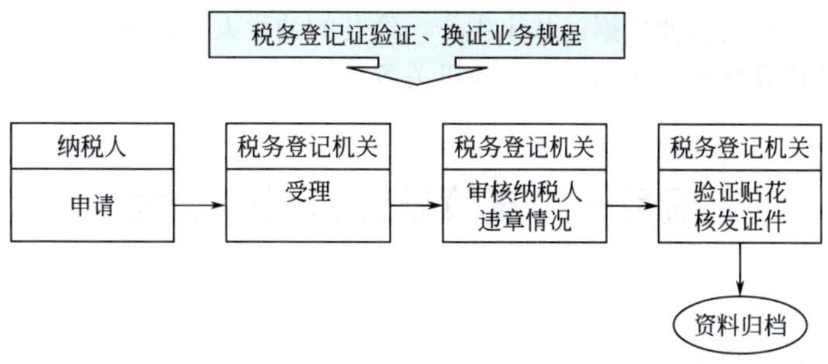


**案例讨论1-17**　办理税务登记证的验证、换证应提供哪些资料？

**【例1-13】**王先生开办了一家贸易有限公司，该公司在办理税务登记以后就将该证件锁在保险柜中，害怕遗失。请问，该公司对待税务登记的方法是否正确？该公司办理哪些事项必须使用税务登记证？遗失税务登记证是否是一件很严重的事情？

**解析**　该公司的做法是错误的。该公司应当将税务登记证件正本在其生产、经营场所或者办公场所公开悬挂，接受税务机关检查。

该公司办理下列事项时必须使用税务登记证：① 开立银行账户；② 申请减免税、退税；③ 申请办理延期申报、延期缴纳税款；④ 领购发票；⑤ 申请开具外出经营活动税收管理证明；⑥ 办理停业、歇业；⑦ 其他有关税务事项。

遗失税务登记证并不是一件很严重的事情。该公司如果遗失税务登记证，应当自遗失税务登记证之日起15日内，书面报告主管税务机关，如实填写《税务登记证件遗失报告表》，并将纳税人的名称、税务登记证件名称、税务登记证件号码、税务登记证件有效期、发证机关名称在税务机关认可的报刊上做遗失声明，凭报刊上刊登的遗失声明向主管税务机关申请补办税务登记证件。

**知识驿站 1-9**

**税务登记稽核方式**

税务机关日常的税务登记稽核可以采取以下方式：

- 国家税务局和地方税务局之间按月相互稽核税务登记户数；
- 按季度和年度与工商行政管理机关、技术监督部门和民政部门核对注册和注销的各类企业、个体工商户、社团法人，以及他们的组织机构统一代码，以发现应当登记或应当注销登记的纳税人；
- 利用纳税人报验的购买货物（或接受劳务服务）取得的发票和销售货物（或提供劳务服务）开出的发票，核查其供应商或客户中未办理税务登记者；
- 对特定地区内从事应纳税活动的所有单位和个人逐一进行实地核查，清理漏管户。

## 课题四　账证管理

账簿、凭证是纳税人进行生产经营活动和核算财务收支的重要依据，是税务机关对纳税人进行征税、管理、核查的重要依据。从事生产、经营的纳税人的财务、会计制度或者财务、会计处理办法和会计核算软件，应当报送税务机关备案。

# 项目一　账簿设置和制度备案

## 任务一　明确建账要求

纳税人、扣缴义务人按照有关法律、行政法规和国务院财政、税务主管部门的规定设置账簿，根据合法、有效凭证记账，进行核算。

① 从事生产、经营的纳税人应当自领取营业执照或者发生纳税义务之日起15日内，按照国家有关规定设置账簿。所谓账簿，是指总账、明细账、日记账及其他辅助性账簿。总账、日记账应当采用订本式。

② 生产、经营规模小又确无建账能力的纳税人，可以聘请经批准从事会计代理记账业务的专业机构或者经税务机关认可的财会人员代为建账和办理账务；聘请上述机构或者人员有实际困难的，经县以上税务机关批准，可以按照税务机关的规定，建立收支凭证粘贴簿、进货销货登记簿或者使用税控装置。

③ 扣缴义务人应当自税收法律、行政法规规定的扣缴义务发生之日起10日内，按照所代扣、代收的税种，分别设置代扣代缴、代收代缴税款账簿。

纳税人、扣缴义务人会计制度健全，能够通过计算机正确、完整计算其收入和所得或者代扣代缴、代收代缴税款情况的，其计算机输出的完整的书面会计记录，可视同会计账簿。

纳税人、扣缴义务人会计制度不健全，不能通过计算机正确、完整计算其收入和所得或者代扣代缴、代收代缴税款情况的，应当建立总账及与纳税或者代扣代缴、代收代缴税款有关的其他账簿。

④ 账簿、记账凭证、报表、完税凭证、发票、出口凭证，以及其他有关涉税资料应当合法、真实、完整。账簿、记账凭证、报表、完税凭证、发票、出口凭证，以及其他有关涉税资料应当保存10年；但是，法律、行政法规另有规定的除外。

## 任务二　领会财务会计制度与处理办法备案要求

从事生产、经营的纳税人的财务、会计制度或者财务、会计处理办法和会计核算软件，应当报送税务机关备案。

① 从事生产、经营的纳税人应当自领取税务登记证件之日起15日内，将其财务、会计制度或者财务、会计处理办法报送主管税务机关备案。

② 纳税人使用计算机记账的，应当在使用前将会计电算化系统的会计核算软件、使用说明书及有关资料报送主管税务机关备案。纳税人建立的会计电算化系统应当符合国家有关规定，并能正确、完整核算其收入或者所得。

③ 纳税人、扣缴义务人的财务、会计制度或者财务、会计处理办法与国务院或者国务院财政、税务主管部门有关税收的规定抵触的，依照国务院或者国务院财政、税务主管部门有关税收的规定计算应纳税款、代扣代缴和代收代缴税款。

④ 账簿、会计凭证和报表，应当使用中文。民族自治地方可以同时使用当地通用的一种民族文字。外商投资企业和外国企业可以同时使用一种外国文字。

**【例1-14】** 下列从事生产、经营纳税人的各项活动中，符合《税收征收管理法》规定的有（　）。

A. 自开立基本存款账户或其他存款账户之日起15日内，将其全部账号书面报主管税务机关

B. 自领取税务登记证之日起15日内，必须将所采用的财务、会计制度和财务处理办法报主管税务机关备案

C. 应当自领取税务登记证或发生纳税义务之日起15日内设置账簿

D. 遗失税务登记证件的，应当在15日内书面报告主管税务机关，并登报声明作废

**解析**　正确答案选择ABD。从事生产、经营纳税人：自领营业执照或发生纳税义务之日起15日内设置账簿，C选项表述不正确；自领取税务登记证之日起15日内，所采用的财务、会计制度和财务处理办法报主管税务机关备案。

*试一试1-13*　**依据账证管理规定作出正确选择**

从事生产、经营的纳税人的下列资料中，不是必须报送税务机关备案的是（　　）。

A. 财务会计制度　B. 财务会计处理办法　C. 会计核算软件　D. 有效记账凭证

# 项目二　发票管理

发票是单位和个人在购销商品、提供劳务或接受劳务服务以及从事其他经营活动，所提供给对方的收付款的书面证明，是财务收支的法定凭证，是会计核算的原始依据，也是税务检查的重要依据。

税务机关是发票的主管机关，负责发票印制、领购、开具、取得、保管、缴销的管理和监督。发票管理工作主要包括发票印制、发票领购、发票开具、发票保管、发票缴销等工作。

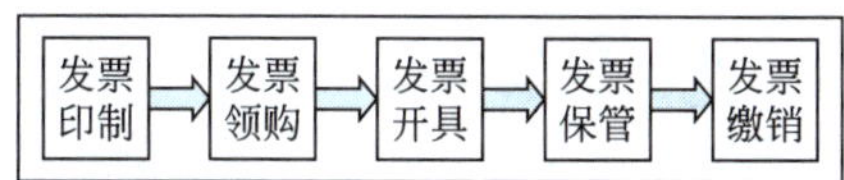

## 任务一　了解我国发票种类

案例讨论1-18　发票有哪些作用？

发票是指在购销商（产）品、提供或者接受服务，以及从事其他经营活动中，开具、收取的收付款凭证。我国发票种类的具体划分如下。

| 序号 | 划分标准 | 发票名称 | 说　明 |
|---|---|---|---|
| 1 | 从发票品种划分 | 增值税专用发票 | 增值税专用发票是全国统一式样（发票票面冠以各省、自治区、直辖市的名称；如：广东增值税专用发票、上海增值税专用发票等）。只限于增值税一般纳税人领购使用，增值税小规模纳税人和非增值税纳税人不得领购使用。从行业划分，它是工业、商业企业用于结算销售货物和加工修理劳务使用的发票 |
| | | 普通发票 | 普通发票指冠以本辖区名称且在辖区内统一式样的发票。由税务机关统一印制和供应，用票户申请领购使用。如：广东省广州市销售发票、上海市收购发票等。普通发票使用者主要是营业税纳税人、增值税小规模纳税人、不能开具专用发票时的增值税一般纳税人 |
| | | 专业发票 | 专业发票是指特殊行业使用的专用发票。特殊行业有：金融保险、邮政电信，铁路、民航和交通部门，国有公路、水上运输企业等 |

续表

| 序号 | 划分标准 | 发票名称 | 说明 |
|---|---|---|---|
| 2 | 从发票版面划分 | 手写版发票 | 手写版发票又称手工票，是指用手工书写形式填开的发票。这类发票按版面设计又可分为常规式发票和剪开式发票 |
| | | 电脑版发票 | 电脑版发票又称机外发票，是指利用计算机填开并使用其附设的打印机打印出票面内容的发票。这类发票包括普通计算机用的发票及防伪专用计算机用（如：防伪税控机）的发票；按发票版面设计来分，这类发票又可分为折叠式发票和平推式发票 |
| | | 定额版发票 | 定额版发票是指发票票面印有固定的金额（定额）的发票。这类发票主要是防止开具发票时大头小尾，以及方便一些特殊行业或有特殊需要的企业使用 |

天津增值税专用发票
1200054140
№ 00845548

北京市定额专用发票
BEIJING QUOTA SPECIAL INVOICE
发票联
发票代码 211000603940
发票号码 00019962
壹佰元
¥100.00
记账联
开票日期 年 月 日
收款单位（盖章有效）

## 任务二 发票印制

发票由省、自治区、直辖市税务机关指定企业印制；增值税专用发票由国家税务总局指定的企业印制。发票印制权属税务机关。

发票印制分国家统印发票和自制发票。本教材只介绍自制发票。

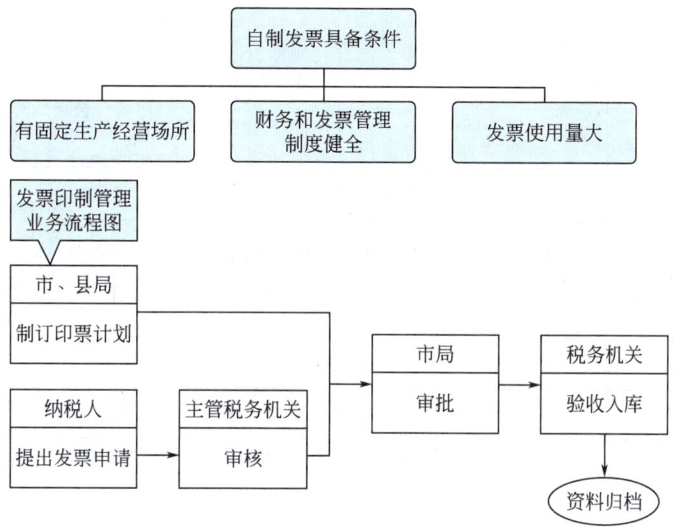


发票印制流程说明

1．根据业务特点和经营需要，设计发票式样，预计使用数量。

2．填写《企业自制发票印制申请审批表》（见表1-17），纳税人向主管税务机关提出书面印制发票申请。附需印制发票的样张，票样内容包括：① 单位名称、税务登记号、联次及用途、客户名称、开户银行及账号；② 商品名称或经营项目、计量单位、数量、单价、大小金额、开票人、开票日期、开票单位（个人）章等。

3．取得税务机关核准的《普通发票印制通知书》（见表1-18）后，到指定的印刷厂印制。

**表1-17 企业自制发票印制申请审批表**

<table>
<tr><td>计算机代码</td><td></td><td>纳税人名称</td><td colspan="3"></td></tr>
<tr><td>发票管理人</td><td></td><td>联系电话</td><td colspan="3"></td></tr>
<tr><td>经营范围</td><td colspan="5"></td></tr>
<tr><td>企业衔头<br>发票名称</td><td>联　次</td><td>规　格</td><td>计划年<br>用份数</td><td>申请印制<br>份数</td><td>备　　注</td></tr>
<tr><td></td><td></td><td></td><td></td><td></td><td></td></tr>
<tr><td></td><td></td><td></td><td></td><td></td><td></td></tr>
<tr><td></td><td></td><td></td><td></td><td></td><td></td></tr>
</table>

续表

<table>
<tr><td colspan="8">是否首次申请印制企业冠名发票：　□是　□否</td></tr>
<tr><td colspan="8">申请理由：<br>纳税人（公章）<br>发票管理人：<br>法定代表人（负责人）：　年　月　日</td></tr>
<tr><td colspan="2">征收部门意见：<br>受理人：<br>（公章）<br>年　月　日</td><td colspan="2">管理部门意见：<br>管理人员：<br>部门负责人：<br>（公章）<br>年　月　日</td><td colspan="4">县级税务机关意见：<br>主管局长：<br>（公章）<br>年　月　日</td></tr>
<tr><td colspan="8">省、市级发票管理部门意见</td></tr>
<tr><td>发票代码</td><td>企业衔头<br>发票名称</td><td>规　格</td><td>纸　质</td><td>联　次</td><td>单　位</td><td>份 / 本</td><td>同意印制份数</td></tr>
<tr><td></td><td></td><td></td><td></td><td></td><td></td><td></td><td></td></tr>
<tr><td></td><td></td><td></td><td></td><td></td><td></td><td></td><td></td></tr>
<tr><td></td><td></td><td></td><td></td><td></td><td></td><td></td><td></td></tr>
<tr><td colspan="3">市级发票管理部门意见<br>经办人：<br>部门负责人：<br>（公章）<br>年　月　日</td><td colspan="5">省级发票管理部门意见<br>经办人：<br>部门负责人：<br>（公章）<br>年　月　日</td></tr>
</table>

注：1. 本表依据《发票管理办法实施细则》第七条设置。

2. 适用范围：纳税人申请印制企业衔头发票时使用。

3. 填表说明

（1）是否首次申请印制企业冠名发票：如果是首次申请，在“□是”中打“√”；否则在“□否”中打“√”；

（2）单位：本、份；

4. 本表为 A4 型竖式，一式五份，征收部门一份，管理部门一份，县级税务机关一份，省、市级发票管理部门一份，纳税人一份。

5. 填报本表应附送以下资料

A. 税务登记证件副本复印件；B. 经办人身份证明复印件；C. 书面请示；D. 发票票样。

**表1-18　普通发票印制通知书**

____税　字（　）第　号

________印刷厂：

请按所附（　　）或（　　）的要求及发票式样，安排印制。印毕交________税务局验收，验收合格，将发票送________，并与________结算。

税务机关（公章）

年　月　日

注：本通知一式一份，交印刷厂。

**知识驿站 1-10**

**发票的真假识别**

发票的真假识别一般有4种方法，但最主要的是前2种方法。

◆ 普通发票联发票采用专用水印纸印刷，水印图案为菱形，中间标有SW字样，发票联不加印底纹。

- 发票监制章和发票号码采用有色荧光油墨套印，印色为大红色，在紫外线灯下呈现橘红色反应。
- 普通发票必须套印全国统一发票监制章，“发票监制章”的形状为椭圆形，长轴为3cm，短轴为2cm，边宽为0.1cm，内环加刻一细线，上环刻制“全国统一发票监制章”字样，下环刻制“地方税务局监制”字样，中间分别刻制：“××省××市”或“××省××县”字样。“发票监制章”环内字样均为楷体。
- 普通发票的基本联次为三联：第一联为存根联，开票方留存备查；第二联为发票联，收执方作为付款或收款原始凭证；第三联为记账联，开票方作为记账原始凭证。普通发票各联字色为：第一联为白纸黑字；第二联为发票专用纸，字棕色；第三联为白纸，字淡红色。增值税专用发票的基本联次还应包括抵扣联，收执方作为抵扣税款的凭证。

**案例讨论1-19**　办理自制发票业务，须向税务机关提供哪些资料？

## 任务三　发票领购

发票领购的适用范围

◆依法办理税务登记的单位和个人，是法定的发票领购对象。

◆依法不需要办理税务登记的单位，发生临时经营业务需要使用发票的，可以凭单位介绍信和其他有效证件，到税务机关代开发票。

◆临时到本省、自治区、直辖市以外从事经营活动的单位或个人凭《外出经营管理证明》，到经营地税务机关领购经营地的发票。

**知识驿站1-11**

**哪些凭证属于发票范围？**

- 一切单位和个人在购销商品、提供或者接受服务以及从事其他经营活动中开具收取的收付款凭证，均属于发票的范围。
- 注意：非经营性收入收付款业务使用省税务机关代开统一发票（加盖免税印章）。开票时必须提供非经营性收入的文件、合同、协议或证明。
- 铁路、民航、军工、财政、邮政通信、金融保险等部门印制使用的票据属特种行业专用票据，仍具备法律效率。

**案例讨论1-20**　税务会计为企业首次领购发票需提供哪些证件（资料）？

发票领购手续

◆按发票管理法规的规定：申请领购发票的单位和个人应提出发票申请（见表 1-19），提供经办人身份证明、税务登记证件及财务印章等相关资料，经主管税务机关审核。

◆对于跨省、市、自治区从事临时经营活动的单位和个人申请领购发票，税务机关要求提供保证人，或者缴纳不超过 1 万元的保证金，并限期缴销发票。

**表 1-19 普通发票领购申请审批表**

纳税代码：

| 申请单位名称 | | 经济类型 | | 法定代表人或负责人 | |
|---|---|---|---|---|---|
| 地址 | | 营业执照号码 | | 税务登记证号码 | |
| 行业 | | 发票管理责任人 | | 电 话 | |
| 经营范围 | | | | | |

| 申领发票名称 | 联次 | 票面限额 | 每月用量 | 备注 |
|---|---|---|---|---|
| | | | | |
| | | | | |
| | | | | |
| | | | | |

| 申请理由：<br>法定代表人签章：<br>经办人签章：　　申请单位（公章）<br>年　月　日 | 申请单位财务专用章或发票专用章印模 | |
|---|---|---|

以下由税务机关填写

| 发票名称 | 发票代码 | 联次 | 每次限购数量 | 备注 |
|---|---|---|---|---|
| | | | | |
| | | | | |
| | | | | |
| | | | | |
| 购票方式 | | 保管方式 | | |

| 发票管理部门审批意见：<br>负责人：　　经办人： | 分管局长意见：<br>（公章）<br>年　月　日 |
|---|---|

注：1. 本表系纳税人初次申购发票前及经营范围变化等原因，需增减发票种类数量时填写。

2. 纳税人申领发票，应持工商执照或其他核准营业证件副本（含复印件 1 份）、税务登记证副本（含复印件 1 份）、财务印章或发票专用章印模，以及经办人身份证明。

3. 本表不作为日常领购的凭据。

4. 本表一式三份，一份纳税人留存，一份交发票管理部门留存，一份交发票发售部门留存。

掌握流印发票的领购方式

| 序号 | 领购方式 | 适用范围 |
| --- | --- | --- |
| 1 | 批量供应 | 税务机关根据用票单位业务量对发票需求量的大小，确定一定时期内合理领购数量，用量大的可以按月提供，用量不太大的可以按季领购，防止其积存较多发票而引起管理上的问题。这种方式主要适用于财务会计制度较健全，有一定经营规模的纳税人 |
| 2 | 交旧验新 | 用票单位交回旧的发票存根联，经主管税务机关审核后留存，才允许再购领新发票。主管税务机关对旧发票存根联进行审核，主要看其存根联是否按顺序号完整保存，作废发票是否全份缴销，填开的内容是否真实、完整、规范等 |
| 3 | 验旧购新 | 验旧购新这种方式与交旧购新基本相同，主要区别是税务机关审核发票存根后，由用票单位自己保管。交旧验新与验旧购新这两种方式，适用于会计不健全规模小的单位和个体工商业户 |

发票领购管理流程

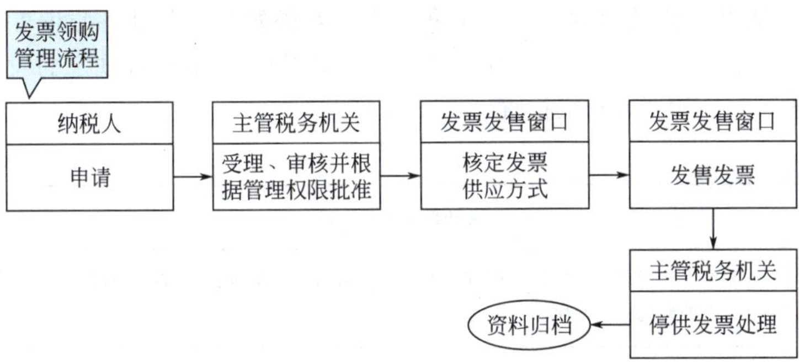


发票领购管理流程说明

步骤一 申请

纳税人需领购普通发票的，应向主管区、县局发票管理科发票发售岗提供领购普通发票的证件及资料。

步骤二 受理、审核、审批、核准

受理、审核、审批、核准工作内容：①审核纳税人报送的文件、证件及有关资料是否齐全，与《税务文书附送资料清单》填列的项目是否相符，表格填写是否符合要求；②审核纳税人发票领、用、存情况及版别、起止号码、填开起止日期、累计填开金额及份数;③核对无误后，登记《查验发票使用情况明细账》;④在纳税人提交的《普通发票领购单》上签署意见；⑤向纳税人发售发票，收取工本费，开具税收完税证；⑥按日生成《普通发票发售日报表》并据此进行盘点对账。

步骤三 资料归档

发票发售岗将相关资料归档保管。

知识驿站 1-12

## 发票的检查

税务机关在发票管理中有权进行下列检查：

- 检查印制、领购、开具、取得和保管发票的情况；
- 调出发票查验；

◆ 查阅、复制与发票有关的凭证、资料；

◆ 向当事各方询问与发票有关的问题和情况；

◆ 在查处发票案件时，对与案件有关的情况和资料，可以记录、录音、录像、照相和复制。

印制、使用发票的单位和个人，必须接受税务机关依法检查，如实反映情况，提供有关资料，不得拒绝、隐瞒。税务人员进行检查时，应当出示税务检查证。

## 任务四 发票开具

销售商品、提供服务，以及从事其他经营活动的单位和个人，对外发生经营业务收取款项，收款方应向付款方开具发票；特殊情况下由付款方向收款方开具发票。不符合规定的发票，不得作为财务报销凭证，任何单位和个人有权拒收。

发票开具要遵守下列要求。

| 序号 | 发票开具事项 | 发开具要求 |
|---|---|---|
| 1 | 发票开具使用要求 | 任何单位和个人不得转借、转让、代开发票；未经税务机关批准，不得拆本使用发票；不得自行扩大专业发票使用范围 |
| 2 | 发票开具时限要求 | 任何填开发票的单位和个人必须在发生经营业务并确认营业收入时，才能开具发票，未发生经营业务一律不得开具发票 |
| 3 | 发票开具地点要求 | 一般只限本省范围内开具。任何单位和个人未经批准，不得跨规定的使用区域携带、邮寄或运输发票 |
| 4 | 电子计算机开具发票要求 | 必须报经主管税务机关批准，并使用税务机关统一监制的机外发票；同时，开具后的存根联应当按照顺序号装订成册，以备税务机关检查 |

发票填开操作要点

| 序号 | 操作事项 | 操作要点 |
|---|---|---|
| 1 | 发票的填写 | ①在整本使用发票前，要认真检查有无缺面、错号、发票联无发票监制章或印制不清楚等现象，如发现问题应报送主管理税务机关处理。②整本使用发票后，应做到按号码顺序填写，填写基础上齐全，内容真实，字迹清楚，全部联次一次复写、打印、内容完全一致。填开的发票不得涂改、挖补、撕毁。严禁开具“大头小尾”发票。③开具发票要按规定的时限、逐栏填写，并加盖单位财务印章或者发票专用章。未经税务机关批准不得拆本使用发票，不得自行扩大专业发票的使用范围。④应在规定的使用范围内开具发票，不准买卖、转借、转让和代开 |
| 2 | 发票的取得 | ①任何单位和从事生产经营活动的个人在购买商品、接受服务，以及从事其他经营活动中支付款项，应当向收款方索取发票；②不符合规定的发票，一律不得作为财务报销凭证，任何单位和个人有权拒收 |
| 3 | 发票的作废 | ①原发票上要注明“作废”字样后，重新开具发票；②销货退回和折让的，在收回原发票并注明“作废”后，重新开具销售发票 |

试一试1-14　**依据发票开具规定完成下列任务**

1. 增值税专用发票与普通发票在开具要求上有何区别？
2. 模拟开具增值税专用发票与普通发票。

案例讨论1-21　销售货物并向购买方开具专用发票后，如发生退货或销售折让应如何办理？

## 任务五　发票保管

发票保管包括两方面，即税务机关对发票的保管、领购发票的单位和个人对已使用和未使用发票的保管。现介绍领购发票的单位和个人对已使用和未使用发票的保管规定。

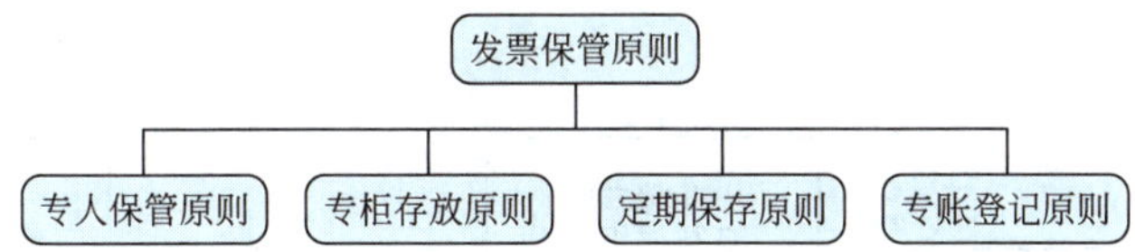


知识驿站 1-13

**发票丢失了怎么办？应注意哪些问题？**

- 使用发票的单位和个人丢失了发票，应于发票丢失的当日书面报告主管税务机关，主管税务机关要逐级上报，并统一在《中国税务报》等媒体上刊登“被盗、遗失声明”。
- 如发现用纳税人申报遗失的普通发票及税务证件进行偷税、骗税等弄虚作假行为的，由纳税人承担连带责任。
- 应当注意的是，现实生活中经常存在“作废声明”不规范的问题。有的没有说清丢失发票的全称；有的只讲发票号码不讲代码，等于把不该作废的同号码发票“作废”了；还有的没有讲明发票的金额位数。为了防止出现以上现象，纳税人应使用由税务机关统一制定的遗失声明。对丢失的大量大额的发票，应将“遗失声明”印发至各地工商、税务、公安机关备案，以便协查。

开具发票的单位和个人应当建立发票使用登记制度，设置发票登记簿，并定期向主管税务机关报告发票使用情况。开具发票的单位和个人应当按照税务机关的规定存放和保管发票，不得擅自损毁。已开具的发票存根联和发票登记簿，应当保存5年。保存期满，报经税务机关查验后销毁。

## 任务六 发票缴销

发票缴销的七范围

| 序号 | 发票缴销的范围 |
| --- | --- |
| 1 | 已使用的发票存根联保管期满后 |
| 2 | 发生解散、破产、缴销及其他情形依法终止纳税义务的 |
| 3 | 因住所、经营地点变动而涉及改变税务登记机关的 |
| 4 | 增值税纳税人改变一般纳税人或小规模纳税人身份的 |
| 5 | 税务机关统一实行发票换版、更换发票监制章时，原发票使用到期后 |
| 6 | 税务机关规定的其他缴销情形 |
| 7 | 用票单位和个人有严重违反税务管理和发票管理行为的，由税务机关将其发票予以收缴 |

发票缴销办理程序

步骤一
根据发票管理规定，写出缴销发票申请报告，说明缴销的依据和理由

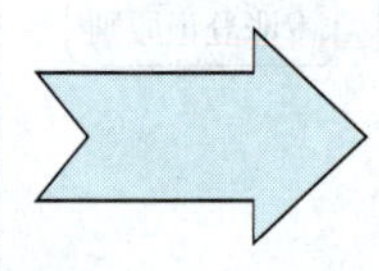

步骤二
编制详细的发票缴销清册，列清发票的年限、种类、字轨号码及使用情况

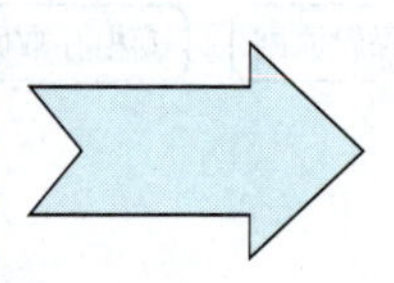

步骤三
经单位法定代表人和财务负责人、票管员签章后加盖单位公章，连同发票一并报主管国税机关审查，按照税务机关的规定进行核销

## 任务七 了解发票使用中的其他业务流程

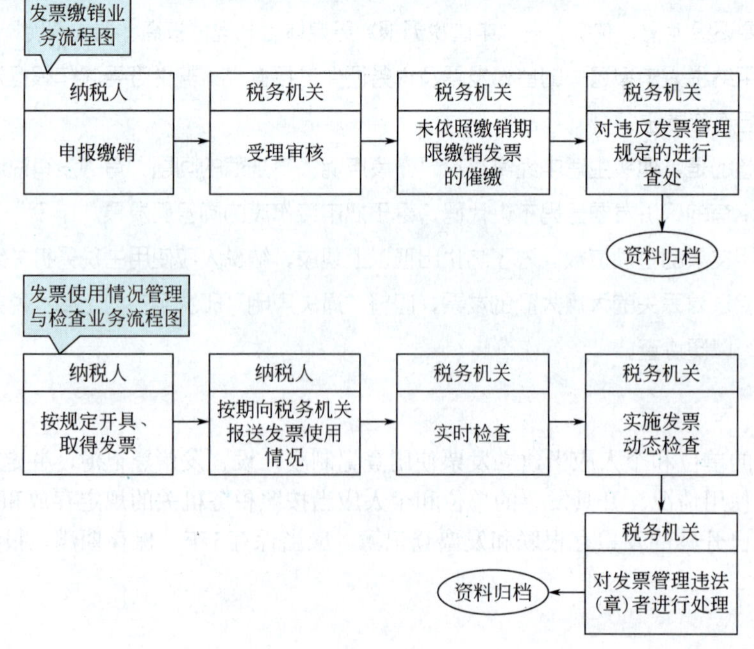

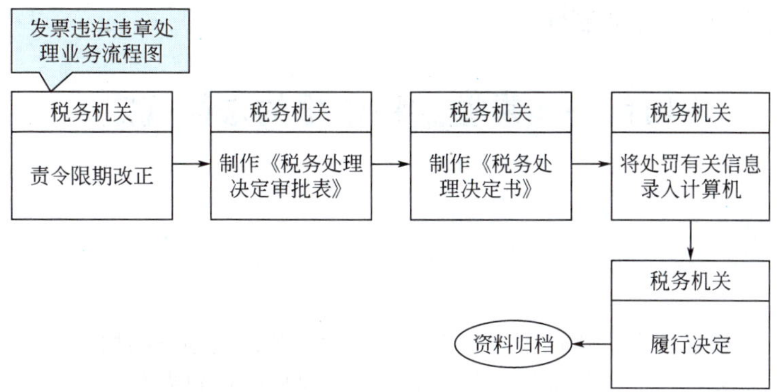


【例1-15】广州白云公司于2009年3月1日丢失一本普通发票。该公司于3月10日到主管税务机关递交了发票遗失书面报告，并在该市报纸上公开声明作废。同年4月5日，市税务机关在对甲公司进行检查时，发现该公司存在如下问题：

（1）未按规定建立发票保管制度；

（2）将2005年度开具的发票存根联销毁；

（3）有两张已作账务处理的发票票物不符。

税务机关在对相关发票进行拍照和复印时，该公司以商业机密为由拒绝。

经税务机关核实，甲公司通过销毁发票存根联、开具票物不符发票等手段，共计少缴税款30万元（占应纳税额的20%）。

**要求**：根据发票管理办法的规定，回答下列问题。

（1）广州白云公司丢失发票的补救措施是否有不符合法律规定之处？说明理由。

（2）广州白云公司拒绝税务机关对相关发票进行拍照和复印是否符合法律规定？说明理由。

**解析**　依据发票管理办法规定：（1）甲公司丢失发票向税务机关报告的时间不符合规定。根据规定，发票丢失的，应于丢失发票“当日”书面报告主管税务机关，并在报刊和电视等传播媒介上公告声明作废。甲公司应在丢失发票的当天（即3月1日）向税务机关报告，而甲公司3月10日才到主管税务机关递交发票遗失书面报告，不符合法律规定。

（2）甲公司拒绝税务机关对相关发票进行拍照和复印不符合法律规定。根据规定，税务机关在查处发票案件时，对与案件有关的情况和资料，可以记录、录音、录像、照相和复制。

*试一试1-15*　**依据发票管理规定作出正确选择**

根据税收征收管理法律制度的规定，下列各项中，单位和个人在首次申请领购发票时应向税务机关提供的有（　　）。

A. 税务登记证件

B. 经办人身份证明

C. 工商营业执照

D. 财务印章或发票专用章印模

## 课题五　纳税申报

纳税申报是指纳税人按照税法规定的期限和内容向税务机关提交有关纳税事项书面报告的法律行为，是纳税人履行纳税义务、承担法律责任的主要依据，是税务机关税收管理信息的主要来源和税务管理的一项重要制度。

# 项目一　掌握纳税申报的法律规定

## 任务一　明确纳税申报对象

纳税人或者扣缴义务人、代征人应当按期向主管税务机关办理纳税申报或者代扣代缴、代收代缴税款报告及委托代征税款报告业务。纳税申报对象概括起来有三类。

◆第一类：依法已向国家税务机关办理税务登记的纳税人。包括：①各项收入均应当纳税的纳税人；②全部或部分产品、项目或者税种享受减税、免税照顾的纳税人；③当期营业额未达起征点或没有营业收入的纳税人；④实行定期定额纳税的纳税人；⑤应当向国家税务机关缴纳企业所得税，以及其他税种的纳税人。

◆第二类：按规定不需向国家税务机关办理税务登记，以及应当办理而未办理税务登记的纳税人。

◆第三类：扣缴义务人和国家税务机关确定的委托代征人。

**知识驿站 1-14**

**业户凡发生下列情况之一者，均不能停止纳税申报**

◆ 正在办理歇业、停业手续尚未获批准的。
◆ 停业期间有涉税行为的。
◆ 办理税务登记手续后，没有经营、业务收入的。
◆ 申请办理减、免税，有待批复或已获得批准的。
◆ 在经营、业务期间发生亏损、没有经费结余的。
◆ 地方税务征收机关规定不能停止申报的其他情形。

**案例讨论1–22**　哪些业务可以不进行纳税申报？

## 任务二　熟悉纳税申报的内容

纳税申报的内容包括两项，即正常纳税申报内容和全面纳税申报内容。

**1．正常纳税申报内容**

（1）纳税人领取税务登记证件后15日内应向主管税务机关报送财务、会计制度或财务、会计处理办法。

（2）纳税人使用计算机记账的，应当在使用前将会计电算化系统的会计核算软件、使用说明书及有关资料报送主管税务机关备案。

（3）报送纳税申报表和财务报表；与纳税有关的合同、协议书及凭证；外出经营活动税收管理证明和异地完税证明；境内或者境外公证机构出具的有关证明文件；纳税人、扣缴义务人和其他有关单位按照国家有关规定应提供的与纳税和代扣代缴、代收代缴税款有关的信息。

**知识驿站 1-15**

**纳税人、扣缴义务人的纳税申报或者代扣代缴、代收代缴税款报告表的主要内容包括哪些项目？**

纳税人、扣缴义务人的纳税申报或者代扣代缴、代收代缴税款报告表的主要内容包括：税种、税目、应纳税项目或者应代扣代缴、代收代缴税款项目、适用税率或者单位税额、计税依据、扣除项目及标准、应纳税额或者应代扣代缴、代收代缴税额、税款所属期限、延期缴纳税款、欠税、滞纳金等。

纳税人办理纳税申报时，应当如实填写纳税申报表（见表1-20～表1-24），并根据不同的情况相应报送下列证件和资料：

① 财务会计报表及其说明材料；

② 与纳税有关的合同、协议书及凭证；

③ 税控装置的电子报税资料；

④ 外出经营活动税收管理证明和异地完税凭证；

⑤ 境内或者境外公证机构出具的有关证明文件；

⑥ 税务机关规定应当报送的其他有关证件、资料。

**表1-20　增值税纳税申报表**

（适用于小规模纳税人）

根据《中华人民共和国增值税暂行条例》第二十二条及第二十三条的规定，制定本表。纳税人不论有无销售额，均应按主管税务机关核定的纳税期限填报本表，并于次月1～10日内，向当地税务机关申报纳税并结清上月应纳税款。

税款所属时间：自　　年　月　日至　　年　月　日　　　　填表日期：　　年　月　日

| 税务登记号 | | | | 金额单位：元　税务管理码______ | |
|---|---|---|---|---|---|
| 纳税人名称 | | 法定代表人姓名 | | 营业地址 | |
| 开户银行及账号 | | 产业类型 | | 电话号码 | |

| 项目 / 货物或应税劳务名称 | 销售额 | 征收率 | 本期应纳税额 | 截止上期累计欠税额 | 本期已清理欠税额 |
|---|---|---|---|---|---|
| | 1 | 2 | 3＝1×2 | 4 | 5 |
| | | | | | |
| | | | | | |
| | | | | | |

续表

| | | | | | | |
|---|---|---|---|---|---|---|
| 授权代理人 | （如果你已委托代理申报人，请填写下列资料）为代理一切税务事宜，现授权 （地址）为本纳税人的代理申报人。任何与本申报表有关的往来文件，都可寄与此人。<br>授权人签字： | | | 声明 | 此纳税申报表是根据《中华人民共和国增值税暂行条例》的规定填报的，我确信它是真实的、可靠的、完整的。<br>声明人签字： | |

会计主管签字：　　代理申报人签字：　　纳税人盖章：

以下由税务机关填写

| 收到日期 | | 接收人 | | 审核日期 | | 主管税务机关盖章：<br>核收人签字： |
|---|---|---|---|---|---|---|
| 审核记录 | | | | | | |

国家税务总局监制

注：1. 本申报表适用于增值税小规模纳税人填报。

2．“税务登记号”指税务登记证件上“国（地）税沪字…号”的“字…号”之间15位号码；“税务管理码”指税务登记证件上右上角的税务管理码15位号码。

3．本表中的“货物或应税劳务名称”，按“货物、应税劳务、视同销售”分别填列。“货物名称”按国家税务总局计会统计报表的分类口径及不同的适用税率分别汇总填列。

4．本申报表的“产业类型”只按“工业”或“商业”类型划分填写。

5．本申报表为一式三份，一份留存纳税人，二份留存税务机关。

**表1-21　酒及酒精消费税纳税申报表**

税款所属期：　年　月　日至　年　月　日

纳税人名称（公章）：

纳税人识别号：□□□□□□□□□□□□□□□□□□□□

填表日期：　年　月　日　　　　金额单位：元（列至角分）

| 项目<br>应税消费品名称 | 适用税率 | | 销售数量 | 销售额 | 应纳税额 |
|---|---|---|---|---|---|
| | 定额税率 | 比例税率 | | | |
| 粮食白酒 | 1元/kg | 20% | | | |
| 薯类白酒 | 1元/kg | 20% | | | |
| 啤酒 | 250元/吨 | — | | | |
| 啤酒 | 220元/吨 | — | | | |
| 黄酒 | 240元/吨 | — | | | |
| 其他酒 | — | 10% | | | |
| 酒精 | — | 5% | | | |
| 合计 | — | — | — | — | |

| | |
|---|---|
| 本期准予抵减税额： | 声明<br>此纳税申报表是根据国家税收法律的规定填报的，我确定它是真实的、可靠的、完整的。<br>经办人（签章）：<br>财务负责人（签章）：<br>联系电话： |
| 本期减（免）税额： | |
| 期初未缴税额： | |

续表

| | |
|---|---|
| 本期缴纳前期应纳税额： | （如果你已委托代理人申报，请填写）<br>授权声明<br>为代理一切税务事宜，现授权______<br>______（地址）为本纳税人的代理申报人，任何与本申报表有关的往来文件，都可寄予此人。<br>授权人签章： |
| 本期预缴税额： | |
| 本期应补（退）税额： | |
| 期末未缴税额： | |
| 以下由税务机关填写 | |
| 受理人（签章）：　　受理日期：　年　月　日　　受理税务机关（章）： | |

**表1-22　营业税纳税申报表**

（适用于查账征收的营业税纳税人）

纳税人识别名：

纳税人名称（公章）

税款所属时间：自　　年　月　日至　　年　月　日　　　　填表日期：　年　月　日

金额单位：元（列至角分）

| 税目 | 营业额 | | | | 税率/% | 本期税款计算 | | | 税款缴纳 | | | | | | | | |
|---|---|---|---|---|---|---|---|---|---|---|---|---|---|---|---|---|---|
| | | | | | | | | | | | 本期已缴税额 | | | | 本期应缴税额计算 | | |
| | 应税收入 | 应税减除项目金额 | 应税营业额 | 免税收入 | | 小计 | 本期应纳税额 | 免（减）税额 | 期初欠缴税额 | 前期多缴税额 | 小计 | 已缴本期应纳税额 | 本期已被扣缴税额 | 本期已缴欠缴税额 | 小计 | 本期期末应缴税额 | 本期期末应缴欠缴税额 |
| 1 | 2 | 3 | 4＝2－3 | 5 | 6 | 7＝8＋9 | 8＝（4－5）×7 | 9＝5×7 | 10 | 11 | 12＝13＋14＋15 | 13 | 14 | 15 | 16＝17＋18 | 17＝8－13－114 | 18＝10－11－15 |
| 交通运输业 | | | | | | | | | | | | | | | | | |
| 建筑业 | | | | | | | | | | | | | | | | | |
| 邮电通讯业 | | | | | | | | | | | | | | | | | |

续表

| | | | | | | | | | | | | | | | | |
|---|---|---|---|---|---|---|---|---|---|---|---|---|---|---|---|---|
| 服务业 | | | | | | | | | | | | | | | | |
| 娱乐业 | | | | | | | | | | | | | | | | |
| 金融保险业 | | | | | | | | | | | | | | | | |
| 文化体育业 | | | | | | | | | | | | | | | | |
| 销售不动产 | | | | | | | | | | | | | | | | |
| 转让无形资产 | | | | | | | | | | | | | | | | |
| | | | | | | | | | | | | | | | | |
| | | | | | | | | | | | | | | | | |
| 合计 | | | | | | | | | | | | | | | | |
| 代扣代缴项目 | | | | | | | | | | | | | | | | |
| 总计 | | | | | | | | | | | | | | | | |

续表

<table>
<tr><td>纳税人或代理人声明：</td><td colspan="8">如纳税人填报，由纳税人填写以下各栏：</td></tr>
<tr><td rowspan="4">此纳税申报表是根据国家税收法律的规定填报的，我确定它是真实的、可靠的、完整的。</td><td>办税人员（签章）</td><td></td><td>财务负责人（签章）</td><td></td><td>法定代表人（签章）</td><td></td><td>联系电话</td><td></td></tr>
<tr><td colspan="8">如委托代理人填报，由代理人填写以下各栏：</td></tr>
<tr><td>代理人名称</td><td></td><td>经办人（签章）</td><td></td><td>联系电话</td><td></td><td>代理人（公章）</td><td></td></tr>
</table>

<table>
<tr><td colspan="3">以下由税务机关填写：</td></tr>
<tr><td>受理人：</td><td>受理日期：　年　月　日</td><td>受理税务机关（签章）：</td></tr>
</table>

注：本表为A3横式一式三份，一份纳税人留存，一份主管税务机关留存，一份征收部门留存。

**表1-23　车辆购置税纳税申报表**

填表日期：　　年　　月　　日　　　　行业代码：　　　　注册类型代码：

纳税人名称：　　　　　　　　　　　　　　　　　　　　金额单位：元

<table>
<tr><td>纳税人证件名称</td><td colspan="2"></td><td>证件号码</td><td></td></tr>
<tr><td>联系电话</td><td></td><td>邮政编码</td><td></td><td>地址</td></tr>
<tr><td colspan="5">车辆基本情况</td></tr>
<tr><td>车辆类别</td><td colspan="4">1.汽车；2.摩托车；3.电车；4.挂车；5.农用运输车</td></tr>
<tr><td>生产企业名称</td><td></td><td colspan="2">机动车销售统一发票（或有效凭证）价格</td><td></td></tr>
<tr><td>厂牌型号</td><td></td><td colspan="2">关税完税价格</td><td></td></tr>
<tr><td>发动机号码</td><td></td><td colspan="2">关税</td><td></td></tr>
<tr><td>车辆识别代号（车架号码）</td><td></td><td colspan="2">消费税</td><td></td></tr>
<tr><td>购置日期</td><td></td><td colspan="2">免（减）税条件</td><td></td></tr>
<tr><td>申报计税价格</td><td>计税价格</td><td>税率</td><td>免税、减税额</td><td>应纳税额</td></tr>
<tr><td>1</td><td>2</td><td>3</td><td>4＝2×3</td><td>5＝1×3或2×3</td></tr>
<tr><td></td><td></td><td>10%</td><td></td><td></td></tr>
<tr><td></td><td></td><td></td><td></td><td></td></tr>
</table>

<table>
<tr><td>申报人声明</td><td>授权声明</td></tr>
<tr><td>此纳税申报表是根据《中华人民共和国车辆购置税暂行条例》的规定填报的，我相信它是真实的、可靠的、完整的。<br>声明人签字：</td><td>如果你已委托代理人申报，请填写以下资料：<br>为代理一切税务事宜，现授权（　　　　），地址（　　　）为本纳税人的代理申报人，任何与本申报表有关的往来文件，都可寄予此人。<br>授权人签字：</td></tr>
</table>

续表

<table>
<tr><td rowspan="5">纳税人签名或盖章</td><td colspan="3">如委托代理人的，代理人应填写以下各栏</td></tr>
<tr><td>代理人名称</td><td></td><td rowspan="4">代理人（章）</td></tr>
<tr><td>地址</td><td></td></tr>
<tr><td>经办人</td><td></td></tr>
<tr><td>电话</td><td></td></tr>
<tr><td colspan="2">接收人：<br>接收日期：</td><td colspan="2">主管税务机关（章）：</td></tr>
</table>

## 表1-24　契税纳税申报表

填表日期：　　年　月　日

<table>
<tr><td rowspan="2">承受方</td><td>名称</td><td></td><td>识 别 号</td><td></td></tr>
<tr><td>地址</td><td></td><td>联系电话</td><td></td></tr>
<tr><td rowspan="2">转让方</td><td>名称</td><td></td><td>识 别 号</td><td></td></tr>
<tr><td>地址</td><td></td><td>联系电话</td><td></td></tr>
<tr><td rowspan="5">土地、房屋权属转移</td><td>合同签订时间</td><td colspan="3"></td></tr>
<tr><td>土地、房屋地址</td><td colspan="3"></td></tr>
<tr><td>权属转移类别</td><td colspan="3"></td></tr>
<tr><td>权属转移面积</td><td colspan="3">平方米</td></tr>
<tr><td>成交价格</td><td colspan="3">元</td></tr>
<tr><td>适用税率</td><td colspan="4"></td></tr>
<tr><td>计征税额</td><td colspan="4">元</td></tr>
<tr><td>减免税额</td><td colspan="4">元</td></tr>
<tr><td>应纳税额</td><td colspan="4">元</td></tr>
<tr><td>纳税人员签章</td><td colspan="2"></td><td>经办人员签章</td><td></td></tr>
</table>

（以下部分由征收机关负责填写）

<table>
<tr><td>征收机关收到日期</td><td></td><td>接收人</td><td></td><td>审核日期</td><td></td></tr>
<tr><td>审核记录</td><td colspan="5"></td></tr>
<tr><td>审核人员签章</td><td colspan="2"></td><td>征收机关签章</td><td colspan="2"></td></tr>
</table>

注：本表A4竖式，一式两份：第一联为纳税人保存；第二联由主管征收机关留存。

2. 全面纳税申报内容

根据《中华人民共和国税收征收管理法》及其实施细则的规定，纳税人从办理税务登记起，不论有无经营收入，是否亏损，或是享受减免税，都应在规定的申报期限内办理纳税申报，这就是全面纳税申报。

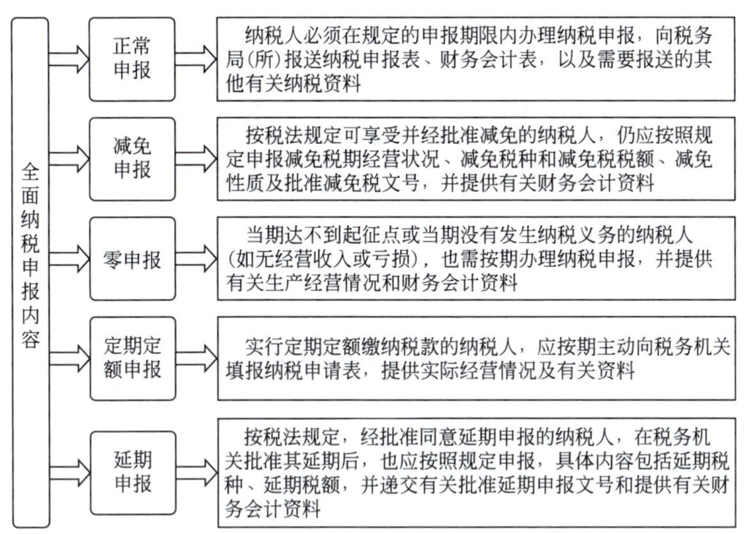


**【例1-16】**小刘与小王就延期纳税申报问题进行了热烈讨论。小刘说，因不可抗力造成申报困难的，纳税人、扣缴义务人无须申请即可延期申报，但需事后报告；纳税人、扣缴义务人遇有其他困难难以按时申报的，要先向税务机关提出延期申请，经税务机关核准后才能延期申报。小王说，延期申报的含义也就包含了延期纳税。分析小刘、小王的观点是否正确。

**解析**　小刘的观点正确，小王的不正确。延期申报与延期纳税没有必然的联系，被核准延期申报并不意味着延期缴纳税款。经税务机关核准可以延期、办理纳税申报、报送事项的，应当在纳税期内按照上期实际缴纳的税额或者税务机关核准的税额预缴税款，并在核准的延期内办理税款结算。

*试一试1-16*　**阅读案例回答问题**

长江公司是一家个人独资企业，于2008年2月办理了税务登记证，2009年1月，国税部门和地税部门先后通知该公司去办理所得税纳税申报。长江公司究竟应该向国税机关还是向地税机关申报缴纳个人所得税？

案例讨论1-23　违反了纳税申报的基本规定，应承担哪些法律责任？

## 任务三　明确纳税申报方式和要求

纳税申报方式是指纳税人、扣缴义务人在发生纳税义务和代扣代缴、代收代缴义务后，在其申报期限内，依照国家有关规定到指定税务机关进行申报纳税的形式。根据《税收征收管理法》第26条的规定，纳税人、扣缴义务人可以采取下列四种方式办理纳税申报。

| 序号 | 纳税申报方式 | 纳税申报方式说明 | 不同申报方式实际申报日期的确定方法 |
| --- | --- | --- | --- |
| 1 | 上门申报（直接申报） | 纳税人、扣缴义务人直接到税务机关办理纳税申报或者报送代扣代缴、代收代缴税款报告表，这是一种传统申报方式 | 上门申报，以主管税务机关的实际受理日期为实际申报日期 |
| 2 | 邮寄申报 | 邮寄申报即税务专邮申报。纳税人申报有困难的，经主管国家税务机关批准，也可以采取邮寄申报 | 邮寄申报以寄出地的邮戳日期为实际申报日期 |
| 3 | 数据电文申报 | 纳税人、扣缴义务人经过税务机关批准，通过税务机关确定的电话语音、电子数据交换和网络传输（如电话、电报、电传、传真、电子数据交换、电子邮件）等电子方式，报送纳税申报表或者报送代扣代缴、代收代缴税款报告表及有关资料的申报方式。纳税人采取电子方式办理纳税申报的，应当按照税务机关规定的期限和要求保存有关资料，并定期书面报送主管税务机关 | 数据电文申报以税务机关收到电子申报数据的时间为实际申报日期 |
| 4 | 其他方式申报 | 《税收征管法实施细则》第36条规定，实行定期定额缴纳税款的纳税人，可适用以下两种申报纳税方式：一是简易申报，是指纳税人按照税务机关核定的税额和期限缴清税款，即视为已申报的一种方式；另一种是简并征期，指对月纳税额较少的定期定额征收的纳税人，可以实行按季度或半年合并征收税款，并在季度终了或者半年之后10日内缴纳的一种方式 | 根据主管税务机关要求规定的纳税申报时限确定申报日期 |

## 任务四　领会纳税申报的期限

纳税申报期限是根据税法规定的纳税期限和报缴税款期限核定的。纳税期限是纳税人据以计算应纳税额的时间界限，报缴期限是从纳税期限届满之日纳税人缴纳税款的时间界限，纳税申报的期限可按纳税期限的长短和报缴税款次数的多少来确定。各不同税种规定的纳税期限不同，其申报时间也不同。报缴期限规定的最后一天，如遇公休日可以顺延。如果由于特殊困难等原因，纳税人不能按期申报，扣缴义务人不能按期报送代扣代缴税款报告表的，经国税局、地税局批准核准，可以延期申报，但最长不得超过3个月，其税款应按上期或税务机关核定税额预缴。办理延期申报应在原来规定的纳税申报期限内向税务机关提交《延期申报申请表》（见表1-25），经税务机关核准后，在核准的期限内办理。

| 序号 | 税种名称 | 纳税期限相关规定 | 说明 |
| --- | --- | --- | --- |
| 1 | 增值税消费税 | 以1个月为一期纳税的，于期满后10日内申报，以1天、3天、5天、10天、15天为一期纳税的，自期满之日起5日内预缴税款，于次月1日起10日内申报并结算上月应纳税款 | 各税种的纳税申报期限，由各征管局根据各税种法律、行政法规的规定，将纳税期限等税收征管事项通知（或告知）纳税人、扣缴义务人。申报纳税期限的最后一日是法定休假日的，以休假日期满的次日为期限的最后一日；在期限内有连续3日以上法定休假日的，按休假日天数顺延。主 |
| 2 | 企业所得税 | 采用查账征收方式征收企业所得税的企业，其企业所得税的纳税申报期限（含企业所得税纳税申报表和会计报表）为月（季）后15日内申报预缴。年度终了后2个月内，向主管税务机关报送会计决算报表和年度《企业所得税纳税申报表》，并在年度终了后5个月内进行汇算清缴 | |
| 3 | 土地增值税 | 土地增值税的申报期限，采用预征办法的，于纳税期限满10日内申报预缴，待该项目全部转让完毕月份的次月10日内进行清算 | |
| 4 | 房产税、土地使用税 | 房产税、土地使用税的纳税申报期限，按年征收的，于当地县级税务机关规定的申报期限内向当地主管税务机关申报纳税，亦可以分期申报缴纳，分期缴纳的应于每月的10日内申报。房产税从租计征的，按月征收，于纳税期限满10日内申报。若由承租人代缴的，承租人应按月申报，于纳税期限满10日内申报纳税 | |
| 5 | 印花税 | 印花税的纳税申报期限，经批准汇总缴纳印花税的企业的应税合同，于每月终了后10天内申报纳税（外币的可以以签订应税合同当月最后一天的汇率折算贴花）。按次贴花的纳税人，于签订应税合同的次日贴花（申报纳税）。其他的应税项目贴花时间为：产权转移书据立据时；营业账簿启用时；权利许可证照领受时 | |
| 6 | 车船税 | 车船税的纳税申报期限，车船使用税按年征收，一次缴纳，纳税时间为每年的1月1日至12月31日 | |

续表

| 序号 | 税种名称 | 纳税期限相关规定 | 说明 |
|---|---|---|---|
| 7 | 教育费附加 | 教育费附加的申报期限：随增值税、消费税、营业税三税一并缴纳，申报期限与三税相同 | 管税务机关将以上核定事项输入电脑，并打印《纳税人首次申报纳税事宜通知书》给纳税人，核准申报纳税事项完成 |
| 8 | 个人所得税 | 采用查账征收方式征收的个人所得税的纳税申报期限（含个人所得税纳税申报表和会计报表），实行按季预征，年终汇算清缴的办法。季度申报期限为季度终了后10日内，年度申报期限为年度终了后30日内，汇算清缴期限为年度终了后3个月内 | |
| 9 | 其他税费 | 按月申报的营业税、城市维护建设税、资源税，采用核定征收方式的企业所得税于纳税期限满10日内申报纳税，个人所得税于纳税期限满7日内申报纳税。金融业（典当业除外）的纳税期限为一个季度，应于季后10日内申报纳税 | |

**表1-25　延期申报申请表**

纳税人识别号：□□□□□□□□□□□□□□□□□□□□

纳税人（扣缴义务人）名称：

| 序号 | 申报税种 | 是否延期 | 所属期起 | 所属期止 | 申请延期止 |
|---|---|---|---|---|---|
| 1 | | | | | |
| 2 | | | | | |

延期申报的理由

（签章）

法定代表人（负责人）：　　　　办税人员：　　　　年　月　日

以下由主管税务机关填写

税种：

核定方式：

计算过程：

准予延期期止：

核定应纳税额：

限缴日期：

| 税务所意见：<br>纳办人：<br>负责人：<br>（公章）<br>年　月　日 | 征管科意见：<br>纳办人：<br>负责人：<br>（公章）<br>年　月　日 | 主管局长意见：<br>主管局长：<br>（公章）<br>年　月　日 |
|---|---|---|

注：本表一式一份，由主管税务机关留存。本表为A4型竖式。

# 项目二　领会纳税申报流程

## 任务一　明确纳税申报类型与流程

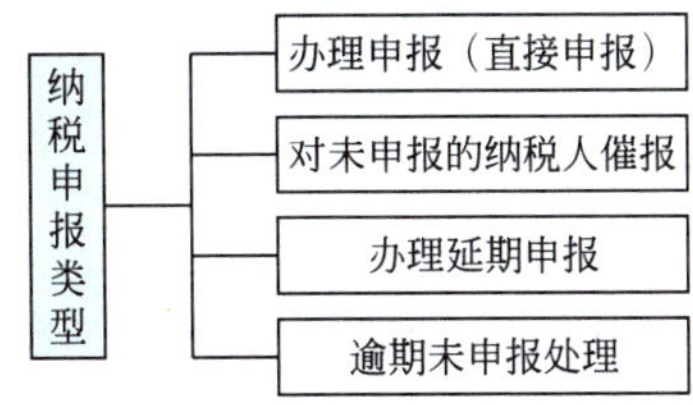

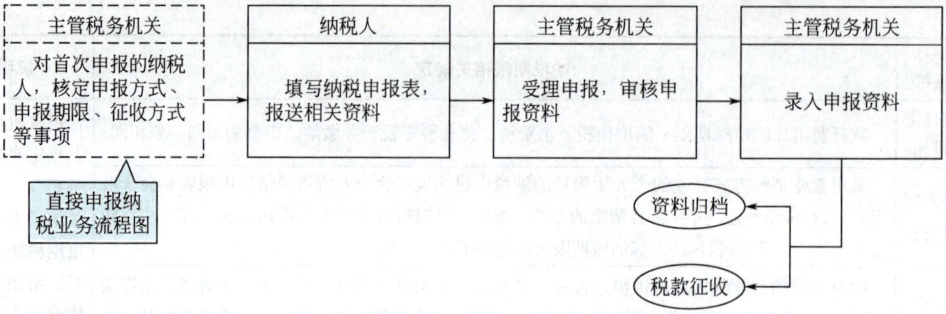

| 主管税务机关 | 纳税人 | 主管税务机关 | 主管税务机关 |
| --- | --- | --- | --- |
| 对首次申报的纳税人，核定申报方式、申报期限、征收方式等事项 | 填写纳税申报表，报送相关资料 | 受理申报，审核申报资料 | 录入申报资料 |

资料归档

税款征收

直接申报纳税业务流程图

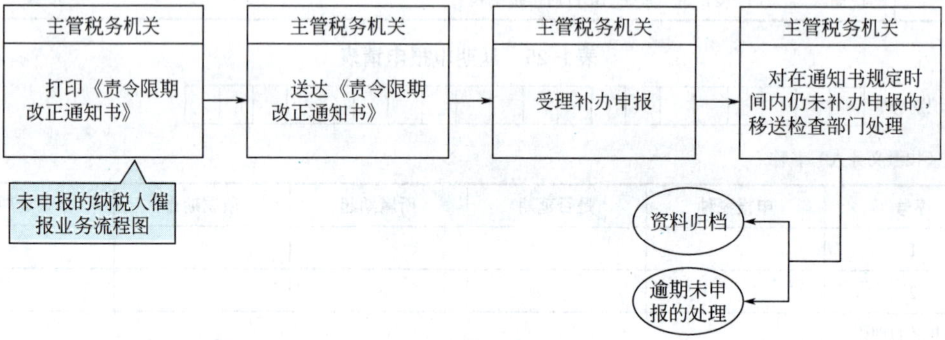

| 主管税务机关 | 主管税务机关 | 主管税务机关 | 主管税务机关 |
| --- | --- | --- | --- |
| 打印《责令限期改正通知书》 | 送达《责令限期改正通知书》 | 受理补办申报 | 对在通知书规定时间内仍未补办申报的，移送检查部门处理 |

资料归档

逾期未申报的处理

未申报的纳税人催报业务流程图

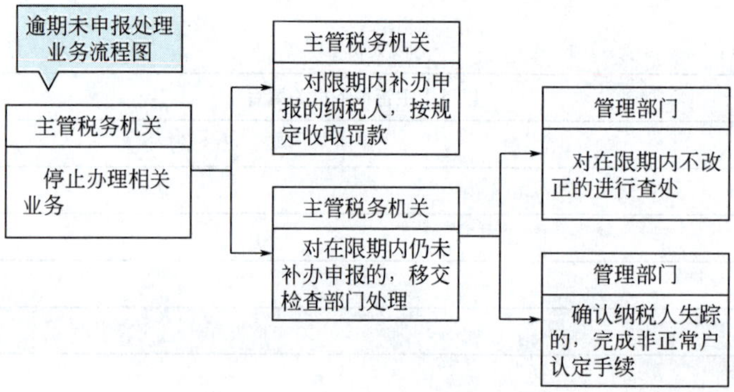

逾期未申报处理业务流程图

主管税务机关：停止办理相关业务

主管税务机关：对限期内补办申报的纳税人，按规定收取罚款

主管税务机关：对在限期内仍未补办申报的，移交检查部门处理

管理部门：对在限期内不改正的进行查处

管理部门：确认纳税人失踪的，完成非正常户认定手续

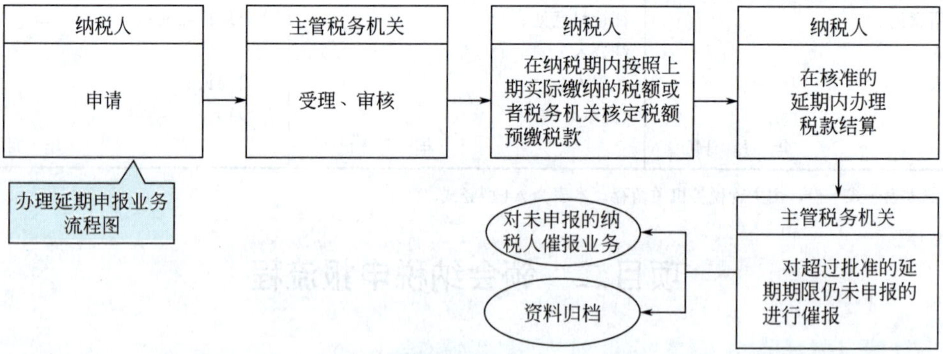

| 纳税人 | 主管税务机关 | 纳税人 | 纳税人 |
| --- | --- | --- | --- |
| 申请 | 受理、审核 | 在纳税期内按照上期实际缴纳的税额或者税务机关核定税额预缴税款 | 在核准的延期内办理税款结算 |

主管税务机关：对超过批准的延期期限仍未申报的进行催报

对未申报的纳税人催报业务

资料归档

办理延期申报业务流程图

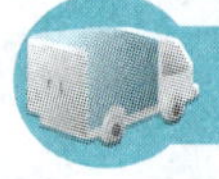

## 任务二　掌握直接申报下的流程要求

**1. 办理纳税申报**

纳税人、扣缴义务人办理纳税申报应向地税办税服务中心申领纳税申报表及代扣代缴、代

收代缴税款报告表，并依照法律、行政法规或者税务机关依法确定的申报期限如实填写后到地税办税厅办理纳税申报。

**2．办理延期纳税申报**

纳税人、扣缴义务人延期纳税申报办理：向地税办税服务中心领取《延期申报申请审批表》，如实填写后附带书面申请报告和税务机关要求提供的相关资料送税务机关受理审核。纳税人除不可抗力原因外，应按税务机关所审批的《延期申报申请审批表》或者填发的《预缴税款（征收滞纳金）通知书》所核定的预缴金额在规定的期限内预缴入库。

**3．电子申报**

已办理税务登记的纳税人，申请电子申报的应到办税服务厅领取《电子缴税申请表》、《电子缴税协议书》（一式三份），按规定填写后加盖公章、经办人签章后，经主管税务机关审核盖章后到开户银行在《电子缴税协议书》上盖章后，交办税服务厅纳税申报窗口进行电子缴税登记，纳税人即可办税电子缴税申报。

**4．网上申报**

已办理税务（社保）登记且已办理电子缴税的纳税人可以通过税务机关对外服务系统申请网上申报，并打印一式二份《税务行政审批事项申请表（网上申报）》加盖公章，向办税服务厅税务登记登记窗口申请。办税服务厅受理后，授权给纳税人，打印《准予审批决定书（网上申报）》（一式两份），一份存征管档案，一份送纳税人。

纳税人按照《准予审批决定书（网上申报）》中的授权码在15日内在对外服务系统中激活账号，并留存密码，即可在网上办理纳税申报及报送相关报表。

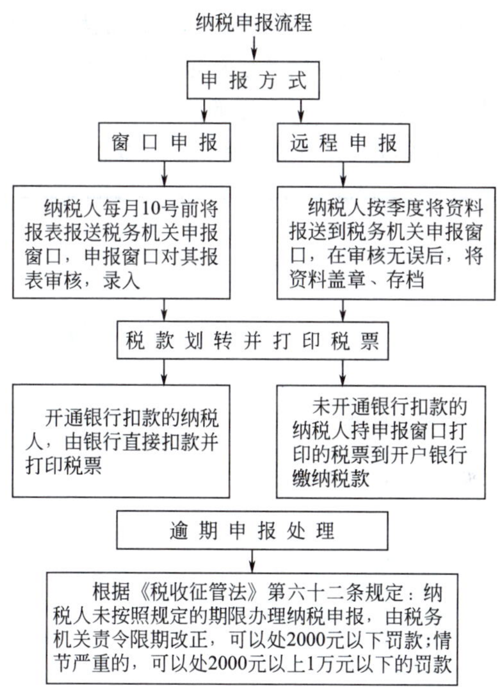


## 任务三　了解电子申报的相关知识

1．业务流程说明

电子申报是纳税人经主管税务机关批准，自己直接采用或委托合法的中介服务机构采用主管税务机关认可的光、电、磁等介质生成或储存申报数据，并将申报数据发送到主管税务机关特定系统进行申报，包括电话语音、报税器、电子数据交换和网络传输等申报方式。

纳税户通过 Internet 接入主管税务机关电子申报网页，用合法用户名和口令登录电子申报服务器。选择填写相关申报表，填写完成后提交。电子申报服务器将纳税户提交的申报数据按不同的税务机关分组暂存。税务局端随机收取相关的分组数据进行处理。数据处理完成后，税务机关将纳税人的纳税账号和相应的扣款数据发送指定银行扣除税款，并根据银行确认的扣款信息，以电子邮件的方式向相关纳税户发出电子邮件，告知最后申报结果。

2. 相关机构

◆税务机关：纳税人主管税务机关直属分局、各区（县）税务分局受理各自业务管辖范围内纳税户提出的网上申报申请，负责接收和处理网上申报纳税户提交的申报数据，并通过协议扣款的形式直接从指定的税款预储账户中扣缴税款。

◆服务商：为网上报税提供有偿登录服务和技术支持，负责对合法用户提交的申报数据进行分组暂存，配合相应的税务机关按管辖范围收取申报数据。

◆银行：纳税户开设税款预储账户的有关商业银行。目前主要涉及中国农业银行分行、中国工商银行分行和中国建设银行分行及其各区支行相关营业部（所）。纳税人可以根据其主管税务机关的要求，到指定的银行办理税款预储账户的开户手续。

◆纳税人主管税务机关所在地电子商务安全证书管理中心有限公司：为网上报税用户颁发 CA 数字证书，为征纳双方提供安全的第三方认证技术，防止网上申报数据被窃取被篡改造成泄密或损失。CA 数字证书的申请由各主管税务机关受理。

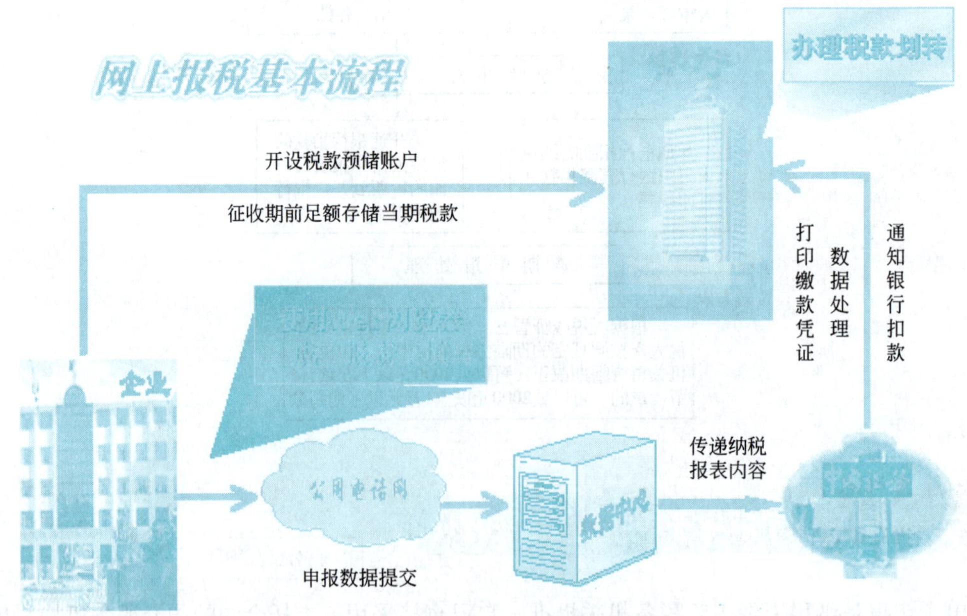

3. 电子申报系统的功能范围

◆纳税人可依法向主管税务机关按期报送税务机关规定的电子表单，完成日常纳税申报手续。

◆纳税人可远程查询申报结果。

◆纳税人可远程更新报税程序。

◆纳税人可收发电子邮件。

◆纳税人可随时修改报税密码。

◆主管税务机关可以通过电子申报系统向纳税人发布各类通知、公告，公布最新的税务法规。

4. 纳税人申请电子申报的条件

◆财务管理制度健全，能按规定正常申报和解缴税款。

◆计算机等硬件符合电子申报系统要求，并通过数字认证（CA）。

◆有相对固定的计算机操作人员，能准确填写涉税项目。

5. 纳税人申请电子申报程序

◆申请

符合电子申报条件的纳税人向主管税务机关受理部门提出申请，领取并填写《邮寄（电子）申报申请审批表》。

◆受理

税务受理部门审阅纳税人填报的表格是否符合要求，报送需查验的资料是否齐全。符合条件的，制发《税务文书领取通知单》交纳税人。另制作《税务文书传递卡》，将有关审批资料随《税务文书传递卡》转税务审核部门。

◆审批

税务审核部门收到税务受理部门转来的资料后，办好签收手续，然后对纳税人报送的资料进行审核。审核无误后，按规定权限报批。

税务审核部门根据审批结果负责制作《核准邮寄（电子）申报纳税通知书》并转税务受理部门。

◆领取

税务受理部门收到税务审核部门转来的资料后，办好签收手续，然后通知纳税人凭《税务文书领取通知单》前来领取《核准邮寄（电子）申报纳税通知书》及相关资料。并通知税收征收部门。

◆资料归档

资料归档内容：① 纳税人的书面申请；②《核准邮寄（电子）申报纳税通知书》。

知识驿站 1-16

## 广州某企业报税作业流程和税款申报作业流程

纳税申报流程

目的：为明确税务岗位作业流程，最大限度地节约/利用资金，做到既及时缴纳税款，又合理安排使用资金，特制订本作业流程。

职能：及时、准确地按税务机关的要求报送企业的相关信息及资料，缔造一个守法经营、按时纳税的企业形象，提高企业的信用度。

内容：

一、报税作业流程

1. 电子申报系统

(1) 发票认证

① 报税员在每月30号或者31号前，审核从会计处取得的增值税进项发票（包括票面信息填写齐全、密码区打印在限定区域内、印章清晰完整、票面整洁无损），对不符合增值税发票要求的，退回采购员处，由采购员重新向供应商索取合格的增值税发票。

② 对合格的增值税发票进行电脑扫描、核对，将扫描好的数据保存在3.5寸盘或U盘，在30号或者31号拿到税务机关进行认证，税务机关将通过当期认证的信息反馈至提交的软盘中，当月认证完毕的进项发票必须在当月抵扣 。

③ 将载有反馈信息的软盘读人电子申报系统，完成增值税进项发票的认证作业。并按税务机关的要求将已通过认证的发票按每本25份装订，以备查。如果作为固定资产退税的进项税额，则不允许进行抵扣，要在读人的信息后在系统中设置为“本期不抵扣”。

(2) 抄税

① 抄报税是将防伪开票系统开具发票的信息报送税务机关。

② 报税员每月1～10日前，在防伪开票系统对上月开具的销项发票进行抄税处理，将上月开具增值税专用发票的信息读人金税卡中向税务机关申报，抄税完成后未向税务机关申报前不允许再开具发票。

③ 通过申报完成上月的抄税工作。完成抄税后，从防伪税控系统中把每月的销项发票导入电子报税系统中，形成销项税额。

(3) 手工发票的录人

① 报税员将每月开立的收购发票和取得的运输发票等其他进项发票在每月纳税申报完成前输人到电子申报系统中，作为当月的进项税额。

② 将当月开立的普通销售发票录人到电子报税系统中。

③ 其他应税劳务，将本月的无票销售情况，录人电子申报系统中，作为无票销售额。

(4) 生成电子申报数据及报表

完成进项税额及销项税额的基本采集工作后，按电子申报系统的要求填报增值税申报表等一系列报表（报表载于系统中），生成电子数据向税务机关申报并打印相关纸质报表。

2. 免抵退税申报系统

(1) 报税员根据政府统一格式的出口报关单（白单）录入免抵退税申报系统本期出

口信息；根据已报关出口的报关单（黄单）、外汇核销单、出口发票录入本期单证收齐信息，完成后形成申报盘并向税务机关预申报，税务机关将电子信息反馈至报盘中再由企业读入该信息。

(2) 读入预审反馈信息后，即可生成“免抵退”正式申报盘向税务机关进行正式申报，并打印相关报表。

(3)“免抵退申报表”的数据应与“电子申报表”的数据核对，确保准确无误。

3. 个人所得税申报系统

(1) 录入公司员工基本资料。

(2) 每月工资核算后跟工资核算员索取每月公司员工薪资情况表，导入系统中，计算所得税额是否跟薪资表结果一样。

4. 地方税收纳税申报

(1) 根据总账人员提供的娱乐城营收收入／本月申报国税的征税货物和劳务销售额，录入纳税申报表中。

(2) 按照本月开具的租赁业发票／服务业发票的金额录入纳税申报表。

(3) 填写本月发票的领用存。

5. 企业所得税申报

(1) 每季终了后15日内申报本月经营利润。

(2) 年度终了后4个月内，向国税局申报企业所得税计算清缴的详细资料。

二、税款申报作业流程

(1) 抄报税完成后，企业就可以进行本月电子申报及免抵退申报。

一般情况下销项税额与进项税额的差额就是本月应纳税额（应纳增值税额＝当期销项税额－当期进项税额）。

如有出口销售则应计算出口退税额抵减当期应纳税额，其征退税差额本期应做进项转出。

本月应纳税额＝销项税额－进项税额＝当期内销货物的销项税额－（当期进项税额＋上期留抵税款－当期不予抵扣税额）－退税的金额

进项税额则等于本月认证的进项税额＋收购发票＋运输发票＋海关完税发票等。

(2) 报税申报资料

① 国税　申报时间：次月1 ~ 10日前申报上月税款。申报内容：a.《增值税纳税申报表》及6个附表；b.《资产负债表》；c.《损益表》；d.《免抵退税出口货物明细申报表》；e.《免抵退税出口货物单证收齐明细申报表》；f.《免抵退税汇总申报表》；g.《增值税专用发票认证结果清单》；h.《企业所得税申报表》（每季度终了15日前申报）。

② 地税申报时间：次月1 ~ 15日前申报上月税款。申报内容：a.《广东省地方税收纳税申报表》及其5个附表；b.《扣缴个人所得税汇总报告表》和《扣缴个人所得税明细报关表》。

③ 报表审核。报税员将以上报表按要求打印，由财务经理审核，交副董事长办公室秘书安排签章及盖印，即可向税务机关进行申报．

三、税款缴纳作业流程

增值税申报之后，税务机关开具税款缴款书，付款核准后出纳员加盖预留印鉴，将缴款书送至开户银行（税款的缴纳须在10日前，地税15日前，遇节假日顺延），由银行进行转账处理，完成税款缴纳工作。

四、相关资料的存档

每月报税后，将税务机关确认的《增值税发票认证通知书》、《电子申报系统一系列报表》、《免抵退税汇总申报表》、《免抵退税供货报告》、《季度/年度企业所得税申报表》、《个人所得税申报表》按每月一册装袋处理，年底统一装订归档。

## 课题六 税款征收

税款征收是税务机关依照税收法律、法规规定将纳税人应当缴纳的税款组织入库的一系列活动的总称。

税款征收涵义包括三个方面。

① 税务机关是税款征收的主体，法律规定必须由税务机关征收的税款，其他部门不得代征。但是，法律赋予海关、财政等部门征收税款的，海关、财政等部门也可成为税款征收的实体，如关税、契税等。

② 税务机关征税必须依照法律、法规的规定征收税款。

③ 税款征收是税务机关将纳税人的应纳税款全部解缴入库，组织国家财政收入的行为。

知识驿站 1-17

**税收征收的七原则**

- 税务机关是征税的唯一行政主体。
- 税务机关只能依照法律、行政法规的规定征收税款。
- 税务机关不得违反法律、行政法规的规定开征、停征、多征、少征、提前征收、延缓征收或者摊派税款。
- 税务机关征收税款必须遵守法定权限和法定程序。
- 税务机关征收税款或扣押、查封商品、货物或其他财产时，必须向纳税人开具完税凭证或开付扣押、查封的收据或清单。
- 税款、滞纳金、罚款统一由税务机关上缴国库。
- 税款优先。

### 项目一 税款征收和缴纳方式

税款征收方式，是指税务机关根据各税种的不同特点和纳税人的具体情况确定计算、征收的形式和方法。

## 任务一 税款的确定方式

我国现行主要的税款确定方式有四种。

| 税款确定方式 | 税款确定方式概念 | 适用范围 |
|---|---|---|
| 查账征收 | 查账征收是指税务机关根据纳税人提供的会计资料所反映的情况，依照税法相关规定计算征收税款的一种方式 | 适合于经营规模较大，财务会计制度健全，能够如实核算和提供生产经营情况，正确计算应纳税款的纳税人 |
| 查定征收 | 查定征收是指税务机关根据纳税人的从业人员、生产设备、原材料耗用情况等因素，查实核定其在正常生产经营条件下应税产品的数量、销售额，并据以征收税款的一种方式 | 适用于生产经营规模较小、产品零星、税源分散、会计账册不健全的小型厂矿和作坊 |
| 查验征收 | 查验征收是指税务机关对纳税人的应税产品，通过查验数量，按市场一般销售价格计算其销售收入并据以征税的方式 | 适用于纳税人财务制度不健全，生产经营不固定，零星分散、流动性大的税源 |
| 定期定额征收 | 定期定额征收是指对一些营业额和所得额难以计算准确的小型工商户，经其自报评议，由税务机关调查核实其一定期限内的营业额、利润额，按照核定的营业额、利润额确定应纳税款的方式 | 适用于经主管税务机关认定批准的生产、经营规模小，达不到设置账簿标准，难以查账征收，不能准确计算计税依据的个体工商户，包括个人独资企业 |

**【例1-17】**纳税人账簿、凭证、财务会计制度比较健全，能够如实反映生产经营成果，正确计算应纳税款的，税务机关应当对其采用的税款征收方式是（  ）。

A. 定期定额征收　　B. 查验征收　　C. 查账征收　　D. 查定征收

**解析** 正确答案选择C。查账征收适用于纳税人账簿、凭证、财务会计制度比较健全，能够如实反映生产经营成果的情况。

*试一试1-17* **依据税款确定方式规定作出正确选择**

根据税收法律制度的规定，对于生产不固定、账册不健全的单位，适用的税款征收方式是（  ）。

A. 查账征收　　B. 查定征收

C. 查验征收　　D. 定期定额征收

## 任务二 税款的缴纳方式

我国现行税款缴纳方式有五种，即纳税人直接向国库经收处缴纳、税务机关自收税款并办理入库手续、代扣代缴、代收代缴、委托代征。

知识驿站 1-18

**委托代征与代扣、代缴三者的区别**

委托代征与代扣、代缴三者虽然都是依法代税务机关收税，但它们之间是有明显区别的。

- 委托代征，特别是国家法律、行政法规明文规定委托其他行政机关代行税务机关部分行政职权的行政行为，如海关代征进口环节的流转税，除了行使税收征收权外，还可行使部分检查权和处罚权。
- 代扣、代收只能行使税收征收权。对扣缴义务人来说，代扣、代收税款是对国家应尽的法定义务，不是委托与受托关系，而是义务关系，不存在接受不接受的问题。

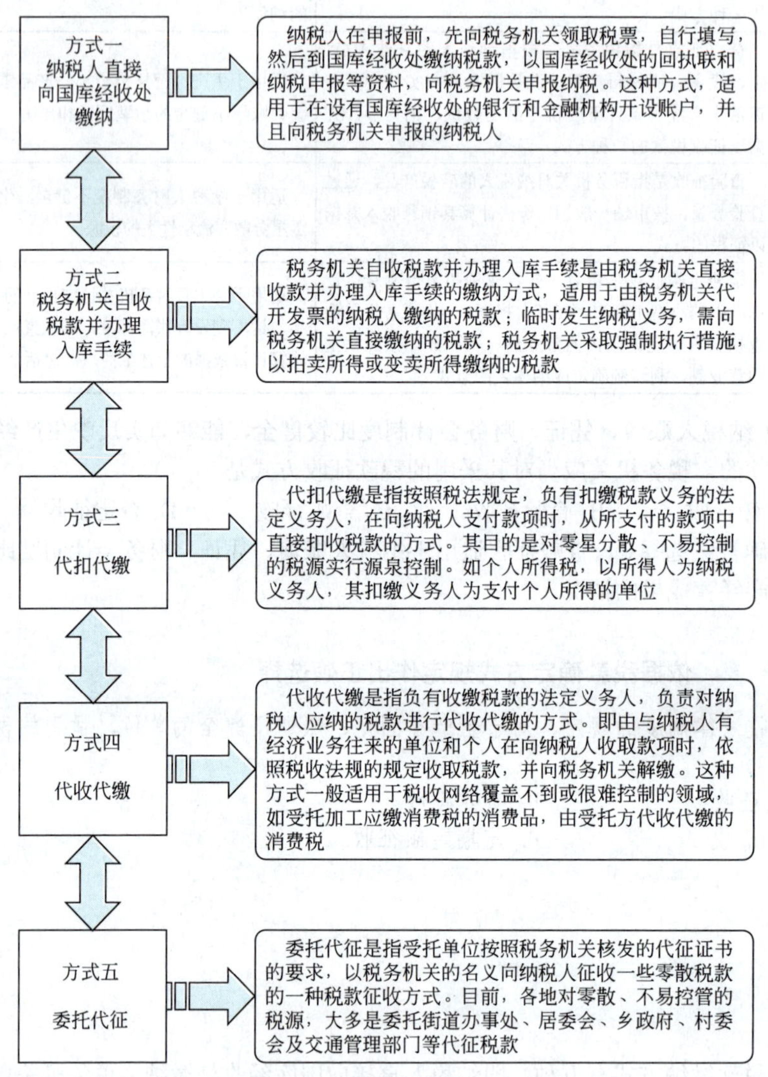


##  任务三　税款征收流程

1．此流程图适用于以下20项税（费）种征收：营业税、企业所得税、个人所得税、资源税、城镇土地使用税、房产税、车船使用税、印花税、城市维护建设税、土地增值税、城市房地产税、车船使用牌照税、教育费附加、文化事业建设费、地方教育附加、副食品价格调节基

金、残疾人就业保障基金、义务教育费、基本养老保险费、失业保险费。

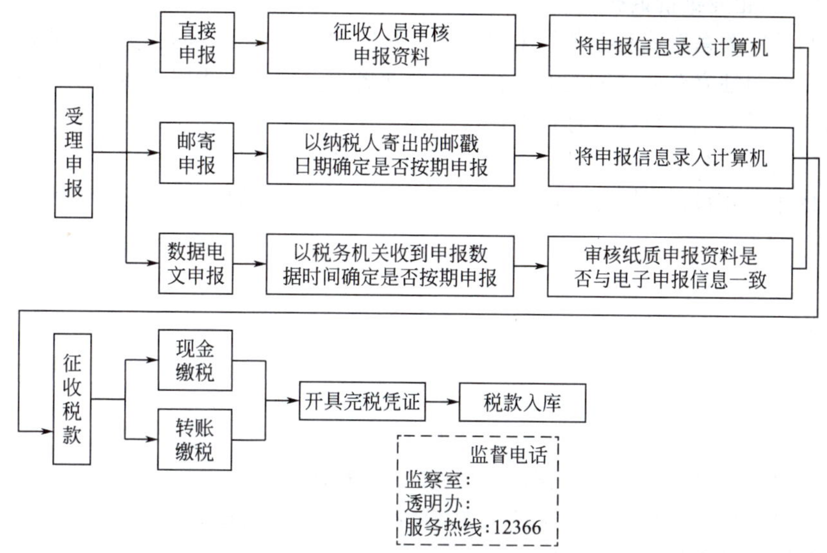


2．各税（费）种、税目、税率、计税依据、纳税期限、纳税地点见教材税种纳税实务介绍。

## 项目二　税款征收措施

为了保证税款征收的顺利进行，《税收征管法》规定税务机关在税款征收中根据不同情况可以采取以下5种措施。

### 一、由主管税务机关调整应纳税额

**1．核定应纳税额的对象**

纳税人有下列情形之一的，税务机关有权核定其应纳税额：

（1）依照法律、行政法规的规定可以不设置账簿的；

（2）依照法律、行政法规的规定应当设置但未设置账簿的；

（3）擅自销毁账簿或者拒不提供纳税资料的；

（4）虽设置账簿，但账目混乱或者成本资料、收入凭证、费用凭证残缺不全，难以查账的；

（5）发生纳税义务，未按照规定的期限办理纳税申报，经税务机关责令限期申报，逾期仍不申报的；

（6）纳税人申报的计税依据明显偏低，又无正当理由的；

（7）未按照规定办理税务登记的从事生产、经营的纳税人，以及临时经营的纳税人。

税务机关核定应纳税额的具体程序和方法由国务院税务主管部门规定。

**2．核定应纳税额的方式**

为了减少核定应纳税额的随意性，税务机关按以下方式核定其应纳税额：

（1）参照当地同类行业或者类似行业中经营规模和收入水平相近的纳税人的税负水平核定；

（2）按照营业收入或者成本加合理的费用和利润的方法核定；

（3）按照耗用的原材料、燃料、动力等推算或者测算核定；

（4）按照其他合理方法核定。

当其中一种方法不足以正确核定应纳税额时，可以同时采用两种以上的方法核定。

3．关联关系企业纳税调整

纳税人与关联关系企业有业务往来时，应当按照独立企业之间的业务往来收取或者支付价款、费用；不按照独立企业之间的业务往来收取或者支付价款、费用，而减少其应纳税的收入或者所得额的，税务机关有权进行合理调整。

纳税人与其关联企业未按照独立企业之间的业务往来支付价款、费用的，税务机关自该业务往来发生的纳税年度起3年内进行调整；有特殊情况的，可以自该业务往来发生的纳税年度起10年内进行调整。

知识驿站 1-19

关联企业的认定标准

关联企业，是指有下列关系之一的公司、企业和其他经济组织：

- 在资金、经营、购销等方面，存在直接或者间接拥有或者控制的关系；
- 直接或者间接地同为第三者所拥有或控制；
- 在利益上具有相关联的其他关系。

二、责令缴纳，加收滞纳金

纳税人未按照规定期限缴纳税款的，扣缴义务人未按照规定期限解缴税款的，税务机关除责令限期缴纳外，从滞纳税款之日起，按日加收滞纳税款万分之五的滞纳金。

加收滞纳金的起止时间，为法律、行政法规规定或者税务机关依照法律、行政法规的规定确定的税款缴纳期限届满次日起至纳税人、扣缴义务人实际缴纳或者解缴税款之日止。

**【例1-18】**长城企业应在2008年5月10日缴纳税款5 000元，但直到5月20日才缴纳。据此，该企业向主管税务机关缴纳的税款和滞纳金应是多少元？

**解析**　纳税人未按规定期限缴纳税款的，税务机关除责令限期缴纳税款外，从滞纳税款之日起，按日加收滞纳税款万分之五的滞纳金。所以该企业应向税务机关缴纳的税款和滞纳金为：$5000+5000\times5/10000\times10=5025$（元）

试一试1-18　**依据业务正确计算滞纳金**

泰山公司将税务机关确定的应于2008年12月5日缴纳的税款20万元拖至12月25日缴纳，根据我国《税收征收管理法》的规定，税务机关依法加收该公司滞纳税款的滞纳金为多少元？

三、责令提供纳税担保

纳税担保，是指经税务机关同意或确认，纳税人或其他自然人、法人、经济组织以保证、抵押、质押的方式，为纳税人应当缴纳的税款及滞纳金提供担保的行为。

1．适用纳税担保的情形

（1）税务机关有根据认为从事生产、经营的纳税人有逃避纳税义务行为的，可以在规定的纳税期之前，责令限期缴纳应纳税款；在限期内发现纳税人有明显转移、隐匿其应纳税的商品、货物及其他财产或者应纳税收入迹象的，税务机关可以责成纳税人提供纳税担保。

（2）欠缴税款、滞纳金的纳税人或者他的法定代表人需要出境的。

（3）纳税人同税务机关在纳税上发生争议而未缴清税款，需要行政复议的。

（4）税收法律、行政法规规定可以提供纳税担保的其他情形。

**2．纳税担保的范围**

纳税担保范围包括税款、滞纳金和实现税款、滞纳金的费用。其费用包括抵押、质押登记费用，质押保管费用，以及保管、拍卖、变卖担保财产等相关费用支出。

用于纳税担保的财产、权利的价值不得低于应当缴纳的税款、滞纳金，并考虑相关的费用。纳税担保的财产价值不足以抵缴税款、滞纳金的，税务机关应当向提供担保的纳税人或纳税担保人继续追缴。

**3．纳税担保具体方式**

（1）纳税保证　是指纳税保证人向税务机关保证，当纳税人未按照税收法律、行政法规规定或者税务机关确定的期限缴清税款、滞纳金时，由纳税保证人按照约定履行缴纳税款及滞纳金的行为。税务机关认可的，保证成立；税务机关不认可的，保证不成立。纳税保证为连带责任保证，纳税人和纳税保证人对所担保的税款及滞纳金承担连带责任。当纳税人在税收法律、行政法规或税务机关确定的期限届满未缴清税款及滞纳金的，税务机关即可要求纳税保证人在其担保范围内承担保证责任，缴纳担保的税款及滞纳金。

纳税保证人，是指在中国境内具有纳税担保能力的自然人、法人或者其他经济组织。法人或其他经济组织财务报表资产净值超过需要担保的税额及滞纳金2倍以上的，自然人、法人或其他经济组织所拥有或者依法可以处分的未设置担保的财产的价值超过需要担保的税额及滞纳金的，为具有纳税担保能力。

国家机关，学校、幼儿园、医院等事业单位、社会团体不得作为纳税保证人。企业法人的职能部门不得为纳税保证人。企业法人的分支机构有法人书面授权的，可以在授权范围内提供纳税担保。

知识驿站 1-20

**哪些人不得作为纳税保证人**

有以下情形之一的，不得作为纳税保证人：

- 有偷税、抗税、骗税、逃避追缴欠税行为被税务机关、司法机关追究过法律责任未满2年的；
- 因有税收违法行为正在被税务机关立案处理或涉嫌刑事犯罪被司法机关立案侦查的；
- 纳税信誉等级被评为C级以下的；
- 在主管税务机关所在地的市（地、州）没有住所的自然人或税务登记不在本市（地、州）的企业；
- 无民事行为能力或限制民事行为能力的自然人；
- 与纳税人存在担保关联关系的；
- 有欠税行为的。

纳税保证人同意为纳税人提供纳税担保的，应当填写纳税担保书。纳税担保书须经纳税人、纳税保证人签字盖章并经税务机关签字盖章同意方为有效。纳税担保从税务机关在纳税担保书签字盖章之日起生效。

保证期间为纳税人应缴纳税款期限届满之日起60日，即税务机关自纳税人应缴纳税款的期限届满之日起60日内有权要求纳税保证人承担保证责任，缴纳税款、滞纳金。

履行保证责任的期限为15日，即纳税保证人应当自收到税务机关的纳税通知书之日起15日内履行保证责任，缴纳税款及滞纳金。纳税保证期间内税务机关未通知纳税保证人缴纳税款及滞纳金以承担担保责任的，纳税保证人免除担保责任。

纳税人在规定的期限届满未缴清税款及滞纳金，税务机关在保证期限内书面通知纳税保证人的，纳税保证人应按照纳税担保书约定的范围，自收到纳税通知书之日起15日内缴纳税款及滞纳金，履行担保责任。

纳税保证人未按照规定的履行保证责任的期限缴纳税款及滞纳金的，由税务机关发出责令限期缴纳通知书，责令纳税保证人在限期15日内缴纳；逾期仍未缴纳的，经县以上税务局（分局）局长批准，对纳税保证人采取强制执行措施，通知其开户银行或其他金融机构从其存款中扣缴所担保的纳税人应缴纳的税款、滞纳金，或扣押、查封、拍卖、变卖其价值相当于所担保的纳税人应缴纳的税款、滞纳金的商品、货物或者其他财产，以拍卖、变卖所得抵缴担保的税款、滞纳金。

（2）纳税抵押　是指纳税人或纳税担保人不转移对所抵押财产的占有，将该财产作为税款及滞纳金的担保。纳税人逾期未缴清税款及滞纳金的，税务机关有权依法处置该财产以抵缴税款及滞纳金。

作为可以抵押的财产有五类：①抵押人所有的房屋和其他地上定着物；②抵押人所有的机器、交通运输工具和其他财产；③抵押人依法有权处分的国有的房屋和其他地上定着物；④抵押人依法有权处分的国有的机器、交通运输工具和其他财产；⑤经设区的市、自治州以上税务机关确认的其他可以抵押的合法财产。

学校、幼儿园、医院等以公益为目的事业单位、社会团体，可以其教育设施、医疗卫生设施和其他社会公益设施以外的财产为其应缴纳的税款及滞纳金提供抵押。

纳税人提供抵押担保的，应当填写纳税担保书和纳税担保财产清单。纳税担保财产清单应当写明财产价值及相关事项。纳税担保书和纳税担保财产清单须经纳税人签字盖章并经税务机关确认。

**知识驿站 1-21**

**不得作为抵押的财产有哪些?**

下列财产不得抵押：

- 土地所有权；
- 土地使用权，但本办法第十六条规定的除外；
- 学校、幼儿园、医院等以公益为目的的事业单位、社会团体、民办非企业单位的教育设施、医疗卫生设施和其他社会公益设施；
- 所有权、使用权不明或者有争议的财产；
- 依法被查封、扣押、监管的财产；
- 依法定程序确认为违法、违章的建筑物；
- 法律、行政法规规定禁止流通的财产或者不可转让的财产；
- 经设区的市、自治州以上税务机关确认的其他不予抵押的财产。

纳税抵押财产应当办理抵押物登记。纳税抵押自抵押物登记之日起生效。纳税人应向税务机关提供由以下部门出具的抵押登记的证明及其复印件（以下简称证明材料）。

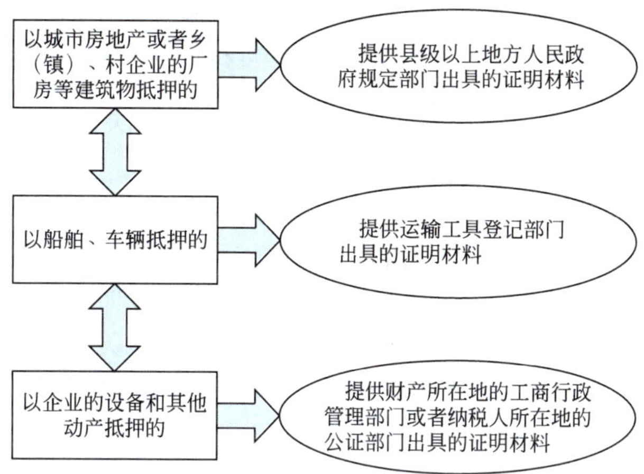


抵押期间，经税务机关同意，纳税人可以转让已办理登记的抵押物，并告知受让人转让物已经抵押的情况。纳税人转让抵押物所得的价款，应当向税务机关提前缴纳所担保的税款、滞纳金。超过部分，归纳税人所有，不足部分由纳税人缴纳或提供相应的担保。

纳税人在规定的期限内未缴清税款、滞纳金的，税务机关应当依法拍卖、变卖抵押物，变价抵缴税款、滞纳金。纳税人在规定的期限届满未缴清税款、滞纳金的，税务机关应当在期限届满之日起15日内书面通知纳税担保人，纳税担保人自收到纳税通知书之日起15日内缴纳担保的税款、滞纳金。纳税担保人未按照前款规定的期限缴纳所担保的税款、滞纳金的，由税务机关责令限期在15日内缴纳；逾期仍未缴纳的，经县以上税务局（分局）局长批准，税务机关依法拍卖、变卖抵押物，抵缴税款、滞纳金。

（3）纳税质押　是指经税务机关同意，纳税人或纳税担保人将其动产或权利凭证移交税务机关占有，将该动产或权利凭证作为税款及滞纳金的担保。纳税人逾期未缴清税款及滞纳金的，税务机关有权依法处置该动产或权利凭证以抵缴税款及滞纳金。纳税质押分为动产质押和权利质押。

纳税质押自纳税担保书和纳税担保财产清单经税务机关确认和质物移交之日起生效。纳税人在规定的期限内缴清税款及滞纳金的，税务机关应当自纳税人缴清税款及滞纳金之日起3个工作日内返还质物，解除质押关系。纳税人在规定的期限内未缴清税款、滞纳金的，税务机关应当依法拍卖、变卖质物，抵缴税款、滞纳金。

**【例1-19】**下列各项目中，可以成为纳税保证人的有（　）。

A. 国家机关　　B. 公司工会组织

C. 企业法人的分支机构（有法人书面授权）　　D. 有担保能力的自然人

**解析**　正确答案选择CD。国家机关、学校、幼儿园、医院等事业单位、社会团体不得作为纳税保证人。企业法人的职能部门不得为纳税保证人。企业法人的分支机构有法人书面授权的，可以在授权范围内提供纳税担保。

*试一试1-19*　**依据纳税担保规定作出正确选择**

根据税收征收管理法律制度的规定，下列财产中，不可以作为纳税抵押的有（　　）。

A. 土地所有权　　B. 抵押人有争议的财产

C. 抵押人有处分权的房屋及土地使用权　　D. 抵押人所有的已经定论为违章建筑物

**四、税收保全措施**

1．税收保全措施实施条件

税务机关有根据认为从事生产、经营的纳税人有逃避纳税义务行为的，可以在规定的纳税期之前，责令限期缴纳应纳税款；在限期内发现纳税人有明显转移、隐匿其应纳税的商品、货物，以及其他财产或者应纳税收入迹象的，税务机关可以责成纳税人提供纳税担保。如果纳税人不能提供纳税担保，经县以上税务局（分局）局长批准，税务机关可以采取税收保全措施。

2．税收保全措施内容

（1）书面通知纳税人开户银行或者其他金融机构冻结纳税人的金额相当于应纳税款的存款；

（2）扣押、查封纳税人的价值相当于应纳税款的商品、货物或者其他财产。

纳税人在前款规定的限期内缴纳税款的，税务机关必须立即解除税收保全措施；限期期满仍未缴纳税款的，经县以上税务局（分局）局长批准，税务机关可以书面通知纳税人开户银行或者其他金融机构从其冻结的存款中扣缴税款，或者依法拍卖或者变卖所扣押、查封的商品、货物或者其他财产，以拍卖或者变卖所得抵缴税款。

知识驿站 1-22

不适用税收保全的财产

- 个人及其所扶养家属维持生活必需的住房和用品，不在税收保全措施的范围之内。
- 个人及其所抚养家属维持生活必需的住房和用品不包括机动车辆、金银饰品、古玩字画、豪华住宅或者一处以外的住房。
- 税务机关对单价5 000元以下的其他生活用品，不采取税收保全措施和强制执行措施。

纳税人在规定的限期内缴纳税款的，税务机关必须立即解除税收保全措施；限期期满仍未缴纳税款的，经县以上税务局（分局）局长批准，税务机关可以书面通知纳税人开户银行或者其他金融机构从其冻结的存款中扣缴税款，或者依法拍卖或者变卖所扣押、查封的商品、货物或者其他财产，以拍卖或者变卖所得抵缴税款。

纳税人在限期内已缴纳税款，税务机关未立即解除税收保全措施，使纳税人的合法利益遭受损失的，税务机关应当承担赔偿责任。

**五、强制执行措施**

1．强制执行措施实施条件

从事生产、经营的纳税人、扣缴义务人未按照规定的期限缴纳或者解缴税款，纳税担保人未按照规定的期限缴纳所担保的税款，由税务机关责令限期缴纳，逾期仍未缴纳的，经县以上税务局（分局）局长批准，税务机关行强制执行措施。

2．强制执行措施内容

（1）书面通知其开户银行或者其他金融机构从其存款中扣缴税款。

（2）扣押、查封、依法拍卖或者变卖其价值相当于应纳税款的商品、货物或者其他财产，以拍卖或者变卖所得抵缴税款。

税务机关采取强制执行措施时，对前款所列纳税人、扣缴义务人、纳税担保人未缴纳的滞纳金同时强制执行。

个人及其所抚养家属维持生活必需的住房和用品，不在强制执行措施的范围之内。

**【例1-20】**纳税人的下列财产，不采取或不能采取税收保全措施的有（　）。

A. 个人及其所抚养家属维持生活必需的住房和用品　　B. 纳税人的有价证券
C. 单价在5 000元以下的其他生活用品　　D. 机动车辆

**解析**　正确答案选择AC。个人及其所抚养家属维持生活必需的住房和用品不属于税收保全措施的范围，但不包括机动车辆、金银首饰、古玩字画、豪华住宅或一处以外的住房。单价在5 000元以下的其他生活用品不采取税收保全措施和强制执行措施。

*试一试1-20*　**依据税款征收措施规定作出正确选择**

根据税收征收管理法律制度的规定，经县以上税务局（分局）局长批准，税务机关可以依法对纳税人采取税收保全措施。下列各项中，不属于税收保全措施的是（　）。

A. 责令纳税人暂时停业，直至缴足税款
B. 扣押纳税人的价值相当于应纳税款的商品
C. 查封纳税人的价值相当于应纳税款的货物
D. 书面通知纳税人开户银行冻结纳税人的金额相当于应纳税款的存款

知识驿站 1-23

**税收优先权**

- 税务机关征收税款，税收优先于无担保债权，法律另有规定的除外。
- 纳税人欠缴的税款发生在纳税人以其财产设定抵押、质押或者纳税人的财产被留置之前的，税收应当先于抵押权、质权、留置权执行。
- 纳税人欠缴税款，同时又被行政机关决定处以罚款、没收违法所得的，税收优先于罚款、没收违法所得。

# 项目三　延期缴税

纳税人、扣缴义务人按照法律、行政法规规定或者税务机关依照法律、行政法规的规定确定的期限，缴纳或者解缴税款。

## 任务一　领会延期缴税条件

纳税人因有特殊困难，不能按期缴纳税款的，经省、自治区、直辖市国家税务局、地方税务局批准，可以延期缴纳税款，但是最长不得超过3个月。

特殊困难是指下列两项：

① 因不可抗力，导致纳税人发生较大损失，正常生产经营活动受到较大影响的；

② 当期货币资金在扣除应付职工工资、社会保险费后，不足以缴纳税款的。

纳税人需要延期缴纳税款的，应当在缴纳税款期限届满前提出申请，并报送下列材料：

① 申请延期缴纳税款报告；

② 当期货币资金余额情况及所有银行存款账户的对账单；

③ 资产负债表；

④ 应付职工工资和社会保险费等税务机关要求提供的支出预算。

## 任务二 明确延期纳税程序

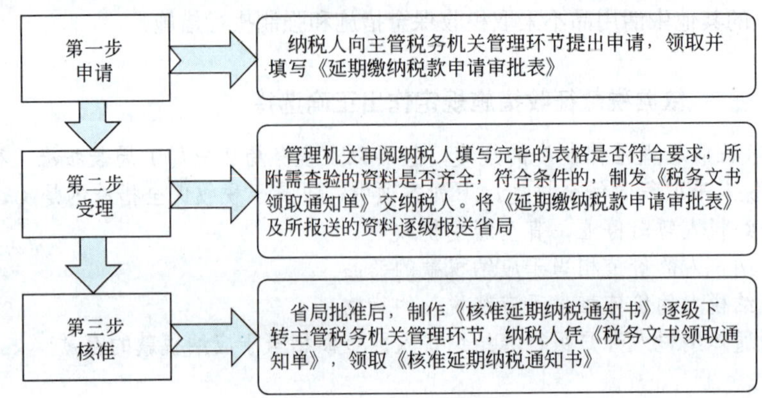


# 项目四 税款追征与退还

税务机关征收税款、纳税人缴纳税款是一项政策性强、技术难度高的工作，在征收税款的过程中，由于税法理解错误、计算错误、错用税率或财务技术处理失当等原因，会造成多征少征、多缴少缴税款情形出现。多征税款要退还，少征税款要追征才符合按实征收原则。

## 任务一 办理税款退还业务

需要税务机关退还的税款包括征收中出现的技术差错和结算性质退税，也包括按规定需要纳税人先征收，经核实后再从中退还应退的部分。税务机关必须严格按照税法规定的退库范围、提退手续和预算级次办理退税业务，不得截留应退还给纳税人的税款，更不得擅自制定提退政策和巧立名目提退税款。

**1．退还的时限**

纳税人超过应纳税额缴纳的税款，税务机关发现后应当立即退还；纳税人自结算缴纳税款之日起3年发现的，可以向税务机关要求退还多缴的税款并加算银行同期存款利息。税务机关于发现或接到纳税人申请退款书之日起60日内予以退还，也可按纳税人的要求抵缴下期应纳税款。

**2．税款退还的具体程序**

税务机关自收的小额退税，由基层税务部门办理；属于要通过国库办理的退税，由县级税务机关开具税收退还书到指定的国库办理。申请退还的程序如下。

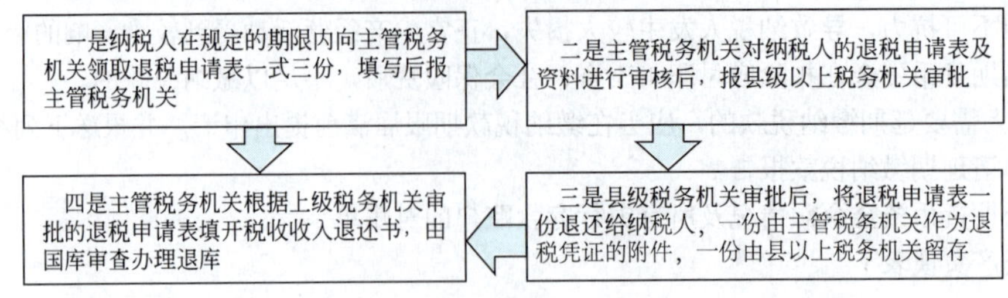

税务机关签发的退税凭证从送达纳税人之日起1个月内有效。超过1个月，不再办理。

## 任务二　税款补缴与追征

税务机关征收由于自身的责任造成纳税人或扣缴义务人少缴或者未缴税款的为补缴，征收由纳税人或扣缴义务人的责任造成的少缴或未缴税款的为追征。

**1．税务机关责任**

根据《税收征收管理法》的规定，因税务机关的责任致使纳税人、扣缴义务人未缴、少缴税款的，税务机关在3年内可以要求纳税人、扣缴义务人补缴税款，但是不得加收滞纳金。

**2．纳税人、扣缴义务人责任**

因纳税人、扣缴义务人计算错误等失误，未缴或者少缴税款的，税务机关在3年内可以追征税款、滞纳金；有特殊情况的，追征期可以延长到5年。

对偷税、抗税、骗税的，税务机关追征其未缴或者少缴的税款、滞纳金或者骗取的税款，追征期不受时间限制，即无限期追征。

知识驿站 1-24

**完税凭证**

税务机关收到税款后，应当向纳税人开具完税凭证。纳税人通过银行缴纳税款的，税务机关可以委托银行开具完税凭证。

- 完税凭证，是指各种完税证、缴款书、印花税票、扣（收）税凭证及其他完税证明。
- 完税凭证的式样及管理办法由国家税务总局制定。
- 未经税务机关指定，任何单位、个人不得印制完税凭证。完税凭证不得转借、倒卖、变造或者伪造。

**【例1-21】**某企业财务人员2000年7月采取虚假的纳税申报手段少缴营业税5万元。2006年6月，税务人员在检查中发现了这一问题，要求追征这笔税款。该企业财务人员认为时间已过3年，超过了税务机关的追征期，不应再缴纳这笔税款。税务机关是否可以追征这笔税款？为什么？

**解析**　税务机关可以追征这笔税款。《税收征管法》第52条规定，对偷税、抗税、骗税的，税务机关可以无限期追征其未缴或者少缴的税款、滞纳金或者所骗取的税款。从案情可以看出，该企业少缴税款并非是计算失误，而是违反税法，采取虚假纳税申报，其行为在性质上已构成偷税。因此，税务机关可以无限期追征。

*试一试1-21*　**依据税款退还和追征制度进行案例分析**

蓝天公司2008年7月在清查账簿中发现，2007年6月该公司多缴了5 000元税款，于是该公司向税务机关请求退还多缴的税款并加算相应的利息。税务机关经过核对后，证实该公司多缴税款属实；同时发现，该公司2007年9月有一笔税款计算错误，少缴2 100元税款。分析税务局应怎么处理？

# 课题七　税务检查

广义的税务检查包括纳税人的纳税自查和配合税务机关的税收检查两类。

## 项目一　组织纳税自查

### 任务一　明确税务检查类型

| 序号 | 分类标准 | 分类内容 | 说　明 |
|---|---|---|---|
| 1 | 税务检查主体不同 | 税务机关检查 | 由国家税务机关组织实施的检查，具体形式又分为税务专管人员进行的单独检查和集中部分税务检查人员进行的联合检查 |
|  |  | 纳税人自查、互查 | 在税务机关的指导下，组织纳税人自我检查和纳税人之间相互检查 |
| 2 | 检查方式不同 | 税务查账 | 税务查账是利用纳税人的会计凭证、账簿、报表等核算资料检查其财务核算的合法性、合理性与正确性，判明其是否依法履行纳税义务 |
|  |  | 实地调查 | 实地调查是对纳税对象和有关纳税事项的现场调查、询问、核对等 |
|  |  | 税务查缉 | 税务查缉是对应税货物出入车站、码头、机场及交通要道时，会同有关部门设点联合检查验证 |
| 3 | 检查时间不同 | 经常性检查 | 经常性检查是税务专管人员对所管辖纳税人的不定期检查 |
|  |  | 定期检查 | 税务机关有组织有计划地进行检查，一般有季度检查、半年检查或年度检查 |
| 4 | 检查范围 | 全面检查 | 指就纳税人纳税的全部内容所进行的综合检查 |
|  |  | 专题检查 | 指就纳税人纳税的某一方面内容或多项内容所进行的单项检查 |

### 任务二　明确纳税自查要求

◆纳税人、扣缴义务人应当建立自查制度，结合财务核算过程和生产经营的实际情况，对照现行税收法律、法规检查有无漏报应税收入、多列支出、虚增抵扣税额、漏报或错报代扣（收）税项目、错用税率或计算错误等情况。

◆对于国家税务机关组织的各类纳税检查，应当按照国家税务机关通知的内容、要求、时间等，组织力量认真开展自查。纳税人、扣缴义务人日常自查中，发现纳税错误，应当自行纠正；对于在国家税务机关组织的自查中发现的纳税错误，除主动改正存在的问题，自觉补缴税款和调整有关账务外，还要如实填报自查情况报告表。如自查无问题，亦应按规定填表上报。

# 项目二　配合税务机关检查

税务检查是税务机关依照国家有关税收法律、行政法规、规章和财务会计制度的规定，对纳税人、扣缴义务人履行纳税义务、代扣代缴义务及其他税法义务的情况进行检查和处理的全部活动。税务检查对于保障税收收入，维护税收秩序，确保纳税人、扣缴义务人依法纳税具有重要的作用。

## 任务一　明确税务检查机关的工作程序

税务检查的工作程序包括：选案、实施、审理、处理决定执行四个环节。这四个环节实行分工负责，形成相互合作、相互制约、彼此促进的运行机制，以保证准确有效地执行税法。图1-1为税务检查（稽查业务）流程图。

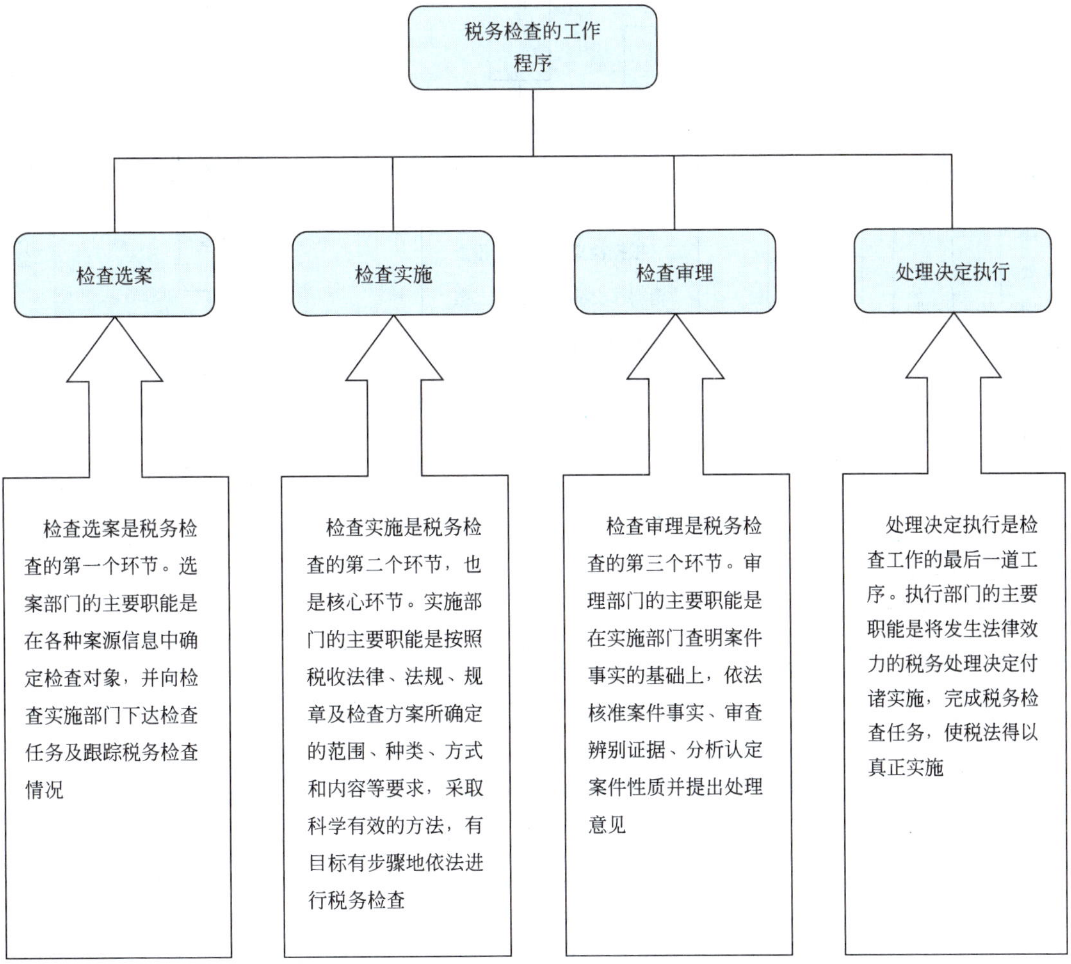

税务检查的工作程序

- 检查选案 ← 检查选案是税务检查的第一个环节。选案部门的主要职能是在各种案源信息中确定检查对象，并向检查实施部门下达检查任务及跟踪税务检查情况
- 检查实施 ← 检查实施是税务检查的第二个环节，也是核心环节。实施部门的主要职能是按照税收法律、法规、规章及检查方案所确定的范围、种类、方式和内容等要求，采取科学有效的方法，有目标有步骤地依法进行税务检查
- 检查审理 ← 检查审理是税务检查的第三个环节。审理部门的主要职能是在实施部门查明案件事实的基础上，依法核准案件事实、审查辨别证据、分析认定案件性质并提出处理意见
- 处理决定执行 ← 处理决定执行是检查工作的最后一道工序。执行部门的主要职能是将发生法律效力的税务处理决定付诸实施，完成税务检查任务，使税法得以真正实施

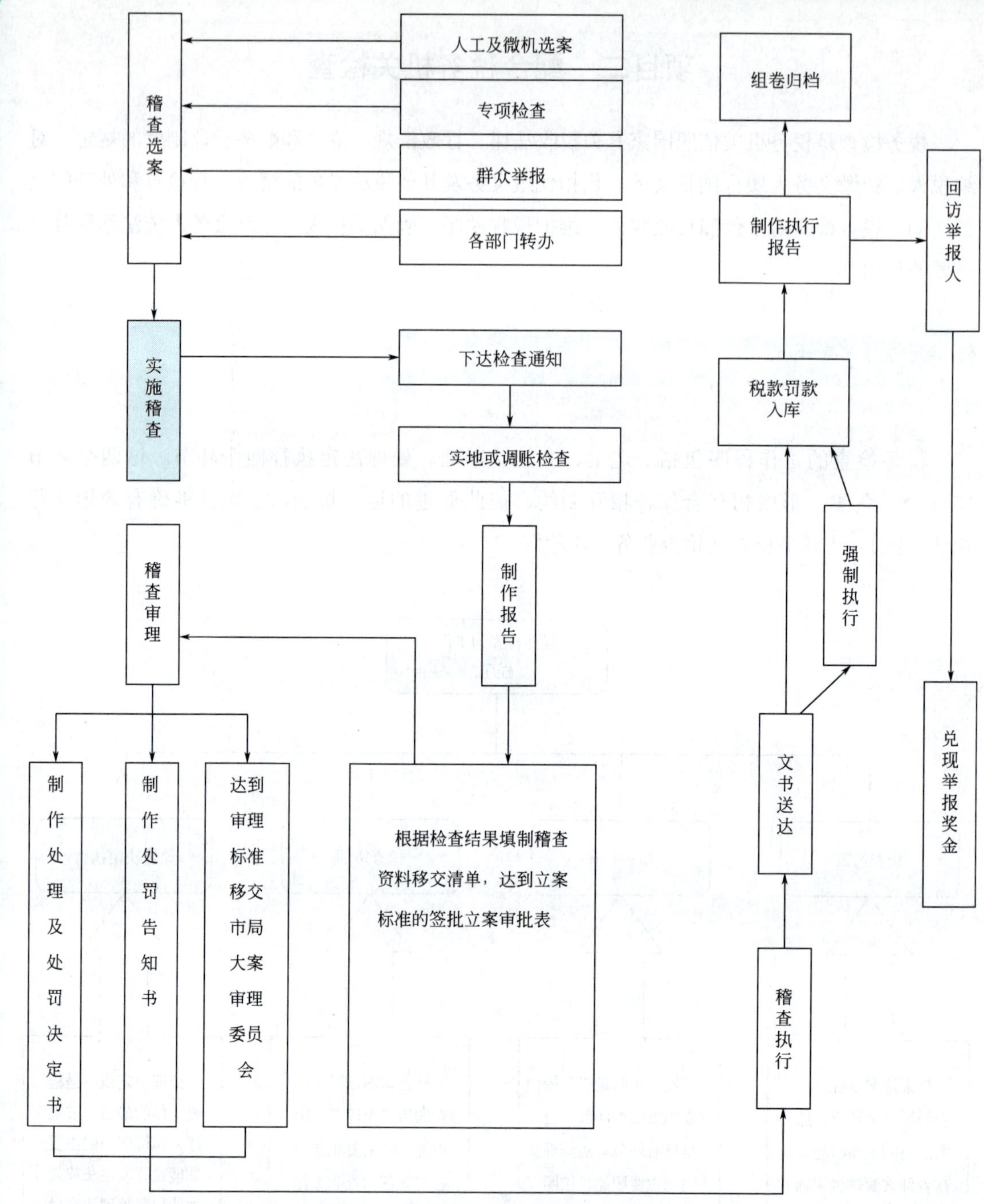


图1-1 税务检查（稽查业务）流程图

## 任务二 明确税务人员检查工作程序

1．一般情况下，在实施前发出《税务检查通知书》并附《税务文书送达回证》通知被查对象；在群众举报或税务机关有根据认为纳税人有税务违法行为，或者预先通知有碍检查的，可在书面通知的同时实施检查。

2．实施税务检查时，检查人员应当2人以上出示税务检查证，同时送达《税务检查通知书》，填制文书送达回证，检查金融、军工、尖端科学等保密单位时，还应出示《税务检查专用证明》。

3．实施税务检查时，需到被查单位开户银行查询被查对象存款账户时，检查人员应凭县以上税务局局长审批的《税务机关检查纳税人、扣缴义务人存款账户储蓄存款许可证明》，到银行支行级会计部门办理签字手续后办理有关手续。需查询税务违法案件涉嫌人员的储蓄存款须经市以上税务局局长批准。

4．实施税务检查时采取询问方式的，必须有2名以上检查人员参加，检查人员询问当事人、证人和利害关系人，要事先向被询问人送达《询问通知书》，同时填制文书送达回证，询问过程中不得对当事人和证人引供、诱供或逼供。询问调查时，应有专人记录，并制作《询问（调查）笔录》，并在询问前告知被询问人的权利与义务（有不回答问题的权利即沉默权和如实作证的义务），不如实提供情况、做伪证、假证应承担的法律责任。

5．实施账务检查时，原则上应在被查对象的业务场所进行，也可以责成被查单位将账簿、记账凭证、报表和其他有关资料携带到税务机关接受检查。必要时可采取调账检查，由检查人员持局长审批的《调取账簿资料通知书》送达被查单位，填制文书送达回证，将被查对象的账簿、记账凭证、报表和有关资料调回稽查局检查。调取账簿资料时，必须向被查对象开具《调取账簿资料清单》。调取被查对象以前年度的涉税资料，应在3个月内退还。调取被查对象当年涉税资料的，须经市以上税务局局长批准，并在1个月内退还。

6．调查取证过程中，需要取得证据原件的可向当事人开具《提取证据专用收据》；不能取得原件的，可以复印、复制或照相，但必须注明原件的保存单位（个人）和出处，由原件保存单位和个人签注“此件由我单位（个人）提供，与原件核对无误”字样，并由其签字、押印。要将空白发票调出查验时，使用局长审批的《调取空白发票收据》；确需对已使用的发票进行查验并作为重要证据材料使用时，凭局长审批的《发票换票证》办理相关手续。

7．在检查从事生产、经营的纳税人以前纳税期纳税情况的过程中，发现纳税人有逃避纳税义务行为，并有明显转移、隐匿其应纳税商品、货物及其他财产或者应纳税收入迹象的，稽查实施部门可根据有关情况，依法采取冻结存款、查封、扣押商品、货物或其他财产及阻止出境等税收保全措施。

8．如被查对象存在拒绝检查人员检查、实施部门发出《限期提供资料通知书》后拒绝提供财务资料、实施部门发出《询问通知书》后拒绝接受询问情况的，经局长批准后，税务检查实施部门可要求公安机关协助检查。

## 任务三 税务机关税务检查的权利与义务

**1．税务机关税务检查的权利**

税务机关有权进行下列税务检查。

（1）查账权 检查纳税人的账簿、记账凭证、报表和有关资料，检查扣缴义务人代扣代缴、代收代缴税款账簿、记账凭证和有关资料。

（2）场地检查权 到纳税人的生产、经营场所和货物存放地检查纳税人应纳税的商品、货物或者其他财产，检查扣缴义务人与代扣代缴、代收代缴税款有关的经营情况。

（3）责成提供资料权 责成纳税人、扣缴义务人提供与纳税或者代扣代缴、代收代缴税款有关的文件、证明材料和有关资料。

（4）问询权 询问纳税人、扣缴义务人与纳税或者代扣代缴、代收代缴税款有关的问题和情况。

（5）在交通要道和邮政企业的查证权 到车站、码头、机场、邮政企业及其分支机构检查纳税人托运、邮寄应纳税商品、货物或者其他财产的有关单据、凭证和有关资料。

（6）查核存款账户权 经县以上税务局（分局）局长批准，凭全国统一格式的检查存款账户许可证明，查询从事生产、经营的纳税人、扣缴义务人在银行或者其他金融机构的存款账户。税务机关在调查税收违法案件时，经设区的市、自治州以上税务局（分局）局长批准，可以查询案件涉嫌人员的储蓄存款。税务机关查询所获得的资料，不得用于税收以外的用途。

**2．税务机关税务检查的义务**

（1）税务机关派出的人员进行税务检查时，应当出示税务检查证和税务检查通知书。

（2）有责任为被检查人员保守秘密。

（3）只能询问与纳税有关的话题。

税务机关行使税务检查权的七种限制

| 序号 | 税务检查权的限制 | 说　明 |
|---|---|---|
| 1 | 职权范围的限制 | 税务机关进行检查时，不能超越法律规定的职权范围。如在对纳税人邮寄和托运商品、货物进行检查时，只能检查有关单据、凭证资料，而不能擅自开箱、开包检查；对纳税人、扣缴义务人银行存款账户的检查，必须经县以上税务局（分局）局长批准，并持全国统一格式的检查许可证明，以维护纳税人和扣缴义务人的合法利益 |
| 2 | 时间的限制 | 税务检查必须及时进行，在对某一具体的纳税人进行检查的过程中，整个检查阶段不超过规定的正常时间，对每一纳税人的检查原则上不超过15天，不能使税务检查的时间长期处于不确定的状态。税务机关调取以前会计年度的账簿、记账凭证、报表和其他有关资料检查时，必须在3个月内完整退还；调取当年的账簿资料检查时，必须在30日内完整退还 |
| 3 | 次数的限制 | 税务机关要统筹安排检查工作，提出税务检查计划。要严格控制对纳税人、扣缴义务人的税务检查次数，对同一纳税人的专项检查每年最多进行两次 |
| 4 | 地域的限制 | 我国税务管理一般按照行政区域划分管辖范围。税务检查人员只能在所在税务机关管辖区域内行使检查权。税务检查人员在地域上的有效检查范围，在检查人员持有的税务检查证上有明确规定，超出范围进行检查，纳税人有权拒绝 |

续表

| 序号 | 税务检查权的限制 | 说　明 |
| --- | --- | --- |
| 5 | 形式的限制 | 税务机关实施检查时应为2人以上，出示税务检查证和税务检查通知书，证明自己的税务执法身份。没有税务检查证和税务检查通知书的，纳税人、扣缴义务人及其他当事人有权拒绝接受检查 |
| 6 | 国税、地税机构职责范围的限制 | 国税、地税两个税务机关在同一区域，分别按照各自的征管范围行使税务检查权。税务检查权的行使不能超越规定的职权范围，但必须维护国家整体利益和税务机关检查权力的有效行使。两个税务机构应在检查工作上协调配合，在情报上相互交换，使税务检查发挥应有的效能 |
| 7 | 职务的限制 | 税务人员只有经税务机关指派，在执行税务检查任务时，才能行使税务检查权。税务机关的非检查人员，以及税务机关的检查人员非经所在税务机关的指派，均不能对纳税人行使检查权 |

# 课题八　税务会计岗位说明

## 项目一　领会税务会计岗位职责

税务会计岗位职责

1．办理税务登记及变更等有关事项。

2．负责涉税票证的领购、使用和管理。

3．编制纳税申报表及相关附表。

4．负责纳税申报与税款缴纳工作。

5．办理有关的免税申请及退税冲账等事项。

6．了解、掌握与公司税务有关的数据，能为企业提出有效的纳税筹划建议和方案。

7．编制有关的税务报表及相关分析报告。

8．按上级指示参加税务方面有关会议。

9．解释各下属公司提出的税务问题，传达税务新政策。

## 项目二　掌握办税基础工作流程

| 办税流程 | 需执下列文件 | 银行 | 工商局 | 技术监督局 | 国税局 | 地税局 | 指定地税所 |
| --- | --- | --- | --- | --- | --- | --- | --- |
| 办照、刻章 | 营业执照副本 | | ★ | | | | |
| 开户（企业账户） | 营业执照副本、复印件、公章、财务章、法人章 | ★ | | | | | |
| 办代码证 | 营业执照副本、法人身份证、开户许可证，及上述材料的复印件 | | | ★ | | | |

续表

| 办税流程 | 需执下列文件 | 银行 | 工商局 | 技术监督局 | 国税局 | 地税局 | 指定地税所 |
|---|---|---|---|---|---|---|---|
| 申办国税登记证 | 营业执照副本及复印件、企业章程及复印件<br>验资报告及复印件、<br>开户许可证及复印件、<br>统一代码证及复印件、<br>租房协议及复印件、委托代理协议书及复印件高新企业带批准书 | | | ★ | | | |
| 领国税登记证 | 领证通知单 | | | | ★ | | |
| 申办地税登记证 | 营业执照副本、开户许可证代码证、法人身份证、企业章程、租房协议或房产证、新技术企业证书，及上述材料的复印件 | | ★ | | | | |
| 税务登记表审批盖章 | 营业执照副本、开户许可证代码证、法人身份证、企业章程、租房协议或房产证、新技术企业证书，及上述材料的复印件。租房者备房、地完税证明 | | | | | | ★ |
| 领地税登记证 | | | | | | ★ | |
| 报到纳税<br>纳税核准<br>纳税培训 | | | | | | | ★ |

## 项目三　解读《税务会计岗位一般工作说明书》

### 税务会计岗位工作说明书

**一、岗位标识信息**

岗位名称：　税务会计　　　　隶属部门：　财务部

岗位编码：　　　　　　　　　直接上级：　财务部经理

工资等级：　　　　　　　　　直接下级：　无

可轮换岗位：无　　　　　　　分析日期：

**二、岗位工作概述**

根据税法和税务程序的规定，负责本公司所有税务的计算及申报工作，按时足额纳税，保障公司的利益和国家权益；公司的综合统计工作。

**三、工作职责与任务**

（一）负责公司税务的申报

1．进行内销增值税申报；

2．进行外销增值税的免税申报；

3．进行外销增值税退税；

4．进行公司所得税申报；

5．进行个人所得税代扣代缴；

6．进行公司房产税、车船税的申报；

7．负责财政补贴和防洪费的缴纳；

8．进行印花税的计算、贴花及注销。

（二）负责公司进出口业务的核销

1．根据进出口情况核销进出口业务；

2．领取进出口所需的业务单据。

（三）协助人事部进行劳动工资的计算

1．与人事部合作，计算公司员工的工资奖金、加班费及各种保险基金；

2．在规定的时间里发放各项工资。

（四）向上级有关部门报送相应的报表

1．填写、录入公司各财务报表；

2．向税务、财政报送季度资产负债表、利润表及年度全套报表等；

3．填制对外统计台账和月度报表；

4．向上级主管单位送交统计报表或财务报表。

（五）完成上级委派的其他任务

**四、工作绩效标准**

1．按时足额纳税，保证税务申报及时准确，减少公司不必要的损失；

2．准确核销进出口业务，保证进出口业务的顺利进行；

3．准确计算劳动工资；

4．按时向上级报送报表。

**五、岗位工作关系**

（一）内部关系

1．所受监督：在税务的申报和税款的缴纳方面，直接接受财务部经理的指示和监督。

2．所施监督：一般情况本岗位不实施对其他岗位的工作监督。

3．合作关系：在进出口核销方面，向销售部取得相关的内销外销发票，在协助核算劳资方面，向人事部取得工资清单。

（二）外部关系

在进行税务申报方面，与税务局发生联系；在进出口核销方面，与外汇管理局发生联系；在申报缴纳地税方面，与财政局发生联系；在缴纳税款方面，与银行发生联系。

**六、岗位工作权限**

1．对进出口业务的审核权；

2．税款的缴纳权；

3．对工资的核算权、发放权。

七、岗位工作时间

在公司制度规定的时间内工作，偶尔需要加班加点。

八、岗位工作环境

约50%的时间在室内工作；温度、湿度适宜；无噪声、粉尘等污染；照明条件良好，一般无相关的职业病发生；因申报需要一半时间在公司外报送有关资料。

九、知识及教育水平要求

1．财务知识；

2．税务知识；

3．税法、经济法方面的知识；

4．会计核算的相关知识；

5．计算机基础知识及常用软件知识；

6．英语知识。

十、岗位技能要求

1．熟悉各种税务法规及税务申报的程序；

2．熟悉公司的各种法规及工资评审办法；

3．有较强的计算能力、统计能力；

4．具有办税员证；

5．了解财务部各岗位工作内容，做好与各岗位的衔接工作。

十一、工作经验要求

中专以上文化程度，财会等相关专业毕业。

十二、其他素质要求

任职者需具有健康的体魄，充沛的精力；强烈的责任心；无特殊性别与年龄要求。工作目标明确，责任心强，树立良好的部门形象。

*试一试1-22* **通过招聘媒体，列举5家企业税务会计岗位的任职资格和岗位要求**

1. ____________________。
2. ____________________。
3. ____________________。
4. ____________________。
5. ____________________。

案例讨论1-24　税务会计人员在企业所起的作用主要表现在哪些方面？

# 增值税纳税实务

## 学习目标

◆能执行增值税相关法律规定
◆明确增值税和营业税的征税范围
◆能正确处理混合销售、兼营非应税劳务、视同销售行为等特殊业务
◆能正确应用增值税税率和征收率
◆学会增值税一般纳税人的资格认定与管理
◆能正确计算一般纳税人和小规模纳税人应纳增值税额
◆能正确计算出口退税，学会出口退税单证的填写与使用，协助办理出口退税业务
◆能办理增值税专用发票领购、开具、认证、抵扣、保管、缴销等业务
◆能独立编制《增值税纳税申报表》及相关附表
◆能办理增值税的纳税申报和缴纳业务

## 课题一　解读增值税基本规定

增值税是以在我国境内销售货物或者提供加工、修理修配劳务，以及进口货物的单位和个人取得的增值额为课税对象征收的一种税。

**增值额是怎么产生的？**

为了理解增值额，我们举这样一个例子（只考虑原材料成本，不考虑生产中其他支出）。农民种了棉花，将棉花卖给织布商，这个织布商又把布料卖给印染商，先后经过五道工序，最后，制成衣服并销售出去。下表给出一系列假设的数字。

| 生产者 | 购买/元 | 销售/元 | 增值/元 |
| --- | --- | --- | --- |
| 农　民 | 0 | 200 | 200 |
| 织布商 | 200 | 300 | 100 |
| 印染商 | 300 | 350 | 50 |
| 服装生产商 | 350 | 650 | 300 |
| 服装销售商 | 650 | 800 | 150 |
| 合　计 | 1 500 | 2 300 | 800 |

不难看出，服装生产商向印染商支付了350元，然后按照650元将服装卖给了销售商。每一个阶段，增值是企业销售额与生产中物质要素的购买额之间的差额。织布商为购买棉花支付了200元，按照300元销售，他的增值额是100元，这一结果列在表格的第4列中。

可见，就一个环节而言，增值额是产出减去投入后的余额。如服装加工环节，购入的布料是350元，服装产出是650元，增值额就是300元。就一个产品而言，增值额之和就是商品价值之和。本例中各环节累计增值额是800元，也就是服装的最终销售价值。

增值税的课税对象是增值额，增值额是企业在生产经营过程中新创造的那部分价值。从宏观上讲，大体相当于国民收入。从一个生产经营单位来看，增值额是指该单位销售货物或提供劳务的收入额扣除为生产经营这种货物或劳务而外购的那部分货物价款后的余额。从一项货物来看，该货物的最终销售价格，等于该货物经历的生产和流通的各个环节所创造的增值额之和。

# 项目一　认识增值税

## 任务一　明确增值税类型

按照外购固定资产处理方式的不同，可将增值税划分为消费型增值税、收入型增值税和生产型增值税三种类型。

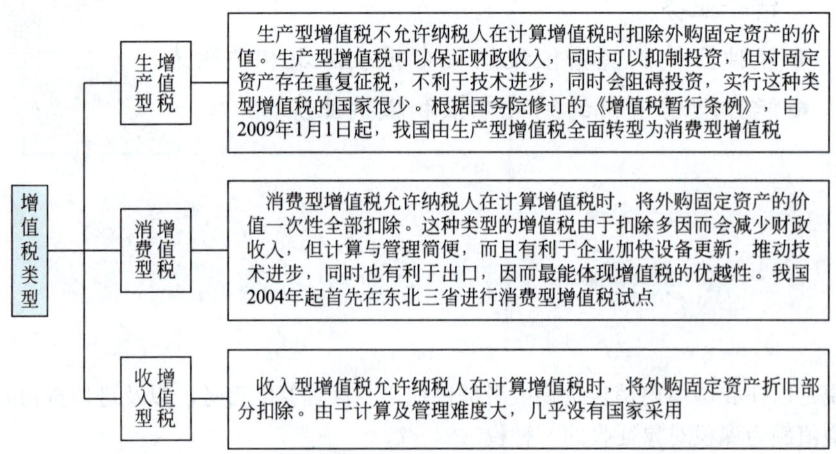

## 任务二 领会我国增值税特点

增值税对增值额征税，在计算时一般并不直接求出增值额而是采用间接计算法，即先对销售额部分按规定税率征税，再扣除购进部分已经缴纳的增值税，这样做可以规范扣除，有利于增值税的征管，对购进部分所包含的税额在扣除时，一般要求提供规范的发票，称之为发票扣税法，我国实行的就是增值税专用发票注明的税额进行抵扣的制度。

增值税创立时间不长，但目前已经成为世界上大多数国家的重要税种，在我国，它是第一大税。具有下列四个特点。

**我国增值税的特点**

- 我国的增值税属于消费型增值税。
- 不重复征税，具有中性税收的特点。
- 逐环节征税，逐环节扣税，最终消费者是全部税款的承担者。
- 税基广阔，具有征收的普遍性和连续性。

> 注意增值税计算方法：
> 你销售，我购进，你计销项，我计进项，咱们环环相扣。

# 项目二 解读增值税基本要素

## 任务一 增值税纳税人范围界定和资格认定

增值税的纳税人是在中国境内销售货物、提供加工修理修配劳务和进口货物的单位和个人，包括企业、行政事业单位、社会团体和个人。

**业务一：增值税纳税人的范围界定**

增值税纳税人的范围包括以下四类。

① 在中华人民共和国境内销售货物或提供加工、修理修配劳务，以及进口货物的单位和个人。

② 进口货物的收货人或办理报关手续的单位和个人为进口增值税的纳税人。

③ 企业租赁或承包给他人经营的，以承租人或承包人为增值税的纳税人。

④ 中国境内销售应税劳务而在境内未设经营机构的，其应纳税款以代理人为扣缴义务人；没有代理人的，以购买者为扣缴义务人。

【例2-1】以下单位中应纳增值税的是（ ）。

A. 第一百货商店　　　　　　　　　　　　B. 中国工商银行

C. 大众汽车制造有限公司　　　　　　　　D. 春秋旅行社

**解析**　正确答案选择A、C。一般说来，工业企业、商业企业都是增值税的纳税人。此外，由于流转税是对物税，即征税时只看“物”不看人，只要从事的行为属于增值税征税范围，不管是谁，都要缴纳增值税。

**试一试2-1　依据增值税纳税人规定作出正确选择**

下列经营者中属于增值税税纳税人的是（　　）。

A.　从事修理业的个人

B.　将不动产无偿赠送他人的行政单位

C.　生产并销售集邮商品的企业

D. 发生货物销售并负责运输所售货物的生产单位

**案例讨论2-1**　餐饮业销售货物是否是增值税纳税人？

由于增值税的计算缴纳对纳税人的会计核算水平有较高要求，故实务中根据经营规模及会计核算水平将增值税纳税人分成一般纳税人和小规模纳税人。

| 纳税人类型 | 年销售额 | 会计核算 | 其　他 |
|---|---|---|---|
| 一般纳税人 | 货物生产、提供应税劳务100万元以上 | 健全且在30万元以上 | 符合条件的非企业性单位和个体经营者 |
| | 货物批发、零售180万元以上 | | |
| 小规模纳税人 | 上述标准以下的生产、加工 | 不健全 | 其他个人；不经常发生应税行为的企业和非企业性单位；销售免税货物的企业 |

**知识驿站 2-1**

**不得申请认定为增值税一般纳税人的情况**

- 个体经营者以外的个人。
- 不经常发生增值税应税行为的非企业性单位。
- 以从事非增值税应税劳务为主，不经常发生增值税应税行为的纳税人。
- 无经营场所、无经营资金、无经营人员的“三无”企业。
- 全部销售免税货物的纳税人（政策另有规定者除外）。

**案例讨论2-2**　在一般纳税人认定中，个人不属于一般纳税人，那么个体工商户是否也不可以认定为一般纳税人？

【例2-2】以下增值税纳税人中，可认定为一般纳税人的有（　）。

A. 年应税销售额80万元，会计核算健全的工业企业

B. 年应税销售额150万元，会计核算健全的商业企业

C. 年应税销售额200万元，会计核算不健全的工业企业

D. 年应税销售额200万元，会计核算健全的商业企业

**解析**　正确答案选择A、D 。B尽管会计核算水平健全，但180万的销售额未达到，故只能作为小规模纳税人。C销售额超过标准，但会计核算水平不够，对此类纳税人，管理上比较特殊，参照一般纳税人的计算方法，但不能抵扣进项税额，也不能使用增值税专用发票，以促使其加强会计核算。

**试一试2-2　依据增值税纳税人规定作出正确选择**

按照现行增值税制度规定，下列单位或个人认定为增值税一般纳税人的有（　　）。

A. 某电子配件厂年销售额80万元，财务核算健全，其总公司年销售额780万元

B. 某人批发水果，年销售额200万元

C. 年销售额300万元，财务核算健全的锅炉修配成本

D. 只生产并销售避孕药品，年利润额100万元的药厂

**知识驿站2-2**

**增值税小规模纳税人的管理**

- 年应税销售额在30万元以上的小规模生产企业，如果其会计核算健全，能够正确计算进项税额、销项税额和应纳税额，并能够按规定报送有关税务资料的，可以认定为增值税一般纳税人。
- 年应税销售额在180万元以下的小规模商业企业，无论其会计核算是否健全，均应按照小规模纳税人的规定征收增值税。
- 纳税人总、分支机构实行统一核算，其总机构年应税销售额超过小规模纳税人标准，一分支机构年应税销售额未超过小规模纳税人标准的，其分支机构可以认定为一般纳税人。
- 已开业的小规模企业，其年应税销售额超过小规模纳税人标准的，应在次年1月底以前申请办理一般纳税人认定手续。
- 非企业性单位一般视同小规模纳税人，但如果经常发生增值税应税行为，并且符合一般纳税人条件，可以认定为一般纳税人。
- 新办小型商贸企业自税务登记之日起，1年内实际销售额达到180万元，方可申请一般纳税人资格认定；未达到180万元之前，一律按小规模纳税人管理。

**业务二：增值税一般纳税人的资格认定**

增值税的计算缴纳对纳税人的会计核算水平有较高要求，实务中根据经营规模及会计核算水平将增值税纳税人分成一般纳税人和小规模纳税人，并对其采取不同的计算、管理办法。凡符合增值税一般纳税人认定标准的，均应向其所在地主管税务机关申请办理增值税一般纳税人认定手续。增值税一般纳税人总分支机构不在同一县（市）的，应分别向其机构所在地主管税务机关申请办理一般纳税人认定手续。

1．认定时间

（1）新开业的企业，注册资金达到规定标准的，可在办理税务登记的同时，申请办理临时认定。开业满1年后，根据实际年销售额申请办理认定。

（2）已开业的小规模纳税人，如某年达到销售标准，应于次年1月底以前申请办理认定。

2．认定程序

（1）向当地主管国税机关办税服务厅税务登记窗口递交以上资料，领取并填写《增值税一般纳税人申请认定表》（见表2-1）、《增值税专用发票用票人员申请审批表》。

**表2-1　增值税一般纳税人申请认定表**

纳税人识别号 □□□□□□□□□□□□□□□□□□□□

申请单位（盖章）：　　　　　　　　申请时间：

| 年度实际销售或年度预计销售额 | 生产货物的销售额 | |
|---|---|---|
| | 加工、修理修配的销售额 | |
| | 批发零售的销售额 | |
| | 应税销售额合计 | |
| | 固定资产规模 | |
| 会计财务核算状况 | 专业财务人员人数 | |
| | 设置账簿种类 | |
| | 能否准确核算进项、销项数额 | |
| 企业类型 | 工业 | |
| | 商业 | |
| 基层税务部门意见<br>（盖章）<br>年　月　日 | 县（区）级税务部门意见<br>（盖章）<br>年　月　日 | 市（地）级税务部门意见<br>（盖章）<br>年　月　日 |

增值税纳税人标志：　　　　　　　核发税务登记副本数量：

期限：　　年　月　日至　　年　月　日

注：1. 本表一式三份，纳税人填报后，经主管税务机关审核，一份交给纳税人，两份由主管税务机关自存。

2. 纳税人在办理税务登记时，可以按照预计销售额填写，经主管税务机关审核后，认定为增值税一般纳税人，享有增值税一般纳税人的所有权力和义务；一个会计年度后，纳税人根据实际经营情况据实填写本表，交主管税务机关审核。

（2）由办税服务厅对上述资料进行初审。

（3）将初审材料送县局（分局）征管股或综合业务股调查核实，并填写《增值税一般纳税人基本情况调查核定表》，并办理审批手续，对个体工商户办理认定手续，还应报市局审批。

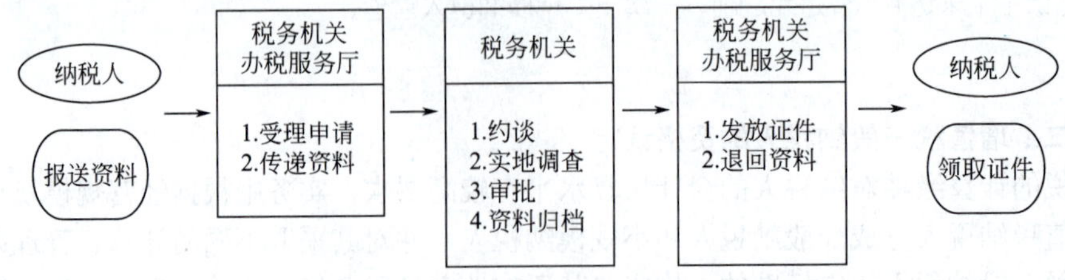


3．提供资料

认定增值税一般纳税人资格需要提供的资料分两类，即必查资料和备查资料。申请办理一般纳税人资格认定的纳税人，须携带必查资料到办税厅的综合受理窗口办理。税务机关收到纳税人申请办理一般纳税人资格认定的基本资料后，将在规定时限内进行实地审核，约见相关人员，纳税人须提供备查资料。

| 资料类别 | 序号 | 资料清单 |
| --- | --- | --- |
| 必查资料 | 1 | 《增值税一般纳税人申请认定表》 |
| | 2 | 营业执照（副本）原件 |
| 备查资料 | 3 | 税务登记证副本原件 |
| | 4 | 经营场地证明材料（场地属自有的，须提供产权证明；属租用的，须提供房屋租赁合同、协议） |
| | 5 | 法定代表人和财务负责人身份证件原件（若外籍人员确实无法提供身份证件原件的，可以提供复印件）、财务人员从业资格证明 |
| | 6 | 新办企业需提供具有验资资格的中介机构出具的验资报告原件 |
| | 7 | 股东（或出资人，下同）证明（如股东为单位的，应提供国税税务登记证或其他相关证件复印件；如股东为自然人的，应提供占10%以上股份的股东身份证复印件或其他相关身份证明复印件） |
| | 8 | 所有开户银行账户、账号的证明材料 |
| | 9 | 相关会计账册和凭证原件，包括：总账、分类账、销售明细账、存货明细账、现金日记账、银行存款日记账、应交税费明细账、资金往来账，原材料和商品出入库单据、运费凭据、水电等费用凭据 |
| | 10 | 按照规定以预计销售额进行一般纳税人资格认定申请的（商贸零售企业除外），应提供购销合同原件及公证资料，或者书面意向及供货企业证明 |
| | 11 | 分支机构申请认定的，应同时提供总机构一般纳税人资格认定批复书 |
| | 12 | 出口企业应提供由商务部或其授权的地方对外贸易主管部门加盖备案登记专用章的有效《对外贸易经营者备案登记表》，以及购销合同或书面意向及供货企业证明 |
| | 13 | 从事盐业批发的纳税人，以及具备国有粮食收储企业资格的国有粮食收储企业还应提供有关部门出具的证明材料 |

**【例2-3】**某企业是从事服装生产和销售的企业，该企事业年销售额达到200万元，该企业认为自己已经符合增值税一般纳税人的条件，因此，属于一般纳税人，这种理解是否正确？

**解析**　仅从销售额来看，该企业已经达到了增值税一般纳税人的条件，但是，企业并不能自动取得增值税纳税人的资格，企业如果要成为增值税一般纳税人，必须向当地税务机关申请，经税务机关认定以后，才能成为增值税一般纳税人，否则应当按照增值税小规模纳税人对待。

**试一试2-3　请根据以下资料，填写《增值税一般纳税人申请认定表》**

白云管件有限公司根据合同的规定生产经营规模为每年加工生产各种铸铁件1 200吨，其产品全部由合资韩方在中国境外销售，年出口销售额200万美元，销售利润率应保持在16%以上。该公司会计年度采用历年制，按照企业会计制度和外商投资企业财务会计核算的有关规定进行财务处理。公司财务会计2人，均有会计从业资格证书。

该公司的产品于2008年10月开始出口销售。经审核该公司的出口产品销售收入明细账、增值税应缴税金明细账、出口产品原始单据等资料，确认该公司2008年10月出口销售额26.20万元，按当月1日汇率折算人民币215.1万元。出口产品销售成本179.4万元，产品销售毛利率16.6%，公司财务核算制度较为健全。

公司委托的××注册税务师事务所经过上述调查后向主管国税局提交“关于××管件有限公司申请认定增值税一般纳税人的核查报告”，并填写《增值税一般纳税人申请认定表》。

## 任务二　正确判别增值税的征税范围和对象

增值税是指对从事销售货物或者加工、修理修配劳务，以及进口货物的单位和个人取得的增值额为计税依据征收的一种流转税。增值税的征税范围包括七类。

| 项目 | 范　　围 |
|---|---|
| 销售货物 | 货物的含义是“有形动产”，即在我国境内销售除了不动产及无形资产以外的任何有形动产均需缴纳增值税。有形动产包括电力、热力和气体。销售货物的条件是有偿（以从购买方收取货币、货物或其他经济利益为条件）转让货物（指有形动产，包括电力、热力、气体）的所有权 |
| 提供应税劳务 | 在我国境内提供加工、修理修配劳务。提供劳务一般不征增值税而征收营业税，考虑到加工和修理修配同生产密切相关（生产本身就是一种加工行为），因而对它们征收增值税 |
| 进口货物 | 经过海关进入我国境内的货物，由海关在进口环节代征 |
| 视同销售货物 | 企业的某些货物所有权转移的行为并不构成销售，为防止避税抵扣链条的中断，对下列行为规定视同销售货物，征收增值税：①将货物交付他人代销；②销售代销货物；③设有两个以上机构并实行统一核算的纳税人，将货物从一个机构移送至其他机构用于销售，但相关机构设在同一县（市）的除外；④将自产或委托加工的货物用于非应税项目；⑤将自产、委托加工或购买的货物作为投资，提供给其他单位或个体经营者；⑥将自产、委托加工或购买的货物分配给股东或投资者；⑦将自产、委托加工的货物用于集体福利或个人消费；⑧将自产或、委托加工或购买的货物无偿赠送他人 |
| 混合销售行为 | 混合销售行为是指一项销售行为如果既涉及增值税应税货物又涉及非应税劳务，称为混合销售行为。这里所谓非应税劳务，是指本属于应缴纳营业税的劳务。如某电动机厂全年取得1 050万元的销售收入，其中1 000万元为销售增值税税率为17%的电动机的销售收入，50万元为向购买方提供电动机运输服务而收取的属于营业税税目3%税率的运输费收入。<br>税法对混合销售行为的税务处理规定是：从事货物生产、批发或零售的企业、企业性单位及个体经营者，以及以从事货物的生产、批发或零售为主，并兼营非应税劳务的企业、企业性单位及个体经营者的混合销售行为，视为销售货物，应当征收增值税；其他单位和个人的混合销售行为，视为销售非应税劳务，不征收增值税。这里所称的“以从事货物的生产、批发或零售为主，并兼营非应税劳务”，是指纳税人年货物销售额与非应税劳务营业额的合计数中，年货物销售额超过50%，非应税劳务营业额不到50%。<br>根据增值税实施细则的规定，混合销售行为如属于应当征收增值税的，其销售额应是货物与非应税劳务的销售额的合计，其非应税劳务的销售额应视同含税销售额进行处理，且该混合销售行为涉及的非应税劳务所耗用购进货物的进项税额，凡符合增值税暂行条例规定的，在计算该混合销售行为的增值税时，准予从销项税额中抵扣 |
| 兼营行为 | 兼营行为是指纳税人在主营的缴纳增值税业务以外从事的其他业务的经营行为。兼营行为分为两种情形：一种是兼营不同税率的货物或应税劳务，另一种是在从事增值税应税业务时兼营非应税劳务。<br>所谓兼营不同税率的货物或应税劳务，也分两种情形：一种是指纳税人生产或销售不同增值税税率的货物，如某企业既生产销售增值税税率为17%的食品，又生产销售增值税税率为13%的食用植物油；另一种是指纳税人在生产销售应纳增值税货物的同时又兼营应纳增值税的应税劳务，如某企业既生产销售增值税税率为13%的农业机械，同时又从事应纳增值税税率为17%的修理和修配的应税劳务。<br>所谓兼营非应税劳务，是指增值税纳税人在从事应纳增值税货物销售或提供增值税应税劳务的同时，还从事非增值税的应税劳务，即从事营业税规定的各项劳务，且从事的营业税应税劳务与其增值税货物销售或提供增值税应税劳务并无直接的联系和从属关系。如某企业在从事应缴纳17%增值税的化工机械设备生产销售的同时，又从事应缴纳5%营业税的旅店业和餐饮业的业务 |
| 特殊项目 | 包括：①货物期货，在实物交割环节缴纳。②银行销售金银业务。③典当业的死当物品销售业务和寄售业的代委托人销售寄售物品的业务。④集邮商品的生产、调拨；邮政部门以外的其他单位与个人销售集邮商品。⑤其他单位和个人发行报刊。⑥单纯销售无线寻呼机、移动电话，不提供有关的电信劳务服务的。⑦缝纫业务。⑧代购货物行为且同时具备以下条件的：受托方不垫付资金；销货方将发票开具给委托方，并由受托方将该项发票转交给委托方；受托方按销售方实际收取的销售额和增值税额（如系代理进口货物则为海关代征的增值税额）与委托方结算货款，并另外收取手续费 |

【例2-4】以下应全部缴纳增值税的有（A、C）。

A. 某空调商店在销售空调时附带提供安装服务，安装费及空调价款合并向客户收取

B. 某旅店地处闹市，在主营餐饮住宿的同时在底楼开设一家对外营业的商场，某月服务收入75万元，商场货物收入10万元（分开核算）

C. 某型材厂生产销售各种铝合金及塑钢门窗，其中部分型材在销售时同时负责安装

D. 某装潢公司（主营装修劳务）为一客户装修，包工包料总金额为10万元

**解析**　A、C属于混合销售行为，由于空调商店和型材厂均为销售货物的企业，按规定它们的混合销售收入征收增值税；装潢公司主营装潢劳务即营业税劳务，所以应就其收入缴纳营业税；B为兼营，由于收入分别核算，因此只需就10万元缴纳增值税（如果该旅店未分别核算，则应就85万元缴纳增值税）。

### 试一试2-4　依据增值税征税范围规定作出正确选择

1. 下列各项中，属于增值税征税范围的有（　　）。

A. 销售钢材　B. 销售自来水　C. 销售电力　D. 销售房屋

2. 单位和个人提供的下列劳务应征增值税的有（　　）。

A. 汽车修理　B. 房屋修理　C. 受托加工白酒　D. 房屋装潢

**案例讨论2-3**　商场领用自销货物，应当如何处理增值税？

### 知识驿站 2-3

#### 如何区别混合销售行为和兼营行为

◆ 混合销售是指在同一销售行为中，同时涉及“增值税”（货物销售）和“营业税”（非增值税应税劳务），但并非同时缴纳增值税和营业税，而是根据纳税人的主营业务，或者只征收增值税，或者只征收营业税。

① 从事货物的生产、批发或零售的企业（主营业务缴纳增值税）的混合销售行为，视同销售货物，一并征收增值税。如某商场销售木地板，每平方米售价100元。客户需要安装时，每平方米加收20元的安装费。如果该商场向消费者销售木地板并负责安装，则该销售行为既涉及增值税（货物销售）又涉及营业税（安装劳务），属于混合销售。由于商场的主营业务应缴纳增值税，因此其为混合销售行为，一并征收增值税。

② 其他单位和个人（主营业务缴纳营业税）的混合销售行为，不征收增值税，一并征收营业税。如某装修公司在给客户粉刷墙壁时“包工包料”，其中既涉及营业税（装修服务）又涉及增值税（涂料销售）。但由于装修公司的主营业务应缴纳营业税，因此其混合销售行为，一并征收营业税。

③ 例外情形：从事运输业务的单位和个人，发生销售货物并负责运输所售货物的混合销售行为，一并征收增值税。

◆ 兼营行为是纳税人的“多元化经营”，既涉及“增值税”（应税货物销售、应税劳务），又涉及“营业税”（增值税非应税劳务）：税务处理原则是分别核算的，分别缴纳增值税、营业

税；不分别核算，一并征收增值税。如某酒店既提供客房服务，又开设小卖部销售啤酒。其中，提供客房服务需要缴纳营业税，销售啤酒需要缴纳增值税。这就要求酒店分别核算啤酒的销售额和客房的营业额，如果不分别核算或者不能准确核算的，一并征收增值税。

| 项目 | 混合销售 | 兼营行为 |
|---|---|---|
| 是否同时发生 | 同时发生 | 不一定 |
| 是否针对同一销售对象 | 针对同一对象 | 不一定 |
| 税务处理 | 根据纳税人的主营义务肯定合并征收一种税 | ①分别核算的：分别缴纳增值税、营业税；②不分别核算：一并征收增值税 |

## 任务三　掌握增值税税率设置

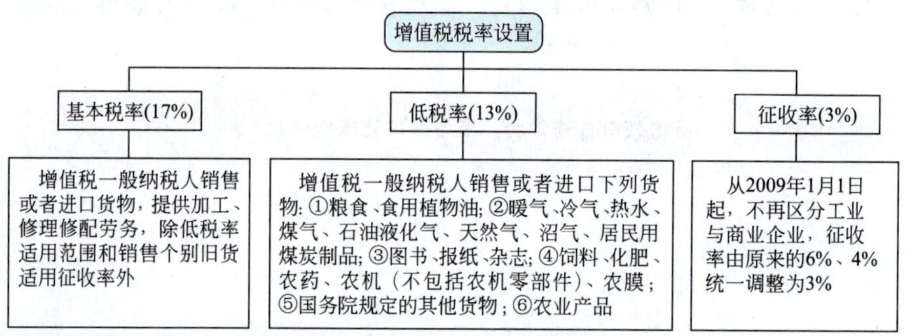


**【例2-5】**某乡供销社（一般纳税人）本月销售粮食50 000元，食用植物油10 000元，饲料30 000元，化肥100 000元，电器180 000元，农机零配件5 000元。各项销售收入分别核算。请说明应税货物的适用税率。

**解析**　粮食、食用植物油、饲料、化肥的销售收入可按照13%的税率征收增值税，电器及农机配件按照17%的税率征税。以上收入若未分别核算，则一律按照17%的税率征税。另外，注意农机税率是13%，但农机零配件则不能适用低税率（农机、化肥在实际工作中有免税规定）。

*试一试2-5*　**根据税率设置规定作出正确选择**

销售下列货物，适用于17%税率的是（　　）。

A. 某罐头厂生产鱼罐头销售
B. 某蛋禽厂加工松花蛋销售
C. 某自来水公司生产自来水销售
D. 某煤气公司生产煤气销售

**案例讨论2-4**　自来水公司销售自来水的税率是多少？

# 项目三　领会增值税税收优惠政策

## 政策一　增值税法定免税项目

法定不定期免税项目：

- 农业生产者销售的自产农业产品，是指直接从事种植业、养殖业、林业、牧业、水产业的单位和个人销售自产的属于税法规定范围的农业产品
- 避孕药品和用具
- 由残疾人组织直接进口供残疾人专用的物品
- 外国政府、国际组织无偿援助的进口物资和设备
- 古旧图书，是指向社会收购的古书和旧书
- 对符合国家产业政策要求的国内投资项目，在投资总额内进口的自用设备（特殊规定不予免税的少数商品除外）
- 销售自己使用过的物品，是指个人（不包括个体经营者）销售自己使用过的除游艇、摩托车、汽车以外的货物
- 财政部、国家税务总局报经国务院批准的少数货物或应税劳务

## 政策二　特定减免税政策

| 目录 | 内　　容 |
| --- | --- |
| 1 | 来料加工复出口的货物 |
| 2 | 企业为生产《国家高新技术产品目录》中所列的产品而进口规定的自用设备和按照合同随同设备进口其技术及配套件、备件 |
| 3 | 企业为引进《国家高新技术产品目录》中所列的先进技术而向境外支付的软件费 |
| 4 | 黄金生产和经营单位销售黄金（不包括标准黄金）和黄金矿砂（含伴生金） |
| 5 | 国有粮食购销企业销售的粮食；其他粮食企业经营的军队用粮、救济粮、水库移民口粮等；政府储备食用植物油 |
| 6 | 军事工业企业、军队和公安、司法等部门所属企业和一般企业生产的规定的军、警用品 |
| 7 | 符合国家规定的利用废渣生产的建材产品 |
| 8 | 高校后勤实体为高校师生食堂提供粮食、食用植物油、肉、食、蛋、调味品和食堂餐具；高校后勤实体向其他高校提供快餐的外销收入 |

续表

| 目录 | 内　　容 |
| --- | --- |
| 9 | 经国务院批准成立的电影制片厂销售的电影拷贝收入 |
| 10 | 非营利性医疗机构自产自用的制剂；对营利性的医疗机构自产自用的制剂，自取得执业之日起3年内免征增值税 |
| 11 | 校办企业生产的应税货物，用于本校教学、科研方面的，经严格审核确认 |
| 12 | 血站供应给医疗机构的临床用血 |
| 13 | 县以下（不含县）国有民族贸易企业和基层供销社销售货物 |
| 14 | 国家定点企业生产和经销单位经销的边销茶 |
| 15 | 废旧物资回收经营单位（包括报废汽车回收企业）销售其收购的废旧物资 |

## 政策三　实行先征后退政策

| 序号 | 实行先征后退政策的涉税事项 |
| --- | --- |
| 1 | 对党、政、工、团、军队等的机关报和机关刊物，以及学生课本和专为少年儿童出版发行的报纸、刊物，实行先征后退的办法 |
| 2 | 企业以三剩物（采伐剩余物、造材剩余物、加工剩余物）和次、小薪材为原料加工的综合利用产品，实行即征即退政策 |
| 3 | 对一般纳税人销售其自行开发（包括将进口的软件进行转化等本地化改造后对外销售）的软件产品，按17%征税后，对其实际税负超过3%的部分实行即征即退政策 |
| 4 | 对一般纳税人销售其自行生产的集成产品，按17%征收后，对其实际税负超过3%的部分，实行即征即退政策 |
| 5 | 民政福利生产企业继续执行先征后退政策 |
| 6 | 自2001年1月1日起，下列产品实行即征即退：利用煤炭开采过程中伴生舍弃物油母布页生产加工的页油及其他产品；在生产原料中掺有不少于30%的煤矸石、石煤、粉煤灰、烧煤锅炉的炉底渣（不含高炉水渣）及其他废渣生产的水泥；在生产原料中掺有不少于30%的废旧沥青、混凝土生产的再生沥青混凝土；利用城市生活垃圾生产的电力 |

## 政策四　采购国产设备退税

为鼓励外商投资企业使用国产设备，对外商投资企业在投资总额内采用国产设备，如属免税范围，可全额退还设备增值税税款。

外商投资企业包括合资、合作和独资企业：享受退税的设备范围是指符合外商投资产业指导目录（鼓励类和限制乙类），以及当前国家重点鼓励发展的产业、产品和技术的投资项目，在国内采购的设备，且必须是在1999年9月1日以货币购进的未使用过的国产设备。其应退税额计算公式为：

应退税额＝增值税专用发票注明的金额×适用增值税税率

如果企业在设备购进后的5年内发生转让、赠送等设备所有权转移行为，或者发生出租、再投资行为的，应补征其退税。其计算公式为：

应补税款＝增值税专用发票注明金额×（设备折余÷设备原值）×适用增值税税率

设备折余价值＝设备原值－累计已提折旧

## 政策五　起征点规定

个人销售额未达到起征点的，免税。超过起征点的，全额征税。自2003年1月1日起，增值税起征点具体为：

销售货物月销售额2 000～5 000元；

销售应征税劳务月销售额1 500～3 000元；

按次纳税的为每次（日）销售额150～200元。

**【例2-6】**赵先生是下岗职工，2008年1月1日自己开办了一家小百货商店，每月销售额为4 000元，当地确定的增值税起征点为4 000元，请问赵先生每月缴纳多少增值税？

**解析**　由于赵先生每月销售额为4 000元，该数额是含税销售额，换算成不含税销售额将低于4 000元，也就是说赵先生的不含税销售额低于当地增值税起征点，因此，赵先生不需要缴纳增值税。

*试一试2-6*　**依据增值税税收优惠政策作出正确选择**

下列项目中免缴增值税的有（　　）。

A. 生产企业产权转让中涉及的无形资产

B. 旧货经营单位销售旧货

C. 免税商店销售货物

D. 销售进口时已纳增值税的货物

# 课题二　增值税计算

## 项目一　增值税一般纳税人应纳税额计算

增值税对增值额征税，但在计算时一般并不直接求出增值额，而是采用间接计算法，即先对销售额部分按规定税率征税，再扣除购进部分已经缴纳的增值税，这样做可以规范扣除，有利于税务局的征管，对购进部分所包含的税额在扣除时，一般要求提供规范的发票，称之为发票扣税法，我国实行的就是凭增值税专用发票注明的税额进行抵扣的制度。

### 任务一　理清一般纳税人应纳税额的计算过程

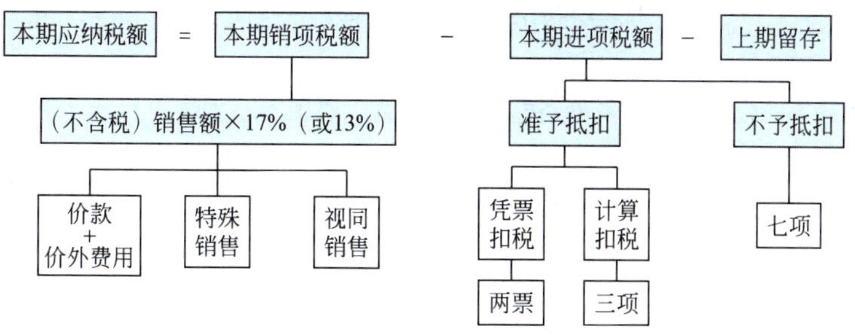

## 任务二　确定一般纳税人销项税额

案例讨论2-5　管道煤气集资款（初装费）属于增值税价外收费，还是按建筑业征营业税？

计算销项税额的关键在于正确计算销售额。销售额是纳税人销售货物或应税劳务向购买方收取的全部价款与价外费用，但不包括以下三项费用。

| 序号 | 三项费用名称 | 说　明 |
| --- | --- | --- |
| 1 | 向购买方收取的销项税 | 纳税人销售货物除取得销售额外，还要向买方收取销项税额，此笔销项税额不计入销售额。如果销售额与销项税额合并收取（如开普通发票销售货物采用价税合并定价），应将含税销售换算成不含税销售额。除了开普通发票销售货物含税以外，价外费用、包装物押金、应征增值税的混合销售及兼营行为中的营业税劳务，一般都是含税收入，在计入销售额时均需换算 |
| 2 | 受托加工应征消费税的货物，向委托方代收代缴的消费税 | 消费税条例规定，委托加工应税消费品应该缴纳消费税，但由受托方代收代缴。受托方在提供加工劳务时，如果加工的货物是应征消费税的消费品，则在收取增值税销售额即加工费的同时，还要代收一笔消费税，此消费税不应计入销售额 |
| 3 | 同时符合以下两个条件的代垫运费 | 同时符合两个条件的代垫运费是：承运部门的运费发票开具给购货方，并且纳税人将该项发票转交给购货方 |

### 知识驿站 2-4

### 采取折扣销售、销售折扣、销售折让方式销售应如何确定增值税计税销售额？

- 折扣销售是指销货方在销售货物或应税劳务时，因购货方购货数量较大等原因，而给予购货方的价格优惠（如购买5件，销售价格折扣10%，购买10件，折扣20%等）。由于折扣是在实现销售时同时发生的，因此，税法规定，如果销售额和折扣额在同一张发票上分别注明的，可按折扣后的余额作为销售额计算增值税；如果将折扣额另开发票，不论其在财务上如何处理，均不得从销售额中减除折扣额。
- 销售折扣是指销货方在销售货物或应税劳务后，为了鼓励购货方及早偿还货款，而协议许诺给予购货方的一种折扣优待（如：10天内付款，货款折扣 2%；20天内付款，折扣1%；30天内全价付款）。销售折扣发生在销货之后，是一种融资性质的理财费用，因此，销售折扣不得从销售额中减除。
- 销售折让是指货物销售或应税劳务后，由于品种、质量等原因购货方未予退货，但供货方需给予购货方的一种价格折让。销售折让与销售折扣相比较，虽然都是在货物销售之后发生的，但因为销售折让是由于货物的品种和质量引起销售额的减少，因此，对销售折让可以按折让后的货款作为销售额。

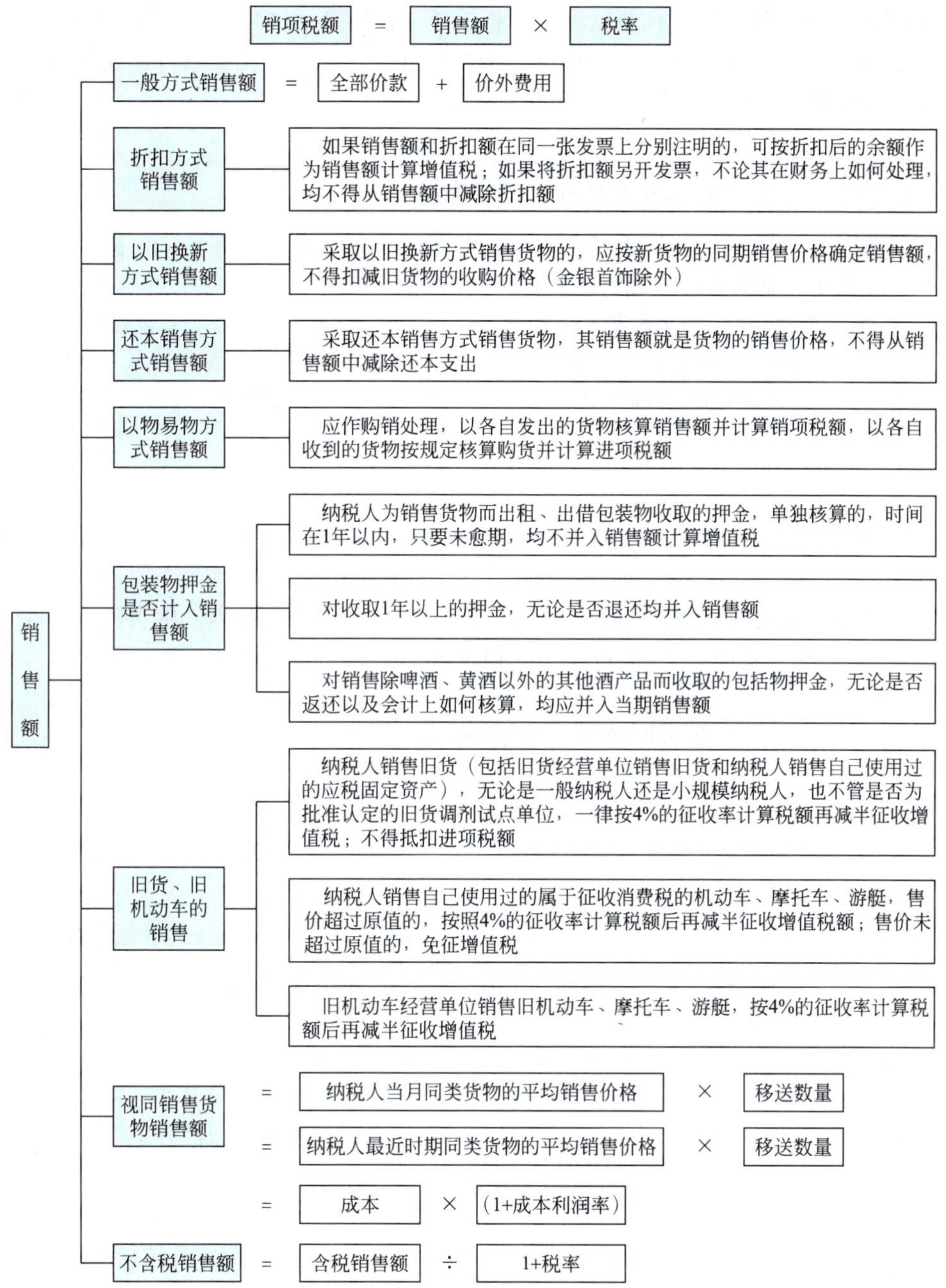


【例2-7】某商店为小规模纳税人，本月开普通发票销售货物取得含税收入62 400元，则当月计税销售额是多少？

**解析**　当月计税销售额应为62 400÷（1＋3%）＝60 582.52（元）。除了开普通发票销售货物含税以外，价外费用、包装物押金、应征增值税的混合销售及兼营行为中的营业税劳务，一般都是含税收入，在计入销售额时均需换算。

【例2-8】某工业企业（一般纳税人）当月销售货物取得不含税收入1 000 000元，销售时向购买方收取手续费、包装费及代垫运费（不符合两个条件）共计117 000元。计算该工业企业当月计税销售额。

**解析**　除了上述三项内容可以不计入销售额，其他价外费用，如手续费、补贴、返还利润、延期付款利息、优质费、代垫款项、代收款项、包装费、包装物租金等各种性质的价外收费，不论其会计制度如何核算，均应并入销售额征税。该工业企业当月计税销售额应为：1 000 000＋117 000÷（1＋17%）＝1 100 000（元）。

**试一试2-7 分别计算四笔业务的计税销售额**

1. 某商店为一般纳税人，本月开具专用发票销售货物取得不含税销售额300 000元，开具普通发票销售货物取得含税销售额1 170 000元。

2. 某商业企业为鼓励购买方多买而规定：买一件商品1 000元（不含税，以下同），一次买10件则每件打九五折，50件打九折，100件以上打八折。某客户购买了50件商品，实际付款45 000元。该商业企业按50 000元开出发票，5 000元折扣另开红字发票。

**【例2-9】**某饮料厂（一般纳税人）某月销售饮料取得不含税收入400 000元，收取包装物押金10 000元。本月有5 850元以前月份收取的包装物押金到期，客户退来包装物价值2 340元，剩余3 510元押金予以没收。计算当月该饮料厂的计税销售额。

**解析** 通常包装物押金都是含税收入，计税时应换算为不含税收入。则当月该饮料厂计税销售额为：400 000＋3510÷（1＋17%）＝403 000（元）。

**案例讨论2-6 增值税中价外费用和逾期包装物押金应如何进行会计处理？**

**【例2-10】**某企业（一般纳税人）2006年5月购入机床一台，价值234 000元。由于型号不对，一直没有投入使用。2008年3月，企业将其变卖，取得收入187 200元（开普通发票）。该企业就此笔业务应缴纳多少增值税？

**解析** 由于此机床企业没有使用过，不能免税。此外，企业销售自己使用过的固定资产是不能开专用发票的，因此取得的收入均为含税收入，需要换算。该企业应就此笔业务缴纳的增值税为：187 200÷（1＋4%）×4% ×50%＝3 600（元）。

**【2-11】**某装饰材料销售公司为增值税一般纳税人，某年8月发生如下业务：销售装饰材料取得含增值税收入400万元；另完成一项装修工程，取得装修工程款50万元（含装饰材料销售款和增值税）；所属的汽车运输队取得运输收入10万元，该公司未分别核算上述各项收入。计算该公司8月份增值税销项税额的销售额。

**解析** 该公司属于以从事货物经销为主，并兼营非应税劳务的企业，其承揽了一项装修工程，并用公司装饰材料装修，取得的工程款50万元中既包括装修工程劳务费，也包括材料费，属于混合销售业务，应将50万元收入一并征收增值税。该公司所属的汽车运输队从事运输业务，属于兼营行为，但在记账时，未分别核算上述各项收入，应将运输收入10万元换算成不含税收入并入销售额中，一并征收增值税。该公司8月份增值税销项税额的销售额＝（400＋50＋10）÷（1＋17%）＝393.16（万元）。

**【2-12】**某商场为增值税一般纳税人，2006年8月份销售三批同一规格、质量的货物，每批各1000件，销售价格（不含增值税）分别为每件120元、100元和40元。经税务机关认定，第三批销售价格每件40元明显偏低且无正当理由。计算该商场8月份增值税销售额。

**解析** 税法规定，纳税人销售货物或者提供应税劳务的价格明显偏低并无正当理由的，或者视同销售行为而无销售额的，主管税务机关按下列顺序核定其销售额：① 按纳税人当月同类货物的平均销售价格确定。② 按纳税人最近时期同类货物的平均销售价格确定。③ 按组成计税价格确定。其计算公式为：组成计税价格＝成本×（1＋成本利润率）或组成计税价格＝成本×（1＋成本利润率）＋消费税税额（“成本”为实际生产成本或实际采购成本；“成本利润率”统一为10%）。本例中，税务机关已认定该商场第三批销售价格每件40元明显偏低且无正当理由，应按当月合理销售价格（120元和100元）的平均售价确定销售额，则该商场8月份增值税销售额为：[120＋100＋（120＋100）÷2]×1 000＝330 000（元）

【例2-13】某商场为增值税一般纳税人，2006年7月采取以旧换新方式销售冰箱10台，同时回收10台旧冰箱，每台收购金额为100元，取得现金净收入为22 400元。已知每台冰箱市场零售价格为2 340元。计算此项业务的增值税销售额。

**解析**　此项业务属于以旧换新方式销售货物，除税法对金银首饰等有特殊规定外，其增值税销售额应按照该货物的同期销售价格确定，即应按销售新货物同期销售价格，也就是新冰箱市场零售价格2 340元为基础换算增值税销售额。本例中，对收购旧冰箱业务活动，尽管收购旧冰箱与卖出新冰箱联系在一起，同时收购旧冰箱业务中也有资金抵减，但从税收角度来说，此项收购业务活动不能抵减增值税销售额，即不能按取得的现金净收入确定或换算销售额。另外，市场零售价格2 340元是价款和增值税合并定价，应换算成不含增值税的价格。此项业务增值税销售额为：[含税销售额÷（1＋税率）]×10＝[2 340÷（1＋17%）]×10＝20 000（元）或（22 400＋100×10）÷（1＋17%）＝20 000（元）。

*试一试2-8*　**根据业务计算计税销售额或销项税额**

1. 某企业产品价目表列明：A产品的不含税销售价格为每件200元，一次购买200件以上，可获得5%的商业折扣，购买400件以上，可获得10%的商业折扣，开具发票时，折扣额与销售额在同一发票上列示。该企业2003年3月对外销售A产品350件，规定对方付款条件为2/10，1/20，*n*/30，购货单位已于8天内付款，该销售业务的销项税额为多少元（税率为17%）？

2. 某电视机厂2003年6月向外地某商场批发100台彩电，每台不含税价格为2 300元（假定该厂本期无进项税额），同时电视机厂用自己的卡车送货，商场支付给电视机厂运费1 170元，该销售业务的销项税额为多少元（税率为17%）？

3. 某针织厂某月将自产的针织内衣作为福利发给本厂职工，共发放甲种内衣100件，每件对外不含税售价145元；发放乙种内衣200件，当月及以前月份均无销售价。已知制作乙种内衣的总成本为16 000万元。计算该针织厂增值税销售额。

4. 某商业企业每台全新彩电不含税售价3 000元，当期销售彩电100台，其中采用以旧换新方式销售40台，旧彩电每台作价300元，每台实收2 700元。计算该商业企业增值税销售额。

## 任务三　确定一般纳税人进项税额

纳税人在购进货物或应税劳务的同时所支付的增值税额为进项税额。由于进项税额是应纳税额的减项，故规定有非常严格的抵扣条件，也就是说，并不是所有购入货物时付出去的增值税都能够得到抵扣。

1. 不得抵扣和准予抵扣情况

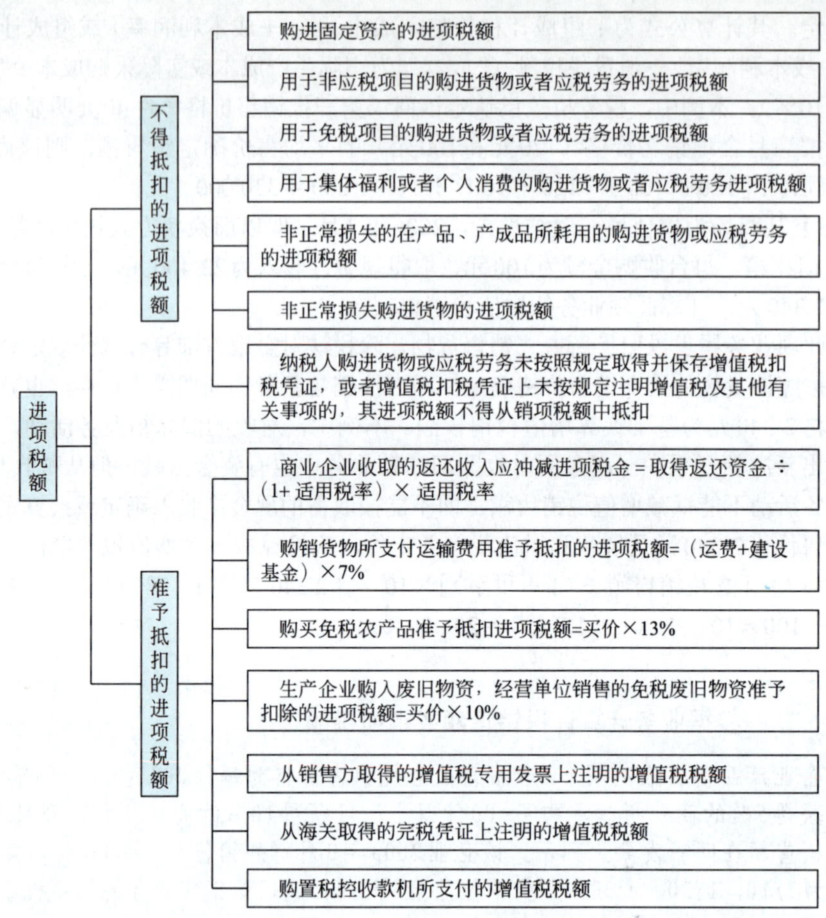


### 2. 允许抵扣进项税额的规定

抵扣进项税额必须有合法凭证。

| 序号 | 进项税额抵扣的合法凭证 | 说　明 |
|---|---|---|
| 1 | 增值税专用发票 | 增值税一般纳税人购进货物从销售方取得的增值税专用发票，以及采用以物易物、以货抵债、以物投资等方式收取货物并取得专用发票的，可以按专用发票上注明的增值税额抵扣 |
| 2 | 海关完税凭证 | 纳税人进口货物，在进口环节须向海关缴纳增值税，海关开具完税凭证。此完税凭证可作为进项税额抵扣（可以理解为向国外采购货物没有取得专用发票，海关代开了一张专用发票） |
| 3 | 农产品收购凭证 | 农业生产者销售自产初级农产品在我国是免征增值税的，而且，一般无法开具发票，实际为收购方开具收购凭证。对使用经税务机关批准的收购凭证免税农产品的一般纳税人，允许按凭证注明的买价依 13%的扣除率计算进项税额抵扣 |
| 4 | 废旧物资销售普通发票 | 生产企业增值税一般纳税人从废旧物资经营单位购入废旧物资，可以按照对方开出的普通发票上注明的金额依 10%的扣除率计算进项税额抵扣（废旧物资经营单位销售收购的废旧物资免征增值税，不能开专用发票，只能开普通发票） |
| 5 | 货物运输普通发票 | 增值税一般纳税人外购或销售货物（固定资产及免税货物除外）所支付的运输费用，取得运输普通发票的，可以按 7%的扣除率计算进项税额抵扣。所谓运输费用，是指在货票上注明的运费及建设基金，不包括随同运费支付的装卸、保险费等其他杂费 |

**【例2-14】**依据下列条件计算某工业当期能够抵扣的进项税额（需认证的要通过认证）：

① 从外地某工业企业购入原材料时支付运费15 000元，保险费1 000元，取得铁路部门开具的运输发票和保险单；

② 销售货物时支付运费500元，取得货运定额发票5张，每张100元；

③ 为购入两台机床支付运费20 000元，取得经过认定的国有运输单位开具的运输普通发票；

④ 采用邮寄方式购入货物4 000元，取得邮局汇款单收据。

**解析**　当期应抵扣的进项税额为1 050元。计算如下：15 000×7%＝1 050（元），保险费、货运定额发票、购入固定资产支付的运费以及邮购货物，不予抵扣进项税额。

*试一试2-9*　**依据所学知识作出正确选择**

某工厂下列购进货物不能抵扣进项税额的是（　　）（均取得符合规定的发票）。

A. 购进饮料作为福利发给职工　　B. 购进木材料途中发生车祸，全部报损

C. 购进一辆轿车自用　　D. 购进低值易耗品用于生产

**3. 不得抵扣进项税额的计算**

纳税人兼营免税项目或非应税项目，应准确划分不得抵扣的进项税额；对无法准确划分不得抵扣的进项税额的，按下列公式计算：

不得抵扣的进项税额＝当月全部进项税额×（当月免税项目、非应税项目营业额合计÷当月全部销售额、营业额合计）

由于纳税人月度之间购销不均衡，按上述公式计算有可能出现不得抵扣的进项税额不实的现象，应在年末按当年的有关数据计算当年不得抵扣的进项税额，并对月度计算的数据进行调整。

**【例2-15】**某药厂（一般纳税人）当月销售应税药品500 000元，销售避孕药品（免税）200 000元。当期购进原料100 000元，取得专用发票并已验收入库。已知应税药品与避孕药品均使用了购进原料，但各自领用多少划分不清。则当期不得抵扣的进项税额是多少？

**解析**　当期不得抵扣的进项税额＝100 000×17%×200 000÷（200 000＋500 000）＝4 857.14（元）

*试一试2-10*　**计算黄河企业9月份可以抵扣的进项税额**

黄河企业为增值税一般纳税人，既生产应税货物，又生产免税货物，2008年9月份购进动力燃料一批，支付增值税进项税额30万元，外购的动力燃料一部分用于应税项目，另一部分用于免税项目，因应税项目和免税项目使用的动力燃料数量无法准确划分，故未分开核算。该企业9月份销售应税货物取得不含增值税销售额400万元，销售免税货物取得销售额200万元。计算该企业9月份可以抵扣的进项税额。

**4. 进项税额抵扣时限**

（1）取得防伪税控系统开具的专用发票，自专用发票开具之日起90日内到税务机关认证，否则不予抵扣进项税额。通过认证的，应当自认证通过的当月核算当期进项税额并申报抵扣，否则不予抵扣进项税额。

（2）增值税一般纳税人进口货物取得的海关完税凭证，应当在完税凭证开具之日起90日后的第一个纳税申报期结束以前向主管税务机关申报抵扣，逾期不得抵扣进项税额。

（3）增值税一般纳税人取得的废旧物资发票，应当在发票开具之日起90日后的第一个纳

税申报期结束以前向主管税务机关申报抵扣，逾期不得抵扣进项税额。

**5．扣减发生期进项税额的规定**

（1）已抵扣进项税额的购进货物或应税劳务发生不允许抵扣情况的，应将不得抵扣的进项税额从当期进项税额中扣减。无法准确确定该项进项税额的，按当期实际成本乘以适用税率计算扣减的进项税额。

当期实际成本＝进价＋运费＋保险费＋其他有关费用

（2）一般纳税人因进货退出或折让而收回的增值税额，应从发生进货退出或折让当期的进项税额中扣减。

**【例2-16】**某大型百货商场为增值税一般纳税人，2008年9月发生的业务如表2-2所示。

**表2-2 某大型百货商场的税额计算**

| 税项 | 业 务 | 税额计算／万元 |
|---|---|---|
| 当期销项税额 | 取得零售额800万元，其中包括：家电部以旧换新的家电销售，实际收到零售收入90万元，已扣除旧货收购价格5万元。另外首饰柜台以旧换新销售金首饰，实际收到零售收入4万元，旧金首饰扣减了零售收入2万元 | （800＋5＋4）÷（1＋17%）×17%＝117.55 |
| | 国庆节向某幼儿园赠送童装一批，购进成本1万元，零售价1.5万元 | 1.5÷（1＋17%）×17%＝0.22 |
| | 有10台上月售出彩电，因质量问题顾客要求退货（原零售价每台0.3万元） | －0.3÷（1＋17%）×17%×10＝－0.44 |
| | 合 计 | 117.55＋0.22－0.44＝117.33 |
| 当期进项税额 | 外购商品时取得经认证的防伪税控系统增值税专用发票上注明销售额360万元（商品已付款70%）；取得未经认证的防伪税控系统增值税专用发票上注明销售额140万元，本月售出70% | 360×17%＝61.2 |
| | 商场已将彩电退回厂家（原购进的不含税价格每台0.25万元），并提供了税务机关开具的证明单，已取得了厂家开出的红字专用发票 | －0.25×17%×10＝－0.43 |
| | 从小规模生产企业购买商品，取得税务机关代开的专用发票和普通发票上注明的销售额分别为80万元和30万元 | 80×6%＝4.8 |
| | 商场超市外购免税农产品，收购凭证上注明收购价格6万元 | 6×13%＝0.78 |
| | 合 计 | 61.2－0.43＋4.8＋0.78＝66.35 |
| 当期进项税额转出 | 国庆节前将经销的小家电发给员工每人一件，购进成本共计12万元，零售价共计15万元 | 12×17%＝2.04 |
| 本月应纳增值税 | 合 计 | 117.3－（66.35－2.04）＝53.02 |

*试一试2-11* **计算白云百货大楼2009年1月应纳增值税额**

白云百货大楼2009年10月发生以下几笔经济业务，购销货物的税率为17%。

（1）购进货物取得的增值税专用发票上注明的货物金额为400万元，增值税为68万元，同时支付货物运费4万元，建设基金1 000元，装卸费200元，运输途中保险费2 000元，取得运费发票。

（2）销售货物不含增值税价款为800万元，向消费者个人销售货物收到现金58.5万元。

（3）上年购进的货物用于职工福利，进价1万元，售价1.2万元（进价、售价均为不含增值税，下同）。

（4）上年购进的货物发生非正常损失，进价为4 000元，售价为5 000元。

## 项目二 计算小规模纳税人应纳税额

小规模纳税人实行简易计税的办法，不得抵扣进项税额。

应纳增值税额＝销售额×征收率

销售额（包括全部价款和价外费用）为不含税销售额。

**【例2-17】**某商店（增值税小规模纳税人）购进童装150套，“六一”儿童节之前以每套98元的含税价格全部零售出去。该商店当月销售这批童装应纳增值税为多少元？

**解析** 小规模纳税人实行简易计税的办法，销售额（包括全部价款和价外费用）为不含税销售额。应纳税额＝98×150/（1＋3%）×4%＝428.16（元）。

*试一试2-12* **计算小规模纳税人应纳增值税额**

某商店系小规模纳税人，2008年6月该商店发生如下业务。

1. 销售服装取得含增值税销售额2 392元，开具了普通发票。

2. 购进办公用品一批，支付货款13 500元，增值税税款2 295元。

3. 当月销售办公用品取得含税销售额为8 528元，开具了普通发票；销售给一般纳税人某公司仪器两台，取得不含增值税销售额35 800元，增值税税款1 540元，增值税专用发票已由税务所代开。

## 项目三 计算进口货物增值税应纳税额

纳税人进口货物应纳增值税由海关代征，纳税人进口货物按照组成计税价格和《增值税暂行条例》规定的税率计算应纳税额，不得抵扣任何税额。

应纳税额＝组成计税价格×税率

组成计税价格＝关税完税价格＋关税＋消费税＝（关税完税价格＋关税）÷（1－消费税税率）

**【例2-18】**某纳税人进口货物（非应征消费税货物）一批，海关核定的完税价格为1 000 000元，关税税率20%。则应纳增值税为多少？

**解析** 应纳增值税＝（1 000 000＋1 000 000×20%）×17%＝204 000（元）

*试一试2-13* **依据业务资料作出正确计算**

某进出口公司某月进口一批货物，该货物在国外的买价为50 000美元，运抵我国海关前发生的包装费、运输费、保险费等共计1 000美元，已知该批货物适用的关税税率为10%，消费税税率为5%，增值税税率为17%，进关报税时的美元汇率中间价为8.0元（人民币）。计算该批货物进口环节应纳增值税额。根据以上资料，计算进口货物的应纳税额。

# 课题三　出口货物退（免）税

为鼓励货物出口，增强货物出口竞争力，同世界上大部分国家一样，我国也实行出口退（免）税政策。

## 项目一　解读我国出口退税政策

### 任务一　明确我国出口退税政策类型

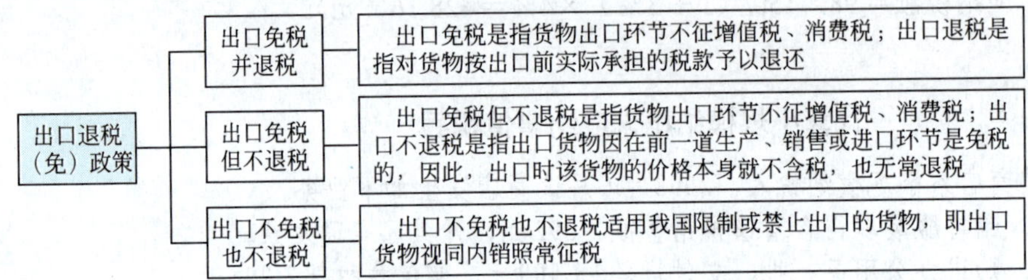

### 任务二　明确出口退税适用的企业与货物范围政策类型

**知识驿站 2-5**

**出口退税的条件**

- ◆ 属于增值税征税范围的货物；
- ◆ 必须经中华人民共和国海关报关离境；
- ◆ 出口货物必须结汇（部分货物除外）；
- ◆ 财务会计上作对外销售处理的货物；
- ◆ 退税申报时必须提供规定的有关单证。

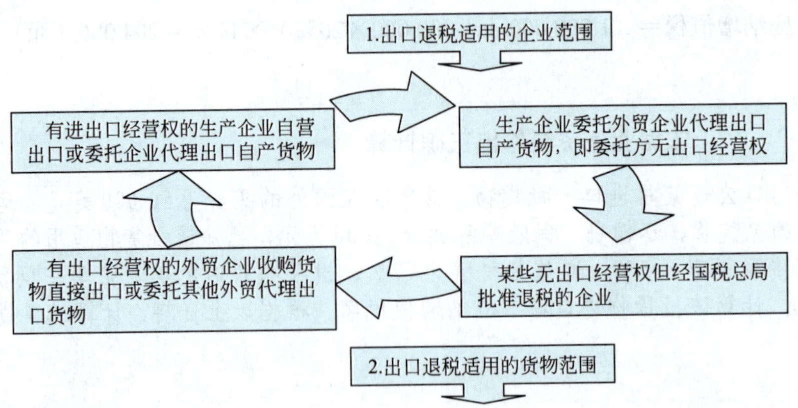

（1）可以出口免税并退税的货物

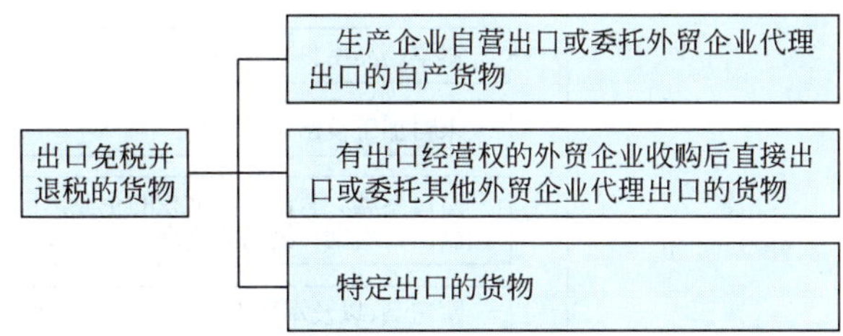


（2）国家特准退还或免征增值税和消费税的货物

| 目录 | 内　容 |
|---|---|
| 1 | 对外承包工程公司运出境外用于对外承包项目的货物 |
| 2 | 对外承接修理修配业务的企业用于对外修理修配的货物 |
| 3 | 外轮供应公司、远洋运输供应公司销售给外轮、远洋国轮而收取外汇的货物 |
| 4 | 企业在国内采购并运往境外作为在国外投资的货物 |
| 5 | 利用外国政府贷款或国际金融组织贷款，通过国际招标由国内企业中标的机电产品 |
| 6 | 对境外带料加工装配业务所使用的出境设备、原材料和散件 |
| 7 | 利用中国政府的援外优惠贷款和合资合作项目的基金方式出口的货物 |
| 8 | 对外补偿贸易及易货贸易、小额贸易出口的货物 |
| 9 | 对中国港澳台贸易的货物 |
| 10 | 保税区内企业从区外有进出口经营权的企业购进货物，保税区内企业将这部分货物出口或加工后再出口的货物 |
| 11 | 对保税区外的出口企业委托保税区内仓储企业仓储并代理报关离境地的货物 |
| 12 | 出口加工区外企运入出口加工区的货物 |
| 13 | 从 1995 年 7 月 1 日，对外经贸部批准设立的外商投资性公司，为其所投资的企业代理出口该企业自产的货物，如其所投资的企业属于外商投资新企业及老企业的新上项目，被代理出口的货物可给退（免）税 |
| 14 | 从 1996 年 9 月 1 日起，对国家旅游局所属中国免税公司统一管理的出境口岸免税店销售的卷烟、酒、工艺品、丝绸、服装和保健品（包括药品）六大类中国产品 |
| 15 | 从 1999 年 9 月 1 日起，对国家经贸委下达的国家计划内出口的原油 |
| 16 | 从 2000 年 7 月 1 日起，对出口企业出口的甲胺磷、罗菌灵、氰菊酯、甲基硫菌灵、克百威、异丙威、对硫磷中的乙基对硫磷等货物 |
| 17 | 出口企业从小规模纳税人购进并持普通发票的抽纱、工艺品、香料油、山货、草柳藤制品、渔网渔具、松香、五倍子、生漆、鬃尾、山羊板皮、纸制品 12 类货物 |

（3）出口免税但不予退税的情况

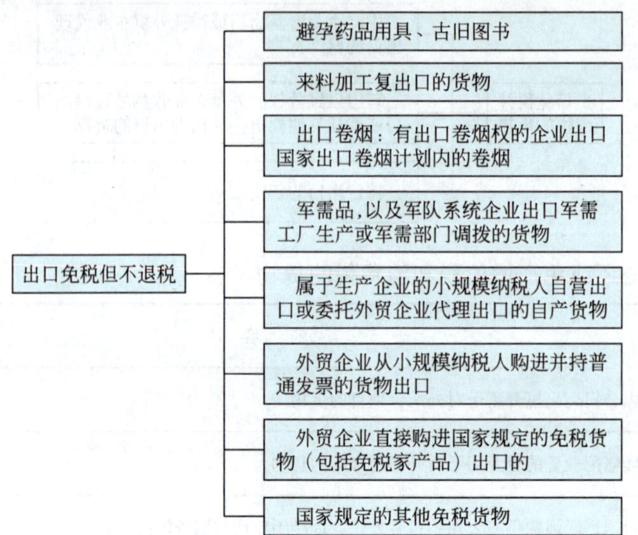


（4）出口不免税也不退税的情况

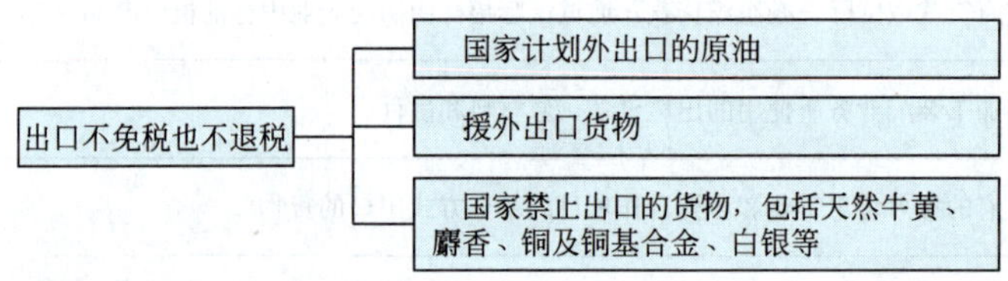

## 任务三　正确应用出口货物退税率

退税率是指出口货物实际退税额与退税计税依据的比例。目前增值税出口退税率分为6档。

| 序　号 | 征　税　率 | 退　税　率 |
|---|---|---|
| 1 | 对征税率适用17%税率的出口货物 | 退税率分别为17%、13%、11%、8% |
| 2 | 对征税率适用13%税率的出口货物 | 退税率为13%、5%（除棉花、大米、小麦、玉米以外的农产品） |
| 3 | 小规模纳税人购进的准予退税的货物 | 执行5%或6%的退税率 |

# 项目二　出口退税计算

出口退税根据企业类型不同而采用不同的计算方法。对具有进出口经营权的生产企业（包括外商投资企业）自营出口或委托出口的自产货物，除另有规定者（如出口不得退税产品或出口免税产品）外，一律实行“免抵退”的计算方法。外贸企业和特准退税企业及出口规定货物的小规模纳税人，则采用先征后退的计算方法。

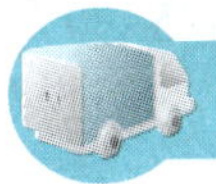

## 任务一 生产企业出口退税的计算（“免抵退”法）

“免抵退”法的“免”，指对生产企业出口自产货物，免征本企业生产销售环节的增值税；“抵”，是指生产企业出口自产货物所耗用的原材料、零部件、燃料、动力等所含应予退还的进项税额，抵顶内销货物的应纳税额。“退”是指生产企业出口的自产货物在当月内应抵顶的进项税额大于应纳税额时，对未抵顶完的部分予以退税（见表2-3）。

表2-3 “免、抵、退”税计算方法的基本思路

| 步 骤 | 计 算 公 式 |
|---|---|
| 当期免抵退税不得免征和抵扣税额的计算 | 当期免抵退税不得免征和抵扣税额＝当期出口货物 FOB 价 × 外汇人民币牌价 ×（出口货物征税率－出口货物退税率）－免抵退税不得免征和抵扣税额抵减额<br>免抵退税不得免征和抵扣税额抵减额＝免税购进原材料价格 ×（出口货物征税率－出口货物退税率） |
| 当期应纳税额的计算 | 当期应纳税额＝当期内销货物的销项税额－（当期进项税额－当期免征抵退税不得免征和抵扣税额）－上期期末留抵税额 |
| 当期免抵退税额的计算 | 免抵退税额＝出口货物 FOB 价 × 外汇人民币牌价 × 出口货物退税率－免抵退税额抵减额<br>免抵退税额抵减额＝免税购进原材料价格 × 出口货物退税率 |
| 当期应退税额和当期免抵税额的计算 | （1）在当期期末留抵税额≤当期应免抵退税额时：<br>当期应退税额＝当期期末留抵税额　　当期免抵税额＝当期免抵退税额－当期应退税额<br>（2）在当期期末留抵税额＞当期应免抵退税额时：<br>当期应退税额＝当期免抵退税额　　当期免抵税额＝0 |

**业务一**：出口企业全部原材料均从国内购进，“免、抵、退”办法基本步骤为六步，公式如下。

第一步——剔税：计算不得免征和抵扣税额

免抵退税不得免征和抵扣的税额＝离岸价格×外汇牌价×（增值税率－出口退税率）

第二步——抵税：计算当期应纳增值税额

当期应纳税额（$A$）＝当期内销货物的销项税额－（当期进项税额－当期免抵退税不得免征和抵扣税额）－上期末留抵税额＝$-A$

应纳税额＜0，为期末未抵扣税额（有资格申请退税）；应纳税额＞0，为本期应上缴的增值税

第三步——算尺度：计算免抵退税额

免抵退税额（$B$）＝出口货物离岸价×外汇人民币牌价×退税率

第四步——比较确定应退税额：比较当期未抵扣税额、当期免抵退税额两者中的较小者，确定为应退税额。

第五步——确定免抵税额：比较当期未抵扣税额、当期免抵退税额二者中的较小者，确定为应退税额。确定免抵税额方法如下。

| 比 较<br>项 目 | 期末未抵扣税额（$-A$）≤免抵退税额（$B$） | 期末未抵扣税额（$-A$）＞免抵退税额（$B$） |
|---|---|---|
| 当期应退税额 | $A$ | $B$ |
| 当期免抵税额 | $B-A$ | 0 |

【例2-19】某生产企业为增值税一般纳税人，兼营出口与内销。2008年2月份发生以下业务：

购进原材料增值税专用发票上注明价款100万元，内销收入50万元，出口货物离岸价格180万元，支付销货运费2万元，取得运输企业开具的普通发票。以上购销业务款项均已收付，购进材料均于当月验收入库（出口货物税率为17%，退税率为13%），计算当月当期免抵税额。

**解析** 当期出口退税计算如下。

① 当期不予抵扣或退税的税额＝180×（17%－13%）＝7.2（万元）

② 当期应纳税额＝50×17%－（100×17%＋2×7%－7.2）＝8.5－9.94＝－1.44（万元）

③ 当期免抵退税额＝180×13%＝23.4（万元）

④ 当期应退税额＝1.44（万元）

⑤ 当期免抵税额＝当期免抵退税额－当期应退税＝23.4－1.44＝21.96（万元）

*试一试2-14* **依据业务资料计算该企业当期的“免、抵、退”税额**

某自营出口的生产企业为增值税一般纳税人，出口货物的退税税率为15%。2007年4月的有关经营业务为：购进原材料一批，取得的增值税专用发票注明价款200万元，外购货物准予抵扣的进项税额34万元，货已验收入库。上月末留抵税款3万元；本月内销货物不含税销售额100万元；收款117万元存入银行；本月出口货物的销售额折合人民币200万元。试计算该企业当期的“免、抵、退”税额。

**业务二**：如果出口企业有进料加工业务，从境外进口的原材料称为免税购进原材料，由于这些材料进口没有征过税，出口不存在退税问题，因此要在计算不得免征和抵扣税额、免抵退税额时先进行抵减。“免、抵、退”办法计算步骤为七步，公式如下。

第一步——计算免抵退税不得免征和抵扣税额的抵减额

免抵退税不得免征和抵扣税额抵减额＝免税购进原材料价格×（出口货物征收率－出口货物退税率）＝（货物到岸价＋海关实征关税和消费税）×（出口货物征收率－出口货物退税率）

第二步——剔税：计算不得免征和抵扣税额

免抵退税不得免征和抵扣税额＝出口货物离岸价×外汇人民币牌价×（出口货物征税率－出口货物退税率）－免抵退税不得免征和抵扣税额抵减额

第三步——抵税：计算当期应纳增值税额

当期应纳税额（$A$）＝当期内销货物的销项税额－当期免抵退税不得免征和抵扣税额－上期末留抵税额＝－$A$＜0

第四步——计算免抵退税额抵减额

免抵退税额抵减额＝免税购进原材料价格×出口货物退税率＝（货物到岸价＋海关实征关税和消费税）×出口货物退税率

第五步——算尺度：计算免抵退税额

免抵退税额（$B$）＝出口货物离岸价×出口货物退税率－免抵退税额抵减额

第六步——比较确定应退税额：比较当期末抵扣税额、当期免抵退税额二者中的较小者，确定为应退税额。

第七步——确定免抵税额，方法如下。

| 比较 / 项目 | 期末未抵扣税额（－$A$）≤免抵退税额（$B$） | 期末未抵扣税额（－$A$）＞免抵退税额（$B$） |
|---|---|---|
| 当期应退税额 | $A$ | $B$ |
| 当期免抵税额 | $B-A$ | 0 |

【例2-20】某化工生产企业，（一般纳税人）兼营内销与外销，2008年10月发生以下业务：

（1）国内采购原料，取得专用发票上注明价款100万元，准予抵扣的进项税额17万元；

（2）进料加工免税进口料件到岸价40万元，海关实征关税10万元；

（3）内销货物不含税价80万元，外销货物销售额120万元。

该出口货物退税率为11%，另有上期未抵税额5万元，计算当期出口退税额。

**解析**　当期出口退税额计算如下。

（1）免抵退税不得免征和抵扣税额抵减额＝（40＋10）×（17%－11%）＝3（万元）

（2）免抵退税不得免征和抵扣税额＝120×（17%－11%）－3＝4.2（万元）

（3）当期应纳税额＝80×17%－（17－4.2）－5＝－4.2（万元）

（4）免抵退税抵减额＝（40＋10）×11%＝5.5（万元）

（5）“免抵退”税额＝120×11%－5.5＝7.7（万元）

（6）应退税额＝4.2万元

（7）当期免抵税额＝7.7－4.2＝3.5（万元）

*试一试2-15*　**依据业务资料计算该企业当期的“免、抵、退”税额**

某自营出口的生产企业为增值税一般纳税人，适用的增值税税率17%，退税率15%，上期留抵税额3万元。2008年11月免税进口料件一批，支付国外买价300万元，运抵我国海关前的运输费用、保管费和装卸费用50万元，该料件进口关税税率20%，料件已验收入库；出口货物销售取得销售额600万元；内销货物600件，开具普通发票，取得含税销售额140.4万元；将与内销货物相同的自产货物200件用于本企业基建工程，货物已移送。

## 任务二　外贸企业出口退税的计算（先征后退法）

| 序号 | 项　目 | 计 算 公 式 |
|---|---|---|
| 1 | 外贸企业出口货物退税 | 应退增值税额＝外贸收购不含增值税购进金额×退税率 |
| 2 | 外贸企业收购小规模纳税人出口货物 | 应退增值税额＝普通发票上所列含税金额÷（1＋征收率）×退税率 |
| 3 | 外贸企业委托生产企业加工出口货物 | 应退增值税额＝原辅材料应退税额＋加工费应退税额<br>原辅材料应退税额＝增值税进项额×原辅材料的退税率<br>加工费应退税额＝支付的加工费×受托方开具货物的退税率 |

【例2-21】某进出口公司2008年6月购进牛仔布委托加工成服装出口，取得增值税专用发票一张，注明的增值税金额10 000元，取得服装加工费计税金额2 000元。已知牛仔布退税率为13%；服装加工退税率为17%。试计算该企业的应退税额。

**解析**　应退税额＝10 000×13%＋2 000×17%＝1 640（元）

【例2-22】某进出口公司2008年4月购进某小规模纳税人抽纱、工艺品200打（套）全部出口，普通发票注明金额6 000元；购进另一小规模纳税人西服5套全部出口，取得税务机关代开的增值税专用发票，发票注明金额5 000元，适用退税率6%。计算该公司4月份应退税额。

**解析** 应退税额＝［6 000÷（1＋6%）］×6%＋5 000×6%＝639.62（万元）

# 项目三 出口退税管理

## 任务一 办理出口退税的程序

| 序号 | 出口退税程序 | 说 明 |
|---|---|---|
| 1 | 收集单证 | 公司财务部门从业务部门收集办理出口退税所需的各种单证。包括报关单、外汇核销单、增值税发票、专用税票、外销发票 |
| 2 | 退税申报、稽核 | 公司财务部门依单证填写《出口货物退（免）税申报表》（简称《申报表》），并由企业办税员、财务负责人、法人代表盖章，同时也要盖企业公章。再送外经贸主管部门（市外经委）进行稽核并加盖稽核章。之后，再将此《申报表》及退税所需各种单证送当地国税局主管出口退税部门进行申报 |
| 3 | 出口退税审核 | 出口企业所在地国税局主管退税部门受理企业退税申报后，对此开始进行审核，包括对申报的出口退税资料的审核及深入企业进行账证表的核对、考察企业经营有退税业务的出口货物的真实性等。对企业申报的出口退税资料的审核，主要审查该笔申报是否符合退税政策、单证与申报表的数据逻辑关系的正确性等。市局主管出口退税部门对企业退税申报审核后，在《申报表》上签署意见，并加盖审核人员章、主管科（处）长章、市局主管局长章、市局公章后，将此表送省国税局进出口税收管理处终审。省国税局进出口税收管理处收到《申报表》及所附单证后，经进一步审核，在《申报表》上签署意见，并加盖审核人员章、主管处长章、出口退税专用章 |
| 4 | 退库 | 省国税局进出口税收管理处审批的企业《申报表》及其所附单证返给市局主管退税部门后，市局依此填制《收入退还书》，并将《收入退还书》与省局审批的《申报表》一同送当地人民银行国库，办理退库手续，退税款由此划入企业账户 |

图2-1是生产企业进出口贸易及出口退税的一般性程序，具有普遍性。当然，对于一些特殊的贸易方式，其程序也会有所变化，但不过是些细枝末节的改变而已。电脑审核出口退税，与以上的手工审核实际上道理是一样的，只是审核方式变为电子化了。

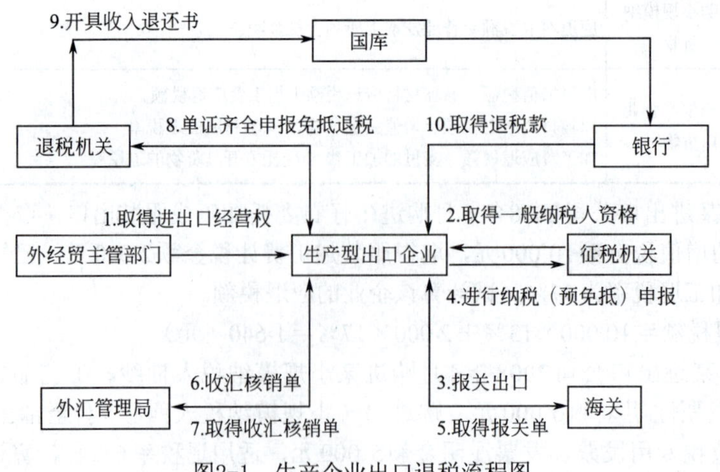


图2-1 生产企业出口退税流程图

## 任务二　办理出口退（免）税应提供的材料

业务一：生产企业办理出口退（免）税应提供的材料

<table>
<tr><th>序号</th><th colspan="2">凭 证 名 称</th><th>凭 证 来 源</th><th>提供的时限</th></tr>
<tr><td>1</td><td colspan="2">生产企业自营（委托）出口货物免、抵、退税申报表</td><td>申报企业填制</td><td rowspan="6">企业申报退税时提供</td></tr>
<tr><td rowspan="3">2</td><td rowspan="3">发票</td><td>增值税专用发票</td><td>由供货企业开具或税务所代开</td></tr>
<tr><td>普通发票</td><td>由供货企业（小规模纳税人）开具</td></tr>
<tr><td>出口销售发票</td><td>由供货企业开具</td></tr>
<tr><td>3</td><td colspan="2">出口货物报关单（出口退税专用）</td><td>海关核准并加盖验讫章</td></tr>
<tr><td>4</td><td colspan="2">出口收汇核销单（出口退税专用）</td><td>由外汇管理部门核准开具</td></tr>
<tr><td>5</td><td colspan="2">销售明细账</td><td>由申报企业记载、保管</td><td>查账时提供</td></tr>
<tr><td>6</td><td colspan="2">代理出口证明</td><td>由受托方税务机关签发</td><td>有委托业务时提供</td></tr>
<tr><td>7</td><td colspan="2">中、远期限结汇证明</td><td>由当地外贸主管部门签发</td><td>有远期收汇业务时提供</td></tr>
<tr><td>8</td><td colspan="2">上述凭证生成的计算机上报盘</td><td>由申报企业录入</td><td>申报时提供</td></tr>
</table>

业务二：一般外贸企业办理出口退税应提供的材料

<table>
<tr><th>序号</th><th colspan="2">凭 证 名 称</th><th>凭 证 来 源</th><th>提供的时限</th></tr>
<tr><td>1</td><td colspan="2">出口货物退税申报表</td><td rowspan="2">申报企业填制</td><td rowspan="5">企业申报退税的时间</td></tr>
<tr><td>2</td><td colspan="2">出口货物进货凭证申报表</td></tr>
<tr><td rowspan="3">3</td><td rowspan="3">发票</td><td>增值税专用发票（抵扣联）</td><td>由供货企业开具或税务所代开</td></tr>
<tr><td>普通发票</td><td>由供货企业（小规模纳税人）开具</td></tr>
<tr><td>出口销售发票</td><td>由申报企业自制</td></tr>
<tr><td rowspan="2">4</td><td>增值税</td><td rowspan="2">“税收（出口货物）专用缴款书”或“分割单”</td><td rowspan="2">征税的税务机关开具后，由供货方按章纳税</td><td rowspan="4">—</td></tr>
<tr><td>消费税</td></tr>
<tr><td>5</td><td colspan="2">出口货物报关单（出口退税专用）</td><td>海关核准并加盖验讫章</td></tr>
<tr><td>6</td><td colspan="2">出口收汇核销单（出口退税专用）</td><td>由外汇管理部门核准开具</td></tr>
<tr><td>7</td><td colspan="2">销售明细账</td><td>由申报企业记载、保管</td><td>查账进提供</td></tr>
<tr><td>8</td><td colspan="2">代理出口证明</td><td>由受托方税务机关签发</td><td>有委托业务时提供</td></tr>
</table>

续表

| 序号 | 凭 证 名 称 | 凭 证 来 源 | 提供的时限 |
|---|---|---|---|
| 9 | 中、远期限结汇证明 | 由当地外贸主管部门签发 | 有远期收汇业务时提供 |
| 10 | 上述凭证生成的计算机上报盘 | 由申报企业录入 | 申报时提供 |

# 课题四　增值税专用发票使用与管理

专用发票是增值税一般纳税人销售货物或者提供应税劳务开具的发票，是购买方支付增值税额并可按照增值税有关规定据以抵扣增值税进项税额的凭证。专用发票具有两个主要功能：一是商事凭证，二是抵扣凭证。

国家税务总局新修订的《增值税专用发票使用规定》已于2007年1月1日起正式实施。新规定在许多条款上对原有的《增值税专用发票使用规定》进行了较大范围的修改和修订。

专用发票由基本联次或者基本联次附加其他联次构成，基本联次为三联：发票联、抵扣联和记账联。

| 基本联次 | 用　途 | 备　注 |
|---|---|---|
| 发票联 | 作为购买方核算采购成本和增值税进项税额的记账凭证 | 改革的主要变化有两点，即：一明确了其他联次的用途；二明确取消了存根联这一事项 |
| 抵扣联 | 作为购买方报送主管税务机关认证和留存备查的凭证 | |
| 记账联 | 作为销售方核算销售收入和增值税销项税额的记账凭证 | |
| 其他联次 | 由一般纳税人自行确定 | |

## 项目一　增值税专用发票领购

### 任务一　明确专用发票领购使用范围

增值税专用发票只限于增值税的一般纳税人领购使用，增值税的小规模纳税人和非增值税纳税人不得领购使用。不得领购专用发票的情形见表2-4所示。

**表2-4　不得领购开具专用发票的情形**

| 序号 | 不得领购开具专用发票的情形 |
|---|---|
| 1 | 会计核算不健全，不能向税务机关准确提供增值税销项税额、进项税额、应纳税额数据及其他有关增值税税务资料的。上列其他有关增值税税务资料的内容，由省、自治区、直辖市和计划单列市国家税务局确定 |
| 2 | 有违《税收征管法》规定的且拒不接受税务机关处理的 |
| 3 | 有下列行为之一，经税务机关责令限期改正而仍未改正的：①虚开增值税专用发票；②私自印制专用发票；③向税务机关以外的单位和个人买取专用发票；④借用他人专用发票；⑤未按规定开具专用发票；⑥未按规定保管专用发票和专用设备；⑦未按规定申请办理防伪税控系统变更发行；⑧未按规定接受税务机关检查。<br>有上列情形的，如已领购专用发票，主管税务机关应暂扣其结存的专用发票和IC卡 |

## 任务二　增值税专用发票领购办理程序

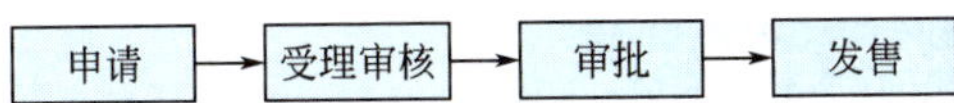


步骤一：申请

已被认定为增值税一般纳税人的纳税人，向主管税务机关提出申请，领取并填写《增值税专用发票使用申请审批表》。并提交发票管理人员身份证和已上防伪税控证明。

步骤二：受理审核

主管税务机关对纳税人提报的《增值税专用发票使用申请审批表》进行审核。

步骤三：审批

主管税务机关对企业的申请进行签批，由发售人员核定发票使用数量，录入微机。

步骤四：发售

发票发售人员发售《发票购印簿》，发售发票，将发售发票读入IC卡。告知纳税人发票开具、保管、缴销等事项。

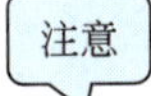


领购专用发票需提供的资料

一般纳税人凭《发票领购簿》、IC卡和经办人身份证明领购专用发票。改革后的主要变化体现在简化了领购发票的手续。

## 任务三　税控系统的企业发行

一般纳税人领购专用设备后，凭《最高开票限额申请表》、《发票领购簿》到主管税务机关办理初始发行。初始发行，是指主管税务机关将一般纳税人的下列信息载入空白金税卡和IC卡的行为。

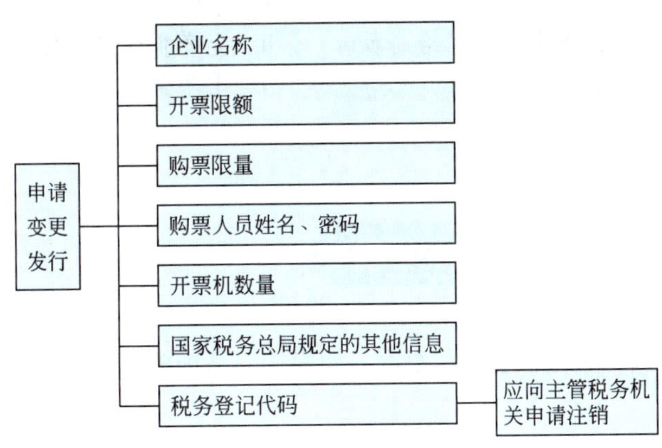

# 项目二　增值税专用发票开具

## 任务一　专用发票开具范围

一般纳税人销售货物或者提供应税劳务，应向购买方开具专用发票。但下列情形可以不开具专用发票，其具体规定见图2-2所示。

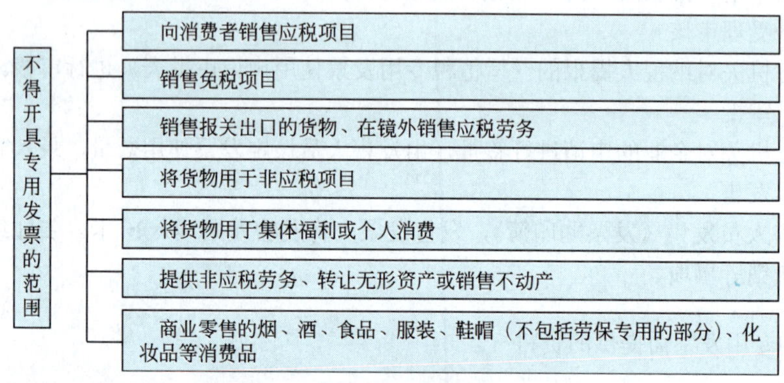


图2-2　不得开具专用发票的范围

**【例2-23】**下列销售业务中，可以开具增值税专用发票的是（　）。

A. 向个人消费者销售应税货物　　B. 向个人消费者销售免税货物

C. 自产货物用于对外投资　　D. 将自产货物用于集体福利

**解析**　正确答案选择C。特别注意，增值税小规模纳税人需要开具专用发票的，可向主管税务机关申请代开。改革后主要变化有两点，即：一是小规模纳税人可通过税务机关代开专用发票；二是简化了不得开具的范围。

*试一试2-16*　**依据增值税专用发票开具范围作出正确选择**

一般纳税人在下列情况下不可开具增值税专用发票的是（　　）。

A. 商品零售企业将货物出售给消费者　　B. 生产企业将货物出售给小规模纳税人

C. 销售免税货物　　D. 生产企业将货物销售给批发企业

## 任务二　最高开票金额的管理

专用发票实行最高开票限额管理。最高开票限额，是指单份专用发票开具的销售额合计数不得达到的上限额度。

最高开票限额由一般纳税人申请，税务机关依法审批。税务机关审批最高开票限额应进行实地核查。一般纳税人申请最高开票限额时，需填报《最高开票限额申请表》、《增值税专用发票最高使用限额（百万元）申请审批表》（见表2-5、表2-6）。

| 序号 | 最高开票限额 | 审批的税务机关 | 实地核查的税务机关 |
|---|---|---|---|
| 1 | 最高开票限额为10万元及以下的 | 由区县级税务机关审批 | 由区县级税务机关派人实地核查 |
| 2 | 最高开票限额为100万元的 | 由地市级税务机关审批 | 由地市级税务机关派人实地核查 |
| 3 | 最高开票限额为1 000万元及以上的 | 由省级税务机关审批 | 由地市级税务机关派人实地核查后将核查资料报省级税务机关审核 |

**表2-5　最高开票限额申请表**

<table>
<tr><td rowspan="4">申请事项(由企业填写)</td><td>企业名称</td><td></td><td>税务登记代码</td><td></td></tr>
<tr><td>地　址</td><td></td><td>联系电话</td><td></td></tr>
<tr><td>申请最高开票限额</td><td colspan="3">□1亿元　□1 000万元　□100万元<br>□10万元　□1万元　□1 000元<br>(请在选择数额前的□内打“√”)</td></tr>
<tr><td colspan="4">经办人（签字）：　企业（印章）：<br>年 月 日　年 月 日</td></tr>
<tr><td>区县级税务机关意见</td><td colspan="4">批准最高开票限额：<br>经办人（签字）：　批准人（签字）：　税务机关（印章）<br>年 月 日　年 月 日　年 月 日</td></tr>
<tr><td>地市级税务机关意见</td><td colspan="4">批准最高开票限额：<br>经办人（签字）：　批准人（签字）：　税务机关（印章）<br>年 月 日　年 月 日　年 月 日</td></tr>
<tr><td>省级税务机关意见</td><td colspan="4">批准最高开票限额：<br>经办人（签字）：　批准人（签字）：　税务机关（印章）<br>年 月 日　年 月 日　年 月 日</td></tr>
</table>

注：本申请表一式两联：第一联，申请企业留存；第二联，区县级税务机关留存。

**表2-6　增值税专用发票最高使用限额（百万元）申请审批表**

所在地区：

<table>
<tr><td rowspan="14">企业<br>情况</td><td>企业名称</td><td colspan="6"></td></tr>
<tr><td>纳税人识别号</td><td colspan="3"></td><td>企业性质</td><td colspan="2">□商业　□非商业</td></tr>
<tr><td>注册地址</td><td colspan="3"></td><td>联系电话</td><td colspan="2"></td></tr>
<tr><td>经营地址</td><td colspan="3"></td><td>联系电话</td><td colspan="2"></td></tr>
<tr><td>法人代表</td><td></td><td>身份证号</td><td></td><td>联系电话</td><td colspan="2"></td></tr>
<tr><td>财务人员</td><td></td><td>身份证号</td><td></td><td>联系电话</td><td colspan="2"></td></tr>
<tr><td>办税人员</td><td></td><td>身份证号</td><td></td><td>联系电话</td><td colspan="2"></td></tr>
<tr><td>生产经营人数</td><td></td><td>固定资产<br>原值</td><td></td><td>生产经<br>营范围</td><td colspan="2">主营：<br>兼营：</td></tr>
<tr><td colspan="2" rowspan="4">开户银行及账号</td><td colspan="5"></td></tr>
<tr><td colspan="5"></td></tr>
<tr><td colspan="5"></td></tr>
<tr><td colspan="5"></td></tr>
<tr><td colspan="2">注册资金</td><td colspan="5"></td></tr>
<tr><td colspan="2">年实际应税销售额</td><td colspan="5"></td></tr>
<tr><td></td><td colspan="2">申请前专用发票最高使用限额</td><td colspan="5"></td></tr>
<tr><td colspan="2">版式</td><td colspan="6" rowspan="2">□三联　　□六联</td></tr>
<tr><td colspan="2">备注</td></tr>
<tr><td colspan="2">县区级税务机关意见</td><td colspan="6">初审意见：<br><br>年　月　日（章）</td></tr>
<tr><td colspan="2">实地核查情况</td><td colspan="6">实地核查意见：<br><br>核查人：__________（签字）<br>__________（签字）<br>年　月　日</td></tr>
<tr><td colspan="2">市级税务机关意见</td><td colspan="6">复审意见：<br><br>年　月　日（章）</td></tr>
</table>

## 任务三　明确专用发票开具时限

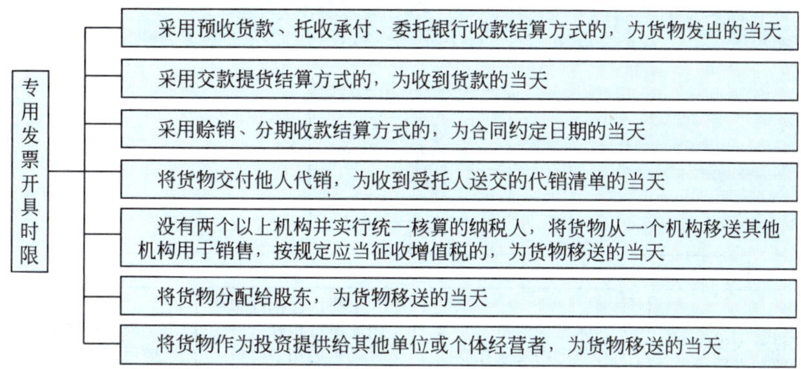

## 任务四　掌握专用发票开具规范

| 序号 | 专用发票开具具体要求 | 备　注 |
|---|---|---|
| 1 | 项目齐全，与实际交易相符 | 改革变化主要有两点：一是纳税义务发生时间与开具发票的时限是完全一致的；二是新规定给予了购货方“拒收”的权利，但购货方也就因此同时具有了相应的义务（符合开具规范的专用发票，购货方不得拒收；如拒收应说明具体理由） |
| 2 | 字迹清楚，不得压线、错格 | |
| 3 | 发票联和抵扣联加盖财务专用章或者发票专用章 | |
| 4 | 按照增值税纳税义务的发生时间开具 | |

**知识驿站 2-6**

**专用发票开具的信息化**

广泛的计算机开具统一规范为防伪税控系统开具，实现了纳税人和税务机关在开票信息上的互通，更加利于税务机关的控管。一般纳税人应通过增值税防伪税控系统使用专用发票。其使用包括领购、开具、缴销、认证纸质专用发票及其相应的数据电文。

- 防伪税控系统，是指经国务院同意推行的，使用专用设备和通用设备、运用数字密码和电子存储技术管理专用发票的计算机管理系统。
- 专用设备，是指金税卡、IC卡、读卡器和其他设备。
- 通用设备，是指计算机、打印机、扫描器具和其他设备。

# 项目三　增值税专用发票保管

增值税专用发票保管，指一般纳税人对已领购的增值税专用发票和已开具的增值税专用发票抵扣联，以及增值税专用发票领购簿、纳税人领购增值税专用发票台账、专用设备进行专门的保存管理。

## 任务一　明确未按规定保管专用发票和专用设备的情况

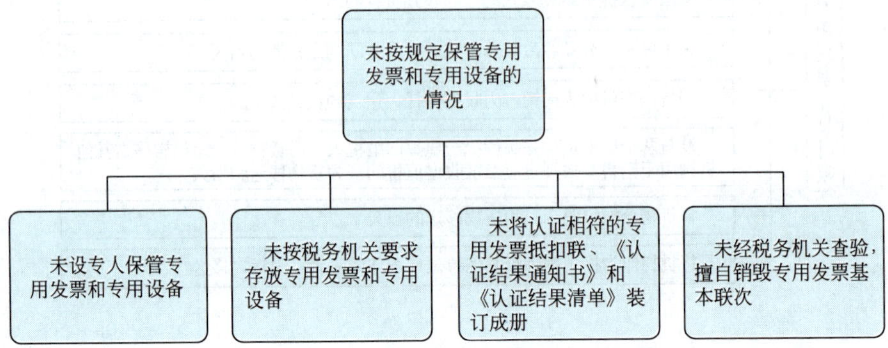

## 任务二　领会增值税专用发票保管要求

| 序号 | 保管要求 | 说　明 |
|---|---|---|
| 1 | 专人保管 | 必须确定专人负责增值税专用发票的领购、开具和保管工作 |
| 2 | 专柜存放 | 必须购置防盗保险柜等存储专用设备。有条件的单位还应当配置必要的安全报警设施 |
| 3 | 建立专账 | 必须建立《纳税人领购增值税专用发票台账》，如实反映增值税专用发票领购、注销、库存等情况。设有二级核算单位的一般纳税人，还应当建立二级台账，健全内部领购制度 |
| 4 | 专表报告 | 必须逐月向国税机关报送《增值税专用发票使用明细表》 |
| 5 | 做好“五防” | 必须采取措施防火、防盗、防霉烂毁损、防虫蛀鼠咬、防丢失 |
| 6 | 建章立制 | 必须按照国税机关的要求，建立增值税专用发票岗位责任制，以及领购、验收、安全保管等项规章制度 |

# 项目四　专用发票作废与缴销管理

## 任务一　专用发票作废管理

1．专用发票作废的基本规定

一般纳税人在开具专用发票当月，发生销货退回、开票有误等情形，收到退回的发票联、抵扣联符合作废条件的，按作废处理；开具时发现有误的，可即时作废。

2．专用发票作废的条件

| 序号 | 作废条件的情形 |
| --- | --- |
| 1 | 收到退回的发票联、抵扣联时间未超过销售方开票当月 |
| 2 | 销售方未抄税（抄税是报税前用IC卡或者IC卡和软盘抄取开票数据电文）并且未记账 |
| 3 | 购买方未认证或者认证结果为“纳税人识别号认证不符”、“专用发票代码、号码认证不符” |

3．专用发票作废的处理

作废专用发票须在防伪税控系统中将相应的数据电文按“作废”处理，在纸质专用发票（含未打印的专用发票）各联次上注明“作废”字样，全联次留存。

## 任务二　专用发票缴销管理

| 专用发票缴销的情形 | 专用发票缴销的方法 |
| --- | --- |
| 一般纳税人注销税务登记或者转为小规模纳税人，应将专用设备和结存未用的纸质专用发票送交主管税务机关。主管税务机关应缴销其专用发票，并按有关安全管理的要求处理专用设备 | 专用发票的缴销是指主管税务机关在纸质专用发票监制章处按“V”字剪角作废，同时作废相应的专用发票数据电文。被缴销的纸质专用发票应退还纳税人 |

# 项目五　红字专用发票的管理

## 任务一　掌握红字专用发票的管理规定

① 一般纳税人取得专用发票后，发生销货退回、开票有误等情形但不符合作废条件的，或者因销货部分退回及发生销售折让的，购买方应向主管税务机关填报《开具红字增值税专用发票申请单》（以下简称《申请单》）（见表2-7）。《申请单》所对应的蓝字专用发票应经税务机关认证。经认证结果为“认证相符”并且已经抵扣增值税进项税额的，一般纳税人在填报《申请单》时不填写相对应的蓝字专用发票信息。认证结果为“纳税人识别号认证不符”、“专用发票代码、号码认证不符”的，一般纳税人在填报《申请单》时应填写相对应的蓝字专用发票信息。

②《申请单》一式两联：第一联由购买方留存；第二联由购买方主管税务机关留存。《申请单》应加盖一般纳税人财务专用章。

③ 主管税务机关对一般纳税人填报的《申请单》进行审核后，出具《开具红字增值税专用发票通知单》（以下简称《通知单》）（见表2-8）。《通知单》应与《申请单》一一对应。

④《通知单》一式三联：第一联由购买方主管税务机关留存；第二联由购买方送交销售方留存；第三联由购买方留存。《通知单》应加盖主管税务机关印章。《通知单》应按月依次装订成册，并比照专用发票保管规定管理。

⑤ 购买方必须暂依《通知单》所列增值税税额从当期进项税额中转出，未抵扣增值税进项税额的可列入当期进项税额，待取得销售方开具的红字专用发票后，与留存的《通知单》一并作为记账凭证。

⑥ 销售方凭购买方提供的《通知单》开具红字专用发票，在防伪税控系统中以销项负数开具。

**表2-7 开具红字增值税专用发票申请单**

NO.

<table>
<tr><td rowspan="2">销售方</td><td>名 称</td><td></td><td rowspan="2">购买方</td><td>名 称</td><td></td></tr>
<tr><td>税务登记代码</td><td></td><td>税务登记代码</td><td></td></tr>
<tr><td rowspan="8">开具<br>红字<br>专用<br>发票<br>内容</td><td>货物（劳务）<br>名称</td><td>单价</td><td>数量</td><td>金额</td><td>税额</td></tr>
<tr><td></td><td></td><td></td><td></td><td></td></tr>
<tr><td></td><td></td><td></td><td></td><td></td></tr>
<tr><td></td><td></td><td></td><td></td><td></td></tr>
<tr><td></td><td></td><td></td><td></td><td></td></tr>
<tr><td></td><td></td><td></td><td></td><td></td></tr>
<tr><td></td><td></td><td></td><td></td><td></td></tr>
<tr><td>合计</td><td>——</td><td>——</td><td></td><td></td></tr>
<tr><td>说明</td><td colspan="5">对应蓝字专用发票抵扣增值税销项税额情况：<br>已抵扣□<br>未抵扣□<br>纳税人识别号认证不符□<br>专用发票代码、号码认证不符□<br>对应蓝字专用发票密码区内打印的代码：________<br>号码：________<br>开具红字专用发票理由：</td></tr>
</table>

申明：我单位提供的《申请单》内容真实，否则将承担相关法律责任。

购买方经办人：　　　　　　购买方名称（印章）：________

年　月　日

注：本申请单一式两联：第一联，购买方留存；第二联，购买方主管税务机关留存。

**表2-8 开具红字增值税专用发票通知单**

填开日期：　年　月　日　　　　　　NO.

<table>
<tr><td rowspan="2">销售方</td><td>名 称</td><td></td><td rowspan="2">购买方</td><td>名 称</td><td></td></tr>
<tr><td>税务登记代码</td><td></td><td>税务登记代码</td><td></td></tr>
<tr><td rowspan="2">开具红字发票<br>内容</td><td>货物（劳务）<br>名称</td><td>单价</td><td>数量</td><td>金额</td><td>税额</td></tr>
<tr><td>合计</td><td>——</td><td></td><td></td><td></td></tr>
</table>

续表

<table>
<tr><td rowspan="1">说明</td><td>需要作进项税额转出□<br>不需要作进项税额转出□<br>纳税人识别号认证不符□<br>专用发票代码、号码认证不符□<br>对应蓝字专用发票密码区内打印的代码：________<br>号码：________<br>开具红字专用发票理由：</td></tr>
</table>

经办人：　　　　负责人：　　　　主管税务机关名称（印章）

注：1. 本通知单一式三联：第一联，购买方主管税务机关留存；第二联，购买方送交销售方留存；第三联，购买方留存。

2．通知单应与申请单一一对应。

3．销售方应在开具红字专用发票后到主管税务机关进行核销。

## 任务二　领会新修订的红字专用发票管理的主要变化

① 原规定以购买方是否付款、是否作账为划分标准，且实际执行中还要参考销售方是否作帐等其他因素，复杂且不宜掌控，新规定只以是否符合作废条件为唯一标准，明确且易掌握。

② 原规定作进项税额转出是按照红字发票并参考实际情况而定，由于在实际情况中，存在红字发票不需作进项税额转出的情况（如原蓝票未抵扣），且由于证明单的开出与红字发票的取得存在时间差，造成两个问题：一是进项税额转出与红字发票和证明单不能一一对应；二是证明单的开出与进项税额转出不同步。这两个问题都不利于税务机关的监控。因此，新规定采取蓝字专用发票的管理理念，引入了“购货方主管税务机关开具《通知单》→同时购货方纳税人进项税额转出→销货方纳税人方可开具红字专用发票冲减销项税额”的链条式管理。

③《申请单》所对应的蓝字专用发票应经税务机关认证。

④《通知单》应与《申请单》一一对应（两单的号码不必完全一致）。

⑤ 购买方必须暂依《通知单》所列增值税税额从当期进项税额中转出，未抵扣增值税进项税额的可列入当期进项税额（但列入的条件是符合抵扣的其他条件）。

⑥ 红字专用发票应与《通知单》一一对应。

⑦ 国税函［2006］1279号规定：销货方给予购货方价格优惠或补偿等折扣、折让行为，销货方可开具红字增值税专用发票。此时，可多张蓝字发票对应一张通知单，但在实际操作中要考虑一张通知单的金额不要高于销货方最高开票限额。

⑧ 属于“无法认证”、“纳税人识别号认证不符”、“专用发票代码、号码认证不符”、不属于增值税扣税项目范围、开票有误购买方拒收专用发票和开票有误等原因尚未将专用发票交付购买方情况的，不作进项税额转出，但销货方纳税人应将增值税专用发票抵扣联和发票联一并收回，并将其粘贴在《开具红字增值税专用发票通知单》第二联后备查。同时，“无法认证”、“纳税人识别号认证不符”、“专用发票代码、号码认证不符”发票的认证结果应留存在认证系统中。

⑨ 开票有误购买方拒收专用发票和开票有误等原因尚未将专用发票交付购买方的情况下，由销售方主管税务机关出具《通知单》。

⑩ 销货退回或销售折让的，相应记账凭证复印件报送主管税务机关备案。

⑪《通知单》暂由一般纳税人留存备查，销货方税务机关暂不进行核销。

⑫ 红字专用发票暂不报送税务机关认证。

⑬ 纳税人应按照《使用规定》妥善保管《通知单》，对丢失《通知单》的，主管税务机关

应进行宣传教育。需要补开《通知单》的，可由原申请方纳税人重新填报《开具红字增值税专用发票申请单》，由主管税务机关审核后补开《通知单》。

⑭《使用规定》实施后，《国家税务总局关于进一步做好增值税纳税申报“一窗式”管理工作的通知》（国税函［2003］962号）第四条第一款中关于“次月纳税人按照开具红字专用发票的方式在开票系统中开具负数发票”的规定停止执行。

*试一试2-17* **请根据以下资料，填开增值税专用发票**

［增值税专用发票填开实例1］ 2008年10月28日，××省科技成果转化中心向临汾市合力机电设备有限公司销售辅助电源柜2台，单价29 914.5元，税率17%，增值税专用发票开具如下：其中，密码区的数字是由防伪税控系统内部自动产生。

［增值税专用发票填开实例2］ 负数发票的开具：接上例，2008年11月25日，已售辅助电源柜1台因质量问题发生退货，销货方开具了红字专用发票。

［增值税专用发票填开实例3］ 带折扣发票的开具：接实例1，销售方提供的折扣率为10%，其他条件不变，专用发票如何开具？

［增值专用发票的填开实例4］ 带销货清单的专用发票的开具：甘肃科技成果转化中心与2008年10月25日向广州市合力机电设备有限公司销售软盘、打印纸、打印机、复印机等产品，总折扣率为10%，销售方应开具销货清单和专用发票。

知识驿站 2-7

**红字发票处理要注意五点**

增值税一般纳税人开具增值税专用发票（以下简称专用发票）后，发生销货退回、销售折让，以及开票有误等情况需要开具红字专用发票的，视不同情况分别按以下办法处理。

- 因专用发票抵扣联、发票联均无法认证的，由购买方填报《开具红字增值税专用发票申请单》（以下简称《申请单》），并在《申请单》上填写具体原因及相对应蓝字专用发票的信息，主管税务机关审核后出具《开具红字增值税专用发票通知单》（以下简称《通知单》）。购买方不作进项税额转出处理。
- 购买方所购货物不属于增值税扣税项目范围，取得的专用发票未经认证的，由购买方填报《申请单》，并在《申请单》上填写具体原因，以及相对应蓝字专用发票的信息，主管税务机关审核后出具《通知单》。购买方不作进项税额转出处理。
- 因开票有误购买方拒收专用发票的，销售方须在专用发票认证期限内向主管税务机关填报《申请单》，并在《申请单》上填写具体原因及相对应蓝字专用发票的信息，同时提供由购买方出具的写明拒收理由、错误具体项目及正确内容的书面材料，主管税务机关审核确认后出具《通知单》。销售方凭《通知单》开具红字专用发票。
- 因开票有误等原因尚未将专用发票交付购买方的，销售方须在开具有误专用发票的次月内向主管税务机关填报《申请单》，并在《申请单》上填写具体原因及相对应蓝字专用发票的信息，同时提供由销售方出具的写明具体理由、错误具体项目及正确内容的书面材料，主管税务机关审核确认后出具《通知单》。销售方凭《通知单》开具红字专用发票。
- 发生销货退回或销售折让的，除按照《通知单》的规定进行处理外，销售方还应在开具红字专用发票后将该笔业务的相应记账凭证复印件报送主管税务机关备案。

# 项目六 报税和认证抵扣

## 任务一 报税

（1）一般纳税人开具专用发票应在增值税纳税申报期内向主管税务机关报税，在申报所属月份内可分次向主管税务机关报税。

（2）因IC卡、软盘质量等问题无法报税的，应更换IC卡、软盘。因硬盘损坏、更换金税卡等原因不能正常报税的，应提供已开具未向税务机关报税的专用发票记账联原件或者复印件，由主管税务机关补采开票数据。

知识驿站 2-8

**增值税一般纳税人报税时应特别注意的事项**

- 纳税人报税时，要将作废发票的电子信息与纸质发票进行核对，纳税人要提供符合作废条件的作废纸质专用发票份数和联次，作废纸质专用发票各联次上是否注明“作废”字样，作废发票作废是否在开票当月。纳税人资料提供不齐全的，暂不予报税。
- 纳税人报税时，要将开具红字专用发票的电子信息与纸质发票进行核对，企业报税时要提供《开具红字增值税专用发票通知单》，报税数据中红字专用发票的信息与《开具红字增值税专用发票通知单》要一一对应。纳税人资料提供不齐全的，暂不予报税。

## 任务二 认证抵扣

认证是税务机关通过防伪税控系统对专用发票所列数据的识别、确认。认证相符，是指纳税人识别号无误，专用发票所列密文解译后与明文一致。

（1）用于抵扣增值税进项税额的专用发票应经税务机关认证相符（国家税务总局另有规定的除外）。认证相符的专用发票应作为购买方的记账凭证，不得退还销售方。

（2）经认证，有下列情形之一的，不得作为增值税进项税额的抵扣凭证，税务机关退还原件，购买方可要求销售方重新开具专用发票。

| 序号 | 不得作为增值税进项税额的抵扣凭证的情形 | 说　明 |
|---|---|---|
| 1 | 无法认证 | 无法认证是指专用发票所列密文或者明文不能辨认，无法产生认证结果 |
| 2 | 纳税人识别号认证不符 | 纳税人识别号认证不符是指专用发票所列购买方纳税人识别号有误 |
| 3 | 专用发票代码、号码认证不符 | 专用发票代码、号码认证不符是指专用发票所列密文解译后与明文的代码或者号码不一致 |

（3）经认证，有下列情形之一的，暂不得作为增值税进项税额的抵扣凭证，税务机关扣留原件，查明原因，分别情况进行处理。

| 序号 | 暂不得作为增值税进项税额的抵扣凭证 | 说　明 |
|---|---|---|
| 1 | 重复认证 | 重复认证是指已经认证相符的同一张专用发票再次认证 |
| 2 | 密文有误 | 密文有误是指专用发票所列密文无法解译 |
| 3 | 认证不符 | 认证不符是指纳税人识别号有误，或者专用发票所列密文解译后与明文不一致 |
| 4 | 列为失控专用发票 | 列为失控专用发票是指认证时的专用发票已被登记为失控专用发票 |

（4）专用发票抵扣联无法认证的，可使用专用发票发票联到主管税务机关认证。专用发票发票联复印件留存备查。

（5）领会新修订的《增值税专用发票使用规定》关于专用发票认证抵扣的主要变化

案例讨论2-7　如何办理增值税专用发票认证？

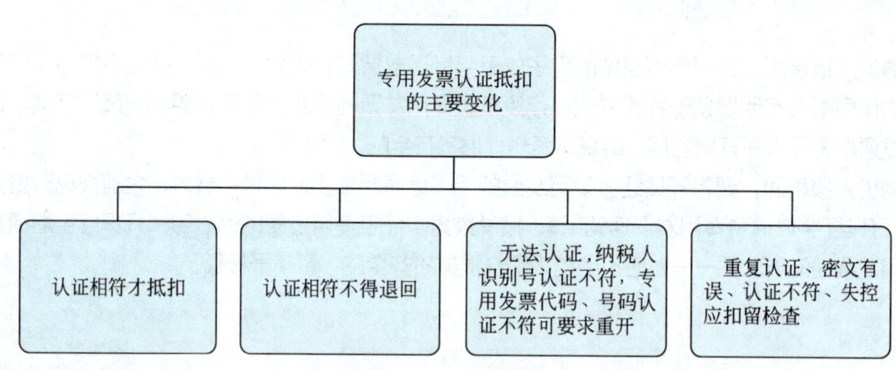


注意：增值税专用发票丢失的处理

| 序号 | 专用发票丢失的情形 | 专用发票丢失的处理办法 | 变化说明 |
|---|---|---|---|
| 1 | 一般纳税人丢失已开具专用发票的发票联和抵扣联 | 如果丢失前已认证相符的，购买方凭销售方提供的相应专用发票记账联复印件及销售方所在地主管税务机关出具的《丢失增值税专用发票已报税证明单》，经购买方主管税务机关审核同意后，可作为增值税进项税额的抵扣凭证 | 原规定是丢失发票联和抵扣联其中一联均不能抵扣进项税额，新规定更加人性化，发票联和抵扣联全部丢失或丢失其中一联的，不论是抵扣进项税额还是列支成本均可得到较好的解决 |
| | | 如果丢失前未认证的，购买方凭销售方提供的相应专用发票记账联复印件到主管税务机关进行认证，认证相符的凭该专用发票记账联复印件及销售方所在地主管税务机关出具的《丢失增值税专用发票已报税证明单》，经购买方主管税务机关审核同意后，可作为增值税进项税额的抵扣凭证 | |
| 2 | 一般纳税人丢失已开具专用发票的抵扣联 | 如果丢失前已认证相符的，可使用专用发票发票联复印件留存备查 | |
| | | 如果丢失前未认证的，可使用专用发票发票联到主管税务机关认证，专用发票发票联复印件留存备查 | |
| 3 | 一般纳税人丢失已开具专用发票的发票联 | 可将专用发票抵扣联作为记账凭证，专用发票抵扣联复印件留存备查 | |

# 课题五　增值税纳税申报

## 项目一　增值税纳税申报基本规定

### 任务一　明确增值税纳税义务发生时间

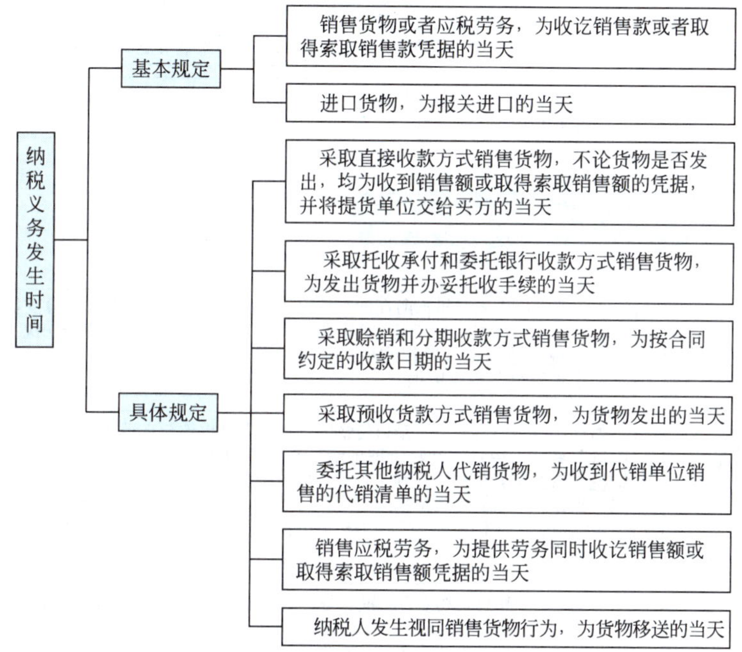


**【例2-24】** 白云机械厂2009年3月全部可以抵扣的进项税额为120 000元，当月销售情况如下。

① 采用托收承付结算方式销售给甲厂产品600 000元，开出专用发票，货已发出，托收手续已办妥，货款未收到。

② 采用分期收款结算方式销售给乙厂产品1 000 000元，货已发出，合同约定本月收货款500 000元，实际只收到3000 000元。

**要求：** 计算白云机械厂应纳增值税额。

**解析**　以分期收款方式结算货款的，即使合同约定收款期未收到货款，亦计入销售额征税。另外，由于企业财务制度对销售确认有严格规定，同税法规定不一致的地方，应按税法规定计算应纳税款。应纳税额＝（600 000＋500 000）×17%－120 000＝187 000－120 000＝67 000（元）

*试一试2-18*　**依据增值税专用发票开具时限规定作出正确选择**

下列各项中，符合增值税专用发票开具时限规定的有（　　）。

A. 采用预收款结算方式的，为收到货款的当天

B. 将货物交付他人代销的，为收到代销清单的当天

C. 采用赊销方式的，为合同约定的收款日期的当天

D. 将货物作为投资提供给其他单位的，为投资协议签订的当天

## 任务二　掌握增值税纳税期限

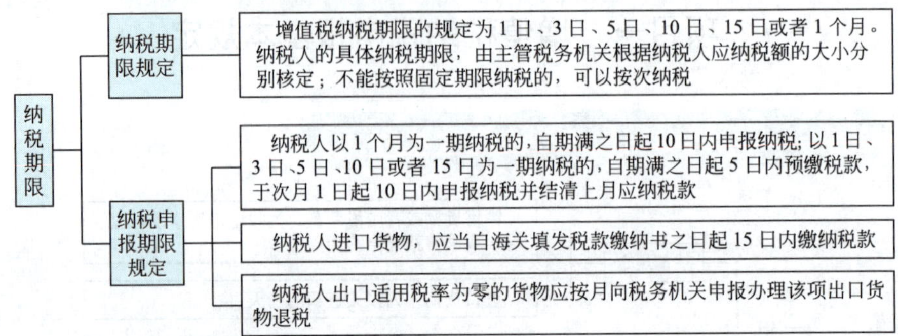

纳税期限
- 纳税期限规定
  - 增值税纳税期限的规定为1日、3日、5日、10日、15日或者1个月。纳税人的具体纳税期限，由主管税务机关根据纳税人应纳税额的大小分别核定；不能按照固定期限纳税的，可以按次纳税
- 纳税申报期限规定
  - 纳税人以1个月为一期纳税的，自期满之日起10日内申报纳税；以1日、3日、5日、10日或者15日为一期纳税的，自期满之日起5日内预缴税款，于次月1日起10日内申报纳税并结清上月应纳税款
  - 纳税人进口货物，应当自海关填发税款缴纳书之日起15日内缴纳税款
  - 纳税人出口适用税率为零的货物应按月向税务机关申报办理该项出口货物退税

## 任务三　明确增值税纳税地点

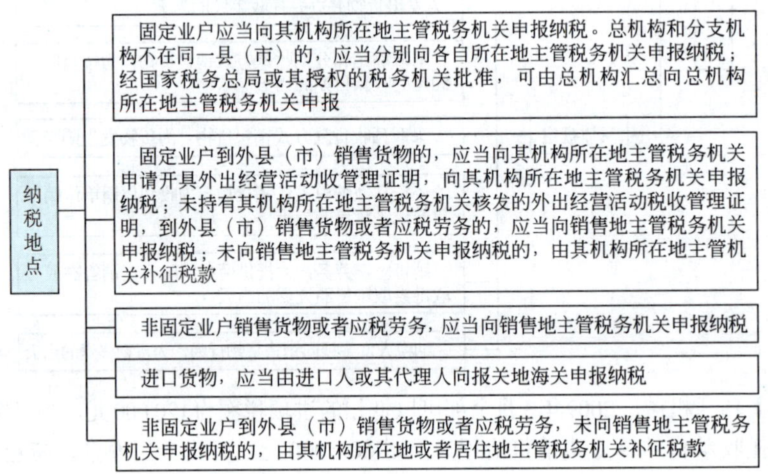

纳税地点
- 固定业户应当向其机构所在地主管税务机关申报纳税。总机构和分支机构不在同一县（市）的，应当分别向各自所在地主管税务机关申报纳税；经国家税务总局或其授权的税务机关批准，可由总机构汇总向总机构所在地主管税务机关申报
- 固定业户到外县（市）销售货物的，应当向其机构所在地主管税务机关申请开具外出经营活动收管理证明，向其机构所在地主管税务机关申报纳税；未持有其机构所在地主管税务机关核发的外出经营活动税收管理证明，到外县（市）销售货物或者应税劳务的，应当向销售地主管税务机关申报纳税；未向销售地主管税务机关申报纳税的，由其机构所在地主管机关补征税款
- 非固定业户销售货物或者应税劳务，应当向销售地主管税务机关申报纳税
- 进口货物，应当由进口人或其代理人向报关地海关申报纳税
- 非固定业户到外县（市）销售货物或者应税劳务，未向销售地主管税务机关申报纳税的，由其机构所在地或者居住地主管税务机关补征税款

# 项目二　增值税一般纳税人的纳税申报实务操作

增值税一般纳税人按照规定的纳税期限预缴增值税税款，并于次月1日至10日内计算填列增值税纳税申报表主表及有关附表，并结清上月税款，多退少补。

## 任务一　增值税纳税申报需报送的材料

**1. 必报资料**

必报资料包括：①增值税纳税申报表（适用于增值税一般纳税人）及增值税纳税申报表附列资料（附表一～附表四）；②使用防伪税控系统的纳税人，必须报送记录当期纳税信息的IC卡（明细数据备份在软盘上的纳税人，还必须报送备份数据软盘）、增值税专用发票存

根联明细表（即增值税专用发票销项情况表或增值税专用发票明细表）及增值税抵扣联明细表（即专用发票认证结果清单）；③ 增值税专用发票符合抵扣条件并且在本期申报的增值税专用发票抵扣联、海关进口货物完税凭证；④ 增值税普通发票使用明细表；⑤ 增值税收购凭证抵扣明细表；⑥ 符合抵扣条件的增值税运输发票抵扣明细表；⑦ 资产负债表和损益表；⑧ 成品油购销存情况明细表（发生成品油零售业务的纳税人填报）；⑨ 主管税务机关规定的其他资料。

上述申报资料除报送电子数据外，还必须报送一式两份纸质的资料，对已实行电子申报的企业，纸介资料可用电脑自动生成打印，未实行电子申报的企业，可手工填写。无论用何种方式，必须加盖纳税人公章或财务专用章确认后报送主管税务机关。税务机关签收后，一份退还纳税人，一份留存。

**2. 备查资料**

备查资料包括：① 已开具的普通发票存根联；② 运输发票、购进农产品普通发票抵扣联及购进废旧物资普通发票的存根联；③ 收购发票的存根联或报查联；④ 代扣代缴税款凭证；⑤ 主管税务机关规定的其他备查资料。

由于篇幅有限，本章只就增值税纳税申报表及增值税纳税申报表附列资料（附表一～附表四）进行填列讲解。

## 任务二　增值税一般纳税人的纳税申报实务操作

**【例2-25】** 甲有限责任公司为生产性增值税一般纳税人，其纳税人识别号为110108104794941，增值税纳税期限为1个月，2006年2月生产经营情况如下。

（1）购买原材料取得防伪税控系统开具的增值税专用发票情况见表2-9，均在法定期限内予以认证，并在本期全部申报抵扣进项税额；购买一台固定资产取得防伪税控系统开具的增值税专用发票金额为9 998.42元，税额为1 699.73元，在规定期限内予以认证；取得运费专用发票12份，金额为34 500元。前期取得但尚未申报抵扣的防伪税控系统开具的增值税专用发票情况见表2-10。

**表2-9　本期取得防伪税控系统开具的增值税专用发票及认证情况表**

金额单位：元至角分

| 发票代码 | 发票号码 | 开票日期 | 金　额 | 税　额 | 销贷方纳税人识别号 | 认证日期 |
|---|---|---|---|---|---|---|
| 1100044170 | 00140803 | 20060201 | 23 584.91 | 4 009.43 | 130202550026912 | 20060228 |
| 1107353874 | 01830985 | 20060203 | 1 671.50 | 284.16 | 110297592730297 | 20060228 |
| 1308302859 | 04430852 | 20060204 | 1 461 935.04 | 248 528.96 | 110867565486754 | 20060228 |
| 1300237507 | 00327483 | 20060213 | 27 377.12 | 4 654.11 | 130023759274329 | 20060228 |
| 1108675655 | 02757438 | 20060214 | 29 634.88 | 5 037.93 | 110397592983697 | 20060228 |
| 1109237583 | 07239766 | 20060215 | 94 290.56 | 16 029.40 | 130793247298368 | 20060228 |
| 1109835028 | 02649878 | 20060225 | 9 546.67 | 1 622.93 | 130867567645380 | 20060228 |
| 1309769867 | 07547535 | 20060226 | 96 782.39 | 16 453.01 | 110967683647689 | 20060228 |

表2-10　前期取得防伪税控系统开具的增值税专用发票及认证情况表

金额单位：元至角分

| 发票代码 | 发票号码 | 开票日期 | 金　额 | 税　额 | 销贷方纳税人识别号 | 认证日期 |
|---|---|---|---|---|---|---|
| 1106867565 | 04453429 | 20060105 | 3 097.87 | 526.64 | 110987876785645 | 20060131 |
| 1108675646 | 06687545 | 20060127 | 96 782.39 | 16 453.01 | 110798678564530 | 20060131 |

（2）本期有731 935.47元的外购材料用于非应税项目，其所负担的税款为124 429.03元；有19 400.29元的外购材料发生非正常损失，所负担的税款为3 298.05元。

（3）本期销售产品并开具防伪税控系统的增值税专用发票情况见表2-11，其中号码为00099544的发票因开具发票形式不符合要求而作废，号码为00099555的发票为红字发票；销售产品并开具普通发票2张，合计金额为185 000元；销售产品但未开具发票的金额为3 350元；因销售产品提供运输劳务开具发票15份，收取运费56 590元。

（4）2006年初未缴税额为0.00元；1月份应税货物销售额为1 507 087.83元，应税劳务销售额49 499.52元，销项税额为264 619.85元，进项税额为130 236.08元，期末未缴税额为134 383.77元，于2006年2月份缴纳。

表2-11　防伪税控系统开具的增值税专用发票情况表

金额单位：元至角分

| 发票代码 | 发票号码 | 开票日期 | 购贷方纳税人识别号 | 金　额 | 税　额 |
|---|---|---|---|---|---|
| 11100052170 | 00099543 | 20060202 | 120115600587351 | 75 835.90 | 12 892.10 |
| 11100052170 | 00099544 | 20060203 | 130207710199991 | 93 846.15 | 15 953.85 |
| 11100052170 | 00099545 | 20060203 | 130207740199991 | 93 846.15 | 15 953.85 |
| 11100052170 | 00099546 | 20060204 | 130205740151103 | 11 965.81 | 2 043.85 |
| 11100052170 | 00099547 | 20060205 | 130203723356385 | 16 907.69 | 2 874.31 |
| 11100052170 | 00099548 | 20060206 | 130205740151103 | 1 794.87 | 305.13 |
| 11100052170 | 00099549 | 20060211 | 130200715868540 | 1 615.38 | 274.61 |
| 11100052170 | 00099550 | 20060212 | 110111175438697 | 154 358.97 | 26 241.02 |
| 11100052170 | 00099551 | 20060213 | 110834735603093 | 115 961.54 | 19 713.46 |
| 11100052170 | 00099552 | 20060214 | 110904759734856 | 180 384.62 | 30 665.39 |
| 11100052170 | 00099553 | 20060215 | 110409573767003 | 116 153.84 | 19 746.15 |
| 11100052170 | 00099554 | 20060216 | 13057264385766X | 1 461.54 | 248.46 |
| 11100052170 | 00099555 | 20060225 | 130209X7397502X | − 25 777.78 | − 4 382.22 |
| 11100052170 | 00099556 | 20060226 | 110498750328640 | 1 311.11 | 222.89 |
| 11100052170 | 00099557 | 20060227 | 110049378598374 | 76 923.08 | 13 076.92 |
| 11100052170 | 00099558 | 20060228 | 110038758735809 | 427 350.00 | 72 649.50 |

**要求**：根据增值税一般纳税人的纳税申报的要求，计算填列适用于增值税一般纳税人的增值税纳税申报表及其四个附表。

**解析**　甲有限责任公司计算填列增值税税纳税申报表（见表2-12）及其四个附表如下。

**1．增值税纳税申报表附列资料**（附表四）

防伪税控增值税专用发票应税货物销售额＝75 835.90＋93 846.15＋11 965.81＋16 907.69＋1 794.87＋1 615.38＋154 358.97＋115 961.54＋180 384.62＋116 153.84＋1 461.54－25 777.78＋1 311.11＋76 923.08＋427 350.00＝1 250 092.72（元）

防伪税控增值税专用发票应税货物销项税额＝12 892.10＋15 953.85＋2 034.19＋2 874.31＋305.13＋274.61＋26 241.02＋19 713.46＋30 665.39＋19 746.15＋248.46－4 382.22＋222.89＋13 076.92＋72 649.50＝212 515.76（元）

**2．增值税纳税申报表附列资料**（附表一）

（1）防伪税控系统开具的增值税专用发票（见附表四）

应税货物销售额＝1 250 092.72（元）

应税货物销项税额＝212 515.76（元）

（2）开具普通发票

应税货物销售额＝185 000÷（1＋17%）＝158 119.66（元）

应税货物销项税额＝158 119.66×17%＝26 880.34（元）

应税劳务销售额＝56 590÷（1＋17%）＝48 367.52（元）

应税劳务销项税额＝48 367.52×17%＝8 222.48（元）

（3）未开具发票

应税货物销售额＝3 350÷（1＋17%）＝2 863.25（元）

应税货物销项税额＝2 863.25×17%＝486.75（元）

（4）小计

应税货物销售额小计＝1 250 092.72＋158 119.66＋2 863.25＝1 411 075.63（元）

应税货物销项额小计＝212 515.76＋26 880.34＋486.75＝239 882.85（元）

（5）按适用税率征收增值税货物及劳务销售额和销项税额合计

应税货物及劳务销售额合计＝1 411 075.63＋48 367.52＝1459 443.15（元）

应税货物及劳务销项税额合计＝239 882.85＋8 222.48＝248 105.33（元）

**3．增值税纳税申报表附列资料**（附表三）

（1）本期认证相符且本期申报抵扣金额＝23 584.91＋1 671.50＋1 461 935.04＋27 377.12＋29 634.88＋94 290.56＋9 546.67＋96 782.39＝1 744 823.07（元）

进项税额＝4 009.43＋284.16＋248 528.96＋4 654.11＋5 037.93＋16 029.40＋1 622.93＋16 453.01＝296 619.93（元）

（2）前期认证相符且本期申报抵扣金额＝3 097.87＋96 782.39＝99 880.26（元）

前期认证相符且本期申报抵扣进项税额＝526.64＋16 453.01＝16 979.65（元）

（3）防伪税控增值税专用发票申报抵扣金额＝1 744 823.07＋99 880.26＝1 844 703.33（元）

防伪税控增值税专用发票申报抵扣进项税额＝296 619.93＋16 979.65＝313 599.58（元）

**4．增值税纳税申报表附列资料**（附表二）

（1）申报抵扣的进项税额

① 认证相符的防伪税控增值税专用发票申报抵扣（见附表三）

本期认证相符且本期申报抵扣金额＝1 744 823.07（元）

本期认证相符且本期申报抵扣进项税额＝296 619.93（元）

前期认证相符且本期申报抵扣金额＝99 880.26（元）

前期认证相符且本期申报抵扣进项税额＝16 979.65（元）

防伪税控增值税专用发票申报抵扣税额＝1 844 703.33（元）

防伪税控增值税专用发票申报抵扣进项税额＝313 599.58（元）

② 非防伪税控增值税专用发票及其他扣税凭证

运费发票抵扣金额＝34 500（元）

运费发票抵扣进项税额＝34 500×7%＝2 415（元）

非防伪税控增值税专用发票及其他扣税凭证抵扣金额＝34 500（元）

非防伪税控增值税专用发票及其他扣税凭证抵扣进项税额＝2 415（元）

③ 当期申报抵扣合计

当期申报抵扣金额合计＝1 844 703.33＋34 500＝1 879 203.33（元）

当期申报抵扣进项税额合计＝313 599.59＋2 415＝316 014.58（元）

（2）进项税额转出额

用于非应税项目原材料负担的进项税额＝124 429.03（元）

非正常损失原材料负担的进项税额＝3 298.05（元）

进项税额转出额合计＝124 429.03＋3 298.05＝127 727.08（元）

（3）待抵扣进项税额

购买固定资产取得的防伪税控系统增值税专用发票，本期认证相符，但按照税法规定不允许抵扣，金额为9 998.42元，税额为1 699.73元。

认证相符的防伪税控系统增值税专用发票待抵扣金额＝9 998.42（元）

认证相符的防伪税控系统增值税专用发票待抵扣进项税额＝1 699.73（元）

（4）其他（见附表三）

本期认证相符的全部税控系统增值税专用发票金额＝1 744 823.07＋9 998.42＝1 754 821.49（元）

本期认证相符的全部税控系统增值税专用发票税额＝296 619.93＋1 699.73＝298 319.66（元）

**5．增值税纳税申报表**

（1）本月缴纳税额

① 销售额（见附表一）

应税货物销售额＝1 411 075.63（元）

应税劳务销售额＝48 367.52（元）

按照适用税率征税货物及劳务销售额＝1 411 075.63＋48 367.52＝1 459 443.15（元）

② 税款计算

销项税额＝应税货物及劳务销项税额合计＝248 105.33（元）（见附表一）

进项税额＝申报抵扣的进项税额＝316 014.58（元）（见附表二）

进项税额转出＝127 727.08（元）（见附表二）

应抵扣税额合计＝实际抵扣税额＝316 014.58 － 127 727.08＝188 287.50（元）

应纳税额＝248 105.33 － 188 287.50＝59 817.83（元）

应纳税额合计＝59 817.83（元）

③ 税款缴纳

期初未缴税额＝134 383.77（元）

本期已缴税额＝本期缴纳上期应纳税额＝134 383.77（元）

期末未缴税额＝应纳税额合计＋期初未缴税额－本期已缴税额＝59 817.83＋134 383.77 －134 383.77＝59 817.83（元）

本期应补（退）税额＝应纳税额合计－分次预缴税额－出口开具专用缴款书预缴税额＝

59 817.83 － 0.00 － 0.00＝59 817.83（元）

（2）本年累计

① 销售额

应税货物销售额＝1 507 087.83＋1 411 075.63＝2 918 163.46（元）

应税劳务销售额＝49 499.52＋48 367.52＝97 867.04（元）

按照适用税率征税货物及劳务销售额＝2 918 163.46＋97 867.04＝3 016 030.50（元）

② 税款计算

销项税额＝264 619.85＋248 105.33＝512 725.18（元）

进项税额＝130 236.08＋316 014.58＝446 250.66（元）

进项税额转出＝0.00＋127 727.08（元）

实际抵扣税额＝进项税额－进项税额转出＝446 250.66 － 127 727.08＝318 523.58（元）

应纳税额＝512 725.18 － 318 523.58＝194 201.60（元）

应纳税额合计＝194 201.60（元）

③ 税款缴纳

期初未缴税额＝0.00（元）

本期已缴税额＝本期缴纳上期应纳税额＝134 383.77（元）

期末未缴税额＝应纳税额合计＋期初未缴税额－本期已缴税额 ＝ 194 201.60＋0.00－134 383.77 ＝ 59 817.83（元）

**表2-12　一般纳税人增值税纳税申报表**

<table>
<tr><td>纳税人识别号：</td><td colspan="5">1 1 0 1 0 8 1 0 4 7 9 4 9 4 1</td><td colspan="3">金额单位：元至角分<br>所属行业：工业企业</td></tr>
<tr><td>纳税人名称</td><td>甲有限责任公司（公章）</td><td>法定代表人名称</td><td>马海涛</td><td>注册地址</td><td>北京市海淀区苏州街13号</td><td>营业地址</td><td>北京市海淀区苏州街13号</td></tr>
<tr><td>开户行及账号</td><td colspan="2">北京银行0109813959683976411888</td><td colspan="2">企业登记注册类型</td><td>有限责任公司</td><td>电话号码</td><td>68378202</td></tr>
</table>

<table>
<tr><td colspan="2" rowspan="2">项目</td><td rowspan="2">栏次</td><td colspan="2">一般货物及劳务</td><td colspan="2">即征即退货物及劳务</td></tr>
<tr><td>本月数</td><td>本年累计</td><td>本月数</td><td>本年累计</td></tr>
<tr><td rowspan="10">销售额</td><td>（一）按适用税率征税货物及劳务销售额</td><td>1</td><td>1 459 443.15</td><td>3 016 030.50</td><td>0.00</td><td>0.00</td></tr>
<tr><td>其中：应税货物销售额</td><td>2</td><td>1 411 075.63</td><td>298 163.46</td><td>0.00</td><td>0.00</td></tr>
<tr><td>应税劳务销售额</td><td>3</td><td>48 367.52</td><td>97 867.04</td><td>0.00</td><td>0.00</td></tr>
<tr><td>纳税检查调整的销售额</td><td>4</td><td>0.00</td><td>0.00</td><td>0.00</td><td>0.00</td></tr>
<tr><td>（二）按简易征收办法征税货物销售额</td><td>5</td><td>0.00</td><td>0.00</td><td>0.00</td><td>0.00</td></tr>
<tr><td>其中：纳税检查调整的销售额</td><td>6</td><td>0.00</td><td>0.00</td><td>0.00</td><td>0.00</td></tr>
<tr><td>（三）免、抵、退办法出口货物销售额</td><td>7</td><td>0.00</td><td>0.00</td><td>–</td><td>–</td></tr>
<tr><td>（四）免税货物及劳务销售额</td><td>8</td><td>0.00</td><td>0.00</td><td>–</td><td>–</td></tr>
<tr><td>其中：免税货物销售额</td><td>9</td><td>0.00</td><td>0.00</td><td>–</td><td>–</td></tr>
<tr><td>其中：免税劳务销售额</td><td>10</td><td>0.00</td><td>0.00</td><td>–</td><td>–</td></tr>
</table>

续表

| | | | | | | |
|---|---|---|---|---|---|---|
| 税款计算 | 销项税额 | 11 | 248 105.33 | 512 725.18 | 0.00 | 0.00 |
| | 进项税额 | 12 | 316 014.58 | 446 250.66 | 0.00 | 0.00 |
| | 上期留抵税额 | 13 | 0.00 | – | 0.00 | – |
| | 进项税额转出 | 14 | 127 727.08 | 127 727.08 | 0.00 | 0.00 |
| | 免、抵、退货物应退税额 | 15 | 0.00 | 0.00 | – | – |
| | 按适用税率计算的纳税检查应补缴税额 | 16 | 0.00 | 0.00 | – | – |
| | 应抵扣税额合计 | 17＝12＋13－14－15＋16 | 188 287.50 | – | 0.00 | – |
| | 实际抵扣税额 | 18（如17＜11，则为17，否则为11） | 188 287.50 | 318 523.58 | 0.00 | 0.00 |
| | 应纳税额 | 19＝11－18 | 59 817.83 | 194 201.60 | 0.00 | 0.00 |
| | 期末留抵税额 | 20＝17－18 | 0.00 | – | 0.00 | – |
| | 简易征收办法计算的应纳税额 | 21 | 0.00 | 0.00 | 0.00 | 0.00 |
| | 按简易征收办法计算的纳税检查应补缴税额 | 22 | 0.00 | 0.00 | – | – |
| | 应纳税额减征额 | 23 | 0.00 | 0.00 | 0.00 | 0.00 |
| | 应纳税额合计 | 24＝19＋21－23 | 59 817.83 | 194 201.60 | 0.00 | 0.00 |
| 税款缴纳 | 期初未缴税额 | 25 | 134 383.77 | – | 0.00 | 0.00 |
| | 实收出口开具专用缴款书退税额 | 26 | 0.00 | 0.00 | – | – |
| | 本期已缴税额 | 27＝28＋29＋30＋31 | 134 383.77 | 134 383.77 | 0.00 | 0.00 |
| | ①分次预缴税额 | 28 | 0.00 | – | 0.00 | – |
| | ②出口开具专用缴款书预缴税额 | 29 | 0.00 | – | – | – |
| | ③本期缴纳上期应纳税额 | 30 | 134 383.77 | 134 383.77 | 0.00 | 0.00 |
| | ④本期缴纳欠缴税额 | 31 | 0.00 | 0.00 | 0.00 | 0.00 |
| | 期末未缴税额（多缴为负数） | 32＝24＋25＋26－27 | 59 817.83 | 59 817.83 | 0.00 | 0.00 |
| | 其中：欠缴税额(≥0) | 33＝25＋26－27 | 0.00 | – | 0.00 | – |
| | 本期应补（退）税额 | 34＝24－28－29 | 59 817.83 | – | 0.00 | – |
| | 即征即退实际退税额 | 35 | 0.00 | 0.00 | 0.00 | 0.00 |
| | 期初未缴查补税额 | 36 | 0.00 | 0.00 | – | – |
| | 本期入库查补税额 | 37 | 0.00 | 0.00 | – | – |
| | 期末未缴查补税额 | 38＝16＋22＋36－37 | 0.00 | 0.00 | – | – |

| 授权声明 | 如果你已委托代理人申报，请填写下列资料：<br>为代理一切税务事宜，现授权<br>（地址）　　　　　为本纳税人的代理申报人，任何与本申报表有关的往来文件，都可寄予此人。<br>授权人签字： | 申报人声明 | 此纳税申报表是根据《中华人民共和国增值税暂行条例》的规定填报的，我相信它是真实的、可靠的、完整的。<br>声明人签字： |
|---|---|---|---|

以下由税务机关填写：

收到日期：　　　　接收人：　　　　主管税务机关盖章：

**填 表 说 明**

本申报表适用于增值税一般纳税人填报。增值税一般纳税人销售按简易办法缴纳增值税的货物，也可使用本表。

**1．表头项目**

（1）“税款所属时间”是指纳税人申报的增值税应纳税额的所属时间，应填写具体的起止年、月、日。

（2）“填表日期”指纳税人填写本表的具体日期。

（3）“纳税人识别号”栏，填写税务机关为纳税人确定的识别号，即税务登记证号码。

（4）“所属行业”栏，按照国民经济行业分类与代码中的最细项（小类）进行填写。

（5）“纳税人名称”栏，填写纳税人单位名称全称，不得填写简称，应加盖纳税人单位公章。

（6）“法定代表人姓名”栏，填写纳税人法人代表的姓名。

（7）“注册地址”栏，填写纳税人注册地的详细的地址。

（8）“营业地址”栏，填写纳税人注册地的详细的地址。

（9）“开户银行及账号”栏，填写纳税人开户银行的名称和纳税人在该银行的结算账户号码。

（10）“企业登记注册类型”栏，按税务登记证填写。

（11）“电话号码”栏，填写纳税人注册地和经营地的电话号码。

**2．销售额**

（1）第1项“按适用税率征税货物及劳务销售额”栏数据，填写纳税人本期按适用税率缴纳增值税的应税货物和应税劳务的销售额（销售退回的销售额用负数表示）。包括在财务上不作销售但按税法规定应缴纳增值税的视同销售货物和价外费用销售额，以及外贸企业作价销售进料加工复出口的货物。“一般货物及劳务”的“本月数”栏数据与“即征退货物及劳务”的“本月数”栏数据之和，应等于增值税纳税申报表附列资料（附表一）第7栏的“小计”中的“销售额”数。“本年累计”栏数据，应为年度内各月数之和。

（2）第2项“应税货物销售额”栏数据，填写纳税人本期按适用税率缴纳增值税的应税货物的销售额（销货退回的销售额用负数表示）。包括在财务上不做销售但按税法规定应缴纳增值税的视同销售货物和价外费用销售额，以及外贸企业作价销售进料加工复出口的货物。“一般货物及劳务”的“本月数”栏数据与“即征即退货物及劳务”的“本月数”栏数据之和，应等于增值税纳税申报表附列资料（附表一）第5栏的“应税货物”中17%税率“销售额”与13%税率“销售额”的合计数。“本年累计”栏数据，应为年度内各月数之和。

（3）第3项“应税劳务销售额”栏数据，填写纳税人本期按适用税率缴纳增值税的应税劳务的销售额。“一般货物及劳务”的“本月数”栏数据下“即征即退货物及劳务”的“本月数”栏数据之和，应等于增值税纳税申报表附列（附表一）第5栏的“应税劳务”中的“销售额”数。“本年累计”栏数据，应为年度内各月数之和。

（4）第4项“纳税检查调整的销售额”栏数据，填写纳税人本期因税务、财政、审计部门检查并按适用税率计算调整的应税货物和应税劳务的销售额。但享受即征即退税收优惠政策的货物及劳务经税务稽查发现偷税的，不得填入“即征即退货物及劳务”部分而应将本部分销售额在“一般货物及劳务”中反映。“一般货物及劳务”的“本月数”栏数据与“即征即退货物及劳务”的“本月数”栏数据之和，应等于增值税纳税申报表附列资料（附表一）第6栏的“小计”中的“销售额”数。“本年累计”栏数据，应为年度内各月数之和。

（5）第5项“按简易征收办法征税货物销售额”栏数据，填写纳税人本期按简易办法征收增值税货物的销售额（销货退回的销售额用负数表示）。包括税务、财政、审计部门检查并按简易征收办法计算调整的销售额。“一般货物及劳务”的“本月数”栏数据与“即征即退货物及劳务”的“本月数”栏数据之和，应等于增值税纳税申报表附列资料（附表一）第14栏的“小计”中的“销售额”数。“本年累计”栏数据，应为年度内各月数之和。

（6）第6项“纳税检查调整的销售额”栏数据，填写纳税人本期因税务、财政、审计部门检查并按简易征收办法计算调整的销售额。但享受即征即退优惠政策的货物及劳务经税务稽查发现偷税收政策不得填入“即征即退货物及劳务”部分，而应将本部分销售额在“一般货物及劳务”中反映。“一般货物及劳务”的“本月数”栏数据与“即征即退货物及劳务”的“本月数”栏数据之和，应等于增值税纳税申报表附列资料（附表一）第13栏的“小计”中的“销售额”数。“本年累计”栏数据，应为年度内各月数之和。

（7）第7项“免、抵、退办法出口货物销售额”栏数据，填写纳税人本期执行免、抵、退办法出口货物销售额（销货退回的销售额用负数表示）。“本年累计”栏数据，应为年度内各月数之和。

（8）第8项“免税货物及劳务销售额”栏数据，填写纳税人本期按照税法规定直接免征增值税的货物及劳务的销售额及适用零税率的货物及劳务的销售额（销货退回的销售额用负数表示），但不包括适用免、抵、退办法出口货物销售额。“一般货物及劳务”的“本月数”栏数据，应等于增值税纳税申报表附列资料（附表一）第18栏的“小计”中的“销售额”数。“本年累计”栏数据，应为年度内各月数之和。

（9）第9项“免税货物销售额”栏数据，填写纳税人本期按照税法规定直接免征增值税的货物的销售额及适用零税率货物的销售额（销货退回的销售额用负数表示），但不包括适用免、抵、退办法出口货物销售额。“一般货物及劳务”的“本月数”栏数据，应等于增值税纳税申报表附列资料（附表一）第18栏的“免税货物”中的“销售额”数。“本年累计”栏数据，应为年度内各月数之和。

（10）第10项“免税劳务销售额”栏数据，填写纳税人本期按照税法规定直接免征增值税收政策的劳务的销售额及适用范围零税率劳务的销售额（销货退回的销售额用负数表示）。“一般货物及劳务”的“本月数”栏数据，应等于增值税纳税申报表附列资料（附表一）第18栏的“免税劳务”中的“销售额”数。“本年累计”栏数据，应为年度内各月数之和。

**3．税款计算**

（1）第11项“销项税额”栏数据，填写纳税人本期按适用税率计征的销项税额。该项数据应与“应交税金——应交增值税”明细科目贷方“销项税额”专栏本期发生数一致。“一般货物及劳务”的“本月数”栏数据与“即征即退货物及劳务”的“本月数”栏数据之和，应等于增值税纳税申报表附列资料（附表一）第7栏的“小计”中的“销项税额”数。“本年累计”栏数据，应为年度内各月数之和。

（2）第12项“进项税”栏数据，填写纳税人本期申报抵扣的进项税额。该数据应与“应交税金——应交增值税”明细科目借方“进项税额”专栏本期发生数一致。“一般货物及劳务”的“本月数”栏数据与“即征即退货物及劳务”的“本月数”栏数据之和，应等于增值税纳税申报表附列资料（附表二）第12栏中的“税额”数。“本年累计”栏数据，应为年度内各月数之和。

（3）第13项“上期留抵税额”栏数据，为纳税人前一期申报的“期末留抵税额”数，该数据应与“应交税金——应交增值税”明细科目借方月初余额一致。

（4）第14项“进项税额转出”栏数据，填写纳税人已经抵扣但按税法规定应作进项税额转出的进项税额总数，不包括销售折扣、折让、进货退出等应负数冲减当期进项税额的数额。该数据应与“应交税金——应交增值税”明细科目贷方“进项税额转出”专栏本期发生数一致。“一般货物及劳务”的“本月数”栏数据与“即征即退货物及劳务”的“本月数”栏数据之和，应等于增值税纳税申报表附列资料（附表二）第13栏的“税额”数。“本年累计”栏数据，应为年度内各月数之和。

（5）第15项“免、抵、退货物应退税额”栏数据，填写退税机关按照出口货物免、抵、退办法审批的应退税额。“本年累计”栏数据，应为年度内各月数之和。

（6）第16项“按适用税率计算的纳税检查应补缴税额”栏数据，填写纳税人本期因税务、财政、审计部门检查并按适用税率计算的纳税检查补缴税额。“本年累计”栏数据，应为年度内各月数之和。

（7）第17项“应抵扣税额合计”栏数据，填写纳税人本期应抵扣进项税额的合计数。

（8）第18项“实际抵扣税额”栏数据，填写纳税人本期实际抵扣的进项税额。“本年累计”栏数据，应为年度内各月数之和。

（9）第19项“应纳税额”栏数据，填写纳税人本期按适用税率计算并应缴纳的增值税额。“本年累计”栏数据，应为年度内各月数之和。

（10）第20项“期末留抵税额”栏数据，填写纳税人本期销项税额中尚未抵扣完，留待下期继续抵扣的进项税额。该数据应与“应交税金——应交增值税”明细科目借方月末余额一致。

（11）第21项“按简易征收办法计算的应纳税额”栏数据，填写纳税人本期按简易征收办法计算并应缴纳的增值税额，但不包括按简易征收办法计算的纳税检查应补缴税额。“一般货物及劳务”的“本月数”栏数据与“即征即退货物及劳务”的“本月数”栏数据之和，应等于增值税纳税申报表附列资料（附表一）第12栏的“小计”中的“应纳税额”数。“本年累计”栏数据，应为年度内各月数之和。

（12）第22项“按简易征收办法计算的纳税检查应补缴税额”栏数据，填写纳税人本期因税务、财政、审计部门检查并按简易征收办法计算的纳税检查补缴税额。“一般货物及劳务”的“本月数”栏数据与“即征即退货物及劳务”的“本月数”栏数据之和，应等于增值税纳税申报表附列资料（附表一）第13栏的“小计”的“应纳税额”数。“本年累计”栏数据，应为年度内各月数之和。

（13）第23项“应纳税额减征额”栏数据，填写纳税人本期按照税法规定减征的增值税应纳税额。“本年累计”栏数据，应为年度内各月数之和。

（14）第24项“应纳税额合计”栏数据，填写纳税人本期应缴增值税的合计数。“本年累计”栏数据，应为年度内各月数之和。

**4．税款缴纳**

（1）第25项“期初未缴税额（多缴为负数）”栏数据，为纳税人前一申报期的“期末未缴税额（多缴为负数）”。

（2）第26项“实收出口开具专用缴款书退税额”栏数据，填写纳税人本期实际收到税务机关退回的，因开具“出口货物税收专用缴款书”而多缴的增值税额。该数据应根据“应交税金——应交增值税”明细科目贷方本期发生额中“收到税务机关退回的多缴增值税款”数据填列。“本年累计”栏数据，应为年度内各月数之和。

（3）第27项“本期已缴税额”栏数据，是指纳税人本期实际缴纳的增值税额，不包括本期入库的查补税额。“本年累计”栏数据，应为年度内各月数之和。

（4）第28项“① 分次预缴税额”栏数据，填写纳税人本期分次预缴的增值税额。

（5）第29项“② 出口开具专用缴款书预缴税额”栏数据，填写纳税人本期销售出口货物而开具专用缴款书向主管税务机关预缴的增值税额。

（6）第30项“③ 本期缴纳上期应纳税额”栏数据，填写纳税人本期上缴上期应缴未缴的增值税款，包括缴纳上期按简易征收办法计提的应缴未缴的增值税额。“本年累计”栏数据，应为年度内各月数之和。

（7）第31项“④ 本期缴纳欠缴税额”栏数据，填写纳税人本期实际缴纳的增值税欠税额，但不包括缴纳入库的查补增值税额。“本年累计”栏数据，应为年度内各月数之和。

（8）第32项“期末未缴税额（多缴为负数）”栏数据，为纳税人本期期末应缴未缴的增值税额，但不包括纳税检查应缴未缴的税额。“本年累计”栏数据，应为年度内各月数之和。

（9）第33项“欠缴税额（≥0）”栏数据，为纳税人按税法规定已形成欠税的数额。

（10）第34项“本期应补（退）税额”栏数据，为纳税人本期应纳税额中应补缴或应退回的数额。

（11）第35项“即征即退实际退税额”栏数据，填写纳税人本期因符合增值税即应为年度内各月数之和。

（12）第36项“期初未缴查补税额”栏数据，为纳税人前一申报期的“期末未缴查补税额”。该数据与本表第25项“期初未缴税额（多缴为负数）”栏数据之和，应与“应交税金——应交增值税”明细科目期初余额一致。“本年累计”栏数据，应填写纳税人上年度末的“期末未缴查补税额”数。

（13）第37项“本期入库查补税额”栏数据，填写纳税人本期因税务、财政、审计部门检查而实际入库的增值税款，包括按适用税率计算并实际缴纳的查补增值税款和按简易征收计算并实际缴纳的查补增值税款。“本年累计”栏数据，应为年度内各月数之和。

（14）第38项“期末未缴查补税额”栏数据，为纳税人纳税检查本期期末应缴未缴的增值税额。该数据与本表第32项“期末未缴税额（多缴为负数）”栏数据之和，应与“应交税金——应交增值税”明细科目期初余额一致。“本年累计”栏数据，与“本月数”栏数据相同。

### 附表一　增值税纳税申报表附列资料

（本期销售情况明细）

税款所属时间：2006年02月

纳税人名称：（公章）甲有限责任公司　　填表日期：2006年03月03日　　金额单位：元至角分

一、按适用税率征收增值税货物及劳务的销售额和销项税额明细

| 项　目 | 栏　次 | 应税货物 | | | | | | 应税劳务 | | | 小计 | | |
|---|---|---|---|---|---|---|---|---|---|---|---|---|---|
| | | 17%税率 | | | 13%税率 | | | | | | | | |
| | | 份数 | 销售额 | 销项税额 | 份数 | 销售额 | 销项税额 | 份数 | 销售额 | 销项税额 | 份数 | 销售额 | 销项税额 |
| 防伪税控系统开具的增值税专用发票 | 1 | 15 | 125 092.72 | 212 515.76 | 0 | 0.00 | 0.00 | 0 | 0.00 | 0.00 | 15 | 1 250 092 72 | 212 515.76 |
| 非防伪税控系统开具的增值税专用发票 | 2 | 0 | 0.00 | 0.00 | 0 | 0.00 | 0.00 | 0 | 0.00 | 0.00 | 0 | 0.00 | 0.00 |
| 开具普通发票 | 3 | 2 | 158 119.66 | 26 880.34 | 0 | 0.00 | 0.00 | 15 | 48 367.52 | 8 222.48 | 17 | 206 487.18 | 35 102.82 |
| 未开具发票 | 4 | – | 2 863.25 | 486.75 | – | 0.00 | 0.00 | – | 0.00 | 0.00 | – | 2 863.25 | 486.75 |
| 小计 | 5＝1＋2＋3＋4 | – | 1 411 075.63 | 239 882.85 | – | 0.00 | 0.00 | – | 48 367.52 | 8 222.48 | – | 1459 443.15 | 248 105.33 |
| 纳税检查调整 | 6 | – | 0.00 | 0.00 | – | 0.00 | 0.00 | – | 0.00 | 0.00 | – | 0.00 | 0.00 |
| 合计 | 7＝5＋6 | – | 1 411 075.63 | 239 882.85 | – | 0.00 | 0.00 | – | 48 367.52 | 8 222.48 | – | 1 459 443.15 | 248 105.33 |

续表

| 二、简易征收办法征收增值税货物的销售额和应纳税额明细 | | | | | | | | | | |
|---|---|---|---|---|---|---|---|---|---|---|
| 项　目 | 栏　次 | 6%税率 | | | 4%税率 | | | 小计 | | |
| | | 份数 | 销售额 | 应纳税额 | 份数 | 销售额 | 应纳税额 | 份数 | 销售额 | 应纳税额 |
| 防伪税控系统开具的增值税专用发票 | 8 | 0 | 0.00 | 0.00 | 0 | 0.00 | 0.00 | 0 | 0.00 | 0.00 |
| 非防伪税控系统开具的增值税专用发票 | 9 | 0 | 0.00 | 0.00 | 0 | 0.00 | 0.00 | 0 | 0.00 | 0.00 |
| 开具普通发票 | 10 | 0 | 0.00 | 0.00 | 0 | 0.00 | 0.00 | 0 | 0.00 | 0.00 |
| 未开具发票 | 11 | – | 0.00 | 0.00 | – | 0.00 | 0.00 | – | 0.00 | 0.00 |
| 小计 | 12＝8＋9＋10＋11 | – | 0.00 | 0.00 | – | 0.00 | 0.00 | – | 0.00 | 0.00 |
| 纳税检查调整 | 13 | – | 0.00 | 0.00 | – | 0.00 | 0.00 | – | 0.00 | 0.00 |
| | 14＝12＋13 | – | 0.00 | 0.00 | – | 0.00 | 0.00 | – | 0.00 | 0.00 |

| 三、免征增值税货物及劳务的销售额明细 | | | | | | | | | | |
|---|---|---|---|---|---|---|---|---|---|---|
| 项　目 | 栏　次 | 免税货物 | | | 免税劳务 | | | 小计 | | |
| | | 份数 | 销售额 | 税额 | 份数 | 销售额 | 税额 | 份数 | 销售额 | 税额 |
| 防伪税控系统开具的增值税专用发票 | 15 | 0 | 0.00 | 0.00 | – | – | – | 0 | 0.00 | 0.00 |
| 开具普通发票 | 16 | 0 | 0.00 | – | 0 | 0 | – | 0 | 0.00 | – |
| 未开具发票 | 17 | – | 0.00 | – | – | – | – | – | 0.00 | – |
| 合计 | 18＝15＋16＋17 | – | 0.00 | 0.00 | – | – | – | – | 0.00 | 0.00 |

**填 表 说 明**

**1. 表头项目**

（1）“税款所属时间”是指纳税人申报的增值税应纳税额的所属期间，应填写具体的起止年、月。

（2）“填表日期”是指纳税人填写本表的具体日期。

（3）“纳税人名称”栏，填写纳税人单位名称全称，不得填写简称，应加盖纳税人单位公章。

**2. 按适用税率征收增值税货物及劳务的销售额和销项税额明细**

（1）第1项“防伪税控系统开具的增值税专用发票”、第2项“非防伪税控系统开具的增值税专用发票”、第3项“开具普通发票”和第4项“未开具发票”各栏数据均应包括销货退回或折让、视同销售货物、价外费用的销售额和销项税额，但不包括免税货物及劳务的销售额，适用零税率货物及劳务的销售额，出口执行免、抵、退办法的销售额，以及税务、财政、审计部门检查并调整的销售额、销项税额或应纳税额。

（2）第6项“纳税检查调整”栏数据，填写纳税人本期因税务、财政、审计部门检查并计算调整的应税货物、应税劳务的销售额、销项税额或应纳税额。

**3. 简易征收办法征收增值税货物的销售额和应纳税额明细**

（1）第8项“防伪税控系统开具的增值税专用发票”、第9项“非防伪税控系统开具的增值税专用发票”、第10项“开具普通发票”和第11项“未开具发票”各栏数据均应包括销货退回或折让、视同销售货物、价外费用的销售额和销项税额，但不包括免税货物及劳务的销售额，适用零税率货物及劳务的销售额、出口执行免抵退办法的销售额，以及税务、财政、审计部门检查并调整的销售额、销项税额或应纳税额。

（2）第13项“纳税检查调整”栏数据，填写纳税人本期因税务、财政、审计部门检查并计算调整的应税货物、应税劳务的销售额、销项税额或应纳税额。

**4．免征增值税货物及劳务的销售额明细**

第5项“防伪税控系统开具的增值税专用发票”栏数据填写本期因销售免税货物而使用防伪税控系统开具的增值税专用发票的份数、销售额和税额。包括国有粮食收储企业销售的免税粮食、政府储备食用植物油等。

## 附表二　增值税纳税申报表附列资料

（本期进项税额明细）

税款所属时间：2006年02月

纳税人名称：（公章）甲有限责任公司　　填表日期：2006年03月03日

金额单位：元至角分

| 一、申报抵扣的进项税额 | | | | |
|---|---|---|---|---|
| 项　目 | 栏次 | 份数 | 金额 | 税额 |
| （一）认证相符的防伪税控增值税专用发票 | 1 | 10 | 1 844 703.33 | 313 599.58 |
| 其中：本期认证相符且本期申报抵扣 | 2 | 8 | 1 744 823.07 | 296 619.93 |
| 前期认证相符且本期申报抵扣 | 3 | 2 | 99 880.26 | 16 979.65 |
| （二）非防伪税控增值税专用发票及其他抵扣凭证 | 4 | 12 | 34 500.00 | 2 415.00 |
| 其中：海关完税凭证 | 5 | 0 | 0.00 | 0.00 |
| 非农产品收购凭证及普通发票 | 6 | 0 | 0.00 | 0.00 |
| 废旧物资发票 | 7 | 0 | 0.00 | 0.00 |
| 运费发票 | 8 | 12 | 34 500.00 | 2 415.00 |
| 6%征收率 | 9 | 0 | 0.00 | 0.00 |
| 4%征收率 | 10 | 0 | 0.00 | 0.00 |
| （三）期初已征税款 | 11 | – | – | 0.00 |
| 当期申报抵扣进项税额合计 | 12 | 22 | 1 879 203.33 | 316 014.58 |

| 二、进项税额转出额 | | |
|---|---|---|
| 项　目 | 栏次 | 税 额 |
| 本期进项税额转出额 | 13 | 127 727.08 |
| 其中：免税货物用 | 14 | 0.00 |
| 非应税项目用 | 15 | 124 429.03 |
| 非正常损失 | 16 | 3 298.05 |
| 按简易征收办法征税货物用 | 17 | 0.00 |
| 免抵退税办法出口货物不得抵扣进项税额 | 18 | 0.00 |
| 纳税检查调减进项税额 | 19 | 0.00 |
| 未经认证已抵扣的进项税额 | 20 | 0.00 |
| | 21 | |

| 三、待抵扣进项税额 | | | | |
|---|---|---|---|---|
| 项　目 | 栏次 | 份数 | 金额 | 税额 |
| （一）认证相符的防伪税控增值税专用发票 | 22 | – | – | – |
| 期初认证相符但未申报抵扣 | 23 | 0 | 0.00 | 0.00 |
| 本期认证相符且本期未申报抵扣 | 24 | 1 | 9 998.42 | 1 699.73 |

续表

| | | | | |
|---|---|---|---|---|
| 期末已认证相符但未申报抵扣 | 25 | 1 | 9 998.42 | 1 699.73 |
| 其中：按照税法规定不允许抵扣 | 26 | 1 | 9 998.42 | 1 699.73 |
| （二）非防伪税控增值税专用发票及其他抵扣凭证 | 27 | 0 | 0.00 | 0.00 |
| 其中：海关完税凭证 | 28 | 0 | 0.00 | 0.00 |
| 非农产品收购凭证及普通发票 | 29 | 0 | 0.00 | 0.00 |
| 废旧物资发票 | 30 | 0 | 0.00 | 0.00 |
| 运费发票 | 31 | 0 | 0.00 | 0.00 |
| 6%征收率 | 32 | 0 | 0.00 | 0.00 |
| 4%征收率 | 33 | 0 | 0.00 | 0.00 |
| | 34 | 0 | | |

四、其　他

| 项　目 | 栏次 | 份数 | 金额 | 税额 |
|---|---|---|---|---|
| 本期认证相符的全部防伪税控增值税专用发票 | 35 | 9 | 1 754 821.43 | 298 319.66 |
| 期初已征税款挂账额 | 36 | – | – | 0.00 |
| 期初已征税款余额 | 37 | – | – | 0.00 |
| 代扣代缴税额 | 38 | – | – | 0.00 |

注：第1栏＝第2栏＋第3栏＝第23栏＋第35栏－第25栏；第2栏＝第35栏－第24栏；第3栏＝第23栏＋第24栏－第25栏；第4栏等于第5栏至第10栏之和；第12栏＝第1栏＋第4栏＋第11栏；第13栏等于第14栏至第21栏之和；第27栏等于第28栏至第34栏之和。

**填表说明**

**1．表头项目**

（1）“税款所属时间”是指纳税人申报的增值税应纳税额的所属期间，应填写具体的起止年、月。

（2）“填表日期”指纳税人填写本表的具体日期。

（3）“纳税人名称”栏，填写纳税人单位名称全称，不得填写简称，应加盖纳税人单位公章。

**2．申报抵扣的进项税额**

“一、申报抵扣的进项税额”部分各栏数据，分别填写纳税人按税法规定符合抵扣条件，在本期申报抵扣的进项税额情况。

（1）第1项“认证相符的防伪税控增值税专用发票”栏数据，填写本期申报抵扣的认证相符的防伪税控增值税专用发票情况，包括认证相符的红字防伪税控增值税专用发票，应等于第2项“本期认证相符本期申报抵扣”与第3项“前期认证相符且本期申报抵扣”数据之和。

（2）第2项“本期认证相符且本期申报抵扣”栏数据，填写本期相符且本期申报抵扣的防伪税控增值税专用发票情况，与第35项“本期认证相符的全部防伪税控增值税专用发票”减第24项“本期已认证相符且本期未申报抵扣”后数据相等。

（3）第3项“前期认证相符且本期申报抵扣”栏数据，填写以前期认证相符，本期申报抵扣的防伪税控增值税专用发票情况，应与第23项“期初已认证相符但未申报抵扣”加第24项“本期已认证相符且本期未申报抵扣”减第25项“期末已认证相符但未申报抵扣”后数据相等。

（4）第4项“非防伪税控增值税专用发票及其他扣税凭证”栏数据，填写本期申报抵扣的非防伪税控增值税专用发票及其他扣税凭证情况，应等于第5项至第10项之和。

（5）第11项“期初已征税款”栏数据，填写按照规定比例在本期申报抵扣的期初存货挂账税额。

（6）第12项“当期申报抵扣进项税额合计”应等于第1项、第4项、第11项之和。

**3．进项税额转出额**

“二、进项税额转出额”部分填写纳税人已经抵扣但按税法规定应作进项税额转出的明细情况，但不包括销售折扣、折让，进货退出等应负数冲减当期进项税额的情况。

第13项“本期进项税额转出额”应等于第14项至第21项之和。

**4．待抵扣进项税额**

“三、待换扣进项税额”部分各栏数据，分别填写纳税人已经取得，但按税法规定不符合抵扣条件，暂不予在本期申报抵扣的进项税额情况及按照税法规定不允许抵扣的进项税额情况。

（1）第23项“期初已认证相符但未申报抵扣”栏数据，填写以前期认证相符，但按照税法规定，暂不予抵扣，结存至本期的防伪税控增值税专用发票，应与上期“期末已认证相符但未申报抵扣”栏数据相等。

（2）第24项“本期认证相符且本期未申报抵扣”栏数据，填写本期认证相符，但因按照税法规定暂不予抵扣按照税法规定不允许抵扣，而未申报抵扣的防伪税控增值税专用发票。包括购进固定资产、外贸企业购进供出口的货物、因退货将抵扣联退还销货方等。

（3）第25项“期末已认证相符但未申报抵扣”栏数据，填写截至本期期末，按照税法规定仍暂不予抵扣及按照税法规定不允许抵扣且已认证相符的防伪税控增值税专用发票情况。

（4）第26项“按照税法规定不允许抵扣”栏数据，填写期末已认证相符但未申报抵扣的防伪税控增值税专用发票中，按照税法规定不允许抵扣，而只能作为出口退税凭证或应列入成本、资产等项目的防伪税控增值税专用发票。包括纳税人购进固定资产的防伪税控增值税专用发票；外贸出口企业用于出口而采购货物的防伪税控增值税专用发票；因退货将抵扣联退还销货方的防伪税控增值税专用发票等。

**5．其他**

（1）第35项“本期认证相符的全部防伪税控增值税专用发票”栏数据，应与防伪税控认证子系统中的本期全部认证相符的防伪税控增值税专用发票数据相同。

（2）第38项“代扣代缴税额”栏数据，填写纳税人根据《中华人民共和国增值税暂行条例实施细则》第34条的规定扣缴的增值税额。

### 附表三　增值税纳税申报表附列资料

（防伪税控增值税专用发票申报抵扣明细）

申报抵扣所属期：2006年02月

纳税人识别号：110108104794941

纳税人名称：（公章）甲有限责任公司　　　　填表日期：2006年03月03日

金额单位：元至角分

| 类别 | 序号 | 发票代码 | 发票号码 | 开票日期 | 金额 | 税额 | 销货方纳税人识别号 | 认证日期 | 备注 |
|---|---|---|---|---|---|---|---|---|---|
| 本期认证相符且本期申报抵扣 | 1 | 1100044170 | 00140803 | 20060201 | 23 584.91 | 4 009.43 | 130202550026912 | 20060228 | |
| | 2 | 1107353874 | 01830985 | 20060203 | 1 671.50 | 284.16 | 110297592730297 | 20060228 | |
| | 3 | 1308302859 | 04430852 | 20060204 | 1 461 935.04 | 248 528.96 | 110867565486754 | 20060228 | |
| | 4 | 1300237507 | 00327483 | 20060213 | 27 377.12 | 4 654.11 | 130023759274329 | 20060228 | |
| | 5 | 1108675655 | 02757438 | 20060214 | 29 634.88 | 5 037.93 | 110397592983697 | 20060228 | |
| | 6 | 1109237583 | 07239766 | 20060215 | 94 290.56 | 16 029.40 | 130793247298368 | 20060228 | |
| | 7 | 1109835028 | 02649878 | 20060225 | 9 546.67 | 1 622.93 | 130867567645380 | 20060228 | |
| | 8 | 1309769867 | 07547535 | 20060226 | 96 782.39 | 16 453.01 | 110967683647689 | 20060228 | |
| | 9 | | | | | | | | |
| | 10 | | | | | | | | |
| | 小计 | — | — | — | 1 744 823.07 | 296 619.93 | — | — | |
| 前期认证相符且本期申报抵扣 | 1 | 1106867565 | 04453429 | 20060105 | 3 097.87 | 526.64 | 110987876785645 | 20060131 | |
| | 2 | 1108675646 | 06687545 | 20060127 | 96 782.39 | 16 453.01 | 110798678564530 | 20060131 | |
| | 3 | | | | | | | | |
| | 4 | | | | | | | | |
| | 5 | | | | | | | | |
| | 小计 | — | — | — | 99 880.26 | 16 979.65 | — | — | |
| | 合计 | — | — | — | 1 844 703.33 | 313 599.58 | — | — | |

注：本表“金额”、“合计”栏数据应与增值税纳税申报表附列资料（附表二）第1栏中“金额”项数据相等；本表“税额”“合计”栏数据应与增值税纳税申报表附列资料（附表二）第1栏中“金额”项数据相等。

## 附表四　增值税纳税申报表附列资料

（防伪税控增值税专用发票存根联明细）

申报所属期：2006年02月

纳税人识别号：110108104794941　　填表日期：2006年03月03日

纳税人名称：（公章）甲有限责任公司　　金额单位：元至角分

| 序号 | 发票代码 | 发票号码 | 开票日期 | 购货方纳税人识别号 | 金额 | 税额 | 作废标志 |
|---|---|---|---|---|---|---|---|
| 1 | 11100052170 | 00099543 | 20060202 | 120115600587351 | 75 835.90 | 12 892.10 | |
| 2 | 11100052170 | 00099544 | 20060203 | 130207740199991 | 93 846.15 | 15 953.85 | * |
| 3 | 11100052170 | 00099545 | 20060203 | 130207740199991 | 93 846.15 | 15 953.85 | |
| 4 | 11100052170 | 00099546 | 20060204 | 130205740151103 | 11 965.81 | 2 034.19 | |
| 5 | 11100052170 | 00099547 | 20060205 | 130203723356385 | 16 907.69 | 2 874.31 | |
| 6 | 11100052170 | 00099548 | 20060206 | 130205740151103 | 1 794.87 | 305.13 | |
| 7 | 11100052170 | 00099549 | 200602011 | 130200715868540 | 1 615.38 | 274.61 | |
| 8 | 11100052170 | 00099550 | 200602012 | 110111175438697 | 154 358.97 | 26 241.02 | |
| 9 | 11100052170 | 00099551 | 200602013 | 110834735603093 | 115 961.54 | 19 713.46 | |
| 10 | 11100052170 | 00099552 | 200602014 | 110904759734856 | 180 384.62 | 30 665.39 | |
| 11 | 11100052170 | 00099553 | 200602015 | 110409573767003 | 116 153.84 | 19 746.15 | |
| 12 | 11100052170 | 00099554 | 200602016 | 130209X7397502X | 1 461.54 | 248.46 | |
| 13 | 11100052170 | 00099555 | 200602025 | 110498750328640 | －25 777.78 | －4 382.22 | |
| 14 | 11100052170 | 00099556 | 200602026 | 110049378598374 | 1 311.11 | 222.89 | |
| 15 | 11100052170 | 00099557 | 200602027 | 110038758735809 | 76 923.08 | 13 076.92 | |
| 16 | | | | | 427 350.00 | 72 649.50 | |
| | | | | | | | |
| 合计 | – | – | – | – | 1 250 092.72 | 212 515.76 | – |

注：本表“金额”“合计”栏数据应等于增值税纳税申报表附列资料（附表一）第1、第8、第15栏“小计”“销售额”项数据之和；本表“税额”“合计”栏数据应等于增值税纳税申报表附列资料（附表一）第1栏“小计”销售额、“第8栏”“小计”“应纳税额”、第15栏“小计”“税额”项数据之和。

*试一试2-19*　**根据业务资料，完成实训操作**

**业务资料：**

黄河企业为增值税一般纳税人，生产销售自行车，出厂不含税单价为300元／辆。2008年5月该厂购销情况如下。

1. 向当地某商场销售自行车500辆，并开具增值税专用发票，单价（不含税）为300元／辆，销售额150 000元；在结算时，给予商场5%的现金折扣。

2. 拨500辆给外地的分支机构进行销售，并支付运输费7 000元，收到的运费发票上注明运费6 000元，装卸费1 000元，已知总机构和分支机构实行统一核算。

3. 拨付2辆给幼儿园使用。

4. 销售本厂自用2年的小轿车一辆，售价120 000元，已知原价为140 000元。

5. 逾期仍未收回的包装物押金60 000元，记入销售收入。

6. 购进原材料、零部件一批，并取得增值税专用发票，发票上注明的价款为200 000元，增值税税额为34 000元；支付运杂费2 500元，其中运费2 250元，建设基金50元，装卸费120元，保险费80元，已取得运输部门开具的运费发票。上述款项未付，货物已运达企业。

7. 购进自行车配件一批，货款已付，专用发票上注明销售金额100 000元，注明税款17 000元，物资尚未验收入库。

8. 从小规模纳税人处购进自行车零件100 000元，未取得专用发票。

9. 本厂直接组织收购废旧自行车，支出收购金额60 000元。

10. 为推广新款自行车，以还本销售的方式销售货物销售额50万元，同时发生还本支出20万元。

11. 当月购进电脑一批，取得的增值税专用发票上注明价款200 000元，税额34 000元。

12. 外购办公用消费材料一批，取得增值税专用发票，价款1 000元，增值税税额170元。办公用材料直接交付办公科室使用。

13. 企业建职工宿舍，领用上月购进的原材料钢材一批，实际成本50 000元，该批钢材的进项税额8 500元已在购进期申报抵扣。

14. 接受某单位投资转入生产用材料一批并取得增值税专用发票，价款为100 000元，增值税税额为17 000元；材料已验收入库。

15. 收回上月委托加工的包装物一批，并部分投入使用，但月末尚未支付加工费，未取得增值税专用发票，根据委托加工协议规定，该批装物的加工费（不含税）为10 000元。

**要求：根据以上资料计算企业本月应缴增值税，填写《增值税纳税申报表》及其四个附表（《本期销售情况明细表》、《本期进项税额明细表》、《防伪税控增值税专用发票抵扣明细表》、《防伪税控增值税专用发票存根联明细表》），填写《销项税额计算表》、《进项税额计算表》和《税收通用缴款书》。**

## 项目三 增值税小规模纳税人的纳税申报

增值税小规模纳税人按简易征税管理办法计算纳税，按照规定的纳税期限预缴增值税税款，并在次月1日至10日内计算填列增值税纳税申报表主表及附列资料，具体见表2-13、表2-14，并结清上月税款，多退少补。填列纳税申报表和附列资料的同时附当期损益表和当期期末资产负债表（会计报表略）。

**【例2-26】**乙公司为商业企业，属于增值税小规模纳税人，其纳税人识别号为110108767505678，适用征收率为4%，拥有职工4人，2006年2月购销业务情况如下。

（1）期初服装存货余额2 400元，本期购进一批服装，支付现金7 500元，商品已验收入库，期末结存1 600元。

（2）期初化妆品存货余额3 200元，本期购进化妆品一批，支付现金4 500元，商品已入库，期末结存3 030元。

（3）八折销售服装，取得现金18 640元，其中开具普通发票的金额为4 740元。

（4）原价销售化妆品，取得现金12 750元，其中开具普通发票的金额为6 060元。

（5）根据财务会计报表获取以下相关资料：现金期初余额15 032.23元；银行存款期初余额105 660.25元，存现20 000元；按月以现金支付租金1 500元，工资3 500元，计提折旧1 300元。

（6）月初发票数为15份，本期购进25份，开具18份，作废1份。

（7）经税务机关检查须调整的销售额为3 476元，应纳税增值税额139.04元。

（8）2006年1月份现金销售货物销售额28 203元，应纳增值税额1 128.12元，于2006年2月份缴纳，结转成本14 100元。

**要求**：根据小规模纳税人纳税申报的要求计算填列适用小规模纳税人的增值税纳税申报表和增值税纳税申报表附列资料。

**解析** 乙公司计算填列增值税纳税申报表及其附列资料如下。

**表2-13 增值税纳税申报表（适用于小规模纳税人）**

根据《中华人民共和国增值税暂行条例》第22条和第23条规定，制定本表。纳税人无论有无销售额，均应按主管税务机关核定的纳税期限填报本表，并于次月1日至10内，向当地税务机关申报纳税并结清上月应纳税款。

税款所属时期：自2006年02月01日至2006年02月28日

填表日期：2006年03月03日

纳税人识别号：1 1 0 1 0 8 7 6 7 5 0 5 6 7 8　　金额单位：元至角分

| 纳税人名称 | 乙公司 | 法定代表人姓名 | 郑涛 | 营业地址 | 北京市海淀区 |
|---|---|---|---|---|---|
| 开户银行及账号 | 北京银行北航支行0139567834121022881321 | | 经济类型 | 商业企业 | 电话号码 68909375 |

| | 项目 | 栏次 | 本月数 | 本年累计 | 征收率 |
|---|---|---|---|---|---|
| 一、计税依据 | (一)应征增值税货物及劳务不含税销售额 | 1＝2＋3 | 30 182.70 | 58 385.70 | — |
| | 其中：货物生产及加工修理修配劳务 | 2 | | | |
| | 货物批发、零售 | 3 | 30 182.70 | 58 385.70 | 4% |
| | (二)销售使用过的固定资产销售额 | 4 | | | |
| | | 5 | | | |
| | (三)纳税检查调整的销售额 | 6 | 3 476.00 | 3 476.00 | 4% |
| | (四)免税货物及劳务销售额 | 7 | | | — |
| | 其中：出口免税货物销售额 | 8 | | | — |
| | (五)税务机关核定的不含税销售额 | | | | |

| | 项目 | 栏次 | 本月数 | 本年累计 |
|---|---|---|---|---|
| 二、税款计算 | 本期应纳税款 | 10 | 1 346.35 | 2 474.47 |
| | 其中：纳税检查调整的应纳税额 | 11 | 139.04 | 139.04 |
| | 本期减征的应纳税额 | 12 | | |
| | 本期实际应纳税额 | 13＝10－12 | 1 346.35 | 2 474.47 |
| | 期初未缴税款(多缴为负数) | 14 | 1 128.12 | — |
| | 本期已纳税款 | 15 | 1 128.12 | 1128.12 |
| | 其中：本期预缴税款 | 16 | 0.00 | 0.00 |
| | 期末未缴税款(多缴为负数) | 17 | 1 346.35 | 1 346.35 |
| | 其中：欠缴税款(≥0) | 18 | 0.00 | 0.00 |
| | 本期应补(退)税额 | 19 | 1 346.35 | 1 346.35 |

续表

| | | | | |
|---|---|---|---|---|
| 三、财务指标 | 原、辅材料、燃料、动力成本 | 20 | | |
| | 商品成本 | 21 | 12 970.00 | 27 070.00 |
| | 应提取的折旧费 | 22 | 1 300.00 | 2 600.00 |
| | 支付的工资、奖金、福利费 | 23 | 3 500.00 | 7 000.00 |
| | 支付房屋、设备等租金 | 24 | 1 500.00 | 3 000.00 |
| | （如果你已委托代理申报人，请填写下列资料）为代理一切税务事宜，现授权 （地址）为本纳税人的代理申报人，任何与本申报表有关的往来文件，都可寄予此人。<br>授权人签字： | 申报人声明 | 此纳税申报表是根据《中华人民共和国增值税暂行条例》的规定填报的，我确信它是真实的、可靠的、完整的。<br>声明人签字： | |

会计主管签字：　　　　代理申报人签字：　　　　纳税人盖章：

以下由税务机关填写：

| 收到日期 | | 接收人 | | 审核日期 | | 主管税务机关盖章：<br>核收人签字： |
|---|---|---|---|---|---|---|
| 审核纪录 | | | | | | |

注：本申报表为两联，第一联为申报联，由纳税人按期向主管税务机关申报；第二联为收执联，纳税人于申报时连同申报联交主管税务机关签章后收回作为申报凭证。“产业类型”只按“工业”或“商业”类型划分填写。

**表2-14　增值税纳税申报表附列资料**（适用于小规模纳税人）

税款所属时期：自2006年02月01日至2006年02月28日　　　　金额单位：元至角分

**一、企业基本情况**

| 纳税人名称 | 乙公司 | 职工人数 | 4 |
|---|---|---|---|
| 经营场所产权所属 | 北京经贸公司 | 经营场所面积 | 15平方米 |

**二、发票使用情况**

| 项目 | 栏次 | 月初结存份数 | 本月开具份数 | 本月销售额 | 其中 | | | 本月废或遗失份数 | 本结存份数 |
|---|---|---|---|---|---|---|---|---|---|
| | | | | | 换开增值税专用发票 | | 免税货物及劳务 | | |
| 工业企业专用发票 | 1 | | | | | | | | |
| 商业企业专用发票 | 2 | 15 | 25 | 18 | 10 384.62 | 0.00 | 0.00 | 1 | 21 |
| 修理修配业发票 | 3 | | | | | | | | |
| 小计 | 4 | 15 | 25 | 18 | 10 384.62 | 0.00 | 0.00 | 1 | 21 |
| 未开具发票 | 5 | | | | 19 798.08 | | | | |
| 合计 | 6 | 15 | 25 | 18 | 30 182.70 | 0.00 | 0.00 | 1 | 21 |

**三、资金情况**

| 项目 | 栏次 | 月初借方余额 | 本月借方发生额 | 月末借方余额 |
|---|---|---|---|---|
| 现金 | 7 | 15 032.23 | 31 390.00 | 8 294.11 |

续表

| 银行存款 | 8 | 105 660.25 | 20 000.00 | 125 660.25 |
|---|---|---|---|---|
| 应收账款 | 9 | 0.00 | 0.00 | 0.00 |

四、销售收入组成情况

| 项　目 | 栏次 | 本月数 | 本年累计 |
|---|---|---|---|
| 现金收入 | 10 | 30 182.70 | 58 385.70 |
| 银行收入 | 11 | 0.00 | 0.00 |
| 应收账款收入 | 12 | 0.00 | 0.00 |
| 其他收入 | 13 | 0.00 | 0.00 |
| 合计 | 14 | 30 182.70 | 58 385.70 |

五、存货情况

| 项　目 | 栏次 | 月初库存金额 | 本月入库金额 | 月末库存金额 |
|---|---|---|---|---|
| 存　货 | 15 | 5 600.00 | 12 000.00 | 4 630.00 |

会计主管签字：　　　　代理申报人签字：　　　　纳税人盖章：

以下由税务机关填写

| 收到日期 | | 接收人 | | 主管税务机关盖章 | |
|---|---|---|---|---|---|

注：本附列资料为两联，第一联为申报联，由纳税人按期间向主管税务机关申报；第二联为收执联，纳税人于申报时连同申报联交主管税务机关签章后收回作为申报凭证。

**试一试2-20　根据小规模纳税人纳税申报的要求，计算填列适用于小规模纳税人增值税纳税申报表和增值税纳税申报表附列资料**

B公司为工业企业，属于增值税小规模纳税人，适用征收率为6%，其纳税人识别号为110105396726568，拥有职工10人，2006年2月生产经营业务情况如下。

（1）原材料期初余额8 632元，本期购进一批材料，以银行存款支付价款13 400元，材料已验收入库，本期结存10 750元。

（2）在产品期初余额4 325元，本期领用原材料11 282元，以现金支付生产人员工资6 000元，计提机器设备折旧1 200元，期末结存3 930元。

（3）产成品期初余额7 824元，本期生产完工入库18 877元，期末结存3 975元。

（4）销售产成品，取得现金13 452元，其中开具普通发票的金额为4 670元；取得银行存款16 648元，开具普通发票的金额为16 648元。

（5）根据财务报表获取以下相关资料：现金期初余额18 300元；银行存款期初余额83 700.25元，存现10 000元；按月以现金支付管理人员工资4 000元，计提管理用固定资产折旧1 500元。

（6）月初发票数20份，本期购进25份，开具16份，作废2份。

（7）2006年1月份销售产品的现金销售额28 000元，银行存款销售额30 040元，应纳增值税3 842.40元，于2006年2月份缴纳；1月份结转成本29 100元。

# 消费税纳税实务

## 学习目标

◆能执行消费税基本法律规定

◆能正确判断消费税的征税范围和具体税目

◆能正确应用消费税税率

◆能正确界定消费税纳税环节和纳税人

◆熟悉增值税与消费税的联系与区别

◆学会生产销售、委托加工、进口等环节应纳消费税额的计算

◆能正确计算出口环节应退的消费税税额，能办理消费税出口退税业务

◆能正确填写消费税纳税申报表和相关附表

◆学会办理消费税纳税申报与缴纳业务

## 课题一　解读消费税基本规定

### 项目一　认识我国消费税

#### 任务一　了解我国消费税立法情况

消费税是对特定的消费品和消费行为在特定的环节征收的一种流转税。从我国来说，消费

税是对我国境内从事生产、委托加工和进口应税消费品的单位和个人，就其销售额或销售数量征收的一种附加税。

我国的消费税是1994年税制改革时设置的税种。它是由原产品税脱胎出来的，与实行普遍调节的增值税配套，体现国家对某些产品进行特殊调节而设立的税种。《中华人民共和国消费税暂行条例》于2008年11月5日国务院第34次常务会议修订通过，修订后的《中华人民共和国消费税暂行条例》自2009年1月1日起施行。

## 任务二 领会我国消费税特点

征收消费税的目的主要是为了调节产业结构，限制某些奢侈品、高能耗产品的生产，正确引导消费，保证国家财政收入。

我国消费税具有以下特征：

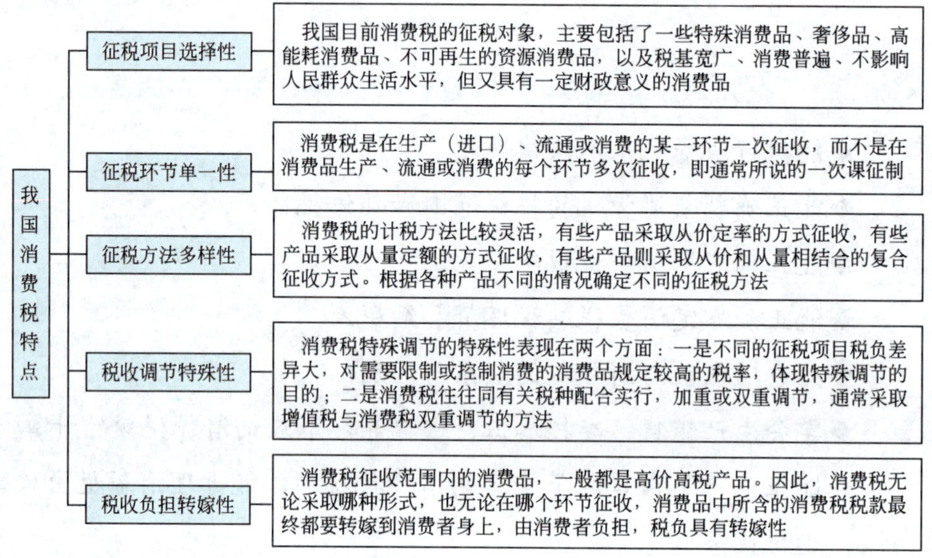


# 项目二 解读消费税基本要素

## 任务一 确定消费税纳税人

消费税纳税人是在中国境内生产、委托加工和进口应税消费品的单位和个人。

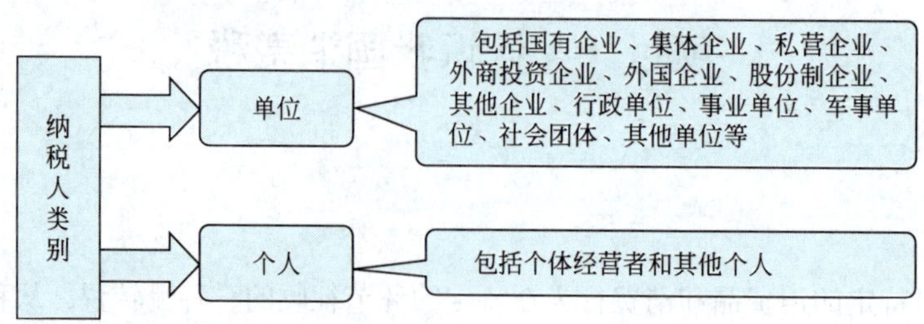

知识驿站 3-1

**我国消费税纳税环节如何规定？**

| 序号 | 纳税环节 | 消费税纳税环节法律规定 |
|---|---|---|
| 1 | 自产环节 | ①对外销售的于销售时纳税。②自产自用的应税消费品，用于连续生产应税消费品的，不纳税；用于其他方面的，于移送时纳税 |
| 2 | 委托加工环节 | ①委托加工的应税消费品，由受托方在向委托方交货时代收代缴。②委托加工的应税消费品直接出售的，不再征收消费税。③委托加工的应税消费品，委托方用于连续生产应税消费品的，所纳税款准予按规定抵扣 |
| 3 | 进口环节 | 进口的应税消费品，于报关进口时纳税 |
| 4 | 零售环节 | 金银首饰消费税的纳税环节自 1995 年 1 月 1 日起，由生产销售环节征收改在零售环节征收。个人携带、邮寄金银首饰人境，仍按海关现行规定征税 |

根据消费税征税环节，消费税纳税人具体包括：生产应税消费税的单位和个人；进口应税消费税的单位和个人；委托应税加工消费税的单位和个人；零售应税金银首饰的单位和个人。

**【例 3-1】**某企业生产的护发品，用于下列哪项用途时应征收消费税（　）。

A. 本企业职工运动会奖品

B. 电视台广告样品

C. 出厂前抽检品

D. 促销活动中赠送品

**解析**　根据消费税征税环节的法律规定，正确答案应选择 ABD。

*试一试 3-1*　**依据消费税纳税环节知识作出正确选择**

下列各项可以不纳消费税的有（　）。

A. 委托加工的应税消费品，委托方收回后直接对外销售

B. 自产的应税消费品，用于连续生产应税消费品的

C. 有出口经营权的生产性企业生产的应税消费品直接出口的

D. 自产自用的应税消费品，用于生产非应税消费品

案例讨论3-1　首饰厂销售自产的金银首饰，只纳增值税，不纳消费税，这话对吗？如果对，金银首饰的纳税环节是零售环节，纳税人是谁？是购买人吗？

案例讨论3-2　有人认为消费税就是对消费品征税，因此，所有的消费品都应当征收消费税，这种理解是否正确？

## 任务二　界定消费税征税范围

消费税的征税范围为：在我国境内生产、委托加工和《进口消费税暂行条例》规定的消费品。列入消费税征税范围的消费品大体可归为五大类即：第一类，过度消费会对人身健康、社会秩序、生态环境等方面造成危害的特殊消费品，如烟、酒、鞭炮等；第二类，非生活必需品，如贵重首饰、珠宝玉石等；第三类，高能耗及高档消费品，如摩托车、小汽车等；第四类，不可再生和替代的稀缺资源消费品，如汽油、柴油；第五类，税基宽广、消费普遍、征税后不影响居民基本生活并具有一定财政意义的消费品，如汽车轮胎。

新的《消费税暂行条例》规定，征收消费税的消费品有14个，详见表3-1所示。

**表3-1　消费税征收范围**

| 序号 | 税目 | 征收范围 |
|---|---|---|
| 1 | 烟 | 卷烟（进口卷烟、白色卷烟、手工卷烟和未经国务院批准纳入计划的企业及个人生产的卷烟）、雪茄烟和烟丝 |
| 2 | 酒及酒精 | 酒是酒精度在1度以上的各种酒类饮料。酒精又名乙醇，是指用蒸馏或合成方法生产的酒精度在95度以上的无色透明液体。酒类包括粮食白酒、薯类白酒、黄酒、啤酒和其他酒。酒精包括各种工业酒精、医用酒精和食用酒精。饮食业、商业、娱乐业举办的啤酒屋（啤酒坊）利用啤酒生产设备生产的啤酒也在征税范围内 |
| 3 | 化妆品 | 香水、香水精、香粉、口红、指甲油、胭脂、眉笔、唇笔、蓝眼油、眼睫毛、成套化妆品、高档护肤类化妆品等。舞台、戏剧、影视演员化妆用的上妆油、卸妆油、油彩不属于本税目的征收范围内 |
| 4 | 贵重首饰及珠宝玉石 | 以金、银、白金、宝石、钻石、翡翠、珊瑚、玛瑙等高贵稀有物质以及其他金属、人造宝石等制作的各种纯金银首饰及镶嵌首饰和经采掘、打磨、加工的各种珠宝玉石 |
| 5 | 鞭炮焰火 | 各种鞭炮、焰火；体育上用的发令纸、鞭炮药引线，不按本税目征收 |
| 6 | 汽油 | 辛烷不小于66的各种汽油 |
|  | 柴油 | 倾点在-50～30号的各种柴油 |
|  | 石脑油 | 以石油加工生产的或二次加工汽油经加氢精制而得的用于化工原料的轻质油，除汽油、柴油、煤油、溶剂油以外的各种轻质油 |
|  | 溶剂油 | 以石油加工生产的用涂料和油漆生产、食用油加工、印刷油墨、皮革、农药、橡胶、化妆品生产的轻质油，包括各种溶剂油 |
|  | 航空煤油 | 以石油加工生产的用于喷气发动机和喷气推进系统中作为能源的石油燃料，包括各种航空煤油 |
|  | 润滑油 | 用于内燃机、机械加工过程的润滑产品，分为矿物性润滑油、植物性润滑油、动物性润滑油和化工原料合成润滑油；包括以石油为原料加工的矿物性润滑油、矿物性润滑油基础油。植物性润滑油、动物性润滑油和化工原料合成润滑油不属于润滑油的征收范围 |
|  | 燃料油 | 包括用于电厂发电、船舶锅炉燃料、加热炉燃料、冶金和其他工业炉燃料的各类燃料油 |
| 7 | 汽车轮胎 | 用于各种汽车、挂车、专用车和其他机动车上的内、外轮胎；不包括农用拖拉机、收割机、手扶拖拉机的专用轮胎；子午线轮胎免征消费税，翻新轮胎停止征收消费税 |
| 8 | 摩托车 | 轻便摩托车和摩托车；对最大设计车速不超过50千米/小时，发动机汽缸总工作容量不超过50毫升的三轮摩托车不征收消费税 |

续表

| 序号 | 税目 | 征收范围 |
|---|---|---|
| 9 | 小汽车 | 汽车是指由动力驱动，具有四个或四个以上车轮的非轨道承载的车辆。本税目征收范围包括含驾驶员座位在内最多不超过9个座位（含）的，在设计和技术特性上用于载运乘客和货物的各类乘用车和含驾驶员座位在内的座位数　在10～23座（含23座）的在设计和技术特性上用于载运乘客和货物的各类中轻型商用客车。用排气量小于1.5升（含）的乘用车底盘（车架）改装、改制的车辆属于乘用车征收范围。用排气量大于1.5升(含)的乘用车底盘(车架)或用中轻型商用客车底盘(车架)改装、改制的车辆属于中轻型商用客车征收范围。以含驾驶员的人数(额定载客)为区间值的(如8～10人；17～26人）小汽车，按其区间值下限人数确定征收范围。电动汽车不属于本税目征收范围 |
| 10 | 高尔夫球及球具 | 高尔夫球及球具是指从事高尔夫球运动所需的各种专用装备，包括高尔夫球、高尔夫球杆及高尔夫球包（袋）等；高尔夫球是指重量不超过45.93克、直径不超过42.67毫米的高尔夫球运动比赛、练习用球；高尔夫球杆是指被设计用来打高尔夫球的工具，由杆头、杆身和握把三部分组成；高尔夫球包（袋）是指专用于盛装高尔夫球及球杆的包（袋）；包括高尔夫球、高尔夫球杆、高尔夫球包（袋）。高尔夫球的杆头、杆身和握把属于本税目的征收范围 |
| 11 | 高档手表 | 高档手表是指销售价格（不含增值税）每只在10 000元（含）以上的各类手表 |
| 12 | 游艇 | 游艇是指长度大于8米小于90米，船体由玻璃钢、钢、铝合金、塑料等多种材料制作，可以在水上移动的水上浮载体。按照动力划分，游艇分为无动力艇、帆艇和机动艇；包括艇身长度大于8米（含）小于90米（含），内置发动机，可以在水上移动，一般为私人或团体购置，主要用于水上运动和休闲娱乐等非牟利活动的各类机动艇 |
| 13 | 木制一次性筷子 | 木制一次性筷子，又称卫生筷子，是指以木材为原料经过锯段、浸泡、旋切、刨切、烘干、筛选、打磨、倒角、包装等环节加工而成的各类一次性使用筷子。未经打磨、倒角的木制一次性筷子属于本税目征收范围 |
| 14 | 实木地板 | 实木地板是指以木材为原料，经锯割、干燥、刨光、截断、开榫、涂漆等工序加工而成的块关或条状的地面装饰材料。实木地板按生产工艺不同，可分为独板（块）实木地板、实木指接地板、实木复合地板三类；按表面处理状态不同，可分为未涂饰地板（白坯板、素板）和漆饰地板两类；包括各类规格的实木地板、实木指接地板、实木复合地板及用于装饰墙壁、天棚的侧端面为榫、槽的实木装饰板。未经涂饰的素板属于本税目征税范围 |

## 知识驿站 3－2

### 消费税法调整后对百姓消费有哪些影响?

- 奢侈消费将受遏制，更多地体现社会公平。调整项目：将游艇纳入消费税征收范围，按照10%的税率征收消费税；将高尔夫球及球具作为一个税目，按照10%的税率征收消费税；将高档手表纳入征收范围，按照20%的税率征收消费税。
- 环保、节约，就在举手投足间。调整项目：将木制一次性筷子和实木均作为单独的税目，分别按照5%的税率征收消费税。
- 谁耗能多，谁就付出更大的代价。调整项目：对航空煤油、石脑油、溶剂油、润滑油、燃料油开始征收消费税。石脑油、溶剂油、润滑油比照汽油，税率(税额)为每升0.20元；航空煤油、燃料油比照柴油，税率(税额)为每升0.10元。
- 远离豪华比阔，崇尚轻型汽车。调整项目：调整小汽车税率结构，提高大排量汽车的税率。对乘用车(包括越野车)按排量大小分别适用六档税率。对中轻型商用客车统一适用5%税率。对混合动力汽车等具有节能、环保特点的汽车将实行一定的税收优惠。将摩托车消费税现行10%的税率，改为按排量划分两档税率。

消费税的征税范围不是一成不变的，随着我国经济的发展，今后还可以根据国家政策和经济情况及消费结构的变化适当调整。

【例3-2】下列项目中，属于目前消费税征收范围的是（　）。

A. 电动汽车　　B. 动物性润滑油　　C. 航空煤油

D. 首饰店从生产厂家购进同型号高档手表10只，取得的增值税专用发票注明金额总计111 150元

**解析**　正确答案选择D。应征消费税的高档手表是指销售价格（不含增值税）每只在10 000元（含）以上的各类手表。C项中取得的增值税专用发票注明金额总计111 150元，说明是价税合计为111 150元，每只的不含增值税销售价格为111 150/（1＋17%）＝95 000（元），未达到应税标准，不征消费税。

*试一试3-2*　**依据所学知识作出正确选择**

下列各项业务中，不应当征收消费税的是（　）。

A. 烟草公司批发的卷烟　　B. 化妆品厂用于职工福利的自产化妆品

C. 空调机厂销售的空调机　　D. 宾馆内设的啤酒屋利用自购设备生产的啤酒

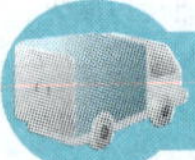

## 任务三　掌握税率设置和应用

我国消费税采用比例税率和定额税率两种形式，详见表3-2。

**表3-2　消费税税目、税率（税额）**

| 税　目 | | 计　税　单　位 | 税率（税额） |
|---|---|---|---|
| 一、烟 | | | |
| （1）卷烟 | 定额税率 | 每标准箱（50 000支） | 150元 |
| | 比例税率 | 每标准条（200支）对外调拨价格在50元以上的（含50元，不含增值税） | 45% |
| | | 每标准条对外调拨价格在50元以下的 | 30% |
| （2）雪茄烟 | | | 25% |
| （3）烟丝 | | | 30% |
| 二、酒及酒精 | | | |
| 1. 白酒 | 定额税率 | 每斤（500克，500毫升） | 0.5元 |
| | 比例税率 | | 20% |
| 2. 黄酒 | | 吨 | 240元 |
| 3. 啤酒 | | 每吨出厂价格（含包装物及包装物押金）在3 000元（含3 000元，不含增值税）以上的 | 250元 |
| | | 每吨在3 000元以下的 | 220元 |
| | | 娱乐业和饮食业自制的 | 250元 |
| 4. 其他酒 | | 每吨 | 10% |
| 5. 酒精 | | | 5% |

续表

| 税目 | | 计税单位 | 税率（税额） |
|---|---|---|---|
| 三、化妆品 | | | 30% |
| 四、贵重首饰及珠宝玉石 | | | 5%或10% |
| 五、鞭炮、焰火 | | | 15% |
| 六、成品油 | | | |
| 汽油 | 无铅 | 升 | 0.2元 |
| | 含铅 | 升 | 0.28元 |
| 柴油 | | 升 | 0.1元 |
| 石脑油 | | 升 | 0.2元 |
| 润滑油 | | 升 | 0.2元 |
| 燃料油 | | 升 | 0.1元 |
| 溶剂油 | | 升 | 0.2元 |
| 航空煤油 | | 升 | 0.1元 |
| 七、汽车轮胎 | | | 3% |
| 八、摩托车 | | | |
| 气缸容量在250毫升（含）以下的 | | | 3% |
| 气缸容量在250毫升（含）以上的 | | | 10% |
| 九、小轿车 | | | |
| （1）乘用车 | 气缸容量在4.0升以上的 | | 20% |
| | 气缸容量在3.0～4.0升（含）的 | | 15% |
| | 气缸容量在2.5～3.0升（含）的 | | 12% |
| | 气缸容量在2.0～2.5升（含）的 | | 9% |
| | 气缸容量在1.5～2.0升（含）的 | | 5% |
| | 气缸容量在1.5升（含）以下的 | | 3% |
| （2）中轻型商用客车 | | | 5% |
| 十、高尔夫球及球具 | | | 10% |
| 十一、高档手表 | | | 20% |
| 十二、游艇 | | | 10% |
| 十三、木制一次性筷子 | | | 5% |
| 十四、实木地板 | | | 5% |

注：1. 新增高尔夫球及球具、高档手表、游艇、木制一次性筷子、实木地板税目。

2. 取消汽油、柴油税目，增列成品油税目。汽油、柴油改为成品油税目下的子目（税率不变）；另外新增石脑油、溶剂油、润滑油、燃料油、航空煤油五个子目。

3. 取消小汽车税目下的小轿车、越野车、小客车子目。在小汽车税目下分设乘用车、中轻型商用客车子目。

4. 粮食白酒、薯类白酒的比例税率统一为20%。定额税率为0.5元/斤（500克）或0.5元/500毫升。从量定额税的计量单位按实际销售商品重量确定，如果实际销售商品是按体积标注计量单位的，应按500毫升为1斤换算，不得按酒度折算。

5. 石脑油、溶剂油、润滑油、燃料油暂按应纳税额的30%征收消费税；航空煤油暂缓征收消费税。

注意：税率应用的两个特殊问题

① 纳税人兼营不同税率的应税消费品，即生产销售两种税率以上的应税消费品时，应当分别核算不同税率应税消费品的销售额或销售数量，未分别核算的，按最高税率征税。

② 纳税人将应税消费品与非应税消费品，以及适用税率不同的应税消费品组成成套消费品销售的，应根据消费品中适用最高税率的消费品税率征税。

【例3-3】下列关于消费税税率运用的说法中，错误的有（　）。

A. 进口卷烟从价消费税税率一律为30%

B. 娱乐业、饮食业自制啤酒消费税单位税额为250元/吨

C. 粮食白酒和薯类白酒的消费税率是一致的

D. 小汽车的消费税税率为8%

**解析**　正确答案选择AD。卷烟税率适用符合税率，同时考虑每条烟的单价；小汽车的消费税税率是按排气量大小不同设置的。

*试一试3-3*　**依据所学知识作出正确选择**

下列各项中，符合消费税有关征收规定的有（　）。

A. 以外购的不同品种白酒勾兑的白酒，一律按照粮食白酒的税率征税

B. 对用薯类和粮食以外的其他原料混合生产的白酒，一律按照薯类白酒的税率征税

C. 对用粮食和薯类、糠麸等多种原料混合生产的白酒，一律按照薯类白酒的税率征税

D. 外购酒精生产的白酒，凡酒精所有原料无法确定的，一律按照粮食白酒的税率征税

# 课题二　消费税计算

## 项目一　确定消费税计税依据

我国消费税计税方法有三种，即从价定率办法、从量定额办法、复合计税办法。

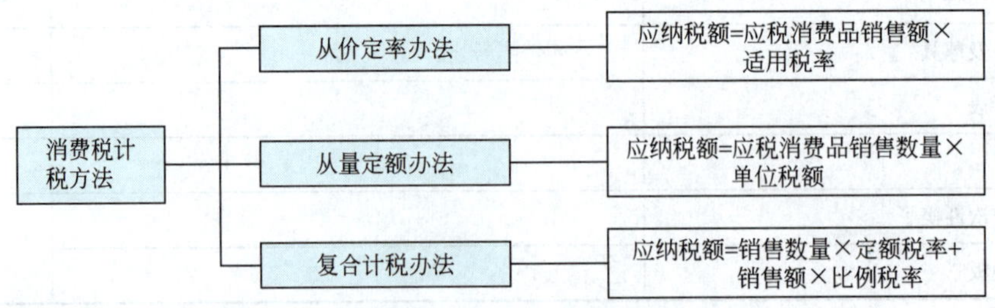

### 任务一　确定从价定率计征办法的计税依据

实行从价定率办法征税的应税消费品，计税依据为应税消费品的销售额。消费税销售额和增值税销售额基本一致，即都含消费税而不含增值税。

**业务一：销售行为的确定**

要正确核定消费税的计税依据，首先应正确确定应税消费品的销售行为。下列情况均应做销售或视同销售，确定销售额（销售数量），并按规定缴纳消费税。

| 序号 | 销售行为 | 说　明 |
| --- | --- | --- |
| 1 | 有偿转让应税消费品所有权的行为 | 有偿转让不但包括销售后取得货币收入及其他经济利益，还包括非销售取得经济利益，如纳税人用应税消费品换取生产资料和消费资料；用应税消费品支付代扣手续费或销售回扣；在销售数量之外另付给购货方或中间人作为奖励和报酬的应税消费品等。 |
| 2 | 不是用于连续生产应税消费品的自产自用行为 | 纳税人将自产应税消费品用于生产非应税消费品或用于在建工程、管理部门、非生产机构、提供劳务，以及用于馈赠、赞助、广告、样品、职工福利奖励等，均视同对外销售，于移送使用时纳税；纳税人自产自用的应税消费品，并不一定都要纳税。如将自己生产的应税消费品用于连续生产应税消费品，不纳税。比如，卷烟厂生产的烟丝，如果用于本厂连续生产卷烟，该烟丝就不缴纳消费税，只对生产出来的卷烟征收消费税 |
| 3 | 委托加工应税消费品行为 | 委托加工是指由委托方提供原料和主要材料，受托方只收取加工费和代垫部分辅助材料加工的应税消费品。委托加工应税消费品应纳消费税，由受托方在向委托方交货时代收代缴。对委托个体经营者加工应税消费品，一律于委托方收回后在委托方所在地缴税。委托加工的应税消费品，受托方在交货时已代缴消费税，委托方收回后直接销售的，不再征收消费税 |

**【例3-4】**下列各项中，应当征收消费税的有（　）。

A. 用于本企业连续生产的应税消费品

B. 用于奖励代理商销售业绩的应税消费品

C. 用于本企业生产性基建工程的应税消费品

D. 用于捐助国家指定慈善机构的应税消费品

**解析**　正确答案选择BCD。A选项中，将自产应税消费品用于本企业连续生产应税消费品，税法规定不交消费税，为的是避免重复征税。

*试一试3-4*　**依据所学知识作出正确选择**

纳税人委托个体经营者加工应税消费品，消费税应（　）。

A. 由受托方代收代缴

B. 由委托方在受托方所在地缴纳

C. 由委托方收回后在委托方所在地缴纳

D. 由委托方在受托方或委托方所在地缴纳

**业务二：销售额的确定**

应税消费品的销售额包括销售应税消费品从购买方收取的全部价款和价外费用。所谓“价外费用”，包括价外收取的基金、集资款、返还利润、补贴、违约金和手续费、包装费、储备费、优质费、运输装卸费、代收款项、代垫款项，以及其他各种性质的价外收费。但同时符合两个条件的代垫费（承运部门的运输发票开具给购货方且纳税人将该项发票转交给购货方）不属于价外费用。除此之外，其他价外费用均应并入销售额计算纳税。但销售额不包括应向购买方收取的增值税税额。如果纳税人的销售额包含了增值税税额，应当换算为不含增值税的销售额，换算公式为：

应税消费品的销售额＝含税销售额÷（1＋增值税税率或征收率）

**【例3-5】**白云日用化工厂（增值税一般纳税人）2009年10月销售一批化妆品，取得价税合计的销售额为58 500元，价外费用为700元；本月还将一批化妆品作为福利分给职工，同类产品不含税销售价格为8 000元。计算白云日用化工厂2009年10月的应税消费税销售额。

**解析**　消费税计税依据为应税销售额，包括全部价款及价外费用；视同销售的行为，其销售额根据同类产品的销售价格确定。白云日用化工厂应税销售额为：

58 500÷（1＋17%）＋700÷（1＋17%）＋8 000＝50 000＋598.29＋8 000＝58 598.29（元）

*试一试3-5*　**消费税计税依据是指哪个选项？**

A. 含消费税而不含增值税的销售额
B. 含消费税且含增值税的销售额
C. 不含消费税而含增值税的销售额
D. 不含消费税也不含增值税的销售额

案例讨论3-3　酒类产品包装物押金交增值税和交消费税的处理方法是否一样？

**业务三：包装物的处理**

应税消费品连同包装物销售的，无论包装物是否单独计价，也不论在财务上如何核算，均应并入应税消费品的销售额中征收消费税。如果包装物不作价随同产品销售，而是收取押金，此项押金则不应并入应税消费品销售额中征税。但对逾期未收回的包装物不再退还的和已收取1年以上的押金，应并入应税消费品的销售额，按照应税消费品的适用税率征收消费税。对既作价随同应税消费品销售，又另外收取押金的包装物押金，凡纳税人在规定的期限内不退还的，均应并入应税消费品的销售额，按照应税消费品的适用税率征收消费税。对酒类生产企业销售除啤酒、黄酒以外酒类产品而收取的包装物押金，无论押金是否返还及会计上如何核算，均应并入酒类产品销售额中征收消费税。

【例3-6】蓝天企业2009年11月销售化妆品一批，不含增值税价款92 000元，随同化妆品出售包装物单独计价8 000元（不含增值税），货款已收，产品发出。计算蓝天企业2009年11月销售化妆品的消费税的计税依据。

**解析**　蓝天企业消费税的计税依据为：92 000＋8 000＝100 000（元）。若上例，包装物不随同产品销售，而是收取押金9 360元，则该笔押金暂不计税。若后因对方逾期未返回包装物而不再退还押金，则对于这笔押金收入应计税，其计税依据为：9 360÷（1＋17%）＝8 000（元）。

*试一试3-6*　**根据消费税计税依据规定作出正确选择**

根据消费税法的规定，实行从价定率方法计算应纳消费税的销售额为纳税人销售应税消费品向购买方收取的全部价款和价外费用，其中（　　）应并入销售额计算征收消费税。

A. 化妆品生产企业在销售化妆品时向购买方收取的增值税
B. 白酒生产企业在销售白酒时向购买方收取的白酒包装物押金
C. 白酒生产企业在销售白酒时向商业销售单位收取的品牌使用费
D. 轮胎生产企业在销售轮胎时向商业销售单位收取的代垫运费

## 任务二　确定从量定额计税的计税依据

从量定额通常以每单位应税消费品的重量、容积或数量为计税依据，并按每单位应税消费品规定固定税额。我国消费税对卷烟、白酒、黄酒、啤酒、汽油、柴油等实行了部分或全部定额税率。销售数量的确定方法如下。

| 序号 | 应税行为 | 销售数量的确定 |
|---|---|---|
| 1 | 销售应税消费品 | 销售应税消费品的，为应税消费品的数量 |
| 2 | 自产自用应税消费品 | 自产自用应税消费品的，为应税消费品的移送使用数量 |
| 3 | 委托加工应税消费品 | 委托加工应税消费品为纳税人收回的应税消费品数量 |
| 4 | 进口的应税消费品 | 进口的应税消费品，为海关核定的应税消费品进口数量 |

**【例3-7】**黄河炼油厂2009年9月销售汽油200吨，销售柴油150吨；用30吨汽油抵偿债务；企业基建部门又领用柴油40吨。计算黄河炼油厂2009年9月应税消费品的销售数量。

**解析**　根据从量定额销售数量的规定，黄河炼油厂2009年9月应税消费品的销售数量如下。

汽油：200×1 388＋30×1 388＝319 240（升）

柴油：150×1 176＋40×1 176＝223 440（升）

*试一试3-7*　**你能正确计算正确吗？**

某啤酒厂销售A型啤酒20吨给副食品公司，开具税控专用发票收取价款58 000元，收取包装物押金3 000元；销售B型啤酒10吨给宾馆，开具普通发票取得价款32 760元，收取包装物押金150元。计算该啤酒厂消费税的销售数量（销售额）。

## 任务三　领会计税依据特殊规定

**业务一：计税价格核定权限的规定**

应税消费品计税价格明显偏低又无正当理由的，税务机关有权核定其计税价格。应税消费品计税价格的核定权限规定如下：

①卷烟和粮食白酒的计税价格由国家税务总局核定；

②其他应税消费品的计税价格由各省、自治区、直辖市税务机关核定；

③进口应税消费品的计税价格由海关核定。

注意

卷烟从价定率计税办法的计税依据为调拨价格或核定价格

调拨价格是卷烟生产企业通过卷烟交易市场与购货方签订的卷烟交易价格。计税调拨价格由国家税务总局按照中国烟草交易中心和各省烟草交易（订货）会2000年各牌号、规格卷烟的调拨价格确定。核定价格是指由税务机关按其零售价倒算一定比例的办法核定计税价格。核定价格的计算公式为：

某牌号规格卷烟核定价格＝该牌号规格卷烟市场零售价格÷（1＋35%）

**业务二：纳税人自设非独立核算门市部计税依据的规定**

纳税人通过自设非独立核算门市部销售自产应税消费品，应当按照门市部对外销售额或者销售数量计算征收消费税。

**【例3-8】**某酒厂薯类白酒的出厂价每吨为4 000元，某月通过自设的非独立核算门市部对外零售薯类白酒10吨，每吨价格5 000元（以上价格均不含税）。计算该酒厂的应税销售额。

**解析** 根据纳税人自设非独立核算门市部计税依据的规定，该厂应税销售额为：10×5 000＝50 000（元）

*试一试3-8* **你能计算正确吗？**

白云摩托车生产企业为增值税一般纳税人，2009年6月份将生产的某型号摩托车30辆，以每辆出厂价12 000元（不含增值税）售给自设非独立核算的门市部；门市部又以每辆16 380元（含增值税）售给消费者。计算白云摩托车生产企业6月份应缴纳消费税的计税依据（摩托车适用消费税税率10%）。

**知识驿站 3-3**

**独立核算门市部和非独立核算门市部的区别**

独立核算门市部自己就是一个纳税人，卷烟企业将卷烟调拨到自己独立核算门市部，卷烟生产企业自身是纳税人，但它一般给独立核算门市部的价格单一。独立核算门市部对外销售卷烟时，价格可以是多种多样的。非独立核算门市部只是卷烟企业一个报账单位，非独立核算门市部对外销售卷烟应该由卷烟企业缴纳消费税。非独立核算门市部对外销售价格是多种多样的，有批发价、成本价、零售价、批零差价中的某一种价格，存在多种价格情况下，很可能有些不法的纳税人交税时从低不从高，价格上选用低价格，税率上选用低税率。比如，甲级卷烟和丙级卷烟两种牌号的卷烟税率不一样，A甲级卷烟税率高，B丙级卷烟税率低，都按低税率报税，结果导致高税率产品的销售额小，低税率产品的销售额大，从数量上判定有无类似的问题。

**业务三：应税消费品用于其他方面的规定**

纳税人自产的应税消费品用于换取生产资料和消费资料、投资入股和抵偿债务等方面，应当按纳税人同类应税消费品最高销售价格作为计税依据。

**【例3-9】**某汽车制造厂用自产小汽车10辆向某钢厂换取钢材200吨(每吨钢材市价4 800元)。该厂生产同一型号小汽车当月销售价格分别有100 000元/辆、98 000元/辆、95 000元/辆三种价格，销售数量分别为8辆、13辆、35辆。计算该汽车制造厂用于换取钢材的小汽车的应税销售额。

**解析** 根据纳税人自产的应税消费品用于换取生产资料和消费资料、投资入股和抵偿债务等方面法律规定，该汽车厂用于换取钢材的小汽车的应税销售额为：10×100 000＝1 000 000（元）

**试一试3-9　分别计算烟厂和酒厂消费税的计税依据**

1. 某烟厂销售雪茄烟300箱给各专卖店，取得不含税销售收入600万元；以雪茄烟40箱换回小轿车2辆、大货车1辆。（雪茄烟消费税税率为25%）

2. 某葡萄酒生产企业，生产葡萄酒按10%税率交消费税。销售葡萄酒100万元，本月拿200吨葡萄酒换生产资料。最高价为每吨200元，最低价为每吨180元，中间平均价为每吨190元。

**案例讨论3-4**　就应税消费品而言，计征消费税的“销售额”与计征增值税的“销售额”，其内涵与外延是否一致？

为了清晰掌握消费税计税依据，现将消费税计税依据确定方法总结如图3-1。

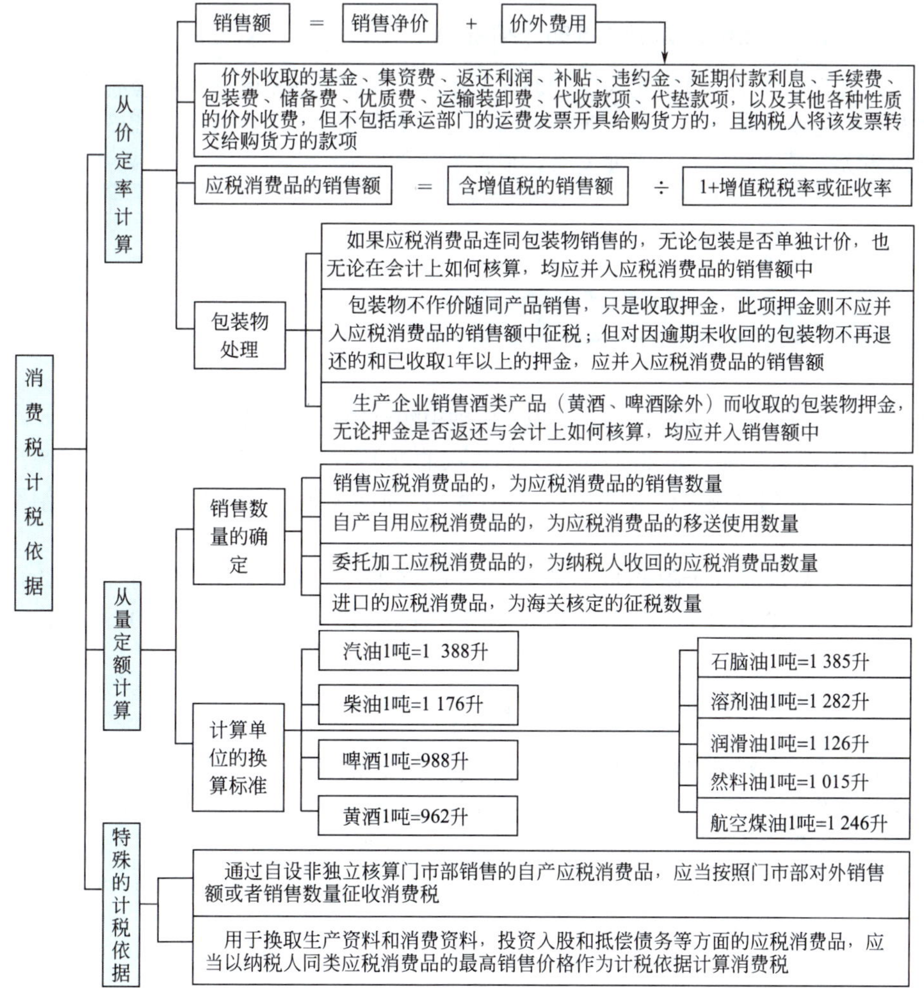


图3-1　消费税计税依据确定方法示意图

# 项目二　生产销售环节消费税计算

## 任务一　从价定率应纳税额计算

从价定率应纳税额的计算公式为：应纳税额＝销售额×适用税率

【例3-10】白云酒厂2009年5月份销售业务如下：销售粮食白酒0.5吨，取得不含增值税销售额58 000元，收到代垫运费400元（发票开给购货方且已转交），同时向购货方收取手续费1 000元，储备费5 000元。计算白云酒厂2009年5月应纳消费税。

**解析**　根据从价定率应纳税额的计算公式，白云酒厂2009年5月应纳消费税计算如下。

应纳消费税销售额＝58 000＋（1 000＋5 000）÷(1＋17%）＝63 128.21(元)

应纳消费税＝0.5×2 000×0.5＋63 128.21×20%＝13 125.64(元)

*试一试3-10*　**正确计算消费税的应纳税额**

某化妆品公司（一般纳税人）2009年5月将自产的低档洗发水（不含税价7万元）全部和自产的化妆品搭配成成套化妆品5 000套，5月份对外销售成套化妆品3 000套，不含税价14万元，销售中低档自产护发素，取得不含税9万元。

## 任务二　从量定额应纳税额计算

从量定额计算应纳税额的计算公式为：应纳税额＝销售量×单位税额

【例3-11】白云炼油厂在2008年10月销售汽油200吨，销售柴油150吨；用30吨汽油抵偿债务；企业基建部门又领用柴油40吨。汽油(无铅）消费税税率为0.2元/升，柴油消费税税率为0.1元/升。

**解析**　根据从量定额应纳税额的计算公式，白云炼油厂在2008年10月应纳消费税计算如下。

应纳消费税＝(200×1 388＋30×1 388）×0.2＋（150×1 176＋40×1 176）×0.1＝86 192(元)

*试一试3-11*　**正确计算消费税的应纳税额**

某酒厂为增值税一般纳税人，主要生产粮食白酒和啤酒。2009年1月“主营业务收入”账户反映销售粮食白酒60 000斤（1斤＝500克），取得不含销售额105 000元；销售啤酒150吨，每吨不含税售价2 900元。在“其他业务收入”账户反映收取粮食白酒品牌使用费4 680元；“其他应付款”账户反映本月销售粮食白酒收取包装物押金9 360元，销售啤酒收取包装物押金1 170元。

【例3-12】长江酒厂2008年10月生产销售散装啤酒500吨，每吨售价2 450元，销售时另收取包装物押金29 250。另外，该厂生产一种新研制的粮食白酒，将2 000斤投入市场试销，试销价定为4.2元/斤，此粮食白酒的生产成本4元/斤，消费税法规定的粮食白酒的成本利润率为10%，计算长江酒厂2008年10月应纳的消费税。

**解析**　选择啤酒适用消费税率时，出厂价格应当包括包装物押金在内。本题目包含包装物押金在内的不含税出厂价格为2 450＋29 250/（1＋17%）/500＝2 500，小于每吨3 000元，所以，适用定额税率为220元/吨。销售散装啤酒应纳消费税为：500×220＝110 000（元）。自产白酒投入市场试销，可直接以试销价计算消费税：

白酒应纳税额＝2 000×0.5＋2 000×4.2×20%＝2 680（元）

应纳税额＝110 000＋2 680＝112 680（元）

*试一试3-12*　**正确计算玫瑰烟厂2009年3月消费税的应纳税额**

玫瑰烟厂为增值税一般纳税人，2009年3月销售甲类卷烟100标准箱，每标准条（200支）对外调拨价80元（不含增值税）；销售乙类卷烟200标准箱，每标准条（200支）对外调拨价45元（不含增值税）。

## 任务三　外购已纳税款扣除计算

外购已纳税消费品继续生产应纳税消费品，可以按当期生产领用数量计算准予扣除外购已纳税款消费品的消费税税款。

1．消费税允许扣除范围

在消费税14个税目中，除酒及酒精、成品油（石脑油、润滑油除外）、小汽车、高档手表、游艇五个税目外，其余税目扣税规定如图3-2所示。

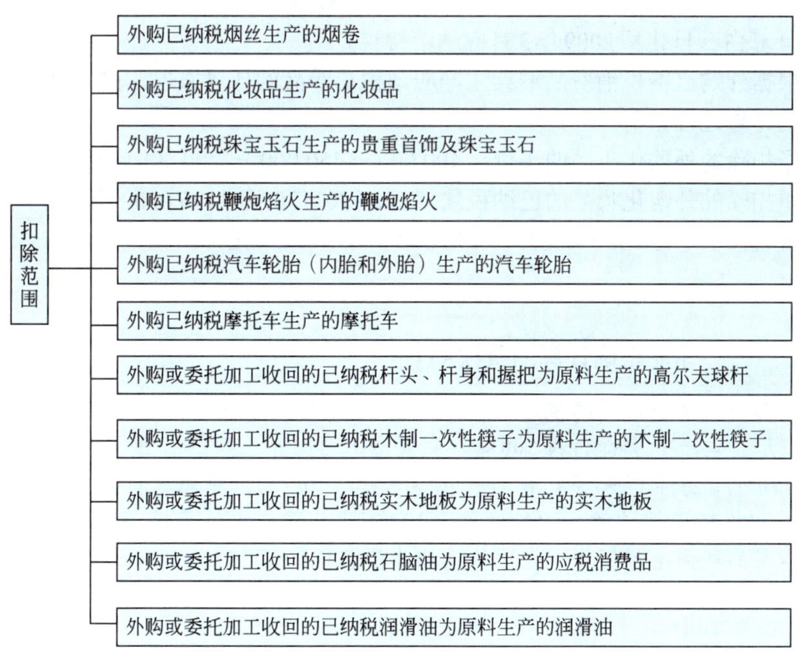


图3-2　消费税允许扣除范围

2. 消费税允许扣除数额的计算公式

当期准予扣除的外购应税消费品已纳税款＝当期准予扣除的外购应税消费品买价 × 外购应税消费品适用税率

当期准予扣除的外购应税消费品买价＝期初库存的外购应税消费品买价＋当期购进的外购应税消费品买价－期末库存的外购应税消费品买价

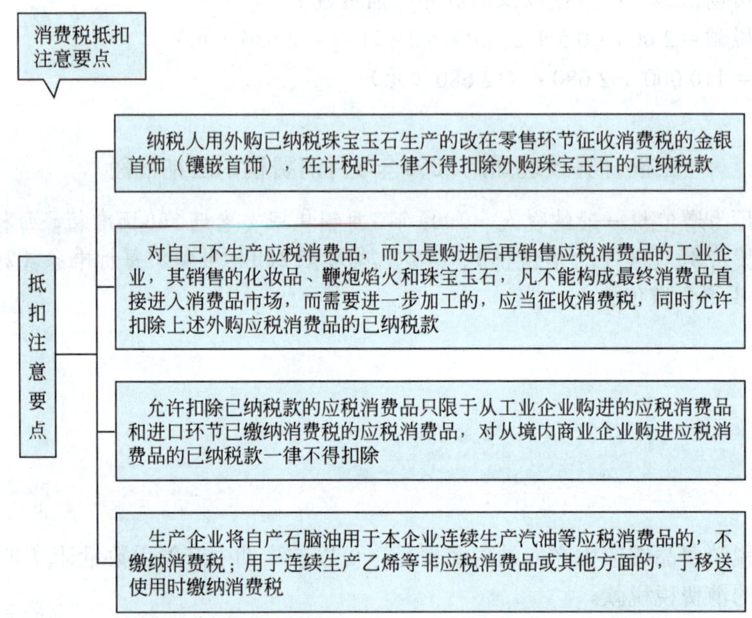


**【例3-13】** 白云日化厂2009年3月用外购已纳税化妆品加工生产化妆品，本月外购已纳税化妆品400 000元（不含增值税），本月期初库存外购化妆品450 000元，月末库存外购化妆品200 000元。该厂本月销售化妆品的销售额为1 180 000元（不含增值税），化妆品的消费税税率为30%。计算白云日化厂2009年3月应纳消费税。

**解析** 根据外购已纳税消费品继续生产应纳税消费品的计算原理，白云日化厂2009年3月应纳消费税的计算过程如下。

当月准予扣除的外购化妆品的买价＝400 000＋450 000 － 200 000＝650 000（元）

当月准予扣除的外购化妆品的已纳税款＝650 000×30%＝195 000（元）

应纳消费税额＝1 180 000×30%－ 195 000＝159 000（元）

*试一试3-13* **你能正确计算消费税吗？**

某木制品公司（小规模纳税人）在2007年10月生产高档一次性木质筷子1 000箱，售价每箱800元；生产一次性竹筷500箱，每箱售价390元；生产普通一次性木筷1 500箱，单箱售价290元；另生产未经打磨的一次性木筷子500箱，单箱售价250元。本月为生产高档一次性木筷耗用外购的一次性木筷1 200箱，外购成本价每箱350元，取得增值税专用发票。本月的产品全部销售，上述售价均为不含税价。

# 项目三　自产自用环节消费税计算

## 任务一　明确自产自用消费品应纳税额计算方法

自产自用应税消费税计算原理分两种情况（见下图所示）：一是用于本企业连续生产的应税消费品，不缴纳消费税。二是用于其他方面，于移送使用时纳税，包括四类业务：①本企业连续生产非应税消费品和在建工程；②管理部门、非生产机构；③提供劳务；④馈赠、赞助、集资、广告、样品、职工福利、奖励等方面。

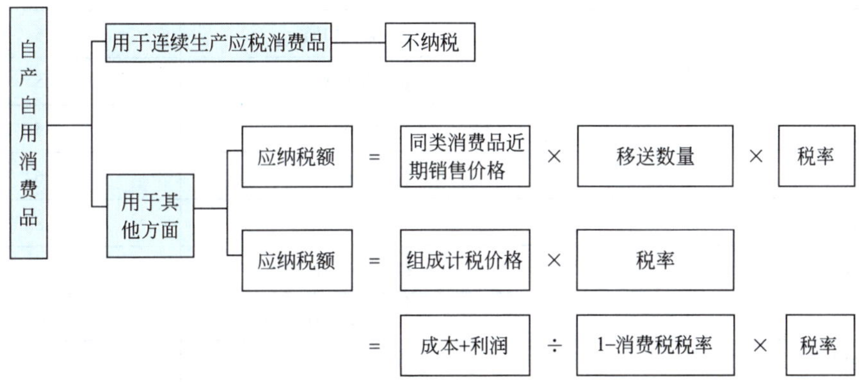


**【例3-14】** 某汽车制造厂生产的小汽车应按自产自用缴纳消费税的有（　）。

A. 用于本厂研究所作碰撞试验　　B. 赠送给贫困地区

C. 移送改装分场改装加长型豪华小轿车　　D. 为了检测其性能，将其转为自用

**解析**　根据自产自用应税消费税计算原理，正确答案选择BD。

*试一试3-14*　**你能作出正确选择吗？**

根据消费税的相关规定，下列纳税人自产自用应税消费品项目中不缴纳消费税的是（　）。

A. 加油站用于本站车辆的汽油

B. 卷烟厂用于生产卷烟的自产烟丝

C. 汽车制造厂将自产汽车改装为警车

D. 洗化用品厂将自产的护肤品用于促销试用装

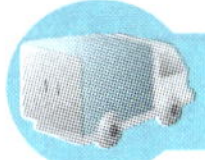

## 任务二　自产自用应税消费品没有销售额的税务处理

自产自用应税消费品没有销售额，税法规定应当按照本企业当月同类消费品的销售价格计算应纳消费税，如果当月各批销售价格高低不同，则应按销售数量加权平均计算，但销售的应税

消费品有下列情况之一者，不得列入加权平均：一是销售价格明显偏低又无正当理由的，二是无销售价格的。如果当月没有发生销售，则应当按照同类消费品上月或最近月份的销售价格计算纳税。如果没有同类消费品销售价格，应以组成计税价格计算纳税。组成计税价格的计算公式为：

组成计税价格＝成本×（1＋成本利润率）/（1－消费税税率）

应纳税额＝组成计税价格×适用税率

式中，成本为应税消费品的产品生产成本；

利润率为国家税务总局发布的应税消费品的全国平均成本利润率。

具体如表3-3所示。

**表3-3　全国平均成本利润率**

| 项　目 | 平均成本利润率/% | 项　目 | 平均成本利润率/% |
| --- | --- | --- | --- |
| 甲类卷烟 | 10 | 粮食白酒 | 10 |
| 乙类卷烟 | 5 | 薯类白酒 | 5 |
| 雪茄烟 | 5 | 其他酒 | 5 |
| 烟丝 | 5 | 酒精 | 5 |
| 化妆品 | 5 | 摩托车 | 6 |
| 鞭炮、焰火 | 5 | 乘用车 | 8 |
| 贵重首饰及珠宝玉石 | 6 | 中轻型商用客车 | 5 |
| 汽车轮胎 | 5 | 高尔夫球及球具 | 10 |
| 木制一次性筷子 | 5 | 游艇 | 10 |
| 实木地板 | 5 | 高档手表 | 20 |

【例3-15】某日化公司（一般纳税人）2008年9月发生的购销业务按自产自用消费品应纳消费税计算，如表3-4所示（消费税税率为30%）。

**表3-4　自产自用消费品应纳消费税计算**

| 税　项 | 业　务 | 税额计算/元 |
| --- | --- | --- |
| 销售化妆品应纳消费税 | 9日销售化妆品400箱，每箱不含税单价600元；13日销售化妆品500箱，每箱不含税单价650元 | （400×600＋500×650）×30%＝169 500 |
| | 将100箱化妆品当作节日礼物发放职工 | 100×627.78×30%＝18 833.4 |
| | 用200箱化妆品与某纸业公司换取产品用包装箱，取得的纸业公司开具的防伪税控增值税专用发票上注明增值税86 800元，发票已认证 | 200×650×30%＝39 000 |
| | 合　计 | 227 333.4 |
| 外购货物准予抵扣的消费税 | 从丙日化厂购入已税化妆品，取得的已认证的防伪税控增值税专用发票上注明含税收入63 600元，其中60%用于生产化妆品并销售 | 63600×30% ×60%＝11 448 |
| 本月应纳消费税 | 合　计 | 227 333.4－11 448＝215 885.4 |

注：1. 纳税人自产自用应税消费品用于其他方面，应按其生产的同类消费品销售价格计税，当月同类消费品售价高低不同，应按加权平均价格作为计税依据。

加权平均单位＝（400×600＋500×650）÷（400＋500）＝627.78（元）

2. 纳税人用于换取生产资料的应税消费品，应以同类产品的最高消费销售价格作为计税依据，计算消费税。

【例3-16】某化妆品公司将一批自产的化妆品用作职工福利，化妆品成本8 000元，该化妆品无同类产品市场销售价格，但已知其成本利润率为5%，消费税税率为30%。计算该批化妆品应缴纳的消费税税额。

**解析** 如果没有同类消费品销售价格，应以组成计税价格计算纳税。该批化妆品应缴纳的消费税税额计算如下。

（1）组成计税价格＝成本×（1＋成本利润率）÷（1－消费税税率）

＝8 000×（1＋5%）÷（1－30%）

＝8 400÷0.7＝12 000（元）

（2）应纳税额＝12 000×30%＝3 600（元）

*试一试3-15* **你能正确计算消费税和增值税吗？**

某酒厂以自产特制粮食白酒2 000斤用于厂庆庆祝活动，每斤白酒成本12元，无同类产品售价，计算应纳消费税和增值税（成本利润率为10%）。

# 项目四 委托加工环节消费税计算

## 任务一 受托方代收代缴消费税的计算

委托加工应税消费品是指委托方提供原料和主要材料，受托方只收取加工费和代垫部分辅助材料加工的应税消费品。不属于委托加工应税消费品业务的包括：①由受托方提供原材料生产的应税消费品；②是受托方先将原材料卖给委托方，再接受加工的应税消费品；③由受托方以委托方名义购进原材料生产的应税消费品。

受托方加工完毕向委托方交货时，由受托方代收代缴消费税。如果受托方是个体经营者，委托方须在收回加工应税消费品后向所在地主管税务机关缴纳消费税。

委托加工应税消费品，按照受托方的同类消费品的销售价格计算纳税；没有同类消费品销售价格的，按照组成计税价格计算纳税。

组成计税价格＝（材料成本＋加工费）/（1－消费税税率）

应纳税额＝组成计税价格×适用税率

式中，材料成本为委托方所提供加工材料的实际成本；加工费为受托方加工应税消费品向委托方所收取的全部费用（包括代垫辅助材料的实际成本）。

【例3-17】某企业专门从事化妆品加工和销售，2007年9月，某公司委托该企业加工一批化妆品，加工所需材料总成本为100 000元，加工费为50 000元，假设受托方不存在同类消费品的销售价格，请计算该企业应当代扣代缴多少消费税？假设受托方同类消费品的销售价格为200 000元（不含增值税），请计算该企业应当代扣代缴多少消费税（化妆品消费税率为30%）？

**解析** 委托加工的应税消费品，按照受托方的同类消费品的销售价格计算纳税；没有同类消费品销售价格的，按照组成计税价格计算纳税。组成计税价格计算公式：组成计税价格＝（材料成本＋加工费）/（1－消费税税率）。在不存在同类消费品的销售价格下，应当使用组成计税价格来计算。组成计税价格为：（100 000＋50 000）/（1－30%）＝214 285.71（元）。该企业应当代扣代缴的消费税为：214 285.71×30%＝64 285.71（元）。如果同类消费品销售价格为200 000元（不含增值税），应当使用同类消费品的销售价格来计算消费税。该企业应当代扣代缴的消费税为：200 000×30%＝60 000（元）。

**试一试3-16　你能正确计算鞭炮企业代收代缴的消费税吗？**

某鞭炮企业8月份受托为某单位加工一批鞭炮，委托单位提供的原材料金额为30万元，收取委托单位不含增值税的加工费4万元，鞭炮企业当地无加工鞭炮的同类产品市场价格。计算鞭炮企业应代收代缴的消费税（鞭炮的消费税税率为15%）。

## 任务二　委托加工收回已纳税款扣除的计算

纳税人用委托加工收回的已经缴过消费税的应税消费品连续生产的应税消费品，销售时应当按规定纳税。在计征消费税时可以扣除委托加工收回应税消费品的已纳消费税税款。

委托加工收回的应税消费品连续生产的应税消费品准予从应纳消费税税额中按当期生产领用数量计算扣除其已纳消费税款。计算公式如下：

当期准予扣除的委托加工应税费品已纳税款＝期初库存的委托加工应税消费品已纳税款＋当期收回的委托加工应税消费品已纳税款－期末库存的委托加工应税消费品已纳税款

值得注意的是，纳税人用委托加工收回的已纳税珠宝玉石生产的，改在零售环节征收消费税的金银首饰，在计税时一律不得扣除委托加工收回的珠宝玉石已纳的消费税税款。

【例3-18】某卷烟厂相关业务应税消费品应纳税额计算，如表3-5所示，其适用税率：烟丝消费税税率为30%，卷烟消费税税率为45%。固定税额为每标准箱150元。

表3-5　某卷烟厂应税消费品应纳税额计算

| 业　　务 | 税　　项 | 税额计算/万元 |
|---|---|---|
| 卷烟厂（一般纳税人）委托某烟丝加工厂（小规模纳税人）加工一批烟丝，卷烟厂提供的烟叶在委托加工合同上注明成本8万元。烟丝加工完，卷烟厂提货时，加工厂收取加工费，开具普通发票上注明金额1.272万元，并代收代缴了烟丝的消费税。卷烟厂将这批加工收回的烟丝50%对外直接销售，收入6.5万元，另50%当月全部用于生产卷烟。本月销售卷烟40标准箱，取得不含税收入60万元 | 从量定额征收的消费税 | 40×150÷10 000＝0.6 |
| | 从价定率征收的消费税 | 60×45%＝27 |
| | 准予扣除消费税 | （8＋1.272）÷(1－30%)×30%×50%＝1.986 9 |
| | 应纳消费税 | (0.6＋27)－1.986 9＝24.613 1 |

注：委托加工收回的上述烟丝直接对外销售，不再缴纳消费税。

**试一试3-17　你能正确计算白云汽车厂应纳消费税吗？**

白云汽车轮胎厂某月委托蓝天橡胶厂加工汽车轮胎1 000套，白云汽车轮胎厂向受托方提供橡胶共计2 000千克。每套轮胎材料成本100元，蓝天橡胶厂加工一套轮胎的加工费为30元，代垫辅料14元。该厂没有同类消费品。白云汽车轮胎厂收回汽车轮胎后一半用于继续生产汽车轮胎，另一半直接出售，取得价款10 000元。月底销售加工完的汽车轮胎500套，每套不含税价格为250元。汽车轮胎消费税税率为30%。计算白云汽车厂应纳消费税。

# 项目五　进口环节消费税计算

进口应税消费品应纳税额计算方法有三种。

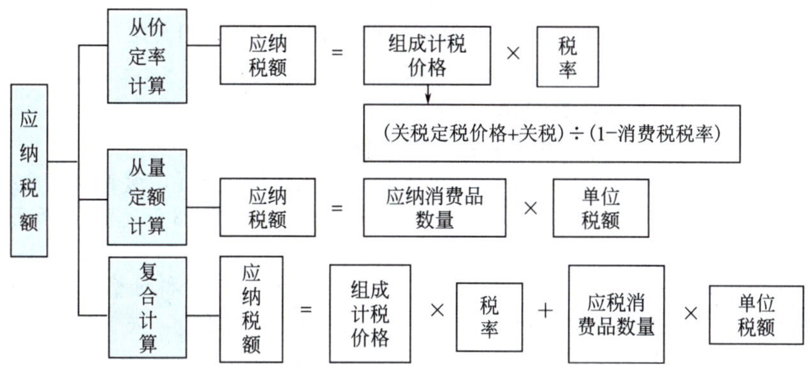


说明：进口应税消费品，于报关进口时缴纳消费税，进口的应税消费品的消费税由海关代征，实行从价定率办法的应税消费品应纳税额的计算为：

应纳消费税税额＝组成计税价格×消费税税率

＝（关税完税价格＋关税）÷（1－消费税税率）×消费税税率

**【例3-19】**某公司进口一批摩托车，海关应征进口关税15万元（关税税率假定为30%），则进口环节需缴纳多少消费税和增值税（消费税税率为10%）？

**解析**　关税完税价格＝15÷30%＝50（万元），进口消费税＝（50＋15）÷（1－10%）×10%＝7.22（万元），进口增值税＝（50＋15＋7.22）×17%＝12.28（万元）

*试一试3-18*　**依据消费税进口知识作出正确选择**

白云外贸进出口公司当月从日本进口140辆小轿车，每辆车的关税完税价格为8万元，已知小轿车关税税率为50%，消费税税率为5%。进口这些轿车应缴纳的消费税为（　）。

A. 61.6万元　　B. 88.42万元　　C. 56万元　　D. 80万元

为了统一进口卷烟与国产卷烟的消费税政策，自2004年3月1日起，进口卷烟消费税适用比例税率按照以下办法确定：

① 每标准条进口卷烟（200支）确定消费税适用比例税率的价格＝（关税完税价格＋关税＋消费税定额税）÷（1－消费税税率）

其中：关税完税价格和关税为每标准条的关税完税价格及关税税额；消费税定额税率为每标准条（200支）0.60元；消费税税率固定为30%。

② 每标准条进口卷烟（200支）确定消费税适用比例税率的价格≥50元人民币的，适用比例税率45%；每标准条进口卷烟（200支）确定消费税适用比例税率的价格＜50元人民币的，适用比例税率30%。

**【例3-20】**有进出口经营权的某外贸公司，7月从国外进口卷烟320箱（每箱250条，每条200支），支付买价2 000 000元，支付到达我国海关前的运输费用120 000元，保险费用80 000元。已知进口卷烟的关税税率为20%，请计算卷烟在进口环节应缴纳的消费税。

**解析** 卷烟在进口环节应缴纳的消费税计算如下。

（1）每条进口卷烟消费税适用比例税率的价格＝［（2 000 000＋120 000＋80 000）/（320×250）×（1＋20%）＋0.6］/（1－30%）＝48(元)

单条卷烟价格小于50元，适用消费税税率为30%。

（2）进口卷烟应缴纳的消费税＝320×250×48×30%＋320×250×0.6＝1 200 000（元）

（3）进口环节应缴纳的增值税＝320×250×48×17%＝652 800（元）

*试一试3-19* **依据要求回答问题**

某生产企业生产的货物为应税消费品，本月发生以下业务。

(1) 销售自产消费品取得含税收入1 200万元；收取运费2万元，装卸费0.34万元。

(2) 接受委托加工应税消费品，收取的加工费和税金分别为18万元和3.06万元；委托方提供的原材料价税合计为585万元。

(3) 进口一批应税消费品到岸价格为158万元，海关核定的完税价格为170万元，进口后又将其售出，取得不含税价款280万元（应税消费品税率为15%，关税税率为80%）。

要求：按以下顺序回答问题。

(1) 生产企业内销应纳消费税。

(2) 进口环节海关代征消费税。

(3) 委托加工环节代收代缴消费税。

**案例讨论3-5** 企业进口应税消费品用于连续生产应税消费品，其进口时已纳消费税是否可以抵扣？

## 项目六 出口应税消费品退（免）税

出口应税消费品退（免）税范围的规定、程序、审核及管理与出口货物退（免）增值税有许多一致的地方，增值税纳税实务模块中已有详述，本节不再重复，这里仅就出口应税消费品退（免）税消费税不同于退（免）增值税的特殊规定作介绍。

### 任务一 掌握出口退（免）税政策适用范围

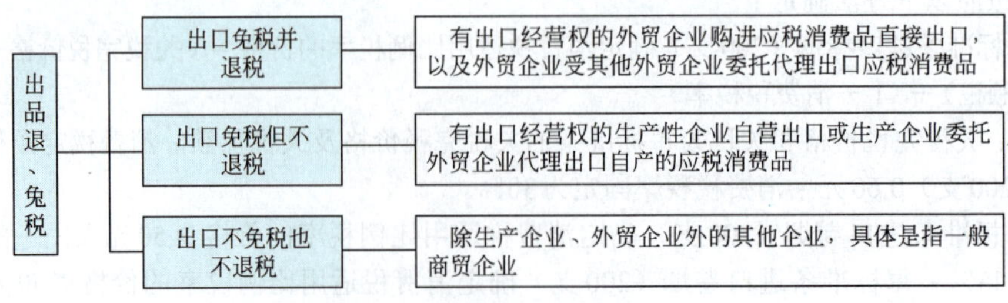


【例3-21】下列情形属于出口免税但不退消费税的是（　　）。

A. 有出口经营权的外贸企业受其他外贸企业委托代理出口的应税消费品

B. 有出口经营权的生产型企业自营出口的应税消费品

C. 有出口经营权的外贸企业购进应税消费品直接出口

D. 生产企业委托外贸企业代理出口自产的应税消费品

**解析** 生产企业无论自营出口还是委托代理出口应税消费品，均实行免税政策，不退还消费税。正确答案选择BD。

## 任务二 正确应用退税率

计算出口应税消费品应退消费税仍采用该应税消费品适用的消费税税率。企业如果将不同税率的消费品同时出口，在计算应退消费税时，应该分开核算和申报，凡划分不清的，一律从低适用税率计算应退消费税税额。

*试一试3-20* **下列有关消费税出口退税论断是否正确？**

1. 出口应税消费品的消费税征多少退多少，退税率与该应税消费品的征税率一致。(　　)

2. 企业应将不同消费税税率的出口应税消费品分开核算和申报，凡划分不清适用税率的，不得退税。(　　)

## 任务三 出口应税消费品退税的计算

外贸企业从生产企业购进货物直接出口或受其他外贸企业委托代理出口应税消费品，属于从价定率计征消费税的，应依照外贸企业从工厂购进货物时征收消费税的价格计算退税，其公式为：

应退消费税税额＝出口货物的工厂销售额×税率

属于从量定额计征消费税的应依照购进和报关出口的数量计算，其公式为：

应退消费税税额＝出口数量×单位税额

**【例3-22】**某外贸企业从日化厂购进化妆品直接出口，离岸价为200万元，取得的增值税专用发票上注明的价格为130万元，支付出口运输费2万元，则其应退的消费税为多少？

**解析** 根据消费税出口退税政策，该企业应退消费税税额＝出口货物的工厂销售额×税率＝130×30%＝39（万元）

*试一试3-21* **依据消费税出口退税政策作出正确选择**

某外贸公司从橡胶厂购进一批汽车轮胎直接报送出口离岸价为200 000美元（汇率为1∶8.27），取得的增值税专用发票上注明的价格为1 500 000元，另支付从橡胶厂到出境口岸的运杂费100 000元、装卸费30 000元。汽车轮胎的消费税税率为30%，则应退消费税税额为(　　　)。

A. 16 540元　　B. 45 000元　　C. 16 000元　　D. 16 300元

## 任务四 出口退（免）税后的管理

出口的应税消费品办理退税后发生退关，或者国外退货进口时予以免税的，报关出口者必须及时向其所在地税务机关申报补缴已退的消费税税款。纳税人直接出口的应税消费品办理免税后，发生退关的，经所在地税务机关批准，可暂不办理补税，待其转为国内销售时，再向其主管税务机关申报补缴消费税。

# 项目七 金银首饰征收消费税的计算

金银首饰是应税消费品。但在办税规定上同其他消费品有很多规定不一样，因此有必要单独予以介绍。

## 任务一 了解金银首饰消费税的基本要素

金银首饰的零售业务是指将金银首饰销售给中国人民银行批准的金银首饰生产、加工、批发、零售单位（以下简称经营单位）以外的单位和个人的业务。下列行为视同零售业务。

（1）为经营单位以外的单位和个人加工金银首饰。包括带料加工、翻新改制、以旧换新等业务，不包括修理、清洗业务。

（2）经营单位将金银首饰用于馈赠、赞助、集资、广告、样品、集体福利、奖励等方面。

（3）未经中国人民银行总行批准，经营金银首饰批发业务的单位将金银首饰销售给经营单位。

| 序号 | 基本要素 | 基本规定 |
|---|---|---|
| 1 | 纳税人 | 在我国境内从事金银首饰零售业务的单位和个人。委托加工、委托代销金银首饰的，受托方也是纳税人 |
| 2 | 税率 | 金银首饰消费税税率为5%，生产环节为10% |
| 3 | 在零售环节征税的金银首饰的具体范围 | 在零售环节征税的金银首饰具体包括：金银和金基、银基全金首饰，以及金、银和金基、银基的镶嵌饰。不包括镀金（银）、包金（银）首饰及镀金（银）、包金（银）的镶嵌首饰（简称非金银首饰）。非金银首饰仍在生产环节纳税。对既销售金银首饰，又销售非金银首饰的生产经营单位，应将两类商品划分清楚，分别核算销售额。凡划分不清楚或不能分别核算的，在哪个环节销售，按哪个环节的税率全额征税。金银首饰与其他产品组成成套产品销售的，应按销售额全额征收消费税 |

**【例3-23】**下列关于金银首饰的陈述正确的是（　）。

A. 金、银和金基、银基合金首饰，以及金、银和金基、银基合金的镶嵌首饰统称为金银首饰

B. 对既销售金银首饰，又销售非金银首饰的生产、经营单位，应将两类商品划分清楚，分别核算销售额。凡划分不清楚或不能分别核算的一律按金银首饰征收消费税

C. 金银首饰与其他产品组成成套消费品销售的，应按销售额全额征收消费税

D. 金银首饰目前在零售环节征收消费税

**解析**　正确答案选择ACD。零售环节征收消费税的金银首饰范围仅限于金、银和金基、银基合金首饰，以及金、银和金基、银基合金的镶嵌首饰（以下简称金银首饰）。不属于上述

范围的应征消费税的首饰（以下简称非金银首饰），仍在生产销售环节征收消费税。对既销售金银首饰，又销售非金银首饰的生产、经营单位，应将两类商品划分清楚，分别核算销售额。凡划分不清楚或不能分别核算的，在生产环节销售的，一律从高适用税率征收消费税；在零售环节销售的，一律按金银首饰征收消费税。金银首饰与其他产品组成成套消费品销售的，应按销售额全额征收消费税。

知识驿站 3-4

**金银首饰消费税纳税人的认定**

- 申请办理金银首饰消费税纳税人认定的经营单位，应自领取营业执照之日起30日内，持中国人民银行准予其经营金银制品业务的批件及有关证件、资料，向核算地县以上国家税务局办理税务登记，并同时申请办理金银首饰消费税纳税人认定登记。
- 原有的经营单位，应自接到中国人民银行重新核定《经营金银制品业务许可证》准予继续经营的通知之日起30日内，到核算地县以上国家税务局申请办理金银首饰消费税纳税人认定登记。
- 经营单位办理金银首饰消费税纳税人认定时，应如实填写《金银首饰消费税纳税人认定登记表》，并提供有关证件、资料。

**案例讨论3-6**　委托加工、委托代销金银首饰的，受托方是否为纳税人？它与消费税基本法规的规定有什么不同？

## 任务二　计算金银首饰应纳消费税额

① 纳税人销售金银首饰，其计税依据为不含增值税的销售额。

如果纳税人销售金银首饰的销售额中未扣除增值税税额，在计算消费税时，应按以下公式换算为不含增值税税额的销售额：

金银首饰的销售额＝含增值税的销售额÷(1＋增值税税率或征收率)

② 金银首饰连同包装物销售的，无论包装物是否单独计价，也无论会计上如何核算，均应并入金银首饰的销售额，计征消费税。

③ 带料加工的金银首饰，应按受托方销售同类金银首饰的销售价格确定计税依据征收消费税。没有同类金银首饰销售价格按照组成计税价格计算纳税。组成计税价格的计算公式为：

组成计税价格＝(材料成本＋加工费)÷(1－金银首饰消费税税率)

④ 纳税人采用以旧换新（含翻新改制）方式销售的金银首饰，就按实际收取的不含增值税的全部价款确定计税依据增收消费税。

⑤ 生产、批发、零售单位用于馈赠、赞助、集资、广告、样品、职工福利、奖励等方面的金银首饰，应按纳税人销售同类金银首饰的销售价格确定计税依据征收消费税；没有同类金银首饰销售价格的，按照组成计税价格计算纳税。组成计税价格的计算公式为：组成计税价格＝购进原价×(1＋利润率)÷(1－金银首饰消费税税率)。纳税人为生产企业时，公式中的“购进原价”为生产成本，公式中的“利润率”一律定为6%。

⑥ 金银首饰消费税改变纳税环节后，用已纳税珠宝玉石生产的镶嵌首饰，在计税时一律不得扣除已纳的消费税税款。

**【例3-24】** 白云金店（中国人民银行批准的金银首饰销售单位）为增值税一般纳税人，2008年12月发生如下经济业务。

① 赊购24K纯金项链10条，取得增值税专用发票，发票注明的销售额为40 000元，税额6 800元；直接用现金采购24K纯金戒指两枚，取得专用发票，发票注明的销售额为10 000元，税额1 700元；购进镀金澳门回归纪念币一批，取得的增值税专用发票注明税额2 000元，支付运费50元，取得运输部门定额发票。

② 采取"以旧换新"方式销售24K纯金项链一条，新项链对外销售价格5 000元，旧项链作价3 000元，从消费者手中收取新旧差价款2 000元；以同一方式销售某名牌金表20块，此表对外售价每块350元，旧表作价50元。

③ 赠送业务关系户24K纯戒指一枚（该戒指从未销售过），账面购进原价为3000元；销售包金项链10条，向消费者开出的普通发票金额为50 000元；销售镀金项链10条，向消费者开出的普通发票金额为80 000元。

**要求**：计算白云金店2008年12月应纳的消费税。

**解析**　白云金店2008年12月应纳的消费税＝［2 000÷（1＋17%）＋3 000×（1＋6%）÷（1－5%）］×5%＝252.84（元）。在零售环节征税的金银首饰不得再扣除外购应税消费品已纳消费税；以旧换新销售金银首饰的，应以实际收到的价款作为收入征税；金表、金币、镀金及包金首饰均不属于应在零售环节征税的金银首饰，故此处不征税。

*试一试3-22*　**依据业务回答问题**

蓝天商场首饰商场2008年10月份销售首饰业务如下：

(1) 销售18K金的首饰，取得零售收入70.2万元；

(2) 销售珍珠项链、玉石手链等，取得零售收入24.85万元；

(3) 销售钻石镶嵌首饰，取得零售收入93.6万元；

(4) 连同金首饰一并销售且单独计价的包装物1.72万元（已含在零售收入中）；

(5) 购进首饰取得的专用发票上注明的税金21.41万元，货已到尚未付款。发票已认证。

要求：按以下顺序计算问题。

(1)　蓝天商场首饰商场2008年10月份应纳的消费税。

(2)　蓝天商场首饰商场2008年10月份应纳的增值税。

# 课题三　消费税纳税申报

## 项目一　消费税纳税申报的前期准备

### 任务一　了解消费税纳税申报方式

消费税的纳税申报包销售自产应税消费品的纳税申报；委托加工应税消费品代收代缴申

报；出口应税消费品的免税或退税申报。

① 自产应税消费品的纳税申报。自产应税消费品于销售环节纳税；自产自用的于移送使用时纳税。自产应税消费品纳税申报首先确定应税消费品适用的税目税率，核实计税依据，在规定的期限内向主管税务机关报送消费税纳税申报表。

② 委托加工应税消费品代收代缴纳税申报。委托加工应税消费品，由受托方办理代收代缴消费税申报。

③ 出口应税消费品的纳税申报规定如下。

| 序号 | 企业类型 | 纳税申报规定 |
|---|---|---|
| 1 | 生产企业 | 有进出口经营权的生产企业自营或委托出口应税消费品的应向主管税务机关提供“两单一票”办理免税申报手续。如发生退关或退货，出口时已予以免税的，经所在地主管税务机关批准，可暂不办理补税，于报送消费税纳税申报表的同时，提供“出口货物转内销证明” |
| 2 | 外贸企业 | 外贸企业出口应税消费品退（免）税实行专用税票管理制度。生产企业将应税消费品销售给外贸企业出口，应到主管征税机关办理消费税专用税票开具手续，然后办理消费税纳税申报手续。应税消费品出口后外贸企业凭“两单一票”及消费税专用税票向主管退税机关办理退税手续，报送出口退税货物进货凭证申报明细表和出口货物退税申报明细表 |

## 任务二　明确消费税纳税义务发生时间

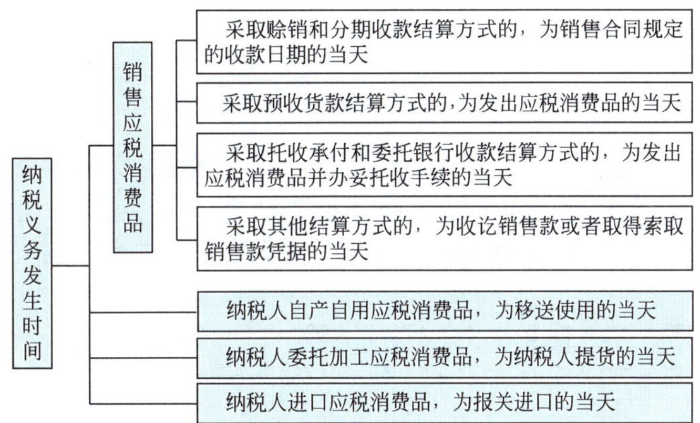


**【例3-25】**某企业2008年度生产10 000吨酒精，其中，销售5 000吨，每吨价格为4 000元（不含增值税），4 000吨用于生产白酒，另有500吨用于职工福利和馈赠，库存500吨，请计算该企业2007年度就该酒精应当缴纳多少消费税？如何缴纳？

**解析**　酒精属于应税消费品，对于生产的酒精，在销售时应当纳税。如果该企业以1个月作为一期纳税，应当在每月10日内就上个月所销售的酒精缴纳消费税。该企业2008年度，销售酒精5 000吨，应当缴纳消费税：5 000×4 000×5%＝1 000 000（元）。该企业用于连续生产的酒精不需要缴纳消费税，但是生产出的白酒在销售时需要缴纳消费税。该企业用于职工福利和馈赠的500吨同样需要缴纳消费税：500×4 000×5%＝100 000（元）。库存的酒精不需要缴纳消费税。因此，该企业2008年度就该酒精应当缴纳的消费税总额为：1 000 000＋100 000＝1 100 000（元）。用于职工福利和馈赠的酒精视同销售，应当在使用或者转移的次月10日前缴纳消费税。

*试一试3-23* **你能作出正确选择吗？**

下列关于消费税纳税义务发生时间的问题，说法正确的有（　　）。

A. 某金银珠宝店销售金银首饰10件，收取价款25万元，其纳税义务发生时间为收款当天

B. 某汽车厂采取赊销方式销售，其纳税义务发生时间为合同规定的收到货款的当天

C. 某汽车厂采用托收承付结算方式销售汽车，其纳税义务发生时间为发出汽车并办妥托收手续的当天

D. 某化妆品厂销售化妆品采用赊销方式，合同规定收款日为5月份，实际收到货款为6月份，纳税义务发生时间为6月份

## 任务三　掌握消费税纳税申报应提供的资料

① 纳税人在规定的申报期限内，报送《消费税纳税申报表》及国税机关要求报送的其他纳税资料。

② 扣缴义务人必须在规定的申报期限内报送《消费税代扣代缴税款报告表》及国税机关要求报送的其他有关资料。

**消费税税额减征规定**

对生产销售达到低污染排放值的小轿车、越野车、小客车减征30%的消费税。

举例说明：某小轿车生产企业为增值税一般纳税人，2006年6月生产并销售小轿车300辆，每辆含税销售价格17.55万元，适用消费税税率9%，经审查该企业生产的小轿车已达到减征消费税的国家标准。

消费税税额＝300×17.55÷（1＋17%）×9%×（1－30%）＝283.5（万元）

应纳增值税＝300×17.55÷（1＋17%）×17%＝765（万元）

## 任务四　掌握消费税纳税期限规定

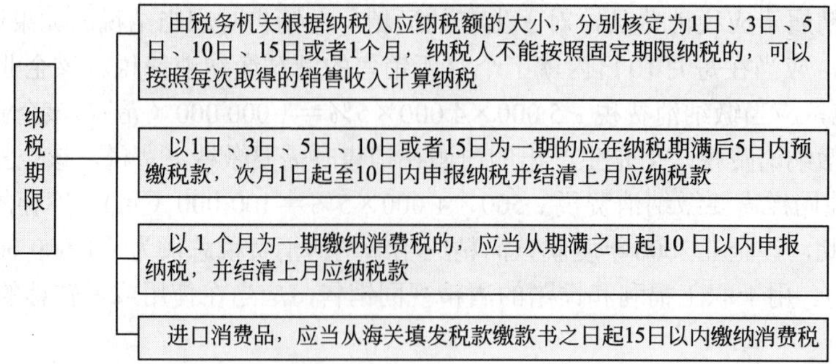

## 任务五　掌握消费税纳税地点规定

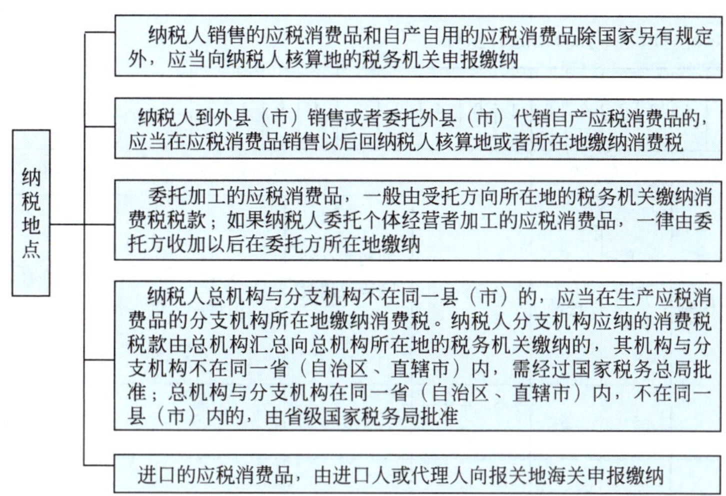


# 项目二　消费税纳税申报实务操作

纳税人无论有无销售额，均应按主管税务机关核定的纳税期限填报纳税申报表，并于次月1日至10日内，向当地税务机关申报纳税并结清上月应纳税款。消费税纳税人应按有关规定及时办理纳税申报，并如实填写消费税纳税申报表（见表3-6）。

**【例3-26】**广州白云卷烟厂为生产性增值税一般纳税人，其纳税人识别号为440105104794948，2009年2月生产经营情况如下：（1）期初库存外购烟丝金额10 234元，当期外购烟丝金额103 648元，期末库存烟丝金额5 698元，所领用烟丝全部用于生产加工卷烟；（2）委托加工烟丝已纳消费税税款期初余额为5 970元，当期收回委托加工烟丝已纳税款32 743元，期末库存委托加工烟丝已纳税款15 000元，所领用烟丝全部用于生产加工卷烟；（3）销售卷烟50标准箱，开具增值税专用发票注明价款672 340元，增值税款114 297.80元；（4）2009年1月份应纳消费税款322 000元，并于2009年2月份缴入国库。

**要求**：计算填列消费税纳税申报表。

**解析**　广州白云卷烟厂计算填列消费税纳税申报表如下。

卷烟应纳消费税额 ＝ 应税销售额 × 适用税率＋应税销售数量 × 单位税额

＝ 672 340×45%＋50×150 ＝ 310 053（元）

烟丝当期准予扣除外购应税消费品已纳税款 ＝（期初库存外购应税消费品买价＋当期购进外购应税消费品买价－期末库存外购应税消费品买价）× 外购应税消费品适用税率 ＝（10 234＋103 648 － 5 698）×30% ＝ 108 184×30% ＝ 32 455.2（元）

烟丝当期准予扣除委托加工应税消费品已纳税款 ＝ 期初库存委托加工应税消费品已纳税款＋当期收回委托加工应税消费品已纳税款－期末库存委托加工应税消费品已纳税款 ＝ 5 970＋32 743 － 15 000 ＝ 23 713（元）

烟丝应纳消费税额 ＝ 烟丝当期准予扣除外购应税消费品已纳税款－烟丝当期准予扣除委托加工应税消费品已纳税款 ＝－ 32 455.2 － 23 713 ＝ － 56 168.2（元）

应纳消费税额合计 ＝ 卷烟应纳消费税额＋烟丝应纳消费税额 ＝ 310 053 － 56 168.2 ＝ 253 884.8（元）

**表3-6 消费税纳税申报表**

填表日期：2009年03月03日

税款所属期限：2009年02月01日至2009年02月28日

纳税人识别号：| 4 | 4 | 0 | 1 | 0 | 8 | 1 | 0 | 4 | 7 | 9 | 4 | 9 | 4 | 1 |

数量单位：标准箱
金额单位：元至角分

| 应税消费品名称 | 适用税目 | 从价定率 | | 从量定额 | | 当期准予扣除外购应税消费品买价 | | | | |
|---|---|---|---|---|---|---|---|---|---|---|
| | | 应税销售额 | 适用税率 | 应税销售数量 | 单位税额 | 合计 | 期初库存外购应税消费品买价 | 当期购进外购应税消费品买价 | 期末库存外购应税消费品买价 | 外购应税消费品适用税率 |
| 1 | 2 | 3 | 4 | 5 | 6 | 7＝8＋9－10 | 8 | 9 | 10 | 11 |
| 卷烟 | 烟 | 672 340.0 | 45% | 50 | 150.00 | | | | | |
| 烟丝 | | | | | | 108 184.00 | 10 234.00 | 103 648.00 | 5 698.00 | 30% |
| | | | | | | | | | | |
| | | | | | | | | | | |
| 合计 | — | 67 234.0 | — | 50 | — | 108 184.00 | 10 234.00 | 103 648.00 | 5 698.00 | — |

| 应纳消费税 | | 当期准予扣除外购应税消费品已纳税款 | 当期准予扣除委托加工应税消费品已纳税款 | | | |
|---|---|---|---|---|---|---|
| 本期 | 累计 | | 合计 | 期初库存委托加工应税消费品已纳税款 | 当期收回委托加工应税消费品已纳税款 | 期末库存委托加工应税消费品已纳税款 |
| 17＝3×4－12－13或5×6－12－13或3×4＋5×6－12－13 | 18 | 12＝7×11 | 13＝14＋15－16 | 14 | 15 | 16 |
| 310 053.00 | 632 053.00 | | | | | |
| －56 168.20 | －56 168.20 | 32 455.20 | 23 713.20 | 5 970.00 | 32 743.00 | 15 000.00 |
| | | | | | | |
| | | | | | | |
| 253 884.80 | 575 884.80 | 32 855.20 | 23 713.00 | 5 970.00 | 32 743.00 | 15 000.00 |

| 已纳消费税 | | 本期应补(退)税金额 | | | |
|---|---|---|---|---|---|
| 本期 | 累计 | 合计 | 上期结算税金额 | 补交本年度欠税 | 补交以前年度欠税 |

续表

| 19 | 20 | 21＝17－19＋22＋23＋24 | 22 | 23 | 24 |
|---|---|---|---|---|---|
| 0.00 | 322 000.00 | 253 884.80 | 0.00 | 0.00 | 0.00 |

| 截至上年底累计欠税额 | 本年度新增欠税额 | |
|---|---|---|
| | 本期 | 累计 |
| 25 | 26 | 27 |
| 0.00 | 253 884.80 | 253 884.80 |

<table>
<tr><td colspan="2">如纳税人填报，由纳税人填写以下各栏</td><td colspan="4">如委托代理人填报，由代理人填写以下各栏</td><td>备注</td></tr>
<tr><td rowspan="3">会计主管（签章）</td><td rowspan="3">纳税人（公章）</td><td>代理人名称</td><td></td><td colspan="2" rowspan="2">代理人</td><td rowspan="3"></td></tr>
<tr><td>代理人地址</td><td></td></tr>
<tr><td>经办人</td><td></td><td>电话</td><td></td></tr>
<tr><td colspan="7">以下由税务机关填写</td></tr>
<tr><td colspan="2">收到申报表日期</td><td colspan="2"></td><td>接收人</td><td colspan="2"></td></tr>
</table>

**填 表 说 明**

1. 表中第2栏“适用税目”必须按照《中华人民共和国消费税暂行条例》规定的税目填写。
2. 本表一式三联，第一联纳税人留存，第二联由主管税务机关留存，第三联税务机关做税收会计原始凭证。

*试一试3-24*　**依据下列资料计算填列消费税纳税申报表**

白云化妆品厂为生产性增值税一般纳税人，其纳税人识别号为440102767506899，2009年2月生产经营情况如下：（1）期初库存外购化妆品金额为39 875元，当期外购化妆品金额为239 780元，期末库存外购化妆品金额为20 988元，所领用化妆品全部用于生产加工高档化妆品销售；（2）销售化妆品开具增值税专用发票注明价款600 375元，增值税款102 063.75元；（3）2009年1月份应纳消费税额合计280 225元，于2009年2月份缴纳。

## 知识驿站 3-6

### 增值税与消费税的主要区别有哪些?

- 征收范围不同。增值税对所有的货物（除无形资产和不动产）普遍征收而且还对部分劳务征收；消费税只对14种货物征收。所以，增值税的征收范围远远大于消费税。
- 两税与价格的关系不同。增值税是价外税，消费税是价内税。同一货物计征增值税和消费税的价格是相同的，含消费税但不含增值税。
- 计算方法不同。消费税额＝销售额×消费税率＋销售数量×固定税额；增值税的计算则采用增值税专用发票抵扣进项税，即增值税额＝当期销项税－当期进项税。
- 纳税环节不同。消费税在出厂、委托加工和进口环节缴纳（金银首饰除外），而且只交一次。增值税则卖一次交一次，是多环节征收。
- 纳税人的划分不同。增值税区分一般纳税人和小规模纳税人；消费税则无此划分。

# 营业税纳税实务

## 学习目标

◆能执行营业税基本法律规定

◆能准确界定营业税和增值税的征税范围

◆正确判别营业税纳税人和扣缴义务人身份

◆依法确定营业税计税依据

◆正确选择和运用营业税税率

◆学会正确计算各行业营业税应纳税额

◆能依据营业税优惠政策为纳税主体提供节税方案和建议

◆能独立编制营业税纳税申报表和相关附表

◆能办理营业税申报与缴纳业务

## 课题一　解读营业税基本规定

营业税是指对提供应税劳务、转让无形资产和销售不动产的单位和个人，就其取得的营业收入额（销售额）征收的一种流转税。

我国营业税具有以下三个特点。

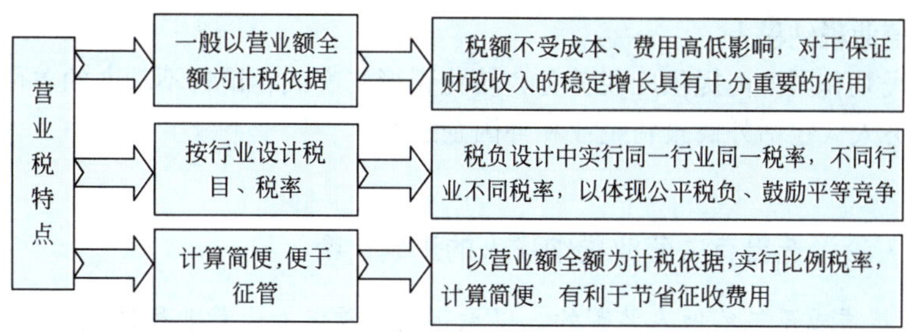


知识驿站 4－1

**营业税史话**

我国在历史上对于商人所课之税，其可考者，在周朝凡商贾衡虞皆有税。其后，汉武帝时有计算商贾钱缗，唐开办牙税，明代有门摊课钞，清季有铺间房税、当税，皆属于营业税性质，唯所用名称不同。 对于现有营业税的名称，系始创于民国三年（1914年），其实名曰特种营业执照税，订有特种营业执照税条例。课税范围条例第一条规定为皮货、洋服、珠宝古玩、饭庄酒馆业等十三个行业。税率分等级计算，按营业收人额由1 000元以上至40万元以上分为三等十三级，税率由1元起至1 000元为止，每年分两次征收。

# 项目一　解读营业税基本要素

明确和领会营业税基本要素是学好营业税的基础和前提，营业税基本要素包括纳税人、征税范围、税率。

## 任务一　判别营业税纳税人

营业税纳税人是在中国境内提供应税劳务、转让无形资产和销售不动产的单位和个人。具体包括两类：营业税纳税人和营业税扣缴义务人。

知识驿站 4－2

**构成营业税纳税人的条件有何规定?**

只有同时具备下述条件的单位和个人，才构成营业税的纳税义务人。

- 提供劳务、转让无形资产或者销售不动产的行为，必须发生在中国境内。
- 提供应税劳务、转让无形资产或者销售不动产的行为，必须属于营业税征税范围。
- 必须是有偿提供应税劳务、转让无形资产的所有权或使用权、转让不动产的所有权。

类型一：营业税纳税人

在中华人民共和国境内提供应税劳务、转让无形资产或者销售不动产的单位和个人，为营业税的纳税义务人（包括外商投资企业和外国企业）。

*试一试4-1* **请选出有关营业税纳税人的正确论断**

1. 企业租赁或承包给他人经营的，以承租人或承包人为营业税纳税人。

2. 单位和个体户的员工、雇工在为本单位或雇主提供劳务时，不是营业税纳税人。如小张是甲单位的职员，为本单位翻译了一批国外资料，取得了劳务费收入，这时小张不是营业税纳税人。

3. 从事铁路运营业务的纳税人，按照业务的管理者或经营者分别确定。

对于提供的应税劳务，一般来说，应以劳务发生地原则确定是否属于中国境内提供，但是，对于某些特殊应税劳务，需要作出特殊规定。

① 对于境内单位派出本单位的员工赴境外，为境外企业提供劳务服务，属于中国境外提供应税劳务，对其取得的各项收入，不征收营业税。

② 对于运输劳务，应以在境内载运旅客或货物出境为境内提供地。

③ 对于旅游劳务，应以在境内组织旅客出境旅游为境内提供此项劳务。

④ 对于保险劳务，在原则上应以被保险标的物的所在地为标准。如果保险标的物在境内，无论是否由境内保险机构提供，均属于营业税应税劳务。但如果保险标的物在境外，无论是否由境内保险机构提供，均不缴纳营业税。

**【例4-1】**在下列各项劳务中，属于营业税的征税范围和纳税人的是（　）。

A. 某国际列车装运一批货物从中国境内运往俄罗斯

B. 某汽车运输公司从俄罗斯运回一批货物入境

C. 某国内旅行社组织旅客去境外旅游

D. 某外国旅行社组织旅客到中国旅游

**解析**　正确答案选择AC。选项B涉及的运输业务，其起运地不在中国境内，因此不属于在中国境内提供运输服务的活动，不征收营业税。选项D涉及的旅游业务，不属于从中国境内组织旅客出境旅游的项目，不征收营业税。

*试一试4-2* **根据营业税纳税人的法律规定作出正确选择**

下列哪些单位是营业税的纳税人（　）。

A. 广州百货公司

B. 中国建设银行上海分行

C. 中国移动通信上海公司

D. 华北房地产开发公司

类型二：营业税扣缴义务人

在现实生活中，有些具体情况难以确定纳税人，因此税法规定了扣缴义务人。营业税的扣缴义务人主要有六种（见表4-1）。

表4-1　营业税扣缴义务人

| 应税业务 | 纳税人 | 扣缴义务人 |
| --- | --- | --- |
| 委托贷款业务 | 委托方 | 受托发放贷款的金融机构 |
| 分包和转包的建筑安装业务 | 分包人和转包人 | 总承包人 |
| 境外单位和个人的应税业务 | 境外单位和个人 | 代理人、受让人或购买人 |
| 演出业务 | 演出单位和个人 | 售票人 |
| 分保险业务 | 分保人 | 初保人 |
| 个人转让无形资产业务 | 转让个人 | 受让人 |

**【例4-2】**下列哪些单位是营业税的扣缴义务人（　　）。

A. 境外公司转让一项专利技术给甲企业：甲企业

B. 乙企业委托中国工商银行贷款给丙企业：中国工商银行

C. 第一建筑公司承包了大剧院建造工程，分别将土建和装修工程分包和转包给丁公司和戊公司：第一建筑公司

D. 歌星刘某借上海体育场举办演唱会，由经纪人李某联系，由上海体育场售票：上海体育场

**解析**　正确答案选择ABCD。甲企业是受让者；中国工商银行是受托发放贷款的金融机构；第一建筑公司是总承包人；上海体育场是售票者，需替刘某和李某代扣代缴营业税。

*试一试4-3*　**请结合营业税纳税人法律规定作出正确选择**

下列各项中，属于营业税扣缴义务人的有（　）。

A. 向境外联运企业支付运费的国内运输企业

B. 境外单位在境内发生应税行为而境内未设机构的，其代理人或购买者

C. 个人转让专利权的受让人

D. 分保险业务的初保人

## 任务二　界定营业税征税范围

营业税征税范围包括：在中国境内提供应税劳务、转让无形资产或销售不动产三个方面。根据营业税的征税范围，现行营业税共有九个税目（见表4-2）。

**知识驿站 4-3**

**营业税的税收管辖权**

营业税的税收管辖权限定于中国境内，在中国境内有以下七种情形：

- 提供的应税劳务发生在境内；
- 在境内载运旅客或货物出境；

- 在境内组织游客出境旅游；
- 转让的无形资产在境内使用；
- 销售的不动产在境内；
- 境内保险机构提供的除出口货物险、出口信用险外的保险劳务；
- 境外保险机构以境内的物品为标的提供的保险劳务。

**表4-2 营业税征税对象和税目表**

| 税　目 | 征收范围 |
|---|---|
| 交通运输业 | 陆路运输、水陆运输、航空运输、管道运输和装卸搬运输 |
| 建筑业 | 建筑、安装、修缮、装饰和其他工程作业 |
| 邮电通信业 | 邮政业、电信业 |
| 文化体育业 | 文化业、体育业 |
| 服务业 | 代理业、旅店业、饮食业、旅游业、仓储业、租赁业、广告业和其他服务业 |
| 转让无形资产 | 转让土地使用权、转让商标权、转让专利权、转让非专利技术、出租电影拷贝，转让著作权和转让商誉 |
| 销售不动产 | 销售建筑物或构筑物和销售其他土地附着物 |
| 金融保险业 | 金融业、保险业 |
| 娱乐业 | 夜总会、歌厅、舞厅、射击、狩猎、跑马、游戏、高尔夫球、游艺、电子游戏厅等 |
| | 保龄球、台球 |
| | 其他娱乐 |

根据营业税的征税范围，现将九个具体税目说明如下。

**税目一：交通运输业**

① 交通运输业包括陆路运输、水陆运输、航空运输、管道运输和装卸搬运5大类。

② 远洋运输企业从事承租、期租业务和航空运输企业从事湿租业务取得的收入，属于交通运输业。打捞业务比照水陆运输的办法征税。

③ 自2005年6月1日起，对公路经营企业收取的高速公路车辆通行费收入统一减按3%的税率征收营业税。

**税目二：建筑业**

建筑业是指建筑安装工程作业等，包括建筑、安装、修缮、装饰和其他工程作业，以及管道煤气集资费业务。

**税目三：金融保险业**

① 金融是指经营货币资金融通活动的业务，包括贷款、融资租赁、金融商品转让、金融经纪业和其他金融业务。

② 保险是指将通过契约形式集中起来的资金，用以补偿被保险人经济利益的活动。

③ 离岸银行业务，是指银行吸收非居民的资金，服务于非居民的金融活动，包括外汇存款、外汇贷款、同业外汇拆借、国际结算、发行大额可转让存款证、外汇担保、咨询见证等业务，以及国家外汇管理局批准的其他业务。

**【例4-3】**根据营业税暂行条例及其实施细则，以下属于金融保险业的征税范围的有（　　）。

A. 境内外资金融机构从事离岸银行业务　　B. 融资租赁
C. 银行的金银销售业务　　D. 银行贷款

**解析**　正确答案选择ABD。银行销售金银，一律征收增值税，不属于营业税范畴。

知识驿站 4-4

**建筑业征税范围的特殊规定**

建筑业的特殊业务有两种情形，应注意区分。

| 序号 | 征税项目 | 说　明 |
| --- | --- | --- |
| 1 | 建筑业中的修缮与增值税“修理修配”的区分 | 建筑业中的修缮与增值税“修理修配”的区分主要看修理（修缮）的对象是什么，如果修缮的对象是建筑物、构筑物等不动产，应征营业税，如果对货物进行修理，则应征收增值税 |
| 2 | 关于自建行为的征税 | 第一，自建自售建筑物，除了按照销售不动产征收营业税外，还应征收一道“建筑业”营业税。第二，自建自用建筑物，根据现行税法规定，其自建行为不是建筑业营业税的纳税人，不征收营业税 |

**税目四：邮电通信业**

① 邮政是指传递实物信息的业务，包括传递函件或包件（含快递业务）、邮汇、报刊发行、邮务物品销售、邮政储蓄及其他邮政业务。

② 电信是指用各种电传设备传输电信号而传递信息的业务，包括电报、电传、电话、电话机安装、电信物品销售及其他电信业务。电信业务，包括基础电信业务和增值电信业务。

**税目五：文化体育业**

① 文化业是指经营文化活动的业务，包括表演、播映、经营游览场所和各种展览、培训活动，举办文学、艺术、科技讲座、讲演、报告会，图书馆的图书和资料的借阅业务等。

② 体育业是指举办各种体育比赛和为体育比赛或体育活动提供场所的业务。

③ 特殊业务：a. 广告播映应属于“服务业——广告业”征税范围；b. 对经营游览场所销售门票的收入按“文化体育业”税目征税，不包括这些场所举办的其他经营活动；c. 以租赁方式为文化活动、体育比赛提供场所，按“服务业——租赁业”征税。

**税目六：娱乐业**

娱乐业是指为娱乐活动提供场所和服务的业务。娱乐业包括经营歌厅、舞厅、卡拉OK歌舞厅、音乐茶座、台球、高尔夫球、保龄球场、网吧、游艺场等娱乐场所。对于娱乐场所为顾客提供的饮食服务及其他各种服务，也按照娱乐业征税。

**税目七：服务业**

服务业是指利用设备、工具、场所、信息或技能为社会提供服务的业务，包括代理业、旅店业、饮食业、旅游业、仓储业、租赁业、广告业和其他服务业。

① 对于双方签订承包、租赁合同（协议，下同），将企业或企业部分资产出包、租赁，出包、出租者向承包、承租方收取的承包费、租赁费（承租费，下同），按“服务业”税目征收营业税。

② 对于远洋运输企业从事光租业务和航空运输企业从事干租业务取得的收入，按“服务业”税目中的“租赁业”项目征收营业税。

③ 对福利彩票机构以外的单位销售福利彩票取得的手续费收入，依法征收营业税。

④ 对社保基金投资管理人、社保基金托管人从事社保基金管理活动取得的收入，依法征收营业税。

⑤ 交通部门有偿转让高速公路收费权行为，属于营业税征收范围，应按“服务业”税目中的“租赁”项目征收营业税。

⑥ 单位和个人在旅游景点经营索道取得的收入，按“服务业”税目“旅游业”项目征收营业税。

⑦ 无船承运业务，应按照“服务业”税目“代理业”项目征收营业税。无船承运业务是指无船承运业务经营者以承运人身份接受托运人的货载，签发自己的提单或其他运输单证，向托运人收取运费，通过国际船舶运输经营者完成国际海上货物运输，承担承运人责任的国际海上运输经营活动。

⑧ 酒店产权式经营业主在约定的时间内提供房产使用权与酒店进行合作经营，如房产产权并未归属新的经济实体，业主按照约定取得的固定收入和分红收入均应视为租金收入，根据有关税收法律、行政法规的规定，应按照“服务业——租赁业”征收营业税。

**税目八：转让无形资产**

转让无形资产是指转让无形资产的所有权或使用权的行为，包括转让土地使用权、转让商标权、转让专利权、转让非专利技术、出租电影拷贝、转让著作权和转让商誉。

自2003年1月1日起，以无形资产投资入股，参与接受投资方利润分配、共同承担投资风险的行为，不征收营业税。在投资期后转让其股权的，也不征收营业税。

**税目九：销售不动产**

销售不动产是指有偿转让不动产所有权的行为，包括销售建筑物或构筑物和销售其他土地附着物。

① 在销售不动产时连同不动产所占土地的使用权一并转让的行为，比照销售不动产征收营业税。

② 转让不动产有限产权或永久使用权，以及单位将不动产无偿赠送他人，应视同销售不动产，征收营业税。对个人无偿赠送不动产的行为，不征收营业税。

③ 纳税人自建住房销售给本单位职工，属于销售不动产行为，应照章征收营业税。

④ 自2003年1月1日起，以不动产投资入股，参与接受投资方利润分配、共同承担投资风险的行为，不征收营业税。在投资期后转让其股权的，也不征收营业税。

区分三种特殊业务的税务处理

| 名　称 | 内　容 | 举　例 | 税务处理 |
|---|---|---|---|
| 兼营不同税目应税行为 | 纳税人从事两个或两个以上营业税的应税项目，它们分别适用不同的税率 | 某饭店既从事餐饮服务又附设歌舞厅从事娱乐服务 | 纳税人应当分别核算不同税目的营业额、转让额、销售额；未分别核算的，从高适用税率计算税额 |
| 混合销售行为 | 既涉及增值税的征税范围，又涉及营业税应税项目的某一项销售行为 | 某建筑公司承包工程，合同规定包工包料 | 从事货物生产、批发、零售的企业、企业性单位及个体经营者的混合销售行为，视为销售货物，不征营业税而征增值税；其他单位和个人的混合销售行为，视为提供应税劳务，征营业税 |

续表

| 名　称 | 内　容 | 举　例 | 税务处理 |
| --- | --- | --- | --- |
| 兼营应税劳务与货物或非应税劳务行为 | 营业税纳税人在提供营业税应税劳务的同时，还经营非应税（即增值税征税范围）货物与劳务 | 某酒店在提供住宿和餐饮服务的同时，又在酒店内开设有商品部。餐饮和住宿属于营业税征税范围，而商品部则属于销售货物征收增值税 | 纳税人应分别核算应税劳务的营业额和货物或非应税劳务的销售额，分别计算各自应纳的营业税和增值税；未分别核算或不能准确核算的，其应税劳务与货物或非应税劳务一并征收增值税，不征营业税 |

试一试4-4　**依据营业税征税范围法律规定，讨论下列问题**

1. 搬家业务应按什么税目征收营业税?
2. 融资租赁业务应征收增值税，还是征收营业税?
3. 对足球俱乐部组织足球比赛的收入如何征收营业税?
4. 对经营游览场所业务收入如何征收营业税?
5. 随汽车销售提供的汽车按揭服务和代办服务业务应当征收增值税还是征收营业税?

**【例4-4】**下列企业的营业行为，属于混合销售行为的有（CD）。

A. 某饭店既开设餐厅、客房，又开设商场，为顾客提供多方面服务

B. 某餐厅既经营餐饮业又经营娱乐业

C. 某建筑公司为承建的工程既提供全部建筑材料又承担建筑安装业务

D. 某运输公司销售货物并负责运输所售货物

**解析**　正确答案选择CD。混合销售强调的是在同一项销售行为中存在着两类经营项目的混合；兼营强调的是在同一纳税人的经营活动中存在着两类经营项目，但这两类经营项目不是在同一项销售行为中发生，即销售货物和应税劳务与提供非应税劳务不是同时发生在同一购买者身上。

试一试4-5　**结合营业税税目规定作出正确选择**

下列混合销售行为中，应纳营业税的是（　　）。

A. 钢窗厂生产钢窗并负责安装　　B. 建筑公司建造并自用的办公楼

C. 电信局销售手机并提供网络服务　　D. 福利彩票机构发行销售福利彩票

知识驿站 4-5

**营业税与增值税征税范围的划分**

| 行业 | 征营业税 | 征增值税 |
| --- | --- | --- |
| 建筑业 | 在建筑现场制造的预制构件，直接用于本单位或本企业建筑工程的 | 基本建筑单位和从事建筑安装业务的企业附设的工厂、车间生产的水泥预制构件、其他构件或建筑材料，用于本单位或本企业建筑工程的 |
| 邮政业 | ①邮政部门（含集邮公司）销售集邮商品；②邮政部门发行报刊 | ①集邮商品的生产、调拨；②邮政部门以外的其他单位销售集邮商品；③其他单位发行报刊 |
| 电信业 | 电信单位自己销售电信物品，并为客户提供有关的电信劳务服务 | 单纯销售无线寻呼机、移动电话等不提供相关的电信劳务服务 |

## 任务三　掌握营业税税率设置

**案例讨论4-1**　旅游景点门票收入按照哪个税率征收？是旅游业5%，还是属于经营游览场所3%？两者的区别标准是什么？电影院放映电影的收入按照文化体育业交税还是按照娱乐业交税？

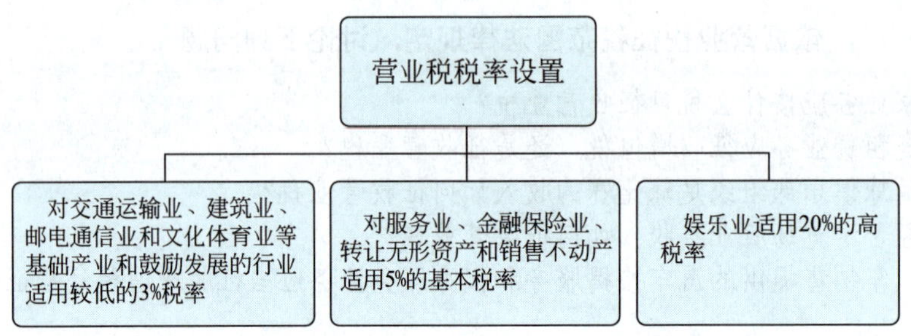


注意

纳税人兼有不同税目的应税行为，应当分别核算不同税目的营业额，未分别核算的，从高适用税率。

**【例4-5】**某建筑设计院某月既承担了某项建筑安装工程，又为其进行建筑安装设计。如果两项业务分别核算，其营业收入和营业成本税率是多少？如果两项业务未分别核算，其营业收入和营业成本税率又是多少？

**解析**　如果两项业务分别核算其营业收入和营业成本，则该建筑设计院分别按照建筑业税率（3%）和服务业设计税率（5%）计算应缴营业税；如果两项业务未分别核算其营业收入和营业成本，则该建筑设计院应该从高适用税率，按服务业设计（5%）计算征收营业税。

**试一试4-6**　**根据营业税征税范围和税率有关规定回答下列问题**

下列经营活动中计算营业税的税率正确的有（　　）。

A. 旅游景点经营索道取得的收入按5%　　B. 建筑设计收入按3%

C. 邮政储蓄收入按5%　　D. 金融保险业按5%

# 项目二　领会营业税税收优惠

## 任务一　掌握营业税起征点

营业额达到或超过起征点照章全额计算纳税，营业额低于起征点则免征收营业税。

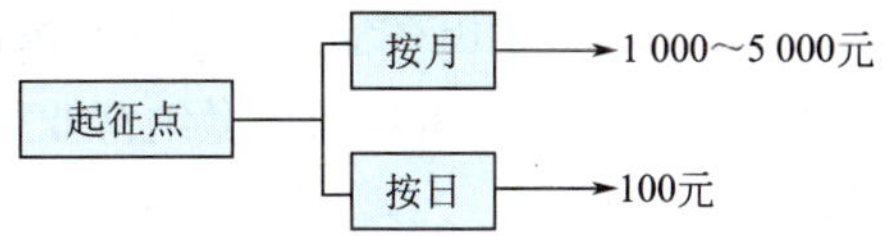

## 任务二　领会营业税的减免政策

| | |
|---|---|
| 1 | 托儿所、幼儿园、养老院、残疾人福利机构提供的育养服务、婚姻介绍、殡葬服务 |
| 2 | 医院、诊所和其他医疗机构提供的医疗服务 |
| 3 | 学校和其他教育劳务，学生勤工俭学提供的劳务 |
| 4 | 农业机耕、排灌、病虫害防治、植物保护、农业保险，以及相关的技术培训业务，家禽、牲畜、水生动物的配种和疾病防治 |
| 5 | 纪念馆、博物馆、文化馆、美术馆、展览馆、书画馆、图书馆、文物保护单位举办文化活动的门票收入（指第一道门票销售收入），宗教场所举办文化、宗教活动的门票收入 |
| 6 | 从事服务业（不包括广告业）的民政福利企业，安置残疾人员占企业生产人员35%以上的，可以暂免征收 |
| 7 | 下岗职工、个体工商户和下岗职工人数占企业总人数60%以上的从事社区服务业企业的营业收入，可以定期免征 |
| 8 | 按照政府规定价格出租的公有住房和廉租住房取得的收入 |
| 9 | 单位和个人从事技术转让、技术开发业务和与之相关的技术咨询、技术服务业务取得的收入，经过省级科技主管部门认定和省级地方税务局核准的；外国企业和外籍人员从中国境外向中国境内转让技术，经过省级地方税务局审核和国家税务总局批准的 |
| 10 | 保险公司开展的1年期以上到期返还本利的普通人寿保险、养老金保险和1年期以上健康保险以及经过财政部、国家税务局批准免税的其他普通人寿保险、养老金保险和健康保险业务的保费收入 |
| 11 | 经过中央和省级财政部门批准，纳入财政预算管理或者财政专户管理的行政事业性收费和基金 |
| 12 | 将土地使用权转让给农业生产者用于农业生产 |
| 13 | 金融机构之间由相互占用、拆借资金取得的利息收入 |
| 14 | 金融机构的出纳长款收入 |

**【例4-6】**下列属于营业税免税项目的是（　　）。

A. 托儿所提供养育服务　　B. 联营企业的运营收入

C. 企业转让无形资产收入　　D. 工商银行对企业贷款取得的利息收入

**解析**　根据税收优惠政策，正确答案选择A。

**【例4-7】**某公司准备投资创办一家服务型子公司，该公司预计年营业额为2 000 000元，预计年盈利500 000元，原计划招收20名普通员工，后该公司经过咨询专业人员，决定招收20名下岗失业人员或者城镇退役士兵，请计算该企业招收下岗失业人员或者城镇退役士兵比招收普通员工可以带来多少税收利益？

**解析**　如果该企业招收下岗失业人员，可以享受按实际招用人数予以定额依次扣减营业税、城市维护建设税、教育费附加和企业所得税优惠。定额标准为每人每年4 000元。20名员工可以抵扣80 000元税款。由于该企业预计营业额为2 000 000元，每年需要缴纳营业税及其附加：2 000 000×5.5%＝110 000(元)。税收优惠政策允许抵扣的80 000元税款可以全部抵扣。

如果该企业招收城镇退役士兵，可以享受3年内免征营业税及其附征的城市维护建设税、教育费附加和企业所得税的优惠政策，由于该企业每年需要缴纳营业税及其附加110 000元，需要缴纳企业所得税为：500 000×25%＝125 000（元）。该企业每年可以获得税收利益：110 000＋125 000＝235 000（元）。因此，该企业招收城镇退役士兵所获得的税收利益大于招收下岗失业人员的税收利益。

**试一试4-7　根据营业税税收优惠作出正确选择**

下列各项中，免征营业税的有（　　）。

A. 房地产开发企业代收的住房专项维修基金

B. 电脑福利彩票投注点代销福利彩票取得的手续费收入

C. 保险企业取得的追偿款收入

D. 军队出租空余房产取得的租赁收入

**案例讨论4-2　广州白天鹅宾馆如何结合营业税优惠政策进行纳税筹划？**

## 课题二　营业税计算

### 项目一　确定营业税计税依据

营业税的计税依据是营业额，营业额为纳税人提供应税劳务、转让无形资产或者销售不动产向对方收取的全部价款和价外费用。价外费用包括向对方收取的手续费、基金、集资费、代收款项、代垫款项及其他各种性质的价外收费。

**知识驿站4-6**

**确定营业税计税依据应注意特殊业务**

- 单位和个人提供营业税劳务、转让无形资产和销售不动产发生退款，凡该项退款已征收过营业税的，允许退还已征税款，也可以从纳税人以后的营业额中减除。
- 单位和个人在提供营业税应税劳务，转让无形资产、销售不动产时，如果将价款与折扣额在同一张发票上注明的，以折扣后的价款为营业额；如果将折扣额另开发票的，不论其在财务上如何处理，均不得从营业额中减除。
- 单位和个人提供应税劳务，转让无形资产和销售不动产时，因受让方违约而从受让方取得的赔偿金收入，应并入营业额中征收营业税。
- 单位和个人因财务会计核算办法改变将已缴纳过营业税的预收性质的价款逐期转为营业收入时，允许从营业额中减除。

## 任务一　确定交通运输业营业税计税依据

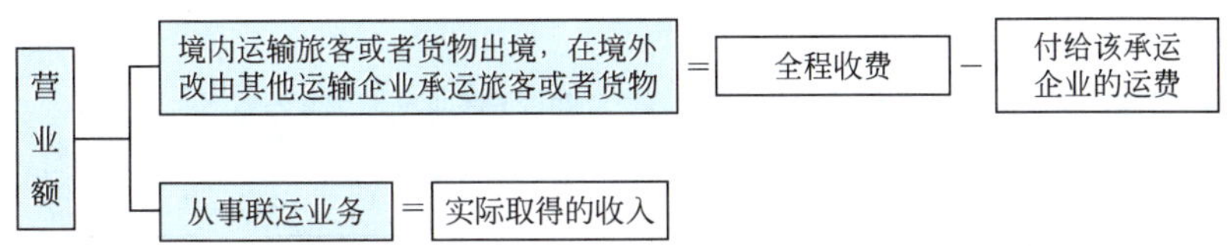


注：联运业务是指两个以上运输企业完成旅客或货物从发送地点至到达地点所进行的运输业务。联运的特点是一次购买、一次收费、一票到底。

**【例4-8】**我国某汽车货运公司，载运货物自境内运往A国，全程运费为500 000元，在境外由该国的运输公司运到目的地。向其支付运费180 000元。计算该公司本月应纳营业税的营业额。

**解析**　根据交通运输业计税依据规定，则该公司本月应纳营业税营业额为500 000－180 000＝320 000（元）。

**试一试4-8　计算运输公司应纳营业税的营业额**

某运输公司2008年8月份取得国内货运收入250 000元，装卸搬运收入35 200元；当月还承揽一项国际运输业务，全程收费为38 000元，其中境外运输业务转给境外运输单位，并支付境外承运单位运费20 000元。计算该运输公司8月份应纳营业税的营业额。

## 任务二　确定建筑业营业税计税依据

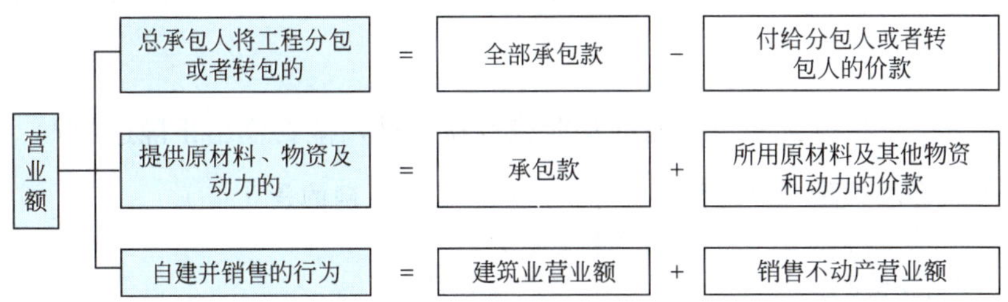


注：自建并销售的应税行为，分别按建筑业3%和销售不动产5%计算应纳税额。

**【例4-9】**2008年8月，某建筑安装企业承包一项安装工程，竣工后共取得工程价款100万元。在施工期间发生劳动保护费5万元，临时设施3万元，支付职工工资、奖金25万元，购买建筑材料等支出40万元。另外，还向发包单位收取抢工费2万元，获得提前竣工奖3万元。计算该企业8月份应纳营业税的营业额。

**解析**　根据建筑业计税依据规定，该企业8月份应纳营业税的营业额＝100＋2＋3＝105（万元）。

**试一试4-9　计算甲建筑公司司应纳营业税的营业额**

2008年7月初，甲建筑公司为乙单位盖厂房，甲、乙双方议定由甲建筑公司包工包料。7月底厂房竣工验收并交付使用。经核算，盖厂房共使用建筑及装饰材料等150万元。甲建筑公司向乙单位收取包工费80万元。计算甲建筑公司7月份应纳营业税的营业额。

## 任务三 确定金融保险业营业税计税依据

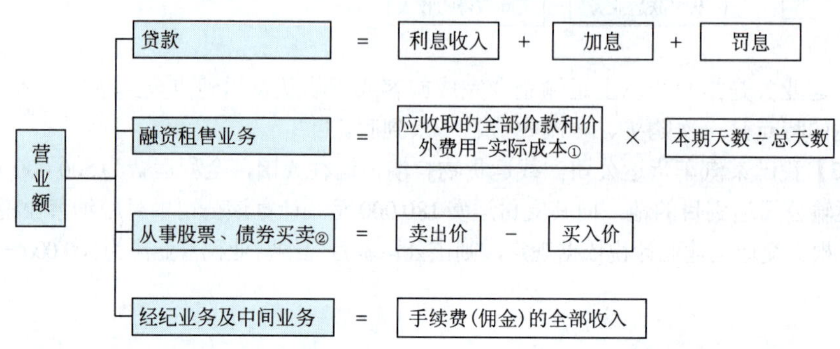


① 实际成本＝货物购入原价＋关税＋增值税＋消费税＋运杂费＋安装费＋保险费＋支付给境外的外汇借款利息支出＋人民币借款利息。

② 卖出价是指卖出原价，不得扣除卖出过程中支付的各种费用和税金；买入价是指购进原价，不包括购进过程中支付的各种费用和税金，但买入价应依照财务会计制度规定，以股票、债券的购入价减去股票、债券持有期间取得的股票、债券红利收入。

**【例4-10】**某金融企业从事债券买卖业务，2008年8月购入A债券购入价50万元，B债券购入价80万元，共支付相关费用和税金1.3万元；当月又将债券卖出，A债券售出价55万元，B债券售出价78万元，共支付相关费用和税金1.33万元。计算该金融企业当月应纳营业税的营业额。

**解析** 根据建筑业计税依据规定，应纳营业税的营业额＝[（55 － 50）＋（78 － 80）]＝3（万元）。

*试一试4-10* **根据金融保险业的营业税计税依据，能否作出正确选择？**

下列各项金融保险业务的营业税计税依据，表述正确的是（ ）。

A. 一般贷款业务的计税依据为利差收入

B. 转让股票的计税依据为卖出股票的全部收入

C. 金融中间业务的计税依据为佣金的全部收入

D. 融资租赁的计税依据为向承租者收取的全部价款

## 任务四 确定邮电通信业营业税计税依据

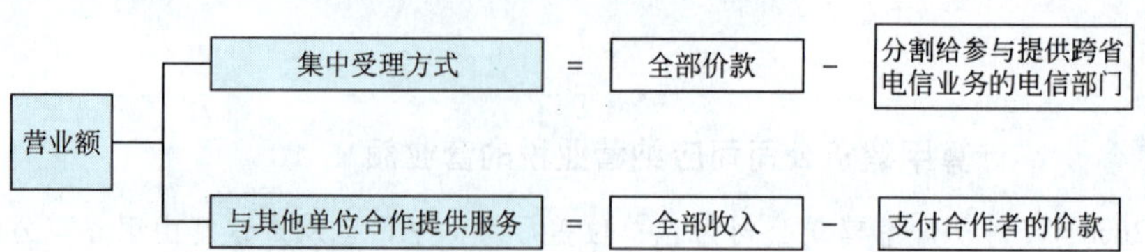

## 任务五　确定文化体育业营业税计税依据

营业额 = 全部票价收入或包场收入 − 付给提供演出场所的单位、演出公司或者经纪人的费用

**【例4-11】**由经纪人李某安排，某演出团体到A市借某剧院演出，由该剧院代售票，共得票价收入150 000元，支付场地租金15 000元，支付经纪人李某14 000元。计算该演出团体应税营业额。

**解析**　据文化体育业计税依据规定，则该演出团体应税营业额为150 000 − 15 000 − 14 000 = 121 000（元）。经纪人李某应税营业额14 000元，均由剧院代扣代缴营业税。剧院本身应税营业额为15 000元按“服务业——租赁”征税。

*试一试4-11*　**根据业务回答问题**

甲歌舞团与乙演出公司签订协议，在丙剧院连续演出三场，丙剧院代售门票，共取得门票收入30万元。根据协议规定演出结束后甲付给乙中介费7万元，付给丙租金3万元。

要求：计算此项活动中，甲、乙、丙三方应如何缴税？甲、乙、丙三方应税营业额分别是多少？

## 任务六　确定娱乐业营业税计税依据

营业额 = 收取的各项费用 → 包括门票收费、台位费、点歌费、烟酒和饮料收费及其他收费

**【例4-12】**2008年8月，某音乐茶座门票收入2万元，台位费、点歌费等收入5万元，茶水收入12万元，发生工资性支出1.8万元，水电费及外购烟酒等支出3.6万元，计算该音乐茶座应纳营业税的营业额。

**解析**　根据娱乐业计税依据规定，该音乐茶座应纳营业税的营业额 = 2 + 5 + 12 = 19（万元）

*试一试4-12*　**根据业务，回答问题**

某市一娱乐公司2008年1月1日开业，经营范围包括娱乐、餐饮及其他服务，当年收入情况如下：

（1）门票收入220万元，歌舞厅收入400万元，游戏厅收入100万元；

（2）保龄球馆自7月1日开馆，至当年年底取得收入120万元；

（3）与某公司签订租赁协议，将部分空闲的歌舞厅出租，分别取得租金76万元、赔偿金4万元；

**要求**：计算娱乐业公司当年应纳营业税的营业额。

## 任务七　确定服务业营业税计税依据

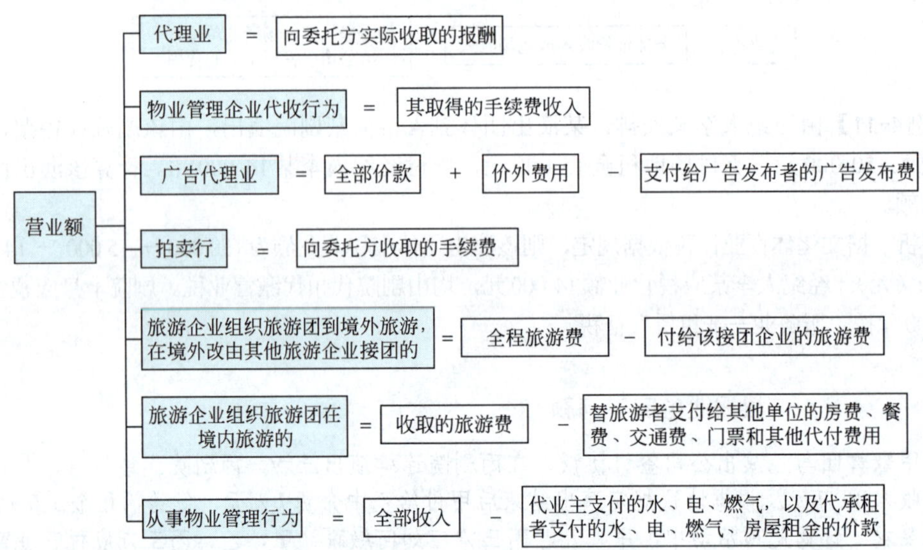


**【例4-13】**某旅游企业2007年8月份组织三个旅游团在北京旅游，收取的总费用为3 000 000元，其中支付给旅馆的住宿费为100 000元，支付给餐馆的餐费为200 000元，支付给旅游景点的门票为1 000 000元，使用本单位车辆花费汽油100 000元。请计算2007年8月份该旅游企业应纳营业税的营业额。

**解析**　根据娱乐业计税依据规定，组织旅游团在中国境内旅游的，以收取的旅游费减去替旅游者支付给其他单位的房费、餐费、交通、门票和其他代付费用后的余额为营业额。纳税人使用本单位的车辆花费的汽油不能予以扣除，因为不是支付给其他单位的交通费。因此，该旅游企业的营业额为3 000 000 − 100 000 − 200 000 − 1 000 000 = 1 700 000（元）。

*试一试4-13*　**根据业务，回答问题**

某广告公司某月取得广告业务收入5 000 000元，付给有关单位广告制造费800 000元，支付给电视台广告发布费600 000元，则该广告公司应税营业额为多少？

## 任务八　确定销售或转让不动产或受让土地使用权营业税计税依据

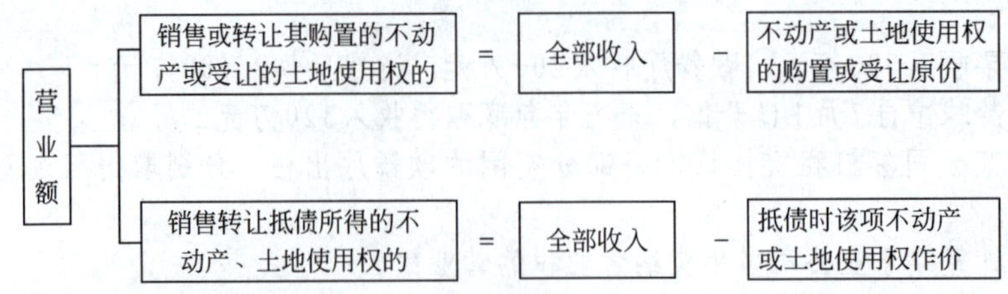


**【例4-14】**某生产企业转让10年前建成的旧生产车间，取得收入1 200万元，该车间的原值

为1 000万元，已提取折旧400万元。还转让一块土地使用权，取得收入560万元。年初取得该土地使用权时支付金额420万元，转让时发生相关费用6万元。计算该企业应纳营业税的营业额。

**解析** 单位和个人销售或转让其购置的不动产或受让的土地使用权，以全部收入减去不动产或土地使用权的购置或受让原价后的余额为营业额。单位和个人销售或转让抵债所得的不动产、土地使用权的，以全部收入减去抵债时该项不动产或土地使用权作价后的余额为营业额。应税营业额＝1 200＋（560 － 420）＝1340（万元）。

**知识驿站 4－7**

**销售不动产的纳税政策新变化**

2006年6月1日后，个人将购买不足5年的住房对外销售的，全额征收营业税；个人将购买超过5年（含5年）的普通住房对外销售的，免征营业税；个人将购买超过5年（含5年）的非普通住房对外销售的，按其销售收入减去购买房屋的价款后的余额征收营业税。

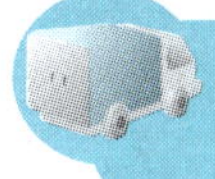

## 任务九 掌握提供劳务、转让无形资产或销售不动产价格明显偏低的营业额的核定顺序

对于纳税人提供劳务、转让无形资产或销售不动产价格明显偏低而无正当理由，税务机关按下列顺序核定其营业额。

（1）按纳税人当月提供的同类应税劳务或者销售的同类不动产的平均价格核定。

（2）按纳税人最近时期提供的同类应税劳务或者销售的同类不动产的平均价格核定。

（3）按公式核定计税价格。

计税价格＝营业成本或工程成本 ×（1＋成本利润率）÷（1 －营业税税率）

成本利润率由省、自治区、直辖市人民政府所属地方税务机关确定。

**【例4-15】**关于营业税的计税依据，下列说法正确的是（　　）。

A. 个人销售不动产，因买方违约而取得的赔偿金，不征收营业税

B. 个人销售不动产，价款与折扣额在同一张发票上注明的，仍按全额征收营业税

C. 拍卖行应以向委托方收取的手续费计征营业税

D. 单位销售不动产发生退款，不允许退还已征税款

**解析** 正确答案选额C 。个人销售不动产，因买方违约而取得的赔偿金，应并入营业额，征收营业税；个人销售不动产，价款与折扣额在同一张发票上注明的，应以折扣后的余额缴纳营业税。

*试一试4-14* **根据营业税计税依据，能否作出正确选择？**

下列经营项目其营业额确定符合营业税规定的是（　　）

A. 从事安装工程作业所安装的设备价值作为安装工程价值的，其营业额应包括设备价款

B. 娱乐业的营业额应包括门票收费、台位费、点歌费、烟酒和饮料收费及其他各项收费

C. 纳税人以签订建设工程施工总承包方式开展经营活动时销售自产货物并同时提供建筑业劳务，凡分别核算的，分别交增值税和营业税

D. 凡从事融资租赁业务的，其营业额为收取的全部价款和价外费用

## 项目二 正确应用营业税税率

营业税按照行业、类别的不同分别采用了不同的比例税率，税率设置见表4-3。

表4-3 营业税现行税目税率表

| 税目 | 征收范围 | 税率/% |
|---|---|---|
| 交通运输业 | 陆路（包括铁路、公路、缆车、索道等）运输、水路（包括江、河、湖、海等）运输、航空运输、管道运输、装卸搬运、程租业务、期租业务、湿租业务 | 3 |
| 建筑业 | 建筑、安装、修缮、装饰、代办电信工程、水利工程、道路修建、疏浚、钻井、拆除建筑物、平整土地、搭脚手架、爆破等、管道煤气集资费（初装费） | 3 |
| 金融保险业 | （1）金融：包括贷款、融资租赁、金融商品转让、金融经纪业和其他金融业务<br>（2）保险 | 5 |
| 邮电通信业 | （1）邮政：包括传递函件和包件、邮汇、报刊发行、邮务物品销售、邮政储蓄等<br>（2）电信：包括电报、电传、电话、电话机安装、电信物品销售等<br>（3）快递 | 3 |
| 文化体育业 | （1）文化：包括表演、播映、展览、培训、讲座、图书（资料）借阅、经营游览场所等<br>（2）体育：包括举办体育比赛和为体育活动提供场所 | 3 |
| 娱乐业 | （1）歌厅、卡拉OK歌舞厅（含夜总会、练歌房）、音乐茶座（含酒吧）、高尔夫球、游艺场（如射击、狩猎、跑马、游戏机、蹦极、卡丁车、热气球、动力、射箭、飞镖等）、网吧<br>（2）台球、保龄球（自2004年7月1日起） | 20<br>5 |
| 服务业 | 代理业、旅店业、饮食业、旅游业、仓储业、租赁业、广告业、光租业务、干租业务、旅游景点索道、沐浴、理发、洗染、照相、美术、裱画、誊写、打字、镌刻、计算、测试、试验、化验、录音、录像、复印、晒图、设计、制图、测绘、勘探（不包括航空、钻井、打井、爆破勘探）、打包、咨询等 | 5 |
| 转让无形资产 | 转让土地使用权、专利权、非专利技术、商标权、著作权、商誉、电影拷贝播映权 | 5 |
| 销售不动产 | 销售建筑物和其他土地附着物 | 5 |

## 项目三 营业税应纳税额计算

应纳税额＝计税依据×税率＝营业额×税率

营业税的营业额，可以分为按营业收入全额计税、按营业收入差额计税和按组成计税价格计税三种情况。

**业务一：交通运输业营业税计算**

**【例4-16】**某运输企业2月份营运收入为600 000元，其中200 000元为客运收入，该收入中含1‰的保险费用；400 000元为货运收入。由于承接国际货运，在取得收入后应同时付给境外承运企业运输费150 000元。计算该公司本月应纳营业税。

**解析** 该公司本月应纳营业税为（200 000＋400 000－150 000）×3%＝13 500（元）

**试一试4-15 试计算白云公司应纳的营业税额**

白云公司主营业务为汽车货物运输，经主管税务机关批准使用运输企业发票，是按“交通运输业”税目征收营业税的单位。该公司2008年取得运输货物收入1 200万元，其中运输货物出境取得收入100万元，运输货物入境取得收入100万元，支付给其他运输企业的运费（由白云公司统一收取价款）200万元；销售货物并负责运输所售货物共取得收入300万元；派本单位卡车司机赴S国为该国某公司提供劳务，白云公司取得收入50万元；附设非独立核算的搬家公司取得收入20万元。请计算白云公司2008年应纳营业税。

**业务二：建筑安装业营业税计算**

【例4-17】甲建筑公司以16 000万元的总承包额中标为某房地产开发公司承建一幢写字楼，之后甲建筑公司又将该写字楼工程的装饰工程以7 000万元分包给乙建筑公司。工程完工后，房地产开发公司用其自有的市值4 000万元的两幢普通住宅楼抵顶了应付给甲建筑公司的部分工程劳务费。

**要求**：请分别计算有关各方应缴纳和应扣缴的营业税税款。

**解析** 建设工程施工合同的总承包人，应当扣缴分包人或转包人的营业税。如果分包人在销售自产货物、提供增值税应税劳务的同时，将建筑业劳务分包或转包给其他单位和个人的，则扣缴建筑业营业税的营业额为除自产货物、增值税应税劳务以外的价款，否则，以分包额为扣缴建筑业营业税的营业额。

（1）甲建筑公司应纳建筑业营业税＝（16 000 － 7 000）×3%＝270（万元）。

（2）甲建筑公司应代扣代缴乙建筑公司建筑业营业税＝7 000×3%＝210（万元）。

（3）房地产公司应纳销售不动产营业税＝4 000×5%＝200（万元）。

**试一试4-16 请计算蓝天企业应纳营业税额**

蓝天建筑工程公司2008年5月份承包某项工程取得总包劳务收入2 000 000元，另外部分材料由发包方提供，价值200 000，未计入承包总额。部分工程发包给某工程人，支付分包工程价款100 000元。另外，当期还取得机械作业收入150 000元。计算建筑工程公司5月份应纳营业税。

【例4-18】蓝天建筑公司2008年主要发生了如下业务：该公司自建同一规格和标准的楼房3栋，建筑安装成本为6 000万元，成本利润率10%，房屋建成后，该公司将其中1栋留作自用，1栋对外出租，取得租金收入200万元，另1栋对外销售，取得销售收入3 500万元。计算蓝天公司应纳的营业税。

**解析** 税法规定，自建自用行为不征营业税，对自建建筑物后销售的行为要按“建筑业”和“销售不动产”各征一道营业税。其中，自建部分需按组成计税价格计算。本例中用于出租的自建房屋，不是建筑业的征税范围，故只对租金收入征税。应纳营业税＝[6 000×（1/3）×（1＋10%）]÷（1 － 3%）×3%＋200×5%＋3 500×5%＝253.04（万元）。

**试一试4-17 请计算长江建筑公司应纳营业税额**

长江建筑公司自建楼房一栋竣工，建筑安装总成本4 000万元，将其40%售给另一单位，其余自用，总售价7 000万元，本月预收5 000万元。（当地营业税成本利润率为10%）

**业务三：金融保险业营业税计算**

**【例4-19】**某市工商银行2008年第四季度发生如下经营业务：

（1）受托发放为期1年、利率为3%的贷款200万元，已收手续费收入0.8万元，当季利息收回；

（2）吸收存款800万元，支付存款利息10万元，10月1日用自有资金发放贷款1 200万元，年利率3%，贷款利息收入尚未取得；

（3）取得结算业务手续费收入30万元，销售支票、账单凭证收入10万元，结算罚息、加息收入3万元，出纳长款收入0.3万元；

（4）为开展融资租赁业务（该业务已经相关部门批准）从国外购进设备一台，成交价格折合人民币900万元，境外运输费用和保险费用46万元，入境后由海关至单位所在地的运输费用12万元，为购买该设备向境外借款折合人民币900万元，支付利息折合人民币144万元，将该设备租赁给境内的A公司，租赁年限15年，收取价款3 400万元。进口设备关税税率10%，假定每年按360天，每月按30天计算。

**要求**：计算该银行本期应扣缴和缴纳的营业税税额。

**解析** 依据金融保险业征税范围和计税依据规定计算如下。

（1）受托发放贷款应扣缴营业税＝(200×3% ÷4)×5%＝0.075(万元)。

（2）用自有资金发放贷款1 200万元，应收未收的利息收入未超过90天应缴纳营业税＝(1 200×3% ÷4)×5%＝0.45(万元)。

（3）取得受托贷款手续费收入、结算业务手续费收入、销售支票与账单凭证收入，以及结算罚息与加息收入应缴纳营业税＝(0.8＋30＋10＋3)×5%＝2.19(万元)。

（4）出纳长款收入不征营业税。纳税人经营融资租赁业务，以其向承租者收取的全部价款和价外费用（包括残值）减去出租方承担的出租货物的实际成本后的余额为营业额。出租货物的实际成本，包括由出租方承担的货物购入价、关税、增值税、消费税、运杂费、安装费、保险费等费用，以及境外借款利息支出和人民币利息支出。

进口设备应纳关税＝（900＋46）×10%＝94.6（万元）

进口设备应纳增值税＝（900＋46＋94.6）×17%＝176.90（万元）

融资租赁设备本季度应纳营业税＝[3 400 －（900＋46＋94.6＋176.9＋144＋12）]×90/（15×360）×5%＝1.69（万元）

（5）该银行本期应缴纳营业税＝0.45＋2.19＋1.69＝4.33（万元）。

*试一试4-18* **试计算该商业银行应纳营业税额**

某商业银行2008年三季度吸收存款800万元，取得自有资金贷款利息收入60万元，办理结算业务取得手续费收入20万元，销售账单凭证、支票取得收入10万元，办理贴现取得收入20万元，转贴现业务取得收入15万元，转让某种债券的收入为120万元，其买入价为100万元，代收水、电、煤气费300万元，支付给委托方价款290万元，出纳长款收入1万元。请计算该银行应纳营业税额。

**业务四：邮电通信业营业税计算**

**【例4-20】**某电信局2009年3月取得话费收入500 000元，电话和安装收入200 000元，出售移动电话收入200 000元，代办电信工程收入400 000元。计算电信局2009年3月应纳营业税。

**解析** 话费收入、电话机安装收入按“邮电通信业——电信”征税，电信局出售移动电话属于混合销售，按规定应按“邮电通信——电信”征税。代办电信工程应按“建筑业”征税。应纳营业税=（500 000+200 000+200 000）×3%+400 000×3%=39 000（元）。

**试一试4-19　试计算该电信局当月应纳营业税**

某电信局2009年4月发生如下业务：(1)话费收入200万元；(2)为某客户提供跨省的出租电路服务共收费60万元，支付给相关电信部门价款25万元；(3)出售移动电话收入30万元，3月份销售的某一型号移动电话因存在质量问题本月发生退款5万元，已缴纳的营业税为0.15万元，该税款没有退还；(4)销售有价电话卡面值共60万元，财务上体现的销售折扣额为6万元；(5)电话机安装收入3万元。请计算该电信局当月应纳营业税。

**业务五：文化体育业营业税计算**

**【例4-21】**某有线电视台2008年8月份取得如下收入：有线电视节目收视费收入100 000元，有线电视初装费收入30 000元，点歌费收入7 000元，广告播映费收入60 000元。计算有线电视台2008年8月份应纳营业税额。

**解析**　有线电视节目收视费、点歌费按“文化体育——播映”征收营业税。有线电视初装费按“建筑业”征税。广告、广告播映按“服务业——广告业”征税。有线电视台8月份应纳营业税=（100 000+7 000）×3%+30 000×3%+60 000×5%=7 110（元）。

**试一试4-20　依据文化体育业营业税计税方法，能否作出正确计算？**

某歌舞团于2003年9月来某市演出。由市人民影剧院提供场所，并由其售票，共收取门票收入200 000元，按照协议应该支付经纪人10 000元，支付市影剧院40 000元。请计算该歌舞团、市影剧院和经纪人各自应纳的营业税。

**业务六：娱乐业营业税计算**

**【例4-22】**星辰卡拉OK歌舞厅2009年3月份取得门票收入5 600元，点唱、自唱收入3 200元，台位费收入2 000元，销售饮料食品收入1 800元，该地区娱乐业税率为20%。计算星辰卡拉OK歌舞厅2009年3月份应纳营业税额。

**解析**　娱乐业的营业额为经营娱乐业向顾客收取的各种费用，包括门票收费、台位费、点歌费、烟酒和饮料收费及经营娱乐业的其他各项收费。星辰卡拉OK歌舞厅5月份应纳营业税=（5 600+3 200+2 000+1 800）×20% =12 600×20%=25 200（元）。

**试一试4-21　试计算蓝天综合娱乐服务公司2009年4月应缴纳的营业税税额**

蓝天综合娱乐服务公司2009年4月发生如下业务：(1)歌舞厅门票收入5万元，点歌费收入0.3万元，烟酒饮料销售收入1万元；(2)保龄球馆收入4万元；(3)开办的网吧收入7万元；(4)餐厅收入30万元。请计算蓝天综合娱乐服务公司2009年4月应纳营业税额。

**业务七：服务业营业税计算**

**【例4-23】**彩虹饭店2009年2月份取得住宿收入600 000元，餐厅收入400 000元，打字、复印收入100 000元，卡拉OK歌舞厅收入200 000元，代理服务手续费收入20 000元。计算彩虹饭店2009年2月应纳营业税额。

**解析** 彩虹饭店住宿、餐饮、打字、复印、手续费收入都应按“服务业”征税。卡拉OK歌舞厅收入应按“娱乐业”税目征税。

住宿等收入应纳营业税＝（600 000＋400 000＋100 000＋20 000）×5%＝56 000（元）

歌舞厅收入应纳营业税＝200 000×20%＝40 000（元）

彩虹饭店2009年2月应纳营业税额总额＝56 000＋40 000＝96 000（元）

*试一试4-22* **根据业务回答问题**

某宾馆地处市区，2009年3月份取得的营业收入如下：(1) 客房部取得收入23万元，另取得物品赔偿费0.12万元，电话服务费0.5万 (2) 酒店部取得收入45万元；(3) 代旅客订购飞机、火车票取得手续费收入0.31万元；(4) 对外设立的商店取得销售收入2.392万元（单独核算，经税务机关认定为小规模纳税人）；(5) 美发厅收入0.5万元。根据上述资料计算下列问题：(1) 该宾馆3月份应纳的营业税；(2) 该宾馆3月份应纳的增值税。

**【例4-24】**某广告公司2009年4月发生以下业务。

（1）取得广告业务收入94万元，营业成本为90万元，支付给某电视台的广告发布费为25万元，支付给某报社的广告发布费为18万元。经主管税务机关审核，认为其广告收费明显偏低，且无正当理由，又无同类广告可比价格，于是决定重新审核其计税价格（核定的成本利润率为16%）。

（2）当月以价值100万元不动产、30万元的无形资产投资入股某企业。

（3）参与主办一次服装表演，取得收入10万元。

（4）转让广告案例的编辑、制作权取得收入10万元。

**要求**：计算该广告公司2009年4月应纳营业税税额。

**解析** 纳税人提供应税劳务、转让无形资产或销售不动产的价格明显偏低且无正当理由的，主管税务机关有权重新审定其营业额。广告公司从事广告代理业，支付给媒体的广告发布费可以从营业额中扣除。

广告业务的计税营业额＝90×（1＋16%）÷（1 － 5%）＝109.89（万元）

应纳营业税＝（109.89 － 25 － 18）×5%＝3.34（万元）

*试一试4-23* **计算响当当广告经营公司2009年3月应纳营业税额**

响当当广告经营公司2009年3月份取得广告业务收入18万元，支付给其他单位广告制作费5万元，支付给电视台广告发布费3万元，收取广告赞助费1万元，计算响当当广告经营公司2009年3月应纳营业税额。

**【例4-25】**2008年8月，顺风国际旅行社组织甲乙两个假日旅游团。

（1）甲团是由36人组成的境内旅游团，旅行社向每人收取4 500元。旅游期间，旅行社为每人支付交通费1 600元，住宿费400元，餐费300元，公园门票等费用600元。

（2）乙 团是由30人组成的境外旅行团。旅行社向每人收取6 800元，在境外该团改由当地W T旅游公司接团，负责在境外安排旅游。旅行社按协议支付给境外W T公司旅游费折合成人民币144 000元。

已知旅游业适用营业税税率为5%。计算该顺风国际旅行社8月份应纳营业税税额。

**解析** 旅游企业组织旅游团到中国境内旅游的，以收取的旅游费减去替旅游者支付给其他单位的房费、餐费、交通、门票和其他代付费用后的余额为应税营业额；旅游企业组织旅游团到中国境外旅游，在境外改由其他旅游企业接团的，以全程运费减去付给该接团企业的旅游费后的余额为应纳税营业额。

顺风国际旅行社8月份应纳营业税税额＝［(4 500 － 1 600 － 400 － 300 － 600）×36＋(6 800×30 － 144 000)］×5%＝5 880（元）

**试一试4-24 请计算该旅行社当月应纳营业税额**

某旅行社本月组织团体旅游，境内组团旅游收入20万元，替旅游者支付给其他单位餐费、住宿费、交通费、门票共计12万元，后为应对其他旅行社的竞争，该旅行社同意给予旅游者5%的折扣，并将价款与折扣额在同一张发票上注明；组团境外旅游收入30万元，付给境外接团企业费用18万元；另外为散客代购火车票、机票、船票取得手续费收入1万元，为游客提供打字、复印服务收入2万元。请计算该旅行社当月应纳营业税额。

**业务八：销售不动产营业税计算**

**【例4-26】**某房地产开发企业，本期竣工自建住宅楼一栋，建造成本共计3 200 000元，该省规定成本利润率为6%。本期出售商品房1 800平方米，商品房售价共计3 240 000元（其中648 000元已于上年预收)。计算房地产开发企业该业务应纳营业税额。

**解析** 房地产开发企业自建行为营业额应按同类工程的价格确定；没有同类工程价格的，按下列公式核定计税价格：

计税价格＝工程成本×（1＋成本利润率）÷（1 －营业税税率）

根据税法规定，凡销售不动产采用预收款方式的，其纳税义务发生时间为收到预收款的当天。因此于上年预收的售房款已在上年缴纳了营业税，本年仅就余额计算缴纳营业税。

该房地产开发企业应纳营业税：

建造商品房应纳营业税＝3 200 000×（1＋6%）÷（1 － 3%）×3%＝104 907.22(元)

销售商品房应纳营业税＝（324 000 － 648 000）×5%＝129 600（元）

**试一试4-25 试计算长江房地产开发公司应纳营业税额**

长江房地产开发公司2009年发生如下业务：

（1）标准的楼房4栋，建筑安装总成本为6 000万元（核定的成本利润率为15%）。该公司将其中一栋留作自用；一栋对外销售，取得销售收入2 500万元；另一栋投资入股某企业，现将其股权的60%出让，取得收入1500万元；最后一栋抵押给某银行以取得贷款，抵减应付银行利息100万元。该公司还转让一处正在进行土地开发，但尚未进入施工阶段的在建项目，取得收入2 000万元。

（2）长江房地产开发公司物业部收取的物业费为220万元，其中代业主支付的水、电、燃气费共110万元。

（3）长江房地产开发公司下设非独立核算的汽车队取得运营收入300万元，支付给其他单位的承运费150万元；销售货物并负责运输取得的收入为100万元。请计算该公司应纳营业税额。

知识驿站 4-8

### 个人销售房屋计缴营业税的最新规定

自2005年6月1日起，对个人购买住房不足2年转手交易的，销售时按其取得的售房收入全额征收营业税；个人购买普通住房超过2年（含2年）转手交易的，销售时免征营业税；对个人购买非普通住房超过2年（含2年）转手交易的，销售时按其售房收入减去购买房屋的价款后的差额征收营业税。具体的计算方式如下。

1. 购入住房2年内售出的：税额＝售价×税率（5%）。
2. 购买非普通住房超过2年后售出的：税额＝（售价－买入价）×税率（5%）。
3. 购买普通住房超过2年（含2年）售出的：免征营业税。

**业务九：转让无形资产营业税计算**

**【例4-27】**某企业以地换房，用100万元的土地使用权与投资方交换100万元的商品房，计算该企业应纳营业税额。

**解析** 转让无形资产的征税范围包括：转让土地使用权、转让商标权、转让专利、转让非专利技术、转让著作权和转让商誉。

纳税人转让无形资产的营业额，是受让方支付给纳税人的全部货币、货物和其他经济利益。其中：①以地换房行为，属于“转让无形资产”税目的征税范围；而以房换地的行为，属于“销售不动产”税目的征税范围。②以无形资产投资入股，参与接受投资方的利润分配、共同承担投资风险的行为，不征收营业税。在投资后转让其股权的也不征收营业税。③对于无形资产所有者以无形资产投资入股并取得固定收入的，应按服务业税目中“租赁”项目征收营业税。④境外向境内转让无形资产应计征营业税。⑤转让经济合同属于商品批发行为，不属于转让无形资产的征税范围。⑥政府出让土地使用权不属于转让无形资产的征税范围。则该企业的行为视为转让无形资产，其应缴纳的营业税款为：100×5%＝5（万元）。

*试一试4-26* **分别计算A企业和B企业应纳营业税额**

1. A企业向B企业出售一台设备，同时进行技术转让，合同总价款为1 000万元，其中设备价款600万，专有技术费350万，专有技术辅导费50万，则该业务A企业应纳营业税为多少？

2. B企业1年前购入一项专利技术，成本为100 000元，法定有效期限为10年，现将其转让给另一家企业，双方协商作价80 000元。则该业务B企业应纳营业税为多少？

# 课题三　营业税纳税申报

## 项目一　营业税纳税申报基础工作

### 任务一　确定营业税纳税义务发生时间

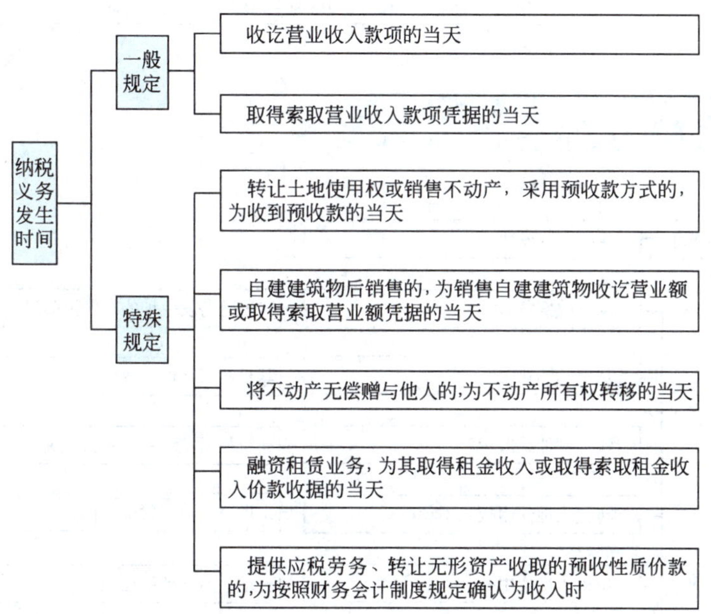


**【例4-28】**单位将不动产无偿赠与他人，视同销售不动产征收营业税，其纳税义务发生时间为（　　）。

A. 将不动产交付对方使用的当天　　B. 不动产所有权转移的当天

C. 签订不动产赠与文书的当天　　D. 承受不动产人缴纳契税的当天

**解析**　正确答案为B。不动产赠送他人的营业税纳税义务发生时间为所有权转移的当天。

*试一试4-27*　**请选择有关营业税纳税义务发生时间的正确选项**

下列营业行为，纳税义务发生时间的表述正确的是（　　）。

A. 提供保险服务，为收到保险费的当天

B. 从事货物运输服务，为该货物运到目的地的当天

C. 从事房地产销售业务采用预收款方式的，为收到预收款的当天

D. 从事建筑安装服务，实行合同完成后一次性结算价款办法的，为工程竣工后与发包单位进行价款结算的当天

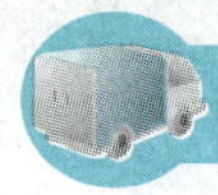

## 任务二　熟悉营业税纳税期限

- 纳税期限
  - 由税务机关根据纳税人应纳营业税税额的大小，分别核定为5日、10日、15日或者1个月；纳税人不能按照固定期限纳税的，可以按照每次取得的营业收入计算纳税
  - 纳税人以1个月为一期纳税的，从期满之日起10日内申报纳税
  - 以5日、10日或者15日为一期纳税的，从期满之日起5日内预缴税款，于次月1日起至10日内申报纳税并结清上月税款

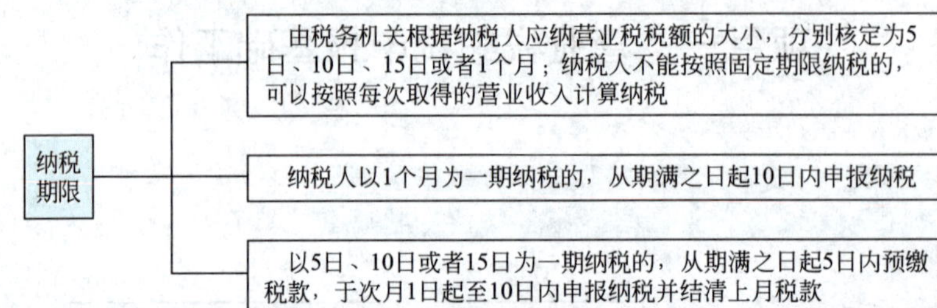

## 任务三　明确营业税纳税地点

- 纳税地点
  - 一般规定
    - 属地征收办法
  - 具体规定
    - 提供应税劳务 —— 应税劳务发生地的主管税务机关
    - 从事运输业务 —— 其机构所在地主管税务机关
    - 转让其他无形资产 —— 其机构所在地主管税务机关
    - 转让土地使用权、不动产 —— 土地所在地主管税务机关
    - 出租土地使用权、不动产 —— 土地、不动产所在地
    - 出租物品、设备等动产 —— 出租单位机构所在地
    - 销售不动产 —— 不动产所在地主管税务机关
    - 提供的应税劳务发生在外县（市） —— 应税劳务发生地主管税务机关
    - 承包的工程跨省、自治区、直辖市的 —— 其机构所在地主管税务机关
    - 扣缴义务人 —— 其机构所在地主管税务机关
    - 建筑安装工程业务的总承包人，扣缴分包或者转包的非跨省（自治区、直辖市）工程的营业税税款在分包或转包工程的劳务发生地
    - 在中华人民共和国境内的单位提供的设计（包括在开展设计时进行的勘探、测量等业务，下同）、工程监理、调试和咨询等应税劳务的 —— 单位机构所在地
    - 在中华人民共和国境内的单位通过网络为其他单位和个人提供培训信息和远程调试、检测等服务的 —— 单位机构所在地

【例4-29】某建筑企业承建一项工程，建筑合同约定的付款方式为分期付款，第一期工程款在2008年3月1日支付，共计1 000 000元，2008年5月1日支付第二期工程款，共计2 000 000元，2008年8月1日支付最后一笔工程款，共计3 000 000元。该建筑企业位于北京市海淀区，该建筑工程位于北京市昌平区。请计算该建筑企业应当在何时在哪里缴纳多少营业税？

**解析** 纳税人提供建筑业应税劳务，施工单位与发包单位签订书面合同，如合同明确规定付款（包括提供原材料、动力和其他物资，不含预收工程价款）日期的，按合同规定的付款日期为纳税义务发生时间。因此，该建筑企业纳税义务发生时间分别为2008年3月1日、2008年5月1日及2008年8月1日。如果该建筑企业以1个月作为一期纳税，该建筑企业应当在2008年4月10日之前缴纳3月份的营业税：1 000 000×3%＝30 000（元）；应当在2008年6月10日之前缴纳5月份的营业税：2 000 000×3%＝60 000（元）；应当在2008年9月10日之前缴纳8月份的营业税：3 000 000×3%＝90 000（元）。纳税人提供建筑应税劳务，其营业税纳税地点为建筑业应税劳务的发生地，因此，该建筑企业应当向北京市昌平区地方税务局缴纳营业税。

*试一试4-28* **请根据营业税纳税地点规定进行案例分析**

2008年8月，甲市A公司因调整公司经营战略，将其拥有的乙市一处办公用房卖给丙市B公司。该办公用房的销售合同在丁市签订，并已预收部分房款。分析A公司出售办公用房营业税申报地点是何处?

## 项目二 营业税纳税申报实务操作

### 任务一 营业税模拟纳税申报

纳税人应按条例有关规定及时纳税申报，并如实填写《营业税纳税申报表》和相关附表。

【例4-30】广州白云旅游有限公司的纳税人的识别号为440103104894951000，于2007年2月组织50人旅游团去大连旅游，每人收取旅游费1 300元，旅游中由公司支付每人房费250元、餐费200元、交通费400元、门票费用150元。

**要求**：计算填列营业税纳税申报表（见表4-4）。

**解析** 广州白云旅游有限公司应纳营业税计算过程如下。

应纳营业额＝1 300×50 －（250＋200＋400＋150）×50＝15 000（元）

应纳营业税＝15 000×5%＝750（元）

**表4-4 营业税纳税申报表**

填表日期：2007年03月03日

| 纳税人识别号： | 4 | 4 | 0 | 1 | 0 | 3 | 1 | 0 | 4 | 8 | 9 | 4 | 9 | 5 | 1 | 0 | 0 | 0 | 金额单位：元(列至角分) |
|---|---|---|---|---|---|---|---|---|---|---|---|---|---|---|---|---|---|---|---|

| 纳税人名称 | 北京白云旅游有限公司 | 税款所属期 | 2007年2月01日至02月28日 |
|---|---|---|---|

续表

| 税目 | 经营项目 | 营业额 | | | | | 税率 | 本期 | | | |
|---|---|---|---|---|---|---|---|---|---|---|---|
| | | 全部收入 | 不征税项目 | 减除项目 | 减免税项目 | 应税营业额 | | 应纳税额 | 减免税额 | 已纳税额 | 应补(退)额 |
| 1 | 2 | 3 | 4 | 5 | 6 | 7＝3－4－5－6 | 8 | 9＝7×8 | 10＝6×8 | 11 | 12 |
| 服务业 | 旅游 | 65 000.00 | 0.00 | 50 000.00 | 0.00 | 15 000.00 | 5% | 750.00 | 0.00 | 0.00 | 750.00 |
| | | | | | | | | | | | |
| | | | | | | | | | | | |
| | | | | | | | | | | | |
| 合计 | | 65 000.00 | 0.00 | 50 000.00 | 0.00 | 15 000.00 | — | 750.00 | 0.00 | 0.00 | 750.00 |

<table>
<tr><td colspan="2">如纳税人填报，由纳税人填写以下各栏</td><td colspan="4">如委托代理人填报，由代理人填写以下各栏</td><td>备注</td></tr>
<tr><td rowspan="3">会计主管<br>(签章)</td><td rowspan="3">纳税人<br>(公章)</td><td>代理人名称</td><td></td><td colspan="2" rowspan="2">代理人<br>(公章)</td><td rowspan="3"></td></tr>
<tr><td>代理人地址</td><td></td></tr>
<tr><td>经办人</td><td></td><td>电话</td><td></td></tr>
<tr><td colspan="7">以下由税务机关填写</td></tr>
<tr><td colspan="2">收到申报表日期</td><td colspan="2"></td><td>接收人</td><td colspan="2"></td></tr>
</table>

注：1. 本申报表适用于营业税纳税义务人填报。
2. “税款所属时间”指纳税人申报的营业税应纳税额的所属时间，应填写具体的起止年、月、日。
3. “填表日期”指纳税人填写本表的具体日期。
4. “纳税人识别号”，填写税务机关为纳税人确定的识别号。
5. “纳税人名称”，填写纳税人单位名称全称，不得填写简称。
6. “全部收入”，指纳税人的全部收入。
7. “不征税项目”，指税法规定的不属于营业税征税范围的营业额。
8. “减除项目”，指税法规定允许从营业收入中扣除的项目的营业额。
9. “减免税项目”，指税法规定的减免税项目的营业额。

## 任务二　掌握营业税缴纳方法

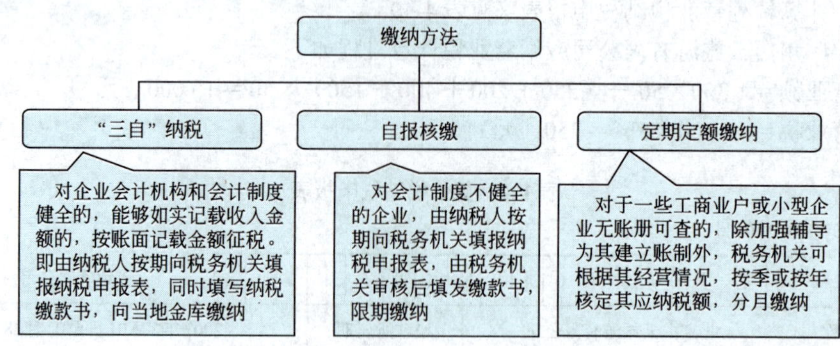

*试一试4-29* **根据下列业务，计算应纳营业税税额，填写《营业税纳税申报表》和《营业税缴款书》**

白云公司纳税人的识别号为440103104894951001，2009年4月发生如下业务。

（1）白云公司开发部自建同一规格和标准的楼房两栋，建筑安装总成本为3 000万元，成本利润率为20%，该公司将其中一栋留作自用，另一栋对外销售，取得销售收入2 400万元；销售现房取得销售收入3 000万元，预售房屋取得预收款2 000万元；以房屋投资入股某企业，现将其股权的60%出让，取得收入1 000万元；将一栋楼抵押给某银行使用以取得贷款，当月抵减应付银行利息100万元。

（2）白云公司广告业务部当月取得广告业务收入500万元，付给有关单位广告制作费80万元，支付给电视台广告发布费60万元。

（3）白云公司下设非独立核算的娱乐中心当月舞厅取得门票收入5万元，台位费收入1万元，点歌费收入0.5万元，销售烟酒饮料收入0.8万元；台球室取得营业收入5万元；保龄球馆取得营业收入10万元。

（4）白云公司下设非独立核算的汽车队当月取得运营收入200万元，联运收入300万元，支付给其他单位的承运费150万元，销售货物并负责运输取得的收入100万元。

# 企业所得税纳税实务

## 学习目标

◆能执行新企业所得税法和实施条例的法律规定

◆能正确界定居民企业和非居民企业身份和纳税义务

◆正确应用企业所得税税率

◆依法确定企业所得税计税依据

◆正确计算居民企业和非居民企业应纳的企业所得税税额

◆能依据企业所得税税收优惠政策为纳税主体提供节税方案和建议

◆了解企业所得税特别纳税调整业务的方法和技术

◆能独立编制企业所得税纳税申报表和相关附表

◆能办理企业所得税申报与缴纳业务

## 课题一 解读企业所得税基本法律规定

1980年9月和1981年12月，全国人民代表大会分别通过了《中外合资经营企业所得税法》和《外国企业所得税法》，作为我国涉外企业所得税法的开始，1991年4月全国人大将两法合并为《外商投资企业和外国企业所得税法》。1994年12月13日国务院发布《企业所得税暂行条例》，我国形成了内外资企业异税的企业所得税制度。2007年3月16日第十届全国人民代表大会第五次会议通过了《企业所得税法》，结束了内外资企业异税的时代，实现了两税统一。合并后《企业所得税法》分八章60条。

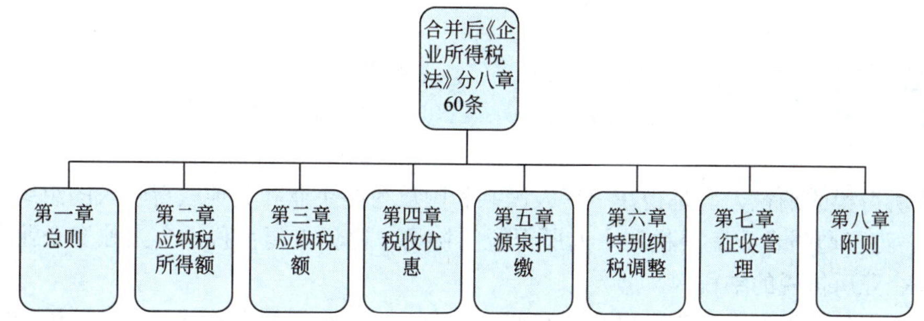


知识驿站 5-1

**新《企业所得税法》实现了"四个统一"**

新《企业所得税法》总体上体现了"四个统一"：(1) 内资、外资企业适用统一的企业所得税法；(2) 统一并适当降低企业所得税税率；(3) 统一和规范税前扣除办法和标准；(4) 统一税收优惠政策，实行"产业优惠为主、区域优惠为辅"的新税收优惠体系。统一后的《企业所得税法》是一部既适合中国国情，又参考国际通行做法的现代法。其制定与实施，无疑在实现内、外资企业的平衡税收负担；引导企业资金的流向，调整产业结构，实现区域均衡发展；构建和谐社会，建设公平竞争环境等方面都将产生重大的深远影响。统一企业所得税法对社会主义市场经济体制的完善将产生深远的历史意义。

企业所得税是指国家对企业和组织的生产经营所得和其他所得征收的一种税。企业所得税是规范和处理国家与企业分配关系的重要形式，具有与商品劳务税不同的性质，其特点主要有以下四个方面：

| 序号 | 特点 | 注　释 |
|---|---|---|
| 1 | 将企业划分为居民企业和非居民企业 | 现行企业所得税将企业划分为居民企业和非居民企业两大类。居民企业负无限纳税义务，即来源于我国境内、外的所得都要向中国政府缴纳所得税。非居民企业负有限纳税义务，即中国境内的所得向中国政府缴纳所得税 |
| 2 | 征税对象为应纳税所得额 | 企业所得税以应纳税所得额为课税对象，应纳税所得额是按照企业所得税法规的规定，为企业在一个纳税年度内的应税收入总额扣除各项成本、费用、税金和损失后的余额，而不是依据会计制度的规定计算出来的利润总额 |
| 3 | 征税以量能负担为原则 | 企业所得税以企业的生产、经营所得和其他所得为征税对象，所得多的多缴税，所得少的少缴税，没能所得的不缴税，充分体现税收的公平负担原则，而不是像流转税那样只要取得收入就应缴税，不管盈利还是亏损 |
| 4 | 实行按年计征、分期预缴的办法 | 企业所得税以企业一个纳税年度的应纳税所得额为计税依据，平时分月或分季预缴，年度终了后进行汇算清缴，多退少补 |

下面就新颁布的《企业所得税法》的纳税人、征税对象、税率三个基本要素和税收优惠政策等作简要解读。

# 项目一 解读企业所得税基本要素

## 任务一 判别企业所得税纳税人身份和纳税义务

企业所得税的纳税人，是指在中华人民共和国境内的企业和其他取得收入的组织（以下统称企业）。为了增强企业所得税和个人所得税的协调，避免重复征税，个人独资企业和合伙企业不作为企业所得税的纳税人。

企业所得税的纳税人分为居民企业和非居民企业，这是根据企业纳税义务范围的宽窄进行的分类方法，不同的企业在向中国政府缴纳所得税时，纳税义务不同。把企业分为居民企业和非居民企业，是为了更好地保障我国税收管辖权的有效行使。税收管辖权是一国政府在征税方面的主权，是国家主权的重要组成部分。根据国际上的通行做法，我国选择了地域管辖权和居民管辖权的双重管辖权标准，最大限度地维护我国的税收利益。

所谓居民企业，是指依法在中国境内成立，或者依照外国（地区）法律成立但实际管理机构在中国境内的企业。所谓非居民企业，是指依照外国（地区）法律成立且实际管理机构不在中国境内，但在中国境内设立机构、场所的，或者在中国境内未设立机构、场所，但有来源于中国境内所得的企业。由此可见，我国采用了“登记注册地标准”和“实际管理机构地标准”相结合的办法，对居民企业和非居民企业作了明确界定。

根据新企业所得税法的规定，居民企业负有无限纳税义务，就其来源于中国境内外的全部所得纳税。而非居民企业仅负有有限的纳税义务，就其来源于我国境内的所得，以及发生在境外的与其所设机构、场所有实际联系的所得纳税。若非居民企业在中国境内未设立机构、场所的，或者虽设立机构、场所但取得的所得与其所设机构、场所没有实际联系的，应就其来源于中国境内的所得纳税。

将企业分为居民企业和非居民企业，突破了长期以来我国企业所得税的规范囿于经济所有制性质或资本来源性质的不合理框架，合理地界定了企业所得税的纳税人，这不仅是符合企业与主权国家实际联系的经济现实，同时也是为了更好地保障我国税收管辖权的有效行使，在与国际惯例接轨的同时更有效地维护国家税收利益。

**【例5-1】**我国居民企业的判定标准有（ ）。

A. 登记注册地标准　　B. 总机构所在地标准

C. 实际管理机构地标准　　D. 生产经营所在地

**解析** 正确答案选择AC。新企业所得税法采用了“登记注册地标准”和“实际管理机构地标准”两个衡量标准，对居民企业和非居民企业做了明确界定。

*试一试5-1* **按企业所得税法和实施条例规定，下列各项中属于居民企业的有（ ）。**

A. 在江苏省工商局登记注册的企业

B. 在日本注册但实际管理机构在南京的日资独资企业

C. 在美国注册的企业设在苏州的办事处

D. 在江苏省注册但在中东开展工程承包的企业

## 任务二　界定企业所得税征税对象

新《中华人民共和国企业所得税法》规定，企业所得税的征税对象是指企业的生产经营所得、其他所得和清算所得。

| 序号 | 征税对象 | 说　明 |
| --- | --- | --- |
| 1 | 居民企业的征税对象 | 居民企业应就来源于中国境内、境外的所得作为征税对象。所得，包括销售货物所得、提供劳务所得、转让财产所得、股息红利等权益性投资所得，以及利息所得、租金所得、特许权使用所得、接受捐赠所得和其他所得 |
| 2 | 非居民企业的征税对象 | 非居民企业在中国境内设立机构、场所的，应当就其所设机构、场所取得的来源于中国境内的所得，以及发生在中国境外但与其所设机构、场所有实际联系的所得，缴纳企业所得税。非居民企业在中国境内未设立机构、场所的，或者虽设立机构、场所但取得的所得与其所设机构、场所没有实际联系的，应当就其来源于中国境内的所得缴纳企业所得税。上述所称实际联系，是指非居民企业在中国境内未设立的机构、场所拥有的据以取得所得的股权、债权，以及拥有、管理、控制据以取得所得的财产 |

### 知识驿站 5-2

#### 所得来源的确定

1. 销售货物所得，按照交易活动发生地确定。
2. 提供劳务所得，按照劳务发生地确定。
3. 转让财产所得：①不动产转让所得按照不动产所在地确定；②动产转让所得按照转让动产的企业或者机构、场所所在地确定；③权益性投资资产转让所得按照被投资企业所在地确定。
4. 股息、红利等权益性投资所得，按照分配所得的企业所在地确定。
5. 利息所得、租金所得、特许权使用费所得，按照负担、支付所得的企业或者机构、场所所在地确定，或者按照负担、支付所得的个人的住所地确定。
6. 其他所得，由国务院财政、税务主管部门确定。

## 任务三　掌握企业所得税税率设置

企业所得税税率是体现国家与企业分配关系的核心要素。我国企业所得税实行比例税率。新企业所得税法有关税率的规定如下。

| 序号 | 税率类别 | 适用范围 |
| --- | --- | --- |
| 1 | 基本税率为25% | 适用于居民企业和在中国境内设有机构、场所且所得与机构、场所有关联的非居民企业 |
| 2 | 低税率为20% | 适用于在中国境内未设立机构、场所的，或者虽设立机构、场所但取得的所得与其所设机构、场所没有实际联系的非居民企业 |
| 3 | 低税率15% | 适用于国家需要重点扶持的高新技术企业 |

现行企业所得税基本税率为25%，与世界各国比较而言还是偏低的。据有关资料介绍，全世界近160个国家企业所得税的国家（地区）平均税率为28.6%，我国周边18个国家（地区）的平均税率为26.7%。现行税率的确定，既考虑了我国财政承受能力，又考虑了企业负担水平。

**【例5-2】**以下适用25%税率的企业有（　　）。

A. 在中国境内的居民企业

B. 在中国境内设有机构场所，且所得与机构场所有关联的非居民企业

C. 在中国境内设有机构场所，但所得与机构场所没有实际联系的非居民企业

D. 在中国境内未设立机构场所的非居民企业

**解析**　正确答案选择AB。25%的税率适用于居民企业和在中国境内设有机构场所，且所得与机构场所有关联的非居民企业；20%的低税率适用于在中国境内未设有机构场所，或者虽设立机构场所，但所得与机构场所没有实际联系的非居民企业。

*试一试5-2*　**按照企业所得税法和实施条例对税率的规定，对下列表述进行判断**

1. 符合条件的小型微利企业，减按20%的税率征收企业所得税。

2. 原享受低税率优惠政策的企业，在新税法施行后5年内逐步过渡到法定税率。其中：享受企业所得税15%税率的企业，2008年按20%税率执行。

3. 国家需要重点扶持的高新技术企业，减按15%的税率征收企业所得税。

**知识驿站 5-3**

**新企业所得税基本税率由33%调整为25%所考虑的因素有哪些？**

- 目前外资企业实际税负是15%，内资企业实际税负是25%，将基本税率定为25%，内外资企业都是可以承受的。
- 降低税率意味着财政收入的减少，根据财政数据显示，我国财政收入2006年已达3.93万亿元，按照25%的税率，930亿元的减收不会给我国财政造成大的负担。
- 税率定得太高不利于吸引外资，不利于增强企业的国际竞争力。相关数据显示，全世界159个实行企业所得税的国家（地区）平均税率为28.6%，我国周边18个国家（地区）的平均税负为26.7%，我国规定25%的税率，在国际上是适中偏低的水平，有利于提高企业竞争力和吸引外商投资。

## 项目二　领会企业所得税优惠政策

税收优惠，是指国家运用税收政策在税收法律、行政法规中规定对某一部分特定企业和课税对象给予减轻或免除税收负担的一种措施。税法规定的企业所得税的税收优惠方式包括免税、减税、加计扣除、加速折旧、减计收入、税额抵免等。

## 任务一　掌握免征与减征优惠

企业的下列所得，可以免征、减征企业所得税。企业如果从事国家限制和禁止发展的项目，不得享受企业所得税优惠。

| 序号 | 所得名称 | 具体范围 |
| --- | --- | --- |
| 1 | 从事农、林、牧、渔业项目的所得 | 企业从事农、林、牧、渔业项目的所得，包括免征和减征两部分。<br>1. 企业从事下列项目的所得，免征企业所得税：(1) 蔬菜、谷物、薯类、油料、豆类、棉花、麻类、糖料、水果、坚果的种植；(2) 农作物新品种的选育；(3) 中药材的种植；(4) 林木的培育和种植；(5) 牲畜、家禽的饲养；(6) 林产品的采集；(7) 灌溉、农产品初加工、兽医、农技推广、农机作业和维修等农、林、牧、渔服务业项目；(8) 远洋捕捞。<br>2. 企业从事下列项目的所得，减半征收企业所得税：(1) 花卉、茶以及其他饮料作物和香料作物的种植；(2) 海水养殖、内陆养殖 |
| 2 | 从事国家重点扶持的公共基础设施项目投资经营的所得 | 企业所得税法所称的国家重点扶持的公共基础设施项目，是指《公共基础设施项目企业所得税优惠目录》规定的港口码头、机场、铁路、公路、电力、水利等项目。<br>企业从事国家重点扶持的公共基础设施项目的投资经营的所得，自项目取得第一笔生产经营收入所属纳税年度起，第1～3年免征企业所得税，第4～6年减半征收企业所得税。<br>企业承包经营、承包建设和内部自建自用本条规定的项目，不得享受本条规定的企业所得税优惠 |
| 3 | 从事符合条件的环境保护、节能节水项目的所得 | 环境保护、节能节水项目的所得，自项目取得第一笔生产经营收入所属纳税年度起，第1～3年免征企业所得税，第4～6年减半征收企业所得税。<br>符合条件的环境保护、节能节水项目，包括公共污水处理、公共垃圾处理、沼气综合开发利用、节能减排技术改造、海水淡化等。项目的具体条件和范围由国务院财政、税务主管部门等国务院有关部门制定，报国务院批准后公布施行。<br>但是以上规定享受减免税优惠的项目，在减免税期限内转让的，受让方自受让之日起，可以在剩余期限内享受规定的减免税优惠；减免税期限届满后转让的，受让方不得就该项目重复享受减免税优惠 |
| 4 | 符合条件的技术转让所得 | 企业所得税法所称的符合条件的技术转让所得免征、减征企业所得税，是指一个纳税年度内，居民企业转让技术所有权所得不超过500万元的部分，免征企业所得税；超过500万元的部分，减半征收企业所得税 |

## 任务二　掌握高新技术企业优惠

国家需要重点扶持的高新技术企业减按15%的所得税税率征收企业所得税。国家需要重点扶持的高新技术企业，是指拥有核心自主知识产权，并同时符合下列条件的企业。

符合条件的企业：
- 1.产品（服务）属于《国家重点支持的高新技术领域》规定的范围
- 2.研究开发费用占销售收入的比从例不低于规定比例
- 3.高新技术产品（服务）收入占企业总收入的比例不低于规定比例
- 4.科技人员占企业职工总数的比例不低于规定比例
- 5.高新技术企业认定管理办法规定的其他条件

《国家重点支持的高新技术领域》和高新技术企业认定管理办法由国务院科技、财政、税务主管部门等国务院有关部门制定，报国务院批准后公布施行。

## 任务三　掌握小型微利企业优惠

小型微利企业减按20%的所得税税率征收企业所得税。小型微利企业的条件如下。

① 工业企业，年度应纳税所得额不超过30万元，从业人数不超过100人，资产总额不超过3 000万元。

② 其他企业，年度应纳税所得额不超过30万元，从业人数不超过80人，资产总额不超过1 000万元。

## 任务四　掌握加计扣除优惠

加计扣除优惠包括以下两项内容。

① 研究开发费，是指企业为开发新技术、新产品、新工艺发生的研究开发费，未形成无形资产计入当期损益的，在按照规定据实扣除的基础上，按照研究开发费用的50%加计扣除；形成无形资产的，按照无形资产成本的150%摊销。

② 企业安置残疾人员所支付的工资，是指企业安置残疾人员的，在按照支付给残疾职工工资据实扣除的基础上，按照支付给残疾职工工资的100%加计扣除。残疾人员的范围适用《中华人民共和国残疾人保障法》的有关规定。企业安置国家鼓励安置的其他就业人员所支付的工资的加计扣除办法，由国务院另行规定。

## 任务五　掌握创投企业优惠

创投企业从事国家需要重点扶持和鼓励的创业投资，可以按投资额的一定比例抵扣应纳税所得额。

创投企业优惠，是指创业投资企业采取股权投资方式投资于未上市的中小高新技术企业2年以上的，可以按照其投资额的70%在股权持有满2年的当年抵扣该创业投资企业的应纳税所得额；当年不足抵扣的，可以在以后纳税年度结转抵扣。

例如：甲企业2008年1月1日向乙企业（未上市的中小高新技术企业）投资100万元，股权持有到2009年12月31日。甲企业2009年度可抵扣的应纳税所得额为70万元。

## 任务六　掌握加速折旧优惠

企业的固定资产由于技术进步等原因，确需加速折旧的，可以缩短折旧年限或者采取加速折旧的方法。可采用以上折旧方法的固定资产是指：①由于技术进步，产品更新换代较快的固定资产；②常年处于强震动、高腐蚀状态的固定资产。

采取缩短折旧年限方法的，最低折旧年限不得低于规定折旧年限的60%；采取加速折旧方法的，可以采取双倍余额递减法或者年数总和法。

## 任务七　掌握减计收入优惠

减计收入优惠，是企业综合利用资源，生产符合国家产业政策规定的产品所取得的收入，可以在计算应纳税所得额时减计收入。

综合利用资源，是指企业以《资源综合利用企业所得税优惠目录》规定的资源作为主要原材料，生产国家非限制和禁止并符合国家和行业相关标准的产品取得的收入，减按90%计入收入总额。

上述所称原材料占生产产品材料的比例不得低于《资源综合利用企业所得税优惠目录》规定的标准。

## 任务八　掌握税额抵免优惠

税额抵免，是指企业购置并实际使用《环境保护专用设备企业所得税优惠目录》、《节能节水专用设备企业所得税优惠目录》和《安全生产专用设备企业所得优惠目录》规定的环境保护、节能节水、安全生产等专用设备的，该专用设备的投资额的10%可以从企业当年的应纳税额中抵免；当年不足抵免的，可以在以后5个纳税年度结转抵免。

享受前款规定的企业所得税优惠的企业，应当实际购置并自身实际投入使用前款规定的专用设备；企业购置上述专用设备在5年内转让、出租的，应当停止享受企业所得税优惠，并补缴已经抵免的企业所得税税款。

企业所得税优惠目录，由国务院财政、税务主管部门等国务院有关部门制定，报国务院批准后公布施行。

企业同时从事适用不同企业所得税待遇项目的，其优惠项目应当单独计算所得，并合理分摊企业的期间费用；没有单独计算的，不得享受企业所得税优惠。

## 任务九　了解民族自治地方的优惠

民族自治地方的自治机关对本民族自治地方的企业应缴纳的企业所得税中属于地方分享的部分，可以决定减征或者免征。自治州、自治县决定减征或者免征的，须报省、自治区、直辖市人民政府批准。

企业所得税法所称的民族自治地方，是指依照《中华人民共和国民族区域自治法》的规定，实行民族区域自治的自治区、自治州、自治县。

对民族自治地方内国家限制和禁止行业的企业，不得减征或者免征企业所得税。

## 任务十　领会非居民企业优惠

非居民企业按10%的所得税税率征收企业所得税。这里的非居民企业，是指在中国境内未设立机构、场所的，或者虽设立机构、场所但取得的所得与其所设机构、场所没有实际联系的企业。该类非居民企业取得的下列所得免征企业所得税。

① 外国政府向中国政府提供贷款取得的利息所得。

② 国际金融组织向中国政府和居民企业提供优惠贷款取得的利息所得。

③ 经国务院批准的其他所得。

## 任务十一 了解其他优惠

为了新、旧企业所得税法规的顺利衔接，新企业所得税法规做了明确的过渡规定：即企业所得税法公布前（2007年3月16日）已经批准设立（已经完成工商登记注册）的企业，依照当时的税收法律、行政法规规定，享受低税率优惠的，按照国务院规定，可以在企业所得税法施行后5年内，逐步过渡到新企业所得税法规定的税率；享受定期减免税优惠的，按照国务院规定，可以在企业所得税法施行后继续享受到期满为止，但因未获利而尚未享受优惠的，优惠期限从企业所得税法施行年度起计算。具体规定如下。

| 序号 | 优惠政策 | 具体规定 |
|---|---|---|
| 1 | 低税率优惠过渡政策 | 自2008年1月1日起，原享受低税率优惠政策的企业，在新税法施行后5年内逐步过渡到法定税率。其中：享受企业所得税15%税率的企业，2008年按18%税率执行；2009年按20%税率执行；2010年按22%税率执行；2011年按24%税率执行；2012年按25%税率执行。原执行24%税率的企业，2008年起按25%税率执行 |
| 2 | “两免三减半”、“五免五减半”过渡政策 | 自2008年1月1日起，原享受企业所得税“两免三减半”、“五免五减半”等定期减免税优惠的企业，新税法施行后继续按原税收法律、行政法规及相关文件规定的优惠办法及年限享受至期满为止。但因未获利而尚未享受税收优惠的，其优惠期限从2008年度起计算 |
| 3 | 西部大开发税收优惠 | 根据国务院实施西部大开发有关文件精神，财政部、税务总局和海关总署联合下发的《财政部、国家税务总局、海关总署关于西部大开发税收优惠政策问题的通知》（财税[2001]202号）中规定的西部大开发企业所得税优惠政策继续执行 |

其他优惠有以下四点。

① 享受企业所得税过渡优惠政策的企业，应按照新税法和实施条例中有关收入和扣除的规定计算应纳税所得额。

② 企业所得税过渡优惠政策与新税法及实施条例规定的优惠政策存在交叉的，由企业选择最优惠的政策执行，不得叠加享受，且一经选择，不得改变。

③ 法律设置的发展对外经济合作和技术交流的特定地区内，以及国务院已规定执行上述地区特殊政策的地区内新设立的国家需要重点扶持的高新技术企业，可以享受过渡性税收优惠，具体办法由国务院规定。

④ 国家已确定的其他鼓励类企业，可以按照国务院规定享受减免税优惠。

【例5-3】企业从事符合条件的环境保护、节能节水项目的所得，从项目取得第一笔生产经营收入所属纳税年度起（　　）。

A. 第1～5年免征企业所得税

B. 第1年免征企业所得税，第2～3年减半征收企业所得税

C. 第1～2年免征企业所得税，第3～5年减半征收企业所得税

D. 第1～3年免征企业所得税，第4～6年减半征收企业所得税

**解析**　正确答案选择D。企业从事符合条件的环境保护、节能节水项目的所得，从项目取得第一笔生产经营收入所属纳税年度起，第1～3年免征企业所得税，第4～6年减半征收企业所得税。

*试一试5-3*　**依据企业所得税优惠政策作出正确选择**

企业安置残疾人员的，在按照支付给残疾职工工资据实扣除的基础上，按照支付给上述人员工资的（　　）加计扣除。

A. 10%　　B. 20%　　C. 50%　　D. 100%

知识驿站 5-4

**新企业所得税税收优惠政策调整情况**

1. 对原税收优惠政策的改变：将国家高新技术产业开发区内高新技术企业低税率优惠扩大到全国范围；将环保、节水设备投资抵免企业所得税政策扩大到环保、节能节水、安全生产等专用设备；将用特定的就业人员工资加计扣除政策替代现行劳动就业服务企业直接减免税政策；用残疾职工工资加计扣除政策替代现行福利企业直接减免税政策；用减计综合利用资源经营收入替代现行资源综合利用企业直接减免税政策。

2. 对原税收优惠政策的保留：保留了对农、林、牧、渔业项目的税收优惠政策；保留了对国家重点扶持的公共基础设施投资项目的税收优惠政策；保留了对民族自治地方的照顾。

3. 新增加的税收优惠政策：新增了对非营利公益组织、创业投资机构等机构的优惠政策；特地增加了“企业从事环境保护项目所得”和“企业符合条件的技术转让所得”享受减免税收优惠等方面的内容，充分体现了国家鼓励环境保护和技术进步的政策精神。

## 项目三　企业所得税源泉扣缴和特别纳税调整

### 任务一　领会企业所得税源泉扣缴

源泉扣缴是指以所得支付者为扣缴义务人，在每次向纳税人支付有关所得款项时，代为扣缴税款的做法。实行源泉扣缴的最大优点在于可以有效保护税源，保证国家的财政收入，防止偷漏税，简化纳税手续。

新《企业所得税法》规定，在中国境内未设立机构、场所的，或者虽设立机构、场所但取得的所得与其所设机构、场所没有实际联系的非居民企业，就其来源于中国境内的所得缴纳企业所得税，实行源泉扣缴，以支付人为扣缴义务人。非居民企业在中国境内取得工程作业和劳务所得应缴纳的所得税，税务机关可以指定工程价款或者劳务费的支付人为扣缴义务人。

| 要点 | 具体规定 |
| --- | --- |
| 扣缴义务人 | 支付人为扣缴义务人。支付人是指依照有关法律规定或者合同约定对非居民企业直接负有支付相关款项义务的组织和个人。支付形式包括现金支付、汇拨支付、转账支付和权益兑价支付等货币支付和非货币支付 |
| 扣税时间 | 税款由扣款义务人在每次支付或者到期应支付时，从支付或者到期应支付的款项中扣缴 |
| 入库申报时间 | 扣缴义务人每次代扣的税款，应当自代扣之日起7日内缴入国库，并向所在地的税务机关报送扣缴企业所得税报告表 |

**【例5-4】**扣缴义务人未依法扣缴或者无法履行扣缴义务的，由纳税人在所得发生地缴纳。纳税人未依法缴纳的，税务机关可以从该纳税人在中国境内其他收入项目的支付人应付的款项中，追缴该纳税人的应纳税款。

**解析**　本题表述正确，符合企业所得税法第39条的规定。要注意这一特殊规定中纳税的地点和税款的来源。

*试一试5-4*　**依据企业所得税源泉扣缴规定作出正确判断**

1. 对居民企业在中国境内取得工程和劳务所得应缴纳的所得税，税务机关可以指定工程价款或劳务费的支付人为扣缴义务人。

2. 扣缴义务人未依法扣缴或者无法履行扣缴义务的，由纳税人在所得发生地缴纳。

3. 扣缴义务人每次代扣的税款，应当自代扣之日起10日内缴入国库，并向所在地的税务机关报送扣缴企业所得税报告表。

## 任务二　了解企业所得税特别纳税调整技术

为了更好地防范各种避税行为，改变反避税规则立法层次较低、约束力不高的情况，统一后的企业所得税法借鉴国际惯例，专门以一章“特别纳税调整”规定税务机关对各种避税行为而进行特定纳税事项所作的调整，包括针对纳税人转让定价、资本弱化、避税港避税及其他情况所进行的税务调整，其主要内容如下。

| 序号 | 特别纳税调整规定 | 说　明 |
| --- | --- | --- |
| 1 | 规范转让定价税制 | 转让定价税制是新企业所得税法反避税规则中的重要内容，新法主要作了如下规定。<br>（1）规定转让定价调整的一般规则：新企业所得税法确立了关联企业间的独立交易原则作为转让定价的税务调整和成本分摊的基本原则，明确规定企业与其关联方之间的业务往来，不符合独立交易原则而减少企业或者其关联方应纳税收入或所得额的，税务机关可以按照合理方法进行调整。企业与关联方共同开发、受让无形资产，或者共同提供、接受劳务发生的成本，在计算应纳税所得额时应当按照独立交易原则进行分摊。<br>（2）规定预约定价安排：所谓预约定价，是指纳税人事先将其和关联企业之间转让定价的标准，如转让定价方法、可比因素和合适调整、对未来事件的关键性假设等，向税务机关申报，经税务机关认可后作为课税的依据，以免除税务机关事后对转让定价进行调整。新企业所得税法中明确肯定预约定价制度，即企业可以向主管税务机关提出与其关联方之间业务往来的定价原则和计算方法，主管税务机关与企业协商、确认后，达成预约定价安排。<br>（3）规定关联企业的协议义务和税务机关的核定权：为保证税务机关进行税务调整有其合理的事实基础，解决税务机关在获取课税资料方面的困难，新企业所得税法也规定了企业及其关联方、与关联业务调查有关的其他企业，有提供相关资料的义务。这对于税务部门确认企业是否存在避税事实、是否进行税收调整以及在多大的幅度内进行调整，都是必要的。如果企业不提供与其关联方之间业务往来资料，或者提供虚假、不完整资料，未能真实反映其关联业务往来情况的，税务机关可以核定其应纳税所得额 |

续表

| 序号 | 特别纳税调整规定 | 说　明 |
|---|---|---|
| 2 | 制定防范避税地避税规则 | 随着我国企业境外投资的增加，以避税地方式进行避税也成为避税的重要方式。新《企业所得税法》第一次在税法中明确规定了反避税地避税的规则，规定由居民企业，或者由居民企业和居民个人拥有或者控制的设立在实际税负明显低于我国税率水平的国家（地区）的企业，对利润不作分配或者作不合理分配的，上述利润中应归属于该居民企业的部分，应当计入该居民企业当期的收入 |
| 3 | 规定反资本弱化措施 | 企业特别是跨国企业通过减少股份资本、扩大贷款规模，从而以增加利息支出来转移应税所得，实现税收负担最小化，对相关国家的税收权益将产生不可忽视的负面影响。新《企业所得税法》规定了反资本弱化规则，规定企业从其关联方接受的债权性投资与权益性投资的比例超过规定标准而发生的利息支出，不得在计算应纳税所得额时进行扣除 |
| 4 | 规定了一般反避税条款 | 针对当前形式多样、方式不断推陈出新的避税行为，新企业所得税法还规定了一般反避税条款，作为对避税的一般防范性规定。新《企业所得税法》规定，企业实施其他不具有合理商业目的的安排，而减少其应纳税收入或者所得额的，主管税务机关有权按照合理方法进行调整 |

企业与其关联方之间的业务往来，应按照独立交易原则收取或支付价款。凡不符合独立交易原则而减少企业或者其关联方应纳税收入或者所得额的，税务机关有权按照合理方法调整。特别纳税调整的主要规定如下。

| 要　点 | 具体规定 |
|---|---|
| 对关联交易不实所得的调整方法 | （1）可比非受控价格法；（2）再销售价格法；（3）成本加成法；（4）交易净利润法；（5）利润分割法；（6）其他符合独立交易原则的方法 |
| 关联交易资料不全时对应纳税所得额的核定方法 | （1）参照同类或者类似企业的利润率水平核定；（2）按照企业成本加合理的费用和利润的方法核定；（3）按照关联企业集团整体利润的合理比例核定；（4）按照其他合理方法核定 |
| 特别纳税调整的加收利息规定 | 税务机关根据税法和条例作出的纳税调整决定，应在补征税款的基础上，从第一调整年度6月1日起到税款入库之日止计算加收利息。所称利息，应当按照税款所属纳税年度中国人民银行公布的与补税期间同期的人民币贷款基准利率加5个百分点计算 |
| 特别纳税调整的追溯 | 企业与其关联方之间的业务往来，不符合独立交易原则，或者企业实施其他不具有合理商业目的的安排的，税务机关有权在该业务发生的纳税年度起10年内，进行纳税调整 |

**【例5-5】** 税务机关依照企业所得税规定核定关联企业的应纳税所得额时，可以采用下列（　　）方法。

A. 参照同类或者类似企业的利润率水平的方法核定

B. 按照企业成本加合理的费用和利润的方法核定

C. 按照关联企业集团整体利润的合理比例核定

D. 按照其他合理的方法核定

**解析**　正确答案选择ABCD，符合企业所得税法。

*试一试5-5*　**依据企业所得税特别纳税调整规定作出正确判断**

1. 企业与其关联方之间的业务往来，不符合独立交易原则而减少企业或者其关联方应纳税收入或者所得额的，税务机关有权按照合理方法调整。

2. 独立交易原则，是指没有关联关系的企业之间、企业与个人或其他组织之间，按照协商成交价格或营业特例进行业务往来所遵循的原则。

3. 企业与其关联方之间的业务往来，不符合独立交易原则，或者企业实施其他不具有合理商业目的的安排的，税务机关有权在该业务发生的纳税年度起5年内，进行纳税调整。

# 课题二 确定应纳税所得额

应纳税所得额是计算企业所得税税款的依据。它是指企业每一纳税年度的收入总额，减除不征税收入、免税收入、各项扣除及允许弥补的以前年度亏损后的余额。用公式表示如下：

应纳税所得额＝收入总额－不征税收入－免税收入－各项扣除金额－允许弥补的以前年度亏损金额。

注意

纳税人在计算应纳税所得额时，按照税法规定计算出的应纳税所得额与企业依照财务会计制度计算的会计所得额（即会计利润），往往是不一致的。税法规定，当企业财务、会计处理办法与有关税收法规不一致时，应当依照国家有关税收法规的规定计算纳税。因此，企业按照有关财务会计制度规定计算的利润，必须按照税法规定进行必要的调整后，才能作为应纳税所得额，计算缴纳企业所得税。

企业应纳税所得额的计算以权责发生制为原则，属于当期的收入和费用，不论款项是否收付，均作为当期的收入和费用；不属于当期的收入和费用，即使款项已经在当期收付，均不作为当期的收入和费用。应纳税所得额的正确计算直接关系到国家财政收入和企业的税收负担，并且同成本、费用核算关系密切。因此，企业所得税法对应纳税所得额计算做了明确规定。主要内容包括收入总额、扣除范围和标准、资产的税务处理、亏损弥补等。

## 项目一 确定应税收入

### 任务一 确认收入总额

企业的收入总额包括以货币形式和非货币形式从各种来源取得的收入，具体有销售货物收入、提供劳务收入、转让财产收入、股息、红利等权益性投资收益，以及利息收入、租金收入、特许权使用费收入、接受捐赠收入、其他收入。

企业取得收入的货币形式，包括现金、存款、应收账款、应收票据、准备持有至到期的债券投资及债务的豁免等；纳税人以非货币形式取得的收入，包括固定资产、生物资产、无形资产、股权投资、存货、不准备持有至到期的债券投资、劳务及有关权益等，这些非货币资产应当按照公允价值确定收入额，公允价值是指按照市场价格确定的价值。收入由一般收入和特殊收入两部分构成。

1．一般收入的确认

| 序号 | 收入名称 | 说　明 |
| --- | --- | --- |
| 1 | 销售货物收入 | 销售货物收入是指企业销售商品、产品、原材料、包装物、低值易耗品，以及其他存货取得的收入 |
| 2 | 劳务收入 | 劳务收入是指企业从事建筑安装、修理修配、交通运输、仓储租赁、金融保险、邮电通信、咨询经纪、文化体育、科学研究、技术服务、教育培训、餐饮住宿、中介代理、卫生保健、社区服务、旅游、娱乐、加工，以及其他劳务服务活动取得的收入 |

续表

| 序号 | 收入名称 | 说　明 |
| --- | --- | --- |
| 3 | 转让财产收入 | 转让财产收入是指企业转让固定资产、生物资产、无形资产、股权、债权等财产取得的收入 |
| 4 | 股息、红利等权益性投资收益 | 股息、红利等权益性投资收益是指企业因权益性投资从被投资方取得的收入。股息、红利等权益性投资收益，除国务院财政、税务主管理部门另有规定外，按照被投资方做出利润分配决定的日期确认收入的实现 |
| 5 | 利息收入 | 利息收入是指企业将资金提供他人使用但不构成权益性投资，或者因他人占用本企业资金取得的收入，包括存款利息、贷款利息、债券利息、欠款利息等收入。利息收入，按照合同约定的债务人应付利息的日期确认收入的实现 |
| 6 | 租金收入 | 租金收入是指企业提供固定资产、包装物或者其他有形资产的使用权取得的收入。租金收入，按照合同约定的承租人应付租金的日期确认收入的实现 |
| 7 | 特许权使用费收入 | 特许权使用费收入是指企业提供专利权、非专利技术、商标权、著作权，以及其他特许权取得的收入。特许权使用费收入，按照使用的日期确认收入的实现 |
| 8 | 接受捐赠收入 | 接受捐赠收入是指企业接受的来自其他企业、组织或者个人无偿给予的货币性资产、非货币性资产。接受捐赠收入，按照实际收到捐赠资产的日期确认收入的实现 |
| 9 | 其他收入 | 其他收入是指企业取得的除以上收入外的其他收入，包括企业资产溢余收入、逾期未退包装物押金收入、确实无法偿付的应付款项、已做坏账损失处理后又收回的应收款项、债务重组收入、补贴收入、违约金收入、汇兑收益等 |

2．特殊收入的确认

（1）以分期收款方式销售货物的，按照合同约定的收款日期确认收入的实现。

（2）企业受托加工制造大型机械设备、船舶、飞机，以及从事建筑、安装、装配工程业务或者提供其他劳务等，持续时间超过12个月的，按照纳税年度内完工进度或者完成的工作量确认收入的实现。

（3）采取产品分成方式取得收入的，按照企业分得产品的日期确认收入的实现，其收入额按照产品的公允价值确定。

（4）企业发生非货币性交换，以及将货物、财产、劳务用于捐赠、偿债、赞助、集资、广告、样品、职工福利或者利润分配等用途的，应当视同销售货物、转让财产或者提供劳务，但国务院财政、税务主管部门另有规定的除外。

## 任务二　明确不征税收入和免税收入

国家为了扶持和鼓励某些特殊的纳税人和特定的项目，或者避免因征税影响企业的正常经营，对企业取得的某些收入予以不征税或免税的特殊政策，以减轻企业的负担，促进经济的发展。或准予抵扣应纳税所得额，或者是对专项用途的资金作为非税收入处理，减轻企业的税负，增加企业可用资金。

1．不征税收入

| 序号 | 不征税收入项目 | 说　明 |
| --- | --- | --- |
| 1 | 财政拨款 | 财政拨款是指各级人民政府对纳入预算事业单位、社会团体等组织拨付的财政资金，但国务院和国务院财政、税务主管部门另有规定的除外 |

续表

| 序号 | 不征税收入项目 | 说　明 |
|---|---|---|
| 2 | 依法收取并纳入财政管理的行政事业性收费、政府性基金 | 依法收取并纳入财政管理的行政事业性收费、政府性基金，是指依照法律法规等有关规定，按照国务院规定程序批准，在实施社会公共管理，以及在向公民、法人或者其他组织提供特定公共服务过程中，向特定对象收取并纳入财政管理的费用。政府性基金，是指企业依照法律、行政法规等有关规定，代政府收取的具有专项用途的财政资金 |
| 3 | 国务院规定的其他不征税收入 | 国务院规定的其他不征税收入，是指企业取得的由国务院财政、税务主管部门规定专项用途并经国务院批准的财政性资金 |

2．免税收入

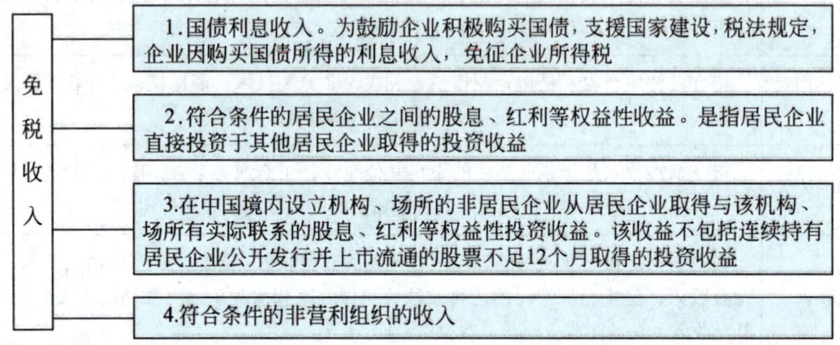


知识驿站 5-5

**非营利组织应符合哪些条件?**

非营利组织应符合8个条件：(1) 依法履行非营利组织登记手续；(2) 从事公益性或者非营利性活动；(3) 取得的收入除用于与该组织有关的、合理的支出外，全部用于登记核定或者章程规定的公益性或者非营利性事业；(4) 财产及其孳息不用于分配；(5) 按照登记核定或者章程规定，该组织注销后的剩余财产用于公益性或者非营利性目的，或者由登记管理机关转赠给与该组织性质、宗旨相同的组织，并向社会公告；(6) 投资人对投入该组织的财产不保留或者享有任何财产权利；(7) 工作人员工资福利开支控制在规定的比例内，不变相分配该组织的财产；(8) 国务院财政、税务主管部门规定的其他条件。

# 项目二　明确扣除项目

企业所得税法规定，企业实际发生的与取得收入有关的、合理的支出，包括成本、费用、税金、损失和其他支出，准予在计算应纳税所得额时扣除。

知识驿站 5-6

**计算机纳税所得额时应注意哪些问题?**

在实际中，计算应纳税所得额时还应注意三方面的内容：①企业发生的支出应当区分收益性支出和资本性支出。收益性支出在发生当期直接扣除；资本性支出应当分期扣除或者计入有关资产成本，不得在发生当期直接扣除。②企业的不征税收入用于支出所形成的费用或者财产，不得扣除或者计算对应的折旧、摊销扣除。③除企业所得税法在本条例另有规定外，企业实际发生的成本、费用、税金、损失和其他支出，不得重复扣除。

## 任务一　明确扣除项目的范围

| 序号 | 扣除项目 | 说　明 |
|---|---|---|
| 1 | 成本 | 成本是指企业在生产经营活动中发生的销售成本、销货成本、业务支出，以及其他耗费，即企业销售商品（产品、材料、下脚料、废料、废旧物资等）、提供劳务、转让固定资产和无形资产（包括技术转让）的成本。企业必须将经营活动中发生的成本合理划分为直接成本和间接成本。直接成本是可直接计入有关成本计算对象或劳务的经营成本中的直接材料、直接人工等。间接成本是指多个部门为同一成本对象提供服务的共同成本，或者同一种投入可以制造、提供两种或两种以上的产品或劳务的联合成本 |
| 2 | 费用 | 费用是指企业在一个纳税年度为生产、经营商品和提供劳务等所发生的销售（经营）费用、管理费用和财务费用 |
| 3 | 税金 | 税金是指企业发生的除企业所得税和允许抵扣的增值税以外的企业缴纳的各项税金及其附加。即企业按规定缴纳的消费税、营业税率、城市维护建设税、关税、资源税、土地增值税、房产税、车船税、土地使用税、印花税、教育费附加。这些已纳税金准予税前扣除。准许扣除的税金有两种扣除方式：一是在发生当期扣除；二是在发生当期计入相关资产的成本，在以后各期分摊扣除 |
| 4 | 损失 | 损失是指企业在生产经营活动中发生的固定资产和存货的盘亏、毁损、报废损失及转让财产损失、呆账损失、坏账损失、自然灾害等不可抗力因素造成的损失，以及其他损失。企业发生的损失减除责任人赔偿和保险赔款后的余额，依照国务院财政、税务主管部门的规定扣除。企业已经作为损失处理的资产，在以后纳税年度又全部收回或者部分收回时，应当计入当期收入 |
| 5 | 其他支出 | 扣除的其他支出是指除成本、费用、税金、损失外，企业在生产经营活动中发生的与生产经营活动有关的、合理的支出 |

## 任务二　掌握扣除项目的标准

在计算应纳税所得额时，下列项目可按照实际发生额或规定的标准扣除。

| 序号 | 扣除项目 | 扣除项目的标准 |
|---|---|---|
| 1 | 工资、薪金支出 | 企业发生的合理的工资、薪金支出准予据实扣除。工资、薪金支出是企业每一纳税年度支付给本企业任职或与其有雇佣关系的员工的所有现金或非现金形式的劳动报酬，包括基本工资、奖金、津贴、补贴、年终加薪、加班工资，以及与任职或者是受雇有关的其他支出 |
| 2 | 职工福利费、工会经费、职工教育经费 | 企业发生的职工福利费、工会经费、职工教育经费按标准扣除，未超过标准的按实际数扣除，超过标准的只能按标准扣除。(1) 企业发生的职工福利费支出，不超过工资薪金总额14%的部分准予扣除；(2) 企业拨缴的工会经费，不超过工资薪金总额2%的部分准予扣除；(3) 除国务院财政、税务主管部门另有规定外，企业发生的职工教育经费支出，不超过工资薪金总额2.5%的部分准予扣除，超过部分准予结转以后纳税年度扣除 |

续表

| 序号 | 扣除项目 | 扣除项目的标准 |
| --- | --- | --- |
| 3 | 社会保险费 | （1）企业依照国务院有关主管部门或者省级人民政府规定的范围和标准为职工缴纳的“五险一金”，即基本养老保险费、基本医疗保险费、失业保险费、工伤保险费、生育保险费等基本社会保险费和住房公积金，准予扣除。（2）企业为投资者或者职工支付的补充养老保险费、补充医疗保险费，在国务院财政、税务主管部门规定的范围和标准内，准予扣除。企业依照国家有关规定为特殊工种职工支付的人身安全保险费和符合国务院财政、税务主管部门规定可以扣除的商业保险费准予扣除。（3）企业参加财产保险，按照规定缴纳的保险费，准予扣除。企业为投资者或者职工支付的商业保险费，不得扣除 |
| 4 | 利息费用 | 企业在生产、经营活动中发生的利息费用，按下列规定扣除：（1）非金融企业向金融企业借款的利息支出、金融企业的各项存款利息支出和同业拆借利息支出、企业经批准发行债券的利息支出可据实扣除。（2）非金融企业向非金融企业借款的利息支出，不超过按照金融企业同期同类贷款利率计算的数额的部分可据实扣除，超过部分不许扣除 |
| 5 | 借款费用 | （1）企业在生产经营活动中发生的合理需要资本化的借款费用，准予扣除；（2）企业为购置、建造固定资产、无形资产和经过12个月以上的建造才能达到预定可销售状态的存货发生借款的，在有关资产购置、建造期间发生的合理的借款费用，应予以资本化，作为资本性支出计入有关资产的成本；有关资产交付使用后发生的借款利息，可在发生当期扣除 |
| 6 | 汇兑损失 | 企业在货币交易中，以及纳税年度终了时将人民币以外的货币性资产、负债按照期末即期人民币汇率中间价折算为人民币时产生的汇兑损失，除已经计入有关资产成本以及与向所有者进行利润分配相关的部分外，准予扣除 |
| 7 | 业务招待费 | 企业发生的与生产经营活动有关的业务招待费支出，按照发生额的60%扣除，但最高不得超过当年销售（营业）收入的5‰ |
| 8 | 广告费和业务宣传费 | 企业发生的符合条件的广告费和业务宣传费支出，除国务院财政、税务主管部门另有规定外，不超过当年销售（营业）收入15%的部分，准予扣除；超过部分，准予结转以后纳税年度扣除。企业申报扣除的广告费支出应与赞助支出严格区分。企业申报扣除的广告费支出，必须符合下列条件：广告是通过工商部门批准的专门机构制作的；已实际支付费用，并已取得相应发票；通过一定媒体传播 |
| 9 | 环境保护专项资金 | 企业依照法律、行政法规有关规定提取的用于环境保护、生态恢复等方面的专项资金，准予扣除。上述专项资金提取后改变用途的，不得扣除 |
| 10 | 保险费 | 企业参加财产保险，按照规定缴纳的保险费，准予扣除。 |
| 11 | 租赁费 | 企业根据生产经营活动的需要租入固定资产支付的租赁费，按照以下方法扣除：（1）以经营方式租入固定资产发生的租赁费支出，按照租赁期限均匀扣除。经营性租赁是指所有权不转移的租赁。（2）以融资租赁方式租入固定资产发生的租赁费支出，按照规定构成融资租入固定资产价值的部分应当提取折旧费用，分期扣除。融资租赁是指在实质上转移与一项资产所有权有关的全部风险和报酬的一种租赁 |
| 12 | 劳动保护费 | 企业发生的合理的劳动保护支出，准予扣除 |
| 13 | 公益性捐赠支出 | 公益性捐赠，是指企业通过公益性社会团体或者县级以上人民政府及其部门，用于《中华人民共和国公益事业捐赠法》规定的公益事业的捐赠。企业发生的公益性捐赠支出，不超过年度利润总额12%的部分，准予扣除。年度利润总额，是指企业依照国家统一会计制度的规定计算的年度会计利润 |
| 14 | 有关资产的费用 | 企业转让各类固定资产发生的费用，允许扣除。企业按规定计算的固定资产折旧费、无形资产和递延资产的摊销费，准予扣除 |
| 15 | 总机构分摊的费用 | 非居民企业在中国境内设立的机构、场所凡其中国境外总机构发生的与该机构、场所生产经营有关的费用，能够提供总机构出具的费用汇集范围、定额、分配依据和方法等证明文件，并合理分摊的，准予扣除 |

续表

| 序号 | 扣除项目 | 扣除项目的标准 |
|---|---|---|
| 16 | 资产损失 | 企业当期发生的固定资产和流动资产盘亏、毁损净损失，由其提供清查盘存资料经主管税务机关审核后，准予扣除；企业因存货盘亏、毁损、报废等原因不得从销项税金中抵扣的进项税金，应视同企业财产损失，准予与存货损失一起在所得税前按规定扣除 |
| 17 | 准予扣除的其他项目 | 依照有关法律、行政法规和国家有关税法规定准予扣除的其他项目。如会员费、合理的会议费、差旅费、违约金、诉讼费用等 |

**【例5-6】**某企业2008年为本企业雇员支付工资300万元、奖金40万元、地区补贴20万元、家庭财产保险10万元，假定该企业工资薪金支出符合合理标准，当年职工福利费可在所得税前列支的限额是多少？

**解析**　某企业当年工资总额为：300＋40＋20＝36（万元）

其中当年可在所得税前列支的职工福利费限额为：360×14%＝50.4（万元）

其中当年可在所得税前列支的职工工会经费限额为：360×2%＝7.2（万元）

其中当年可在所得税前列支的职工教育经费限额为：360×2.5%＝9（万元）

**试一试5-6　依据工资、薪金支出扣除规定作出正确选择**

计算应纳税所得额时，在以下项目中，不超过规定比例的准予扣除，超过部分，准予在以后纳税年度结转扣除的项目是（　　）。

A. 职工福利费　B. 工会经费　C. 职工教育经费　D. 社会保险费

**【例5-7】**某企业2008年销售收入3 000万元，当年实际发生业务招待费30万元，该企业当年可在所得税前列支的业务招待费金额是多少？

**解析**　将年销售（营业）收入的5‰与实际招待费开支的60%比大小，以其小者作为可扣除金额。第一数据：30×60%＝18（万元）；第二数据：3 000×5‰＝15（万元）；两数据比大小后择其小者：其当年可在所得税前列支的业务招待费金额是15万元。

**试一试5-7　企业当年可在所得税前列支的业务招待费金额是多少？**

计算应纳税所得额时，在以下项目中，不超过规定比例的准予扣除，超过部分，准予在以后纳税年度结转扣除的项目是（　　）。

A. 职工福利费　　B. 工会经费

C. 职工教育经费　　D. 社会保险费

**【例5-8】**某企业自2008年5月1日起租入一幢门面房用作产品展示厅，一次支付1年租金24万元，则计入2008年成本费用的租金额是多少？

**解析**　按照受益期，2008年有8个月租用该房屋，则计入2008年成本费用的租金额是24万元÷12个月×8个月＝16万元。

**【例5-9】**某企业按照政府统一会计政策计算出利润总额300万元，当年直接给受灾灾民发放慰问金10万元，通过政府机关对受灾地区捐赠30万元，其当年公益性捐赠的调整金额是多少？

**解析**　其当年可在所得税前列支的公益救济性捐赠限额为：300×12%＝36（万元），该企业当年公益性捐赠超支额为30＋10 － 36＝4万元。

*试一试5-8* **根据涉税业务回答问题**

甲企业自2008年2月1日起融资租入一台设备，合同规定每月向出租方支付租赁费3万元，共支付3年，3年后支付象征性买断款1元，该设备归甲企业所有。则该企业能否按月将支付的3万元租赁费作为租金计入成本费用，直接在所得税前扣除？

*试一试5-9* **根据涉税业务回答问题**

某企业按照政府统一会计政策计算出利润总额300万元，当年通过政府机关对受灾地区捐赠50万元，其当年公益性捐赠的调整金额是多少？

**【例5-10】**某企业2008年毁损一批库存材料，账面成本10 139.5元（含运费139.5元），该企业的损失得到税务机关的审核和确认，在所得税前可扣除的损失金额为（　　）。

A. 10 139.5元　　B. 11 850元

C. 10 863.22元　　D. 10 900元

**解析**　正确答案选择B。不得从销项税额中抵扣的进项税额,应视同企业财产损失,准予与存货损失一起在所得税前按规定扣除。

不得抵扣的进项税＝（10 139.5 － 139.5）×17%＋139.5/（1 － 7%）×7%＝1 710.5（元）

在所得税前可扣除的损失金额为：10 139.5＋1 710.5＝11 850（元）

*试一试5-10* **依据资产损失扣除的法律规定作出正确选择**

某服装厂2008年毁损一批库存成衣，账面成本20 000元，成本中外购比例60%，该企业的损失得到税务机关的审核和确认，在所得税前可扣除的损失金额为（　　）。

A. 23 400元　　B. 220 400元

C. 21 360元　　D. 20 000元

## 任务三　掌握不得扣除的项目

在计算应纳税所得额时，下列支出不得扣除：

**【例5-11】**在计算应纳税所得额时不得扣除的项目是（　　）。

A. 为企业子女入托支付给幼儿园的赞助支出

B. 利润分红支出

C. 企业违反销售协议被采购方索取的罚款

D. 违反食品卫生法被政府处以的罚款

**解析**　正确答案选择ABD。C 属于企业间经营罚款，可以在所得税前扣除；ABD均不得在所得税前扣除。

计算应纳税所得额时，所列支出不得扣除：

1. 向投资者支付的股息、红利等权益性投资收益款项
2. 企业所得税税款
3. 税收滞纳金，是指纳税人违反税收法规，被税务机关处以的滞纳金
4. 罚金、罚款和被没收财物的损失，是指纳税人违反国家有关法律、法规规定，被有关部门处以的罚款，以及被司法机关处以的罚金和被没收财物支出
5. 超过规定标准的捐赠支出
6. 赞助支出，是指企业发生的与生产经营活动无关的各种非广告性质支出
7. 未经核定的准备金支出，是指不符合国务院财政、税务主管部门规定的各项资产减值准备、风险准备等准备金支出
8. 企业之间支付的管理费、企业内营业机构之间支付的租金和特许权使用费，以及非银行企业内营业机构之间支付的利息，不得扣除
9. 与取得收入无关的其他支出

## 任务四　应用亏损弥补规则

*试一试5-11*　**依据不得扣除项目的法律规定作出正确选择**

在计算应纳税所得额时不得扣除的项目是（　）。

A. 被没收财物的损失　　B. 计提的固定资产减值准备

C. 迟纳税款的滞纳金　　D. 法院判处的罚金

亏损是指企业依照所得税法和暂行条例的规定，将每一纳税年度的收入总额减除不征税收入、免税收入和各项扣除后小于零的数额。税法规定，企业某一纳税年度发生的亏损可以用下一年度的所得弥补，下一年度的所得不足以弥补的，可以逐年延续弥补，但最长不得超过5年。而且，企业在汇总计算缴纳企业所得税时，其境外营业机构的亏损不得抵减境内营业机构的盈利。

注意

税法所说的亏损，不是企业财务报表中反映的亏损额，而是企业财务报表中的亏损额经主管税务机关按税法规定核实调整后的金额。

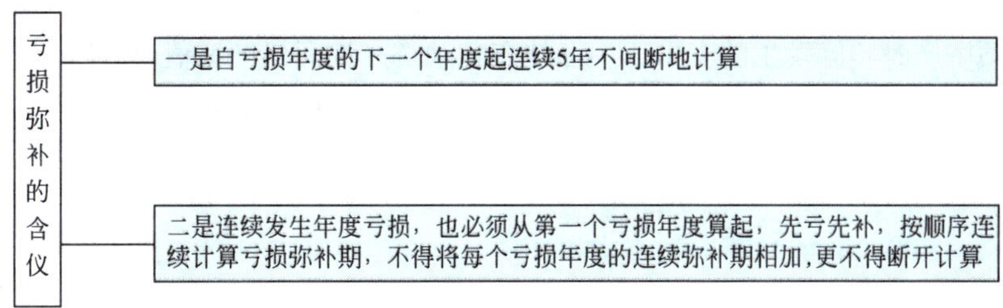


【例5-12】下表为经税务机关审定的某国有企业8年应纳税所得额情况，假设该企业一直

执行5年亏损弥补规定，则该企业8年间须缴纳的企业所得税是（　　）万元。

| 年度 | 2002 | 2003 | 2004 | 2005 | 2006 | 2007 | 2008 | 2009 |
|---|---|---|---|---|---|---|---|---|
| 应纳税所得额情况/万元 | －100 | 20 | －40 | 20 | 20 | 30 | －20 | 95 |

**解析**　2003～2007年，所得弥补2002年亏损，未弥补完但已到5年抵亏期满；2008年亏损，不纳税；2009年所得弥补2004和2008年亏损后还余额35万元，要计算纳税，应纳税额＝35×25%＝8.75（万元）。

*试一试5-12*　**试计算白云公司2008年应纳税所得额**

白云公司2003年度亏损80 000元，2004年度亏损20 000元，2005年度亏损50 000元，2006年度盈利30 000元，2007年度亏损200 000元。2008年度盈利900 000元。

案例讨论5-1　汇总、合并纳税成员企业（单位）的亏损如何弥补？

知识驿站 5-7

**跨企业（国）亏损弥补规则**

| 序号 | 亏损类型 | 亏损弥补原则 |
|---|---|---|
| 1 | 联营企业的亏损 | 由联营企业就地依法进行弥补 |
| 2 | 企业境外业务之间的盈亏 | 企业境外业务之间的盈亏可以互相弥补，但企业境内外之间的盈亏不得相互弥补 |

## 项目三　资产的税务处理

资产是由于资本投资而形成的财产，对于资本性支出，以及无形资产受让、开办、开发费用，不允许作为成本费用从纳税人的收入总额中做一次性扣除，只能采取分次计提折旧或分次摊销的方式予以扣除。即纳税人经营活动中使用的固定资产的折旧费用、无形资产和长期待摊费用的摊销费用可以扣除。税法规定，纳入税务处理范围的资产形式主要有固定资产、生物资产、无形资产、长期待摊费用、投资资产、存货等，均以历史成本为计税基础。历史成本是指企业取得该项资产时实际发生的支出。企业持有各项资产期间资产增值或者减值，除国务院财政、税务主管部门规定可以确认损益外，不得调整该资产的计税基础。

### 任务一　固定资产的税务处理

固定资产是指企业为生产产品、提供劳务、出租或者经营管理而持有的、使用时间超过

12个月的非货币性资产，包括房屋、建筑物、机器、机械、运输工具，以及其他与生产经营活动有关的设备、器具、工具等。

1．固定资产计税基础

| 序号 | 固定资产来源 | 固定资产计税基础 |
| --- | --- | --- |
| 1 | 外购的固定资产 | 以购买价款和支付的相关税费以及直接属于使该资产达到预定用途发生的其他支出为计税基础 |
| 2 | 自行建造的固定资产 | 以竣工结算前发生的支出为计税基础 |
| 3 | 融资租入的固定资产 | 以租赁合同约定的付款总额和承租人在签订租赁合同过程中发生的相关费用为计税基础，租赁合同未约定付款总额的，以该资产的公允价值和承租人在签订租赁合同过程中发生的相关费用为计税基础 |
| 4 | 盘盈的固定资产 | 以同类固定资产的重置完全价值为计税基础 |
| 5 | 通过捐赠、投资、非货币性资产交换、债务重组等方式取得的固定资产 | 以该资产的公允价值和支付的相关税费为计税基础 |
| 6 | 改建的固定资产 | 除已足额提取折旧的固定资产和租入的固定资产以外的其他固定资产，以改建过程中发生的改建支出增加计税基础 |

2．固定资产折旧的范围

在计算应纳税所得额时，企业按照规定计算的固定资产折旧，准予扣除。下列固定资产不得计算折旧扣除。

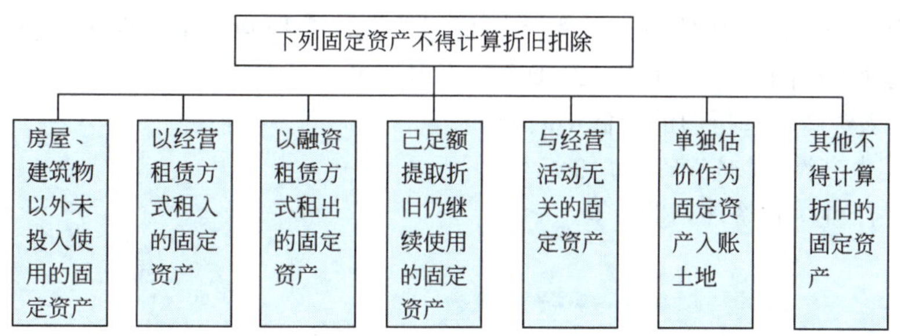


3．固定资产折旧的计提方法

① 企业应当自固定资产投入使用月份的次月起计算折旧；停止使用的固定资产，应当自停止使用月份的次月起停止计算折旧。

② 企业应当根据固定资产的性质和使用情况，合理确定固定资产的预计净残值。固定资产的预计净残值一经确定，不得变更。

③ 固定资产按照直线法计算的折旧，准予扣除。

4．固定资产折旧的计提年限

除国务院财政、税务主管部门另有规定外，固定资产计算折旧的最低年限如下。

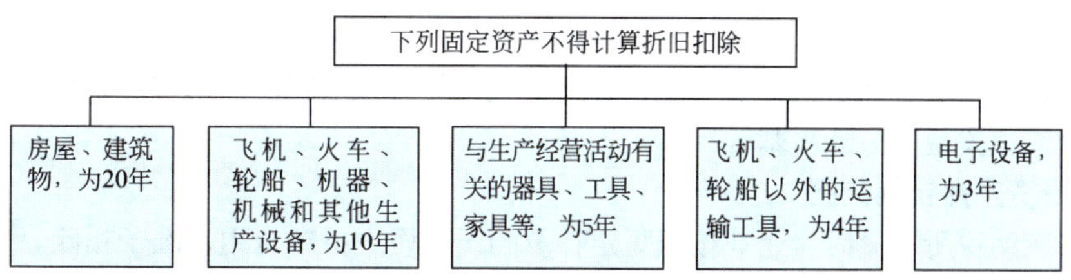

从事开采石油、天然气等矿产资源的企业，在开始商业性生产前发生的费用和有关固定资产的折耗、折旧方法，由国务院财政、税务主管部门另行规定。

## 任务二　生物资产的税务处理

生物资产是指有生命的动物和植物。生物资产分为消耗性生物资产、生产性生物资产和公益性生物资产。消耗性生物资产，是指为出售而持有的或在将来收获为农产品的生物资产，包括生长中的农田作物、蔬菜、用材林，以及存栏待售的牲畜等。生产性生物资产，是指产出农产品、提供劳务或出租等目的而持有的生物资产，包括经济林、薪炭林、产畜和役畜等。公益性生物资产，是指以防护、环境保护为主要目的的生物资产，包括防风固沙林、水土保持林和水源涵养林等。

**1．生物资产的计税基础**

生产性生物资产按照以下方法确定计税基础。

① 外购的生产性生物资产，以购买价款和支付的相关税费为计税基础。

② 通过捐赠、投资、非货币性资产交换、债务重组等方式取得的生产性生物资产，以该资产的公允价值和支付的相关税费为计税基础。

**2．生物资产的折旧方法和折旧年限**

生产性生物资产按照直线法计算的折旧，准予扣除。企业应当自生产性生物资产投入使用月份的次月起计算折旧；停止使用的生产性生物资产，应当自停止使用月份的次月起停止计算折旧。

企业应当根据生产性生物资产的性质和使用情况，合理确定生产性生物资产的预计净残值。生产性生物资产的预计净残值一经确定，不得变更。

生产性生物资产计算折旧的最低年限如下。

① 林木类生产性生物资产，为10年。

② 畜类生产性生物资产，为3年。

## 任务三　无形资产的税务处理

无形资产是指企业长期使用但没有实物形态的资产，包括专利权、商标权、著作权、土地使用权、非专利技术、商誉等。

**1．无形资产的计税基础**

无形资产按照以下方法确定计税基础。

① 外购的无形资产，以购买价款和支付的相关税费，以及直接归属于使该资产达到预定用途发生的其他支出为计税基础。

② 自行开发的无形资产，以开发过程中该资产符合资本化条件后至达到预定用途前发生的支出为计税基础。

通过捐赠、投资、非货币性资产交换、债务重组等方式取得的无形资产，以该资产的公允价值和支付的相关税费为计税基础。

**2．无形资产摊销的范围**

在计算应纳税所得额时，企业按照规定计算的无形资产摊销费用，准予扣除。

下列无形资产不得计算摊销费用扣除。

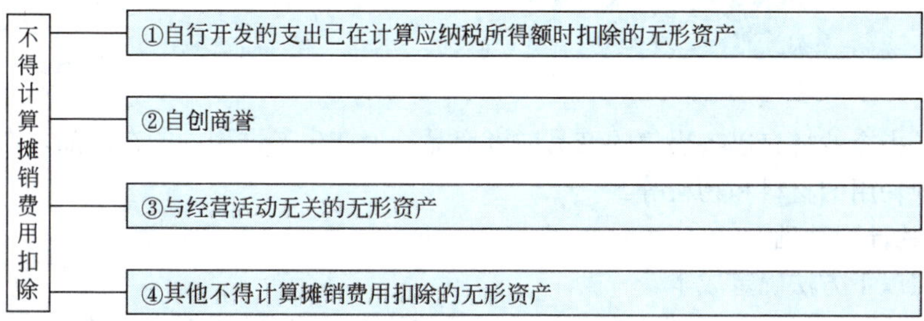


**3．无形资产的摊销方法及年限**

无形资产的摊销采取直线法计算。无形资产的摊销年限不得低于10年。作为投资或者受让的无形资产，有关法律规定或者合同约定了使用年限的，可以按照规定或者约定的使用年限分期摊销。外购商誉的支出，在企业整体转让或者清算时准予扣除。

## 任务四 长期待摊费用的税务处理

长期待摊费用，是指企业发生的应在一个年度以上或几个年度进行摊销的费用。在计算应纳税所得额时，企业发生的下列支出作为长期待摊费用，按照规定摊销的，准予扣除。

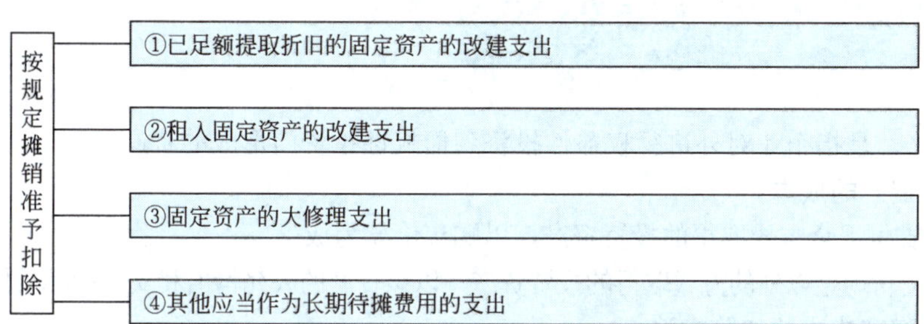


企业的固定资产修理支出可在发生当期直接扣除。企业的固定资产改良支出，如果有关固定资产尚未提足折旧，可增加固定资产价值；如有关固定资产已提足折旧，可作为长期待摊费用，在规定的期间内平均摊销。

固定资产的改建支出，是指改变房屋或者建筑物结构、延长使用年限等发生的支出。已足额提取折旧的固定资产的改建支出，按照固定资产预计尚可使用年限分期摊销；租入固定资产的改建支出，按照合同约定的剩余租赁期限分期摊销；改建的固定资产延长使用年限的，除已足额提取折旧的固定资产、租入固定资产的改建支出外，其他的固定资产发生改建支出，应当适当延长折旧年限。

大修理支出，按照固定资产尚可使用年限分期摊销。

企业所得税法所指固定资产的大修理支出，是指同时符合下列条件的支出。

① 修理支出达到取得固定资产时的计税基础50%以上。

② 修理后固定资产的使用年限延长2年以上。

其他应当作为长期待摊费用的支出，自支出发生月份的次月起，分期摊销，摊销年限不得低于3年。

## 任务五　存货的税务处理

存货，是指企业持有以备出售的产品或者商品、处在生产过程中的在产品、在生产或者提供劳务过程中耗用的材料和物料等。

**1. 存货的计税基础**

存货按照以下方法确定成本。

① 通过支付现金方式取得的存货，以购买价款和支付的相关税费为成本。

② 通过支付现金以外的方式取得的存货，以该存货的公允价值和支付的相关税费为成本。

③ 生产性生物资产收获的农产品，以产出或者采收过程中发生的材料费、人工费和分摊的间接费用等必要支出为成本。

**2. 存货的成本计算方法**

企业使用或者销售存货的成本计算方法，可以在先进先出法、加权平均法、个别计价法中选用一种。计价方法一经选用，不得随意变更。

企业转让以上资产，在计算企业应纳税所得额时，资产的净值允许扣除。其中，资产的净值是指有关资产、财产的计税基础减除已经按照规定扣除的折旧、折耗、摊销、准备金等的余额。

除国务院财政、税务主管部门另有规定外，企业在重组过程中，应当在交易发生时确认有关资产的转让所得或者损失，相关资产应当按照交易价格重新确定计税基础。

## 任务六　投资资产的税务处理

投资资产，是指企业对外进行权益性投资和债权性投资而形成的资产。

**1. 投资资产的成本**

① 通过支付现金方式取得的投资资产，以购买价款为成本。

② 通过支付现金以外的方式取得的投资资产，以该资产的公允价值和支付的相关税费为成本。

**2. 投资资产成本的扣除方法**

企业对外投资期间，投资资产的成本在计算应纳税所得额时不得扣除，企业在转让或者处置投资资产时，投资资产的成本准予扣除。

### 知识驿站 5-8

**税法规定与会计规定差异的处理**

税法规定与会计规定差异的处理，是指企业在财务会计核算中与税法规定不一致的，应当依照税法规定予以调整。即企业在平时进行会计核算时，可以按会计制度的有关规定进行账务处理，但在申报纳税时，对税法规定和会计制度规定有差异的，要按税法规定进行纳税调整。

① 企业不能提供完整、准确的收入及成本、费用凭证，不能正确计算应纳税所得额的，由税务机关核定其应纳税所得额。

② 企业依法清算时，以其清算终了后的清算所得为应纳税所得额，按规定缴纳企

业所得税。所谓清算所得，是指企业清算的全部资产或者财产扣除各项清算费用、损失、负债、企业未分配利润、公益金后的余额，超过实缴资本的部分。

③ 企业应纳税所得额是根据税收法规计算出来的，它在数额上与依据财务会计制度计算的利润总额往往不一致。因此，税法规定：对企业按照有关财务会计规定计算的利润总额，要按照税法的规定进行必要调整后，才能作为应纳税所得额计算缴纳所得税。

# 课题三　计算企业所得税应纳税额

## 项目一　居民企业应纳税额的计算

居民企业纳税额等于应纳税所得额乘以适用税率，基本计算公式为：

居民企业应纳税额＝应纳税所得额×适用税率－减免税额－抵免税额

根据计算公式可以看出，居民企业应纳税额的多少，取决于应纳税所得额和适用税率两个因素。在实际过程中，应纳税所得额的计算一般有两种方法。

1. 直接计算法

在直接计算法下，居民企业每一纳税年度的收入总额减除不征税收入、免税收入、各项扣除以及允许弥补的以前年度亏损后的余额为应纳税所得额。计算公式与前述相同，即为：

应纳税所得额＝收入总额－不征税收入－免税收入－各项扣除金额－弥补亏损

2. 间接计算法

在间接计算法下，是在会计利润总额的基础上加或减按照税法规定调整的项目金额后，即为应纳税所得额。计算公式为：

应纳税所得额＝会计利润总额±纳税调整项目金额

纳税调整项目金额包括两方面的内容：一是企业的财务会计处理和税收规定不一致的应予以调整的金额；二是企业按税法规定准予扣除的税收金额。

**【例5-13】**假定某企业为居民企业，2008年经营业务如下。

（1）取得销售收入2 500万元。

（2）销售成本1 100万元。

（3）发生销售费用670万元（其中广告费450万元）；管理费用480万元（其中业务招待费15万元）；财务费用60万元。

（4）销售税金160万元（含增值税120万元）。

（5）营业外收入70万元，营业外支出50万元（含通过公益性社会团体向贫困山区捐款30万元，支付税收滞纳金6万元）。

（6）计入成本、费用中的实发工资总额150万元、拨缴职工工会经费3万元、支出职工福利费和职工教育经费29万元。

**要求**：计算该企业2008年度实际应纳的企业所得税。

**解析**　根据新企业所得税法，计算过程如下。

（1）会计利润总额＝2 500＋70－1 100－670－480－60－40－50＝170（万元）

（2）广告费和业务宣传费调增所得额＝450－2 500×5%＝450－375＝75（万元）

（3）业务招待费调增所得额＝15－15×60%＝15－9＝6（万元），2 500×5‰＝12.5（万元）＞15×60%＝9（万元）

（4）捐赠支出应调增所得额＝30－170×12%＝9.6（万元）

（5）“三费”应调增所得额＝3＋29－150×18.5%＝4.25（万元）

（6）应纳税所得额＝170＋75＋6＋9.6＋6＋4.25＝270.85（万元）

（7）2008所应缴企业所得税＝270.85×25%＝67.71（万元）

*试一试5-13* **依据居民企业应纳税额计算方法，计算分析问题**

白云机械制造企业2008年产品销售收入3 000万元，销售成本1 500万元，销售税金及附加12万元，销售费用200万元（含广告费100万元），管理费用500万元（含招待费20万元，办公室房租36万元，存货跌价准备2万元），投资收益25万元（含国债利息6万元、从深圳联营企业分回税后利润34万元、权益法计算投资某公司损失15万元），营业外支出10.5万元，系违反购销合同被供货方处以的违约罚款。

其他补充资料：（1）当年9月1日起租用办公室，支付2年房租36万元；（2）企业已预缴税款190万元。

**要求：**

①计算该企业所得税前可扣除的销售费用。

②计算该企业所得税前可扣除的管理费用。

③计算该企业计入计税所得的投资收益。

④计算该企业应纳税所得额。

⑤计算该企业应纳的所得税税额。

⑥计算该企业2008年度应补（退）的所得税额。

## 项目二　境外所得抵扣税额的计算

企业取得的下列所得（见表5-1）已在境外缴纳的所得税税额，可以从其当期应纳税所得额中抵免，抵免限额为该项所得依照本法规定计算的应纳税额；超过抵免限额的部分，可以在以后5个年度内，用每年度抵免限额抵免当年应抵税额后的余额进行抵补。

境外已纳税额扣除，是避免国际间对同一所得重复征税的一项重要措施，我国税法规定对境外已纳税款实行限额扣除。境外缴纳的所得税税额，是指企业来源于中国境外的所得依照中国境外税收法律以及相关规定应当缴纳并已经实际缴纳的企业所得税性质的税款。抵免限额采用分国不分项的计算原则。

**表5-1　境外所得抵扣税额的具体规定**

| 要　点 | 具体规定 |
|---|---|
| 需要进行境外所得已纳税款抵扣的所得范围（经营所得类） | ①居民企业来源于中国境外的应税所得；②非居民企业在中国境内设立机构、场所，取得发生在中国境外但与机构、场所有实际联系的应税所得。 |
| 需要进行境外所得已纳税款抵扣的所得范围（投资所得类） | 居民企业从其直接或者间接控制的外国企业分得的来源于中国境外的股息、红利等权益性投资收益，外国企业在境外实际缴纳的所得税税额中属于该项所得负担的部分，可以作为该居民企业的可抵免境外所得税税额，在税法规定的抵免限额内抵免 |

续表

| 要　点 | 具体规定 |
| --- | --- |
| 境外所得税税款扣除限额公式 | 抵免限额＝境内、境外所得按税法计算的应纳税总额 × 来源于某国（地区）的应纳税所得额 ÷ 境内、境外应纳税所得总额 |
| 抵免限额的具体应用 | ①如果纳税人来源于境外的所得在境外实际缴纳的税款低于扣除限额，可从应纳税额中据实扣除；②如果超过扣除限额，其超过部分不得从本年度应纳税额中扣除，也不得列为本年度费用支出，但可以用以后年度抵免限额抵免当年应抵税额后的余额进行抵补，补扣期限最长不能超过 5 年 |

**【例5-14】**某企业2008年度境内应纳税所得额为100万元，适用25%的企业所得税税率。另外，该企业分别在A、B两国设有分支机构（我国与A、B两国已经缔结避免双行政管理税协定），在A国分支机构的应纳税所得额为50万元，A国企业所得税税率为20%；在B国的分支机构的应纳税所得额为30万元，B国企业所得税税率为30%。假设该企业在A、B国所得按我国乘法计算的应纳税所得额和按A、B两国乘法计算的应纳税所得额一致，两个分支机构在A、B两国分别缴纳了10万元和9万元的企业所得税。

**要求**：计算该企业汇总时在我国应缴纳的企业所得税税额。

**解析**　（1）该企业按我国乘法计算的境内、境外所得的应纳税额。

应纳税额＝（100＋50＋30）×25%＝45（万元）

（2）A、B两国的扣除限额。

A国扣除限额＝45×[50÷（100＋50＋30）]＝12.5（万元）

B国扣除限额＝45×[30÷（100＋50＋30）]＝7.5（万元）

在A国缴纳的所得税为10万元，低于扣除限额12.5万元,可全额扣除。

在B国缴纳的所得税为9万元，高于扣除限额7.5万元，其超过扣除限额的部分1.5万元当年不能扣除。

（3）汇总时在我国应缴纳的所得＝45 － 10 － 7.5＝27.5（万元）。

*试一试5-14*　**根据涉税业务计算分析问题**

某企业2007年来自境外A国的已纳所得税因超过抵免限额尚未扣除的余额为1万元，2008年在我国境内所得160万元，来自A国税后所得20万元，在A国已纳所得税额5万元，其在我国汇总缴纳多少所得税？

## 项目三　非居民企业应纳税额的计算

对于在中国境内未设立机构、场所的，或者虽设立机构、场所但取得的所得与其所设机构、场所没有实际联系的非居民企业的所得，按照下列方法计算应纳税所得额。

① 股息、红利等权益性投资收益和利息、租金、特许权使用费所得，以收入全额为应纳税所得额。

② 转让财产所得，以收入全额减除财产净值后的余额为应纳税所得额。

③ 其他所得，参照前两项规定的方法计算应纳税所得额。

财产净值是指财产的计税基础减除已经按照规定扣除的折旧、折耗、摊销、准备金等后的余额。

## 项目四　预缴与汇算清缴所得税的计算

企业所得税实行按年计征、分期预缴、年终汇算清缴、多退少补的办法，其应纳所得税额的计算分为预缴所得税额计算和年终汇算清缴所得税额计算。

1．计算原理

纳税人预缴所得税时，应当按纳税期限内应纳税所得的实际数预缴；按实际数预缴有困难的，可按上一年度应纳税所得额的1/12或1/4预缴，或者经当地税务机关认可的其他方法分期预缴所得税。

2．计算公式

（1）应纳所得税额＝月（季）应纳税所得额×适用税率

或＝上年应纳税所得额×1/2（或1/4）×适用税率

（2）全年应纳税所得额＝全年应纳税所得额×适用税率

（3）多退少补所得税额＝全年应纳所得税额－月（季）已预缴所得税额

企业所得税税款应以人民币为计算单位。若所得为外国货币的，应当按照国家外汇管理机关公布的外汇汇率折合人民币缴纳。

## 项目五　从被投资方分回利润（股息）应纳税额的计算

企业在国内投资、联营取得的税后利润，由于接受投资或联营企业已向其所在地税务机关缴纳企业所得税，因此，对于投资方或参营方分得的税后利润（股息），一般不再征税。如果涉及地区间所得税适用税率存在差异，则纳税人从其他企业分回的已经缴纳企业所得税的利润（股息），其已缴纳的税额需要在计算本企业所得税时予以调整。其调整方法如下。

（1）联营企业投资方从联营企业分回的税后利润，如果投资方所得税税率低于联营企业，不退还所得税。如果投资方所得税税率高于联营企业，投资方应将分回的利润（股息）按规定补缴企业所得税。按现行规定，投资方应在分回投资收益时，先按规定将其还原为应税所得额（税前利润）计入收入总额，计算应缴纳的企业所得税额，然后将联营企业已缴纳的企业所得税税额予以抵扣。计算公式如下。

① 来源于联营企业的应纳税所得额＝投资方分回的利润额/（1－联营企业所得税税率）

② 联营企业已缴税款抵扣额＝来源于联营企业的应纳税所得额×联营企业法定所得税税率

上述公式① 中，联营企业所得税税率，是指联营方计算缴纳企业所得税时，使用的实际税率（不包括享受免、减税因素）；公式② 中，联营企业法定所得税税率，是指联营方适用的按税法规定的法定税率。联营企业按税法规定享受定期减免税优惠，在投资方做计税调整时，参照饶让原则，视为已缴税款予以扣除。

（2）如果投资方企业发生亏损，可将其分回的税后利润还原后用于弥补亏损，弥补亏损仍有余额的，再按照规定缴纳所得税。如果企业既有按规定需要补税的投资收益，也有不需要补税的投资收益，可先用需要补税的投资收益还原后弥补亏损，弥补亏损后有盈余的，不再计算缴税。

## 项目六　核定征收应纳税额的计算

**1．核定征收企业所得税的适用范围**

纳税人具有下列情形之一的，应采取核定征收方式征收企业所得税。

| 序号 | 核定征收方式征收企业所得税的业务情形 |
|---|---|
| 1 | 依照税收法律法规规定可以不设账簿的或按照税收法规规定应设置但未设置账簿的 |
| 2 | 不能准确核算收入总额，或收入总额能够查实但其成本费用支出等不能准确核算的 |
| 3 | 不能准确核算成本费用支出，或成本费用支出能够查实，但其收入总额不能准确核算的 |
| 4 | 收入总额及成本支出均不能正确核算，不能向主管税务机关提供真实、准确、完整的纳税资料，并且难以查实的 |
| 5 | 账目设置和核算虽然符合规定，但不按照税收法律法规规定的期限办理纳税申报，经税务机关责令限期申报，逾期仍不申报的 |

**2．核定征收的办法**

核定征收的办法包括定额征收和核定应税所得率征收两种方法以及其他合理的办法。定额征收是指税务机关按照一定的标准、程序和方法，直接核定纳税人年度应纳所得税额，由纳税人按规定进行申报缴纳的办法。核定应税所得率征收，是指税务机关按照一定的标准、程序和方法，预先核定纳税人应税所得率，由纳税人根据纳税年度内的收入总额或成本费用等项目的实际发生额，按预先核定的应税所得率计算缴纳企业所得税的办法。

**3．核定应税所得率征收的办法。实行应税所得率征收办法的，应纳税额的计算如下。**

应纳税额＝应纳税所得额×适用税率

应纳税所得额＝收入总额×应税所得率

或：成本费用支出额÷（1－应税所得率）×应税所得率

应税所得率按表5-2规定的标准执行。

**表5-2　应税所得率表**

| 序号 | 经营行业 | 应税所得率/% |
|---|---|---|
| 1 | 工业、商业、交通运输业 | 7～20 |
| 2 | 建筑业、房地产开发业 | 10～20 |
| 3 | 饮食服务业 | 10～25 |
| 4 | 娱乐业 | 10～25 |
| 5 | 其他行业 | 10～30 |

企业经营多业的无论其经营项目是否单独核算，均由主管税务机关根据其经营项目，核定其适用某一行业的应税所得率。

纳税人年度应纳税额或应税所得率一经核定，除发生下列情况外，一个纳税年度内一般不得调整：实行改组改制的；生产经营范围、主营业务发生重大变化的；因遭受风、火、水、地震等人力不可抗拒灾害的。

## 项目七　清算所得应纳税额的计算

纳税人依法进行清算时，其清算终了后的清算所得，应依照企业所得税条例规定缴纳所得税。清算所得是指纳税人清算时的全部资产或财产扣除清算费用、损失、负债、企业未分配利润、公益金和公积金后的余额，超过实缴资本的部分。计算公式为：清算所得应纳税额=清算所得×适用税率

**【例5-15】**长江企业2008年进行清算时，清算的全部资产为5 000 000元，清算费用为200 000元，清算时的负债为3 000 000元，企业到上年末未分配利润为280 000元，企业资本公积为400 000元，企业的注册资本金1 000 000元。长江企业清算时的清算所得是多少？长江企业应缴纳企业所得税多少？

**解析** （1）清算所得＝5 000 000 － 200 000 － 3 000 000 － 280 000 － 400 000 － 1 000 000
＝120 000（元）

（2）应纳企业所得税＝120 000×25％＝30 000（元）

*试一试5-15* **依据下列业务，计算白云企业清算所得应缴纳的企业所得税**

白云企业严重亏损，在2008年6月破产，实施解散清算，存货变现损失2 000万元，清算资产300万元，应付未付职工工资240万元，偿还负债收入800万元，发生清算费用100万元，企业累计未分配利润40万元，企业注册资金150万元。

**案例讨论5-2** 企业从境外分支机构分回利润与从境内联营企业分回的利润，均应还原为税前利润，再并入企业汇总的应纳税所得额。从境内和境外分回利润还原的计算方法完全一样吗？已纳税额抵扣方法一样吗？

## 课题四 企业所得税纳税申报

### 项目一 明确纳税申报事项

| 序号 | 纳税申报事项名称 | 纳税申报事项规定 |
|---|---|---|
| 1 | 纳税地点 | 居民企业按照企业登记注册地确定纳税地点，但登记注册地在境外的，以实际管理机构所在地为纳税地点。在中国设立机构、场所的非居民企业取得来源于我国境内的所得，应当以机构、场所所在地为纳税地点。不在中国境内设立机构、场所的非居民企业取得来源于我国境内的所得，应当以扣缴义务人所在地为纳税地点 |
| 2 | 企业汇总纳税 | 居民企业在中国境内设立的不具有法人资格的所有营业机构，应当汇总计算、缴纳企业所得税。非居民企业在中国境内设立两个或者两个以上机构、场所的，经税务机关审核批准，可以选择由其主要机构、场所汇总缴纳企业所得税。对于独立企业而言，除非国务院另有规定，否则不得汇总缴纳企业所得税 |
| 3 | 纳税年度 | 企业所得税按照纳税年度计算，纳税年度从公历1月1日至12月31日。企业在年度中间开业或者终止经营的，应当以实际经营期为一个纳税年度。企业依法清算时，应当以清算期间作为一个纳税年度 |
| 4 | 企业所得税的缴纳方法 | 缴纳企业所得税，按年计算，分月或者分季预缴。月份或者季度终了后15日内预缴，年度终了后5个月内汇算清缴，多退少补。与旧法相比，只是将汇算清缴的时间往后延长了1个月，给予企业更充足的时间进行汇算清缴。另外，纳税人进行清算时，应当在办理工商注销登记之前，就其清算所得向税务机关办理所得税申报。纳税人在年度中间终止经营活动的，应当自实际经营终止之日起60日内，向税务机关办理当期所得税汇算清缴 |

【例5-16】除税收法律、行政法规另有规定外，居民企业以（　　）为纳税地点。

A. 企业登记注册地　　B. 企业实际经营地

C. 企业会计核算地　　D. 企业管理机构所在地

**解析**　正确答案选择A。居民企业按照企业登记注册地确定纳税地点，但登记注册地在境外的，以实际管理机构所在地为纳税地点。

*试一试5-16*　**依据企业所得税纳税申报法律规定，判断下列论断是否正确**

1. 企业应当自年度终了之日起4个月内，向税务机关报送年度企业所得税纳税申报表，并汇算清缴，结清应缴应退税款。

2. 企业在年度中间终止经营活动的，应当自实际经营终止之日起30日内，向税务机关办理当期企业所得税汇算清缴。

3. 企业应当自月份或者季度终了之日起15日内，向税务机关报送预缴企业所得税纳税申报表，预缴税款。

## 项目二　计算填列企业所得税纳税申报表

自2006年7月1日起，全国统一使用新的企业所得税纳税申报表（见表5-3）。

**表5-3　中华人民共和国企业所得税年度纳税申报表（A类）**

税款所属期间：年 月 日至 年 月 日

纳税人名称：

纳税人识别号：□□□□□□□□□□□□□□□□□□□ 金额单位：元（列至角分）

| 类别 | 行次 | 项　目 | 金　额 |
|---|---|---|---|
| 利润总额计算 | 1 | 一、营业收入（填附表一） | |
| | 2 | 减：营业成本（填附表二） | |
| | 3 | 营业税金及附加 | |
| | 4 | 销售费用（填附表二） | |
| | 5 | 管理费用（填附表二） | |
| | 6 | 财务费用（填附表二） | |
| | 7 | 资产减值损失 | |
| | 8 | 加：公允价值变动收益 | |
| | 9 | 投资收益 | |
| | 10 | 二、营业利润 | |
| | 11 | 加：营业外收入（填附表一） | |
| | 12 | 减：营业外支出（填附表二） | |
| | 13 | 三、利润总额（10＋11－12） | |

续表

| 类别 | 行次 | 项目 | 金额 |
| --- | --- | --- | --- |
| 应纳税所得额计算 | 14 | 加：纳税调整增加额（填附表三） | |
| | 15 | 减：纳税调整减少额（填附表三） | |
| | 16 | 其中：不征税收入 | |
| | 17 | 免税收入 | |
| | 18 | 减计收入 | |
| | 19 | 减、免税项目所得 | |
| | 20 | 加计扣除 | |
| | 21 | 抵扣应纳税所得额 | |
| | 22 | 加：境外应税所得弥补境内亏损 | |
| | 23 | 纳税调整后所得（13＋14－15＋22） | |
| | 24 | 减：弥补以前年度亏损（填附表四） | |
| | 25 | 应纳税所得额（23－24） | |
| 应纳税额计算 | 26 | 税率（25%） | |
| | 27 | 应纳所得税额（25×26） | |
| | 28 | 减：减免所得税额（填附表五） | |
| | 29 | 减：抵免所得税额（填附表五） | |
| | 30 | 应纳税额（27－28－29） | |
| | 31 | 加：境外所得应纳所得税额（填附表六） | |
| | 32 | 减：境外所得抵免所得税额（填附表六） | |
| | 33 | 实际应纳所得税额（30＋31－32） | |
| | 34 | 减：本年累计实际已预缴的所得税额 | |
| | 35 | 其中：汇总纳税的总机构分摊预缴的税额 | |
| 应纳税额计算 | 36 | 汇总纳税的总机构财政调库预缴的税额 | |
| | 37 | 汇总纳税的总机构所属分支机构分摊的预缴税额 | |
| | 38 | 合并纳税（母子体制）成员企业就地预缴比例 | |
| | 39 | 合并纳税企业就地预缴的所得税额 | |
| | 40 | 本年应补（退）的所得税额（33－34） | |
| 附列资料 | 41 | 以前年度多缴的所得税额在本年抵减额 | |
| | 42 | 以前年度应缴未缴在本年入库所得税额 | |

| 纳税人公章：<br>经办人：<br>申报日期：　　年　月　日 | 代理申报中介机构公章：<br>经办人及执业证件号码：<br>代理申报日期：　　年　月　日 | 主管税务机关受理专用章：<br>受理人：<br>受理日期：　　年　月　日 |
| --- | --- | --- |

## 企业所得税年度纳税申报表附表一（1）

## 收入明细表

填报时间：　　年　月　日　　　　　　　　　　金额单位：元（列至角分）

| 行次 | 项　　目 | 金　　额 |
|---|---|---|
| 1 | 一、销售（营业）收入合计（2＋13） | |
| 2 | （一）营业收入合计（3＋8） | |
| 3 | 1．主营业务收入（4＋5＋6＋7） | |
| 4 | （1）销售货物 | |
| 5 | （2）提供劳务 | |
| 6 | （3）让渡资产使用权 | |
| 7 | （4）建造合同 | |
| 8 | 2．其他业务收入（9＋10＋11＋12） | |
| 9 | （1）材料销售收入 | |
| 10 | （2）代购代销手续费收入 | |
| 11 | （3）包装物出租收入 | |
| 12 | （4）其他 | |
| 13 | （二）视同销售收入（14＋15＋16） | |
| 14 | （1）非货币性交易视同销售收入 | |
| 15 | （2）货物、财产、劳务视同销售收入 | |
| 16 | （3）其他视同销售收入 | |
| 17 | 二、营业外收入（18＋19＋20＋21＋22＋23＋24＋25＋26） | |
| 18 | 1．固定资产盘盈 | |
| 19 | 2．处置固定资产净收益 | |
| 20 | 3．非货币性资产交易收益 | |
| 21 | 4．出售无形资产收益 | |
| 22 | 5．罚款净收入 | |
| 23 | 6．债务重组收益 | |
| 24 | 7．政府补助收入 | |
| 25 | 8．捐赠收入 | |
| 26 | 9．其他 | |

经办人（签章）：　　　　　　　法定代表人（签章）：

## 企业所得税年度纳税申报表附表一（2）

## 金融企业收入明细表

填报时间：　　年　月　日　　　　　　　　　　金额单位：元（列至角分）

| 行次 | 项　　目 | 金　　额 |
|---|---|---|
| 1 | 一、营业收入（2+19+25+35） | |

续表

| 行次 | 项 目 | 金 额 |
|---|---|---|
| 2 | （一）银行业务收入（3+10+18） | |
| 3 | 1．银行业利息收入（4＋5＋6＋7＋8＋9） | |
| 4 | （1）存放同业 | |
| 5 | （2）存放中央银行 | |
| 6 | （3）拆出资金 | |
| 7 | （4）发放贷款及垫款 | |
| 8 | （5）买入返售金融资产 | |
| 9 | （6）其他 | |
| 10 | 2．银行业手续费及佣金收入（11＋12＋13＋14＋15＋16＋17） | |
| 11 | （1）结算与清算手续费 | |
| 12 | （2）代理业务手续费 | |
| 13 | （3）信用承诺手续费及佣金 | |
| 14 | （4）银行卡手续费 | |
| 15 | （5）顾问和咨询费 | |
| 16 | （6）托管及其他受托业务佣金 | |
| 17 | （7）其他 | |
| 18 | 3．其他业务收入 | |
| 19 | （二）保险业务收入（20+24） | |
| 20 | 1．已赚保费（21 － 22 － 23） | |
| 21 | 保费收入 | |
| 22 | 减：分出保费 | |
| 23 | 提取未到期责任准备金 | |
| 24 | 2．其他业务收入 | |
| 25 | （三）证券业务收入（26+33+34） | |
| 26 | 1．手续费及佣金收入（27＋28＋29＋30＋31＋32） | |
| 27 | （1）证券承销业务收入 | |
| 28 | （2）证券经纪业务收入 | |
| 29 | （3）受托客户资产管理业务收入 | |
| 30 | （4）代理兑付证券业务收入 | |
| 31 | （5）代理保管证券业务收入 | |
| 32 | （6）其他 | |
| 33 | 2．利息净收入 | |
| 34 | 3．其他业务收入 | |

续表

| 行次 | 项　　目 | 金　　额 |
|---|---|---|
| 35 | （四）其他金融业务收入（36+37） | |
| 36 | 1. 业务收入 | |
| 37 | 2. 其他业务收入 | |
| 38 | 二、视同销售收入（39+40+41） | |
| 39 | 1. 非货币性资产交换 | |
| 40 | 2. 货物、财产、劳务视同销售收入 | |
| 41 | 3. 其他视同销售收入 | |
| 42 | 三、营业外收入（43+44+45+46+47+48） | |
| 43 | 1. 固定资产盘盈 | |
| 44 | 2. 处置固定资产净收益 | |
| 45 | 3. 非货币性资产交易收益 | |
| 46 | 4. 出售无形资产收益 | |
| 47 | 5. 罚款净收入 | |
| 48 | 6. 其他 | |

经办人（签章）：　　　　　法定代表人（签章）：

**企业所得税年度纳税申报表附表一（3）**

**事业单位、社会团体、民办非企业单位收入明细表**

填报时间：　　年　月　日　　　　　　金额单位：元（列至角分）

| 行次 | 项　　目 | 金　　额 |
|---|---|---|
| 1 | 一、收入总额（2＋3＋…＋9） | |
| 2 | 财政补助收入 | |
| 3 | 上级补助收入 | |
| 4 | 拨入专款 | |
| 5 | 事业收入 | |
| 6 | 经营收入 | |
| 7 | 附属单位缴款 | |
| 8 | 投资收益 | |
| 9 | 其他收入 | |
| 10 | 二、不征税收入总额（11＋12＋13＋14） | |
| 11 | 财政拨款 | |
| 12 | 行政事业性收费 | |
| 13 | 政府性基金 | |
| 14 | 其他 | |
| 15 | 三、应纳税收入总额（1 － 10） | |
| 16 | 四、应纳税收入总额占全部收入总额比重（15÷1） | |

经办人（签章）：　　　　　法定代表人（签章）：

## 企业所得税年度纳税申报表附表二（1）

## 成本费用明细表

填报时间：　　年　月　日　　　　　　　　　　　　　　金额单位：元（列至角分）

| 行次 | 项　　目 | 金　　额 |
|---|---|---|
| 1 | 一、销售（营业）成本合计（2＋7＋12） | |
| 2 | （一）主营业务成本（3＋4＋5＋6） | |
| 3 | （1）销售货物成本 | |
| 4 | （2）提供劳务成本 | |
| 5 | （3）让渡资产使用权成本 | |
| 6 | （4）建造合同成本 | |
| 7 | （二）其他业务成本（8＋9＋10＋11） | |
| 8 | （1）材料销售成本 | |
| 9 | （2）代购代销费用 | |
| 10 | （3）包装物出租成本 | |
| 11 | （4）其他 | |
| 12 | （三）视同销售成本（13＋14＋15） | |
| 13 | （1）非货币性交易视同销售成本 | |
| 14 | （2）货物、财产、劳务视同销售成本 | |
| 15 | （3）其他视同销售成本 | |
| 16 | 二、营业外支出（17＋18＋…＋24） | |
| 17 | 1. 固定资产盘亏 | |
| 18 | 2. 处置固定资产净损失 | |
| 19 | 3. 出售无形资产损失 | |
| 20 | 4. 债务重组损失 | |
| 21 | 5. 罚款支出 | |
| 22 | 6. 非常损失 | |
| 23 | 7. 捐赠支出 | |
| 24 | 8. 其他 | |
| 25 | 三、期间费用（26＋27＋28） | |
| 26 | 1. 销售（营业）费用 | |
| 27 | 2. 管理费用 | |
| 28 | 3. 财务费用 | |

经办人（签章）：　　　　　　　　法定代表人（签章）：

## 企业所得税年度纳税申报表附表二（2）
## 金融企业成本费用明细表

填报时间：　　年　月　日　　　　　　　　　　　　金额单位：元（列至角分）

| 行次 | 项　　目 | 金　　额 |
|---|---|---|
| 1 | 一、营业成本（2＋17＋31＋38） | |
| 2 | （一）银行业务成本（3＋11＋15＋16） | |
| 3 | 1．银行利息支出（4＋5＋…＋10） | |
| 4 | （1）同业存放 | |
| 5 | （2）向中央银行借款 | |
| 6 | （3）拆入资金 | |
| 7 | （4）吸收存款 | |
| 8 | （5）卖出回购金融资产 | |
| 9 | （6）发行债券 | |
| 10 | （7）其他 | |
| 11 | 2．银行手续费及佣金支出（12＋13＋14） | |
| 12 | （1）手续费支出 | |
| 13 | （2）佣金支出 | |
| 14 | （3）其他 | |
| 15 | 3．业务及管理费 | |
| 16 | 4．其他业务成本 | |
| 17 | （二）保险业务支出（18＋30） | |
| 18 | 1．业务支出（19＋20－21＋22－23＋24＋25＋26＋27－28＋29） | |
| 19 | （1）退保金 | |
| 20 | （2）赔付支出 | |
| 21 | 减：摊回赔付支出 | |
| 22 | （3）提取保险责任准备金 | |
| 23 | 减：摊回保险责任准备金 | |
| 24 | （4）保单红利支出 | |
| 25 | （5）分保费用 | |
| 26 | （6）手续费及佣金支出 | |
| 27 | （7）业务及管理费 | |
| 28 | 减：摊回分保费用 | |
| 29 | （8）其他 | |
| 30 | 2．其他业务成本 | |
| 31 | （三）证券业务支出（32＋36＋37） | |
| 32 | 1．证券手续费支出（33＋34＋35） | |
| 33 | （1）证券经纪业务支出 | |
| 34 | （2）佣金 | |

续表

| 行次 | 项　目 | 金　额 |
|---|---|---|
| 35 | （3）其他 | |
| 36 | 2. 业务及管理费 | |
| 37 | 3. 其他业务成本 | |
| 38 | （四）其他金融业务支出（39＋40） | |
| 39 | 1. 业务支出 | |
| 40 | 2. 其他业务成本 | |
| 41 | 二、视同销售应确认成本（42＋43＋44） | |
| 42 | 1. 非货币性资产交换成本 | |
| 43 | 2. 货物、财产、劳务视同销售成本 | |
| 44 | 3. 其他视同销售成本 | |
| 45 | 三、营业外支出（46＋47＋48＋49＋50） | |
| 46 | 1. 固定资产盘亏 | |
| 47 | 2. 处置固定资产净损失 | |
| 48 | 3. 非货币性资产交易损失 | |
| 49 | 4. 出售无形资产损失 | |
| 50 | 5. 其他 | |

经办人（签章）：　　　　　　　法定代表人（签章）：

**企业所得税年度纳税申报表附表二（3）**

**事业单位、社会团体、民办非企业单位支出明细表**

填报时间：　　年　月　日　　　　　　金额单位：元（列至角分）

| 行次 | 项　目 | 金　额 |
|---|---|---|
| 1 | 一、支出总额（2＋3＋…＋10） | |
| 2 | 拨出经费 | |
| 3 | 上缴上级支出 | |
| 4 | 拨出专款 | |
| 5 | 专款支出 | |
| 6 | 事业支出 | |
| 7 | 经营支出 | |
| 8 | 对附属单位补助 | |
| 9 | 结转自筹基建 | |
| 10 | 其他支出 | |
| 11 | 二、不准扣除的支出总额 | |
| 12 | （1）税收规定不允许扣除的支出项目金额 | |
| 13 | （2）按分摊比例计算的支出项目金额 | |
| 14 | 三、准予扣除的支出总额 | |

经办人（签章）：　　　　　　　法定代表人（签章）：

## 企业所得税年度纳税申报表附表三
## 纳税调整项目明细表

填报时间： 年 月 日 金额单位：元（列至角分）

| | 行次 | 项 目 | 账载金额 | 税收金额 | 调增金额 | 调减金额 |
|---|---|---|---|---|---|---|
| | | | 1 | 2 | 3 | 4 |
| | 1 | 一、收入类调整项目 | * | * | | |
| | 2 | 1. 视同销售收入（填写附表一） | * | * | | * |
| # | 3 | 2. 接受捐赠收入 | * | | | * |
| | 4 | 3. 不符合税收规定的销售折扣和折让 | | | | * |
| * | 5 | 4. 未按权责发生制原则确认的收入 | | | | |
| * | 6 | 5. 按权益法核算长期股权投资对初始投资成本调整确认收益 | * | * | * | |
| | 7 | 6. 按权益法核算的长期股权投资持有期间的投资损益 | * | * | | |
| * | 8 | 7. 特殊重组 | | | | |
| * | 9 | 8. 一般重组 | | | | |
| * | 10 | 9. 公允价值变动净收益（填写附表七） | * | * | | |
| | 11 | 10. 确认为递延收益的政府补助 | | | | |
| | 12 | 11. 境外应税所得（填写附表六） | * | * | * | |
| | 13 | 12. 不允许扣除的境外投资损失 | * | * | | * |
| | 14 | 13. 不征税收入（填附表一[3]） | * | * | * | |
| | 15 | 14. 免税收入（填附表五） | * | * | * | |
| | 16 | 15. 减计收入（填附表五） | * | * | * | |
| | 17 | 16. 减、免税项目所得（填附表五） | * | * | * | |
| | 18 | 17. 抵扣应纳税所得额（填附表五） | * | * | * | |
| | 19 | 18. 其他 | | | | |
| | 20 | 二、扣除类调整项目 | * | * | | |
| | 21 | 1. 视同销售成本（填写附表二） | * | * | * | |
| | 22 | 2. 工资薪金支出 | | | | |
| | 23 | 3. 职工福利费支出 | | | | |
| | 24 | 4. 职工教育经费支出 | | | | |
| | 25 | 5. 工会经费支出 | | | | |
| | 26 | 6. 业务招待费支出 | | | | * |
| | 27 | 7. 广告费和业务宣传费支出（填写附表八） | * | * | | |
| | 28 | 8. 捐赠支出 | | | | * |
| | 29 | 9. 利息支出 | | | | |
| | 30 | 10. 住房公积金 | | | | * |
| | 31 | 11. 罚金、罚款和被没收财物的损失 | | * | | * |
| | 32 | 12. 税收滞纳金 | | * | | * |
| | 33 | 13. 赞助支出 | | * | | * |

续表

| 行次 | 项　　目 | 账载金额 | 税收金额 | 调增金额 | 调减金额 |
|---|---|---|---|---|---|
| | | 1 | 2 | 3 | 4 |
| 34 | 14. 各类基本社会保障性缴款 | | | | |
| 35 | 15. 补充养老保险、补充医疗保险 | | | | |
| 36 | 16. 与未实现融资收益相关在当期确认的财务费用 | | | | |
| 37 | 17. 与取得收入无关的支出 | | * | | * |
| 38 | 18. 不征税收入用于支出所形成的费用 | | * | | * |
| 39 | 19. 加计扣除（填附表五） | * | * | * | |
| 40 | 20. 其他 | | | | |
| 41 | 三、资产类调整项目 | * | * | | |
| 42 | 1. 财产损失 | | | | |
| 43 | 2. 固定资产折旧（填写附表九） | * | * | | |
| 44 | 3. 生产性生物资产折旧（填写附表九） | * | * | | |
| 45 | 4. 长期待摊费用的摊销（填写附表九） | * | * | | |
| 46 | 5. 无形资产摊销（填写附表九） | * | * | | |
| 47 | 6. 投资转让、处置所得（填写附表十一） | * | * | | |
| 48 | 7. 油气勘探投资(填写附表九) | | | | |
| 49 | 8. 油气开发投资(填写附表九) | | | | |
| 50 | 9. 其他 | | | | |
| 51 | 四、准备金调整项目（填写附表十） | * | * | | |
| 52 | 五、房地产企业预售收入计算的预计利润 | * | * | | |
| 53 | 六、特别纳税调整应税所得 | * | * | | * |
| 54 | 七、其他 | * | * | | |
| 55 | 合计 | * | * | | |

注：1. 标有*的行次为执行新会计准则的企业填列，标有#的行次为除执行新会计准则以外的企业填列。

2. 没有标注的行次，无论执行何种会计核算办法，有差异就填报相应行次，填*号不可填列。

3. 有二级附表的项目只填调增、调减金额，账载金额、税收金额不再填写。

经办人（签章）：　　　　法定代表人（签章）：

## 企业所得税年度纳税申报表附表四

## 企业所得税弥补亏损明细表

填报时间：　年　月　日　　　　金额单位：元（列至角分）

| 行次 | 项目 | 年度 | 盈利额或亏损额 | 合并分立企业转入可弥补亏损额 | 当年可弥补的所得额 | 以前年度亏损弥补额 | | | | | 本年度实际弥补的以前年度亏损额 | 可结转以后年度弥补的亏损额 |
|---|---|---|---|---|---|---|---|---|---|---|---|---|
| | | | | | | 前四年度 | 前三年度 | 前二年度 | 前一年度 | 合计 | | |
| | | 1 | 2 | 3 | 4 | 5 | 6 | 7 | 8 | 9 | 10 | 11 |
| 1 | 第一年 | | | | | | | | | | | * |
| 2 | 第二年 | | | | | * | | | | | | |

续表

| 行次 | 项目 | 年度 | 盈利额或亏损额 | 合并分立企业转入可弥补亏损额 | 当年可弥补的所得额 | 以前年度亏损弥补额 | | | | | 本年度实际弥补的以前年度亏损额 | 可结转以后年度弥补的亏损额 |
|---|---|---|---|---|---|---|---|---|---|---|---|---|
| | | | | | | 前四年度 | 前三年度 | 前二年度 | 前一年度 | 合计 | | |
| | | 1 | 2 | 3 | 4 | 5 | 6 | 7 | 8 | 9 | 10 | 11 |
| 3 | 第三年 | | | | | * | * | | | | | |
| 4 | 第四年 | | | | | * | * | * | | | | |
| 5 | 第五年 | | | | | * | * | * | * | | | |
| 6 | 本年 | | | | | * | * | * | * | * | | |
| 7 | 可结转以后年度弥补的亏损额合计 | | | | | | | | | | | |

经办人（签章）：　　　　　　　法定代表人（签章）：

## 企业所得税年度纳税申报表附表五

## 税收优惠明细表

填报时间：　　年　月　日　　　　　　　金额单位：元（列至角分）

| 行次 | 项　　目 | 金　额 |
|---|---|---|
| 1 | 一、免税收入（2＋3＋4＋5） | |
| 2 | 1. 国债利息收入 | |
| 3 | 2. 符合条件的居民企业之间的股息、红利等权益性投资收益 | |
| 4 | 3. 符合条件的非营利组织的收入 | |
| 5 | 4. 其他 | |
| 6 | 二、减计收入（7＋8） | |
| 7 | 1. 企业综合利用资源，生产符合国家产业政策规定的产品所取得的收入 | |
| 8 | 2. 其他 | |
| 9 | 三、加计扣除额合计（10＋11＋12＋13） | |
| 10 | 1. 开发新技术、新产品、新工艺发生的研究开发费用 | |
| 11 | 2. 安置残疾人员所支付的工资 | |
| 12 | 3. 国家鼓励安置的其他就业人员支付的工资 | |
| 13 | 4. 其他 | |
| 14 | 四、减免所得额合计（15＋25＋29＋30＋31＋32） | |
| 15 | （一）免税所得（16＋17＋…＋24） | |
| 16 | 1. 蔬菜、谷物、薯类、油料、豆类、棉花、麻类、糖料、水果、坚果的种植 | |
| 17 | 2. 农作物新品种的选育 | |
| 18 | 3. 中药材的种植 | |

续表

| 行次 | 项目 | 金额 |
|---|---|---|
| 19 | 4．林木的培育和种植 | |
| 20 | 5．牲畜、家禽的饲养 | |
| 21 | 6．林产品的采集 | |
| 22 | 7．灌溉、农产品初加工、兽医、农技推广、农机作业和维修等农、林、牧、渔服务业项目 | |
| 23 | 8．远洋捕捞 | |
| 24 | 9．其他 | |
| 25 | （二）减税所得（26＋27＋28） | |
| 26 | 1．花卉、茶以及其他饮料作物和香料作物的种植 | |
| 27 | 2．海水养殖、内陆养殖 | |
| 28 | 3．其他 | |
| 29 | （三）从事国家重点扶持的公共基础设施项目投资经营的所得 | |
| 30 | （四）从事符合条件的环境保护、节能节水项目的所得 | |
| 31 | （五）符合条件的技术转让所得 | |
| 32 | （六）其他 | |
| 33 | 五、减免税合计（34＋35＋36＋37＋38） | |
| 34 | （一）符合条件的小型微利企业 | |
| 35 | （二）国家需要重点扶持的高新技术企业 | |
| 36 | （三）民族自治地方的企业应缴纳的企业所得税中属于地方分享的部分 | |
| 37 | （四）过渡期税收优惠 | |
| 38 | （五）其他 | |
| 39 | 六、创业投资企业抵扣的应纳税所得额 | |
| 40 | 七、抵免所得税额合计（41＋42＋43＋44） | |
| 41 | （一）企业购置用于环境保护专用设备的投资额抵免的税额 | |
| 42 | （二）企业购置用于节能节水专用设备的投资额抵免的税额 | |
| 43 | （三）企业购置用于安全生产专用设备的投资额抵免的税额 | |
| 44 | （四）其他 | |
| 45 | 企业从业人数（全年平均人数） | |
| 46 | 资产总额（全年平均数） | |
| 47 | 所属行业（工业企业　其他企业　） | |

经办人（签章）：　　　　　　　　法定代表人（签章）：

企业所得税年度纳税申报表附表六

境外所得税抵免计算明细表

填报时间：　年　月　日　　　　金额单位：元（列至角分）

| 抵免方式 | 国家或地区 | 境外所得 | 境外所得换算含税所得 | 弥补以前年度亏损 | 免税所得 | 弥补亏损前境外应税所得额 | 可弥补境内亏损 | 境外应纳税所得额 | 税率 | 境外所得应纳税额 | 境外所得可抵免税额 | 境外所得税款抵免限额 | 本年可抵免的境外所得税款 | 未超过境外所得税款抵免限额的余额 | 本年可抵免以前年度所得税额 | 前五年境外所得已缴税款未抵免余额 | 定率抵免 |
|---|---|---|---|---|---|---|---|---|---|---|---|---|---|---|---|---|---|
| | 1 | 2 | 3 | 4 | 5 | 6(3－4－5) | 7 | 8(6－7) | 9 | 10(8×9) | 11 | 12 | 13 | 14（12－13） | 15 | 16 | 17 |
| 直接抵免 | | | | | | | | | | | | | | | | | |
| | | | | | | | | | | | | | | | | | |
| | | | | | | | | | | | | | | | | | |
| | | | | | | | | | | | | | | | | | |
| 间接抵免 | | | | * | * | | | | | | | | | * | * | * | |
| | | | | * | * | | | | | | | | | * | * | * | |
| | | | | * | * | | | | | | | | | * | * | * | |
| | | | | * | * | | | | | | | | | * | * | * | |
| | 合计 | | | | | | | | | | | | | | | | |

经办人（签章）：　　　　　　法定代表人（签章）：

## 企业所得税年度纳税申报表附表七
## 以公允价值计量资产纳税调整表

填报时间：　　年　月　日　　　　　　金额单位：元（列至角分）

| 行次 | 资产种类 | 期初金额 | | 期末金额 | | 纳税调整额（纳税调减以“－”表示） |
|---|---|---|---|---|---|---|
| | | 账载金额（公允价值） | 计税基础 | 账载金额（公允价值） | 计税基础 | |
| | | 1 | 2 | 3 | 4 | 5 |
| 1 | 一、公允价值计量且其变动计入当期损益的金融资产 | | | | | |
| 2 | 1.交易性金融资产 | | | | | |
| 3 | 2.衍生金融工具 | | | | | |
| 4 | 3.其他以公允价值计量的金融资产 | | | | | |
| 5 | 二、公允价值计量且其变动计入当期损益的金融负债 | | | | | |
| 6 | 1.交易性金融负债 | | | | | |
| 7 | 2.衍生金融工具 | | | | | |
| 8 | 3.其他以公允价值计量的金融负债 | | | | | |
| 9 | 三、投资性房地产 | | | | | |
| 10 | 合计 | | | | | |

经办人（签章）：　　　　法定代表人（签章）：

## 企业所得税年度纳税申报表附表八
## 广告费和业务宣传费跨年度纳税调整表

填报时间：　　年　月　日　　　　　　金额单位：元（列至角分）

| 行次 | 项　目 | 金　额 |
|---|---|---|
| 1 | 本年度广告费和业务宣传费支出 | |
| 2 | 其中：不允许扣除的广告费和业务宣传费支出 | |
| 3 | 本年度符合条件的广告费和业务宣传费支出（1－2） | |
| 4 | 本年计算广告费和业务宣传费扣除限额的销售（营业）收入 | |
| 5 | 税收规定的扣除率 | |
| 6 | 本年广告费和业务宣传费扣除限额（4×5） | |
| 7 | 本年广告费和业务宣传费支出纳税调整额（3≤6，本行＝2行；3＞6，本行＝1－6） | |
| 8 | 本年结转以后年度扣除额（3＞6，本行＝3－6；3≤6，本行＝0） | |
| 9 | 加：以前年度累计结转扣除额 | |
| 10 | 减：本年扣除的以前年度结转额 | |
| 11 | 累计结转以后年度扣除额（8＋9－10） | |

经办人（签章）：　　　　法定代表人（签章）：

## 企业所得税年度纳税申报表附表九
## 资产折旧、摊销纳税调整明细表

填报时间：　　年　月　日　　　　　　金额单位：元（列至角分）

| 行次 | 资产类别 | 资产原值 | | 折旧、摊销年限 | | 本期折旧、摊销额 | | 纳税调整额 |
|---|---|---|---|---|---|---|---|---|
| | | 账载金额 | 计税基础 | 会计 | 税收 | 会计 | 税收 | |
| | | 1 | 2 | 3 | 4 | 5 | 6 | 7 |
| 1 | 一、固定资产 | | | * | * | | | |
| 2 | 1.房屋建筑物 | | | | | | | |
| 3 | 2.飞机、火车、轮船、机器、机械和其他生产设备 | | | | | | | |

续表

| 行次 | 资产类别 | 资产原值 | | 折旧、摊销年限 | | 本期折旧、摊销额 | | 纳税调整额 |
|---|---|---|---|---|---|---|---|---|
| | | 账载金额 | 计税基础 | 会计 | 税收 | 会计 | 税收 | |
| | | 1 | 2 | 3 | 4 | 5 | 6 | 7 |
| 4 | 3.与生产经营有关的器具工具家具 | | | | | | | |
| 5 | 4.飞机、火车、轮船以外的运输工具 | | | | | | | |
| 6 | 5.电子设备 | | | | | | | |
| 7 | 二、生产性生物资产 | | | * | * | | | |
| 8 | 1.林木类 | | | | | | | |
| 9 | 2.畜类 | | | | | | | |
| 10 | 三、长期待摊费用 | | | * | * | | | |
| 11 | 1.已足额提取折旧的固定资产的改建支出 | | | | | | | |
| 12 | 2.租入固定资产的改建支出 | | | | | | | |
| 13 | 3.固定资产大修理支出 | | | | | | | |
| 14 | 4.其他长期待摊费用 | | | | | | | |
| 15 | 四、无形资产 | | | | | | | |
| 16 | 五、油气勘探投资 | | | | | | | |
| 17 | 六、油气开发投资 | | | | | | | |
| 18 | 合计 | | | * | * | | | |

经办人（签章）：　　　　　　　　法定代表人（签章）：

## 企业所得税年度纳税申报表附表十
## 资产减值准备项目调整明细表

填报日期：　　年　月　日　　　　　　　　　　金额单位：元(列至角分)

| 行次 | 准备金类别 | 期初余额 | 本期转回额 | 本期计提额 | 期末余额 | 纳税调整额 |
|---|---|---|---|---|---|---|
| | | 1 | 2 | 3 | 4 | 5 |
| 1 | 坏（呆）账准备 | | | | | |
| 2 | 存货跌价准备 | | | | | |
| 3 | 其中：消耗性生物资产减值准备① | | | | | |
| 4 | 持有至到期投资减值准备① | | | | | |
| 5 | 可供出售金融资产减值① | | — | | | |
| 6 | 短期投资跌价准备② | | | | | |
| 7 | 长期股权投资减值准备 | | | | | |
| 8 | 投资性房地产减值准备① | | | | | |
| 9 | 固定资产减值准备 | | | | | |
| 10 | 在建工程（工程物资）减值准备 | | | | | |
| 11 | 生产性生物资产减值准备① | | | | | |
| 12 | 无形资产减值准备 | | | | | |
| 13 | 商誉减值准备 | | | | | |
| 14 | 贷款损失准备 | | | | | |
| 15 | 矿区权益减值 | | | | | |
| 16 | 其他 | | | | | |
| 17 | 合计 | | | | | |

① 项目为执行新会计准则企业专用。

② 项目为执行企业会计制度、小企业会计制度的企业专用。

经办人（签章）：　　　　　　　　法定代表人（签章）：

## 企业所得税年度纳税申报表附表十一

## 长期股权投资所得（损失）明细表

填报时间： 年 月 日 金额单位：元（列至角分）

| 行次 | 被投资企业 | 期初投资额 | 本年度增（减）投资额 | 投资成本 | | 股息红利 | | | | | 投资转让所得（损失） | | | | | |
|---|---|---|---|---|---|---|---|---|---|---|---|---|---|---|---|---|
| | | | | 初始投资成本 | 权益法核算对初始投资成本调整产生的收益 | 会计核算投资收益 | 会计投资损益 | 税收确认的股息红利 | | 会计与税收的差异 | 投资转让净收入 | 投资转让的会计成本 | 投资转让的税收成本 | 会计上确认的转让所得或损失 | 按税收计算的投资转让所得或损失 | 会计与税收的差异 |
| | | | | | | | | 免税收入 | 全额征税收入 | | | | | | | |
| | 1 | 2 | 3 | 4 | 5 | 6（7＋14） | 7 | 8 | 9 | 10(7－8－9) | 11 | 12 | 13 | 14（11－12） | 15（11－13） | 16(14－15) |
| 1 | | | | | | | | | | | | | | | | |
| 2 | | | | | | | | | | | | | | | | |
| 3 | | | | | | | | | | | | | | | | |
| 4 | | | | | | | | | | | | | | | | |
| 5 | | | | | | | | | | | | | | | | |
| 6 | | | | | | | | | | | | | | | | |
| 7 | | | | | | | | | | | | | | | | |
| 8 | | | | | | | | | | | | | | | | |
| 合计 | | | | | | | | | | | | | | | | |

投资损失补充资料

| 行次 | 项目 | 年度 | 当年度结转金额 | 已弥补金额 | 本年度弥补金额 | 结转以后年度待弥补金额 | 备注： |
|---|---|---|---|---|---|---|---|
| 1 | 第一年 | | | | | | |
| 2 | 第二年 | | | | | | |
| 3 | 第三年 | | | | | | |
| 4 | 第四年 | | | | | | |
| 5 | 第五年 | | | | | | |
| 以前年度结转在本年度税前扣除的股权投资转让损失 | | | | | | | |

经办人（签章）： 法定代表人（签章）：

**试一试5-17 计算并填列甲工业企业所得税纳税申报表**

甲工业企业，2008年度生产经营情况如下。

（1）销售收入4 500万元；销售成本2 000万元；增值税700万元，销售税金及附加80万元。

（2）其他业务收入300万元。

（3）销售费用1 500万元，其中含广告费800万元、业务宣传费20万元。

（4）管理费用500万元，其中含业务招待费用50万元，研究新产品费用40万元。

（5）财务费用80万元，其中含向非金融机构借款1年利息50万元，年息10%（银行同期同类贷款利率6%）。

（6）营业外支出30万元，其中含向供货商支付违约金5万元，接受工商局罚款1万元，通过政府部门向安全区捐赠20万元。

（7）投资收益18万元，系从直接投资外地居民公司而分回税后利润17万元（该居民公司适用税率15%）和国债利息1万元。

（8）该企业账面会计利润628万元，已预交企业所得税157万元。

要求计算该企业：

（1）2008年度的应税收入总额。

（2）2008年度的应税成本、税金、费用、营业外支出扣除（考虑优惠因素）。

（3）2008年度的应纳税所得额。

（4）2008年度的应纳企业所得税额。

（5）2008年度应退补的所得税额。

# 个人所得税纳税实务

## 学习目标

◆能执行个人所得税基本法律规定
◆能准确界定个人所得税的征税范围
◆正确判别纳税人身份和纳税义务
◆依法确定个人所得税计税依据
◆正确应用个人所得税税率
◆能正确计算个人所得税应纳税额
◆能独立编制个人所得税纳税申报表和相关附表
◆能办理个人所得税申报与缴纳业务

## 课题一　解读个人所得税基本规定

个人所得税是对个人（自然人）的劳务和非劳务所得征收的一种税。个人所得税起源于英国，自1799年起开征。个人所得税已经成为当今众多国家的主要税种之一。我国于1980年开征个人所得税，20年间经历了不断的修改和调整。2005年10月，全国人大审议通过了《个人所得税法修正案（草案）》，决定从2006年起，将工资、薪金所得减除费用标准从每月800元提到1 600元。最近的一次重要修改是2007年12月29日，第十届全国人大常委会第三十一次会议审议通过了《全国人民代表大会常务委员会关于修改〈中华人民共和国个人所得税法〉的决定》，将工资、薪金所得减除费用标准由1 600元/月提高到2 000元/月。新修订的《个人所得税法》将从2008年3月1日起施行。

## 知识驿站 6-1

### 个人所得税的三种征收模式

个人所得税有三种征收模式：综合所得税、分类所得税和混合税制。综合所得税是在扣除最低生活费、抚养费等的基础上，按累进税率对全年全部所得征税；分类所得税是把所得按来源、性质分类，对每类所得分别制定一个税率；混合税制一般是先对各类所得课税，再按累进税率对一定数额以上的全年所得征税。从全球各国的实践来看，综合税制已经成为主流，因为综合税制的税率结构简单，纳税人按其收入水平和能力负担税收，体现了税法的公平原则。

我国现行个人所得税与其他税种相比，具有以下四个特点。

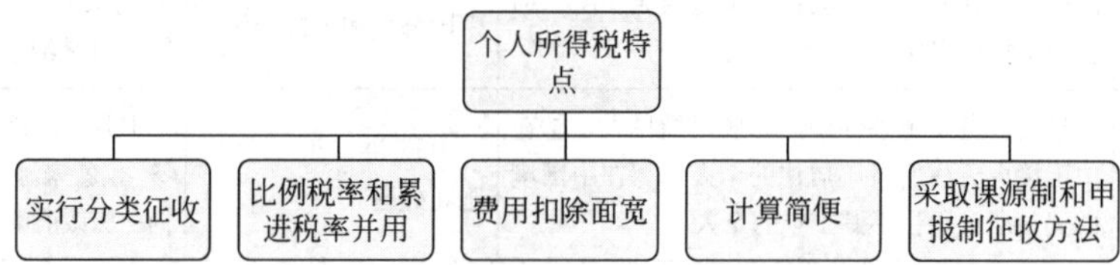


**2007年个人所得税税收增加近三成**

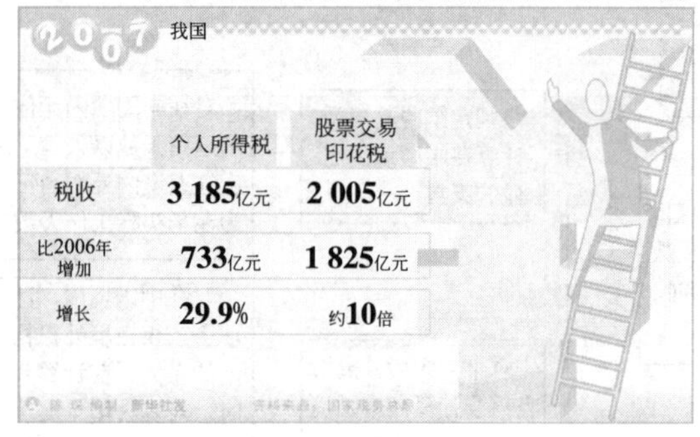


| | 个人所得税 | 股票交易印花税 |
|---|---|---|
| 税收 | 3 185亿元 | 2 005亿元 |
| 比2006年增加 | 733亿元 | 1 825亿元 |
| 增长 | 29.9% | 约10倍 |

## 知识驿站 6-2

### “十一五”期间中国税制改革三大重点

“十一五”期间中国税制改革三大重点是：增值税转型（即把现行的生产型的增值税转变为消费型的增值税）；外资和内资企业企业所得税的两法合并；个人所得税的改革。2005年10月，全国人大常委会修改了《个人所得税法》，修改内容主要解决了工薪所得者扣除额的问题，减轻了一些中低收入者的负担。但是还有一些根本的制度方面的问题有待解决：比如如何把个人所得税制度设计得更合理，如何将分项制度改为综合制。消除不同纳税人、不同所得、不均衡所得产生的税负的不公平以及解决偷漏税，建立科学合理公平的税制等问题。

# 项目一　解读个人所得税基本要素

## 任务一　界定个人所得税纳税人身份

新修正的《个人所得税法》规定，个人所得税以所得税人为纳税义务人，以支持所得的单位或个人为扣缴义务人。

个人所得税的纳税人按住所和居住时间两个标准，划分为居民纳税人和非居民纳税人，分别承担不同的纳税义务，具体划分标准和纳税义务见表6-1。

表6-1　居民和非居民纳税人划分标准和纳税义务对比表

| 序号 | 纳税人名称 | 判定标准 | 类别 | 纳税义务 |
|---|---|---|---|---|
| 1 | 居民纳税人 | 只要具备1个条件即为居民纳税人：①在中国境内有住所的人；②在中国境内无住所，但在中国境内居住满1年的个人 | 在中国境内定居的中国公民和外国公民 | 居民纳税人负无限纳税义务，应就来源于全球的所得，向中国政府缴纳个人所得税 |
| 2 | 非居民纳税人 | 只要具备1个条件即为非居民纳税人：①在中国境内无住所且不居住的个人；②在中国境内无住所且居住不满1年的个人 | 中国港、澳、台同胞和外国人 | 非居民纳税人负有限纳税义务，仅就来源于中国境内的所得，向中国政府缴纳个人所得税 |

注：在境内居住满1年，是指在一个纳税年度内在中国境内居住满365日。临时离境的，不扣减其在华居住的天数。临时离境是指在一个纳税年度中一次不超过30日或多次累计不超过90日的离境。

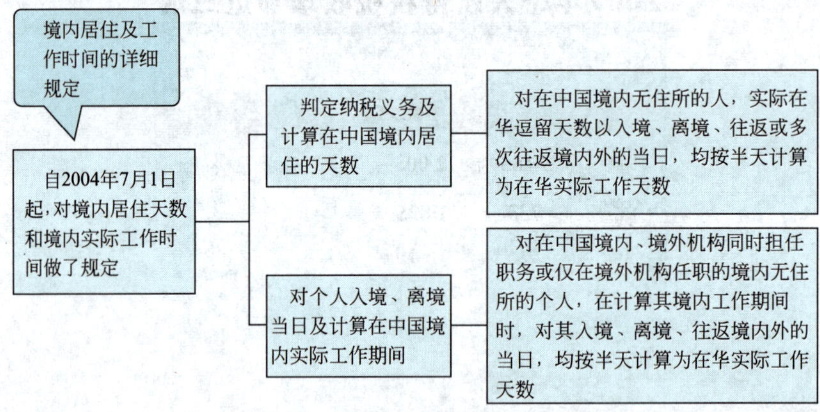


**【例6-1】**判断正误并说明理由：中国公民李某因工作需要由公司派往加拿大工作2年，由于在境外居住满2年，所以其在加拿大取得的工资补贴不必向中国政府缴纳个人所得税。

**解析**　本论断错误。理由是：李某在中国境内有习惯性住所，属于居民纳税人，故应就来源于全球所得向中国政府缴纳个人所得税。所谓在境内居住满1年，是指在一个纳税年度内在中国境内居住满365日。临时离境的，不扣减其在华居住的天数。临时离境是指在一个纳税年度中一次不超过30日或多次累计不超过90日的离境。

*试一试6-1*　**依据个人所得税纳税人规定作出正确选择**

下列哪些人属于个人所得税的居民纳税义务人（　　）。

A. 在中国境内有住所的公民李某

B. 英国人汤姆1995年1月1日至1996年2月1日来华工作并居住，其间在1995年2月4日至28日回国述职

C. 英国人汤姆1995年6月至1996年8月来华工作并居住

D. 英国人汤姆1995年1月1日至1996年2月1日来华工作并居住，期间3月7日至3月12日回国述职，12月23日至12月26日回国欢度圣诞

**【例6-2】**玫瑰女士在中国没有住所，她在2007年1月1日来上海，4月18日回英国，5月25日来深圳，并一直居住到2008年12月19日，之后返回英国。请问玫瑰女士是否构成中国税法居民？

**解析**　我国法律判断是否构成税法居民是以纳税年度为参照期间，而我国规定纳税年度自公历1月1日起至12月31日止。在2007年纳税年度内，玫瑰女士一次离境超过30天了，因此，不属于临时离境，其离境期间应当扣除，这样，玫瑰女士2007年在中国居住就不满365天，因此，玫瑰女士2007年不构成纳税年度的中国税法居民。在2007年度，玫瑰女士从2008年1月1日一直居住到12月19日，虽然没有满365天，但是剩余时间已经不足30日，可以认定为临时离境，而临时离境是不扣减天数的，故玫瑰女士构成2003纳税年度的中国税法居民。

试一试6-2　**案例分析**

陈博士是中国公民，在中国有住所，公派到日本某大学讲学2年。赴日本前，依据有关规定办理了户籍注销手续。请问陈博士在驻日期间是否属于中国税法居民？

知识驿站 6-3

**住所与国籍有何区别？怎样理解习惯性居住？**

- 住所与国籍的区别在于：住所是私法上的概念，它反映了自然人与特定地域的民事联系；国籍则是公法上的概念，它反映了自然人与特定国家间的政治联系，故世界上采用住所标准确认自然人居民身份的国家比采用国籍标准的国家较多。但直接援用民法上住所概念的国家甚少，一般在税法中还附加居住时间的条件并称之为“财政住所”。例如，日本所得税法规定，在日本国内有住所并在国内连续居住1年以上的自然人为税法上的居民。应当指出的是，采用住所标准的国家甚多，且各国对外签订的双边税收协定，一般也明确采用这一标准，但住所作为一种法定的个人永久居住场所，并非完全能反映出某个人的真实活动场所。因此，不少国家通过税法作了补充性规定。例如，美国纽约州税法规定，凡在本州境内拥有一永久性住宅，且在纳税年度内又在本州境内居住6个月以上，则视为本州居民。
- 习惯性居住，是判定纳税义务人是居民或非居民的一个法律意义上的标准，不是指实际居住或在某一个特定时期内的居住地。如因学习、工作、探亲、旅游等而在中国境外居住的，在其原因消除之后，必须回到中国境内居住的个人，则中国即为该纳税人习惯性居住地。

## 任务二　掌握个人所得税征税对象

居民纳税义务人就来源于中国境内和境外的全部所得征税；非居民纳税义务人则只就来源于中国境内所得部分征税，境外所得部分不属于我国征税范围。

按应纳税所得额的类别划分，现行个人所得税的应税项目，大致可以分为3类，共11个应税项目（见表6-2）

表6-2　现行个人所得税税目说明表

| 序号 | 应税所得名称 | 说　明 |
|---|---|---|
| 1 | 工资、薪金所得 | 工资、薪金所得是指个人因任职或受雇而取得的工资、薪金、奖金、年终加薪、劳动分红、津贴、补贴，以及与任职或者受雇有关的其他所得。一般来说，工资、薪金所得属于非独立个人劳务所得，但不包括下列所得：独生子女补贴，执行公务员工资制度未纳入基本工资总额的补贴、津贴差额和家属成员的副食品补贴，托儿补助费，差旅费津贴、午餐补助 |
| 2 | 个体工商户的生产、经营所得 | 个体工商户的生产、经营所得。具体包括：①个体工商户从事工业、手工业、建筑业、交通运输业、商业、饮食业、服务业、修理业以及其他行业生产、经营取得的所得；②个人经政府有关部门批准，取得执照，从事办学、医疗、咨询，以及其他有偿服务活动取得的所得；③其他个人从事个体工商业生产、经营取得的所得；④上述个体工商户和个人取得的与生产、经营有关的各项应纳税所得；⑤依法登记成立的个人独资企业、合伙企业的投资者取得的生产经营所得 |
| 3 | 对企事业单位的承包经营、承租经营所得 | 对企事业单位的承包经营、承租经营所得具体是指个人承包、承租经营以及转包、转租取得的所得，还包括个人在承包、承租经营期内按月或者按次取得的工资、薪金性质的所得 |
| 4 | 劳务报酬所得 | 劳务报酬所得是指个人独立从事非雇佣的各种劳务所取得的所得（具体说明见表6-3劳务报酬所得内容说明表） |
| 5 | 稿酬所得 | 稿酬所得是指个人因其作品以图书、报刊形式出版、发表而取得的所得 |
| 6 | 特许权使用费所得 | 特许权使用费所得是指个人提供专利权、商标权、著作权、非专利技术，以及其他特许权的使用权取得的所得。根据税法规定，取得著作权的使用权取得的所得，不包括在稿酬所得 |
| 7 | 利息、股息、红利所得 | 利息、股息、红利所得是指个人因拥有债权、股权而取得的利息、股息、红利所得 |
| 8 | 财产租赁所得 | 财产租赁所得是指个人出租建筑物、土地使用权、机器设备、车船，以及其他财产取得的所得。个人取得的财产转租收入，属于“财产租赁所得”的征税范围 |
| 9 | 财产转让所得 | 财产转让所得是指个人转让有价证券、股权、建筑物、土地使用权、机器设备、车船以及其他财产取得的所得。根据国务院规定，对股票转让所得暂不征收个人所得税 |
| 10 | 偶然所得 | 偶然所得是指个人因得奖、中奖、中彩，以及其他偶然性质取得的所得 |
| 11 | 其他所得 | 经国务院财政部门确定征税的其他所得 |

表6-3　劳务报酬所得内容说明表

| 序号 | 项目 | 内　　容 |
|---|---|---|
| 1 | 设计 | 按照客房的要求，代为制定工程、工艺等各类设计业务 |
| 2 | 装潢 | 接受委托，对物体进行装饰、修饰，使之美观或具有特定用途的作业 |
| 3 | 安装 | 按照客户的要求，对各种机器、设备的装配、安置，以及与机械、设备相连的附属设施的装设和被安装机器设备的绝缘、防腐、保温、油漆等工程作业 |
| 4 | 制图 | 指受托实物或设想物体的形象，依体积、面积、距离等，用一定比例绘制成平面图、立体图、透视图等的业务 |
| 5 | 化验 | 指受托用物理或化学的方法，检验物质的成分和性质等业务 |
| 6 | 测试 | 指利用仪器仪表或其他手段代客户对物品的性能和质量进行检测试验的业务 |
| 7 | 医疗 | 指从事各种病情诊断、治疗等医护业务 |
| 8 | 法律 | 指受托担任辩护律师、法律顾问，撰写辩护词、起诉书等法律文书的业务 |
| 9 | 会计 | 指受托从事会计核算的业务 |
| 10 | 咨询 | 指对客户提出的政治、经济、科技、法律、会计、文化等方面的问题进行解答、说明的业务 |
| 11 | 讲学 | 指应邀（聘）进行讲课、作报告、介绍情况等业务 |
| 12 | 新闻 | 指提供新闻信息、编写新闻消息的业务 |
| 13 | 广播 | 指从事播音等劳务 |
| 14 | 翻译 | 指受托从事中、外语言或文字翻译（包括笔译和口译）的业务 |
| 15 | 审稿 | 指对文字作品或图形作品进行审查、核对的业务 |
| 16 | 书画 | 指按客户要求，或自行从事书法、绘画、题词等业务 |
| 17 | 雕刻 | 指代客镌刻图章、牌匾、碑、玉器、雕塑等业务 |
| 18 | 影视 | 指应邀或应聘在电影、电视节目中出任演员，或担任导演、音响、化妆、道具、制作、摄影等与拍摄影视节目有关的业务 |
| 19 | 录音 | 指用录音器械代客户录制各种音响带的业务，或者应邀演讲、演唱、采访而被录音的服务 |
| 20 | 录像 | 指用录像器械代客户录制各种图像、节目的业务 |
| 21 | 演出 | 指参加戏剧、音乐、舞蹈、曲艺等文艺演出活动的业务 |
| 22 | 表演 | 指从事杂技、体育、武术、健美、时装、气功，以及其他技巧性表演活动的业务 |
| 23 | 广告 | 指利用图书、报纸、杂志、广播、电视、电影、招牌、路牌、橱窗、霓虹灯、灯箱、墙面及其他载体，为介绍商品、经营服务项目、文体节目或通告、声明等事项，所做的宣传和提供相关服务的业务 |
| 24 | 展览 | 指举办或参加书画展、影展、盆景展、邮展、个人收藏品展、花鸟虫鱼展等各种展示活动的业务 |
| 25 | 技术服务 | 指利用一技之长而进行技术指导、提供技术帮助的业务 |
| 26 | 介绍服务 | 指介绍供求双方商谈，或者介绍产品、经营服务项目等服务的业务 |
| 27 | 经纪服务 | 指经纪人通过居间介绍，促成各种交易和提供劳务等服务的业务 |

知识驿站 6-4

## 界定来源于我国境内所得的说明

所谓来源于我国境内的所得，是指因在我国境内提供劳务或服务而获得的所得，以及因提供资本、设备或特许权等给我国境内的公司、企业、其他经济组织或个人使用而获得的所得。包括：

① 因任职、受雇、履约等而在中国境内提供劳务取得的所得；

② 将财产出租给承租人在中国境内使用而取得的所得；

③ 转让中国境内的建筑物、土地使用权等财产或者在中国境内转让其他财产而取得的所得；

④ 许可各种特许权在中国境内使用而取得的所得；

⑤ 从中国境内的公司、企业，以及其他经济组织或者个人取得的利息、股息、红利所得；

⑥ 在中国境内任职、受雇取得的工资、薪金所得；

⑦ 在中国境内从事生产、经营活动而取得的生产经营所得；

⑧ 在中国境内以图书、报刊方式出版、发表作品取得的稿酬所得；

⑨ 在中国境内参加竞赛取得的奖金所得，参加有关部门组织的有奖活动取得的中奖所得，购买有关部门发行的彩票取得的中彩所得。

**【例6-3】**按个人所得税法的规定，纳税人取得的下列所得中，应按劳务报酬所得项目计算征收个人所得税的有（ ）。

A. 李教授从任职大学取得劳动分红或奖励

B. 李教授应外单位邀请讲学取得的收入

C. 李教授个人独立从事设计取得的报酬

D. 李教授应电视台邀请出任某节目嘉宾取得的收入

**解析** 依据现行个人所得税的应税项目规定，正确答案选择BCD，答案A属于工资、薪金所得。

*试一试6-3* **依据个人所得税征税范围回答问题**

1. 个人取得非现金方式支付的股息、红利，应当如何缴纳个人所得税？

2. 个人投资者用企业资金为本人、家庭成员及其相关人员支付与企业生产经营无关的消费性支出及购买家庭财产，应当如何缴纳个人所得税?

案例讨论6-1 个人从单位取得住房、电脑、汽车等实物所得，是否需要缴纳个人所得税？

知识驿站 6-5

## 如何区分"劳务报酬所得"和"工资、薪金所得"项目?

根据《国家税务总局关于印发<征收个人所得税若干问题的规定>的通知》(国税发[1994]089

号)第十九条规定，工资、薪金所得是属于非独立个人劳务活动，即在机关、团体、学校、部队、企事业单位及其他组织中任职、受雇而得到的报酬。劳务报酬所得则是个人独立从事各种技艺、提供各项劳务取得的报酬。两者的主要区别在于，“工资、薪金所得”存在雇佣与被雇佣关系，“劳务报酬所得”则不存在雇佣与被雇佣关系。

**案例讨论6-2** 报刊、杂志、出版等单位的职员在本单位的刊物上发表作品、出版图书取得所得，应当如何缴纳个人所得税？

## 任务三 掌握个人所得税税率规定

个人所得税分别按不同的所得项目，规定了超额累进税率和比例税率两种形式。为了体现国家政策，有效调节收入分配，还规定对有关所得项目予以减征或加成征收。表6-4为个人所得税税目税率汇总表。

表6-4 个人所得税税目税率汇总表

<table>
<tr><th>应税所得项目</th><th colspan="2">内 容</th><th>税 率</th></tr>
<tr><td>工资、薪金所得</td><td colspan="2">个人因任职或者受雇而取得的工资、薪金、奖金、年终加薪、劳动分红、津贴、补贴，以及任职或者与受雇有关的其他所得</td><td>九级超额累进税率（见表6-5）</td></tr>
<tr><td rowspan="2">个体工商户的生产、经营所得</td><td colspan="2">个人直接从事工商各业生产、经营活动而取得的生产性、经营性所得以及有关的其他所得</td><td rowspan="2">五级超额累进税率（见表6-6）</td></tr>
<tr><td colspan="2">个人自由提供的、不受他人指定、安排和具体管理的劳动所得</td></tr>
<tr><td rowspan="2">对企事业单位的承包、承租经营所得</td><td rowspan="2">个人承包经营或承租经营以及转包、转租取得的所得</td><td>承包、承租人对经营成果不拥有所有权</td><td>九级超额累进税率（见表6-5）</td></tr>
<tr><td>承包、承租人对经营成果拥有所有权</td><td>五级超额累进税率（见表6-6）</td></tr>
<tr><td>劳务报酬所得</td><td colspan="2">个人独立从事非雇佣的各种劳务所得，共27项</td><td rowspan="7">比例税率20%，其中，对劳务报酬所得一次收入畸高的，可以实行加成征收（见表6-7）。稿酬所得，适用20%的比例税率，并按应纳税额减征30%。其实际税率为14%。从2007年8月15日起利息税率由20%下调为5%</td></tr>
<tr><td>稿酬所得</td><td colspan="2">个人作品以图书、报刊形式出版、发表而取得的所得</td></tr>
<tr><td>特许权使用费所得</td><td colspan="2">个人提供专利权等特许权的使用权取得的所得</td></tr>
<tr><td>利息、股息、红利所得</td><td colspan="2">国债和国家发行的金融债券利息免税；储蓄存款的利息自1999年11月1日起取消免税，恢复征税</td></tr>
<tr><td>财产租赁所得</td><td colspan="2">个人出租建筑物、土地使用权、机器设备、车船，以及其他财产取得的所得</td></tr>
<tr><td>财产转让所得</td><td colspan="2">个人转让有价证券、股权、建筑物、土地使用权、机器设备、车船，以及其他财产取得的所得</td></tr>
<tr><td>偶然所得</td><td colspan="2">得奖、中奖、中彩等所得</td></tr>
</table>

表6-5　工资、薪金所得适用税率（适用5%～45%的九级超额累进税率）

| 级数 | 全月应纳税所得额（含税级数） | 不含税级数 | 税率 | 速算扣除数 |
|---|---|---|---|---|
| 1 | 不超过500元的 | 不超过475元的部分 | 5% | 0 |
| 2 | 超过500～2 000元的部分 | 超过475～1 825元的部分 | 10% | 25 |
| 3 | 超过2 000～5 000元的部分 | 超过1 825～4 375元的部分 | 15% | 125 |
| 4 | 超过5 000～20 000元的部分 | 超过4 375～16 375元的部分 | 20% | 375 |
| 5 | 超过20 000～40 000元的部分 | 超过16 375～31 375元的部分 | 25% | 1 375 |
| 6 | 超过40 000～60 000元的部分 | 超过31 375～45 375元的部分 | 30% | 3 375 |
| 7 | 超过60 000～80 000元的部分 | 超过45 375～58 375元的部分 | 35% | 6 375 |
| 8 | 超过80 000～100 000元的部分 | 超过58 375～70 375元的部分 | 40% | 10 375 |
| 9 | 超过100 000元的部分 | 超过70 375元的部分 | 45% | 15 375 |

注：1. 表中所列含税级数与不含税级数，均为按照税法规定减除有关费用后的所得额。

2. 含税级数适用于由纳税人负担的所得，不含税级数适用于由他人（单位）代付税款的所得。

表6-6　个体工商业户的生产、经营所得和对企事业单位的承包经营、承租经营所得适用税率（5%～35%的五级超额累进税率）

| 级数 | 全年应纳税所得额（含税级数） | 不含税级数 | 税率 | 速算扣除数 |
|---|---|---|---|---|
| 1 | 不超过5 000元的 | 不超过4 750元的部分 | 5% | 0 |
| 2 | 超过5 000～10 000元的部分 | 超过4 750～9 250元的部分 | 10% | 250 |
| 3 | 超过10 000～30 000元的部分 | 超过9 250～25 250元的部分 | 20% | 1 250 |
| 4 | 超30 000～50 000元的部分 | 超过25 250～39 250元的部分 | 30% | 4 250 |
| 5 | 超过50 000的部分 | 超过39 250元的部分 | 35% | 6 750 |

注：1. 表中含税级数、不含税级数，均为按照税法规定减除有关费用（成本、损失）后的所得额。

2. 含税级数适用于个体工商业户的生产、经营所得和由纳税人负担税款的承包经营、承租经营所得；不含税级数适用于由他人(单位)代付税款的承包经营、承租经营所得。

表6-7　劳务报酬所得适用税率（20%～40%的三级超额累进税率）

| 级数 | 每次应纳税所得额（含税级数） | 不含税劳务报酬收入额 | 税率 | 速算扣除数 |
|---|---|---|---|---|
| 1 | 不超过20 000元的 | 不超过21 000元的部分 | 20% | 0 |
| 2 | 超过20 000～50 000元的部分 | 超过21 000～49 500元的部分 | 30% | 2 000 |
| 3 | 超过50 000元部分 | 超过49 500元的部分 | 40% | 7 000 |

注：1. 表中所列含税级数为按照税法规定减除有关费用后的所得额；不含税劳务报酬收入额为没有减除税法规定有关费用前的收入总额。

2. 含税级数适用于由纳税人负担税款的劳务报酬所得；不含税劳务报酬收入额级数适用于由他人（单位）代付税款的劳务报酬所得。

## 项目二　领会和应用个人所得税的减免优惠

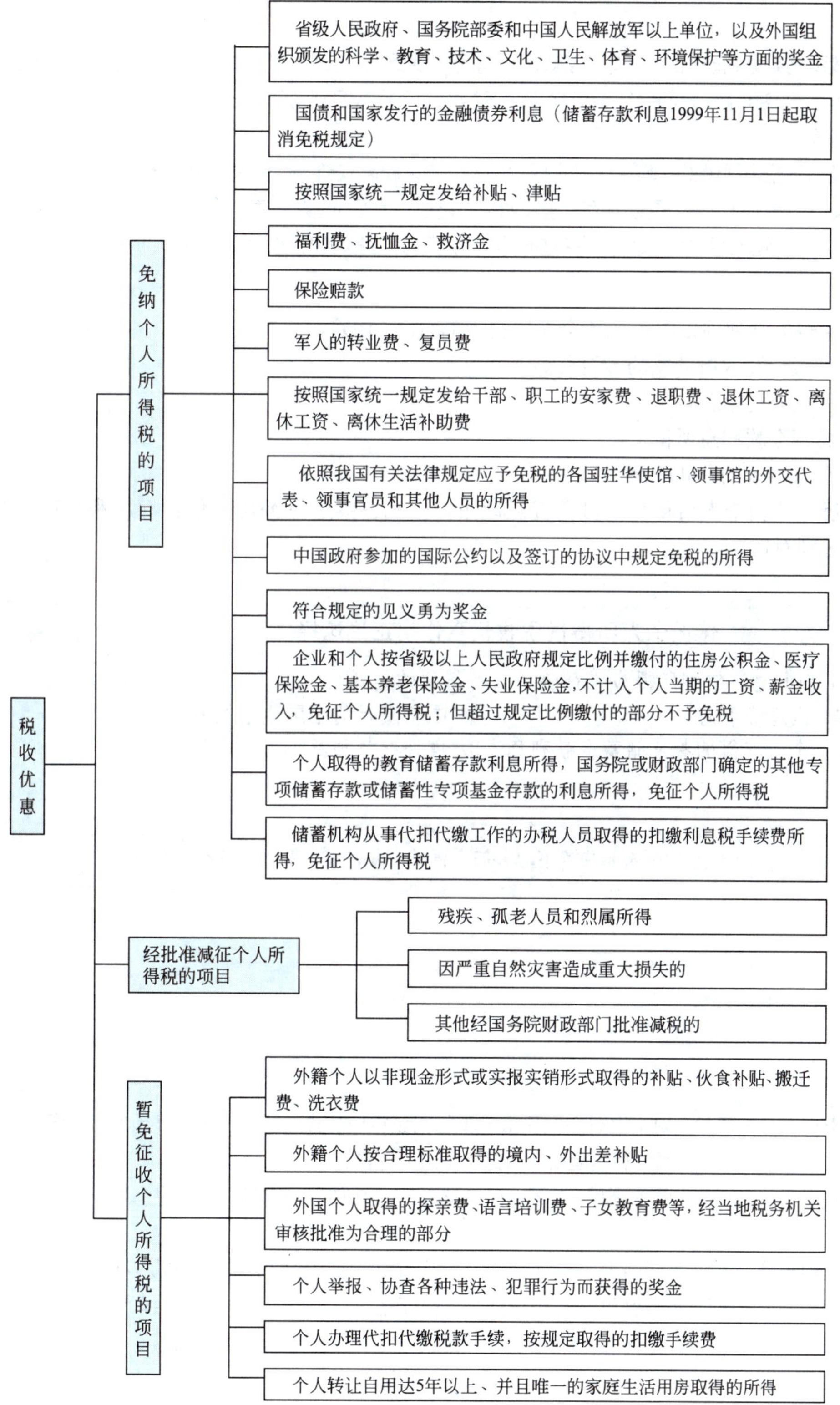

知识驿站 6-6

## 哪些投资项目可以免征个人所得税

- 教育储蓄免利息税。 教育储蓄适用于有需要接受非义务教育孩子的低收入家庭，可以享受两大优惠政策：一是利息所得免除个人所得税；二是教育储蓄作为零存整取的储蓄，享受优惠利率。
- 投资基金也可免税。选择开放式基金不仅会带来较高收益，也能达到免税效果。
- 投资国债免征个税。国债素有“金边债券”之称，是各种理财渠道中最安全、稳妥的投资种类。
- 保险所得赔偿免税。投保人在参加保险后所获得的各类赔偿是免税的。

**【例6-4】**下列项目中，免征个人所得税的有（ABD）。

A. 省级人民政府颁发的教育奖金

B. 保险公司赔款

C. 储蓄存款利息所得

D. 个人办理的代扣代缴手续费

**解析** 依据个人所得税的减免优惠政策，正确答案选择ABD，储蓄存款利息所得要分情况进行区别对待。

试一试6-4 **依据个人所得税税收优惠作出正确选择**

下列利息、红利所得应当征收个人所得税的是（ ）。

A. 国库券利息　　B. 国家发行的金融债券利息

C. 个人取得的教育储蓄存款利息　　D. 境外存款利息

案例讨论6-3 个人担任董事职务而取得董事费，应当如何缴纳个人所得税？

知识驿站 6-7

## 出租车司机缴纳个人所得税的特殊规定

- 出租汽车经营单位对出租车司机采取单车承包或承租方式运营的，出租车司机从事客货运营取得的收入，按工资、薪金所得计算缴纳个人所得税。
- 从事个体出租车运营的出租车司机取得的收入，按个体工商户的生产、经营所得计算缴纳个人所得税。
- 出租车属个人所有，但挂靠出租汽车经营单位或企事业单位，出租车司机向挂靠单位缴纳管理费的，或出租汽车经营单位将出租车所有权转移给出租车司机的，出租车司机从事客货运输取得的收入，比照个体工商户的生产、经营所得计算缴纳个人所得税。

# 课题二　个人所得税计算

## 项目一　确定计税依据

个人所得税的计税依据是指纳税人取得的应纳税所得额。应纳税所得额是个人取得的各项收入减去税法规定的扣除项目或扣除金额之后的余额。正确计算应纳税所得额，是依法征收我国个人所得税的基础和前提。

### 任务一　确定应税收入

个人取得的收入有三种形式，即现金收入、实物收入和有价证券。

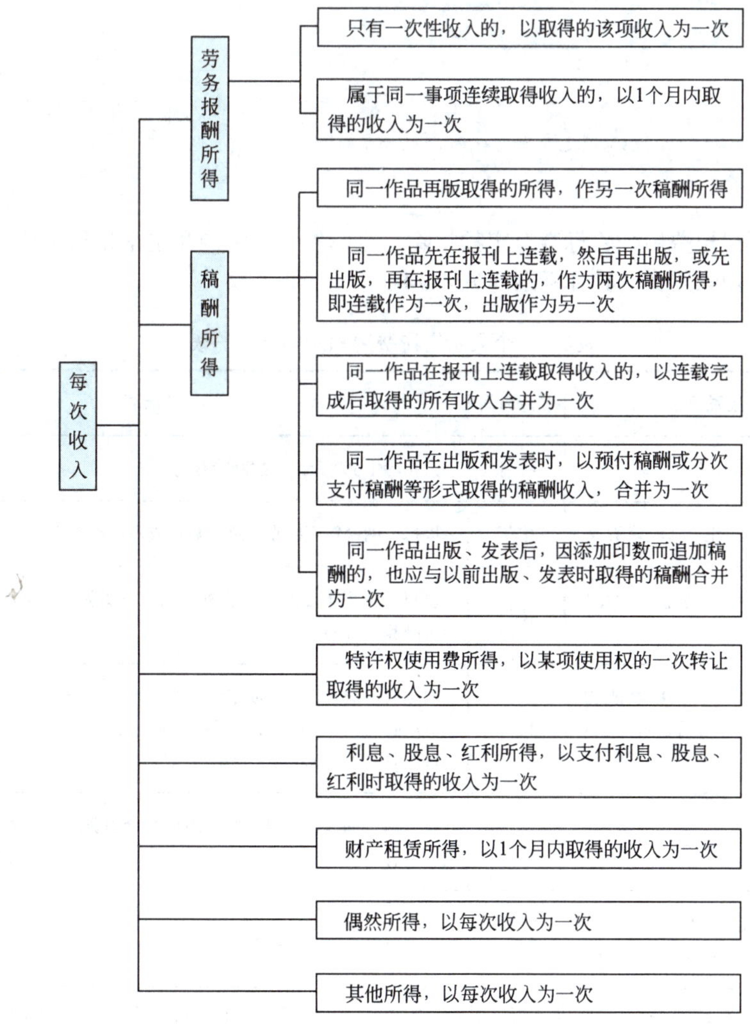


**【例6-5】**个人取得实物或有价证券收入时，如何确定个人所得税的应税收入？

**解析** 个人取得的收入一般都是现金收入。如果个人取得的收入为实物的，应当按所取得实物的凭证上注明的价格计算应纳税所得额；如果无凭证或者凭证上所注明的价格明显偏低的，由主管税务机关参照当地的市场价格，核定应纳税所得额。如果个人所得为有价证券，则由主管税务机关根据票面价值和市场价格确定其应纳税所得额。

*试一试6-5* **依据个人所得税规定作出正确选择**

下列说法不正确的是（ ）。

A. 若个人发表一作品，出版单位分3次支付稿酬，则这3次稿酬应合并为一次征税

B. 若个人在两处出版同一作品而分别取得稿酬，则应分别单独纳税

C. 若因作品加印而获得稿酬，应就此次稿酬单独纳税

D. 个人的同一作品连载之后又出书取得稿酬的，应视同再版稿酬分别征税

## 任务二 确定各项费用减除标准

**案例讨论6-4** 公费旅游是否要扣个人所得税？

我国个人所得税费用减除标准有定额扣除、定率扣除、定额和定率扣除相结合、会计核算方法扣除、不得扣除四类，具体标准详见表6-8。

**表6-8 个人所得税费用扣除标准一览表**

| 序号 | 应税项目 | 扣除时间 | 扣除标准 |
|---|---|---|---|
| 1 | 工资薪金所得 | 按月 | 月扣除1 600元，附加减除费用① |
| 2 | 个体工商户生产、经营所得 | 按年 | 以每一纳税年度的收入总额减除成本、费用及损失 |
| 3 | 对企事业单位承包、承租经营所得 | 按年 | 以每一纳税年度的收入总额，减除必要费用（即每月1 600元，全年可减除19 200元） |
| 4 | 劳务报酬所得、稿酬所得、特许权使用费所得、财产租赁所得 | 按次 | 四项所得均实行定额或定率扣除，即：<br>每次收入＜4 000元：定额扣1 600元<br>每次收入＞4 000元：定率扣20% |
| 5 | 财产转让所得 | 按次 | 转让财产的收入额减除财产原值和合理费用（指卖出财产时按规定支付的有关费用） |
| 6 | 利息、股息、红利所得，偶然所得和其他所得 | 按次 | 以每次收入额为应纳税所得额 |

① 附加减除费用只是针对应税项目中的工资、薪金所得做出的特殊规定，其目的是不因征收个人所得税而加重外籍人员和在境外工作的中国公民的税收负担。

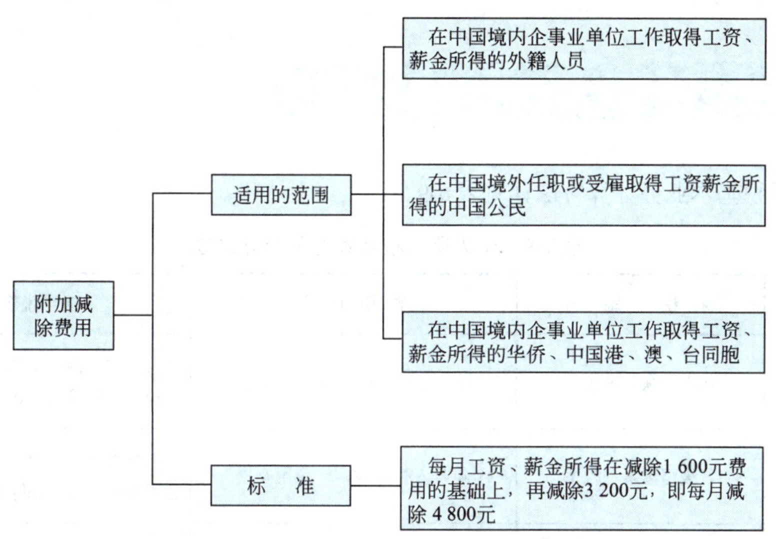


**案例讨论6-5**　个体户、个人独资企业、合伙企业在计算个人所得税时是可以扣除1 600元/月的生计费？

## 任务三　确定应纳税所得额

| 序号 | 应税所得项目 | 应纳税所得额 |
| --- | --- | --- |
| 1 | 工资、薪金所得 | 每月工资、薪金收入－1 600 元或 4 800 元 |
| 2 | 个体工商户的生产、经营所得 | 每年收入总额－成本、费用、税金及损失 |
| 3 | 对企事业单位的承包经营、承租经营所得 | 每年收入总额－必要费用（经营月数 ×1 600） |
| 4 | 劳务报酬所得；稿酬所得；特许权使用费所得；财产租赁所得 | 每次收入不超过 4 000 元的，为每次收入额－ 1 600 元；每次收入超过 4 000 元的，为每次收入额 ×（1 － 20%） |
| 5 | 财产转让所得 | 每次转让收入－（财产原值＋合理费用） |
| 6 | 利息、股息、红利所得；偶然所得；其他所得 | 每次收入额 |

# 项目二　个人所得税应纳税额计算

个人所得税计算有基本业务计算和特殊业务计算两类。

个人所得税基本业务计算方法详见表6-9。

表6-9　个人所得税基本业务计算方法

| 应税项目 | 税　率 | 费用扣除 | 应纳税额计算 |
|---|---|---|---|
| 工资薪金所得 | 九级超额累进税率 | 月扣除1 600元（或4 800元） | （每月收入额－1 600或4 800）×适用税率－速算扣除数 |
| 个体工商户生产、经营所得 | 五级超额累进税率 | 全年收入扣除成本、费用及损失 | （全年收入－成本、费用及损失）×适用税率－速算扣除数 |
| 对企事业单位承包经营、承租经营所得 | ①对经营成果拥有所有权：五级超额累进税率；②对经营成果不拥有所有权：九级超额累进税率 | 全年收入扣除必要费用（每月1 600元） | （全年收入－必要费用）×适用税率－速算扣除数 |
| 劳务报酬所得 | （1）20%比例税率；<br>（2）对一次取得的劳务报酬所得20 000元以上另行加成征收 | （1）每月收入＜4 000元：定额扣除800元；<br>（2）每次收入＞4 000元：定率扣除收入的20% | （1）每次收入＜4 000元（每次收入－800）×20%；<br>（2）每次收入＞4 000元：每次收入×（1－20%）×20% |
| 稿酬所得 | 20%比例税率，并按应纳税额减征30% | （1）每月收入＜4 000元：定额扣除800元；<br>（2）每次收入＞4 000元：定率扣除收入的20% | （1）每次收入＜4 000元：（每次收入－800）×20%×（1－30%）；<br>（2）每次收入＞4 000元：每次收入×（1－20%）×20%×（1－30%） |
| 特许权使用费所得 | 20%比例税率 | （1）每月收入＜4 000元：定额扣除800元；<br>（2）每次收入＞4 000元：定率扣除收入的20% | （1）每次收入＜4 000元：（每次收入－800）×20%；<br>（2）每次收入＞4 000元：每次收入×（1－20%）×20% |
| 财产租赁所得 | 20%比例税率（房屋租赁按10%） | （1）财产租赁过程中缴纳的税费；<br>（2）修缮费用；<br>（3）800元或20%固定费用 | （1）每次（月）收入不超过4 000元的：应纳税所得额＝每次（月）收入额－准予扣除税费－修缮费用（800元为限）－800元；<br>（2）每次（月）收入超过4 000元的：应纳税所得额＝[每次（月）收入额－准予扣除税费－修缮费用（800元为限）]×（1－20%） |
| 财产转让所得 | 20%比例税率 | 每次转让收入总额扣除财产原值和合理费用 | （收入总额－财产原值－合理费用）×20% |
| 利息、股息红利所得 | 20%比例税率 | 无费用扣除，收入即为应纳税所得额 | 收入×20% |
| 偶然所得 | | | 收入×20% |
| 其他所得 | | | 收入×20% |

**业务一：工资、薪金所得应纳个人所得税的计算**

**【例6-6】**张三2008年8月取得工资收入9 000元，当月个人承担住房公积金、基本养老保险金、医疗保险金、失业保险金共计1 000元，费用扣除额为2 000元，则张三2008年8月应纳多少个人所得税？

**解析**　依据工资薪金个人所得税计算方法计算如下。

① 张三当月应纳税所得额＝9 000 － 1 000 － 2 000＝6 000（元）

② 张三当月应纳个人所得税税额＝6 000×20%－375＝825（元）

*试一试6-6*　**计算李四2008年应纳多少个人所得税？**

在中国境内有住所的中国公民李四在国外某公司任职，2008年取得全年工薪收入折合人民币为120 000元，计算王某全年应纳多少个人所得税？

**业务二：个体工商户生产、经营所得的计算**

**【例6-7】**某个体工商户从事饮食服务业，本年度营业额为85 000元。经核定，可予以扣除的必要成本费用为42 000元。计算该个体户本年应纳的个人所得税。

**解析**　依据个体工商户生产、经营所得应纳税额计算方法计算如下。

① 应纳税所得额＝85 000 － 42 000＝43 000（元）

② 应纳税额＝43 000×30%－4 250＝8 650（元）

特别说明：由于个体工商户生产、经营所得的应纳税额实行按年计算，分月或分季预缴，年终汇算清缴，多退少补的方法，因此，在实际工作中，需要分别计算按月预缴税额和年终汇算清缴税额。其计算公式为：

本月应预缴税额＝本月累计应纳税所得额×适用税率－速算扣除数－上月已预缴税额

汇算清缴税额＝全年应纳税额－全年累计已预缴税额

*试一试6-7*　**计算个体户白云饭店5月份应预缴个人所得税税额**

某市白云饭店是个体户经营，账证比较健全。本年5月全月营业额为15 000元，购进菜、肉、鱼、蛋、面粉、大米等支付4 900元，当月缴纳房租、电费、水费、煤气费等共1 000元，支付给1名雇工工资计1 600元，缴纳其他税费900元。1～4月累计应税所得为25 400元，1～4月累计已预缴个人所得税为4 640元。白云饭店5月份应预缴个人所得税税额为多少？

**业务三：对企事业单位承包经营、承租经营所得的计算**

对企事业单位的承包、承租经营所得，以每一纳税年度的收入总额减除必要费用后的余额，为应纳税所得额。其中，收入总额不但包括纳税人按照承包、承租经营合同规定分得的经营利润，还包括纳税人按月取得的工资、薪金性质的所得。

**【例6-8】**张三为白云企业的承包人，2008年张三完成承包指标，按照合同规定，赵某每年上缴30 000元利润后经营成果全部归其所有，当年上缴完利润后张三分得税后利润43 000元。此外，张三还每月领取工资2 700元，计算张三当年应纳个人所得税额。

**解析**　依据对企事业单位的承包、承租经营所得计算方法计算如下。

① 应纳税所得额＝43 000＋2 700×12 － 2 000×12＝51 450（元）

② 应纳税额＝51 450×35%－6 750＝11 240（元）

特别说明：由于张三对经营成果有所有权，所以按对企事业单位的承包、承租经营所得（5%～35%的五级超额累进税率）的规定计算个人所得税。

**【例6-9】**李四承包了自己单位的饭店，按照合同规定，若完成利润指标，每年张某可以获取40 000元的承包费用，其作利润上缴单位。此外，张某可按月领取工资3 700元。李四在2008年完成了利润指标。计算当年李四应纳的个人所得税。

**解析** 依据对企事业单位的承包、承租经营所得计算方法计算如下。

① 每月的应纳税所得额＝（40 000÷12＋3 700－1 600）＝5 033.33（元）

② 每月应纳税额＝5 033.33×20%－375＝631.67（元）

③ 当年应纳税额＝631.67×12＝7 580. 04（元）

特别说明：由于李四对饭店的经营成果没有所有权，所以按工资、薪金所得（5%～45%的九级超额累进税率）的规定计算个人所得税。

*试一试6-8* **计算陈某2007年12月份应缴个人所得税额**

陈某2007承包某商店，承包期一年，按合同规定，分两次取得承包经营收入。其中，6月份取得承包收入44 000元，年底取得承包收入83 000元。此外，陈某还按月从商店领取工资，每月2 000元。

**业务四：劳务报酬所得的计算**

**【例6-10】**歌手张六在卡拉OK歌厅演唱，每星期2次，每次演唱后取得酬劳200元，歌手张六2月份共演出8次。同时歌手张六2月份还参加一次大型文艺演出，取得收入30 000元。计算歌手张六2月份应纳个人所得税额。

**解析** 依据对劳务报酬所得计算方法计算如下。

（1）歌手张六在卡拉OK厅应纳税所得额以1个月内取得的收入为一次。

① 应纳税所得额＝200×8－800＝800（元）

② 应纳税额＝800×20%＝160（元）

（2）歌手张六参加文艺演出应纳税额

① 应纳税所得额＝30 000×（1－20%）＝24 000（元）

② 应纳税额＝24 000×30%－2 000＝5 200（元）

（3）歌手张六2月份共应纳税额＝160＋5 200＝5 360（元）

**【例6-11】**王某一次取得劳务报酬收入4万元，其应缴纳的个人所得税为多少？

**解析** 依据对劳务报酬所得计算方法计算如下。

① 应纳税所得额＝40 000－40 000×20%＝32 000（元）

② 应纳个人所得税税额＝32 000×30%－2 000＝7 600（元）

*试一试6-9* **计算美国专家在我国工作期间应缴纳个人所得税税额**

美国专家，2007年2月1日到2007年9月1日到我国一家外国企业中工作。在我国境内工作期间，国内企业每月支付其工资6 000元人民币，其在美国的总公司每月支付其报酬折合人民币15 000元。该专家在该工厂期间，曾为国内某大学讲学，获得报酬35 000元人民币。

**业务五：稿酬所得的计算**

**【例6-12】**某作家一篇小说自2007年1月至3月在某杂志分3期连载共获稿酬12 000元，10月份因该小说畅销，杂志社又加印，作家又获得加印稿酬8 000元，试说明该作家应如何纳税？

**解析**　依据对稿酬所得计算方法计算如下。

① 该作家取得稿酬所得按规定应属于一次收入，应合并计算应纳税额。

应纳税额＝（12 000＋8 000）×（1－20%）×20%×（1－30%）＝2 240（元）

② 因其所得是先后取得的，实际计税时应分两次缴纳税款。

第一次应纳税额＝12 000×（1－20%）×20%×（1－30%）＝1 344（元）

第二次应纳税额＝（12 000＋8 000）×（1－20%）×（1－30%）－1 344＝896（元）

**【例6-13】**某校两位教师共同编写一本教材，共取得稿酬10 000元，其中甲教师获得6 500元稿酬，乙教师获得3 500元稿酬，则甲、乙两人各应纳多少税？

**解析**　若两位或两位以上的作者共同编著一本书，原则上应对每个人取得的收入分别按税法规定扣除费用后计算纳税，即采用“先分、后扣、再税”的办法。除稿酬外，该项规定也适用于多人同时取得其他收入的征税。

① 甲教师应纳税额＝6 500×（1－20%）×20%×（1－30%）＝728（元）

② 乙教师应纳税额＝（3 500－800）×20%×（1－30%）＝378（元）

*试一试6-10*　**计算下述所得李先生共需缴纳个人所得税多少？**

李先生是某省作家协会会员，2007年度出版一部小说，获得稿酬24 000元，后该书又加印得稿酬8 000元。某电视剧制作中心向李先生支付40 000元作品版权费，准备将其小说拍成电视剧，此后该小说又在某文学刊物上连载3个月，杂志社每月支付给李先生1 200元稿酬，同年李先生得到省政府颁发的文学创作奖20 000元。

**业务六：特许权使用费所得的计算**

**【例6-14】**张某将自己申请注册的某电动玩具的发明专利转让给天天玩具有限公司，取得专利权转让收入50 000元，计算张某应纳的个人所得税。

**解析**　依据对特许权使用费所得计算方法计算如下。

应纳税额＝50 000×（1－20%）×20%＝8 000（元）

*试一试6-11*　**请计算叶某转让特许权使用费所得应缴的个人所得税**

叶某发明一项自动化专利技术，2007年8月转让给A公司，转让价15万元，A公司8月支付使用费6 000元，9月支付使用费9 000元；9月，叶某将该项使用权转让给D公司，获得转让费收入8 000元，叶某转让特许权使用费所得应缴的个人所得税为多少？

**业务七：财产租赁所得的计算**

**【例6-15】**赵某于2007年1月起将自有商业用门面房出租给某公司作商店用，租期一年。赵某每月取得租金收入2 000元，全年租金收入24 000元。为此其每月缴纳营业税等相关费用110元，8月份另支付房屋修缮费600元。其全年应纳税额为多少？

**解析**　依据财产租赁所得计算方法计算如下：

① 8月份应纳个人所得税＝（2 000－110－600－800）×20%＝98（元）

② 其余11个月应纳税额＝（2 000 － 110 － 800）×20% ×11＝2 398（元）

③ 全年应纳个人所得税＝98＋2 398＝2 496（元）

知识驿站 6-8

**计算财产租赁个人所得税注意事项**

◆ 在确定财产租赁的应纳税所得额时，纳税人在出租财产过程中缴纳的税金如营业税、城市维护建设税、房产税和教育费附加等，可持完税（缴款）凭证，从其财产租赁收入中扣除。

◆ 能够提供有效、准确凭证，证明由纳税人负担的该出租财产实际开支的修缮费用，也准予扣除。允许扣除的修缮费用，以每次800元为限。一次扣除不完的，准予在下一次继续扣除，直到扣完为止。

◆ 目前，对个人按市场价格出租的居民住房，取得的所得暂减按10%的税率征收个人所得税。

案例讨论6-6　个人出租财产取得的租赁收入，在计算个人所得税时可扣除租赁过程中相关税费、修缮费、800元或20%的固定扣除。他们的顺序是什么？固定扣除是按什么标准确定的？

试一试6-12　**请分别计算李某2007年3、4、5、6月份应缴的个人所得税**

李某将自有房屋从2007年1月开始出租，月租金收入为5 000元，每月缴纳税费300元，在出租的第3个月发生修缮费用2 000元，由李某承担。

**业务八：财产转让所得的计算**

**【例6-16】**李某转让自建房屋一座，售价60 000元。该房屋当初造价36 000元，支付各种费用2 000元，在卖房过程中支付有关交易费用2 500元。计算李某应纳的个人所得税。

**解析**　依据财产租赁所得计算方法计算如下。

① 应纳税所得额＝每次转让财产收入额－财产原值－合理费用

＝60 000 －（36 000＋2 000＋2 500）＝19 500（元）

② 应纳税额＝19 500×20%＝3 900（元）

知识驿站 6-9

**计算财产转让个人所得税注意事项**

◆ 确定财产原值，有以下几种情况：有价证券为买入价以及买入时按照规定缴纳的有关费用；建筑物，为建造费或者购进价格，以及其他有关费用；土地使用权为取得土地使用权所支付的金额、开发土地的费用，以及其他有关费用；机器设备、车船为购进价格、运输费、安装费，以及其他有关费用。

◆ 合理费用是指个人在卖出财产时按有关规定所支付的费用，如营业税及其附加、中介服务费、资产评估费等。

试一试6-13　**计算刘某转让私房应缴纳的个人所得税**

刘某于2007年2月转让私有住房一套，取得转让收入220 000元。该套住房购进时的原价为180 000元，转让时支付有关税费15 000元。计算刘某转让私房应缴纳的个人所得税。

**业务九：利息、股息红利所得的计算**

**【例6-17】**某储户于2000年6月1日存入一年定期人民币10 000元，年利息率2.25%，存款到期日即2001年6月1日把存款及利息取出。计算该储户应纳的个人所得税。

**解析**　依据利息、股息红利所得计算方法计算如下。

① 到期利息＝10 000×2.25%＝225（元）

② 应纳个人所得税＝225×20%＝45（元）

知识驿站 6-10

**《对储蓄存款利息所得征收个人所得税的实施办法》修改的主要变化**

◆ 对储蓄存款利息所得征收个人所得税，减按5%的比例税率执行。自2007年8月15日起施行。减征幅度的调整由国务院决定。

◆ 扣缴义务人在向储户结付利息时，依法代扣代缴税款。

◆ 储蓄存款在1999年10月31日前孳生的利息所得，不征收个人所得税；储蓄存款在1999年11月1日至2007年8月14日孳生的利息所得，按照20%的比例税率征收个人所得税；储蓄存款在2007年8月15日后孳生的利息所得，按照5%的比例税率征收个人所得税。

试一试6-14　**依据下列资料计算刘某储蓄存款应缴纳的个人所得税**

刘某于2007年2月转让私有住房一套，取得转让收入220 000元。该套住房购进时的原价为180 000元，转让时支付有关税费15 000元。计算刘某转让私房应缴纳的个人所得税。

**业务十：偶然所得的计算**

**【例6-18】**某公民购买体育彩票中奖一次获得奖金5 000 000元，该公民实际可获得奖金多少万元？

**解析**　依据偶然所得计算方法计算如下。

① 应纳税额＝5 000 000×20%＝1 000 000（元）

② 该公民实际可获奖金＝5 000 000 － 1 000 000＝4 000 000（元）

试一试6-15　**依据个人所得税有关规定作出正确选择**

下列各项所得，在计算个人所得税时，不得减除费用的有（　　）。

A. 股息、利息红利所得　　B. 稿酬所得

C. 劳务报酬所得　　D. 偶然所得

## 任务二 掌握个人所得税的特殊计算

**业务一：个人取得全年一次性奖金的计税**

个人取得全年一次性奖金（包括年终加薪）的，应分两种情况计算缴纳个人所得税。

（1）个人取得全年一次性奖金且获取奖金当月个人的工资、薪金所得高于（或等于）税法规定的费用扣除额的。

计算方法：用全年一次性奖金总额除以12个月，按其商数对照工资、薪金所得项目税率表，确定适用税率和对应的速算扣除数，计算缴纳个人所得税。

计算公式：应纳个人所得税税额＝个人当月取得的全年一次性奖金×适用税率－速算扣除数

注意：个人当月工资、薪金所得与全年一次性奖金应分别计算缴纳个人所得税。

（2）个人取得全年一次性奖金且获取奖金当月个人的工资、薪金所得低于税法规定的费用扣除额的。

计算方法：用全年一次性奖金减去个人当月“工资、薪金所得与费用扣除额的差额”后的余额除以12个月，按其商数对照工资、薪金所得项目税率表，确定适用税率和对应的速算扣除数，计算缴纳个人所得税。

计算公式：应纳个人所得税税额＝（个人当月取得全年一次性奖金－个人当月工资、薪金所得与费用扣除额的差额）×适用税率－速算扣除数

注意：由于上述计算纳税方法是一种优惠办法，在一个纳税年度内，对每一个人，该计算纳税办法只允许采用一次。对于全年考核，分次发放奖金的，该办法也只能采用一次。

**【例6-19】**李某2007年取得全年一次性奖金14 400元，当月工资为1 700元，请计算李某2007年应纳个人所得税额。

**解析** 李某取得全年一次性奖金14 400元，当月工资为1 700元，就直接将一次性奖金额除以12，余额为1 200元，适用税率为10%，速算扣除数为25元。

（1）年终奖金应纳个人所得税税额＝14 400×10%－25＝1 415（元）

（2）当月工资、薪金所得应纳个人所得税税额＝（1 700－1 600）×5%－0＝5（元）

（3）李某合计应纳个人所得税税额＝1 415＋5＝1 420（元）

如果李某当月工资为1 500元。费用扣除额1 600元与工资的差额为100元（1 600－1 500），奖金减去这个差额后的余额为14 300元，14300元除以12等于1 191.67元，对照税率表，适用税率为10%，速算扣除数为25元，应纳个人所得税税额＝［14 400－（1 600－1 500）］×10%－25＝1 405（元）。

*试一试6-16* **依据个人所得税规定计算张某12月份应缴纳的个人所得税**

中国公民张某2007年每月工资收入3 000元。12月31日一次领取全年12个月的奖金6 000元。计算张某12月份应缴纳的个人所得税。

**业务二：对实行年薪制的企业经营者的计税**

对实行年薪制的企业经营者取得的工资、薪金所得应纳的税款，可实行按年计税、分月预缴的方式征税，即企业经营者按月领取的基本工资，在减1 600元费用后，按适用税率计算应

纳税款并预缴，年度终了依据业绩考核领取效益工资后，合计其全年工资、薪金收入，再按12个月平均并计算实际应纳税额，计算公式如下。

应纳税额＝｛〔（全年基本工资＋效益工资）÷12－费用扣除标准〕×适用税率－速算扣除数｝×12

**【例6-20】**张新受聘于某公司担任副总经理，根据合同规定，每月领取基本工资2 000元，年终若公司比上年利润率增长10%，张新可以从公司当年实现的利润中获取3%的年终分红。2007年公司利润率比上年增长12%，为此他获得一次性年终效益工资50 000元，试计算张新当年应缴纳的个人所得税额。

**解析**　（1）对于基本工资，张新每月应预缴个人所得税。

每月预缴税额＝（2 000－1 600）×5%－0＝20（元）

（2）领取效益工资后，重新计算其实际应纳税额

实际每月应纳税额＝〔（2 000×12＋50 000）÷12－1600〕×15%－125＝559.99（元）

年终应当补缴税额＝559.99×12－20×12＝6 479.88（元）

*试一试6-17*　**依据下列资料请计算副总裁2007年12月应缴个人所得税额**

某集团公司对管理层实行年薪制，集团一副总裁2007年每月工资5 500元，已由单位代扣代缴个人所得税。12月分得全年效益50 000元，又从该集团分得入股红利8 000元。

**业务三：雇主为其雇员负担个人所得税额的计算**

在实际工作中，有的雇主（单位或个人）常常为纳税人负担税款，即支付给纳税人的报酬（包括工资、薪金、劳务报酬等所得）是不含税的净所得或称为税后所得，纳税人的应纳税额由雇主代为缴纳。这种情况下，就不能以纳税人实际取得的收入直接乘以适用税率计算应纳税额，否则，就会缩小税基，降低适用税率。正确的方法是，将纳税人的不含税收入换算为应纳税所得额，即含税收入，然后再计算应纳税额。具体分两种情况处理。

（1）雇主全额为雇员负担税款。应将雇员取得的不含税收入换算成应纳税所得额后，计算单位或个人应当代付的税款。计算公式如下。

① 应纳税所得额＝（不含税收入额－费用扣除标准－速算扣除数）÷（1－税率）

② 应纳税额＝应纳税所得额×适用税率－速算扣除数

**【例6-21】**境内某公司代其雇员（中国居民）缴纳个人所得税。2006年10月支付给陈某的不含税工资为4 000元人民币。计算该公司为陈某代付的个人所得税。

**解析**　由于陈某的工资收入为不含税收入，应换算为含税的应纳税所得额后，再计算应代付的个人所得税。

① 代付个人所得税的应纳税所得额＝（4 000－1 600－125）÷（1－15%）＝2 676.47（元）

② 应代付的个人所得税＝2 676.47×15%－125＝276.47（元）

（2）雇主为其雇员负担部分税款，又可分为定额负担部分税款和定率负担部分税款两种情形。

① 第一种：雇主为其雇员定额负担部分税款的，应将雇员取得的工资、薪金所得换算成应纳税所得额后，计算单位应当代扣代缴的税款。计算公式如下。

A. 应纳税所得额＝雇员取得的工资＋雇主代雇员负担的税款－费用扣除标准

B. 应纳税额＝应纳税所得额×适用税率－速算扣除数

② 第二种：雇主为其雇员定率负担部分税款，是指雇主为雇员负担一定比例的工资应纳的税款或负担一定比例的实际应纳税款。当发生这种情况时，应将公式① 中雇员取得的“不

含税收入额”替换为“未含雇主负担的税款的收入额”，同时，将公式② 中的适用税率和速算扣除数分别乘以雇主为雇员负担税款的比例，从而将未含雇主负担的税款的收入额换算成应纳税所得额，计算单位应当代扣代缴的税款。计算公式为：

应纳税所得额＝（未含雇主负担的税款的收入额－费用扣除标准－速算扣除数×负担比例）÷（1－税率×负担比例）

应纳税额＝应纳税所得额×适用税率－速算扣除数

**【例6-22】**某外商投资企业雇员（外国居民）××月工资收入12 000元，雇主负担其工资所得30%部分的税款。计算该纳税人当月应给的个人所得税。

**解析** ① 应纳税所得额＝（12 000 － 4 800 － 375×30%）÷（1 － 20% ×30%）
＝7 539.89（元）

② 应缴纳个人所得税＝7 539.89×20%－ 375＝1 132.98（元）

*试一试6-18* **依据下列资料计算该公司为其雇员负担的个人所得税**

国内某公司为其雇员（中国公民）负担个人所得税，2006年7月支付给张某的工资为3 475元。该公司为其负担的个人所得税是多少？

**业务四："双薪"个人所得税计算方法**

个人取得单位发放的“双薪”即第十三个月工资，如何计算缴纳个人所得税？国家税务总局《关于个人所得税若干政策问题的批复》（国税函[2002]629号）规定：国家机关、事业单位、企业和其他单位在实行“双薪制”（按照国家有关规定，单位为其雇员多发一个月的工资）后，个人因此而取得的“双薪”，应单独作为一个月的工资、薪金所得计征个人所得税。对上述“双薪”所得原则上不再扣除费用，应全额作为应纳税所得额按适用税率计算纳税，但如果纳税人取得“双薪”当月的工资、薪金所得不足1 600元的，应以“双薪”所得与当月工资、薪金所得合并减除1 600元后的余额作为应纳税所得额，计算缴纳个人所得税。

**【例6-23】**某职工2006年元月取得当月工资及奖金2 000元，又取得第十三个月工资1 000元。那么，在不考虑社会保险费、公积金等可扣除项目的前提下，计算该职工当月应该缴纳的个人所得税。

**解析** 该职工当月应该缴纳的个人所得税如下。

① 元月工资奖金应缴纳税款为（2 000 － 1 600）×5%＝20（元）

② 第13个月工资应该纳税款为1 000×10%－ 25（速算扣除数）＝75（元）

③ 两项合计该职工元月份应缴纳个人所得税95元。

*试一试6-19* **依据下列资料计算该职工2006年12月应缴个人所得税额**

某职工2007年元月份取得2006年12月份工资及奖金4 500元，又取得第13个月工资2 600元。那么，在不考虑社会保险费、公积金等可扣除项目的前提下，该职工当月应该缴纳的个人所得税是多少？

**业务五：特定行业职工取得的工资薪金所得的计税方法**

为了照顾采掘业、远洋运输业、远洋捕捞业因季节、产量等因素的影响，职工的工资、薪金收入呈现较大幅度波动的实际情况，对这三个特定行业的职工取得的工资、薪金所得采取按年计算、分月预缴的方式计征个人所得税。年度终了后30日内，合计其全年工资、薪金所得，再按12个月平均并计算实际应缴纳的税额，多退少补。计算公式为：

年应纳税额=〔(全年工资、薪金收入÷12－费用扣除标准)×税率－速算扣除数〕×12

对远洋运输船员准予在扣除1 600元的标准上加扣附加减除费用3 200元。

**【例6-24】**李某是某远洋运输公司的船员，2006年各月工资收入、预缴税款情况见表6-10，公司给该员工每月缴纳“三险一金”400元。

**表6-10　工资收入及预缴税款情况**　　金额单位：元

| 月　份 | 工资收入 | 预缴税款 |
|---|---|---|
| 1 | 5 600.00 | 20.00 |
| 2 | 5 600.00 | 20.00 |
| 3 | 5 600.00 | 20.00 |
| 4 | 8 000.00 | 295.00 |
| 5 | 8 000.00 | 295.00 |
| 6 | 8 000.00 | 295.00 |
| 7 | 8 000.00 | 295.00 |
| 8 | 8 000.00 | 295.00 |
| 9 | 8 000.00 | 295.00 |
| 10 | 5 600.00 | 20.00 |
| 11 | 5 600.00 | 20.00 |
| 12 | 5 600.00 | 20.00 |
| 合计 | 81 600.00 | 1 890.00 |

扣缴义务人分析计算李某2006年应纳（退）多少个人所得税？

**解析**　李某全年平均每月应纳税所得额 = 全年工资、薪金收入÷12－减除费用标准－“五险一金”= 81 600÷12 － 4 800 － 400 = 1 600（元）

① 全年应纳税额 =（每月应纳税所得额×税率–速算扣除数）×12

= （1 600×10 %－ 25）×12 = 1 620（元）

② 年终汇算清缴应退的税款 = 1 890 － 1 620 = 270（元）

*试一试6-20*　**依据特定行业职工取得的工资薪金所得规定作出正确选择**

下列工资、薪金所得中，可实行按年计算、分月预缴计征方法的有（　）。

A. 采掘业　　B. 远洋运输业

C. 远洋捕捞业　　D. 航空业

案例讨论6-7　为什么远洋运输船员准予在扣除1 600元的标准上加扣附加减除费用3 200元？

**业务六：不满1个月的工资、薪金所得应纳个人所得税的计算**

在中国境内无住所的个人，凡在中国境内不满1个月，并仅就不满1个月期间的工资、薪金所得申报纳税的，均应按全月工资、薪金所得为依据计算实际应纳税额。其计算公式为：

应纳税额＝（当月工资、薪金应纳税所得额×适用税率－速算扣除数）×当月实际在中国境内的天数/当月天数

如果属于上述情况的个人取得的是日工资、薪金，应以日工资、薪金乘以当月天数换成月工资、薪金后，再按上述公式计算应纳税额。

**【例6-25】**日本某公司派其雇员大佐来我国某企业安装、调试电器生产线，大佐于2006年1月1日来华，工作时间为8个月，但其中8月份仅在我国居住20天。其工资由日方企业支付，月工资合人民币40 000元。计算大佐8月份在我国应缴纳的个人所得税。

**解析** ① 应纳税所得额＝40 000 － 1 600 － 3 200＝35 200（元）

② 应纳所得税额＝（35 200×25%－1 375）×20÷31＝4 790.32（元）

*试一试6-21* **依据下列资料计算选择外籍专家应缴个人所得税额**

某外籍专家2007年9月11日来华某公司进行技术指导，中方支付月薪折合人民币30 000元，3个月共支付90 000元。2007年11月25日该专家离境，其11月份应纳个人所得税额为（　　）

A. 4 104.17元　　B. 7 020.83元

C. 5 125.00元　　D. 4 270.83元

**业务七：个人因与用人单位解除劳动关系而取得一次性补偿收入的个人所得税计税**

个人因与用人单位解除劳动关系而取得一次性补偿收入所得要按照以下方法计算缴纳个人所得税。

个人因与用人单位解除劳动关系而取得的一次性补偿收入，其收入在当地（所在省市）上年职工平均工资3倍数额以内的部分，免征个人所得税；超过的部分，可视为一次取得数月的工资、薪金收入，允许在一定期限内进行平均，并按照规定计算缴纳个人所得税。

计算方法为：个人取得的一次性补偿收入，减去当地上年职工平均工资3倍数额以内的部分，再减去按国家和地方政府规定比例实际缴纳的住房公积金、医疗保险金、基本养老保险金、失业保险费，用此余额除以个人在本企业的实际工作年限数，以其商数作为个人的月工资、薪金收入，按照工资、薪金所得项目计算出应纳的个人所得税，然后再乘以年限数，就是应纳个人所得税税额。个人在该企业的工作年限数按实际工作年限数计算，超过12年的按12年计算。

**【例6-26】**张某在振华钢厂工作20年，现因企业不景气被买断工龄，振华钢厂向张某支付一次性补偿金16万元，同时，从16万元中拿出1万元替张某缴纳“四金”，当地上年职工平均工资为1.8万元。计算张某应纳的个人所得税。

**解析** 张某应缴纳的个人所得税应按以下步骤计算。

① 免纳个人所得税的部分＝18 000×3＋10 000＝64 000（元）

② 应纳个人所得税的部分＝160 000 － 64 000＝96 000（元）

③ 将张某应纳个人所得税的部分进行分摊，张某虽然在该企业工作20年，但最多只能按12年分摊，96 000÷12 － 1 600＝6 400（元），对应税率为20%，速算扣除数为375元。

④ 应纳个人即所得税税额＝（6 400×20%－375）×12＝10 890（元）

**试一试6-22　该单位如何为王某代扣代缴个人所得税？**

2006年北京市甲厂职工王某在此厂工作15年后被解聘，取得一次性补偿12万元，当地上年职工平均工资为1.8万元，单位如何代扣代缴个人所得税？

**业务八：境外缴纳税额抵免的计税**

个人所得税的居民纳税人，从中国境外取得的所得已在境外缴纳的个人所得税，准予从应纳税额中扣除，但扣除不得超过该纳税人境外所得依我国税法规定计算的应纳税额。

具体规定及计算方法如下。

① 实缴境外税额。即实际已在境外缴纳的税额，是指纳税人从中国境外取得的所得，依照所得来源国或地区的法律应当缴纳并且实际已经缴纳的税额。

② 抵免限额。我国抵免限额采取分国限额法，即分别来自不同国家或地区和不同应税项目，依照税法规定的费用减除标准和适用税率计算抵免限额。其公式为：

来自某国或地区的抵免限额=∑［（来自某国或地区的某一应税项目所得－费用扣除标准）×适用税率－速算扣除数］

或=∑［（来自某国或地区的某一应税项目的净所得＋境外实缴税款－费用减除标准）×适用税率－速算扣除数］

上式中的费用减除标准和适用税率，均指我国个人所得税法及其实施条例规定的有关费用减除标准和适用税率。

③ 允许抵免额。允许抵免额要分国规定，即在计算出来自一国或地区所得的抵免限额与实缴该国或地区的税款之间相比较，以数额较小者作为允许抵免额。

④ 应纳税额的计算。

应纳税额=∑［（来自某国或地区的所得－费用扣除标准）×适用税率－速算扣除数－允许抵免额］

**【例6-27】** 某中国公民张某2007年5月在美国某杂志发表论文，取得稿酬收入10 000元（折合人民币，下同），已被扣缴所得税1 600元，同月还在美国一所大学讲学，获得收入5 000元，已经缴纳所得税700元；当月还从日本取得净股息所得8 000元，已被扣缴所得税1 500元。试计算张某回国后应当如何缴纳个人所得税？

**解析**　① 来自美国所得的抵免限额=[10 000×（1－20%）×20%×（1－30%）]＋5 000×（1－20%）×20%=1 920（元）

② 来自日本所得的抵免限额=8 000×20%=1 600（元）

③ 由于该纳税人在美国已经被扣缴所得税额为2 300元，可以扣除限额为1 920元；在日本已经被扣缴所得税为1 500元，可以扣除限额为1 500元。

应纳税额=1 600－1 500=100（元）

张某回国后还要向中国政府补缴100元个人所得税。

**知识驿站 6-11**

**境外缴纳税额抵免应注意问题**

◆ 限额计算方法—分国不分项：(1) 纳税人从中国境外取得的，区别不同国家或地区和不同应税项目，依我国税法规定扣除标准和税率计算应纳税额；(2) 同一国家或者地区内不同应税项目，依照我国税法计算的应纳税额之和，为该国家或地区的扣除限额。

- 限额抵扣方法：纳税人在境外实际已纳税款低于扣除限额，应向中国补缴差额部分的税款；超过扣除限额，可在以后纳税年度该国家或地区扣除限额的余额中补扣，补扣期最长不得超过5年。
- 境外已纳税款抵扣凭证：境外税务机关填发的完税税证原件（复印件不行）。

**试一试6-23　请计算某中国公民2007年应向中国政府缴纳多少个人所得税？**

某中国公民在2007年度在A国取得特许权使用费用所得6 000元，在A国已按该国税法纳税1 200元，此外，该公民在国内有工资收入，一年为55 000元，则该公民2007年度应纳个人所得税税额为多少元？

**业务九：扣除捐赠的计税方法**

我国的个人所得税税收政策鼓励个人通过中国境内的社会团体、政府机关向教育等公益事业及灾区、贫困地区捐赠，以推动公益事业发展。税法规定，个人将其所得对教育事业和其他公益事业捐赠的部分，允许从应纳税所得额中扣除。捐赠的扣除以不超过纳税人申报应纳税所得的30%为限。有关计算公式如下。

捐赠扣除限额＝应纳税所得额×30%

允许扣除的捐赠额＝实际捐赠额≤捐赠限额的部分

如果实际捐赠额大于捐赠限额时，只能按捐赠限额扣除。

应纳税额＝（应纳税所得额－允许扣除的捐赠额）×适用税率－速算扣除数

**【例6-28】**某人参加商场销售活动中奖，获得奖金共计18 000元，当该人去领奖时，商场要其支付个人所得税方可领奖。该人拿出3 500元现金通过民政局捐赠某敬老院，在商场代扣税款后此人实际得到金额为多少？

**解析**　① 捐赠前的应纳税所得额＝18 000（元）

② 可予以扣除的捐赠限额＝18 000×30%＝5 400（元）

③ 可予以扣除的捐赠限额大于3 500元，所以3 500元可在税前全额列支。

④ 扣除捐赠后的应纳税所得额＝18 000 － 3 500＝14 500（元）

⑤ 应纳税额＝14 500×20%＝2 900（元）

⑥ 此人可实际获得金额＝18 000 － 3 500 － 2 900＝11 600（元）

**试一试6-24　请计算该歌星取得的出场费收入应缴纳多少个人所得税？**

某歌星参加某单位举办的演唱会，取得出场费收入80 000元，将其中30 000元通过当地教育机构捐赠给某希望小学。计算该歌星取得的出场费收入应缴纳的个人所得税。

案例讨论6-8　公益性捐赠在企业所得税与个人所得税计税的处理上有何不同之处？

**业务十：在外商投资企业、外国企业和外国驻华机构工作的中方人员取得的工资、薪金所得的征税问题**

在外商投资企业、外国企业和外国驻华机构工作的中方人员取得的工资、薪金收入，凡是由雇佣单位和派遣单位分别支付的，支付单位应按税法规定代扣代缴个人所得税。同时，按税法规定，纳税义务人应以每月全部工资、薪金收入减除规定费用后的余额为应纳税所得额。为了有利于征管，对雇佣单位和派遣单位分别支付工资、薪金的，采取由支付者中的一方减除费用的方法，即只有雇佣单位在支付工资、薪金时，按税法规定减除费用，计算扣缴个人所得税；派遣单位支付的工资、薪金不再减除费用，以支付金额直接确定适用税率，计算扣缴个人所得税。

上述纳税义务人，应持两处支付单位提供的原始明细工资、薪金单（书）和完税凭证原件，选择并固定到一地税务机关申报每月工资、薪金收入，汇算清缴其工资、薪金收入的个人所得税，多退少补。具体申报期限，由各省、自治区、直辖市税务机关确定。

对外商投资企业、外国企业和外国驻华机构发放给中方工作人员的工资、薪金所得，应全额征税，但对可以提供有效合同或有关凭证，能证明其工资、薪金所得的一部分按照有关规定上交派遣单位的，可扣除其实际上交的部分，按其余额计征个人所得税。

【例6-29】王某为一外商投资企业雇佣的中方人员，2007年10月，该外商投资企业支付给王某的薪金为7 200元，同月，王某还收到其所在的派遣单位发给的工资3 000元。

请问：该外商投资企业、派遣单位应如何扣缴个人所得税？王某实际应缴纳的个人所得税为多少？

**解析**　其计算如下：

① 外商投资企业为王某扣缴的个人所得税为：

扣缴税额＝（每月收入额－1 600）×适用税率－速算扣除数

＝（7 200 － 1 600）×20%－ 375＝745（元）

② 派遣单位应为王某扣缴的个人所得税为：

扣缴税额＝每月收入额×适用税率－速算扣除数

＝3 000×15%－ 125＝325（元）

③ 王某实际应缴的个人所得税为：

应纳税额＝（每月收入额－1 600）×适用税率－速算扣除数

＝（7 200＋3 000 － 1 600）×20%－ 375＝1 345（元）

因此，在王某到某税务机关申报时，还应补缴275元（1 345元－ 745元－ 325元）。

*试一试6-25*　**根据所给资料回答下列4个问题**

某甲为A公司职员，A公司派其到B公司工作，在B公司工作期间，A公司每月支付甲工资1 800元，B公司每月支付甲工资2 000元。

（1）B公司支付每月工资时应代扣的个人所得税是多少元?

（2）A公司支付每月的工资时应代扣的个人所得税是多少元?

（3）甲每月两地的工资合并应缴纳的个人所得税是多少元?

（4）甲每月自行申报应补缴的个人所得税是多少元?

## 课题三　个人所得税纳税申报

个人所得税纳税申报方法主要分为自行申报纳税和代扣代缴两种，实务操作中采用填列自行申报和代扣代缴报告表的方式进行个人所得税申报，每个纳税申报表、报告表可以综合填列各种应税所得。

# 项目一　源泉扣缴（代扣代缴）

## 任务一　掌握源泉扣缴法律规定

| 序号 | 项目 | 内　容 |
|---|---|---|
| 1 | 代扣代缴概念 | 代扣代缴是按照税法规定负有扣缴税款义务的单位或者个人，在向个人支付应纳税所得时，应计算应纳税额，并从其所得中扣除，同时向税务机关报送扣缴个人所得税报告表。这种做法的目的是控制税源，防止漏税和逃税 |
| 2 | 扣缴义务人 | 凡是支付个人应纳税所得的企业（公司）、事业单位、机关单位、社团组织、军队、驻华机构、个体户等单位或者个人，都是个人所得税的扣缴义务人 |
| 3 | 代扣代缴的范围 | 从2006年1月1日起，扣缴义务人必须依法履行个人所得税全员全额扣缴申报义务，即扣缴义务人向个人支付应税所得时，不论其是否属于本单位人员、支付的应税所得是否达到纳税标准，扣缴义务人应当在代扣税款的次月内，向主管税务机关报送其支付应税所得个人的基本信息、支付所得项目和数额、扣缴税款数额以及其他相关涉税信息。扣缴义务人向个人支付下列所得时，应代扣代缴个人所得税：工资、薪金所得；企事业单位的承包经营、承租经营所得；劳务报酬所得；稿酬所得；特许权使用费所得；利息、股息、红利所得；财产租赁所得；财产转让所得；偶然所得，以及经国务院财政部门确定征税的其他所得 |
| 4 | 代扣代缴期限 | 扣缴义务人每月扣缴的税款，应当在次月7日前缴入国库，并向主管税务机关报送《扣缴个人所得税报告表》、代扣代收税款凭证和包括每一纳税人姓名、单位、职务、收入、税款等内容的支付个人收入明细表，以及税务机关要求报送的其他有关资料 |
| 5 | 代扣代缴手续费 | 税务机关应根据扣缴义务人所扣缴的税款，付给2%的手续费，由扣缴义务人用于代扣代缴费用开支和奖励代扣代缴工作做得较好的办税人员 |
| 6 | 法律责任 | 扣缴义务人应扣未扣税款，按照征管法规定，由税务机关向纳税人追缴税款，同时对扣缴义务人处应扣未扣税款50%以上3倍以下的罚款。同时，税务部门有权责令扣缴义务人应补扣未扣的税款 |

## 任务二　代扣代缴申报纳税实务操作

**业务一：工资、薪金所得及劳务报酬所得、特许权使用费所得等代扣代缴的纳税申报**

【例6-30】白云蓝天广告有限公司的扣缴义务人编码为4401028685732000，2006年2月支付人工费用如下：①支付李竟工资2 600元，年底一次性奖金8 000元；②支付张建工资3 000元，年底一次性奖金25 000元；③支付王春设计费4 500元；④因有奖销售支付赵奇奖金3 000元；⑤因受让孙丹某项专利支付专利使用费30 000元。

**要求**：分析计算填列白云蓝天广告有限公司扣缴个人所得税报告表。

**解析**　该公司作为扣缴义务人计算填列扣缴个人所得税报告表（见表6-11）如下。

① 工资、薪金所得

李竟：应纳个人所得税额＝（月工资－费用减除标准）×税率－速算扣除数

＝（2 600 － 1 600）×10%－ 25 ＝ 75（元）

张建：应纳个人所得税额＝（3 000 － 1 600）×10%－ 25 ＝ 115（元）

② 年底一次性奖金所得

李竟：确定税率和速算扣除数，用8 000÷12 ＝ 666.67（元）确定该一次性奖金所得适用税率为10 %，速算扣除数为25元。

应纳个人所得税额＝ 一次性奖金所得 × 税率－速算扣除数

＝ 8 000×10 %－ 25 ＝ 775（元）

张建：确定税率和速算扣除数，用25 000÷12 ＝ 2 083.33（元）确定该一次性奖金所得适用税率为15 %，速算扣除数为125元。

应纳个人所得税额＝ 一次性奖金所得 × 税率－速算扣除数

＝ 25 000×15 %－ 125 ＝ 3 625（元）

③ 劳务报酬所得

王春：应纳个人所得税额＝（劳务报酬所得－费用减除标准）× 适用税率

＝（4 500 － 4 500×20 %）×20 % ＝ 720（元）

④ 偶然所得

赵奇：应纳个人所得税额＝ 偶然所得 × 适用税率＝3 000×20 %＝600（元）

⑤ 特许权使用费所得

孙丹：应纳个人所得税额＝（特许权使用费所得－费用减除标准）× 适用税率

＝（30 000 － 30 000×20 %）×20 %

＝ 4 800（元）

**业务二：对企事业单位的承包经营、承租经营所得的纳税申报**

对企事业单位的承包经营、承租经营所得，应由扣缴义务人代扣代缴个人所得税，扣缴义务人每月扣缴的税款应在次月7日内缴入国库。对企事业单位承包经营、承租经营的纳税义务人取得的工资、薪金性质所得，也应并入对企事业单位的承包经营、承租经营所得项目计算缴纳个人所得税。

个人所得税应纳税所得额的计算，应以人民币为计算单位。所得为外国货币的，应当按照填开完税凭证的上一月最后一日中国人民银行公布的外汇牌价折合人民币计算应纳税所得额。依照税法规定在年度终了后汇算清缴应纳所得税的，对已经按月或者按次预缴税款的所得部分，不再重新折算；对应当补缴税款的部分，按照上一纳税年度最后一日中国人民银行公布的外汇牌价（买入价）折合成人民币计算应纳税所得额。

**【例6-31】**张某2006年1月1日起承包经营一家外资企业，在2006年2月份获预付承包费10 000美元，按1月最后一日中国人民银行公布的外汇牌价1美元 ＝ 7.925 3元人民币折合成人民币计算预缴了个人所得税，2006年3月份又取得该项承包经营承包费5 000美元，假设2006年2月最后一日的汇率为1美元 ＝ 7.958 5元人民币。

**要求**：分析计算填列张某2006年3月份个人承包承租经营所得税年度申报表。

**解析**　扣缴义务人汇算清缴该承包经营所得并计算填列个人承包承租经营所得税年度（月份）申报表（见表6-12）如下。

预付承包费预缴了个人所得税额＝（10 000×7.9253 － 1 600×2)×35 %－ 6 750 ＝ 19 868.55(元)

应纳税所得额＝ 承包经营、承租经营所得－必要费用

＝ 10 000×7.925 3 ＋ 5 000×7.958 5 － 1 600×3

＝ 119 045.50 － 4 800 ＝ 114 245.50（元）

应纳税额＝ 应纳税所得额 × 适用税率－速算扣除数

＝ 114 245.50×35 %－ 6 750 ＝ 33 235.93（元）

汇算清缴应补缴的税额＝ 应纳税额－预缴税额

＝ 33 235.93 － 19 868.55 ＝ 13 367.38（元）

表6-11 扣缴个人所得税报告表（INDIVDUAL INCOME TAX WITHHOLDING RETURN）

填表日期： 2006 年 03 月 03 日 Date of filling: date month year 金额单位：人民币元 Monetary unit：RMB Yuan

根据《中华人民共和国个人所得税法》第9条规定，制定本表，扣缴义务人应将本月扣缴的税款在次月7日内缴入国库，并向当地税务机关报送本表。

This return is designed in accordance with the provisions of Arucie 9 of INDIVDUAL INCOME TAX LAW OF THE PEOPLE' S REPUBLIC OF CHINA. The withholding agents should turn the tax with — held over to the State Treasury and file the return with the local tax authorities within seven days after the end of the taxable month.

| 名称 Withholding agent' s name：白云蓝天广告有限公司 | | | | | | | | | | 地址 Address：北京市海淀区中关村9号 | | | | | 电话 Telnumber：87864650 | | | | |
|---|---|---|---|---|---|---|---|---|---|---|---|---|---|---|---|---|---|---|---|
| 纳税义务人姓名 Tax payer's name | 纳税人编码 Tax payer' s file number | 工作单位 Unit' s name and address | 所得项目 Categories of income | 所得时间 Income period | 收入额 Receipts 人民币 RMB | 收入额 Receipts 外币 Foreign curreney 货币名称 Name of currency | 金额 Amount | 外汇牌价 Exchange rate | 折合人民币 RMB converted into | 人民币合计 Total | 减费用额 Deductions | 应纳税所得额 Taxable Income | 税率 Tax rate | 速算扣除数 Quick Calculation deduction | 扣缴所得税额 Amount of tax withheld | 完税证字号 Tax certficate number | 纳税日期 Date of tax payment | | |
| 李竟 | 110102197209083746 | | 工资所得 | 2006-02 | 2 600.00 | | | | | 2 600.00 | 1 600.00 | 1 000.00 | 10% | 25 | 75.00 | | 06-03-03 | | |
| | | | 一次性奖金所得 | 2006-02 | 8 000.00 | | | | | 8 000.00 | 0.00 | 8 000.00 | 10% | 25 | 775.00 | | 06-03-03 | | |
| 张建 | 110102197810083569 | | 工资所得 | 2006-02 | 3 000.00 | | | | | 3 000.00 | 1 600.00 | 1 400.00 | 10% | 25 | 115.00 | | 06-03-03 | | |
| | | | 一次性奖金所得 | 2006-02 | 25 000.00 | | | | | 25 000.00 | 0.00 | 25 000.00 | 15% | 125 | 3 625.00 | | 06-03-03 | | |
| 王春 | 110108198001319850 | | 劳动报酬所得 | 2006-02 | 4 500.00 | | | | | 4 500.00 | 900.00 | 3 600.00 | 20% | 0 | 720.00 | | 06-03-03 | | |
| 赵奇 | 110109197606130980 | | 偶然所得 | 2006-02 | 3 000.00 | | | | | 3 000.00 | 0.00 | 3 000.00 | 20% | 0 | 600.00 | | 06-03-03 | | |
| 孙丹 | 110101197301270380 | | 特权使用费所得 | 2006-02 | 30 000.00 | | | | | 30 000.00 | 6 000.00 | 24 000.00 | 20% | 0 | 4 800.00 | | 06-03-03 | | |

如果由扣缴义务人填写完税证，应在报送此表时附完税证副联 份，合计扣缴金额 元。

In case the tax certificate is filled out by withholding agent , thisd return should be submitted together with copies of the tax certificate.Withholding total amount yuan.

| 扣缴义务人声明 Declaration by withholding agent | 我声明：此扣缴申报表是根据《中华人民共和国个人所得税法》的规定填报的，我确信它是真实的、可靠的、完整的。 I declare that the return is filled out in accordance with INDIVDUAL INCOME TAX LAW OF THE PEOPLE' S REPUBLIC OF CHINA , and I believe that the Statements contained in this return are true, correct and complete. | 声明人签字： Signature： |
|---|---|---|

会计主管人签字： General accountant(signature)： 负责人签字： Responsible officer ( Signature )： 扣缴单位（或个人）盖章： Withholding agent (Seal)：

以下由税务机关填写 ( For official use )

| 收到日期： | 接收人： | 审核日期： | 主管税务机关盖章： 主管税务官员签字： |
|---|---|---|---|
| 审核记录： | | | |

**表6-12　个人承包承租经营所得税年度（月份）申报表**

纳税年度（月份）：自2006年03月01日至日2006年03月31日　　填表日期：2006年04月03日

纳税人编码：110108938726500　　金额单位：人民币元

根据《中华人民共和国个人所得税法》第9条的规定制定本表。承包、承租者应在年度终了后30日内将税款缴入国库，并向税务机关报送本表；分月或分次取得所得的，应在每月或每次取得所得后7日内预缴税款并报送本表。年度终了后3个月内汇算清缴，多退少补。

<table>
<tr><td>承包承租人姓名：张某</td><td colspan="2">被承包、承租经营企事业单位名称：某外资企业</td><td colspan="2">企事业单位地址：中关村大街</td></tr>
<tr><td>业别：服务业</td><td>承包、承租日期：2006年01月01日</td><td>银行账号：11027483926584200060711</td><td>邮政编码：100080</td><td>电话：87383075</td></tr>
<tr><td colspan="3">项　目</td><td colspan="2">金　额</td></tr>
<tr><td rowspan="4">应纳税所得额的计算</td><td colspan="2">1. 全年［本月（次）］收入额</td><td colspan="2">119 045.50</td></tr>
<tr><td colspan="2">2. 费用</td><td colspan="2">4 800.00</td></tr>
<tr><td colspan="2">3. 应纳税所得额（1 － 2）</td><td colspan="2">114 245.50</td></tr>
<tr><td colspan="2">4. 税务机关认定的应纳税所得额</td><td colspan="2"></td></tr>
<tr><td rowspan="5">应纳个人所得税额的计算</td><td colspan="2">5. 税率</td><td colspan="2">35 %</td></tr>
<tr><td colspan="2">6. 速算扣除数</td><td colspan="2">6 750.00.</td></tr>
<tr><td colspan="2">7. 应纳所得税额（4×5 － 6）</td><td colspan="2">33 235.93</td></tr>
<tr><td colspan="2">8. 全年预缴税额</td><td colspan="2">19 868.55</td></tr>
<tr><td colspan="2">9. 应补（退）所得税额</td><td colspan="2">13 367.38</td></tr>
<tr><td>授权代理人</td><td colspan="2">如果你已委托代理人，请填写下列资料<br>为代理一切税务事宜，现授权________（地址）<br>______________为本人代理申报人，任何与本申报表有关的来往文件都可寄与此人。<br>授权人签字：</td><td>声明</td><td>我声明：此纳税申报表是根据《中华人民共和国个人所得税法》的规定填报的，我确信它是真实的、可靠的、完整的。<br>声明人签字：</td></tr>
</table>

代理申报人签字：　　纳税人签字或盖章：

以下由税务机关填写

<table>
<tr><td>收到日期：</td><td>接收人：</td><td>审核日期：</td><td rowspan="2">主管税务机关盖章：<br>主管税务官员签字：</td></tr>
<tr><td>审核记录</td><td colspan="2"></td></tr>
</table>

**试一试6-26　分析计算填列白云公司扣缴个人所得税报告表**

白云咨询有限公司2006年3月支付人工费用如下：①支付徐珊工资3 500元，年底一次性奖金7 000元；②支付冯刚工资4 800元，年底一次性奖金26 000元；③支付孙燕咨询费5 500元；④因受让赵茜某项设计方案支付费用10 000元。

# 项目二 自行申报

## 业务一 掌握自行申报法律规定

| 序号 | 项目 | 内容 |
|---|---|---|
| 1 | 自行申报纳税概念 | 自行申报是纳税人自行向税务机关申报取得的应税所得项目和数额，如实填写个人所得税纳税申报表，并按税法规定计算应纳税额的一种纳税方法 |
| 2 | 自行申报纳税的所得项目 | ①个人所得超过国务院规定数额的（2006年1月1日起当年取得所得12万元以上者）；②从两处或两处以上取得工资、薪金所得的；③取得应纳税所得，没有扣缴义务人的；④分笔取得属于一次劳务报酬所得、稿酬所得、特许权使用费所得和财产租赁所得的；⑤取得应纳税所得，扣缴义务人未按规定扣缴税款的；⑥税务主管部门规定必须自行申报纳税的 |
| 3 | 自行申报的纳税期限 | 除特殊情况外，自行申报纳税人每月应纳的税款，都应当在次月7日前缴入国库，并向税务机关报送纳税申报表。具体规定如下：①年所得12万元以上的纳税义务人，在年度终了后3个月内到主管税务机关办理纳税申报。②账册健全的个体工商户的生产、经营所得应纳的税款，按年计算，分月预缴，由纳税义务人在次月7日前预缴，年度终了后3个月内汇算清缴，多退少补；账册不健全的个体工商户的生产、经营所得应纳的税款，由各地税务机关依据征管法及其实施细则的有关规定，自行确定征收方式。③对企事业单位的承包经营、承租经营所得应纳的税款，按年计算，由纳税义务人在年度终了后30日内缴入国库，并向税务机关报送纳税申报表。纳税义务人在1年内分次取得承包经营、承租经营所得的，应当在取得每次所得后的7日内预缴，年度终了后3个月内汇算清缴，多退少补。④从中国境外取得所得的纳税义务人，应当在年度终了后30日内将应纳的税款缴入国库，并向税务机关报送纳税申报表 |
| 4 | 自行申报的纳税地点 | 申报纳税地点一般应为收入来源地的税务机关。但是，纳税人在两处以上取得工资、薪金所得的，可选择并固定在一地税务机关纳税；从境外取得所得的，应向境内户籍所在地或经常居住地税务机关申报纳税。纳税人要求变更申报纳税地点的，须经原主管税务机关批准 |
| 5 | 自行申报的纳税方式 | 个人所得税的申报方式主要有3种，即由本人直接申报纳税、委托他人代为申报纳税，以及采用邮寄方式在规定的申报期内申报纳税。其中，采取邮寄申报纳税的，以寄出地的邮戳日期为实际申报日期 |

**【例6-32】**下列情形之中，纳税人必须向税务机关申报所得并缴纳税款的有（　　）。

A. 取得应纳税所得而没有扣缴义务人的

B. 取得应纳税所得而扣缴义务人未按规定扣缴税款的

C. 从两处或两处以上取得工资、薪金所得的

D. 分笔取得属于一次劳务报酬所得的

**解析** 根据个人所得税纳税申报规定，正确答案选择ABCD。

*试一试6-27* **依据个人所得税纳税申报规定判断下列论断是否正确？**

1. 纳税义务人从两处或两处以上取得工薪所得，应分别在各处收入来源地申报纳税。
2. 扣缴义务人应扣未扣纳税人个人所得税税款的，应由扣缴义务人缴纳应扣未扣的税款、滞纳金、罚款。
3. 居民纳税人从中国境内和境外取得的所得，应当分别计算征收个人所得税。
4. 个人所得税的自行申报方式主要有直接申报、定期申报、委托申报和邮寄申报。

## 任务二　自行申报实务操作

**业务一：两处取得工资、薪金，以及连载分次取得稿酬，境外所得抵减的纳税申报**

**【例6-33】**王东2006年3月取得收入如下：①作为一外商投资企业雇用的中方人员，2006年3月该外商投资企业支付给他的薪金为8 000元，同月还收到其所在的派遣单位发给的工资1 000元；②2005年9月出版了一部著作，一次取得稿酬收入5 000元，又于2006年1月、2月、3月在报上连载，分别收到稿酬1 000元、1 200元和1 500元，稿酬已经分别被代扣代缴了个人所得税；③2006年3月，在A国因提供一项专利技术使用权，一次取得特许权使用费收入30 000元，该项收入在A国缴纳个人所得税4 600元；因在B国出版著作，获得稿酬收入（版权）15 000元，并在B国缴纳该项收入的个人所得税1 720元。

**要求**：王东分析计算填列个人所得税自行申报表（见表6-13）。

**解析**　（1）两处取得工资、薪金所得

在外商投资企业、外国企业和外观驻华机构工作的中方人员取得的工资、薪金收入，凡是由雇佣单位和派遣单位分别支付的，支付单位应按税法规定代扣代缴个人所得税，采取由支付者中的一方减除费用的方法，即只有雇佣单位在支付工资、薪金时，按税法规定减除费用，计算扣缴个人所得税；派遣单位支付的工资、薪金不再减除费用，以支付全额直接确定适用税率，计算扣缴个人所得税。

上述纳税人应持两处支付单位提供的原始明细工资、薪金单（书）和完税凭证原件，选择并固定到一地税务机关申报每月工资、薪金收入，汇算净缴其工资、薪金收入的个人所得税，多退少补。

雇佣单位代扣代缴个人所得税额＝（月工资－费用减除标准）×税率－速算扣除数

＝（8 000 － 1 600）×20 %－ 375 ＝ 905（元）

派遣单位代扣代缴个人所得税额＝月工资×税率－速算扣除数＝1 000×10%－ 25 ＝ 75（元）

实际应缴个人所得税额＝（月工资合计－费用减除标准）×税率－速算扣除数＝（8 000＋1 000 － 1 600）×20 %－ 375 ＝ 1 105（元）

王东需自行申报的应纳税额＝实际应缴个人所得税额－雇佣单位代扣代缴个人所得税额－派遣单位代扣代缴个人所得税额＝1 105 － 905 － 75 ＝ 125（元）

（2）连载分别取得稿酬

稿酬所得，以每次出版、发表取得的收入为一次。如果作者将同一作品既出书，又在报刊上连载，应将出书和连载取得的收入分为两次计税。作品在报刊上连载的，应合并连载同一作品的所有所得为一次，计征个人所得税。王东2005年9月因出版著作取得的稿酬5 000元已代扣代缴个人所得税，不需自行申报，但2006年1月、2月、3月分别取得的稿酬虽然已分别代扣代缴了个人所得税，但应合并为一次计征个人所得税，并将差额自行申报。

1月份扣缴的个人所得税额＝（稿酬所得－费用减除标准）×适用税率×（1 － 30 %）＝（1 000 － 800）×20 %×（1 － 30 %）＝28（元）

2月份扣缴的个人所得税额＝（1 200 － 800）×20 %×（1 － 30 %）＝56（元）

3月份扣缴的个人所得税额＝（1 500 － 800）×20 %×（1 － 30 %）＝98（元）

1、2、3月份汇总应纳个人所得税额＝（稿酬所得－费用减除标准）×适用税率×（1－30 %）＝（1 000＋1 200＋1 500－800）×20 %×（1－30 %）＝406（元）

王东需自行申报的应纳税额＝1、2、3月份汇总应纳个人所得税额－1月份扣缴的个人所得

税额－2月份扣缴的个人所得税额－3月份扣缴的个人所得税额＝406 － 28 － 56 － 98 ＝224(元)

（3）境外所得的抵减

纳税人从中国境外取得的所得，应区别不同国家（地区）和不同应税所得项目，依照我国个人所得税法规定的费用减除标准和适用税率计算应纳税额，该应纳税额即为抵减限额。同一国家（地区）内不同应税所得项目的应纳税额之和，为该国家（地区）的扣除限额。纳税人在中国境外一国（地区）实际已经缴纳的个人所得税额，低于依照前述方法计算出的该国（地区）扣除限额的，可以其应纳税额全部减除境外缴纳的个人所得税税额，并补缴差额部分的税款；高于减除限额的，只能抵扣相当于减除限额的在境外缴纳的个人所得税税额，其超过减除限额的部分不得在本纳税年度减除，但是可以在以后纳税年度的该国（地区）扣除限额的余额中补减，补减期限最长不得超过5年。

纳税人依照税法的规定申请扣除在境外缴纳的个人所得税税额时，应当提供境外税务机关填发的完税凭证原件。

① A国所纳个人所得税的抵减

特许权使用费所得的抵减限额 ＝（特许权使用费所得－费用减除标准）×适用税率 ＝（30 000 － 30 000×20 %）×20 % ＝4 800（元）

王东从A国取得的应税所得在A国缴纳的个人所得税额的抵减限额为4 800元，其在A国实际缴纳的个人所得税4 600元，低于抵减限额，可以全额抵扣，并需在中国自行申报补缴差额部分的税款，计200（4 800 － 4 600）元。

② B国所纳个人所得税的抵减

稿酬所得的抵减限额 ＝（稿酬所得－费用减除标准）×适用税率×（1 － 30 %）＝（15 000 － 15 000×20 %）×20 % ×（1 － 30 %）＝1 680（元）

王东的稿酬所得在B国实际缴纳个人所得税1 720元，超出抵减限额的40（1 720 － 1 680）元，不能在本年度扣除，但可以在以后5个纳税年度的该国减除限额余额中补减。

综上，王东在本纳税年度中的境外所得，应在中国补缴个人所得税200元，其在B国缴纳个人所得税款未抵减的40元，可在我国税法规定前提条件下补减。

**表6-13　个人所得税自行申报表**

身份证件号码：11010296209097632　　纳税人姓名：王东　　申报日期：2006-04-03

有效联系电话：87230803　　金额单位：元

| 行次 | 所得项目 | 所属月份 | 收入额 | 应纳税所得额 | 税率 | 应纳税额 | 减免税额 | 已扣缴税额 | 抵减境外税额 | 本次实缴税额 | 缴款书号码 |
|---|---|---|---|---|---|---|---|---|---|---|---|
| 1 | 01 | 2006-03 | 9 000.00 | 7 400.00 | 20 % | 1 105.00 | 0.00 | 980.00 |  | 125.00 |  |
| 2 | 02 | 2006-03 | 3 700.00 | 2 900.00 | 20 % | 580.00 | 174.00 | 182.00 |  | 224.00 |  |
| 3 | 04 | 2006-03 | 30 000.00 | 24 000.00 | 20 % | 4 800.00 | 0.00 | 0.00 | 4 600.00 | 200.00 |  |
| 4 | 03 | 2006-03 | 15 000.00 | 12 000.00 | 20 % | 2 400.00 | 720.00 | 0.00 | 1 680.00 | 0.00 |  |
| 5 |  |  |  |  |  |  |  |  |  |  |  |
| 合计 |  | — | 57 700.00 | 46 300.00 | — | 8 885.00 | 894.00 | 1 162.00 | 6 280.00 | 549.00 |  |

声明：我声明，此纳税申报表是根据《中华人民共和国个人所得税法》的有关规定填报的，我确信它是真实的、可靠的、完整的。

声明人签字：

代理申报人或纳税人签字：

**填 表 说 明**

1．负有个人所得税自行申报义务的个人申报所得税时，使用本表。

2．所得项目请查阅下面的编码表进行填写：

01 工资、薪金所得；02 劳务报酬；03 稿酬所得；04 特许权使用费所得；05 股息、利息红利所得；06 财产租赁所得；07 财产转让所得；08 偶然所得；09 其他所得。

3．身份证件是指身份证、军官证、护照等有效身份证件。

4．所属月份的填写格式为：YYYY–MM，如2003–05。

5．申报日期的填写格式为：YYYY–MM–DD，如2003–06–07。

**业务二：个体工商户生产、经营所得的纳税申报**

个体工商户生产、经营所得，以每一纳税年度的收入总额，减除成本、费用，以及损失后的余额，为应纳税所得额。成本、费用是指纳税人从事生产、经营所发生的各项生产费用、销售费用、管理费用和财务费用；损失是指纳税人在生产、经营过程中发生的各项营业外支出。个体工商户和从事生产、经营活动的个人取得与生产、经营活动有关的所得，应合并所得计算纳税。

**【例6-34】**个体工商户陈曦2005年将一台闲置的机器出租给他人使用，一年取得租金收入12 000元（已扣除相关税费），同年取得一次稿酬收入7 000元（已代扣代缴个人所得税），生产经营利润27 500元（已扣除生产、经营中发生的成本、费用和损失）。假设个体工商户每月预缴个人所得税180元。

**要求**：分析计算填列该个体工商户的个人所得税年度申报表。

**解析**　陈曦分析计算填列个人所得税年度申报表（见表6-14）如下。

由于出租机器的收入与生产、经营活动有关，应计入生产、经营所得计算纳税；而稿酬所得与其生产、经营活动无关，故不用并入生产、经营所得计算纳税。

个体工商户的生产、经营所得＝12 000＋27 500＝39 500（元）

应纳个人所得税额＝生产、经营所得×适用税率－速算扣除数

＝39 500×30 %－4 250

＝7 600（元）

应补缴个人所得税额＝应纳个人所得税额－预缴税额

＝7 600 － 180×12

＝5 400（元）

**表6-14　个人所得税年度申报表**

纳税年度：自2005年01月01日至2005年12月31日　　填表日期：2005年01月10日

纳税人编码：110108767408341000　　金额单位：人民币（元）

根据《中华人民共和国个人所得税法》第7条和第9条规定，制定本表。纳税人应在年度终了30日内将税款缴入国库，并向当地税务机关报送本表。

<table>
<tr><td>纳税人姓名：陈曦</td><td colspan="3">国籍：中国</td><td>抵华日期：</td></tr>
<tr><td>中国境内住址</td><td colspan="4">省、市、县、街道及号数（包括公寓号码）＿2号＿公寓　＿花园路＿街道<br>＿海淀区＿　＿北京市＿</td></tr>
<tr><td colspan="3">中国境内通讯住址（如非上述地址）：北京市海淀区中关村1街</td><td>邮编：100082</td><td>电话：13908354781</td></tr>
<tr><td>职业：</td><td colspan="2">服务单位：</td><td colspan="2">服务地点：</td></tr>
<tr><td colspan="2">中国境内所得已纳税额</td><td colspan="3">境外所得纳税额</td></tr>
</table>

续表

| 所得项目 | 所得时间 | 应纳税所得额 | 已纳所得税额 | 自缴或扣缴税额 | 所得项目 | 收入额 | 减费用额 | 应纳税所得额 | 税率 | 速算扣除数 | 应纳所得税款 | 境外已缴税款 |
|---|---|---|---|---|---|---|---|---|---|---|---|---|
| 1 | 2 | 3 | 4 | 5 | 6 | 7 | 8 | 9 | 10 | 11 | 12 | 13 |
| 生产、经营所得 | 2005-01-01<br>至<br>2005-12-31 | 39 500.00 | 2 160.00 | 5 440.00 | | | | | | | | |
| | | | | | | | | | | | | |

| 授权代理人 | （如果你已委托代理人，请填写下列资料）<br>为代理一切税务事宜，现授权　　　（地址）　　　为本人代理申报人，任何与本申报有关的来往文件都可寄与此人。<br>授权人签字： | 声明 | 我声明：此纳税申报表是根据《中华人民共和国个人所得税法》的规定填报的，我确信它是真实的、可靠的、完整的<br>声明人签字： |
|---|---|---|---|

代理申报人（签字）：　　　　　　　　纳税人（签字或盖章）：

以下由税务机关填写

<table>
<tr><td colspan="2">收到日期</td><td>接收人</td><td colspan="2">审核日期</td><td rowspan="5">主管税务机关盖章：<br>主管税务官员签字：</td></tr>
<tr><td rowspan="4">境外税额的扣除计算</td><td>扣除限额</td><td rowspan="4">审核记录</td><td></td></tr>
<tr><td>实际扣除额</td><td></td></tr>
<tr><td>上年抵减的或结存的税额</td><td></td></tr>
<tr><td>应补缴的税额</td><td></td></tr>
</table>

*试一试6-28*　**分析计算填列李凡的个人所得税自行申报表**

李凡2006年3月取得收入如下：①作为一外商投资企业雇用的中方人员，2006年3月该外商投资企业支付给他的薪金为10 000元，同月还收到其所在的派遣单位发给的工资1 500元。②2005年8月出版了一部著作，一次取得稿酬5 000元，又于2005年9月至2006年3月在报上连载，每次收到稿酬1 000元，稿酬已经分别被代扣代缴了个人所得税。③2006年3月，在A国因提供劳务，取得劳务报酬所得15 000元，该项收入在A国缴纳个人所得税2 200元；因在B国出版著作，获得稿酬收入（版权）10 000元，并在B国缴纳该项收入的个人所得税1 152元。

# 财产税纳税实务

## 学习目标

◆能执行财产税类各税种基本法律规定
◆能准确界定财产税类各税种的征税范围
◆正确判别财产税类各税种纳税人身份
◆依法确定财产税类各税种计税依据
◆正确应用财产税类各税种税率
◆正确计算财产税类各税种应纳税额
◆能依据财产税类各税种优惠政策为纳税主体提供节税方案和建议
◆能独立编制财产税类各税种纳税申报表和相关附表
◆能办理财产税类各税种申报与缴纳业务

## 课题一　房产税纳税实务

### 项目一　解读房产税基本要素

房产税是指以房产为征税对象，按照房产的计税余值或租金收入为计税依据向房产所有人征收的一种税。

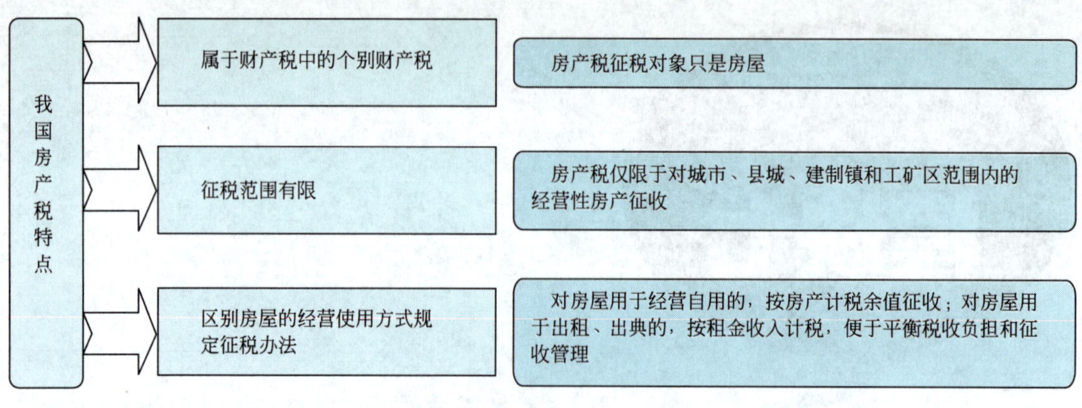

## 任务一　明确房产税的征税范围

所谓房产，是指以房屋形态表现的财产。房屋则指有屋面和围护结构（有墙或两边有柱），能够遮风避雨，可供人们在其中生产、生活、工作、学习、娱乐、居住或储藏物资的场所。

**案例讨论7-1**　独立于房屋之外的建筑物（如围墙、烟囱、水塔、变电塔、油池油柜、酒窖菜窖、室外游泳池、玻璃暖房等）是否属于房产？

房产税的征税对象是我国境内的房屋（房产）。房产税的征税范围为城市、县城、工矿区、建制镇。具体范围说明如下。

| 序号 | 征税范围名称 | 说　明 |
|---|---|---|
| 1 | 城市 | 城市是指经国务院批准设立的市。城市的征税范围为市区、郊区和市辖县县城，不包括农村 |
| 2 | 县城 | 县城是指未设立建制镇的县人民政府所在地 |
| 3 | 建制镇 | 建制镇指经省、自治区、直辖市人民政府批准设立的建制镇。建制镇的征税范围为镇人民政府所在地，不包括所辖的行政村 |
| 4 | 工矿区 | 工矿区是指工商业比较发达，人口比较集中，符合国务院规定的建制镇标准，但尚未设立建制镇的大中型工矿企业所在地。但对工矿区的开征须经省、市、自治区人民政府批准 |

## 任务二　判别房产税纳税人

凡在我国境内拥有房屋产权的单位和个人均为房产税的纳税义务人。房产税纳税人的类型如图7-1所示。

房产税纳税人确定依据

- 产权属于全民所有的，其经营管理的单位和个人为纳税义务人
- 产权出典的，承典人为纳税义务人
- 产权所有人、承典人不在房产所在地，或者产权未确定或租典纠纷未解决的，房产代管人或者使用人为纳税义务人
- 无租使用房产管理部门、免税单位及纳税单位的房产，由使用人代为缴纳房产税

图7-1　房产税纳税人类型

**【例7-1】**下列各单位或个人中不构成房产税纳税人的是（　　）。

A. 代管人　　B. 出典人　　C. 承租人　　D. 使用人

**解析**　正确答案选择B。在房屋出典期间，产权所有人已无权支配房屋，有权支配房屋的是承典人。所以税法规定承典人为纳税人而不是出典人。

*试一试7-1*　**请判断有关房产税的下列表述是否正确？**

1. 凡是经营性房产税务机关都要征收房产税。
2. 内资企业和外资企业都要按规定缴纳房产税。
3. 房产税只对房屋的产权所有人征收，对产权出典及租典纠纷未解决的房产，不征收房产税。
4. 房产税的计税依据是按照房产净值计算征收。

## 任务三　掌握房产税税率设置

房产税采用比例税率，分别不同情况计征。

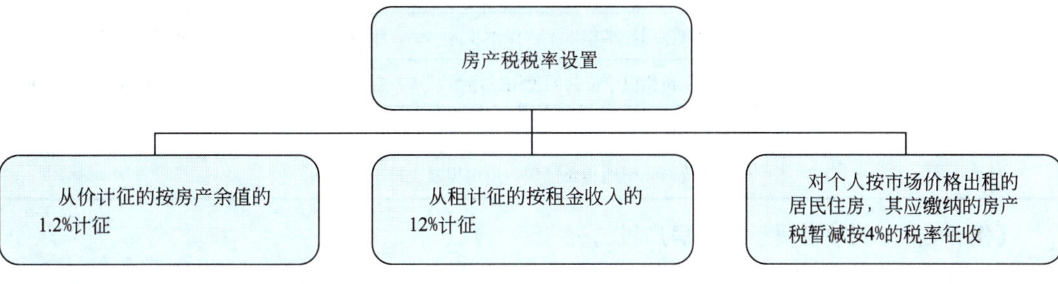

## 任务四　领会和应用房产税的减免政策

| 序号 | 减免项目 | 说　明 |
|---|---|---|
| 1 | 国家机关、人民团体、军队自用的房产免征房产税 | “自用的房产”指这些单位本身的办公用房和公务用房 |

续表

| 序号 | 减免项目 | 说　明 |
|---|---|---|
| 2 | 由国家财政部门拨付事业经费的单位自用的房产免征房产税 | “自用的房产”指这些单位本身的业务用房。实行差额预算管理的事业单位，也属于国家拨付事业经费的单位，对其本身自用的房产免征房产税。由国家财政部门拨付事业经费的单位其经费来源实行自收自支后，应征收房产税 |
| 3 | 宗教寺庙、公园、名胜古迹自用的房产 | 宗教寺庙自用的房产，指举行宗教仪式等的房屋和宗教人员使用的生活用房。公园、名胜古迹自用的房产指供公共游览、参观的房屋及其管理单位的办公用房屋，公园、名胜古迹中附设营业单位，如影剧院、饮食部、茶社、照相馆等所使用的房产及出租的房产，应征收房产税 |
| 4 | 个人拥有的非营业用的房产 | 个人拥有的非营业用的房产如出租或作营业用的，应按规定纳税 |
| 5 | 房地产开发企业建造的商品房，在售出前，不征收房产税 | 鉴于房地产开发企业开发的商品房在出售前，对房地产开发企业而言是一种产品，因此，对房地产开发企业建造的商品房，在售出前，不征收房产税；但对售出前房地产开发企业已使用或出租、出借的商品房应按规定征收房产税 |
| 6 | 老年服务机构自用的房产免征房产税 | 老年服务机构是指专门为老年人提供生活照料、文化、护理、健身等多方面服务的福利性、非营利性的机构。主要包括：老年人福利院、敬老院（养老院）、老年服务中心、老年公寓（含老年护理院、康复中心、托老所）等 |
| 7 | 邮政部门房产减免 | 对邮政部门坐落在城市、县城、建制镇、工矿区范围内的房产，应当依法征收房产税；对坐落在城市、县城、建制镇、工矿区范围以外的尚在邮政局内核算的房产，在单位财务账中划分清楚的，从2001年1月1日起不再征收房产税 |
| 8 | 财政部批准的其他房产 | 企业办的各类学校、医院、托儿所、幼儿园自用的房产，免征房产税 |
| | | 经有关部门鉴定，对毁损不堪居住的房屋和危险房屋，在停止使用后，可免征房产税 |
| | | 对微利企业和亏损企业的房产，可由地方根据实际情况在一定期限内暂免征收房产税 |
| | | 企业停产、撤销后，对其原有的房产，经过省、自治区、直辖市税务局批准可暂不征收房产税；如果这些房产转给其他单位使用或企业恢复生产时，应依规定征收房产税 |
| | | 凡在基建工地服务的各种工棚、食堂等临时性房屋，在施工期间一律免征房产税。但基建结束后，施工企业将其交还或估价转让给基建单位的，应当从基建单位接受的次月起，依规定征收房产税 |
| | | 房屋大修停用在半年以上，经纳税人申请，税务机关审核，在大修期间可免征房产税 |
| | | 纳税单位和免税单位共同使用的房屋，按各自使用的部分划分，分别征收或免征房产税 |
| | | 地下人防设施暂不征收房产税 |
| | | 对农林牧渔业用地和农民居住用房屋及土地不征收房产税 |

**【例7-2】**下列项目属于免征房产税的有（　　）。

A. 企业办学校教学用房　　B. 个人出租给街道办托儿所用房

C. 企业厂区周边用房　　D. 企业大修半年以下的房产

**解析**　依据房产税优惠政策，正确答案选择AC。

*试一试7-2*　**依据房产税减免政策作出正确选择**

下列不动产不应缴纳房产税的有（　　）。

A. 用于抵偿债务的办公楼　　B. 已销售的居民住宅

C. 企业厂区内的自行车车棚　　D. 事业单位对外营业的招待所

案例讨论7-2　广州市人民政府将自有办公用房免税吗？

# 项目二　房产税计算

房产税应纳税额=计税依据×适用税率=房产余值（或租金收入）×适用税率

其中：房产余值=房产原值×（1－原值减除率）

## 任务一　确定房产税计税依据

房产税的计税依据是房产余值或房产租金收入，分别称为从价计征和从租计征。

**1. 从价计征**

以房产余值为计税依据。所谓房产余值，是指依照税法规定按房产原值一次减除10%～30%的损耗价值后的余额。

知识驿站 7-1

**确定房产原值注意事项**

- 房产原值是指纳税人按会计制度规定，在账簿“固定资产”科目中记载的房屋原价。没有记载房产原价的参照同类房屋，确定房产原值，按规定计征房产税。
- 房产原值应包括与房屋不可分割的各种附属设施或一般不单独计价的配套设施。主要有：暖气、卫生、通风、照明等设备；各种管线，如蒸汽、给水排水等管道及电力、晒台等。
- 纳税人对原有房屋进行改建、扩建的，要相应增加房屋的原值。
- 房屋原值的具体减除比例，由省、自治区、直辖市人民政府在税法规定的减除幅度内自行确定。

注意　(1) 对投资联营的房产，如投资者参与投资利润分红、共担风险，则从价计征。如投资者只收取固定收入、不承担联营风险，实际上是以联营名义取得房产租金，则从租计征。

(2) 对融资租赁房屋的，其租赁费与一般房屋出租的租金不同，实际上是一种变相的分期付款购买固定资产的形式，所以实行从价计征。

**2. 从租计征**

对出租的房屋以租金收入为计税依据。租金收入是房屋产权所有人出租房产使用权所取得的报酬，包括货币收入和实物收入。对以劳务或其他形式作为报酬抵付房租的，应根据当地同类房产的租金水平，确定一个标准租金额。

**【例7-3】** 下列项目中，符合房产税计税依据的是（　　）。

A. 以房产投资联营共担风险的，以房产余值为计税依据

B. 对融资租赁的房产，以租金为计税依据

C. 企业将账面载有原值的房产出租的，以租金为计税依据

D. 国家机关将房产出租，以租金为计税依据

**解析** 按税法规定，对融资租赁的房产，应以房产余值为计税依据。正确答案选择ACD。

*试一试7-3* **依据房产税计税依据规定作出正确选择**

下列有关房产税计税依据表述正确的有（ ）。

A. 融资租赁房屋，以房产原值为计税依据

B. 出租房产，以租金为计税依据

C. 以房产联营投资，共担风险，以房产余值为计税依据

D. 租入房产，以租金为计税依据

案例讨论7-3 **纳税人对租金收入申报不实或申报数与同一地段同类房屋的租金收入相比明显不合理，该怎么办？**

## 任务二 计算房产税应纳税额

**【例7-4】**某商业企业有房屋8幢，原价20 000 000元。其中：6幢为经营用房和仓库，原值为10 000 000元；一幢门面房出租，原值2 000 000元，年租金200 000元；办公楼一幢，原值8 000 000元。前述办公楼8层，每层面积相等，其中一层出租，年租金400 000元。该地区原值扣除率为30%。计算该企业全年应纳房产税额。

**解析** 办公楼企业自用的七层从价计征，出租的一层从租计征。计算过程如下。

① 经营用房应纳税额=10 000 000×（1－30%）×1.2%=84 000（元）

② 门店出租应纳税额=200 000×12%=24 000（元）

③ 办公楼应纳税额=400 000×12%＋8 000 000×7÷8×（1－30%）×1.2%=106 800（元）

④ 该企业全年应纳税额=84 000＋24 000＋106 800=214 800（元）

*试一试7-4* **依据所给资料计算该公司当年应纳房产税**

某公司有房屋原值10 000 000元，其中职工食堂用房1 000 000元，出租的门面房80 000元，每月收取租金3 000元。本年5月末由于业务需要收回出租的门面房，租金已结清。本年12月份新购置一处房屋2 000 000元，已投入使用。另外委托施工单位建设的房屋造价5 000 000元，11月份验收手续已完毕，当月出租给某中外合资企业，每月收取租金250 000元。当地房地产原值扣除比例为20%。

# 项目三 房产税纳税申报

## 任务一 掌握房产税纳税申报基本要求

要求一：明确房产税纳税义务发生时间

| 序号 | 经营类型 | 纳税义务发生时间规定 |
|---|---|---|
| 1 | 纳税人将原有房产用于生产经营 | 纳税人将原有房产用于生产经营，从生产经营之日起缴纳房产税 |

续表

| 序号 | 经营类型 | 纳税义务发生时间规定 |
|---|---|---|
| 2 | 纳税人自行新建房屋用于生产经营 | 纳税人自行新建房屋用于生产经营，从建成之次月起缴纳房产税。纳税人委托施工企业建设的房屋，从办理验收手续之次月起缴纳房产税。纳税人在办理手续前，已经使用或出租、出借的新建房屋，应从使用或出租、出借的当月起缴纳房产税 |
| 3 | 购置新建商品房 | 购置新建商品房，自房屋交付使用之次月起计征房产税 |
| 4 | 购置存量房 | 房地产权属登记机关签发房屋权属证书之次月起计征房产税 |
| 5 | 出租、出借房产 | 出租、出借房产，自交付出租、出借房产之次月起计征房产税 |
| 6 | 房地产开发企业自用、出租、出借本企业建造的商品房 | 房地产开发企业自用、出租、出借本企业建造的商品房，自房屋使用或交付之次月起计征房产税 |

要求二：了解房产税纳税期限

房产税实行按年征收，分期缴纳。具体纳税期限由省、自治区、直辖市人民政府规定。各地一般规定按季或半年征收一次。新建房的纳税期限规定为：纳税人自建的房屋，自建成之日的次月起征收房产税。纳税人委托施工企业建设的房屋，从办理验收手续之日的次月起征收房产税。

要求三：正确选择房产税纳税地点

房产税在房产所在地缴纳。房产不在同一地方的纳税人，应按房产的坐落地点分别向房产所在地的税务机关缴纳。

## 任务二　计算填列房产税纳税申报表

**【例7-5】**甲企业地处北京市西城区地安门大街，纳税人识别号110102832058787000，2007年上半年共有房产原值40 000 000元，7月1日起企业将原值2 000 000元的一栋仓库出租给某商场存放货物，租期1年，每月取得租金收入15 000元。8月1日对委托施工单位建设的生产车间办理验收手续，由在建工程转入固定资产原值5 000 000元。已知该地区规定计算房产余值时的扣除比例为30%。房产建筑面积10 000平方米，房产为砖混结构。

**要求**：计算填列2007年7月1日至12月31日的房产税纳税申报表（见表7-1）。

**解析**　该企业计算填列2007年7月1日至12月31日的房产税纳税申报表如下：

该企业经营自用的房产从价计征，在建工程转入的房产从次月开始从价计征；出租的房屋不再从价计征，改为从租计征。

（1）从价计征房产税=从价计税的房产原值×（1－扣除比例）×1.2%=40 000 000×（1－30%）×1.2%÷2－2 000 000×（1－30%）×1.2%÷2+5 000 000×（1－30%）×1.2%÷12×4=173 600（元）

（2）从租征房产税=租金收入×12%=15 000×6×12%=10 800（元）

（3）应纳房产税=173 600+10 800=184 400（元）

表 7-1　房产税纳税申报表

填表日期：2007年12月31日

纳税人识别号：110102832058787000　　　　金额单位：元（列至角分）

<table>
<tr><td colspan="3">纳税人名称</td><td colspan="3">甲企业</td><td colspan="4">税款所属期间</td><td colspan="8">2005年07月01日至2005年12月31日</td></tr>
<tr><td colspan="3">房产坐落地</td><td colspan="3">北京市西城区地安门大街</td><td colspan="4">建筑面积/m²</td><td colspan="2">10 000</td><td colspan="3">房产结构</td><td colspan="3">砖混</td></tr>
<tr><td rowspan="2">上期申报房产原值（评估值）</td><td rowspan="2">本期增减</td><td rowspan="2">本期实际房产原值</td><td colspan="3">其中</td><td rowspan="2">扣除率</td><td colspan="3">以房产余值计征房产税</td><td colspan="3">以租金收入计征房产税</td><td rowspan="2">全年应纳税额</td><td rowspan="2">缴纳次数</td><td colspan="3">本期</td></tr>
<tr><td>从价计税的房产原值</td><td>从租计税的房产原值</td><td>规定的免税房产原值</td><td>房产余值</td><td>适用税率</td><td>应纳税额</td><td>租金收入</td><td>适用税率</td><td>应纳税额</td><td>应纳税额</td><td>已纳税额</td><td>应补(退)税额</td></tr>
<tr><td>1</td><td>2</td><td>3=1+2</td><td>4=3－5－6</td><td>5=3－4－6</td><td>6</td><td>7</td><td>8=4－4×7</td><td>9</td><td>10=8×9</td><td>11</td><td>12</td><td>13=11×12</td><td>14=10+13</td><td>15</td><td>16=14÷15</td><td>17</td><td>18=16－17</td></tr>
<tr><td>40 000 000</td><td>0</td><td>40 000 000</td><td>40 000 000</td><td>0</td><td>0</td><td>30%</td><td>28 000 000</td><td>1.2%</td><td>336 000</td><td>0</td><td>0</td><td>0</td><td>336 000</td><td>2</td><td>168 000</td><td>0</td><td>168 000</td></tr>
<tr><td>0</td><td>0</td><td>0</td><td>-2 000 000</td><td>2 000 000</td><td>0</td><td>30%</td><td>-1 400 000</td><td>0.6%</td><td>-8 400</td><td>90 000</td><td>12%</td><td>10 800</td><td>2 400</td><td>1</td><td>2 400</td><td>0</td><td>2 400</td></tr>
<tr><td>0</td><td>5 000 000</td><td>5 000 000</td><td>5 000 000</td><td>0</td><td>0</td><td>30%</td><td>3 500 000</td><td>0.4%</td><td>14 000</td><td>0</td><td>0</td><td>0</td><td>14 000</td><td>1</td><td>14 000</td><td>0</td><td>14 000</td></tr>
<tr><td>合计</td><td>5 000 000</td><td>45 000 000</td><td>4 300 000</td><td>2 000 000</td><td>0</td><td>—</td><td>30 100 000</td><td>—</td><td>341 600</td><td>90 000</td><td>—</td><td>10 800</td><td>352 400</td><td>—</td><td>184 400</td><td>0</td><td>184 400</td></tr>
<tr><td colspan="6">如纳税人填报，由纳税人填写以下各栏</td><td colspan="8">如委托代理人填报，由代理人填写以下各栏</td><td colspan="4">备注</td></tr>
<tr><td colspan="3" rowspan="3">会计主管（签章）</td><td colspan="3" rowspan="3">纳税人（公章）</td><td colspan="2">代理人名称</td><td colspan="2"></td><td colspan="4" rowspan="2">代理人（公章）</td><td colspan="4" rowspan="3"></td></tr>
<tr><td colspan="2">代理人地址</td><td colspan="2"></td></tr>
<tr><td colspan="2">经办人</td><td colspan="2"></td><td colspan="2">电话</td><td colspan="2"></td></tr>
<tr><td colspan="18">以下由税务机关填写</td></tr>
<tr><td colspan="4">收到申报表日期</td><td colspan="4"></td><td colspan="2">接收人</td><td colspan="8"></td></tr>
</table>

*试一试7-5*　**依据下列业务计算填列该企业2007年度房产税纳税申报表**

A企业地处北京市东城区，纳税人识别号为11010984563597000，2007年度自有房产9套，其中6套房产用于经营生产，房产原值为7 000 000元，其中包括中央空调设备300 000元；3套房产租给某公司作经营用房，年租金收入100 000元。已知该地区规定房产原值一次扣除比例为30%。房产建筑面积1 000平方米。

# 课题二　城镇土地使用税纳税实务

## 项目一　解读城镇土地使用税基本法律规定

城镇土地使用税是以国有土地为征税对象，以实际占用的土地单位面积为计税标准，按规定税额对拥有土地使用权的单位和个人征收的一种税。它具有以下特点。

| 序号 | 城镇土地使用税特点 | 说　明 |
|---|---|---|
| 1 | 对占用或使用土地的行为征税 | 在我国，城镇土地所有权归国家，单位和个人对占用的土地只有使用权而无所有权。因此，现行的城镇土地使用税在实质上是对占用或使用土地的行为课税。属于准财产税，而非严格意义上的财产税 |
| 2 | 征税对象是国有土地 | 我国城镇的土地归国家所有，开征城镇土地使用税，实质上是将纳税人获取的本应属于国家的土地受益集中到国家手中。农村土地由于因属于集体所有，故未纳入纳税范围 |
| 3 | 征税范围广泛 | 城镇土地使用税对在我国境内使用土地的单位和个人征收，征税范围覆盖所有的城镇土地 |
| 4 | 实行差别幅度税额 | 对不同城镇适用不同税额，对同一城镇的不同地段，根据市政建设状况和经济繁荣程度确定不等的税收负担水平，以调节土地的级差收入 |

**【例7-6】** 城镇土地使用税以纳税人（　　）土地面积为计税依据。

A. 自用　　B. 拥有　　C. 实际占用　　D. 税务机关认定

**解析**　依据城镇土地使用税的计税依据，正确答案选择C。

*试一试7-6*　**依据城镇土地使用税特点作出正确选择**

城镇土地使用税是以城镇土地为征税对象，对拥有城镇土地（　　）的单位和个人征收的一种税。

A. 使用权　　B. 经营权　　C. 所有权

## 任务一 明确城镇土地使用税征税范围

城镇土地使用税的征税范围为城市、县城、建制镇和工矿区。城市、县城、建制镇和工矿区的具体征税范围由各省、自治区、直辖市人民政府划定。现说明如下。

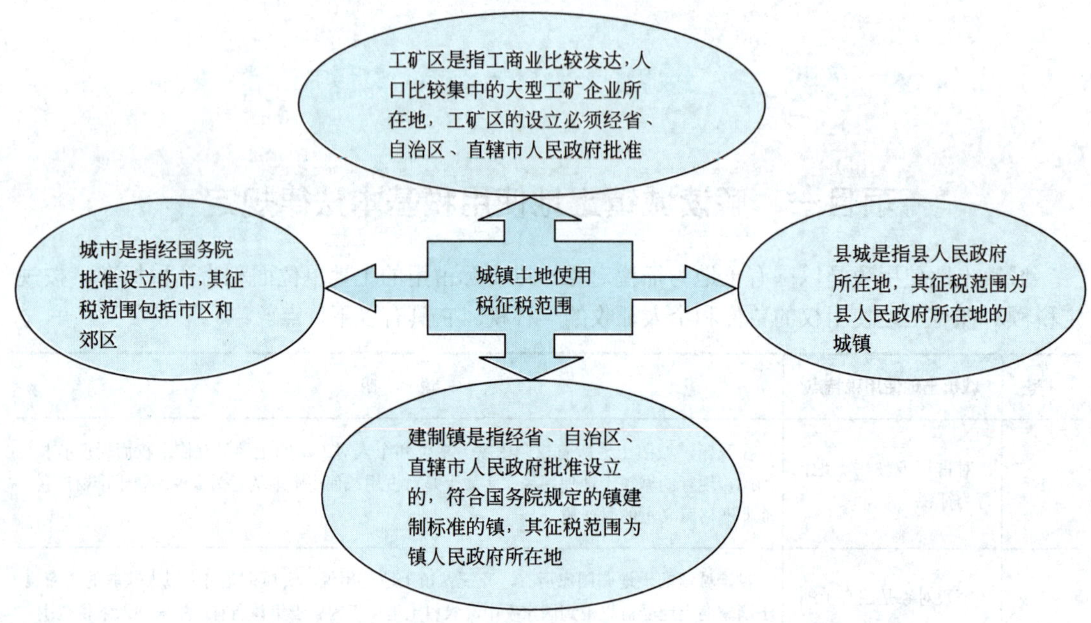


【例7-7】不属于城镇土地使用税开征地区的是（　　）。

A. 城市　　B. 县城　　C. 建制镇　　D. 农村

**解析**　依据城镇土地使用税的征税范围规定，正确答案选择D。

*试一试7-7* **依据城镇土地使用税征税范围作出正确选择**

下列个人用地应缴纳土使用税的有（　　）。

A. 在郊区的别墅及院落用地　　B. 个体修理店用地

C. 个人拥有并用于出租的门面用地　　D. 个人在城区居住的商品房用地

## 任务二　界定城镇土地使用税纳税人

凡在城市、县城、建制镇和工矿区范围内使用土地的单位和个人，为城镇土地使用税的纳税人。根据用地者的不同，具体规定如下。

城镇土地使用税纳税人类型：

- 城镇土地使用税由拥有土地使用权的单位和个人缴纳
- 土地使用权未确定或权属纠纷未解决的由实际使用人纳税
- 土地使用权共有的，由共有各方分别纳税
- 自2007年1月1日外商投资企业和外国企业纳入城镇土地使用税征税范围

## 任务三　领会城镇土地使用税减免

| 序号 | 城镇土地使用税减免项目 | 说　明 |
| --- | --- | --- |
| 1 | 国家机关、人民团体、军队自用的土地免征土地使用税 | “自用的土地”是指这些单位本身的办公用地和公务用地 |
| 2 | 由国家财政部门拨付事业经费的单位自用的土地免土地使用税 | 但不包括实行自收自支、自负盈亏的事业单位。企业办的学校、医院、托儿所、幼儿园，其他能与企业用地明确分开的，可比照此条免征土地使用税 |
| 3 | 宗教寺庙、公园、名胜古迹自用的土地 | 宗教寺庙自用的土地指举行宗教仪式等的用地和宗教人员使用的生活地。公园、名胜古迹自用的土地指供公共游览、参观用地及其管理单位的办公用地。公园、名胜古迹中附设的营业单位，如影剧院、饮食部、茶社、照相馆等使用的土地，应征收土地使用税 |
| 4 | 市政街道、广场、绿化地带等公共用地免税 | 非社会性的公共用地不能免税，如企业内的广场、绿化、道路等占用的土地 |
| 5 | 直接用于农、林、牧、渔业的生产用地免税 | 直接用于农、林、牧、渔业的生产用地免税，但农副产品加工厂占地和从事农、林、牧、渔业生产单位的生活、办公用地不包括在内 |
| 6 | 开山填海整治的土地 | 以开山填海整治的土地和改造的废弃的土地，从使用的月份起免缴土地使用税5～10年 |
| 7 | 由财政部另行规定免税的能源、交通、水利用地和其他用地免税 | 包括武警部队举办的专门为武警部门内部生产弹药、军需器材、部队装备的工厂用地；矿山企业的采矿场、排土场、炸药库安全区等的用地 |
| 8 | 老年服务机构自用的土地免税 | 老年服务机构是指专门为老年人提供生活照料、文化、护理、健身等多方面服务的福利性、非营利性的机构。主要包括：老年社会福利院、敬老院（养老院）、老年服务中心、老年公寓（含老年护理院、康复中心、托老所） |

续表

| 序号 | 城镇土地使用税减免项目 | 说　明 |
|---|---|---|
| 9 | 邮政部门占用土地免税情况 | 对邮政部门坐落的位于城市、县城、建制镇、工矿区范围内的土地，应当依法征收土地使用税；对坐落在城市、县城、建制镇、工矿区范围以外的尚在邮政局内核算的土地，在单位财务账中划分清楚的，从2001年1月1日起不再征收土地使用税 |
| 10 | 其他免税项目 | 个人所有的居住房用地，房产管理部门在房租调整改革前经租的居民住房用地、免税单位职工家属的宿舍用地，民政部门举办的安置残疾人占一定比例的福利工厂用地、集体和个人举办的各类学校、医院、托儿所、幼儿园用地等应免税，由省、自治区、直辖市税务局确定 |

【例7-8】下列占用土地行为应纳城镇土地使用税的是（　　）。

A. 国家机关自用的土地　　B. 公园自用的土地

C. 2006年外国企业占用的土地　　D. 企业内绿化占用的土地

**解析**　依据城镇土地使用税的优惠政策，正确答案选择D。

*试一试7-8*　**依据城镇土地使用税减免政策作出正确选择**

工商企业的下列土地免征土地使用税的有（　　）。

A. 职工宿舍用地　　B. 职工医院用地

C. 职工食堂用地　　D. 子弟学校用地

# 项目二　城镇土地使用税计算

## 任务一　正确应用城镇土地使用税单位税额

城镇土地使用税实行分级幅度税额。

省、自治区、直辖市人民政府应当在法定税额幅度内，根据市政建设状况、经济繁荣程度等条件确定所辖地区的适用税额。

经省、自治区、直辖市人民政府批准，经济落后地区的土地使用税适用税额可适当降低，但降低额不得超过规定的最低税额的30%。经济发达地区的土地使用税适用税额可适当提高，但须报财政部批准。

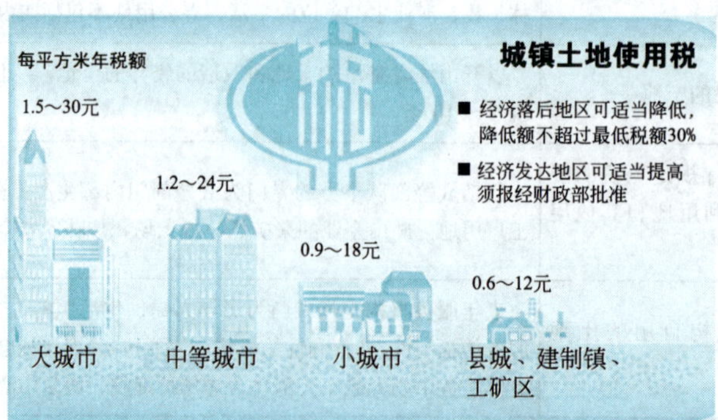

## 任务二 确定城镇土地使用税计税依据

城镇土地使用税以纳税人实际占用的土地面积为计税依据。

确定城镇土地用税计税依据的法律规定

- 城镇土地使用税以纳税人实际占用的土地面积为计税依据。纳税人实际占用的土地面积是指由省、自治区、直辖市人民政府确定的单位测定的土地面积
- 尚未组织测量但纳税人持有政府部门核发的土地使用证书的，以证书确认的土地面积为准
- 尚未核发土地使用证书的，根据实际面积纳税，待核发证书后再调整

## 任务三 计算城镇土地使用税应纳税额

城镇土地使用税应纳税额=应税土地的实际使用面积×适用单位税额

如果土地由几方共有，则共有各方按照各自实际使用的土地面积占总面积的比例，分别计算缴纳土地使用税。

**【例7-9】**某厂实际占用土地40 000平方米，其中企业自己办托儿所用地200平方米，企业自己办的医院占地2 000平方米。该厂位于中等城市，当地人民政府核定该企业的土地使用单位税额为9元/平方米。计算该厂年度应纳土地使用税税额。

**解析** 按照规定，企业自办的托儿所、医院占用的土地免税。

该厂年度应纳土地使用税税额=（40 000 － 2 000 － 200）×9＝340 200（元）

**【例7-10】**某西服厂和光明招待所共同使用一块面积为130 000平方米的土地，其中，西服厂使用78 000平方米，光明招待所用地面积为52 000平方米，西服厂和光明招待所位于30万人的城市，当地政府核定的单位税额为该级幅度最高额。西服厂和光明招待所各自缴纳多少土地使用税税额。

**解析** 按照规定，土地使用权共有的，应按土地使用权共有的各方实际使用的土地面积，分别计算土地使用税。西服厂占用的土地面积是总面积的60%，光明招待所占用的土地面积是总面积的40%。因而，西服厂和光明招待所应分别承担土地使用税的60%和40%。按照规定，人口在30万的城市是中等城市，中等城市的单位税额最高额为24元/平方米。则两单位承担的土地使用税税额如下。

西服厂应纳税额＝130 000×24×60%＝187 200（元）

光明招待所应纳税额＝130 000×24×40%＝124 800（元）

*试一试7-9* **依据下列业务计算该企业应纳土地使用税税额**

2007年某企业土地使用证上标明实际占用土地60 000平方米，厂区内厂医院占地1 000平方米，幼儿园占地500平方米，绿化占地200平方米。另有600平方米健身小公园向厂内外开放。该厂还将1 500平方米土地无偿提供给公安派出所使用。该厂所在地区城镇土地使用税年税额为2元/平方米。

# 项目三 城镇土地使用税纳税申报

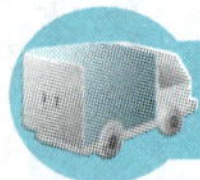

## 任务一 掌握城镇土地使用税纳税申报法律要求

要求一：城镇土地使用税的纳税义务发生时间

| 序 号 | 城镇土地使用税的纳税义务发生时间确定依据 |
|---|---|
| 1 | 购置新建商品房，自房屋交付使用之次月起计征城镇土地使用税 |
| 2 | 购置存量房，自办理房屋权属转移、变更登记手续，房地产权属登记机关签发房屋权属证书之次月起计征城镇土地使用税 |
| 3 | 出租、出借房产，自交付出租，出借房产之次月起计征城镇土地使用税 |
| 4 | 房地产开发企业自用、出租、出借本企业建造的商品房，自房屋使用或交付之次月起计征城镇土地使用税 |

要求二：城镇土地使用税纳税期限

城镇土地使用税按年计算，分期缴纳。缴纳期限由省、自治区、直辖市人民政府确定。各省、自治区、直辖市税务机关结合当地的情况，一般分别按月、季或半年等不同的期限缴纳。

要求三：城镇土地使用税纳税地点

城镇土地使用税由土地所在地的税务机关负责征收。纳税人使用的土地不属于同一市（县）管辖范围内的，由纳税人分别向土地所在地税务机关申报缴纳。在同一省（自治区、直辖市）管辖范围内的，纳税人跨地区使用的土地，由省、自治区、直辖市税务局确定纳税地点。

**【例7-11】**判断下面说法正误。

纳税人使用的土地不属于同一省管辖范围的，应由纳税人向纳税人总机构所在地纳税。（ ）

**解析** 上述论断错误，正确答案应由纳税人分别向土地所在地税务机关申报纳税。

**试一试7-10 依据城镇土地使用税法律规定作出正确选择**

下列关于城镇土地使用税的正确说法有（ ）。

A. 城镇土地使用税属于资源税　B. 城镇土地使用税为价内税

C. 城镇土地使用税纳税地点在土地所在地　D. 城镇土地使用税从管理费用中开支

## 任务二 计算填列城镇土地使用税纳税申报表

**【例7-12】**甲企业为企业法人，坐落于北京市朝阳区双井大街，其纳税识别号为110105178375902000，生产经营用地面积10 000平方米，其中幼儿园占地1 000平方米，厂区绿化占地2 000平方米，该土地为一级土地，城镇土地使用税的单位税额为每平方米7元。

2007年1月1日又受让面积5 000平方米的土地使用权，该土地为二级土地，城镇土地使用税的单位税额为每平方米5元。企业按年计算、按半年预缴城镇土地使用税。

**要求**：计算填列2007年7月至12月的城镇土地使用税纳税申报表。

**解析**　该企业计算填列城镇土地使用税纳税申报表（见表7-2）如下。

甲企业所使用的土地10 000平方米中，幼儿园占地1 000平方米可免税，但厂区绿化占地不免税。

应纳城镇土地使用税额 = 实际占用的土地面积 × 适用税额

= (10 000 − 1 000) × 7 ÷ 2 + 5 000 × 5 ÷ 2 = 44 000（元）

**表7-2　城镇土地使用税纳税申报表**

填表日期：2005年12月31日

纳税人识别号：110105178375902000　　　金额单位：元（列至角分）　　　土地单位：平方米

| 纳税人名称 | 甲企业 | 税款所属期 | 2007年7月01日至2007年12月31日 |
|---|---|---|---|
| 房产坐落地点 | 北京市朝阳区双井大街 | | |

| 坐落地点 | 上期占地面积 | 本期增减 | 本期实际占地面积 | 法定免税面积 | 应税面积 | 土地等级 | | 适用税率 | | 今年应缴税额 | 缴纳次数 | 本期 | | |
|---|---|---|---|---|---|---|---|---|---|---|---|---|---|---|
| | | | | | | I | II | I | II | | | 应纳税额 | 已纳税额 | 应补（退）税额 |
| 1 | 2 | 3 | 4＝2+3 | 5 | 6＝4－5 | 7 | 8 | 9 | 10 | 11＝6×9或10 | 12 | 13＝11÷12 | 14 | 15＝13－14 |
| 朝阳 | 10 000 | | 10 000 | 1 000 | 9 000 | | | 7 | | 63 000.00 | 2 | 31 500.00 | 0.00 | 31 500.00 |
| 朝阳 | | 5 000 | | | | | | | 5 | 25 000.00 | 2 | 12 500.00 | 0.00 | 12 500.00 |
| | | | | | | | | | | | | | | |
| | | | | | | | | | | | | | | |
| | | | | | | | | | | | | | | |
| | | | | | | | | | | | | | | |
| 合计 | 10 000 | 5 000 | 15 000 | 1 000 | 14 000 | — | — | — | — | 88 000.00 | 2 | 44 000.00 | 0.00 | 44 000.00 |

| 如纳税人填报，由纳税人填写以下各栏 | | 如委托代理人填报，由代理人填写以下各栏 | | | | 备注 |
|---|---|---|---|---|---|---|
| 会计主管（签章） | 纳税人（公章） | 代理人名称 | | 代理人（公章） | | |
| | | 代理人地址 | | | | |
| | | 经办人 | | 电话 | | |

| 以下由税务机关填写 | | | |
|---|---|---|---|
| 收到申报表日期 | | 接收人 | |

**填表说明**

1. 本表适用于中国境内城镇土地使用税纳税人填报。
2. 纳税人识别号是纳税人在办理税务登记证时由主管税务机关确定的税务登记号码填列。
3. 坐落地点：土地管理部门已核发土地证的，应根据土地证填写。
4. 土地等级按照纳税人占用的土地所在地、县、市人民政府划分的土地等级填写。
5. 本期增减，增加用蓝笔填写，减少用红笔填写。
6. 本期实际占用土地面积 = 上期占地面积 + 本期增减数。
7. 本表一式三联，第一联纳税人保存，第二联由主管税务机关留存，第三联税务机关做税收会计原始凭证。

试一试7-11 **计算填列A企业2007年1月至6月的城镇土地使用税纳税申报表**

A企业坐落于北京市海淀区，其纳税人识别号为110108124343657000，生产经营用地面积12 000平方米，其厂区绿化占地2 000平方米，该土地为一级土地，城镇土地使用税的单位税额为每平方米7元。2006年1月1日又受让面积6 500平方米的土地使用权，该土地为一级土地，城镇土地使用税的单位税额为每平方米7元。

## 课题三　契税纳税实务

### 项目一　解读契税基本法律规定

契税是因房屋买卖、典当、赠与或交换而发生产权转移时，依据当事人双方订立的契约，由承受人缴纳的一种税。具体分为买契税、典契税、赠与契税三种。与其他税种相比契税有以下两个突出特点。

| 序　号 | 契税特点 | 说　明 |
| --- | --- | --- |
| 1 | 契税属于财产转移税 | 契税以发生转移的不动产为征税对象，具有财产转移课税性质。土地、房屋产权未发生转移的，不征收契税 |
| 2 | 契税由财产承受人缴纳 | 一般税种都确定销售者为纳税人，即卖方税。契税则由承受人缴纳，属买方税。其目的在于承认不动产转移生效，承受人纳税后，便可拥有转移过来的不动产的产权或使用权，法律保护其合法权益 |

【例7-13】某房地产公司向公民收取预购房屋定金100万元，应纳（　　）。

A. 营业税　　B. 土地增值税　　C. 契税　　D. 城建税

**解析**　A、B、D均应是销售者缴纳的税种，而契税是由购买者缴纳的。正确答案选择C。

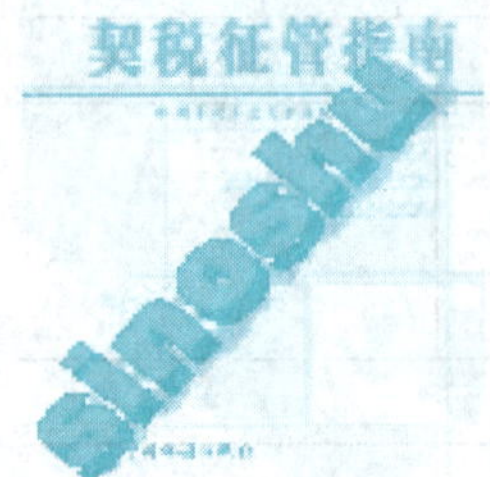


试一试7-12 **下列属于契税纳税人的是（　　）。**

A. 购买花园别墅的用户
B. 销售别墅的房地产公司
C. 出让土地使用权的国土资源管理局
D. 承受土地、房屋用于医疗、科研的医院

#### 任务一　界定契税纳税人

在我国境内转移土地、房屋权属，承受的单位和个人为该税的纳税人。所谓“土地、房屋权属”是指土地使用权和房产所有权。包括外商投资企业、外国企业和外籍个人。

【例7-14】判断下面说法的正误。

契税采用一次征收办法，普遍适用于内、外资企业和中国公民以及外籍人员。（ ）

**解析** 依据契税纳税人规定，上述论断正确。

*试一试7-13* **依据契税纳税人法律规定作出正确选择**

下列属于契税纳税人的有（ ）。

A. 出让土地使用权的镇政府

B. 承受土地、房屋用于教学、操场建设的学校

C. 将土地使用权转让的某房地产公司

D. 购买花园别墅的某港商

## 任务二 确定契税征税范围

案例讨论7-3 城镇职工按规定第一次购买公有住房是否缴纳契税？

契税的征税范围为发生土地使用权和房屋所有权权属转移的土地和房屋。其具体征税范围如下。

| 序 号 | 契税征税范围 | 说 明 |
|---|---|---|
| 1 | 国有土地使用权出让 | 土地使用者向国家交付土地使用权出让费，国家将土地使用权在一定年限内让与土地使用者的行为，应由承受人缴纳，出让人不用纳税 |
| 2 | 土地使用权转让 | 土地使用权转让包括出售、赠与和交换，但不包括农村集体土地承包经营权的转移 |
| 3 | 房屋买卖 | 以房产抵债或实物交换，由产权承受人按房屋现值缴纳契税 |
| | | 以房产作投资或股权转让，由产权承受方按买价乘以契税税率缴纳契税 |
| | | 买房拆料或翻建新房 |
| 4 | 房屋赠与 | 房屋赠与是指房屋产权所有人将房屋无偿转让给他人所有。受赠人应按规定缴纳契税。以获奖方式取得房屋产权的，其实质是接受赠与房产，应照章纳税 |
| 5 | 房屋使用权交换 | 房屋使用权交换，交换价值相等的不征收契税；房屋所有权交换，双方交换价值相等的免纳契税，其价值不等的，按超出部分由支付差价方纳税 |

## 任务三 掌握企业改革中有关契税政策

| 序 号 | 企业改革 | 企业改革中有关契税政策 |
|---|---|---|
| 1 | 公司制改革 | 非公司制企业改组为有限责任公司或股份有限公司时，对不改变投资主体和出资比例改建成的企业承受原企业土地、房屋权属的，不征契税；对独家发起，募集设立的股份有限公司承受发起人土地、房屋权属的，免征契税；对国有、集体企业经批准改建成全体职工持股的有限责任公司或股份有限公司承受原企业土地、房屋权属的，免征契税；对其余涉及土地、房屋权属转移的，征收契税 |

续表

| 序　号 | 企业改革 | 企业改革中有关契税政策 |
|---|---|---|
| 2 | 企业合并 | 企业合并中，新设方或者存续方承受被解散方土地、房屋权属，如合并前各方为相同投资主体的，则不征契税，其余征收契税 |
| 3 | 企业分立 | 企业分立中，对派生方、新设方承受原企业土地、房屋权属的，不征契税 |
| 4 | 股权重组 | 股权重组包括股权转让和增资扩股两种形式。在股权转让中，单位、个人承受企业股权，企业的土地、房屋权属不属于转移、不征契税；在增资扩股中，对以土地、房屋权属作价入股或作为出资投入企业的，征收契税 |
| 5 | 企业破产 | 企业破产清算期间，对债权人（包括破产企业职工）承受破产企业土地、房屋权属以抵偿债务的，免征契税；对非债权人承受破产企业土地、房屋权属的，征收契税 |

# 项目二　契税计算

## 任务一　确定契税计税依据

计税依据：

- 成交价格：国有土地使用权出让、土地使用权出售、房屋买卖，为成交价格
- 核定价格：土地使用权赠与、房屋赠与，由征收机关参照土地使用权出售、房屋买卖的市场价格核定。成交价格明显低于市场价格并且无正当理由的，或者所交换土地使用权、房屋的价格的差额明显不合理并且无正当理由的，征收机关将参照市场价格核定
- 价格差额：土地使用权交换、房屋交换，为所交换的土地使用权、房屋价格的差额

**【例7-15】**为土地使用交换、房屋交换的行为缴纳契税时，其计税依据应为（　　）。

A. 成交价　　B. 货币结算金额

C. 交换价格差额　　D. 征收机关核定的价格

**解析**　依据契税计税依据的法律规定，正确答案选择C。

*试一试7-14*　**依据契税计税依据规定作出正确选择**

某学校张老师购买一套商品房，价格为60万元，因一次性付款，售房单位给予1万元的优惠，同时按当地政策规定，对教师按正常售价优惠5%，当地契税税率4%，张老师买房应交契税的计税依据是（　　）。

A. 56万元　　B. 57万元　　C. 59万元　　D. 60万元

## 任务二　正确应用契税税率

契税实行幅度比例税率，契税税率为3%～5%，具体执行税率由省、自治区、直辖市人民政府在规定的幅度内根据本地区的实际情况确定。

## 任务三　计算契税应纳税额

契税应纳税额=计税依据×税率

应纳税额以人民币计算。转移土地、房屋权属以外汇结算的，按照纳税义务发生之日中国人民银行公布的人民币市场汇率中间价折成人民币结算。

**【例7-16】** 某城镇一职工于2007年参加房改，按国家规定面积和标准首次购买公有住房，支付购房款39 000元。同年因其技术贡献获奖励商品房一套，价值250 000元，该 职工将其借给好友居住。2个月后，好友刘某以240 000元价格将该房购下。契税率为4%。请分析职工和其好友如何缴纳契税？

**解析**　两人均为纳税人，但一个是获奖人，一个是购买人，计税价格不等。计算过程如下。

（1）该职工参加房改按国家规定面积和标准首次购买公有住房，免税。

（2）获奖房屋应纳契税＝250 000×4%＝10 000（元）

（3）好友应纳契税＝240 000×4%＝9 600（元）

*试一试7-15*　**依据契税计算规定作出正确选择**

甲乙两单位互换经营性用房，甲换入的房屋价格为490万元，乙换入的房屋价格为600万元，当地契税税率为3%，则契税应如何缴纳（　　）。

A. 甲交14.7万元　　B. 甲交3.3万元　　C. 乙交18万元　　D. 乙交3.3万元

# 项目三　契税纳税申报

## 任务一　掌握契税申报的相关规定

| 序号 | 契税申报与缴纳的相关规定 | 说　明 |
|---|---|---|
| 1 | 纳税义务发生时间 | 契税的纳税义务发生时间，为纳税人签订土地、房屋权属转移合同的当天，或者纳税人取得其他具有土地、房屋权属转移合同性质凭证的当天 |
| 2 | 纳税期限 | 纳税人应当自纳税义务发生之日起10日内，向土地、房屋所在地的契税征收机关办理纳税申报，并在契税征收机关核定的期限内缴纳税款 |

续表

| 序号 | 契税申报与缴纳的相关规定 | 说　明 |
|---|---|---|
| 3 | 申报与缴纳手续 | 纳税人办理纳税事宜后，契税征收机关应当向纳税人开具契税完税凭证。纳税人应当持契税完税凭证和其他规定的文件材料，依法向土地管理部门、房产管理部门办理有关土地、房屋的权属变更登记手续。纳税人未出具契税完税凭证，土地管理部门、房产管理部门不予办理有关土地、房屋的权属变更手续 |

## 任务二　计算填列契税纳税申报表

**【例7-17】**居民郑伟有一套80平方米砖混结构的商品房，地处北京海淀区阜成路5号，于2007年03月28日出售给王丰，成交价500 000元。

**【要求】**计算填列契税纳税申报表。

**解析**　王丰计算填列契税纳税申报表（见表7-3）如下。

**表7-3　契税纳税申报表**

填表日期：2007年04月06日　　金额单位：元　　面积单位：平方米

| 承受方 | 名称 | 王丰 | 识别号 | 110102197904060394 |
|---|---|---|---|---|
| | 地址 | 北京西城区月坛北路 | 联系电话 | 68376580 |
| 转让方 | 名称 | 郑伟 | 识别号 | 110102197809210864 |
| | 地址 | 北京方庄芳心园小区 | 联系电话 | 84938203 |
| 土地、房屋权属转移 | 合同签订时间 | 2006年3月28日 | | |
| | 土地、房屋地址 | 北京海淀区阜成路5号 | | |
| | 权属转移类别 | 买卖 | | |
| | 权属转移面积 | 80平方米 | | |
| | 成交价格 | 500 000.00元 | | |
| 适用税率 | 3 % | | | |
| 计征税额 | 15 000.00元 | | | |
| 减免税额 | 7 500.00元 | | | |
| 应纳税额 | 7 500.00元 | | | |
| 纳税人员（签章） | | 经办人员（签章） | | |
| 以下部分由征收机关负责填写 | | | | |
| 征收机关收到日期 | | 接收人 | | 审核日期 |
| 审核记录 | | | | |
| 审核人员（签章） | | 征收机关（签章） | | |

**填 表 说 明**

1.本表依据《中华人民共和国税收征收管理法》、《中华人民共和国契税暂行条例》设计制定。

2.本表适用于在中国境内承受土地、房屋权属的单位和个人。纳税人应当在签订土地、房屋权属转移合同或者取得其他具有土地、房屋权属转移合同性质凭证后10日内，向土地、房屋所在地契税征收机关填报契税纳税申报表，申报纳税。

3. 本表各栏的填写说明如下。

（1）承受方及转让方名称：承受方、转让方是单位的，应按人事部门批准或者工商部门注册登记的全称填写；承受方、转让方是个人的，则填写本人姓名。

（2）承受方、转让方识别号：承受方、转让方是单位的，填写税务登记号；没有税务登记号的，填写组织机构代码。承受方、转让方是个人的，填写个人身份证号或护照号。

（3）合同签订时间：指承受方签订土地、房屋转移合同的当日，或其取得其他具有土地、房屋权属转移合同性质凭证的当日。

（4）权属转移类别：（土地）出让、买卖、赠与、交换、作价入股等行为。

（5）成交价格：土地、房屋转移合同确定的价格（包括承受方应支付的货币、实物、无形资产或者其他经济利益，折算成人民币金额）填写。计税价格，是指由征收机关按照《中华人民共和国契税暂行条例》第4条确定的成交价格、差价或者核定价格。

（6）适用税率：1997年10月1日后发生的土地、房屋转移行为均按3 %税率填列计算；1997年10月1日以前发生的应税未税的房屋转移行为，买卖、赠与、交换按3 %税率，典当按3 %税率填列计算；1998年8月1日后个人购买自用的普通住宅暂减按1.5 %税率填列计算。

（7）计征税额＝计税价格×税率，应纳税额 ＝ 计征税额－减免税额。

（8）本表一式两份，第一联为纳税人保存；第二联由主管征收机关留存。

**试一试7-16 依据下列业务计算填列契税纳税申报表**

居民甲于2007年4月6日从乙房地产开发公司购买一套87平方米砖混结构的两居室商品房，市场价为740 000元，该房产地处北京市海淀区花园路5号。

# 课题四 车辆购置税纳税实务

## 项目一 解读车辆购置税基本法律规定

车辆购置税是以在中国境内购置规定的车辆为课税对象，在特定的环节向车辆购置者征收的一种税。其收入作为中央财政收入，就其性质而言属于直接税的范畴。车辆购置税有以下四个特点：

车辆购置税特点

|  |  |
| --- | --- |
| 征收范围单一 | 以购买的特定车辆为课税对象，范围窄，是一种特定的财产税 |
| 征收环节单一 | 车辆购置税在消费领域的特定购买环节实行一次性征收 |
| 征税具有特定目的 | 车辆购置税为中央税，它取之于应税车辆，用之于交通建设，其征税具有专门用途 |
| 价外征收，不转嫁税负 | 征收车辆购置税的商品价格中不含车辆购置税税额，且税款的缴纳者即为最终的税收负担者，税负没有转嫁性 |

## 任务一 明确车辆购置税征税范围

车辆购置税的征税范围包括汽车、摩托车、电车、挂车、农用运输车。具体征税范围规定如下。

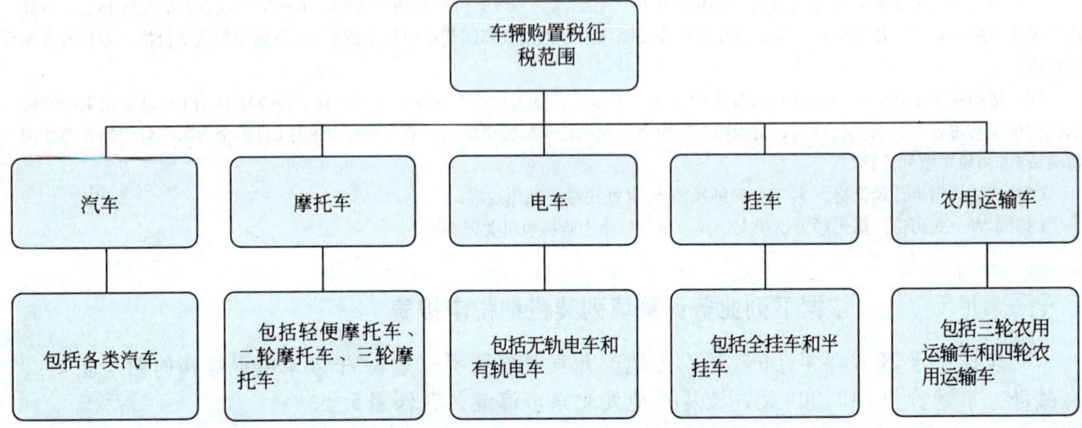


车辆购置税征税范围的调整，由国务院决定，其他任何部门、单位和个人只能认真执行政策规定，无权擅自扩大或缩小车辆购置税的征税范围。

## 任务二 判别车辆购置税纳税人

在中国境内购买车辆的单位和个人，均为车辆购置税的纳税人。具体包括六类应税行为和纳税人（见表7-4）。

表7-4 车辆购置税的应税行为和纳税人

| 序号 | 车辆购置税的应税行为和纳税人 |
|---|---|
| 1 | 购买使用行为。包括购买使用国产应税车辆和购买使用进口应税车辆。当纳税人购置车辆时，就发生了应税行为，就要依法纳税 |
| 2 | 进口使用行为。是直接进口使用应税车辆的行为 |
| 3 | 受赠使用行为。受赠是指接受他人馈赠。对馈赠人而言，在财产所有权转移后，应税行为一同转移，不再是纳税人；而作为受赠人在接受使用（包括接受免税车辆）后，就发生了应税行为，就要承担纳税义务 |
| 4 | 自产自用行为。纳税人将自产的应税车辆作为最终消费品用于自己消费使用，其消费行为构成了应税行为 |
| 5 | 获奖包括从各种奖励中取得并使用应税车辆的行为 |
| 6 | 其他使用行为。指除上述5种方式外取得并使用应税车辆的行为。如拍卖、抵债、走私、罚没等方式取得并自用的应税车辆 |

案例讨论 7-4　我国车辆购置税的纳税义务人只包括中国单位和居民，不含外国企业和外国公民，此论断正确吗？

## 任务三　领会车辆购置税减免政策

| 序号 | 车辆购置税减免政策 |
|---|---|
| 1 | 外国驻华使馆、领事馆和国际组织驻华机构及其外交人员自用的车辆免税 |
| 2 | 中国人民解放军和中国人民武装警察部队列入军队武器装备订货计划的车辆免税 |
| 3 | 设有固定装置的非运输车辆免税。设有固定装置的非运输车辆是指：挖掘机、平地机、叉车、装载车（铲车）、起重机（吊车）、推土机等工程机械 |
| 4 | 防汛部门和森林消防等部门购置的由指定厂家生产的指定型号的用于指挥、检查、调度、防汛（警）、联络的专用车辆免税 |
| 5 | 回国服务的在外留学人员购买的一辆个人自用国产小汽车免税 |
| 6 | 长期来华定居专家进口一辆个人自用小汽车免税 |
| 7 | 有国务院规定予以免税或者减税的其他情形的，按照规定免税、减税 |

免税、减税车辆在转让、改变用途等情况下，如果不再属于免税、减税范围的，应当在办理车辆过户手续前或者办理车辆登记注册前缴纳车辆购置税。

**【例 7-18】** 下列车辆不征收车辆购置税的是（　　）

A. 公共汽车　　B. 农用拖拉机

C. 军队装备用车　　D. 国家机关用车

**解析**　“军队装备用车”属于免税范围。正确答案选择C。

试一试 7-17　**依据车辆购置税减免政策作出正确选择**

下列属于车辆购置税征税范围的车辆有（　　）。

A. 农用运输车　　B. 进口自用车

C. 受赠自用车　　D. 获奖自用车

# 项目二　车辆购置税计算

## 任务一　掌握车辆购置税税率

车辆购置税实行单一比例税率，即10%。税率的调整，由国务院决定并公布。

## 任务二　确定车辆购置税计税依据

计算应纳税额的关键是确定计税价格，根据纳税人购置车辆情况的不同，计税依据分别确定如下。

（1）纳税人购买自用应税车辆的，为纳税人购买应税车辆而支付给销售者的全部价款和价外费用，但不包括增值税税款。

这里的“购买自用应税车辆”，包括公民自用的国产应税车辆和公民自用的进口车辆。

“价外费用”指销售方价外向公民方收取的手续费、基金、违约金、包装费、运输费、保管费、代收款项、代垫款项和其他各种性质的价外收费。但不包括增值税税款。

当纳税人购车发票的价格未扣除增值税税款，或不能开具机动车辆销售统一发票（或开具其他普通票据）而发生价格与增值税税款合并收取的，在确定车辆购置税计税依据时，应将其换算为不含增值税的销售价格。其换算公式为：

计税价格＝含增值税的销售价格÷（1＋17%）

**【例7-19】**张某2007年11月8日从上海大众汽车有限公司购买一辆桑塔纳轿车供自己使用，支付含增值税价格款为106 000元，另支付代收临时牌照费150元，代收保险费352元，支付购买工具和零配件价款2 035元，车辆装饰费250元。支付的各项价费款均由上海大众汽车有限公司开具“机动车销售统一发票”和有关票据。计算张某的应纳税额。

**解析**　① 购买者随购买车辆支付的工具件和零部件价款应作为购买车价款的一部分，并入计税价格中缴付车辆购置税。

② 支付的车辆装饰费，应作为价外费用并入计税价格中。

③ 代收款项应区别征税。凡使用代收单位（受托方）票据收取的款项，应视作代收单位价外收取购买者支付的价费款，应并入计税价格中。

④ 销售单位开给购买者的各种发票金额中包含增值税税款，应换算为不含增值税的计税价格。

计税价格＝（106 000＋150＋352＋2 035＋250）÷（1＋17%）＝92 980.34（元）

（2）纳税人进口自用应税车辆的以组成计税价格为计税依据，计税价格的计算公式为：

计税价格＝关税完税价格＋关税＋消费税

这里的“进口自用应税车辆”是指纳税人直接从境外进口或委托代理进口自用的应税车辆，即以非贸易方式进口自用的应税车辆。

（3）纳税人自产、受赠、获奖和其他方式取得并自用的应税车辆的计税价格，由主管税务机关参照国家税务总局规定的最低计税价格核定。

（4）以最低计税价格为计税依据的确定。

现行政策规定“纳税人购买自用或进口自用应税车辆，申报的计税价格低于应税车辆最低计税价格又无正当理由的，税务机关有权按照最低计税价格对纳税人征收车辆购置税”。

根据纳税人购置应税车辆的不同情况，国家税务总局对以下几种特殊情形应税车辆的最低计税价格规定如下。

① 已缴纳车辆购置税并办理了登记注册手续的车辆，其底盘发生更换的（包括单一更换底盘，或底盘与发动机特殊更换），其最低计税价格按同类型新车最低价格的70%计算。

② 免税、减税条件消失的车辆，其最低计税价格的确定方法为：

最低计税价格＝同类型新车最低计税价格×[1－（已使用年限÷规定使用年限）]×100%

其中，规定使用年限为：国产车辆按10年计算，进口车辆按15年计算。超过使用年限的车辆，不再征收车辆购置税。

**【例7-20】** 某部队在更新武器装备过程中，将设有雷达装置的东风EQ5092TLD雷达车进行更换，该车使用年限为10年，已使用4年，属列入部队武器装备计划的免税车辆，部队更换车辆时将雷达装置拆除，并将其改制为后勤车，由于只改变车厢及某些零部件，经审核，改装后该车的性能技术数据与东风EQ1092.F2002型5吨汽车的性能技术数据相近。东风EQ1092.F2002型5吨汽车核定的最低计税价格为56 000元。计算该车的应纳税额。

**解析**　减免税车辆改变用途和性能的，应按同类型应税车辆最低计税价格的一定比例确定计税价格征税。

应纳税额＝同类型新车最低计税价格×[1－（已使用年限÷规定使用年限）]×100%×10%＝56 000×[1－（4÷10）]×100%×10%＝3 360（元）

③ 非贸易渠道进口车辆的最低计税价格，为同类型车最低计税价格。

*试一试7-18*　**依据车辆购置税计税价格作出正确判断**

1. 纳税人购买自用应税车辆计税价格，为纳税人购买应税车辆而支付给销售者的全部价款和价外费用，包括增值税税款。

2. 已缴纳车辆购置税并办理了登记注册手续的车辆，其底盘发生更换的（包括单一更换底盘，或底盘与发动机特殊更换），其最低计税价格按同类型新车最低价格的50%计算。

## 任务三　计算车辆购置税应纳税额

车辆购置税应纳税额＝计税价格×税率

**【例7-21】** 某市外贸公司某月进口应税小轿车50辆，海关核定的关税完税价格150 000元，其中2辆自用，其余全部销售，开具增值税专用发票注明销售额160 000元。关税税率15%，消费税税率为10%。请计算该外贸公司应纳的各项税收。

**解析**　纳税人进口自用的应税车辆，应按组成计税价格计算应纳税额。

应纳进口关税＝150 000×50×15%＝1 125 000（元）

应纳进口增值税＝150 000×(1＋15%)÷(1－10%)×17%×50＝1 629 166.67（元）

应纳进口消费税＝150 000×(1＋15%)÷(1－10%)×10%×50＝958 333.33（元）

应纳车辆购置税＝150 000×(1＋15%)÷(1－10%)×10%×2＝38 333.33（元）

应纳城建税＝(1 629 166.67＋958 333.33)×7%=2 587 500×7%＝181 125（元）

应纳教育费附加＝(1 629 166.67＋958 333.33)×3%＝2 587 500×3%＝77 625（元）

*试一试7-19*　**计算李某应纳车辆购置税税额**

李某在某公司举办的有奖销售活动中，获奖一辆昌河CH6328型微型汽车，举办公司开具的销售发票金额为68 700元。李某申报纳税时，经主管税务机关审核，国家税务总局规定的该车型的最低计税价格为73 500元。其应纳税额为多少？

# 项目三 车辆购置税纳税申报

## 任务一 掌握车辆购置税纳税申报的相关规定

| 序号 | 与申报相关的项目 | 说明 |
|---|---|---|
| 1 | 申报制度 | 车辆购置税实行一车一申报制度 |
| 2 | 申报对象 | 中华人民共和国境内购置应税车辆的单位和个人 |
| 3 | 申报方式 | 目前采用的车辆购置税申报方式为直接上门申报 |
| 4 | 纳税期限 | 纳税人购买的应税车辆应当自购买之日起60日内申报纳税；进口自用车辆的，应当自进口之日起60日内申报纳税；自产、受赠、获奖和以其他方式取得并自用车辆的，在投入使用前60日内申报纳税 |
| 5 | 车辆购置税纳税环节 | 纳税人应当在向车辆管理机关办理车辆登记注册手续前缴纳车辆购置税。即车辆购置税是在应税车辆上牌注册登记前征收。车辆购置税选择单一环节，实行一次课征制，即购置已征车辆购置税的车辆不再征税。但减税、免税条件消失的车辆，仍应按规定缴纳车辆购置税 |
| 6 | 车辆购置税纳税地点 | 纳税人购置应税车辆，应在车辆注册登记地申报缴纳车辆购置税；购置不需车辆注册登记手续的应税车辆如机场的专用车辆、矿山专用车辆等，应在纳税人所在地申报缴纳车辆购置税 |

## 任务二 熟悉纳税申报应报送的资料

**案例讨论7-5** 纳税人到公安机关车辆管理机关办理车辆登记注册手续时，必须持有主管税务机关出具的完税证明或者免税证明，否则公安机关不得办理车辆登记手续。此论断正确吗？

纳税申报报送资料清单

- 车主身份证明：内地居民提供内地《居民身份证》（含居住、暂住证明）或居民户口簿或军人（含武警）身份证明；香港、澳门特别行政区、台湾地区居民及外国人提供其出入境的身份证明和居留证明；组织机构提供组织机构代码证
- 车辆价格证明：境内购置车辆提供机动车销售统一发票（发票联和报税联）或有效凭证（拍卖、二手车交易、海关罚没等）；进口自用车辆提供《海关关税专用缴款书》、《海关代征消费税专用缴款书》或海关《征免税证明》
- 车辆合格证明：国产车辆提供整车出厂合格证明、进口车辆提供《中华人民共和国出入境检验检疫进口机动车辆随车检验单》
- 税务机关要求提供的其他资料：填写好的《车辆购置税纳税申报表》；享受免（减）税车辆的纳税人也应办理车辆购置税纳税申报。应纳税车辆底盘（车架）发生更换或免税条件消失，纳税人应重新办理纳税申报

## 任务三　掌握车辆购置税办理程序

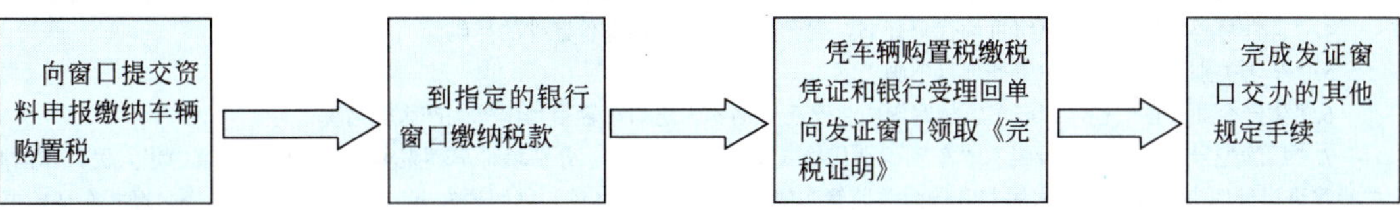

## 任务四　计算填列车辆购置税纳税申报表

表7-5为车辆购置税纳税申报表。

**表7-5　车辆行业代码：购置税纳税申报表**

填表日期：　　年　月　日　纳税人名称：　　　　行业代码：　　　　注册类型代码：　　　　金额单位：元

<table>
<tr><td>纳税人证件名称</td><td colspan="2"></td><td>证件号码</td><td></td></tr>
<tr><td>联系电话</td><td></td><td>邮政编码</td><td>地址</td><td></td></tr>
<tr><td colspan="5">车辆基本情况</td></tr>
<tr><td>车辆类别</td><td colspan="4">1.汽车；2.摩托车；3.电车；4.挂车；5.农用运输车</td></tr>
<tr><td>生产企业名称</td><td colspan="2"></td><td>机动车销售统一发票（或有效凭证）价格</td><td></td></tr>
<tr><td>厂牌型号</td><td colspan="2"></td><td>关税完税价格</td><td></td></tr>
<tr><td>发动机号码</td><td colspan="2"></td><td>关税</td><td></td></tr>
<tr><td>车辆识别代号（车架号码）</td><td colspan="2"></td><td>消费税</td><td></td></tr>
<tr><td>购置日期</td><td colspan="2"></td><td>免（减）税条件</td><td></td></tr>
<tr><td>申报计税价格</td><td>计税价格</td><td>税率</td><td>免税、减税额</td><td>应纳税额</td></tr>
<tr><td>1</td><td>2</td><td>3</td><td>4=2×3</td><td>5=1×3或2×3</td></tr>
<tr><td></td><td></td><td>10%</td><td></td><td></td></tr>
<tr><td></td><td></td><td></td><td></td><td></td></tr>
<tr><td colspan="3">申报人声明</td><td colspan="2">授权声明</td></tr>
<tr><td colspan="3">此纳税申报表是根据《中华人民共和国车辆购置税暂行条例》的规定填报的，我相信它是真实的、可靠的、完整的。<br>声明人签字：</td><td colspan="2">如果你已委托代理人申报，请填写以下资料：<br>为代理一切税务事宜，现授权（　），地址（　）为本纳税人的代理申报人，任何与本申报表有关的往来文件，都可寄予此人。<br>授权人签字：</td></tr>
<tr><td rowspan="5">纳税人签名或盖章</td><td colspan="4">如委托代理人的，代理人应填写以下各栏</td></tr>
<tr><td>代理人名称</td><td colspan="2"></td><td rowspan="4">代理人（章）</td></tr>
<tr><td>地址</td><td colspan="2"></td></tr>
<tr><td>经办人</td><td colspan="2"></td></tr>
<tr><td>电话</td><td colspan="2"></td></tr>
<tr><td>接收人：</td><td colspan="2">接收日期：</td><td colspan="2">主管税务机关（章）：</td></tr>
</table>

填表说明

1. 本表由车辆购置税纳税人（或代理人）在办理纳税申报时填写。

2.“纳税人名称”栏，填写车主名称。

3.“纳税人证件名称”栏，单位车辆填写组织机构代码证书；个人车辆填写居民身份证或其他身份证明名称。

4.“证件号码”栏，填写组织机构代码证书、居民身份证及其他身份证件的号码。

5.“车辆类别”栏，在表中所列项目中画“√”。

6.“生产企业名称”栏，国产车辆填写国内生产企业名称，进口车辆填写国外生产企业名称。

7.“厂牌型号”、“发动机号码”、“车辆识别代号（车架号码）”栏，分别填写车辆整车出厂合格证或《中华人民共和国海关货物进口证明书》或《中华人民共和国海关监管车辆进（出）境领（销）牌照通知书》或《没收走私汽车、摩托车证明书》中注明的产品型号、车辆识别代号（VIN，车架号码）。

8.“购置日期”栏，填写机动车销售统一发票（或有效凭证）上注明的日期。

9.“机动车销售统一发票（或有效凭证）价格”栏，填写机动车销售统一发票（或有效凭证）上注明的价费合计金额。

10.“免（减）税条件”栏，按下列项目选择字母填写。

A. 外国驻华使馆、领事馆和国际组织驻华机构及其外交人员自用的车辆；B. 中国人民解放军和中国人民武装警察部队列入军队武器装备订货计划的车辆；C. 设有固定装置的非运输车辆；D. 在外留学人员（含中国港、澳）回国服务的，购买的国产汽车；E. 来华定居专家进口自用或境内购置的汽车；F. 其他免税、减税车辆。

11. 下列栏次由进口自用车辆的纳税人填写。

（1）“关税完税价格”栏，填写《海关关税专用缴款书》中注明的关税计税价格。“关税”栏，填写《海关关税专用缴款书》中注明的关税税额。

（2）“消费税”栏，填写《海关代征消费税专用缴款书》中注明的消费税税额。

12.“申报计税价格”栏，分别按下列要求填写。

（1）境内购置车辆，按机动车销售统一发票注明的价费合计金额÷（1＋17%）填写。

（2）进口自用车辆，填写计税价格。计税价格＝关税完税价格＋关税＋消费税。

（3）自产、受赠、获奖或者以其他方式取得并自用的车辆，按机动车销售统一发票（或有效凭证）注明的价费合计金额÷（1＋17%）填写。

13.“计税价格”栏，经税务机关辅导后填写：

（1）填写最低计税价格。

（2）底盘发生更换的车辆，按主管税务机关提供的最低计税价格的70%填写。

（3）免税条件消失的车辆，自初次办理纳税申报之日起，使用年限未满10年的，按主管税务机关提供的最低计税价格每满1年扣减10%填写。未满1年的按主管税务机关提供的最低计税价格填写。使用年限10年（含）以上的，填写0。

14.“应纳税额”栏，计算公式如下。

（1）计税依据为申报计税价格的，应纳税额=申报计税价格栏×税率。

（2）计税依据为计税价格的，应纳税额=计税价格栏×税率。

15. 本表一式二份（一车一表），一份由纳税人留存；一份由主管税务机关留存。

## 任务五　正确选择车辆购置税纳税方式

| 序号 | 纳税方式 | 适用范围 |
|---|---|---|
| 1 | 自报核缴 | 即由纳税人自行计算应纳税额、自行填写纳税申报表有关资料，向主管税务机关申报，经税务机关审核后开具完税凭证，由纳税人持完税凭证向当地金库或金库经收处缴纳税款。适用于各种纳税人 |
| 2 | 集中征收缴纳 | 包括两种情况：一是由纳税人集中向税务机关统一申报纳税。适用于实行集中购置应税车辆的军队、武警系统和经批准实行代理制经销商的缴纳。二是由税务机关集中报缴税款。即在纳税人向实行集中征收的主管税务机关申报缴纳税款，税务机关开具完税凭证后由税务机关填写汇总缴款书，将税款集中缴入金库或金库经收处。它适用于税源分散、税额较少、税务部门实行集中征收管理地区（如县、市级）的缴纳 |
| 3 | 代征、代扣、代收 | 即扣缴义务人按税法规定代扣代缴、代收代缴税款，税务机关委托征收单位代征税款的征收方式。它适用于税务机关委托征收或纳税人依法受托征收税款。目前税务机关委托交通部门稽征机关代征车辆购置税，就属于这种征收方式 |

# 课题五　车船税纳税实务

## 项目一　解读车船税基本法律规定

车船税是对我国境内依法应当到公安、交通、农业、渔业、军事等管理部门办理登记的车辆、船舶，根据其种类，按照规定的计税单位和年税额标准计算征收的一种财产税。我国将于2007年1月1日正式实施《中华人民共和国车船税暂行条例》，开征车船税以取代征缴了几十年之久的车船使用牌照税和车船使用税。

**知识驿站 7-2**

**车船税历史沿革**

- 我国对车船税征收的历史悠久。
- 明清时，曾对内河商船征收船钞。新中国成立前，不少城市对车船征收牌照税。
- 新中国成立后，中央人民政府政务院于1951年颁布了《车船使用牌照税暂行条例》，对车船征收车船使用牌照税。
- 1986年9月国务院在实施工商税制改革时，又发布了《中华人民共和国车船使用税暂行条例》。
- 2007年1月1日正式实施《中华人民共和国车船税暂行条例》，其是在《车船使用牌照税暂行条例》和《车船使用税暂行条例》基础上合并修订而成的。

### 任务一　了解《车船税暂行条例》立法背景

1951年原政务院发布了《车船使用牌照税暂行条例》，开征车船使用牌照税。1986年国务院发布了《中华人民共和国车船使用税暂行条例》，开征车船使用税，按有关规定，该暂行条例不适用于外商投资企业和外国企业。因此，对外商投资企业和外国企业仍依照《车船使用牌照税暂行条例》的规定征收车船使用牌照税。

但随着社会主义市场经济体制的建立和完善，尤其是我国加入W T O后，两个暂行条例在实施中遇到了一些问题：一是内外两个税种，不符合税政统一、简化税制的要求；二是缺乏必要的税源监控手段，不利于征收管理；三是车船使用牌照税税额55年没有调整，车船使用税税额也已20年没有调整，随着经济的发展，两个税种的税额标准已明显偏低。基于这种情况，国务院决定合并两个暂行条例，开征车船税以取代原车船使用牌照税和车船使用税。

### 任务二　领会《车船税暂行条例》新变化

自2007年1月1日起，新《车船税暂行条例》正式实施。同时废止了原《车船使用牌照税暂行条例》和原《车船使用税暂行条例》。新《车船税暂行条例》较之原《车船使用税暂行条例》主要有以下八大变化。

| 序号 | 变化项目 | 变化具体内容 |
|---|---|---|
| 1 | 税种的变化 | 将现行的车船使用牌照税和车船使用税合并为车船税，统一适用于各类纳税人 |
| 2 | 征税范围的变化 | 现行政策规定，车船税的征税范围为“依法应当在车船管理部门登记的车船”。也就是说，对依法不需在车船管理部门登记的车船则不属车船税的征税范围 |
| 3 | 减免税范围的变化 | 现行政策规定，对非机动车船、拖拉机、捕捞、养殖渔船、军队武警专用的车船、警用车船、按照有关规定已经缴纳船舶吨税的船舶七类车船免征车船税。相对原有政策，现行车船税的减免范围大大缩小 |
| 4 | 计税依据及征收标准的变化 | 现行车船税对载货汽车、三轮汽车低速货车实行按车辆的自重吨位征收车船税。这种计税依据的改变克服了以往以载重为征税依据的弊端：车辆生产企业为了迎合消费者的利益，而将车辆实际的车载重量缩小，以规避各项税费。同时，现行车船税对其他车船的定额税率也作了相应的调整 |
| 5 | 纳税义务人的变化 | 根据现行车船税的规定：在中华人民共和国境内，车辆、船舶（以下简称车船）的所有人或者管理人为车船税的纳税人。同时规定：车船的所有人或者管理人未缴纳车船税的，应由车船使用人代为缴纳。而原有规定仅为“在中华人民共和国境内拥有并且使用车船的单位和个人”。新的车船税纳税人体现了纳税的一定灵活性 |
| 6 | 纳税地点的变化 | 车船使用税政策规定，车船使用税由纳税人所在地的税务机关征收。而现行政策为：“车船税的纳税地点，由省、自治区、直辖市人民政府根据当地实际情况确定。跨省、自治区、直辖市使用的车船，纳税地点为车船的登记地。”实行车船税的纳税地点以单位（或个人）的“户籍”地向车辆“户籍”地的转变，对车船税实行由从事机动车交通事故责任强制保险业务的保险机构代为扣缴后，更加便于车船税的征管 |
| 7 | 征管方式的变化 | 根据车船税政策：从事机动车交通事故责任强制保险业务的保险机构为机动车车船税的扣缴义务人；机动车车船税的扣缴义务人依法代收代缴车船税时，纳税人不得拒绝。行政法规赋予保险机构的法定扣缴义务，不仅可以从源头上控制车船税的流失，也大大降低了税收征收的成本。同时，车船税政策规定：各级车船管理部门应当在提供车船管理信息等方面，协助地方税务机关加强对车船税的征收管理 |
| 8 | 纳税时限的变化 | 现行车船税条例规定：“车船税的纳税义务发生时间，为车船管理部门核发的车船登记证书或者行驶证书所记载日期的当月。”“车船税按年申报缴纳。具体申报纳税期限由省、自治区、直辖市人民政府确定。”而原有的车船使用税政策规定：“车船使用税按年征收、分期缴纳。纳税期限由省、自治区、直辖市人民政府确定。”车船税由于税额不大，分期缴纳不仅没有实际的意义，并且加大征收成本，给税务机关的征收管理带来一系列麻烦。所以，对车船税实行按年申报缴纳具有现实意义 |

## 任务三　明确车船税征税范围

现行政策规定，车船税的征税范围为“依法应当在车船管理部门登记的车船”。也就是说，对依法不需在车船管理部门登记的车船则不属车船税的征税范围。

出于节约能源，减轻低收入者负担，扶植农、渔业，以及政策延续性和国际惯例等方面的考虑，车船税对下列车船实施减免措施。

## 任务四　掌握车船税税目税额设置

| 税　目 | 计税单位 | 每年税额 | 备　注 |
|---|---|---|---|
| 载客汽车 | 每辆 | 60～660元 | 包括电车 |
| 载货汽车 | 按自重每吨 | 16～120元 | 包括半挂牵引车、挂车 |
| 三轮汽车、低速货车 | 按自重每吨 | 24～120元 | |
| 摩托车 | 每辆 | 36～180元 | |
| 船舶 | 按净吨位每吨 | 3～6元 | 拖船和非机动驳船分别按船舶税额的50%计算 |

注：专项作业车、轮式专用机械车的计税单位及每年税额由国务院财政部门、税务主管部门参照本表确定。

**《中华人民共和国车船税暂行条例》规定部分车船免征车船税**

《中华人民共和国车船税暂行条例》规定——

下列车船免征车船税：

（一）非机动车船（不包括非机动驳船）；

（二）拖拉机；

（三）捕捞、养殖渔船；

（四）军队、武警专用的车船；

（五）警用车船；

（六）按照有关规定已经缴纳船舶吨税的船舶；

（七）依照我国有关法律和我国缔结或者参加的国际条约的规定应当予以免税的外国驻华使馆、领事馆和国际组织驻华机构及其有

# 项目二　车船税计算

## 任务一　确定车船税计税依据

车船税以《车船税暂行条例》规定的应税车船为征税对象，以征税对象的计量单位为计税依据，从量计征。

车船税的征税对象，既有车辆，又有船舶，而且车船种类繁多，用途各异，计量单位标准又不相同，若要体现合理负担的政策，就必须选择一种或几种基本的、通用的计量单位（标准）实行从量计税。这些基本的、通用的计量单位（标准）就是《车船税暂行条例》规定的计税标准。

车船税的计税依据按车船的种类和性能，分别确定为辆、净吨位和载重吨位三种。

① 载客汽车、摩托车，包括电车，以“每辆”为计税依据。

② 载货汽车、三轮汽车低速货车，包括半挂牵引车、挂车，以“按自重每吨”为计税依据。

③ 客货两用汽车按照载货汽车的计税单位和税额标准计征车船税。

④ 船舶以“按净吨位每吨”为计税依据。拖船和非机动驳船分别按船舶税额的50%计算。

**知识驿站 7-3**

**何谓机动车的“自重”和船舶“净吨位”**

◆ 自重，是指机动车的整备质量。对于载货汽车、三轮汽车、低速货车、专项作业车和轮式专用机械车需要填写整备质量，以计算应纳税额。整备质量应按照机动车登记证书或行驶证书所载相应项目的内容反映。无法提供车辆整备质量信息的，整备质量按照总质量与核定载质量的差额计算。

◆ 净吨位，是指额定（或称预定）装运货物的船舶所占用的空间容积。机动船的净吨位，一般是额定装运货物和载运旅客的船舱所占有的空间容积，即船舶各个部位的总容积，扣除按税法规定的非营业用所占容积，包括包括驾驶室、轮机间、业务办公室、船员生活用房等容积后的容积。

⑤ 载客汽车，划分为大型客车、中型客车、小型客车和微型客车4个子税目。

| 序号 | 客车类型 | 载客人数数量 | 每年税额幅度 |
|---|---|---|---|
| 1 | 大型客车 | 大型客车是指核定载客人数大于或者等于20人的载客汽车 | 480～660元 |
| 2 | 中型客车 | 中型客车是指核定载客人数大于9人且小于20人的载客汽车 | 420～660元 |
| 3 | 小型客车 | 小型客车是指核定载客人数小于或者等于9人的载客汽车 | 360～660元 |
| 4 | 微型客车 | 微型客车是指发动机气缸总排气量小于或者等于1升的载客汽车 | 60～480元 |

⑥ 核定载客人数、自重、净吨位、马力等计税标准，以车船管理部门核发的车船登记证书或者行驶证书相应项目所载数额为准。纳税人未按照规定到车船管理部门办理登记手续的，上述计税标准以车船出厂合格证明或者进口凭证相应项目所载数额为准；不能提供车船出厂合格证明或者进口凭证的，由主管地方税务机关根据车船自身状况并参照同类车船核定。

⑦ 车辆自重尾数在0.5吨以下（含0.5吨）的，按照0.5吨计算；超过0.5吨的，按照1吨计算。船舶净吨位尾数在0.5吨以下（含0.5吨）的不予计算，超过0.5吨的按照1吨计算。1吨以下的小型车船，一律按照1吨计算。

⑧ 船舶具体适用税额为：A. 净吨位小于或者等于200吨的，每吨3元；B. 净吨位201吨至2 000吨的，每吨4元；C. 净吨位2 001吨至10 000吨的，每吨5元；D. 净吨位10 001吨及其以上的，每吨6元。

拖船是指专门用于拖（推）动运输船舶的专业作业船舶。

拖船按照发动机功率每2马力折合净吨位1吨计算征收车船税。

各省、自治区、直辖市人民政府根据条例和本细则的有关规定制定具体实施办法，并报财政部和国家税务总局备案。

## 任务二 计算车船税应纳税额

购置的新车船，购置当年的应纳税额自纳税义务发生的当月起按月计算。计算公式为：

应纳税额=（年应纳税额/12）×应纳税月份数

（1）当年应缴。当年应缴纳车船税的金额应按照车辆类型、计税单位和当地计税标准计算当年应缴税款。

① 对于新车，应纳税额的计算公式为：

应纳税额＝计税单位×年单位税额×应纳税月份数/12

式中，应纳税月份数为购买“交强险”日期的当月起至该年度终了的月份数。

② 对于境外机动车临时入境、机动车临时上道路行驶、机动车距规定的报废期限不足一年而购买短期“交强险”的车辆，应纳税额的计算公式为：

应纳税额＝计税单位×年单位税额×应纳税月份数/12

式中，应纳税月份数为“交强险”有效期的月份数。

③ 其他车辆，应纳税额的计算公式为：

应纳税额＝计税单位×年单位税额

（2）往年补缴。自2008年7月1日起，保险机构在代收代缴车船税时，应根据纳税人提供的上年度交强险保单或车船税完税凭证，查验纳税人上一次的完税情况。以前年度未缴车船税而补缴的金额应根据前次缴税年度，按照车辆类型、计税单位和当地计税标准计算，公式为：

往年补缴=计税单位×年单位税额×（本次缴税年度－前次缴税年度－1）

（3）滞纳金。应根据前次缴税年度分年度计算。从前次“交强险”有效期截止日期的次日起，每延迟1天，加收应纳税款万分之五的滞纳金。

（4）合计。等于“当年应缴”、“往年补缴”与“滞纳金”的合计数。

（5）完税凭证号（减免税证明号）。对于已向税务机关完税的机动车或税务机关已批准减免税的机动车，要根据税务机关开具的完税凭证或减免税证明，录入上述凭证的号码。长度7～8位。

（6）开具税务机关。指开具完税凭证号或减免税证明号的税务机关名称。

# 项目三　车船税纳税申报

## 任务一　掌握车船税纳税申报相关规定

| 序号 | 相关规定 | 说　明 |
| --- | --- | --- |
| 1 | 主管机关 | 车船税由地方税务机关负责征收 |
| 2 | 纳税地点 | 车船税的纳税地点，由省、自治区、直辖市人民政府根据当地实际情况确定。跨省、自治区、直辖市使用的车船，纳税地点为车船的登记地 |
| 3 | 纳税义务发生时间 | 车船税的纳税义务发生时间，为车船管理部门核发的车船登记证书或者行驶证书所记载日期的当月 |
| 4 | 纳税期限 | 车船税按年申报缴纳，具体申报纳税期限由省、自治区、直辖市人民政府确定 |
| 5 | 缴纳方式 | 车船的所有人或者管理人未缴纳车船税的，使用人应当代为缴纳车船税。从事机动车交通事故责任强制保险业务的保险机构为机动车车船税的扣缴义务人，应当依法代收代缴车船税 |

### 知识驿站 7-4

**为什么要由保险机构代收代缴机动车车船税？**

◆ 机动车的车船税具有涉及面广、税源流动性强的特点，且纳税人多为个人，征管难度较大。另外，纳税人直接到税务机关缴纳税款又存在道路不熟悉、停车困难、排队时间长等种种不便。因此，由保险机构在办理机动车交通事故责任强制保险业务时代收代缴机动车的车船税，可以方便纳税人缴纳车船税，提高税源控管水平，节约征纳双方的成本。

**案例讨论7-6**　什么情况下可以退还车船税？

## 任务二　计算填列车船税纳税申报表

表7-6为车船税纳税申报表。

**表7-6　车船税纳税申报表**

纳税人识别号 | | | | | | | | | | | | | | | | | | | | |

纳税人名称：（公章）

税款所属期限：自　　年　　月　日至　　年　　月　　日

填表日期：　　　年　月　日　　　　　　　　金额单位：元

| 车船类别 | | 计税单位 | 税额标准 | 数量 | 吨位 | 本期应纳税额 | 本期已缴税额 | 本期应补（退）税额 |
|---|---|---|---|---|---|---|---|---|
| 载客汽车 | 乘坐人数大于或等于20人 | 每辆 | 600 | | | | | |
| | 乘坐人数大于9人小于20人 | 每辆 | 480 | | | | | |
| | 乘坐人数小于或等于9人 | 每辆 | 420 | | | | | |
| | 发动机气缸总排气量小于等于1升 | 每辆 | 240 | | | | | |
| 载货汽车（包括半挂牵引车、挂车） | | 按自重每吨 | 96 | | | | | |
| 三轮汽车 | | 按自重每吨 | 60 | | | | | |
| 低速货车 | | 按自重每吨 | 60 | | | | | |
| 摩托车 | | 每辆 | 60 | | | | | |
| 专项作业车 | | 按自重每吨 | 96 | | | | | |
| 轮式专用机械车 | | 按自重每吨 | 96 | | | | | |
| 小计 | | | — | | | | | |
| 船舶 | 净吨位小于或等于200吨 | 每吨 | 3元 | | | | | |
| | 净吨位201～2 000吨 | 每吨 | 4元 | | | | | |
| | 净吨位2 001～10 000吨 | 每吨 | 5元 | | | | | |
| | 净吨位10 001吨及其以上 | 每吨 | 6元 | | | | | |
| | 小计 | | — | | | | | |
| 合计 | | | | | | | | |

| 纳税人或代理人声明： | 如纳税人填报，由纳税人填写以下各栏 | | | | | |
|---|---|---|---|---|---|---|
| 此纳税申报表是根据国家税收法律的规定填报的，我确信它是真实的、可靠的、完整的。 | 经办人（签章） | | 会计主管（签章） | | 法定代表人（签章） | |
| | 如委托代理人填报，由代理人填写以下各栏 | | | | | |
| | 代理人名称 | | | | 代理人（公章） | |
| | 经办人（签章） | | | | | |
| | 联系电话 | | | | | |

以下由税务机关填写

| 受理人 | | 受理日期 | | 受理税务机关（签章） |
|---|---|---|---|---|

**填 表 说 明**

1. 本表适用于自行申报车船税的纳税人填报。
2. 本表“车船类别”相应栏次分别根据《附表》同类别车船对应栏次合计填写。

# 行为税纳税实务

## 学习目标

◆能执行行为税类各税种的法律规定
◆能准确界定行为税类各税种的征税范围
◆正确判别行为税类各税种纳税人身份
◆依法确定行为税类各税种计税依据
◆正确运用行为税类各税种税率
◆领会和应用行为税类各税种税收优惠政策
◆能正确计算行为税类各税种的应纳税额
◆能独立编制行为税类各税种纳税申报表和相关附表
◆能办理行为税类各税种申报与缴纳业务

## 课题一　城市维护建设税纳税实务

### 项目一　解读城市维护建设税基本法律规定

城市维护建设税简称城建税是以纳税人实际缴纳的流转税额为计税依据征收的一种税。该税的税款收入由地方人民政府安排，专门用于城镇公用事业和公共设施的维护建设，属于地方附加税性质。与其他税相比较，城市维护建设税有以下4个特点。

城建税特点

- 税款专款专用
  所征收的税款要求用于保证城市的公用事业和公共设施的维护和建设
- 属于一种附加税
  没有自己独立的征税对象和税基，而是以增值税、消费税、营业税“三税”的税额为计税依据，随“三税”同时附征，征管方法也完全比照“三税”的有关规定办理
- 依据城镇规模设计税率
  根据城镇规模设计税率，使市政建设任务及其资金需求量不同的地区获得相应的城市维护与建设资金因地制宜地进行城市的维护与建设
- 征收范围广
  因为增值税、消费税、营业税是我国税制的主体税种，其征税范围基本包括了我国境内所有有经营行为的单位和个人，所以城市维护建设税的征税范围比其他任何税种都广

## 任务一　明确城建税纳税人

城市维护建设税纳税人是指负有缴纳“三税”（增值税、消费税、营业税）义务的单位和个人，包括国有企业、集体企业、私营企业、股份制企业、其他企业和行政单位、军事单位、事业单位、社会团体和其他单位，以及个体工商户及其他个人。但目前暂不包括外商投资企业和外国企业，以及外籍人员、华侨和中国港澳台同胞。

**【例8-1】** 纳税人在发生下列行为时，应于缴纳相关税种的同时缴纳城建税的是（　　）。

A. 取得利息收入　　B. 购买自行车
C. 提供运输劳务　　D. 为本单位提供加工劳务

**解析**　取得利息收入应纳企业所得税或个人所得税，购买自行车不需缴纳“三税”中的任何一个，为本单位提供加工劳务不需缴纳增值税，因此这三项均不需缴纳城建税。提供运输劳务应纳营业税，所以C项是正确答案。

*试一试8-1*　**依据城市维护建设税纳税人规定作出正确选择**

下列不属于城建税纳税人的有（　　）。

A. 私营企业　　B. 个体工商户
C. 外商投资企业　　D. 行政事业单位

## 任务二　界定城建税征税范围

城市维护建设税征税范围包括城市、县城和建制镇，以及税法规定征收“三税”的其他地区。城市、县城和建制镇的范围，应根据行政区划作为划分标准。

## 任务三　掌握城建税税率

| 序号 | 纳税人所在地 | 税率 | 备　注 |
|---|---|---|---|
| 1 | 市区 | 7% | ① 县团级以上的大中型工矿企业，其所在地在城市市区、县城、建制镇的，税率为5%。城市维护建设税的适用税率，应当按纳税人所在地的规定税率执行<br>② 对铁道部应纳城市维护建设税的税率，鉴于其计税依据为铁道部实行集中缴纳的营业税税额，难以适用地区差别税率，因此，财政部对此作了特案规定，税率统一规定为5% |
| 2 | 县城和建制镇 | 5% | |
| 3 | 县城和建制镇以外的地区 | 1% | |

注意

对下列两种情况可按缴纳增值税、消费税、营业税所在地的规定就地缴纳城市维护建设税：一是由受托方代收、代扣“三税”的单位和个人；二是流动经营及无固定纳税地点的单位和个人，在经营地缴纳“三税”的，其城市维护建设税的缴纳按经营地适用税率。

## 任务四　计算城建税计税依据和应纳税额

城市维护建设税的计税依据是纳税人实际缴纳的增值税、消费税、营业税税额。以增值税、消费税、营业税税额为计税依据，仅指增值税、消费税、营业税的正税，不包括税务机关对纳税人违反增值税、消费税、营业税税法而加收的滞纳金和罚款等非税款项。但纳税人在查补增值税、消费税、营业税和被处以罚款时，应同时对其偷逃的城市维护建设税进行补税和罚款。

**【例8-2】**某纳税人无故欠缴消费税10万元，被查处后，除补缴消费税外，同时加罚了滞纳金500元，则下列税务处理正确的是（　　）。

A. 以10万元为计税依据计征城建税

B. 以600元为计税依据补征城建税

C. 以10.06万元为计税依据补征城建税

D. 以10万元为计税依据计征城建税，再按消费税欠税日数对所欠城建税加收滞纳金。

**解析**　依据城市维护建设税的计税依据，正确答案选择D。

**【例8-3】**某市一企业5月份应纳增值税520 000元，被税务机关查出3月份为他人代开增值税专用发票5份，价款200 000元，此行为被当地税务机关处以1倍罚款。计算该企业应纳城建税、应补增值税及各项罚款。

**解析**　计算过程如下。

（1）应纳城建税＝520 000×7%＝36 400（元）

（2）应补增值税＝200 000×17%＝34 000（元）

（3）增值税罚款34 000（元）

（4）应补城建税＝34 000×7%＝2 380（元）

（5）城建税罚款2 380（元）

*试一试8-2* **依据城建税的计税依据和税额计算规定作出正确选择**

1. 城建税的计税依据是（　　）。

A. 纳税人当期应纳的“三税”　　B. 纳税人当期实纳的“三税”

C. 纳税人被处罚的“三税”税额　　D. 纳税人“三税”加收的滞纳金

2. 某城市内资企业本月实际缴纳的增值税为15万元，营业税为1万元，后经税务机关检查，其所缴营业税属于免税项目予以退税，其当期应纳城建税为（　　）。

A. 0.75万元　　B. 0.8万元　　C. 1.05万元　　D. 1.12万元

## 任务五　领会城建税减免政策

城市维护建设税以“三税”税额为计税依据并同时征收，如减免“三税”，也就相应减免了城市维护建设税。因此，城市维护建设税基本上没有单独规定减免税。但对上些特殊情况，财政部和国家税务总局做了特案减免税规定。

特案减免税规定

- 对出口货物按规定应退还增值税、消费税的，不退还已缴纳的城市维护建设税
- 对进口货物海关代征的增值税、消费税，不征收城市维护建设税
- 因减免增值税、消费税、营业税而发生退库的，城市维护建设税也可同时退库
- 对金融业调增3%征收的营业税，不征收城市维护建设税
- 对个别缴纳城市维护建设税有困难的单位和个人，可由县人民政府审批，酌情给予减免税照顾

# 项目二　城市维护建设税纳税申报

## 任务一　掌握城建税纳税申报相关规定

| 序号 | 纳税申报规定 | 说　明 |
|---|---|---|
| 1 | 纳税环节 | 纳税环节为应纳城建税的纳税人缴纳增值税、消费税、营业税的环节。只要发生增值税、消费税、营业税的纳税行为，就要在缴纳增值税、消费税、营业税的同一环节上，分别计算缴纳城市维护建设税 |

续表

| 序号 | 纳税申报规定 | 说　　明 |
|---|---|---|
| 2 | 纳税地点 | 城市维护建设税以纳税人缴纳“三税”的地点为纳税地点。但下列情况除外：①代征代扣“三税”的单位和个人，其纳税地点在代扣代征地。如果没有代扣城市维护建设税的，应由纳税单位或个人回到其所在地申报纳税。②跨省开采的油田，下属生产单位与核算单位不在一个省内，各油井应纳的城建税，应由核算单位计算，随同增值税一并汇拨油井所在地，由油井在缴纳增值税的同时一并缴纳城建税。③对管道局输油部分的收入，由取得收入的各管道局于所在地缴纳营业税时一并缴纳城建税。对流动经营等无固定纳税地点的单位和个人，应随同“三税”在经营地缴纳城建税 |
| 3 | 纳税期限 | 由于城市维护建设税是由纳税人在缴纳“三税”时同时缴纳的，所以其纳税期限与“三税”的纳税期限一致 |
| 4 | 违章处理 | 由于城市维护建设税是与“三税”同时征收的，所以在一般情况下，城市维护建设税不单独加收滞纳金或罚款。但是如果纳税人缴纳了“三税”之后，却不按照规定缴纳城市维护建设税的，则可以对其单独加收滞纳金，也可以单独进行罚款 |

**【例8-4】**某县城内的酿酒厂为某大城市加工一批红酒，则该酒厂所代扣城市维护建设税的纳税地点与其缴纳（　　）的纳税地点相同。

A. 增值税　　B. 消费税　　C. 企业所得税　　D. 营业税

**解析**　依据城市维护建设税纳税地点的规定，正确答案选择B。

*试一试8-3*　**依据城建税纳税申报规定作出正确选择**

城建税的纳税地点就是“三税”的纳税地点，但下列物殊情况，城建税纳税地点为（　　）。

A. 委托代销商品规定为受托方代缴“三税”的，城建税在受托方所在地缴纳

B. 流动经营无固定纳税地点的纳税人，城建税在纳税人户口所在地缴纳

C. 跨省开采石油，开采单位与核算单位不在一省的，城建税在油井所在地缴纳

D. 管道输油收，城建税在管道局所在地缴纳

案例讨论8-1　地处某建制镇的一家加工企业为城区一酿酒厂加工一批白酒，白酒应纳城建税的纳税地点应为何处？

## 任务二　计算填列城建税纳税申报表

**【例8-5】**北京蓝天内资企业的纳税人的识别号为110102208483050000，2006年2月份实际应缴纳增值税215 670元，消费税20 135元，营业税310 560元。

**要求**：计算填列城市维护建设税纳税申报表和教育费附加申报表。

**解析**　该企业计算填列城市维护建设税纳税申报表（见表8-1）和教育费附加申报表（见表8-2）。

**表8-1 城市维护建设税纳税申报表**

填表日期：2006年03月03日

纳税人识别号：110102208483050000 金额单位：元（列至角分）

<table>
<tr><td>纳税人名称</td><td colspan="2">北京蓝天内资企业</td><td>税款所属期</td><td colspan="2">2006年2月01日至02月28日</td></tr>
<tr><td>计税依据</td><td>计税金额</td><td>税率</td><td>应纳税额</td><td>已纳税额</td><td>应补（退）税额</td></tr>
<tr><td>1</td><td>2</td><td>3</td><td>4＝2×3</td><td>5</td><td>6＝4−5</td></tr>
<tr><td>增值税</td><td>215 670.00</td><td>7 %</td><td>15 096.90</td><td>0.00</td><td>15 096.90</td></tr>
<tr><td>消费税</td><td>20 135.00</td><td>7 %</td><td>1 409.45</td><td>0.00</td><td>1 409.45</td></tr>
<tr><td>营业税</td><td>310 560.00</td><td>7 %</td><td>21 739.20</td><td>0.00</td><td>21 739.20</td></tr>
<tr><td>合计</td><td>546 365.00</td><td>—</td><td>38 245.55</td><td>0.00</td><td>38 245.55</td></tr>
</table>

<table>
<tr><td colspan="2">如纳税人填报，由纳税人填写以下各栏</td><td colspan="4">如委托代理人填报，由代理人填写以下各栏</td><td>备注</td></tr>
<tr><td rowspan="3">会计主管<br>（签章）</td><td rowspan="3">纳税人<br>（公章）</td><td>代理人名称</td><td></td><td colspan="2" rowspan="2">代理人<br>（公章）</td><td rowspan="3"></td></tr>
<tr><td>代理人地址</td><td></td></tr>
<tr><td>经办人</td><td></td><td>电话</td><td></td></tr>
<tr><td colspan="7">以下由税务机关填写</td></tr>
<tr><td colspan="2">收到申报表日期</td><td colspan="2"></td><td>接收人</td><td colspan="2"></td></tr>
</table>

**表8-2 教育费附加申报表**

填表日期：2006年03月03日

纳税人识别号：110102208483050000 金额单位：元（列至角分）

<table>
<tr><td>纳税人名称</td><td colspan="2">北京蓝天内资企业</td><td>税款所属期</td><td colspan="2">2006年2月01日至02月28日</td></tr>
<tr><td>计税依据</td><td>计税金额</td><td>税率</td><td>应纳税额</td><td>已纳税额</td><td>应补（退）税额</td></tr>
<tr><td>1</td><td>2</td><td>3</td><td>4＝2×3</td><td>5</td><td>6＝4−5</td></tr>
<tr><td>增值税</td><td>215 670.00</td><td>3 %</td><td>6 470.10</td><td>0.00</td><td>6 470.10</td></tr>
<tr><td>消费税</td><td>20 135.00</td><td>3 %</td><td>604.05</td><td>0.00</td><td>604.05</td></tr>
<tr><td>营业税</td><td>310 560.00</td><td>3 %</td><td>9 316.80</td><td>0.00</td><td>9 316.80</td></tr>
<tr><td>合计</td><td>546 365.00</td><td>—</td><td>16 390.95</td><td>0.00</td><td>16 390.95</td></tr>
</table>

<table>
<tr><td colspan="2">如纳税人填报，由纳税人填写以下各栏</td><td colspan="4">如委托代理人填报，由代理人填写以下各栏</td><td>备注</td></tr>
<tr><td rowspan="3">会计主管<br>（签章）</td><td rowspan="3">纳税人<br>（公章）</td><td>代理人名称</td><td></td><td colspan="2" rowspan="2">代理人<br>（公章）</td><td rowspan="3"></td></tr>
<tr><td>代理人地址</td><td></td></tr>
<tr><td>经办人</td><td></td><td>电话</td><td></td></tr>
<tr><td colspan="7">以下由税务机关填写</td></tr>
<tr><td colspan="2">收到申报表日期</td><td colspan="2"></td><td>接收人</td><td colspan="2"></td></tr>
</table>

需要说明的是，教育费附加是对缴纳增值税、消费税、营业税的单位和个人，就其实际缴纳的“三税”税额为计税依据而征收的一种附加费。教育费附加和城市维护建设税的性质相同，都是在“三税”的基础上附加征收的，应在征收城市维护建设税的同时附加征收。

*试一试8-4* **依据下列业务计算填列城建税纳税申报表和教育费附加申报表**

某市区一摩托车制造厂为增值税一般纳税人，其纳税人识别号为110103767143566000，生产摩托车（消费税税率为10％），2006年3月发生如下业务（摩托车的型号、品质、价格等均完全一致）：（1）销售30辆摩托车，每辆摩托车不含税价格为5 000元，开具了增值税专用发票；（2）赠送给B协作单位摩托车2辆，没有开具发票；（3）为本企业管理部门提供使用摩托车1辆；（4）提供汽车修理服务，开具普通发票上注明的金额为35 100元；（5）提供并单独核算的运输劳务收入为10 000元；（6）本月购进生产用原材料，取得增值税专用发票上注明增值税17 000元，该专用发票已通过认证符合抵扣条件，并在本期申报抵扣进项税额17 000元。

# 课题二　印花税纳税实务

印花税是对经济活动和经济交往中书立、领受的应税经济凭证所征收的一种税。1988年8月，国务院公布了《中华人民共和国印花税暂行条例》，于同年10月1日起恢复征收。它属于行为课税。因其采用在凭证上粘贴印花税票的形式，故名印花税。

## 知识驿站 8-1

### 印花税的由来

- ◆ 从税史学理论上讲，任何一种税种的“出台”，都离不开当时的政治与经济的需要，印花税的产生也是如此。其间并有不少趣闻。
- ◆ 公元1624年，荷兰政府发生经济危机，财政困难。当时执掌政权的统治者摩里斯（Maurs）为了解决财政上的需要，拟提出要用增加税收的办法来解决支出的困难，但又怕人民反对，便要求政府的大臣们出谋献策。众大臣议来议去，就是想不出两全其美的妙法来。于是，荷兰的统治阶级就采用公开招标办法，以重赏来寻求新税设计方案，谋求敛财之妙策。印花税，就是从千万个应征者设计的方案中精选出来的“杰作”。可见，印花税的产生较之其他税种，更具有传奇色彩。
- ◆ 印花税的设计者可谓独具匠心。他观察到人们在日常生活中使用契约、借贷凭证之类的单据很多，连绵不断，所以，一旦征税，税源将很大；而且，人们还有一个心理，认为凭证单据上由政府盖个印，就成为合法凭证，在诉讼时可以有法律保障，因而对缴纳印花税也乐于接受。正是这样，印花税被资产阶级经济学家誉为税负轻微、税源畅旺、手续简便、成本低廉的“良税”。英国的哥尔柏（Kolebe）说过：“税收这种技术，就是拔最多的鹅毛，听最少的鹅叫。”印花税就是具有“听最少鹅叫”的税种。
- ◆ 从1624年世界上第一次在荷兰出现印花税后，由于印花税“取微用宏”，简便易行，欧美各国竞相效法。丹麦在1660年、法国在1665年、美国在1671年、奥地利在1686年、英国在1694年先后开征了印花税。它在不长的时间内，就成为世界上普遍采用的一个税种，在国际上盛行。

我国印花税与其他税种相比具有以下四个特点。

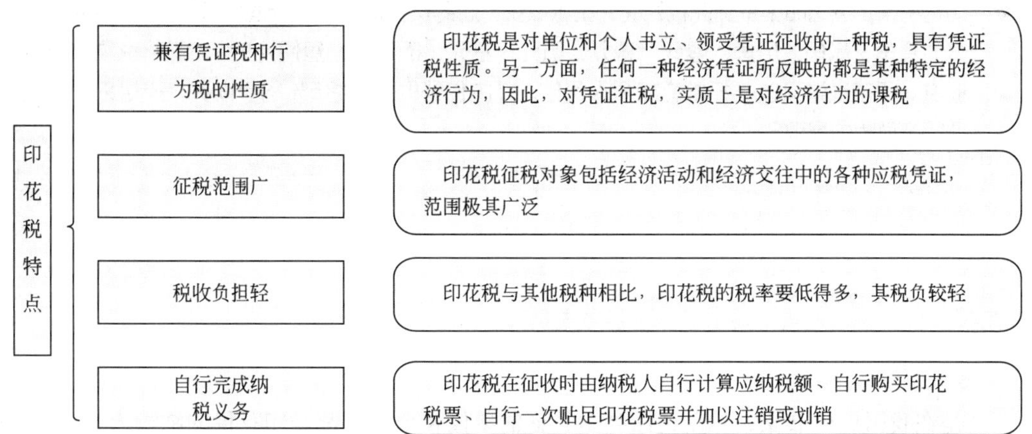

# 项目一　解读印花税基本法律规定

## 任务一　明确印花税征税对象

凡是在我国境内书立、领受和在中国境外书立，但在中国境内具有法律效力、受中国法律保护的凭证，均属于印花税纳税范围。印花税对列举的凭证征收，没有列举的不征收。具体征收范围分以下五大类。

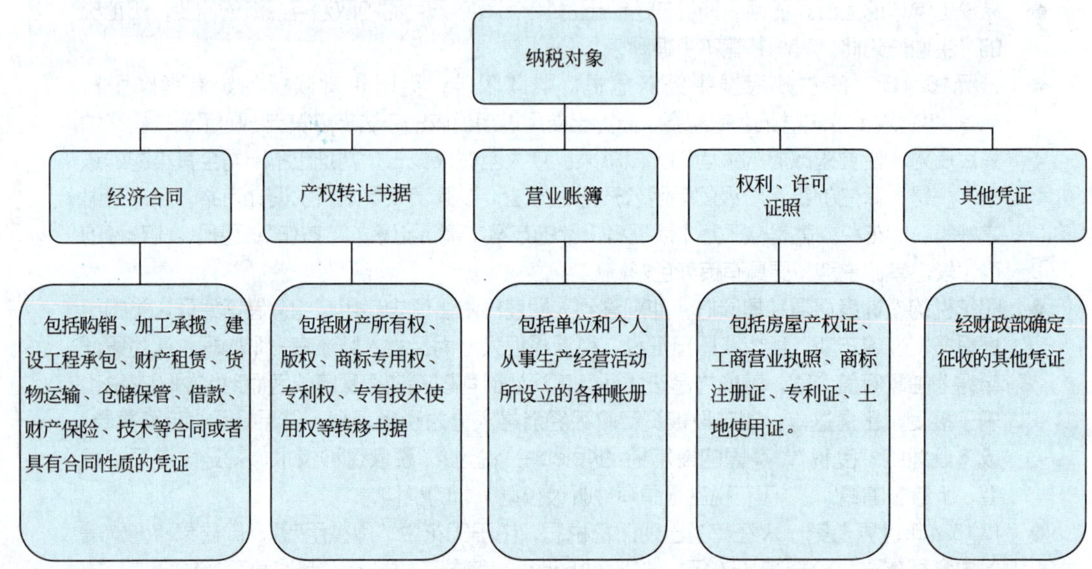


### 知识驿站 8-2

**印花税票常识**

◆ 印花税票是缴纳印花税的完税凭证，由国家税务总局负责监制。其票面金额以人民币为单位，分为壹角、贰角、伍角、壹元、贰元、伍元、拾元、伍拾元、壹佰元9种。印花税票为有价证券。印花税票可以委托单位或个人代售，并由税务机关付给5%的手续费，支付来源从实征印花税款中提取。

## 任务二　界定印花税纳税人

凡是在我国境内书立、领受税法列举凭证的单位和个人，都是印花税的纳税人。所谓单位和个人，是指国内各类企业、事业单位、机关、团体、部队以及中外合资企业、合作企业、外资企业、外国公司和其他经济组织及其在华机构等单位及个人。

根据书立、领受应税凭证的不同，纳税人可分别称为立合同人、立账簿人、立据人和领受人。

<table>
<tr><th>序号</th><th>纳税人</th><th>纳税人说明</th><th>备　注</th></tr>
<tr><td>1</td><td>立合同人</td><td>指合同的当事人。但不包括担保人、证人和鉴定人</td><td rowspan="5">对应税凭证，凡由两方或两方以上当事人共同书立的，其当事人各方都是纳税人，各自就所持凭证的计税金额纳税。对某些应税凭证由当事人的代理人代为书立，则代理人有代为纳税的义务</td></tr>
<tr><td>2</td><td>立账簿人</td><td>指设立并使用营业账簿的单位和个人</td></tr>
<tr><td>3</td><td>立据人</td><td>指立产权转让书据的单位和个人</td></tr>
<tr><td>4</td><td>领受人</td><td>指领取或接受并持有该凭证的单位和个人</td></tr>
<tr><td>5</td><td>使用人</td><td>指在国外书立、领受，但在国内使用的应税凭证的纳税人</td></tr>
</table>

**【例8-6】**以下正确的说法有（　　）。

A. 我国税法规定，对在国外书立、领受，但在国内使用的应税凭证，应以使用人为纳税人

B. 凡由两方或两方以上当事人共同书立的应税凭证，以当事人各方为纳税人就所持凭证的计税金额对半纳税

C. 如果应税凭证由代理人代为书立或签订，则代理人应当代纳税

D. 合同的当事人包括保人及中间人，因此他们也是印花税纳税人

**解析**　依据印花税纳税人的规定，正确答案选择AC。

*试一试8-5*　**依据印花税纳税人规定作出正确选择**

中外合资企业领取的工商营业执照，为印花税的应税凭证，其印花税纳税人为（　）。

A. 审批中外合资企业的外经贸部门

B. 中外合资企业的中方投资人

C. 被批准设立的中外合资企业

D. 注册中外合资企业的工商行政管理部门

## 任务三　领会印花税减免政策

| 序号 | 印花税减免项目 |
|---|---|
| 1 | 已缴纳印花税的凭证副本或抄本。但以副本或抄本作为正本使用的，应另行贴花 |
| 2 | 财产所有人将财产赠给政府、社会福利单位、学校所立的书据 |

续表

| 序号 | 印花税减免项目 |
| --- | --- |
| 3 | 由国家指定的收购部门与村民委员会、农民个人书立的农副产品收购合同 |
| 4 | 无息、贴息贷款合同 |
| 5 | 外国政府或者国际金融组织向我国政府及国家金融机构提供优惠贷款所书立的合同等 |
| 6 | 房地产管理部门与个人订立的房租合同，凡房屋属用于生活居住的，暂免贴花 |
| 7 | 军事货物运输、抢险救灾物资运输，以及新建铁路临管线运输等的特殊货运凭证 |
| 8 | 对商店、门市部的零星加工修理业务开具的修理单，不贴印花 |
| 9 | 对铁路、公路、航运、水路承运快件行李、包裹开具的托运单据，暂免贴印花 |
| 10 | 企业与主管部门等签订的租赁承包经营合同，不属于财产租赁合同，不应贴花 |

**【例8-7】**下列合同中应免征印花税的有（　　）。

A. 无息、贴息贷款合同　　B. 房管所与居民签订的住房租赁合同

C. 农牧业保险合同　　D. 外国政府向我国提供优惠贷款所书立的合同

**解析**　依据免征印花税规定，正确答案选择ABCD。

*试一试8-6*　**依据印花税减免政策规定作出正确选择**

下列属于印花税免税项目的有（　　）。

A. 某企业将自有不动产赠给体育明星所立的书据

B. 房屋产权证副本

C. 企业现金和银行存款日记账

D. 房管局与个人签订的住宅租赁合同

# 项目二　印花税计算

## 任务一　掌握印花税税目和税率

印花税的税目采用正列举法，即列入税目的征税，未列入的不征税。印花税共有14个税目，详见表8-3。

表8-3　印花税税目税率表

| 序号 | 税目 | 具体范围 | 计税依据 | 税率 | 纳税义务人 |
|---|---|---|---|---|---|
| 1 | 购销合同 | 包括供应、预购、采购、购销合同及协作、调剂、补偿、易货等合同 | 以购销金额作为依据 | 0.3‰ | 立合同人 |
| 2 | 加工承揽合同 | 包括加工、定作、修缮、修理、印刷、广告、测绘、测试等合同 | 以加工或承揽收入为计税依据 | 0.5‰ | 立合同人 |
| 3 | 建设工程勘察设计合同 | 包括勘察、设计合同 | 以收取的费用作为计税依据 | 0.5‰ | 立合同人 |
| 4 | 建设安装工程承包合同 | 包括建筑、安装工程承包合同 | 以承包金额作为计税依据 | 0.3‰ | 立合同人 |
| 5 | 财产租赁合同 | 包括租赁房屋、船舶、飞机、机动车辆、机械、器具、设备等合同 | 以租赁金额作为计税依据 | 1‰ | 立合同人 |
| 6 | 货物运输合同（结算凭证） | 包括民用航空、铁路运输、海上运输、内河运输、公路运输和联运合同、单据作为合同使用的，按合同贴花 | 以运输费用作为依据。但不包括装卸、保险费 | 0.5‰ | 立合同人 |
| 7 | 仓储保管合同 | 包括仓储、保管合同、仓单或栈单作为合同使用的，按合同贴花 | 以仓储保管费用作为依据 | 1‰ | 立合同人 |
| 8 | 借款合同 | 银行及其他金融组织和借款人（不包括银行同业拆借）所签订的借款合同。单据作为合同使用的，按合同贴花 | 以借款金额作为计税依据 | 0.05‰ | 立合同人 |
| 9 | 财产保险合同 | 包括财产、责任、保证、信用等保险合同 | 以投保金额作为计税依据 | 1‰ | 立合同人 |
| 10 | 技术合同 | 包括技术开发、转让、咨询服务等合同 | 以合同所载金额作为计税依据 | 0.3‰ | 立合同人 |
| 11 | 产权转移书据 | 包括财产所有权和版权、商标专用权、专利使用权等转移书据 | 以所载金额作为依据 | 0.5‰ | 立据人 |
| 12 | 营业账簿（资金账簿） | 生产经营账簿。其中：①记载资金的账簿 ②其他账簿 | ①按记载的实收资本和资本公积两项合计；②账簿件数为计税依据 | ①为0.5‰；②为5元/件 | 立账簿人 |
| 13 | 权利许可证照 | 包括政府部门发给的房屋产权证、工商营业执照、商标注册证、专利证、土地使用证 | 以许可证照件数为计税依据 | 5元 | 领受人 |
| 14 | 股权转让书据 | 包括上市股票和企业内部发行的股票买卖、继承、赠与等转让书据 | 证券市场计算金额 | 3‰ | 成交过户交割凭单持有人 |

**【例8-8】**下列合同中属于技术合同税目的有（　　）。

A. 技术开发合同　　B. 技术咨询合同

C. 专有技术使用权转移书据　　D. 专利许可证

**解析**　C项属于“产权转移书据”，D项属于“权利许可证证照”，均不属于“技术合同”。正确答案选择AB。

**试一试8-7　依据印花税税目和税率规定作出正确选择**

下列证照应当缴纳印花税的有（　　）。

A. 房屋产权证　　B. 卫生许可证

C. 治安许可证　　D. 专利许可证

## 任务二　确定印花税计税依据

印花税的计税依据为各种应税凭证上记载的应税金额。下列六类合同的计税依据较为特殊。

| 序号 | 合同类别 | 计税依据特殊规定 |
| --- | --- | --- |
| 1 | 购销合同 | 采用以货换货方式进行商品交易签订合同，应按合同所载的购、销合计金额计税贴花；合同未列明金额的，应按合同所载的购、销数量依照国家牌价或者市场价格计算应纳税额 |
| 2 | 加工承揽合同 | 由受托方提供原材料的加工、定作合同，凡在合同中分别记载加工费金额和原材料金额的，应分别按“加工承揽合同”、“购销合同”计税，若合同中未分别记载，则应就全部金额按加工承揽合同计税贴花。对由受托方提供辅助材料的，无论加工费和辅助材料金额是否分别记载，均以二者的合计数，按加工承揽合同计税贴花 |
| 3 | 建筑安装工程承包合同 | 施工单位将自己承包的建设项目分包或者转包给其他施工单位所签订的合同或者转包合同，应按新的分包或者转包合同所载金额计算应纳税额 |
| 4 | 货物运输合同 | 对国内各种形式的货物联运，凡在起运地继往开来结算全程运费的，应以全程运费为计税依据；凡分程结算运费的，应以分程的运费作为计税依据。对国际货运，凡由我国运输的，运输企业所持的运费结算凭证，以本程运费为计税依据；托运方所持的运费结算凭证，以本程运费为计税依据。由外国运输企业运输进出口货物的，运输企业所持的运费结算凭证免纳印花税，托运方所持的运费结算凭证，应以运费金额为计税依据 |
| 5 | 借款合同 | ①凡一项信贷业务既签订借款合同又一次或分次填开借据的，只以借款合同所载金额为计税依据；凡只填开借据并作合同使用的，应以借据所载金额为计税依据。②借贷双方签订的流动资金周转性借款合同，以其规定的全额为计税依据，在签订时一次贴花；在限额内随借随还不签订新合同的，不再另贴印花。③对抵押借款合同，应按借款合同贴花；在借款方无力偿还借款而将抵押财产转让给贷款方时，应按产权转移书据贴花。④融资租赁合同，按合同所载租金总额，暂按借款合同计税。⑤在基本建设借款中，如按年度借款计划分年签订合同，在最后一年按总概算签订借款总合同，且总合同的借款金额包括各分合同的借款金额，应按分合同分别贴花；最后签订的总合同，只就借款总额扣除分合同借款金额计税贴花 |
| 6 | 技术合同 | 研究开发经费不作为计税依据。但对合同约定以研究开发经费的一定比例作为报酬的，应按报酬金额贴花 |

**【例8-9】**判断下面说法的正误。

李某将自有的一间门市房出租给某单位使用，合同规定每月租金2 000元，租至该单位建好自用办公楼为止。李某在合同签订时按5元贴花注销后，纳税义务即告完成。

**解析**　上述论断错误。按规定，合同在签订时无法确定计税金额，可先按定额5元贴花，以后结算时再按实际金额计税，此时纳税义务才算完成。本例中李某在合同签订时按5元贴花注销，但其纳税义务并未完成。

**试一试8-8　依据印花税计税依据规定作出正确选择**

下列应税凭证的计税依据（　　）。

A. 购买股权转让书据，为书立当日证券市场成交价格

B. 货物运输合同为运输、保险、装卸等各项费用合计

C. 融资租赁合同为租赁费

D. 以物易物的购销合同为合同所载的购销金额合计

## 任务三　计算印花税应纳税额

根据计税依据和相应税率计算印花税应纳税额。基本计算公式如下。

| 按比例税率计算应纳税额的方法（从价定率） | 应纳税额＝计税金额×适用税率 |
|---|---|
| 按定额税率计算应纳税额的方法（从量定额） | 应纳税额＝凭证数量×单位税额 |

我国印花税应纳税额的计算方法较为复杂，因征税对象的不同而不同，主要有以下几种情类型。

**类型一：对合同或具有合同性质凭证的应纳税额计算**

| 序号 | 合同类别 | 计 算 公 式 | 备　注 |
|---|---|---|---|
| 1 | 购销合同 | 应纳税额=购销金额×万分之三 | 公式中的购销金额指购销全额，不得作任何扣减，特别是调剂合同和易货合同，应包括调剂、易货的全额 |
| 2 | 加工承揽合同 | 应纳税额=加工或承揽收入×万分之五 | 公式中的加工或承揽收入如有受托方提供原材料金额的，其中原材料金额可剔除计税。但受托方提供的辅助材料等金额不能剔除 |
| 3 | 建设工程勘察设计合同 | 应纳税额=收取费用×万分之五 | |
| 4 | 建筑安装工程承包合同 | 应纳税额=承包总金额×万分之三 | 公式中的承包总金额不得剔除任何费用，如施工单位将自己承包的建设项目再分包或转包给其他施工单位，其所签订的分包或转包合同，仍应按所载金额另行贴花 |
| 5 | 财产租赁合同 | 应纳税额=租赁金额×1‰ | 经计算应纳税额不足1元的合同，按规定要按1元贴花 |
| 6 | 货物运输合同 | 应纳税额=运输费用×万分之五 | 公式中运输费用不包括装卸费 |
| 7 | 仓储保管合同 | 应纳税额=仓储保管费用×1‰ | |
| 8 | 借款合同 | 应纳税额=借款金额×万分之零点五 | |
| 9 | 财产保险合同 | 应纳税额=保险费金额×1‰ | |
| 10 | 技术合同 | 应纳税额=价款、报酬或使用费×万分之三 | 股权转让：应纳税额＝交易金额×3‰ |

类型二：其他凭证应纳税额计算

| 序号 | 其他凭证 | 计 算 公 式 | 备 注 |
|---|---|---|---|
| 1 | 营业账簿 | 应纳税额＝（实收资本＋资本公积）×万分之五 | 企业和单位除记载资金的总分类账簿以外的账簿，包括日记账簿和各明细分类账等账簿，一律按件贴花，每本5元 |
| 2 | 产权转移书据 | 应纳税额＝产权转移金额×万分之五 | |
| 3 | 权利许可证照 | 房屋产权证、工商营业执照、商标注册证、专利证、土地使用证 | 权利许可证照一律按件贴花，每本5元 |

类型三：特殊凭证应纳税额计算

| 序号 | 特殊凭证应纳税额计算规定 |
|---|---|
| 1 | 同一凭证，载有两个或两个以上经济事项，如分别记载金额的，应分别依适用税率计算应纳税额，然后相加，再按合同计税额贴花。未分别记载金额的，应按最高的一种适用税率计税贴花 |
| 2 | 在有些加工承揽合同中，合同条款中规定由受托方提供原材料或辅助材料。凡是在合同中分别记载加工费金额和原材料金额的，应分别按加工承揽合同、购销合同计税，两项税额相加后贴花；合同中未划分加工费金额与原材料金额的，应按全部金额，依照加工承揽合同适用税率计税贴花 |
| 3 | 有些凭证，只载明数量，未标明金额。对这类凭证，按规定应先计算出计税依据，再计算应纳税额 |
| 4 | 对所载金额为外国货币的凭证，应按规定先折合成人民币，再计税贴花 |
| 5 | 有些合同在签订时无法确定计税金额，则在签订时，先按每份合同定额贴花5元，结算时，再按实际金额和适用税率计税，补贴印花 |

**【例8-10】**某运输公司与一家工业企业签订一份运输合同，载明运输费25 000元，装卸费2 000，搬运费500元。计算运输合同应纳印花税。

**解析** 运输合同应纳印花税＝25 000×0.5‰＝12.5（元）

**【例8-11】**甲企业向乙企业购买钢材，双方签订购销合同，总价值为300 000元。合同书一式两份，甲企业和乙企业都是签订合同的当事人，故均为纳税人。购销合同的税率为0.3‰，计算双方各应纳印花税额。

**解析** 双方各应纳印花税额如下：300 000×0.3‰＝90（元）

甲乙两企业各自应购买印花税票90元，贴在各自留存的合同上，并在每枚税票骑缝处盖戳注销或划销。

**【例8-12】**注册税务师李某于2008年7月受托对某证券营业部进行审查，发现如下问题：①“实收资本”账中，2008年1月按受上级拨入的开办费1 000 000元，未纳印花税；②“营业外收入”账中，2～4月份租金55 000元，出租房屋给外单位使用并当年取得收入，其协议未贴印花，收入也未纳营业税；③营业账簿12本，未贴印花。计算企业应纳（补）的印花税、营业税、城建税、教育费附加。

**解析** （1）应补缴印花税

实收资本应补税＝1 000 000×5‰＝5 000（元）

租赁合同应补税＝55 000×4×1‰＝220（元）

营业账簿应补税＝5×12＝60（元）

（2）租赁收入应补营业税＝55 000×5%＝2 750（元）

（3）应补城建税＝5×7%＝192.5（元）

（4）应补教育费附加＝2 750×3%＝82.5（元）

*试一试8-9*　**请计算白云电子企业2007年4月共缴印花税税额为多少？**

白云电子企业2007年4月签订以下合同：（1）与某工厂签订加工承揽合同，受托加工一批专用电子部件。合同规定，工厂（委托方）提供价值70万元的原材料，电子企业（受托方）提供价值15万元的辅助材料，另收加工费20万元。（2）与某铁路部门签订运输合同，所载运输费及保管费共计2万元。（3）与某开发公司签订技术转让合同，规定按开发产品销售收入的2%提取转让收入，每季度结算一次。（4）与某农机站签订租赁合同，将本企业3台闲置设备出租，总价值21万元，租期1年，每年每台租金2万元。

# 项目三　印花税纳税申报

## 任务一　正确选择纳税办法

印花税的纳税义务发生时间为应税凭证书立或领受的当时。印花税一般实行就地纳税。根据税额的大小、贴花次数及税收管理的需要，分别采用以下三种纳税办法。

| 序号 | 纳税办法 | 相关规定 |
|---|---|---|
| 1 | 自行贴花办法 | 纳税人书立、领受或使用印花税法列举的应税凭证，应根据应纳税凭证的性质和适用的税率，自行计算应纳税额，自行购买印花税票，自行一次贴足印花税票并加以注销或划销。这种办法一般适用于应税凭证较少或贴花次数较少的纳税人 |
| 2 | 汇贴或汇缴办法 | 对一份凭证应纳税额超过500元的，应向当地税务机关申请填写缴款书或完税凭证，将其中一联粘贴在凭证上或由税务机关在凭证上加注完税标记代替贴花，此即是“汇贴”。同一类应税凭证需频繁贴花的，应向当地税务机关申请按期汇总缴纳印花税。获准汇总缴纳印花税的纳税人，应持有税务机关发给的汇缴许可证。汇总缴纳的期限由当地税务机关确定，但最长期限不得超过1个月。此办法一般适用于应纳税额较大或贴花次数频繁的纳税人 |
| 3 | 委托代征办法 | 委托代征主要是通过税务机关的委托，经由发放或办理应纳税凭证的单位代为征收印花税税款。工商行政管理机关核发各类营业执照和商标注册证时，负责代售印花税票，征收印花税税款，并监督领受单位和个人贴花。税务机关委托工商行政管理机关代售印花税票，按代售金额5%的比例支付代售手续费 |

纳税人不论采取哪种方法，均应对纳税凭证妥善保存。凭证的保存期限，凡国家有明确规定的，按规定办理；其余凭证均应在纳税义务履行完毕后保存1年。

## 任务二　掌握贴花操作管理规定

- 在应纳税凭证书立或领受时即行贴花完税，不得延至凭证生效日期贴花。这具体是指在合同签订时、账簿启用时和证照领受时贴花。如果合同是在国外签订并不便在国外贴花的，应在将合同带入境时办理贴花手续
- 印花税票应贴在应纳税凭证上，并由纳税人在每枚税票的骑缝处盖戳注销或划销，严禁揭下重用
- 已贴花的凭证，凡修改后所载金额高的部分，应补贴印花
- 对已贴花的各类应纳税凭证，纳税人须按规定期限保管，不得私自销毁
- 不论合同是否兑现或是否按期兑现，已贴花不得撕下重用，已缴纳的印花税款不得退税
- 凡多贴印花税者，不得申请退税或抵扣

## 任务三　了解印花税违章处理

| 序号 | 违章情况 | 违章处罚 |
|---|---|---|
| 1 | 未贴或少贴印花税票，以及已贴用的印花税票未注销或未划销的 | 按照《税收征管法》第六十四条编造虚假计税依据的规定处罚。税务机关除责令其补贴印花税票外，可处以应补贴印花税票金额3～5倍的罚款 |
| 2 | 贴用的印花税票揭下重用的 | 按照《税收征管法》第六十三条对偷税的规定进行处罚。税务机关可处以重用印花税票金额5倍或者2 000元以上10 000元以下的罚款 |
| 3 | 伪造印花税票 | 按照《征管法实施细则》第九十一条对伪造完税凭证的规定进行处罚。由税务机关提请司法机关依法追究刑事责任 |
| 4 | 汇总纳税人超过期限未缴应纳印花税税款 | 由税务机关视其违章性质适用《税收征管法》第六十三条或第六十四条规定进行处罚；情节严重的可以撤销其汇缴许可证 |
| 5 | 汇总纳税人未按规定将应纳税凭证加注戳记、装订成册并保存备查的 | 按照《税收征管法》第六十条违反账簿凭证管理的规定进行处罚 |
| 6 | 代售户对取得的税款逾期不缴或挪作他用，或违反合同将所领印花税票转托他人代售或转至其他地区销售，或未按规定提供领售印花税票详细情况的 | 税务机关可视其情节轻重，给予警告或者取消其代售资格的处罚 |

【例8-13】某企业发生如下业务：(1) 与甲签订运输合同1份，总金额1 000 000元，其中付给中国境内某运输企业2 500 000元（含装卸费500 000元）进行货物国际联运；(2) 出租居住用房一间给某单位，月租金500元，租期不定；(3) 与丙签订销售合同，数量5 000件，无金额，当期市价50元/件；(4) 与他人签订一份仓储合同，保管费50 000元，但未履行，企业已将贴用的印花税票揭下留用。计算该企业应纳印花税，并审查其是否有违章行为，如有应如何处理？

**解析**　(1) 国际联运合同，按全程运费计税：

应纳税额＝（10 000 000－500 000）×0.5‰＝4 750（元）

(2) 财产租赁合同未注明租赁期限，先暂按5元贴花。

(3) 购销合同未载明金额的，应按市场价格计税：

应纳税额＝5 000×50×3‰＝750（元）

(4) 印花税票揭下重用，发生违章行为，应处重用税票5倍或2 000～10 000元罚款。

*试一试8-10*　**请依据印花税违章处罚规定对下列案例作出分析**

白云企业经营情况良好，但自2007年后，只就5份委托加工合同（合同总标的1 500 000元）按每份5元粘贴了印花税票。税务机关稽查后认为其违反了委托加工合同不能按件贴印花税票的规定，同时还查出该企业在此期间还与其他企业签订购销合同20份，合同总标的8 000 000元，尚未缴纳印花税。

## 任务四　计算填列印花税纳税申报表

【例8-14】北京中庆有限责任公司于2006年2月开业，纳税人识别号110108572319168000。该公司2月份发生如下交易或事项：领受工商营业执照正副本各一件，税务登记证国税、地税正副本各一件，房屋产权证一件，商标注册证2件；实收资本2 000 000元，资本公积1 000 000元，除记载资金的账簿外，还建有4本营业账簿；签订财产保险合同一份，投保金额1 200 000元，缴纳保险费20 000元；签订货物买卖合同一份，所载金额1 000 000元。

**要求**：计算填列该公司2006年2月印花税纳税申报表。

**解析**　该企业计算填列印花税纳税申报表（见表8-4）。

领受权利许可证照应纳印花税额＝（1＋1＋1＋2）×5＝25（元）

资金账簿应纳印花税额＝（2 000 000＋1 000 000）×0.0005＝1 500（元）

其他账簿应纳印花税额＝4×5＝20（元）

财产保险合同应纳印花税额＝20 000×1‰＝20（元）

购销合同应纳印花税额＝1 000 000×0.0003＝300（元）

共计应纳印花税额＝25＋1 500＋20＋20＋300＝1 865（元）

*试一试8-11*　**依据下列业务计算填列白云有限公司2007年3月印花税纳税申报表**

白云有限公司于2007年3月开业，纳税人识别号110105938075395000。该公司3月份发生如下交易或事项：领受工商营业执照正副本各一件，税务登记证国税、地税正副本各一件，房屋产权证一件，商标注册证一件，土地使用证一件；实收资本2 000 000元，除记载资金的账簿外，还建有3本营业账簿；签订借款合同一份，借款金额5 000 000元。

## 表8-4 印花税纳税申报表

填表日期：2006年03月03日

纳税人识别号：110108572319168000　　　　金额单位：元（列至角分）

| 纳税人名称 | | 北京中庆有限责任公司 | | | 税款所属期间 | | 2006年02月01日至2006年02月28日 | | | |
|---|---|---|---|---|---|---|---|---|---|---|
| 应税凭证名称 | 件数 | 计税金额 | 适用税率 | 应纳税额 | 已纳税额 | 应补（退）税额 | 贴花情况 | | | |
| | | | | | | | 上期结存 | 本期购进 | 本期贴花 | 本期结存 |
| 1 | 2 | 3 | 4 | 5=2×4或3×4 | 6 | 7＝5－6 | 8 | 9 | 10 | 11=8+9−10 |
| 营业执照 | 2 | | 5.00 | 10.00 | 0.00 | 10.00 | 0.00 | 10.00 | 10.00 | 0.00 |
| 房屋产权证 | 1 | | 5.00 | 5.00 | 0.00 | 5.00 | 0.00 | 5.00 | 5.00 | 0.00 |
| 商标注册证 | 2 | | 5.00 | 10.00 | 0.00 | 10.00 | 0.00 | 10.00 | 10.00 | 0.00 |
| 资金账簿 | | 3 000 000.00 | 万分之五 | 1 500.00 | 0.00 | 1 500.00 | 0.00 | 1 500.00 | 1 500.00 | 0.00 |
| 其他账簿 | 4 | | 5.00 | 20.00 | 0.00 | 20.00 | 0.00 | 20.00 | 20.00 | 0.00 |
| 财产保险合同 | | 20 000.00 | 1‰ | 20.00 | 0.00 | 20.00 | 0.00 | 20.00 | 20.00 | 0.00 |
| 购销合同 | | 1 000 000.00 | 万分之三 | 300.00 | 0.00 | 300.00 | 0.00 | 300.00 | 300.00 | 0.00 |
| | | | | | | | | | | |
| 合计 | 9 | 4 020 000.00 | — | 1 865.00 | 0.00 | 1 865.00 | 0.00 | 1 865.00 | 1 865.00 | 0.00 |

<table>
<tr><td colspan="2">如纳税人填报，由纳税人填写以下各栏</td><td colspan="4">如委托代理人填报，由代理人填写以下各栏</td><td>备　注</td></tr>
<tr><td rowspan="3">会计主管（签章）</td><td rowspan="3">纳税人（公章）</td><td>代理人名称</td><td></td><td colspan="2" rowspan="2">代理人（公章）</td><td rowspan="3"></td></tr>
<tr><td>代理人地址</td><td></td></tr>
<tr><td>经办人</td><td></td><td>电话</td><td></td></tr>
<tr><td colspan="7">以下由税务机关填写</td></tr>
<tr><td colspan="2">收到申报表日期</td><td colspan="2"></td><td>接收人</td><td colspan="2"></td></tr>
</table>

# 课题三　资源税纳税实务

资源税是以自然资源为课征对象征收的一种税。我国资源税具有以下四个特点。

|  |  |
| --- | --- |
| 只对特定资源征税 | 我国现行资源税的对象不是全部自然资源，而是采取列举的办法，选择部分矿产资源征税 |
| 具有受益税的性质 | 在我国，国家既是资源的所有者，又是政治权力的先行使者。对资源征税，一方面体现了税收强制性、固定性的特征，另一方面主要体现了对国有资源的有偿占用 |
| 具有级差收入税的特点 | 我国资源税对同一资源实行高低不同的差别税率，可以直接调节因资源条件不同产生的级差收入 |
| 实行从量定额征收 | 实行从量定额征收特点使得资源征收有利于促进企业增产增收，稳定国家财政收入，同时，计算简便，便于征收 |

## 项目一　解读资源税基本法律规定

### 任务一　明确资源税纳税人和扣缴义务人

| 序号 | 纳税主体类别 | 说　明 |
| --- | --- | --- |
| 1 | 资源税纳税人 | 资源税的纳税人是在我国境内开采应税矿产品或者生产盐的单位和个人。单位是指国有企业、集体企业、私营企业、股份制企业、外商投资企业、外国企业、行政事业单位、军事单位、社会团体及其他单位。个人是指个体经营者和其他个人。中外合作开采石油、天然气，按照现行规定征收矿区使用费，暂不征收资源税 |
| 2 | 资源税扣缴义务人 | 收购资源税未税矿产品的独立矿山、联合企业及其他单位为资源税的代扣代缴义务人（以下简称扣缴义务人）。“独立矿山”是指只有采矿或只有采矿和选矿的独立核算、自负盈亏的单位，其生产的原矿和精矿主要用于外销售。“联合企业”是指采矿、选矿、冶炼（或者加工）连续生产的企业或采矿、冶炼（或加工）连续生产的企业，其采矿单位一般是该企业的二级或三级以下核算单位。扣缴义务人履行代扣代缴的适用范围是收购的除原油、天然气、煤炭以外的资源税未税矿产品 |

**【例8-15】**资源税的纳税人是指我国境内从事应税开采或者生产而进行销售或自用的单位和个人。但不包括（　　）。

A. 外商投资企业和外国企业　　B. 进口应税产品的单位

C. 进口应税产品的个人　　D. 私营企业

**解析** 进口应税产品的单位和个人应缴纳增值税而不是资源税，资源税是对在我国境内开采或者生产应税产品的单位和个人征收的。正确答案选择BC。

**试一试8-12 依据资源税纳税人规定作出正确选择**

收购资源税未税矿产品的独立矿山、联合企业以及其他单位为资源税的（　　）。

A. 纳税人　　B. 扣缴义务人　　C. 管理人　　D. 征收单位

## 任务二　掌握资源税纳税范围

我国现行资源税的纳税对象是应税矿产品和盐。其中矿产品包括原油、天然气、煤炭、其他非金属产品和金属矿产品等

| 序号 | 税目名称 | 说　明 |
|---|---|---|
| 1 | 原油 | 指开采的天然原油，包括企业生产的稠油、高凝油、凝析油，不包括以油母等炼制的原油、人造石油等 |
| 2 | 天然气 | 指专门开采和与原油同时开采的天然气，不包括煤矿生产的天然气 |
| 3 | 煤炭 | 指原煤，不包括以原煤加工的洗煤矿、选煤矿及其他煤炭制品 |
| 4 | 其他非金属原矿 | 指上列产品和井矿盐以外的非金属矿原矿，包括宝石级金刚石、宝石、膨润土、石墨、石英砂、萤石、重晶石等 |
| 5 | 黑色金属矿产品原矿 | 指纳税人开采后自用销售的，用于直接入炉冶炼或作为主产品选入选精矿、制造人工矿，再最终入炉冶炼的金属矿石原矿，包括铁矿石、锰矿石、铬矿石 |
| 6 | 有色金属矿原矿 | 包括铜矿石、铅锌矿石、铝土矿石、钨矿石、锡矿石、黄金矿等 |
| 7 | 盐，包括固体盐和液体盐 | 固体盐是指海盐原盐、湖盐原盐和井矿盐。海盐原盐包括北方海盐和南方海盐。北方海盐是指辽、冀、津、鲁、苏五省、市所产海盐；南方海盐是指浙、闽、粤、琼、桂五省、自治区所产海盐。液体盐俗称卤水，是指氯化钠含量达到一定浓度的溶液，是用于生产碱或其他产品的原料 |

【例8-16】下列油类产品中，应征收资源税的为（　　）。

A. 人造石油　　B. 天然原油　　C. 汽油　　D. 液体盐

**解析** 依据我国现行资源税的纳税对象，正确答案选择B。

**试一试8-13 依据资源税纳税范围规定作出正确选择**

下列各项中，属于资源税应税产品的有（　　）。

A. 人造石油　　B. 煤矿生产的天然气

C. 海盐原盐　　D. 液体盐

## 任务三　掌握资源税税目和单位税额

资源税采用定额税率，其税目、税额幅度如下。

| 税　目 | 税额幅度 | 税　目 | | 税额幅度 |
|---|---|---|---|---|
| 原油 | 8～30元/吨 | 黑色金属矿原矿 | | 2～30元/吨 |
| 天然气 | 2～15元/千立方米 | 有色金属矿原矿 | | 0.4～30元/吨 |
| 煤炭 | 0.3～5元/吨 | 盐 | 固体盐 | 10～60元/吨 |
| 其他非金属矿原矿 | 0.5～20元/吨、立方米 | | 液体盐 | 2～10元/吨 |

资源税的具体适用税额，由财政部会同国务院有关部门，根据纳税人开采或者生产应税产品的资源状况，在规定的幅度内执行。

对税法未列举名称的纳税人适用的税率，由省、市、自治区人民政府根据纳税人资源状况，参考邻近矿山税率标准，在浮动30%的幅度内核定。

### 知识驿站 8-3 扣缴义务人代扣代缴资源税适用的单位税额如何规定

- 1. 独立矿山、联合企业收购与本单位矿种相同的未税矿产品，按照本单位相同矿种应税产品的单位税额，依据收购数量代扣代缴资源税。
- 2. 独立矿山、联合企业收购与本单位矿种不同的未税矿产品，以及其他收购单位收购的未税矿产品，按照收购地相应矿种规定的单位税额，依据收购数量代缴资源税。
- 3. 收购地没有相同品种矿产品的，按收购地主管税务机关核定的单位税额，依据收购数量代扣代缴资源税。

纳税人开采或者生产不同税目的应税产品，应当分别核算不同税目应税产品的课税数量，未分别核算或者不能准确提供不同税目应税产品的课税数量的，从高确定税率。

## 任务四　领会资源税减免政策

减免政策

- 开采原油过程中用于加热、修井的原油免税
- 纳税人开采或者生产应税产品过程中，因意外事故、自然灾害等不可抗拒的原因造成重大损失的，由省、自治区、直辖市人民政府酌情给予减税或免税
- 对独立矿山应纳的铁矿石资源税，减征60%；对应税的有色金属矿石的资源税减征30%

纳税人减免税项目，应当单独核算课税数量；未单独核算或不能准确提供课税数量的，不予减税或免税

## 项目二 资源税应纳税额计算

资源税应纳税额计算公式：应纳税额=课税数量×单位税额

可见资源税应纳税额的计算，取决于资源税的单位税额及课税数量两个因素。单位税额上已述及，纳税人只要正确选择即可。关键是正确确定课税数量即计税依据。

### 任务一 确定资源税计税依据

| 序号 | 经营业务 | 计税依据确定方法 |
|---|---|---|
| 1 | 纳税人开采或者生产应税产品销售的 | 以销售数量为课税数量 |
| 2 | 纳税人开采或者生产应税产品自用的 | 以自用数量为课税数量 |
| 3 | 纳税人不能准确提供应税产品销售数量或移送使用数量的 | 以应税产品的产量或主管税务机关确定的折算比换算成的数量为课税数量 |
| 4 | 原油中的稠油、高凝油与稀油划分不清楚或不易划分的，不再区分的 | 统按原油的数量课税 |
| 5 | 对于煤炭连续加工前无法正确计算原煤矿动用量的 | 可按加工产品的综合回收率，将加工产品实际销量或自用量折算成原煤动用量作为课税数量。洗煤折算为原煤的课税数量＝洗煤的数量 ÷ 综合回收率 |
| 6 | 对金属矿产品原矿和非金属矿产品原矿，无法准确掌握纳税人销售或移送使用金属和非金属矿产品原矿数量的 | 将其精矿按选矿比折算成原矿数量为课税数量。精矿课税数量＝精矿数量 × 选矿比 |
| 7 | 纳税人以自产的液体盐加工成固体盐销售的 | 以加工的固体盐数量为课税数量，按固体盐税额征税。纳税人以外购的液体盐加工成固体盐，其加工的固体盐所耗用液体盐的已纳税额准予扣除 |
| 8 | 扣缴义务人代扣代缴资源税 | 以收购未税矿产品的数量为计税依据 |

### 任务二 计算资源税应纳税额

**业务一：纳税人开采或者生产应税产品销售**

**【例8-17】**某矿区10月份生产石棉（二等）150 000吨，对外销售石棉100 000吨，单位税额1.7元/吨。计算该矿区10月份应纳的资源税。

**解析** 该矿区10月份课税数量=100 000（吨）

应纳税额=100 000×1.70=170 000（元）

*试一试8-14*　**依据所给业务计算该企业当月应纳的资源税**

鸡西矿务局某煤矿2007年7月生产原煤5 500吨，当月销售4 000吨，自已使用1 500吨；同时生产天然气50万立方米，当月全部销售，计算该煤矿当月应纳的资源税（鸡西矿务局煤矿的单位税额为0.5元/吨）。

**业务二：纳税人开采或者生产应税产品自用**

**【例8-18】**某油田11月生产原油320 000吨，向外销售原油220 000吨，企业自用原油50 000吨。该原油单位税额为12元/吨。计算该油田11月份应纳的资源税税额。

**解析**　该油田11月份应纳资源税税额如下。

课税数量＝220 000＋50 000＝270 000（吨）

应纳税额＝270 000×12＝3 240 000（元）

*试一试8-15*　**依据所给业务计算该企业当月应纳的资源税**

某油田4月份生产原油30万吨，其中20万吨用于外销，8万吨移送所属化工厂进行加工提炼，1万吨用于加热和修井，还有1万吨待销售。另外，在采油过程中还同时回收天然气4 000万立方米。计算该油田4月份应缴纳的资源税（原油单位税额为8元/吨，天然气单位税额为12元/千立方米）。

**业务三：对于煤炭连续加工前无法正确计算原煤矿动用量**

**【例8-19】**某煤矿12月份生产原煤180 000吨，对外直接销售100 000吨，销售自产用原煤加工的选煤80 000吨，综合回收率为75%。假定该煤田原煤税额为2元/吨。计算该煤矿应纳的资源税。

**解析**　该煤矿应纳税额如下。

洗煤折算为原煤的课税数量=洗煤的数量÷综合回收率

课税数量＝100 000＋80 000÷75%＝206 667（吨）

应纳税额＝206 667×2＝413 334（元）

*试一试8-16*　**依据所给业务计算该企业当月应纳的资源税**

某煤矿2007年生产销售原煤500万吨（单位税额每吨2元），另使用本矿生产的原煤加工成洗煤70万吨，如果税务部门无法正确计算原煤移送使用量，但已知该矿加工产品的综合回收率为70%，计算该矿应纳的资源税税额。

**业务四：对金属矿产品原矿和非金属矿产品原矿，无法准确掌握纳税人销售或移送使用金属和非金属矿产品原矿数量**

**【例8-20】**某独立矿山10月份将自产原矿1 800吨直接对外销售，又将部分自采的铁矿石原矿入选为精矿石，当月销售铁精矿石880吨，已知选矿比为1 ∶ 2.61。适用税额为15元/吨。计算该矿10月份应纳的资源税。

**解析**　该矿10月份应纳税额如下。

课税数量＝1 800＋880×2.61＝4 096.8（吨）

应纳税额＝4 096.8×15×40%＝24 580.8（元）

试一试8-17　**依据所给业务计算该企业当月应纳的资源税**

某铜矿以自产原矿入选铜精矿，因特殊原因税务部门无法准确掌握入选精矿时移送使用的原矿量。已知其入选后精矿量为7 000吨，选矿比为1 ：32，该银矿资源等级属于五等，适用的单位税额为每吨12元。计算该铜矿应纳的资源税税额。

**业务五：纳税人以自产的液体盐加工成固体盐销售**

**【例8-21】**沿海某盐场某月以自产液体盐加工固体盐2 000吨，当月售出1 600吨，以外购液体盐820吨加工固体盐550吨，当月全部售出；另外还直接销售自产液体盐500吨。计算该盐场当期应纳的资源税税额（该盐场固体盐单位税额12元 / 吨，液体盐单位税额3元 / 吨）。计算该盐场共缴纳多少资源税？

**解析**　（1）自产液体盐加工固体盐应纳资源税税额＝1 600×12＝19 200（元）

（2）外购液体盐加工固体盐应纳资源税税额＝550 × 12 － 820× 3 ＝4 140（元）

（3）销售自产液体盐应纳资源税税额＝500 × 3＝1 500（元）

（4）该盐场共应缴纳资源税税额＝19 200 ＋ 4 140＋1 500＝24 840（元）

试一试8-18　**依据所给业务计算该企业当月应纳的资源税**

某盐场5月16日、28日分别购进液体盐20 000吨、30 000吨，每吨购进价格假定为200元（含税）。5月份对外销售南方海盐原盐80 000吨（包括自产和用购入液体盐加工而成的）。另外，企业用原盐60 000吨加工成精盐出售。该盐场按月缴纳资源税。

**业务六：扣缴义务人代扣代缴资源税**

**【例8-22】**某矿山联合企业5月份自产入选露天矿（五等）铁矿石560 000吨，又分别于5月8日、5月13日、5月20日、5月27日收购未税入选露天矿（五等）铁矿石32 000吨、40 000吨、30 000吨和38 000吨，每吨收购价格70元。该矿山铁矿石的单位税额为14.5元/吨。该矿山以10天为纳税期限，按上月税额预缴，月终申报纳税并结清本月税款。4月份税款为10 800 000元。请计算月终抵缴时企业实际多缴多少税款？

**解析**　计算分析如下。

① 5月8日，企业收购铁矿石时代扣代缴资源税＝32 000×14.5＝464 000（元）

② 5月13日，企业收购铁矿石时代扣代缴资源税＝40 000×14.5＝580 000（元）

③ 5月20日，企业收购铁矿石时代扣代缴资源税＝30 000×14.5＝435 000（元）

④ 5月27日，企业收购铁矿石时代扣代缴资源税＝38 000×14.5＝551 000（元）

⑤ 企业按规定的纳税期限预缴资源税，每期预缴税款＝10 800 000/3＝3 600 000（元）

⑥ 月终企业结算时应纳税额＝560 000×14.5＝8 120 000（元）

⑦ 月终抵缴时企业实际多缴税款＝10 800 000 － 10 150 000＝650 000（元）

试一试8-19　**依据所给业务计算该企业当月应纳的资源税**

某矿山2月共生产销售铁矿石原矿2万吨。在开采铁矿石的过程中，还开采销售了伴生矿锰矿石2 000吨，铬矿石1 000吨。同时在另一采矿点还开采销售了瓷土3 000吨。该矿山铁矿石原矿的单位税额为16元 / 吨，锰矿石、铬矿石和瓷土原矿的单位税额分别是2元 / 吨、3元 / 吨和3元 / 吨。计算该矿山在分别核算与未分别核算下应纳的资源税。

# 项目三　资源税纳税申报

## 任务一　掌握资源税纳税申报法律规定

| 序号 | 纳税申报项目 | 资源税纳税申报相关法律规定说明 |
| --- | --- | --- |
| 1 | 纳税义务发生时间 | 纳税人采取分期收款结算方式的，为销售合同规定的收款日的当天 |
| | | 纳税人采取预收货款结算方式的，为发出应税产品的当天 |
| | | 纳税人采取除分期收款和预收货款以外结算方式的，为收讫销售款或取得索取销售款凭据的当天 |
| | | 自产自用应税产品的，为移送使用的当天 |
| | | 扣缴义务人代扣代缴税款的，为支付货款的当天 |
| 2 | 纳税期限 | 资源税的纳税期限为1日、3日、5日、10日、15日或1个月，由主管税务机关根据实际情况具体核定。不能按固定期限纳税的，可按次计算纳税 |
| | | 纳税人以月为纳税期的，自期满之日起10日内申报纳税，以日为纳税期的，自期满之日起5日内预缴税款，于次月1日起10日内申报纳税，并结算上月税款。扣缴义务日的解缴税款期限，比照上述规定执行 |
| 3 | 纳税地点 | 纳税人应缴纳的资源税，应当向应税产品的开采或生产所在地的主管税务机关缴纳。扣缴义务人代扣代缴的资源税，应当向收购地的主管税务机关缴纳。纳税人在本省、自治区、直辖市范围内开采或生产应税产品，其纳税地点需要调整的，由省、自治区、直辖市人民政府确定 |

## 任务二　计算填列资源税纳税申报表

**【例8-23】**某铜矿山纳税人识别号390105930859385，2006年2月份销售铜矿石原矿20 000吨，移送入选精矿2 000吨，选矿比为20 %，该矿山铜矿属于5等，按规定选用1.2元 / 吨的单位税额，对有色金属矿按规定税额减征30 %，即按70 %征收。

**要求：**计算填列资源税纳税申报表。

**解析**　计算填列资源税纳税申报表（见表8-5）。

① 外销铜矿石原矿的应纳税额

原矿应纳税额 = 课税数量 × 单位税额 − 课税数量 × 单位税款 × 减征比例

= 20 000×1.2 − 20 000×1.2×30% = 24 000 − 7 200 = 16 800（元）

② 入选精矿的应纳税额

精矿应纳税额 = 入选精矿数量 ÷ 选矿比 × 单位税额 − 入选精矿数量 ÷ 选矿比 × 单位税额 × 减征比例 = 2 000÷20% ×1.2 − 2 000÷20 % ×1.2×30%

= 12 000 − 3 600 = 8 400（元）

③ 合计应纳税额

应纳税额 = 原矿应纳税额 + 精矿应纳税额 = 16 800+8 400 = 25 200（元）

**表8-5　资源税纳税申报表**

填表日期：2006年03月03日

纳税人识别号：390105930859385　　　　金额单位：元（列至角分）

| 纳税人名称 | | 某煤炭联合企业 | | 税款所属期 | 2006年2月01日至02月28日 | | | |
|---|---|---|---|---|---|---|---|---|
| 产品名称 | | 课税单位 | 课税数量 | 单位税额 | 应纳税额 | 已纳税额 | 应补（退）税额 | 备注 |
| 应纳税项目 | 铜矿石原矿 | 吨 | 20 000.00 | 1.20 | 24 000.00 | 0.00 | 24 000.00 | |
| | 铜矿石精矿 | 吨 | 10 000.00 | 1.20 | 12 000.00 | 0.00 | 12 000.00 | |
| | | | | | | | | |
| | | | | | | | | |
| | | | | | | | | |
| | | | | | | | | |
| 减免税项目 | 铜矿石原矿 | 吨 | 20 000.00 | 1.20×30 % | 7 200.00 | 0.00 | 7 200.00 | |
| | 铜矿石精矿 | 吨 | 10 000.00 | 1.20×30 % | 3 600.00 | 0.00 | 3 600.00 | |
| | | | | | | | | |
| | | | | | | | | |
| | | | | | | | | |

| 如纳税人填报，由纳税人填写以下各栏 | | 如委托代理人填报，由代理人填写以下各栏 | | | | 备注 |
|---|---|---|---|---|---|---|
| 会计主管（签章） | 纳税人（公章） | 代理人名称 | | 代理人（公章） | | |
| | | 代理人地址 | | | | |
| | | 经办人 | | 电话 | | |

| 以下由税务机关填写 | | | |
|---|---|---|---|
| 收到申报表日期 | | 接收人 | |

*试一试8-20*　**依据所提供业务计算资源税纳税申报表**

某纳税人的纳税人识别号为290050047545600，2006年3月以自产液体盐30 000吨和外购液体盐20 000吨（每吨已缴纳资源税5元）加工成固体盐14 000吨对外销售。已知固体盐税额为每吨30元。

## 课题四　土地增值税纳税实务

土地增值税是对转让国有土地使用权、地上建筑物及其附着物并取得收入的单位和个人就其转让房地产所取得的增值额征收的一种税。它有以下几个特点。

| | |
|---|---|
| 以转让房地产取得的增值额为征税对象 | 作为征税对象的增值额，是纳税人转让房地产的收入减除税法规定扣除项目金额后的余额 |
| 采用扣除法和评估法计算增值额 | 对纳税人转让房地产取得的收入，减除税法规定扣除项目金额后的余额为计税依据；对旧房及建筑物的转让，以及纳税人转让房地产申报不实、成交价格明显偏低的，采用评估法确定增值额计税 |
| 实行超率累进税率 | 土地增值税的税率是以转让房地产增值率高低为依据，按照累进原则设计的，实行分级计税 |
| 实行按次征收 | 土地增值税在房地产转让的环节，实行按次征收，每发生一次转让行为，就应根据每次取得的增值额征一次税 |

# 项目一　解读土地增值税基本法律规定

## 任务一　确定土地增值税的纳税人

凡有偿转让我国国有土地使用权、地上建筑物及其附着物（以下简称转让房地产）并取得收入的单位和个人，为土地增值税的纳税义务人。土地增值税的纳税义务人包括外商投资企业、外国企业、外国机构、华侨、中国港、澳、台同胞及外国公民。

## 任务二　界定土地增值税征税范围

土地增值税纳税范围是：转让国有土地使用权；地上建筑物及其附着物连同国有土地使用权一并转让。

土地增值税纳税范围的具体界定有以下几种情况。

| 序号 | 经营情况 | 纳税范围的具体界定说明 |
|---|---|---|
| 1 | 以出售方式转让国有土地使用权、地上建筑物及附着物 | 出售国有土地使用权是指土地使用者通过出让方式，向政府缴纳了土地出让金，有偿受让土地使用权后，仅对土地进行通水、通电、通路和平整地面等土地开发，不进行房产开发，然后直接将空地出售，应计算缴纳土地增值税 |
| | | 取得国有土地使用权后进行房屋开发建造，然后出售，即通常所说的房地产开发，应计算缴纳土地增值税 |
| | | 存量房地产的买卖，是指已经建成并已投入使用的房地产，其房屋产权和土地使用权一并转让给其他单位和个人，应计算缴纳土地增值税 |
| 2 | 以继承、赠与方式转让房地产 | 因其只发生房地产产权转让，没有取得相应的收入，属于无偿转让房地产的行为，不缴土地增值税 |
| 3 | 房地产出租 | 出租人虽取得了收入，但没有发生房产产权、土地使用权的转让，不缴土地增值税 |

续表

| 序号 | 经营情况 | 纳税范围的具体界定说明 |
|---|---|---|
| 4 | 房地产抵押 | 房地产在抵押期间未发生权属的变更，不缴纳土地增值税。抵押期满后，发生房地产权属转让的，缴纳土地增值税 |
| 5 | 房地产交换 | 房地产交换即发生了房产产权、土地使用权的转移，交换双方又取得了实物形态的收入，应缴纳土地增值税 |
| 6 | 以房地产投资入股进行合资或联营 | 因其收入以股息、红利等形式体现，是否缴纳土地增值税，由财政部门、国家税务总局另行规定 |
| 7 | 房地产的联建 | 这是以转让部分土地使用权来换取新建成房屋部分产权的行为，是否缴纳增值税，由财政部门、国家税务总局另行规定 |
| 8 | 房地产的重新评估 | 对房地产重新评估后升值的，因未发生房地产权属转移，土地使用人也未取得收入，不缴土地增值税 |

## 任务三 熟悉土地增值税税率设置

土地增值税实行的是四级超率累进税率，即以纳税对象的增值率为累进依据，按超累方式计算应纳税额的税率。采用超率累进税率，需要确定几项因素：一是纳税对象数额的相对率。土地增值税的增值额与扣除项目金额的比为相对率。二是把纳税对象的相对率从低到高划分为若干个级次。土地增值税按增值额与扣除项目金额的比率从低到高划分为四个级次，即增值额未超过扣除项目金额50%的部分，增值额超过扣除项目金额50%、未超过100%的部分，增值额超过扣除项目金额100%、未超过200%的部分，增值额超过扣除项目金额200%的部分。三是按各级次分别规定不同的税率。土地增值税的税率是30%、40%、50%、66%。

| 级数 | 土地增值额 | 税率/% | 速算扣除系数 |
|---|---|---|---|
| 1 | 增值额未超过扣除项目金额50%的 | 30 | 0 |
| 2 | 增值额超过扣除项目金额50%，未超过100%的 | 40 | 5% |
| 3 | 增值额超过扣除项目金额100%，未超过200%的 | 50 | 15% |
| 4 | 增值额超过扣除项目金额200%的 | 60 | 35% |

## 任务四 领会土地增值税减免政策

纳税人建造普通标准住宅出售，增值额未超过扣除项目金额20%的，可免缴土地增值税

因国家建设需要依法征用、收回的房地产，可免缴土地增值税

个人因工作调动或改善居住条件而转让原自用住房，经向税务机关申报核准，凡居住满5年或5年以上的免税；满3年未满5年的，减半征收；未满3年的，照章征税

以房地产进行投资、联营的，投资、联营的一方以土地（房地产）作价入股进行投资作为联营条件，将房地产转让到所投资、联营的企业时，可免缴土地增值税；一方出地，一方出资金，双方合作建房，建成后按比例分房自用的，可免缴土地增值税

**【例8-24】** 判断下面说法的正误。

对一方出土地、一方出资金双方合作建房，建成后转让的，免征土地增值税。（　　）

**解析**　建成后按比例分房自用的，可免缴土地增值税。建成后转让的，不可免税。

*试一试8-21*　**依据土地增值税减免政策作出正确选择**

下列免征土地增值税的行为有（　　）。

A. 两企业互换房地产　　B. 两企业合作开发房地产转让

C. 个人互换自有自用房地产　　D. 甲企业兼并乙企业

E. 甲房地产作为股份投入乙企业

# 项目二　土地增值税计算

## 任务一　确定计税依据

土地增值税以纳税人转让房地产所取得的增值额为计税依据。增值额为纳税人转让房地产所取得的收入减除扣除项目金额后的余额。

纳税人转让房地产所取得的收入，包括货币收入、实物收入和其他收入。

增值额扣除项目包括以下五项内容。

| 序号 | 扣除项目 | 扣除项目说明 |
| --- | --- | --- |
| 1 | 取得土地使用权所支付的金额 | 指纳税人为取得土地使用权所支付的地价款和按国家统一规定缴纳的有关费用 |
| 2 | 开发土地和新建房及配套设施（以下简称房地产开发）的成本 | 指纳税人房地产开发项目实际发生的成本（以下简称房地产开发成本），包括土地征用及拆迁补偿费、前期工程费、建筑安装工程费、基础设施费、公共配套设施费、开发间接费用 |
| 3 | 开发土地和新建房及配套设施的费用（以下简称房地产开发费用） | 与房地产开发项目有关的费用包括销售费用、管理费用和财务费用。财务费用中的利息支出，凡能够按转让房地产项目计算分摊并提供金融机构证明的，允许据实扣除，但最高不能超过按商业银行同类同期贷款利率计算的金额。其他房地产开发费用，按第1、第2项规定计算的金额之和的5%以内计算扣除。凡不能按转让房地产项目计算分摊利息支出或不能提供金融机构证明的，房地产开发费用按第1、第2项规定计算的金额之和的10%以内计算扣除。上述计算扣除的具体比例，由各省、自治区、直辖市人民政府规定 |
| 4 | 与转让房地产有关的税金 | 是指在转让房地产时缴纳的营业税、城市维护建设税、印花税。因转让房地产缴纳的教育费附加，也可视同税金予以扣除 |
| 5 | 房地产开发企业加计扣除 | 对从事房地产开发的纳税人可按第1、第2项规定计算的金额之和，加计20%的扣除 |

注意

纳税人成片受让土地使用权后，分期分批开发、转让房地产的，其扣除项目金额的确定，可按转让土地使用权的面积占总面积的比例计算分摊，或按建筑面积计算分摊，也可按税务机关确认的其他方式计算分摊。

## 任务二　计算土地增值税应纳税额

计算土地增值税的公式为：应纳土地增值税＝增值额×税率。

**1. 掌握土地增值税计算方法。**

土地增值税以纳税人转让房地产所取得的增值额为计税依据，按照超率累进税率计算应纳税额，其应纳税额有以下两种计算方法。

方法一：分步计算法。即按照每一级距的土地增值额乘以该级距相应的税率，分别计算各级次土地增值税税额，然后将其相加汇总，求得应纳税额。其计算公式为：

应纳税额＝∑（每一级距的土地增值额×适用税率）

这种分步计算法计算过程比较繁琐，因此，在实际工作中，一般采用速算扣除法，以简化计算过程。

方法二：速算扣除法。即按照增值额乘以适用税率，减去扣除项目金额乘以速算扣除系数的简便方法计算应纳税额。具体计算公式如下。

| 序号 | 增值额占扣除项目金额的比例 | 计 算 公 式 |
|---|---|---|
| 1 | 增值额未超过扣除项目金额50%的 | 土地增值税税额=增值额×30% |
| 2 | 增值额超过扣除项目金额50%，未超过100%的 | 土地增值税税额=增值额×40%－扣除项目金额×5% |
| 3 | 增值额超过扣除项目金额100%，未超过200%的 | 土地增值税税额=增值额×50%－扣除项目金额×15% |
| 4 | 增值额超过扣除项目金额200%的 | 土地增值税税额=增值额×60%－扣除项目金额×35% |

**2. 掌握计算程序**

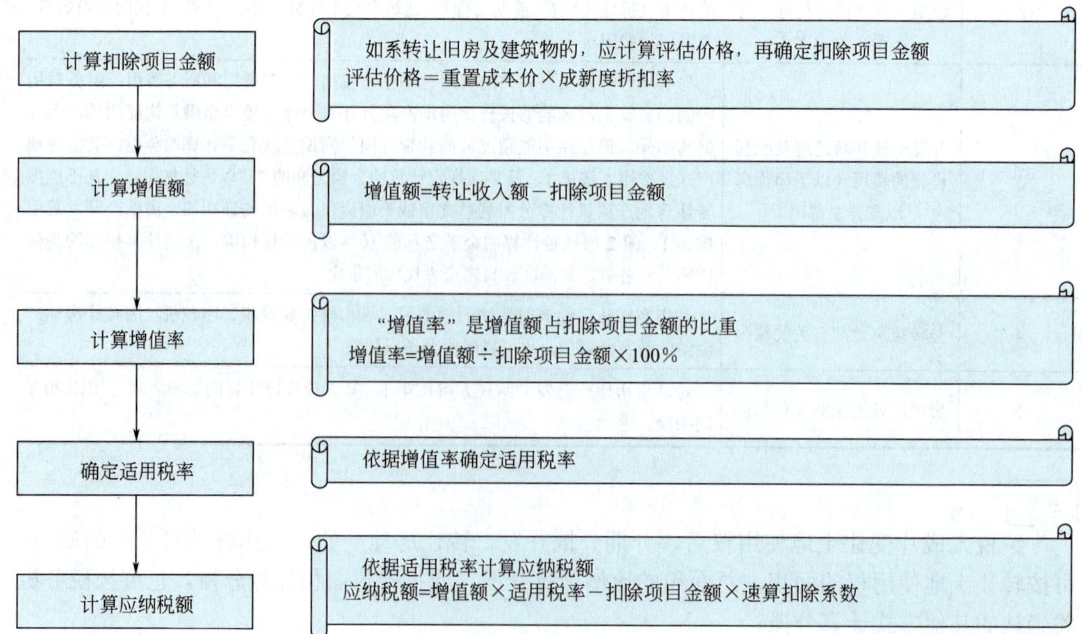

【例8-25】某房地产开发公司建造一幢普通标准住宅出售，取得销售收入600万元（假设城建税税率为7%，教育费附加征收率为3%）。该公司为建造普通标准住宅而支付的地价款为100万元，建造此楼投入了300万元的房地产开发成本，由于该房地产开发公司同时建造别墅等住宅，对该普通标准住宅所用的银行贷款利息支出无法分摊，该地规定房地产开发费用的计提比例为10%，该公司转让此普通标准住宅是否应缴纳土地增值税？

**解析**　计算过程如下。

（1）确认转让房地产的收入为600万元

（2）确定转让房地产的扣除项目金额：

① 取得土地使用权所支付的金额为100万元

② 房地产开发成本为300万元

③ 房地产开发费用为：（100＋300）×10%＝40（万元）

④ 与转让房地产有关的税金为：600×5% ×（1＋7%＋3%）＝33（万元）

⑤ 从事房地产开发的加计扣除金额为：（100＋300）×20%＝80（万元）

⑥ 转让房地产的扣除项目金额为：100＋300＋40＋33＋80＝553（万元）

（3）转让房地产的增值额为：600 － 533＝47（万元）

（4）增值额与扣除项目金额的比率为：（47÷553）×100%＝8.5%

（5）确定是否应缴纳土地增值税

由于该房地产开发公司转让此普通标准住宅取得的增值额未超过扣除项目金额的20%，因此按规定免征土地增值税。

【例8-26】某单位有一幢旧楼房转让后，实现转让收入2 300万元，随即依法缴纳了有关税金（税率为印花税5%，营业税5%，城建税7%，教育费附加3%），根据有关资料查实，该楼当时造价610万元，现经当地政府批准设立的房地产评估公司评定，确定其重置成本价格为2 500万元，楼房现有五成新，根据有关规定转让以行政划拨方式取得的土地使用权补交出让金95万元，计算应纳土地增值税。

**解析**　计算过程如下。

（1）缴纳税金总计＝2 300×5%＋2 300×5%（1＋7%＋3%）＝138（万元）

（2）楼房评估价格＝2 500×50%＝1 250（万元）

（3）补交土地转让金95万元

（4）扣除项目金额合计＝138＋1 250＋95＝1 483（万元）

（5）转让增值额＝2 300 － 1 483＝817（万元）

（6）增值率＝（817÷1 483）×100%＝55%

（7）应纳土地增值税=817×40%－ 1 483×5%＝326.8 － 74.15＝252.66（万元）

【例8-27】某房地产开发公司建设一栋商品楼住宅，尚未竣工，就已售给一外单位，合同售价为450万元，商品楼预算成本费用为180万元；3个月后，商品楼建成交付使用，实际成本费用为215万元，计算该公司应纳的土地增值税税额。

**解析**　计算过程如下。

（1）计算增值额

用预算成本计算增值额为：450 － 180＝270（万元）

用实际成本计算增值额为：450 － 215＝235（万元）

（2）计算增值额占扣除项目金额的百分比

用预算成本计算为：270÷180×100%＝150%

用实际成本计算为：235÷215×100%＝109.3%

（3）计算应纳税额

用预算成本计算应预缴税额为：270×50%－180×15%＝108（万元）

用实际成本计算应纳税额为：235×50%－215×15%＝85.25（万元）

应退税额为：108－85.25＝－22.75（万元）

**试一试8-22　依据所提供业务计算应纳土地增值税税额**

甲单位将其所拥有的新建办公楼一幢出售给乙单位，售价为4 900万元，按照甲企业提供的有关资料，甲企业在取得该土地使用权时，共支付土地出让金850万元，在建设该办公楼过程中，支付有关此拆迁补偿费160万元，支付前期开发费用70万元，支付建筑安装工程费1 520万元，支付基础设施费240万元，支付开发间接费用134万元，建造过程中发生贷款利息支出76万元，支付有关税金245万元，计算该单位应纳土地增值税税额。

## 项目三　土地增值税纳税申报

### 任务一　掌握土地增值税纳税申报规定

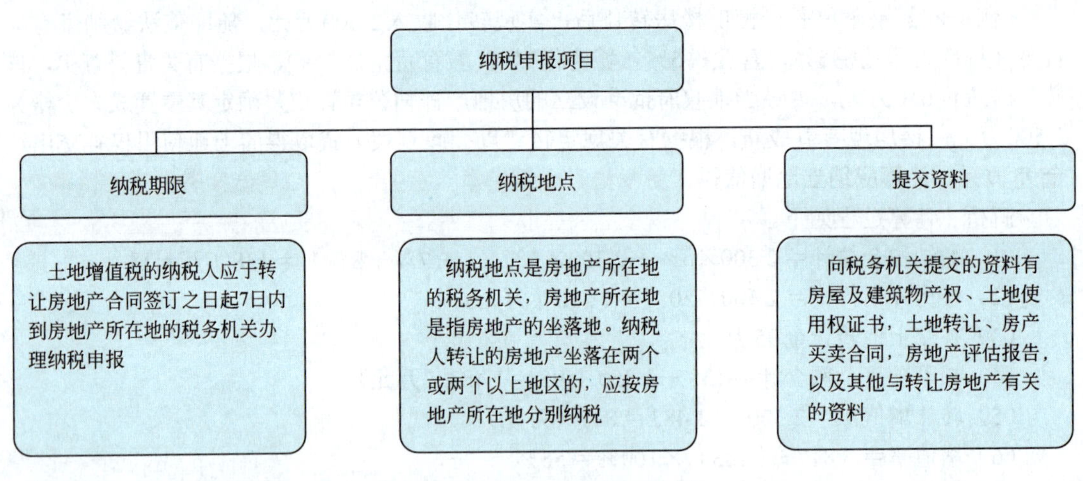

### 任务二　计算填列土地增值税纳税申报表

纳税人必须按照税法的有关规定，向房地产所在地主管税务机关如实申报转让房地产所得的收入、扣除项目金额，以及应纳土地增值税税额，并按期缴纳税款。对从事房地产开发的纳税人，必须填列土地增值税项目登记表（略）和土地增值税纳税申报表（一），见表8-6；对非从事房地产开发的纳税人，必须填列土地增值税纳税申报表（二），见表8-7。

**【例8-28】**北京佳明房地产开发有限公司地处北京市海淀区牡丹园，其税务登记证号码为110108725383903，2005年3月起开始在海淀区牡丹园建造金鼎大厦。2006年2月转让土地使用权取得收入30 000 000元，转让地上建筑物及其附着物取得收入79 740 000元。取得土地使用权支付12 000 000元；房地产开发成本32 000 000元，其中土地征用及拆迁补偿费2 500 000元，前期工程费3 000 000元，建筑安装工程费17 000 000元，基础设施费4 000 000元，公共配套设施费1 000 000元，开发间接费用4 500 000元；向银行借贷50 000 000元，1年期，利率4 %，向非银行金融机构借款5 000 000元，支付利息400 000元，均能按转让房地产项目分摊利息；管理销售费用（包括印花税）300 000元。除利息外允许扣除的其他房地产开发费用，为按取得土地使用权所支付的金额与房地产开发成本计算的金额之和的5 %。

**要求**：计算填列该公司2006年2月份的土地增值税纳税申报表。

**解析** 该公司计算填列2006年2月份的土地增值税纳税申报表（见表8-6）如下。

（1）转让房地产收入 ＝ 30 000 000 ＋ 79 740 000 ＝ 109 740 000（元）

（2）转让房地产的扣除项目金额

① 取得土地使用权所支付的金额为12 000 000元

② 房地产开发成本＝ 2 500 000 ＋ 3 000 000 ＋ 17 000 000 ＋ 4 000 000 ＋ 1 000 000 ＋ 4 500 000
＝ 32 000 000（元）

③ 房地产开发费用 ＝ 利息支出＋其他房地产开发费用 ＝利息支出＋（取得土地使用权所支付的金额＋房地产开发成本）×5 %＝（50 000 000＋50 000 000）×4 %＋（12 000 000＋32 000 000）×5 %＝2 200 000＋2 200 000＝4 400 000（元）

财务费用中的利息支出，凡能够按转让房地产项目计算分摊并提供金融机构证明的，允许据实扣除，但最高不能超过按商业银行同类同期贷款利率计算的金额。其他房地产开发费用，按取得土地使用权所支付的金额和房地产开发成本计算的金额之和的5 %以内计算扣除。凡不能按转让房地产项目计算分摊利息支出或不能提供金融机构证明的，房地产开发费用按取得土地使用权所支付的金额和房地产开发成本计算的金额之和的10 %以内计算扣除。计算扣除的具体比例，由各省、自治区、直辖市人民政府规定。

④ 与转让房地产有关的税金 ＝ 营业税＋城市维护建设税＋教育费附加 ＝ 109 740 000×5 %＋109 740 000×5 %×7 %＋109 740 000×5 %×3 % ＝ 5 487 000 ＋ 384 090 ＋ 164 610 ＝ 6 035 700（元）

⑤ 财政部规定从事房地产开发企业的加计扣除数＝（取得土地使用权所支付的金额＋房地产开发成本）×20 % ＝（12 000 000 ＋ 32 000 000）×20 % ＝ 8 800 000（元）

⑥ 扣除项目金额合计 ＝ 12 000 000 ＋ 32 000 000 ＋ 4 400 000 ＋ 6 035 700 ＋ 8 800 000 ＝ 63 235 700（元）

（3）转让房地产的增值额 ＝ 109 740 000 － 63 235 700 ＝ 46 504 300（元）

（4）增值额与扣除项目金额之比 ＝ 46 504 300÷63 235 700 ＝ 73.54 %

（5）应缴土地增值税税款＝46 504 300×40% － 63 235 700×5 %＝15 439 935（元）

**表8-6 土地增值税纳税申报表**（一）（从事房地产开发的纳税人适用）

序号：□□□-□□□

税务登记证号码：1 1 0 1 0 8 7 2 5 3 8 3 9 0 3 税务计算机代码：0 6 1 8 3 6 9 3

缴款书号码：□□□□□□□□

税款所属期：2006年02月 填表日期：2006年03月03日 金额单位：元（列至角分）

| 纳税人名称 | 北京佳明房地产开发有限公司 | 纳税人地址 | 海淀区牡丹园 | 联系人、电话 | 马涛/84837591 |
|---|---|---|---|---|---|
| 经济类型 | 国有 | 行业 | 建筑开发 | 直接主管部门 | 海淀土地开发部门 |
| 开户银行 | 中国银行塔院支行 | 账号 | 027493275934270 | 邮政编码 | 100088 |
| 项目名称 | 金鼎大厦 | 项目详细坐落地址 | | 海淀区牡丹园 | |

续表

| 纳税人名称 | 北京佳明房地产开发有限公司 | 纳税人地址 | 海淀区牡丹园 | 联系人、电话 | 马涛/84837591 |
|---|---|---|---|---|---|
| 项目 | | 行次 | 纳税人申报金额 | | |
| 一、转让房地产收入总额 1＝2+3 | | 1 | 109 740 000.00 | 携带资料：<br>1.当期财务会计报表［损益表、主要开发产品（工程）销售明细表、在建开发项目成本表、已完工开发项目成本表］装修标准等资料。<br>2.银行贷款利息结算通知单。<br>3.转让房地产有关资料（商品房购销合同附本、项目工程合同结算单等）。<br>4.其他 | |
| 其中 | 转让土地收入 | 2 | 30 000 000.00 | | |
| | 转让地上建筑物及其附着物收入 | 3 | 79 740 000.00 | | |
| 二、扣除项目金额合计<br>4＝5+6+13+16+20+21 | | 4 | 63 235 700.00 | | |
| 1.取得土地使用权所支付的金额 | | 5 | 12 000 000.00 | | |
| 2.房地产开发成本<br>6＝7+8+9+10+11+12 | | 6 | 32 000 000.00 | | |
| 其中 | 土地征用及拆迁补偿费 | 7 | 2 500 000.00 | | |
| | 前期工程费 | 8 | 3 000 000.00 | | |
| | 建筑安装工程费 | 9 | 17 000 000.00 | | |
| | 基础设施费 | 10 | 4 000 000.00 | | |
| | 公共配套设施费 | 11 | 1 000 000.00 | | |
| | 开发间接费用 | 12 | 4 500 000.00 | | |
| 3.房地产开发费用 13＝14+15 | | 13 | 4 400 000.00 | 备注：由纳税人填写本表未尽事宜 | |
| 其中 | 利息支出 | 14 | 2 200 000.00 | | |
| | 其他房地产开发费用 | 15 | 2 200 000.00 | | |
| 4.与转让房地产有关的税金<br>16＝17+18+19 | | 16 | 6 035 700.00 | | |
| 其中 | 营业税 | 17 | 5 487 000.00 | | |
| | 城市维护建设税 | 18 | 384 090.00 | | |
| | 教育费附加 | 19 | 164 610.00 | | |
| 5.财政部规定的加计20%扣除数<br>20＝（5+6）×20% | | 20 | 8 800 000.00 | | |
| 6.财政部规定的其他扣除项目金额 | | 21 | 0.00 | | |
| 三、增值额 22＝1－4 | | 22 | 46 504 300.00 | | |
| 四、增值额与扣除项目金额之比/%<br>23＝22÷4 | | 23 | 73.54 | | |
| 五、适用税率/% | | 24 | 40 | | |
| 六、速算扣除系数/% | | 25 | 5 | | |
| 七、预收房地产价款 | | 26 | | | |
| 八、预征比例/% | | 27 | | | |
| 九、应缴（或预缴）土地增值税<br>税额28=22×24－4×25(或26×27) | | 28 | 15 439 935.00 | | |
| 十、已缴土地增值税税额 | | 29 | 0.00 | | |
| 十一、本期实际缴纳土地增值税金额 | | 30 | 0.00 | | |
| 十二、应补（退）土地增值税税额<br>31＝28－29－30 | | 31 | 15 439 935.00 | | |
| 十三、项目竣工清算应补（退）土地增值税税额 32＝28－29 | | 32 | | | |

续表

<table>
<tr><td>纳税人名称</td><td colspan="2">北京佳明房地产开发有限公司</td><td>纳税人地址</td><td>海淀区牡丹园</td><td colspan="2">联系人、电话</td><td>马涛/84837591</td></tr>
<tr><td colspan="3">如纳税人填报，由纳税人填写以下各栏</td><td colspan="4">如委托代理人填报，由代理人填写以下各栏</td><td>备注</td></tr>
<tr><td rowspan="3">会计主管<br>（签章）</td><td rowspan="3">经办人<br>（公章）</td><td rowspan="3">纳税人<br>（公章）</td><td>代理人名称</td><td></td><td colspan="2" rowspan="2">代理人<br>（公章）</td><td rowspan="3"></td></tr>
<tr><td>代理人地址</td><td></td></tr>
<tr><td>经办人</td><td></td><td>电话</td><td></td></tr>
<tr><td colspan="8">以下由税务机关填写</td></tr>
<tr><td colspan="2">收到申报表日期</td><td colspan="3"></td><td>接收人</td><td colspan="2"></td></tr>
</table>

**填 表 说 明**

纳税人转让已经完成开发的房地产并取得转让房地产收入和预售正在开发的房地产并取得预收房地产价款的，应按照税务机关核定的申报期限，据实向指定的地方主管税务机关填报本表。

**1．表头项目**

（1）“税务登记证号码”：按地方税务机关编排的代码填写。

（2）“序号”：前三位同土地增值税项目登记表中税务机关编制填写的号码，后三位按项目转让次数有申报单位自“001”起顺序编号，不可重号。

（3）“税务计算机代码”：指纳税人在地税计算机征收管理系统的识别号码。

（4）“税款所属期”：指申报税款所属的时段。

（5）“纳税人名称”：是纳税人税务登记的全称。

（6）“纳税人地址”：是纳税人于工商局登记的地址。

（7）“经济类型”：按国有、集体、私营、个体、联营、股份制、外商投资、中国港澳台同胞投资和其他填报。

（8）“行业”：按工业、商业、邮电通信、交通运输、旅游服务、金融保险、建筑开发、行政机关、事业单位、军队、人民团体、个人和其他填报。

（9）“直接主管部门”：按纳税人隶属的上一级管理部门或机构填写，外商投资企业不填。

（10）“开户银行”：是纳税人用于缴交税款账号所在的银行。

（11）“账号”：是纳税人用于缴交税款的账号。

（12）“项目名称”：填写纳税人所开发并转让的房地产开发项目全称。

**2．表中项目**

（1）本表各项内容，均应以土地增值税的基本计税单位（栋号）为填报对象。如系综合项目开发，普通标准住宅部分单独填报。

（2）本表第13、第14、第15栏“房地产开发费用”、“利息支出”、“其他房地产开发费”应按政策规定计算填写。

（3）本表第24栏“适用税率”应按四级超率累进税率表中所适用的最高一级税率填写。如果纳税人建造普通标准住宅出售，且增值额与扣除项目金额之比未超过20％的，本栏填写“0”。

（4）本表第28栏，预征土地增值税时，适用公式为：28＝26×27；其他情况适用公式为：28＝22×24－4×25。

（5）本表第32栏“项目竣工清算应补（退）土地增值税税额”仅在办理项目竣工清算时填写。

**3．填写本表时应同时填写土地增值税纳税申报表（一）附表。**

**4．本表一式两份，送地方主管税务机关审核盖章后，税务机关留存一份，退回申报单位一份。**

**【例8-29】**乙企业为非从事房地产开发的纳税企业，纳税人识别号为110105104677941。2006年2月将已用写字楼转让，取得收入50 000 000元；取得土地使用权所支付的金额6 000 000元；该写字楼的重置成本价40 000 000元，成新度折扣率为60％。

**要求**：计算填列该企业2006年2月份的土地增值税纳税申报表。

**解析**　该企业计算填列2006年2月份的土地增值税纳税申报表（见表8-7）如下。

## 表8-7 土地增值税纳税申报表（非从事房地产开发的纳税人适用）

填表日期：2006年03月03日

纳税人识别号：| 1 | 1 | 0 | 1 | 0 | 5 | 1 | 0 | 4 | 6 | 7 | 7 | 9 | 4 | 1 | | | 金额单位：元（列至角分）

| 纳税人名称 | | 乙企业 | 税款所属期 | 2006年2月 |
|---|---|---|---|---|
| 项 目 | | | 行 次 | 金 额 |
| 一、转让房地产收入总额1＝2+3 | | | 1 | 50 000 000.00 |
| 其中 | 货币收入 | | 2 | 50 000 000.00 |
| | 实物收入及其他收入 | | 3 | 0.00 |
| 二、扣除项目金额合计4＝5+6+9 | | | 4 | 32 775 000.00 |
| 1.取得土地使用权所支付的金额 | | | 5 | 6 000 000.00 |
| 2.旧房及建筑物的评估价格6＝7×8 | | | 6 | 24 000 000.00 |
| 其中 | 旧房及建筑物的重置成本价 | | 7 | 40 000 000.00 |
| | 成新度折扣率 | | 8 | 60 % |
| 3.与转让房地产有关的税金等9＝10+11+12+13 | | | 9 | 2 775 000.00 |
| 其中 | 营业税 | | 10 | 2 500 000.00 |
| | 城市维护建设税 | | 11 | 175 000.00 |
| | 印花税 | | 12 | 25 000.00 |
| | 教育费附加 | | 13 | 75 000.00 |
| 三、增值额14＝1－4 | | | 14 | 17 225 000.00 |
| 四、增值额与扣除项目金额之比/% 15＝14÷4 | | | 15 | 52.56 |
| 五、适用税率/% | | | 16 | 40 |
| 六、速算扣除系数/% | | | 17 | 5 |
| 七、应缴土地增值税税额18＝14×16－4×17 | | | 18 | 5 251 250.00 |

| 如纳税人填报，由纳税人填写以下各栏 | | 如委托代理人填报，由代理人填写以下各栏 | | | | 备注 |
|---|---|---|---|---|---|---|
| 会计主管（签章） | 纳税人（公章） | 代理人名称 | | 代理人（公章） | | |
| | | 代理人地址 | | | | |
| | | 经办人 | | 电话 | | |
| 以下由税务机关填写 | | | | | | |
| 收到申报表日期 | | 接收人 | | | | |

**填 表 说 明**

从事非房地产的纳税人应根据转让房地产项目作为填报对象。纳税人如果同时转让2个或2个以上房地产的，应分别填报申报表。

**1．表头说明**

（1）“纳税人识别号”指地方税务登记证号。

（2）“纳税人名称”指纳税人税务登记的全称。

（3）“税款所属期”指申报税款所属的时段。

**2．申报事项填写说明**

（1）“转让房地产收入总额”，按纳税人转让房地产开发项目所取得的全部收入额填写。

（2）“货币收入”，按纳税人转让房地产开发项目所取得的货币形态收入额填写。

（3）“实物收入及其他收入”，按纳税人转让房地产开发项目所取得的实物形态和无形资产等其他形式的收入额填写。

（4）“取得土地使用权所支付的金额”，按纳税人为取得该房地产开发项目的土地使用权而实际支付（补交）的土地出让金（地价款）及按国家统一规定缴纳的有关费用填写。

（5）“旧房及建筑物的评估价格”，是指根据《中华人民共和国土地增值税暂行条例》及其实施细则等有关规定，按重置成本评估旧房及建筑物并经当地税务机关确认的评估价格的数额。

（6）“旧房及建筑物的重置成本价”，是指根据《中华人民共和国土地增值税暂行条例》及其实施细则等有关规定，由政府批准设立的房地产评估机构评定的重置成本价。

（7）“成新度折扣率”，是指根据《中华人民共和国土地增值税暂行条例》及其实施细则等有关规定，由政府批准设立的房地产评估机构评定的旧房及建筑物的新旧程度折扣率。

（8）“与转让房地产有关的税金等”，按纳税人转让房地产时实际缴纳的税金数额填写。

（9）“适用税率”，应根据《中华人民共和国土地增值税暂行条例》规定的四级超率累计税率，按所适用的最高一级税率填写。

（10）“速算扣除系数”，应根据《中华人民共和国土地增值税暂行条例实施细则》第10条的规定找出相关速算扣除系数填写。

*试一试8-23*　**依据所提供业务计算填列土地增值税纳税申报表**

北京东升房地产开发有限公司地处北京市朝阳区，2005年3月起开始在朝阳区三元桥附近建造东升大厦。2006年3月转让土地使用权取得收入35 000 000元，转让地上建筑物及其附着物取得收入95 200 000元。取得土地使用权支付13 500 000元；房地产开发成本36 685 400元，其中土地征用及拆迁补偿费579 400元，前期工程费4 500 000元，建筑安装工程费23 000 000元，基础设施费3 350 000元，公共配套设施费1 500 000元，开发间接费用3 756 000元；向银行借款65 000 000元，1年期，利率4％，向非银行金融机构借款3 500 000元，支付利息220 000元，不能转让房地产项目分摊利息；管理销售费用（含印花税）3 000 000元。房地产开发费用按取得土地使用权所支付的金额和房地产开发成本计算的金额之和的10％计算扣除。

【要求】计算填列该公司2006年3月份土地增值税纳税申报表。

# 模块九 企业涉税会计处理

## 学习目标

- ◆能根据涉税业务正确设置会计科目
- ◆能依据增值税业务进行正确会计处理
- ◆能依据消费税涉税业务正确会计处理
- ◆能依据营业税涉税业务正确会计处理
- ◆了解财产税涉税业务会计处理
- ◆了解行为税涉税业务会计处理
- ◆掌握企业所得税业务的会计核算方法
- ◆能依据个人所得税业务正确会计处理

## 课题一 企业涉税业务会计科目设置

现行企业会计中核算涉税业务的主要会计科目有“应交税费”、“营业税金及附加”、“所得税”、“递延所得税负债”、“以前年度损益调整”、“补贴收入”、“应收补贴款”等科目。

### 项目一 “应交税费”科目的设置

#### 任务一 明确应交税费核算内容

“应交税费”科目核算企业按照税法规定计算应缴纳的各种税费，包括增值税、消费税、营业税、所得税、资源税、土地增值税、城市维护建设税、房产税、土地使用税、车船税、教育费附加、矿产补偿费等。

企业（保险）按规定应缴纳的保险保障基金，也通过本科目核算。

企业代扣代缴的个人所得税，也通过本科目核算。

企业不需要预计应缴数所缴纳的税金，如印花税、耕地占用税等，不在本科目核算。

## 任务二　应交税费明细科目设置和应用

“应交税费”科目应当按照“应交税费”的税种进行明细核算。

“应交增值税”还应分为“进项税额”、“销项税额”、“出口退税”、“进项税额转出”、“已交税费”等设置专栏进行明细核算。

本科目期末贷方余额，反映企业尚未缴纳的税费：期末如为借方余额，反映企业多缴或尚未抵扣的税金。

为分别核算每一税种应缴、已缴和未缴的情况，在该科目下，应设置下列10类明细科目。

### （一）“应交增值税”明细科目

现行税制实施以后，“应交增值税”明细科目的借、贷方增加了很多经济内容，借方既要反映进项税额，又要反映预缴的税金；贷方既要反映销项税额，又要反映出口退税、进项税额转出等情况。“应交增值税”明细科目增加核算内容后，如果仍沿用三栏式账户，很难完整反映企业增值税的抵扣、缴纳、退税等情况。因此，在账户设置上采用了多栏式账户的方式，在“应交税费——应交增值税”账户中的借方和贷方各设了若干个专栏加以反映。

| 记账方向 | 三级明细名称 | 核 算 内 容 |
|---|---|---|
| “应交增值税”明细账的借方专栏 | “进项税额”专栏 | 记录企业购入货物或接受应税劳务而支付的、准予从销项税额中抵扣的增值税额。企业购入货物或接受应税劳务支付的进项税额，用蓝字登记；退回所购货物应冲销的进项税额，用红字登记 |
| | “已交税费”专栏 | 核算企业当月缴纳本月增值税额 |
| | “减免税款”专栏 | 反映企业按规定减免的增值税款。企业按规定直接减免的增值税额借记本科目，贷记“补贴收入”科目 |
| | “出口抵减内销产品应纳税额”专栏 | 反映出口企业销售出口货物后，向税务机关办理免抵退税申报，按规定计算的应免抵税额，借记本科目，贷记“应交税费——应交增值税（出口退税）”科目。应免抵税额的计算确定有两种方法：第一种是在取得国税机关《生产企业出口货物免抵退税审批通知单》后进行免抵和退税的会计处理，即按批准数进行会计处理。按《生产企业出口货物免抵退税审批通知单》批准的免抵税额，借记本科目，贷记“应交税费——应交增值税（出口退税）”科目。第二种是出口企业进行退税申报时，按退税申报数进行会计处理。根据当期《生产企业出口货物“免、抵、退”税汇总申报表》的免抵税额借记本科目，贷记“应交税费——应交增值税（出口退税）”科目 |
| | “转出未交增值税”专栏 | 核算企业月终转出应缴未缴的增值税。月末企业“应交税费——应交增值税”明细账出现贷方余额时，根据余额借记本科目，贷记“应交税费——应交增值税”科目 |

续表

| 记账方向 | 三级明细名称 | 核算内容 |
| --- | --- | --- |
| “应交增值税”明细账的贷方专栏 | “销项税额”专栏 | 记录企业销售货物或提供应税劳务应收取的增值税额。企业销售货物或提供应税劳务应收取的销项税额，用蓝字登记；退回销售货物应冲销的销项税额，用红字登记。现行出口退税政策规定，实行先征后返的生产企业，除来料加工复出口货物外，出口货物离岸价视同内销先征税，出口单证收齐后再以离岸价为依据按规定退税率申报退税，在出口销售行为发生后，按规定征税率计算销项税额贷记本科目，同时按规定退税率计算的出口退税借记“应收补贴款”科目，按征退税率之差计算的不得抵扣税额借记“出口产品销售成本”科目；实行“免、抵、退”税的生产企业，出口货物销售收入不计征销项税额，对经审核确认不予退税的货物，应按规定征税率计征销项税额 |
| | “出口退税”专栏 | 记录企业出口适用零税率的货物，向海关办理报关出口手续后，凭出口报关单等有关凭证，向税务机关申报办理出口退税而收到退回的税款。出口货物退回的增值税额，用蓝字登记；出口货物办理退税后发生退货或者退关而补缴已退的税款，用红字登记 |
| | “进项税额转出”专栏 | 记录企业的购进货物，在产品、产成品等发生非正常损失以及其他原因而不应从销项税额中抵扣，按规定转出的进项税额 |
| | “转出多交增值税”专栏 | 核算一般纳税人月终转出多缴的增值税。月末企业“应交税费——应交增值税”明细账出现借方余额时，根据余额借记“应交税费——未交增值税”科目，贷记本科目。对按批准数进行会计处理的，本科目月末转出数为当期期末留抵税额；对按退税申报数进行会计处理的，本科目月末转出数为计算“免、抵、退”税公式计算的“结转下期继续抵扣的进项税额” |

知识驿站 9-1

**小规模纳税人增值税核算说明**

增值税小规模纳税人，其销售收入的核算与一般纳税人相同，也是不含增值税应税销售额，其应纳增值税额，也要通过“应交税费——应交增值税”明细科目核算，只是由于小规模纳税人不得抵扣进项税额，不需在“应交税费——应交增值税”科目的借、贷方设置若干专栏。小规模纳税人“应交税费——应交增值税”科目的借方发生额，反映已缴的增值税额，贷方发生额反映应缴增值税额；期末借方余额，反映多缴的增值税额；期末贷方余额，反映尚未缴纳的增值税额。

**（二）“未交增值税”明细科目**

为了分别反映企业欠缴增值税税款和待抵扣增值税情况，企业应在“应交税费”科目下设置“未交增值税”明细科目，核算一般纳税人月终时转入的应缴未缴增值税额，转入多缴的增值税也在本明细科目核算。

月份终了，企业应将当月发生的应缴增值税额自“应交税费——应交增值税”科目转入“未交增值税”明细科目。会计分录为：

借：应交税费——应交增值税（转出未交增值税）

贷：应交税费——未交增值税

月份终了，企业将本月多缴的增值税自“应交税费——应交增值税”科目转入“未交增值税”明细科目。会计分录为：

借：应交税费——未交增值税

贷：应交税费——应交增值税（转出多交增值税）

企业当月上缴上月应缴未缴的增值税时，借记“应交税费——未交增值税”科目，贷记“银行存款”科目。

月末，本科目的借方余额反映的是企业期末留抵税额和专用税票预缴等多缴的增值税款，贷方余额反映的是期末结转下期应缴的增值税。

生产企业实行“免、抵、退”税后，退税的前提必须是当期期末有留抵税额，而当期期末留抵税额在月末须从“应交税费——应交增值税（转出多交增值税）”明细科目转入本科目，退税实际上退的是本科目借方余额中的一部分；在出口退税的处理上，计算应退税时借记“应收补贴款”科目，贷记“应交税费——应交增值税（出口退税）”科目，收到退税时借记“银行存款”科目，贷记“应收补贴款”科目。

为了加强增值税管理，及时追缴欠税，解决增值税一般纳税人既欠缴增值税，又有增值税留抵税额的问题，国税发［2004］112号文件将纳税人用进项留抵税额抵减增值税欠税的有关问题作了进一步明确：

（1）对纳税人因销项税额小于进项税额而产生期末留抵税额的，应以期末留抵税额抵减增值税欠税。

（2）纳税人发生用进项留抵税额抵减增值税欠税时，按以下方法进行会计处理：

① 增值税欠税税额大于期末留抵税额，按期末留抵税额红字借记“应交税费——应交增值税（进项税额）”科目，贷记“应交税费——未交增值税”科目。

② 若增值税欠税税额小于期末留抵税额，按增值税欠税税额红字借记“应交税费——应交增值税（进项税额）”科目，贷记“应交税费——未交增值税”科目。

**（三）“增值税检查调整”专门账户**

根据国家税务总局《增值税日常稽查办法》的规定：增值税一般纳税人在税务机关对其增值税纳税情况进行检查后，凡涉及增值税涉税账务调整的，应设立“应交税费——纳税检查调整”专门账户。凡检查后应调减账面进项税额或调增销项额和进项税额转出的数额，借记有关科目，贷记本科目；凡检查后应调增账面进项税额或调减销项税额和进项税额转出的数额，借记本科目，贷记有关科目；全部调账事项入账后，应结出本账户的余额，并对该余额进行处理。处理之后，本账户无余额。

**（四）应交消费税、营业税、资源税和城市维护建设税**

| 程序 | 经营业务 | 账务处理 |
|---|---|---|
| 1 | 企业按规定计算应产的消费税、营业税、资源税、城市维护建设税 | 借记“营业税金及附加”等科目，贷记本科目（应交消费税、营业税、资源税、城市维护建设税） |
| 2 | 出售不动产，计算应交的营业税 | 借记“固定资产清理”等科目，贷记本科目（应交营业税） |
| 3 | 缴纳的消费税、营业税、资源税、城市维护建设税 | 借记本科目（应交消费税、营业税、资源税、城市维护建设税），贷记“银行存款”等科目 |

**（五 ）应交所得税**

| 程序 | 经营业务 | 账务处理 |
|---|---|---|
| 1 | 企业按照税法规定计算应交的所得税 | 借记“所得税”等科目，贷记本科目（应交所得税） |
| 2 | 缴纳的所得税 | 借记本科目（应交所得税），贷记“银行存款”等科目 |

### （六）应交土地增值税

| 程序 | 经营业务 | 账务处理 |
| --- | --- | --- |
| 1 | 企业转让的国有土地使用权连同地上建筑物及其附着物一并在“固定资产”或“在建工程”等科目核算的，转让时应交的土地增值税 | 借记“固定资产清理”科目，贷记本科目（应交土地增值税） |
| 2 | 缴纳的土地增值税 | 借记本科目（应交土地增值税），贷记“银行存款”等科目 |

### （七）应交房产税、土地使用税和车船税

| 程序 | 经营业务 | 账务处理 |
| --- | --- | --- |
| 1 | 企业按规定计算应缴的房产税、土地使用税、车船税 | 借记“管理费用”科目，贷记本科目（应交房产税、应交土地使用税、应交车船税） |
| 2 | 缴纳的房产税、土地使用税、车船税 | 借记本科目（应交房产税、应交土地使用税、应交车船税），贷记“银行存款”等科目 |

### （八）应交个人所得税

| 程序 | 经营业务 | 账务处理 |
| --- | --- | --- |
| 1 | 企业按规定计算的应代扣代缴的职工个人所得税 | 借记“应付职工薪酬”科目，贷记本科目（应交个人所得税） |
| 2 | 缴纳的个人所得税 | 借记本科目（应交个人所得税），贷记“银行存款”等科目 |

### （九）应交的教育费附加、矿产资源补偿费

| 程序 | 经营业务 | 账务处理 |
| --- | --- | --- |
| 1 | 企业按规定计算应交的教育费附加、矿产资源补偿费 | 借记“营业税金及附加”、“其他业务支出”、“管理费用”等科目，贷记本科目（应交教育费附加、应交矿产资源补偿费） |
| 2 | 缴纳的教育费附加、矿产资源补偿费 | 借记本科目（应交教育费附加、应交矿产资源补偿费），贷记“银行存款”等科目 |

### （十）应交的保险保障基金

| 程序 | 涉税业务 | 账务处理 |
| --- | --- | --- |
| 1 | 企业按规定应交的保险保障基金 | 借记“管理费用”科目，贷记本科目（应交保险保障基金） |
| 2 | 缴纳的保险保障基金 | 借记本科目（应交保险保障基金），贷记“银行存款”科目 |

## 项目二　“营业税金及附加”科目的设置

| 核算内容 | 账务处理 |
| --- | --- |
| 本科目核算企业经营活动发生的营业税、消费税、城市维护建设税、资源税和教育费附加等相关税费。<br>房产税、车船税、土地使用税、印花税在“管理费用”等科目核算，不在本科目核算 | 企业按规定计算确定的与经营活动相关的税费，借记本科目，贷记“应交税费”等科目。<br>期末，应将本科目余额转入“本年利润”科目，结转后本科目应无余额 |

## 项目三　“所得税”科目的设置

| 核算内容 | 账务处理 |
|---|---|
| 本科目核算企业根据所得税准则确认的应从当期利润总额中扣除的所得税费用 | 本科目应当按照“当期所得税费用”、“递延所得税费用”进行明细核算。期末，应将本科目的余额转入“本年利润”科目，结转后本科目应无余额 |

## 项目四　“递延所得税资产”科目的设置

| 核算内容 | 账务处理 |
|---|---|
| 本科目核算企业根据所得税准则确认的可抵扣暂时性差异产生的所得税资产。<br>根据税法规定用以后年度税前利润弥补的亏损产生的所得税资产，也在本科目核算。<br>本科目应当按照可抵扣暂时性差异等项目进行明细核算 | 企业在确认相关资产、负债时，根据所得税准则应予确认的递延所得税资产，借记本科目，贷记“所得税——递延所得税费用”、“资本公积——其他资本公积”等科目。<br>资产负债表日，企业根据所得税准则应予确认的递延所得税资产大于本科目余额的，借记本科目，贷记“所得税——递延所得税费用”、“资本公积——其他资本公积”等科目。应予确认的递延所得税资产小于本科目余额的，作相反的会计分录。<br>资产负债表日，预计未来期间很可能无法获得足够的应纳税所得额用以抵扣可抵扣暂时性差异的，按应减记的金额，借记“所得税——当期所得税费用”、“资本公积——其他资本公积”科目，贷记本科目。<br>本科目期末借方余额，反映企业已确认的递延所得税资产的余额 |

## 项目五　“递延所得税负债”科目的设置

| 核算内容 | 账务处理 |
|---|---|
| 本科目核算企业根据所得税准则确认的应纳税暂时性差异产生的所得税负债。<br>本科目应当按照应纳税暂时性差异项目进行明细核算 | 企业在确认相关资产、负债时，根据所得税准则应予确认的递延所得税负债，借记“所得税——递延所得税费用”、“资本公积——其他资本公积”等科目，贷记本科目。<br>资产负债表日，企业根据所得税准则应予确认的递延所得税负债大于本科目余额的，借记“所得税——递延所得税费用”、“资本公积——其他资本公积”等科目，贷记本科目；应予确认的递延所得税负债小于本科目余额的，作相反的会计分录。<br>本科目其末贷方余额，反映企业已确认的递延所得税负债的余额 |

## 项目六　“以前年度损益调整”科目的设置

| 核算内容 | 账务处理 |
|---|---|
| 本科目核算企业本年度发生的调整以前年度损益的事项以及本年度发现的重要前期差错更正涉及调整以前年度损益的事项。<br>企业在资产负债表日至财务报告批准报出日之间发生的需要调整报告年度损益的事项，也在本科目核算 | 企业调整增加以前年度利润或减少以前年度亏损，借记有关科目，贷记本科目；调整减少以前年度利润或增加以前年度亏损，借记本科目，贷记有关科目。<br>由于以前年度损益调整增加的所得税，借记本科目，贷记“应交税费——应交所得税”科目；由于以前年度损益调整减少的所得税，借记“应交税费——应交所得税”科目，贷记本科目。<br>经上述调整后，应将本科目的余额转入“利润分配——未分配利润”科目。本科目如为贷方余额，借记本科目，贷记“利润分配——未分配利润”科目；如为借方余额，作相反的会计分录 |

## 项目七 “营业外收入”科目的设置

| 核算内容 | 账务处理 |
|---|---|
| 本科目属损益类科目，核算企业实际收到即征即退、先征后退、先征税后返还的增值税或直接减免的增值税 | 其贷方发生额反映实际收到或直接减免的增值税，期末，由借方结转至“本年利润”科目，结转后本科目应无余额 |

## 项目八 “应收账款——应收出口退税款”科目的设置

| 核算内容 | 账务处理 |
|---|---|
| 本科目借方反映出口企业销售出口货物后，按规定向税务机关办理“免、抵、退”税申报，所计算得出的应退税额，贷方反映实际收到的出口货物的应退税额。企业必须设置明细账页进行明细核算 | 本科目可分以下两种情况进行记载。<br>第一种是按批准数作免抵和应退税的会计处理。即按《生产企业出口货物免抵退税审批通知单》上批准的应退增值税借记本科目，贷记“应交税费——应交增值税（出口退税）”科目；贷方反映实际收到的出口货物的应退增值税。收到退税额时，借记“银行存款”科目，贷记本科目。期末借方余额，反映企业已收到主管税务机关批复尚未办理退库的应退税额。<br>第二种是按退税申报数进行会计处理。即在办理退（免）税申报时，暂不考虑申报的退税出口额是否能通过退税审核，就当期申报的免税出口额按规定的征退税率与当期应纳税额计算出应退税额借记本科目，贷记“应交税费——应交增值税（出口退税）”科目，金额与《生产企业出口货物“免、抵、退”税汇总申报表》中的“本月应退税额”一致。借方反映的是企业向主管国税机关办理退税申报时所计算的应退税款，与主管国税机关审批数有差额的，在收到《生产企业出口货物免、抵、退税审批通知单》后按申报所属期进行调整，不足的用蓝字再借记本科目，贷记“应交税费——应交增值税（出口退税）”科目，多出的用红字借记本科目，用红字贷记“应交税费——应交增值税（出口退税）”科目，贷方反映的是企业收到的退税款；借方余额反映企业累计已按申报数计算但尚未收到的退税 |

# 课题二 流转税会计处理

## 项目一 增值税会计处理

增值税的计算缴纳对纳税人的会计核算水平有较高要求，实务中根据经营规模及会计核算水平将增值税纳税人分成一般纳税人和小规模纳税人，并对其采取不同的计算、核算和管理办法。

增值税一般纳税人会计处理

### 任务一 明确扣税和记账依据

按照《增值税暂行条例》规定，一般纳税企业购进货物或接受应税劳务支付的增值税（以下简称“进项税额”），可以从销售货物或提供应税劳务按规定收取的增值税（以下简称“销项税额”）中抵扣，但必须取得以下凭证。

| 序号 | 凭证名称 | 扣税和记账凭证说明 |
|---|---|---|
| 1 | 增值税专用发票 | 增值税专用发票记载了销售货物的售价、税率以及税额等，购货方以增值税专用发票上记载的购进货物已支付的税额，作为扣税和记账的依据。如果一般纳税企业购进货物或接受应税劳务未按照规定取得并保存增值税扣税凭证，或者增值税扣税凭证上未按照规定注明增值税额及其他有关事项的，或者增值税扣税凭证上的项目之间逻辑关系有误的，其进项税额不得从销项税额中抵扣 |
| 2 | 完税凭证 | 完税凭证指企业进口货物必须缴纳增值税，其缴纳的增值税在完税凭证上注明。企业以完税凭证上注明的增值税额，作为扣税和记账的依据 |
| 3 | 收购凭证 | 收购凭证指一般纳税企业购进免税农产品和收购废旧物资，根据经主管税务局务机关批准使用的收购凭证上注明的买价和规定的扣除率计算进项税额，按照计算出的进项税额作为扣税和记账的依据 |
| 4 | 货物运输发票 | 货物运输发票指一般纳税企业外购货物（固定资产除外）所支付的运输费用以及销售应税货物所支付的运输费用（代垫运费除外）所取得的运费结算单据。纳税人根据准予抵扣的货物运输发票所列运费金额和规定的扣除率计算进项税额，按照计算出的进项税额作为扣税和记账的依据。但随同运费支付的装卸费、保险费等其他杂费不得计算扣除进项税额 |

注意

如果一般纳税企业不能按规定取得上述扣税凭证，则购进货物或接受应税劳务支付的增值税额不能作为进项税额抵扣，只能计入购进货物或接受应税劳务的成本。

## 任务二　账务处理

增值税账务处理分供应、生产、销售三个经营阶段介绍。

### 供应阶段增值税账务处理

供应阶段是增值税一般纳税人外购货物或接受应税劳务而发生支付增值税的业务，按增值税法的有关规定，应区别不同情况作相应的涉税账务处理。

**1. 类型一：按价税合一记账的情况**

根据《增值税暂行条例》及有关规定，凡纳税人未按照规定取得并保存增值税扣税凭证，外购固定资产、外购货物用于非应税项目、免税项目，外购货物用于集体福利或个人消费等购进业务的进项税额不得从销项税额中抵扣。此外，小规模纳税人外购货物或应税劳务所支付的增值税，不得抵扣其应纳税额。因此，对于发生上述事项的外购业务，纳税人所支付的增值税额不能在“应交税费——应交增值税（进项税额）”专栏中核算，而是仍按原来会计处理办法核算，即将此增值税额并入外购货物或应税劳务成本之中。

**【例9-1】**A企业（一般纳税人）2006年9月份从外地购入原材料一批，价款100 000元，税金17 000元，款项已付，取得一张专用发票，但专用发票销售单位栏为手写，并非戳记。则其正确会计处理为：

借：原材料　117 000

　贷：银行存款　117 000

*试一试9-1* **根据下述业务编制会计分录**

A企业2006年4月外购运输设备若干，取得的专用发票上注明价款500 000元，增值税金85 000元，发生运输费用2 000元，款项已从银行划转。

**2. 类型二：按价税分别记账的情况**

根据税法规定，目前准予抵扣销项税额的扣税凭证，其所列明的税额或计算出来的税额，不列入外购货物或应税劳务成本之中，而应记入当期“应交税费——应交增值税（进项税额）”专栏，即在账务上要按价税分别记账，这也是增值税作为价外税的最直接体现。

**（1）业务一：国内外购货物进项税额的账务处理**

企业从国内采购货物，按专用发票上注明的增值税额和运费按规定计算可扣除的税额，借记“应交税费——应交增值税（进项税额）”科目，按照发票上注明的价款及发生的外地运杂费（扣除相关税额后）等应计入采购成本的金额，借记“材料采购”、“原材料”、“低值易耗品”、“包装物”、“管理费用”等科目，贷记“银行存款”、“应付票据”、“应付账款”等科目，购入货物发生退货作相反的会计分录。

**【例9-2】**A企业于2006年4月外购钢材一批，已收到增值税专用发票一张，发票上注明价款200 000元，增值税34 000元，款项已付，钢材已验收入库。则正确的会计处理为：

借：原材料　　200 000

　　应交税费——应交增值税（进项税额）　　34 000

　　贷：银行存款　　234 000

*试一试9-2* **根据下述业务编制会计分录**

某企业是增值税一般纳税人，日常存货按实际成本核算。某日该企业购入原材料一批，取得增值税专用发票上注明的原材料价款为200 000元，增值税税额为34 000元，发票等结算凭证已收到，货款已通过银行转账支付，材料已验收入库。

**（2）业务二：企业接受投资转入的货物进项税额的账务处理**

按照增值税专用发票上注明的增值税额，借记“应交税费——应交增值税（进项税额）”科目，按照确认的投资货物价值，借记“原材料”等科目，按照增值税额与货物价值的合计数，贷记“实收资本”等科目。

**【例9-3】**甲企业用原材料对A企业投资，该批原材料的成本为150万元，双方以该批材料的成本加税金184万元作为投资价值，假如该原材料的增值税税率为17%，该批材料按当时的市场价格计算为200万元。两企业原材料均采用实际成本进行核算。

则A企业正确的账务处理为：

借：原材料　　1 500 000

　　应交税费——应交增值税（进项税额）　　340 000

　　贷：实收资本　　1 840 000

*试一试9-3* **根据下述业务编制白云公司会计分录**

白云公司接受原材料投资，该批原材料的成本为200万元，双方以该批材料的成本加税金250万元作为投资价值，假如该原材料的增值税税率为17%，该批材料按当时的市场价格计算为300万元。投资企业和受资企业原材料均采用实际成本进行核算。

**（3）业务三：企业接受捐赠转入的货物进项税额的账务处理**

按专用发票上注明的增值税额，借记“应交税费——应交增值税（进项税额）”科目，按确认的捐赠货物的价值，借记“原材料”科目，按照增值税额与货物价值的合计数，贷记“待转资产价值”科目。

**【例9-4】**企业接受乙企业捐赠的注塑机一台，收到的增值税专用发票上注明设备价款100 000元，配套模具价款4 000元。增值税税额分别为17 000元和680元。则A企业正确的账务处理为：

借：固定资产　　117 000
　　低值易耗品　　4 000
　　应交税费——应交增值税（进项税额）　　680
　　贷：资本公积——其他资本公积　　81 525.60
　　　　递延所得税负债　　40 154.40

*试一试9-4*　**根据下述业务编制白云公司会计分录**

白云公司接受甲企业捐赠的注塑机一台，收到的增值税专用发票上注明设备价款200 000元，配套模具价款8 000元。增值税税额分别为34 000元和1 360元。

**（4）业务四：企业接受应税劳务进项税额的账务处理**

按照专用发票上注明的增值税额，借记“应交税费——应交增值税（进项税额）”科目，按照专用发票上记载的应计入加工、修理修配等货物成本的金额，借记“委托加工材料”等科目。按应付的金额，贷记“银行存款”等科目。

**【例9-5】**A企业材料采用计划成本核算，本月初发出材料1吨，委托外单位加工成某种锻件100件，委托材料实际成本4 000元（计划成本3 800元）），支付加工费2 000元，运费200元（取得货运定额发票若干），加工费专用发票上注明进项税额340元，加工完入库（委托加工材料的计划成本6 000元）。根据上述经济业务，A企业会计正确账务处理为（不考虑运费应抵扣的进项税额）：

① 委托加工发出原料时

借：委托加工物资　　4 000
　　贷：原材料　　3 800
　　材料成本差异　　200

② 支付加工费、税金及运费时

借：委托加工物资　　2 200
　　应交税费——应交增值税（进项税额）　　340
　　贷：银行存款　　2 540

③ 收回入库时

借：原材料——××锻件　　6 000
　　材料成本差异　　200
　　贷：委托加工物资　　6 200

试一试9-5 **根据下述业务编制甲汽车制造企业会计分录**

甲汽车制造企业委托乙橡胶企业加工生产汽车轮胎1 000只，发出材料实际总成本为250 000元，加工费每只50元，乙企业该月同类轮胎的单位售价为500元。甲企业提回后600只投入汽车生产，生产出150辆小汽车全部售出，售价每辆60 000元，成本40 000元。轮胎的消费税税率为10%，汽车的消费税税率为8%，增值税税率为17%。另400只轮胎提回后直接销售，售价每只550元。加工劳务的增值税税率为17%。

**（5）业务五：企业进口货物进项税额的账务处理**

按照海关提供的完税凭证上注明的增值税额，借记“应交税费——应交增值税（进项税额）”科目，按照进口货物应计入采购成本的金额，借记“物资采购”等科目，按照应付或实付的价款，贷记“应付账款”或“银行存款”等科目。

**【例9-6】**某商场于2007年10月进口货物一批。该批货物在国外的买价40万元，另外，该批货物运抵我国海关前发生的包装费、运输费、保险费等共计20万元。货物报送后，商场按规定缴纳了进口环节的增值税并取得了海关开具的完税凭证（货物进口关税税率15%，增值税税率17%）。

借：物资采购 690 000
　　应交税费——应交增值税（进项税额） 117 300
　　贷：银行存款 807 300

试一试9-6 **根据下述业务编制会计分录**

某外贸进出口公司当月从日本进口140辆小轿车，每辆车的关税完税价格为8万元，已知小轿车关税税率为50%，消费税为5%。

**（6）业务六：企业购进免税农产品进项税额的账务处理**

按照购进农产品的买价和规定的扣除率计算的进项税额，借记“应交税费——应交增值税（进项税额）”科目，按扣除进项税额后的买价借记“物资采购”等科目，按实际支付的买价和税款，贷记“应付账款”、“银行存款”等科目。

**【例9-7】**A企业为一食品加工厂，2007年11月从某家庭农场购入小麦100吨，每吨600元，开具的主管税务机关核准使用的收购凭证上收购款总计60 000元。则正确会计处理为：

借：原材料 52 200
　　应交税费——应交增值税（进项税额） 7 800
　　贷：银行存款 60 000

试一试9-7 **根据下述业务编制会计分录**

某工厂（一般纳税人）2007年4月购进免税农产品一批已入库，支付农业生产者收购凭证上注明的价格为55 000元，另缴纳农林特产税5 000元，为该货物支付的运费500元（有货票）。

**（7）业务七：对运输费用允许抵扣进项税额的账务处理**

对增值税一般纳税人外购货物（固定资产除外）所支付的运输费用，根据国有铁路、民用航空、公路和水上运输单位以及从事货物运输的非国有运输单位开具的套印全国统一发票监制章的发票上的所列运费金额（包括货票上注明的运费、建设基金）依7%计算进项税额准予扣除，但随同运费支付的装卸费、保险费等其他杂费不得计算扣除进项税额。

**【例9-8】**A企业本月外购原材料一批，专用发票上注明的价款为6 000元，增值税额为1 020元，另外销货方代垫运费200元（转来承运部门开具给A企业的普通发票一张）。A企业开出为期1个月的商业汇票一张，材料已验收入库。则企业会计处理为：

借：原材料　　6 186

　　应交税费——应交增值税（进项税额）　　1 034

　　贷：应付票据　　7 220

*试一试9-8*　**根据下述业务编制会计分录**

某制药厂为一般纳税人，2007年8月发生如下业务：

1. 外购材料一批，专用发票上注明的价款50 000元，增值税8 500元。支付运费1 200元（其中，建设基金100元，装卸费200元），取得普通发票。

2. 销售应税药品一批，由本厂负责运输，当月收到货款23 400元（含税），收到运费收入351元（其中建设基金100元，装卸费51元）。

**（8）业务八：外购货物发生非正常损失的账务处理**

按税法规定，凡外购货物发生非正常损失的，其相应的进项税额不得作为当期进项税额抵减销项税额。因此，相应会计处理上，应并入损失货物的价值之中，全部借记“待处理财产损益”科目。按实际入库材料的成本借记“原材料”等科目，按全部应付或实付价款贷记“应付账款”、“银行存款”等科目。

**【例9-9】**A企业外购原材料一批，数量为20吨，取得专用发票上注明价款为100 000元，税金17 000元，款项已付，因自然灾害入库前造成非正常损失2吨。则A企业正确会计处理为：

借；原材料　　90 000

　　应交税费——应交增值税（进项税额）　　15 300

　　待处理财产损益——待处理流动资产损益　　117 000

　　贷：银行存款　　117 000

*试一试9-9*　**根据下述业务编制会计分录**

某粮油加工厂为增值税一般纳税人，2007年8月发生以下购销业务。

1. 从粮油公司购进小麦一批，取得增值税专用发票，发票上注明大豆价款10万元，小麦价款30万元，专用发票已通过税务机关认证。

2. 上期留抵税额2万元，本月原料仓库被盗，损失花生账面成本3万元，因连续2个月阴雨天气，上月初从农民手中购入一批小麦全部变质霉烂，账面成本4万元。

**（9）业务九：收购废旧物资的账务处理**

企业从废旧物资回收经营单位购进废旧物资，按废旧物资回收经营单位开具的由税务机关监制的普通发票上注明的价款和规定的扣除率10%计算进项税额予以抵扣。

**【例9-10】**某生产企业2007年6月从一废旧物资收购站收购一批废旧物资，收购凭证上注明的总价款为100 000元，并以银行存款支付。

当物资已验收入库时其会计处理如下：先计算可抵扣的进项税额：可抵扣进项税额＝含税

购价×法定扣除率（10%）＝100 000×10%＝10 000（元）

废旧物资的收购成本采用倒挤法计算：废旧物资的收购成本＝100 000−10 000＝90 000（元）

会计分录为：

借：库存商品　　90 000

　应交税费——应交增值税（进项税额）10 000

　贷：银行存款　　100 000

**试一试9-10　根据下述业务编制会计分录**

某物资公司主营物资采购与供应，2007年7月业务如下。

1. 委托其他单位代销的货物，本月收到代销清单上注明的不含税销售额14万元，按合同规定应支付代销手续费1.4万元，货物尚未收到。

2. 从物资回收公司收购废旧物资，取得的普通发票上注明销售额1.5万元，当月以1.8万元含税价格售出。

**生产阶段增值税账务处理**

工业企业在生产周转过程中，一般按正常的生产经营业务进行会计核算就可以了，但发生下列情况，就会涉及增值税的会计核算。

**业务一：用于非应税项目、免税项目、集体福利或个人消费的购进货物或应税劳务**

企业外购的货物在购入时是为了生产产品，则企业支付的增值税应记入当期“进项税额”，在生产过程中，如果企业将外购货物改变用途，其相应负担的增值税应从当期“进项税额”中转出，在账务处理上，应借记“在建工程”、“应付福利费”等科目，贷记“应交税费——应交增值税（进项税额转出）”科目。

【例9-11】A企业2006年1月将2005年12月外购的乙材料10吨用于企业的在建工程，按企业材料成本计算方法确定，该材料实际成本为52 000元，适用增值税税率为17%。

则A企业正确会计处理为：

应转出进项税额＝52 000×17%＝8 840（元）

借：在建工程　　60 840

　贷：原材料　　52 000

　　应交税费——应交增值税（进项税额转出）　　8 840

**试一试9-11　根据下述业务编制会计分录**

某一般纳税企业购入一批材料，增值税专用发票上注明的增值税额为20.4万元，材料价款为120万元。材料已入库，货款已经支付（假设该企业材料采用实际成本进行核算）。材料入库后，该企业将该批材料的一半用于工程项目。

**业务二：非正常损失的在产品、产成品所用购进货物或应税劳务**

按税法规定，非正常损失的在产品、产成品所耗用的购进货物或应税劳务的进项税额不得从销项税额中抵扣。当发生非正常损失时，首先计算出在产品、产成品中耗用货物或应税劳务的购进额，然后作相应的账务处理，即按非正常损失的在产品、产成品的实际成本与负担的进项税额的合计数，借记“待处理财产损益——待处理流动资产损益”科目，按实际损失的在产品、产成品成本贷记“生产成本——基本生产成本”、“库存商品”科目，按计算出的应转出的税金数额，贷记“应交税费——应交增值税（进项税额转出）”科目。

外购货物发生短缺与损耗，对应进项税的处理，视原因不同其处理也不一样。

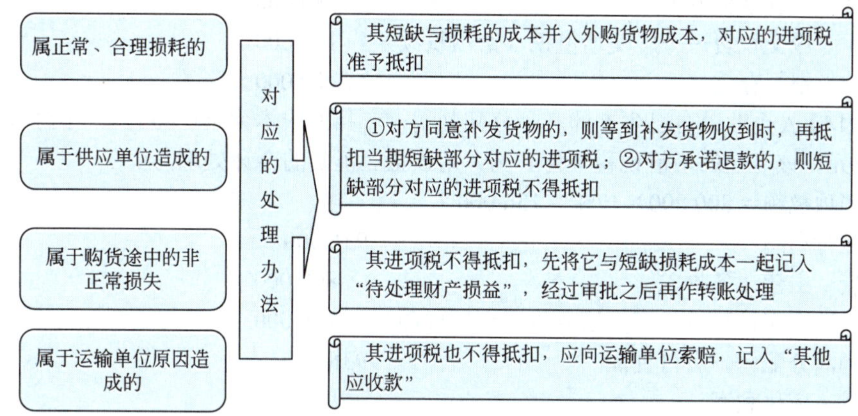


**【例9-12】**A企业2006年8月由于仓库倒塌损毁产品一批，已知损失产品账面价值为80 000元，当期总的生产成本为420 000元。其中耗用外购材料、低值易耗品等价值为300 000元，外购货物均适用17%增值税税率。则：

损失产品成本中所耗外购货物的购进额＝80 000×（300 000÷420 000）＝57 144（元）

应转出进项税额＝57 144×17%＝9 714（元）

相应会计分录为：

借：待处理财产损益——待处理流动资产损益　　89 714

　　贷：库存商品　　80 000

　　　　应交税费——应交增值税（进项税额转出）　　9 714

*试一试9-12*　**根据下述业务编制会计分录**

甲企业是增值税一般纳税人，某月向外地大华厂购进丁材料（材料采用实际成本核算），采取验单付款方式，4日收到大华厂转来的托收承付凭证及增值税专用发票，上列数量400千克，单价60元/千克，增值税额4 080元。21日材料运到，验收入库时发现短缺20千克，22日查明材料短缺原因，系运输途中的合理损耗。

**销售阶段增值税账务处理**

销售阶段中，销售价格中不再含税，如果定价时含税，应还原为不含税价格作为销售收入，向购买方收取的增值税作为销项税额。

**业务一：一般纳税人销售货物或提供应税劳务的账务处理**

企业销售货物或提供应税劳务（包括将自产、委托加工或购买的货物分配给股东或投资者），按照实现的销售收入和按规定收取的增值税额，借记“应收账款”、“应收票据”、“银行存款”、“应付利润”等科目，按照规定收取的增值税额，贷记“应交税费——应交增值税（销项税额）”科目，按实现的销售收入，贷记“主营业务收入”、“其他业务收入”等科目。发生的销售退回，作相反的会计分录。

【例9-13】A企业本月对外销售产品一批，应收取款项1 049 600元，其中：价款880 000元，税金149 600元，代垫运输费20 000元。则正确的会计处理为：

借：应收账款　　　　1 049 600
　贷：主营业务收入　　　　880 000
　　应交税费——应交增值税（销项税额）　　149 600
　　银行存款　　　　20 000

【例9-14】A企业以自己生产的产品分配利润，产品的成本为500 000元，不含税销售价格为800 000元，该产品的增值税税率为17%。则该企业正确的会计处理为：

计算销项税额＝800 000×17%＝136 000（元）

借：应付利润　　　　936 000
　贷：主营业务收入　　　　800 000
　　应交税费——应交增值税（销项税额）　　136 000
借：利润分配——应付利润　　　　936 000
　贷：应付利润　　　　936 000
借：主营业务成本　　　　500 000
　贷：库存商品　　　　500 000

*试一试9-13*　**根据下述业务编制会计分录**

某一般纳税企业购入原材料一批，增值税专用发票上注明的原材料价款600万元，增值税额为120万元。货款已经支付，材料已到达并验收入库。该企业当期销售产品不含税收入为1 200万元，货款尚未收到。假如该产品适用增值税率为17%，不缴纳消费税。

**业务二：出口货物的账务处理**

企业出口适用零税率的货物，不计算销售收入应缴纳的增值税。企业向海关办理报关出口手续后，凭出口报关单等有关凭证，向税务机关申报办理该项出口货物的进项税额。企业在收到出口货物退回的税款时，借记“银行存款”科目，贷记“应交税费——应交增值税（出口退税）”科目。出口货物办理退税后发生退货或者退关补缴已退回税款的，作相反的会计分录。出口退税分以下两种情况处理。

① 实行“免、抵、退”办法的生产企业自营或委托外贸企业代理出口自产货物时，按规定计算的当期出口货物免抵退税不得免征和抵扣税额，计入出口物资成本，借计“主营业务成本”科目，贷计“应交税费——应交增值税（进项税额转出）”科目；按规定计算的当期免抵税额，借记“应交税费——应交增值税（出口抵减内销产品应纳税额）”科目，贷记“应交税费——应交增值税（出口退税）”科目；按规定计算的当期应退税额，借记“其他应收款”科目，贷记“应交税费——应交增值税（出口退税）”科目；收到退回的税款，借记“银行存款”科目，贷记“其他应收款”科目。如是企业在计算免抵退税不得免征和抵扣税额时，未考虑出口货物中所含的免税购进原材料价格，企业应在收到主管税务机关出具的《生产企业进料加工贸易免税证明》等资料后，按证明上注明的“不得抵扣税额抵减额”，用红字贷记“应交税费——应交增值税（进项税额转出）”科目，借记“主营业务成本”科目。

② 未实行“免、抵、退”办法的企业，出口货物时，按当期出口货物应收的款项，借记“应收账款”等科目，按规定计算的应收出口退税，借记“其他应收款”科目，按规定计算的不予退回的税金，借记“主营业务成本”科目，按当期出口货物实现的营业收入，贷记“主营业务收入”科目，按规定计算的增值税，贷记“应交税费——应交增值税（销项税额）”科目。

收到退回的税款，借记“银行存款”科目，贷记“其他应收款”科目。

**【例9-15】**某拥有进出口经营权的生产企业，2006年1月份，内销货物销项税额为50万元，进项税额为230万元，上期留抵税额为10万元，外销货物的收入是3 000万元，已知该企业增值税税率为13%，退税率为9%。

解析：免抵退税额＝3 000×9%＝270（万元）

不得免征和抵扣税额＝3 000×（13%－9%）＝120（万元）

应纳税额＝50－（230－120）－10＝－70（万元）

因为70万元<270万元

应退税额＝70万元，免抵税额＝270－70＝200（万元）

会计处理：

借：应交税费——应交增值税（出口抵减内销产品应纳税额）　2 000 000

　　其他应收款——应收出口退税款（增值税）　700 000

　　贷：应交税费——应交增值税（出口退税）　2 700 000

*试一试9-14*　**根据下述业务编制会计分录**

某生产企业为增值税一般纳税人，兼营出口与内销。2007年2月份发生以下业务：购进原材料增值税专用发票上注明价款100万元，内销收入50万元，出口货物离岸价格180万元，支付销货运费2万元，取得运输企业开具的普通发票。以上购销业务款项均已收付，购进材料均于当月验收入库（出口货物税率为17%，退税率为13%）。

**业务三：视同销售行为的有关账务处理**

在具体会计处理上，不同的视同销售行为采取不同的方法。

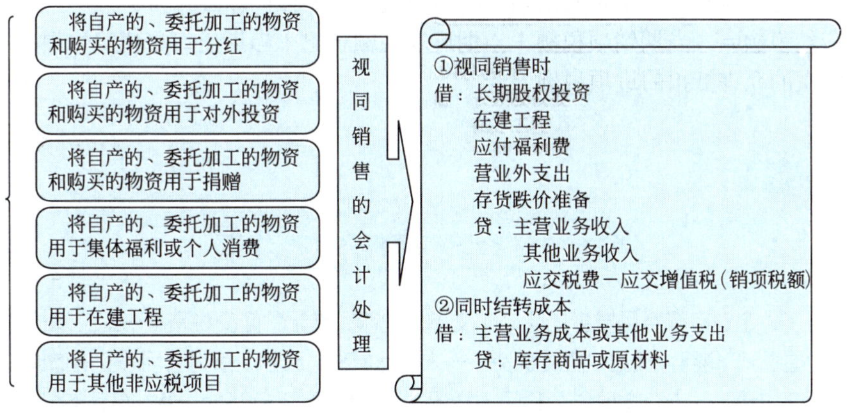


**【例9-16】**某企业将自产的一辆小汽车转作自用，该小汽车正常售价150 000元，生产成本为80 000元，增值税税率17%，消费税税率为8%。

应纳增值税＝1×150 000×17%＝25 500（元）

应纳消费税＝1×150 000×8%＝12 000（元）

借：固定资产　117 500

　　贷：库存商品　80 000

　　应交税费——应交增值税（销项税额）　25 500

　　　　　　——应交消费税　12 000

*试一试9-15* **根据下述业务编制会计分录**

白云企业将自己生产的产品用于自行建造职工俱乐部，该批产品的成本为200 000元，计税价格300 000元，增值税税率17%。

**业务四：带包装销售货物的账务处理**

随同产品出售但单独计价的包装物，按规定应缴纳的增值税，借记“应收账款”等科目，贷记“应交税费——应交增值税（销项税额）”科目。企业逾期未退还的包装物押金，按规定应缴纳的增值税，借记“其他应付款”等科目，贷记“应交税费——应交增值税（销项税额）”科目。

**【例9-17】**A企业本月销售产品一批，不含税售价为50 000元，随同产品出售但单独计价的包装物1 000个，普通发票上注明单价为每个10元，款尚未收到。则正确的会计处理为：

| | | |
|---|---|---|
| 借：应收账款 | 68 500 | |
| 贷：主营业务收入 | | 50 000 |
| 其他业务收入 | | 8 547 |
| 应交税费——应交增值税（销项税额） | | 9 953 |

*试一试9-16* **根据下述业务编制会计分录**

A企业本月清理出租出借包装物，将某单位逾期未退还包装物押金2 000元予以没收。

**业务五：一般纳税企业应缴增值税的账务处理**

通过前面三个阶段有关增值税涉税业务的介绍，根据企业所发生的业务进行正确的计算和账务处理后，便很容易计算出企业当期应纳的增值税。具体计算公式为：

当期应纳税额＝（当期销项税额＋当期进项税额转出＋当期出口退税发生额）－（上期留抵＋当期发生的允许抵扣的进项税额）

**知识驿站 9-2**

**月终未交和多交增值税的结转**

- 月份终了，企业应将当月发生的应交未交增值税额，借记“应交税费——应交增值税（转出未交增值税）”科目，贷记“应交税费——未交增值税”科目；或将当月多交的增值税额，借记“应交税费——未交增值税”科目，贷记“应交税费——应交增值税（转出多交增值税）”科目。
- 未交增值税在以后月份上交时，借记“应交税费——未交增值税”科目，贷记“银行存款”科目；多交的增值税在以后月份退回或抵交当月应交增值税时，借记“银行存款”科目或“应交税费——应交增值税（已交税金）”科目，贷记“应交税费——未交增值税”科目。

**【例9-18】**A企业本月外购货物，发生允许抵扣的进项税额合计100 000元，本月初“应交税费——应交增值税”明细账借方余额为20 000元，本月对外销售货物，取得销项税额合计为210 000元。则A企业本月应纳增值税＝210 000 －（100 000＋20 000）＝90 000（元），月末，企业会计作如下正确账务处理。

借：应交税费——应交增值税（转出未交增值税）　　90 000

　　贷：应交税费——未交增值税　　90 000

次月初，企业依法申报缴纳上月应缴未缴的增值税90 000元后，应再作如下分录。

借：应交税费——未交增值税　　90 000

　　贷：银行存款　　90 000

*试一试9-17*　**根据下列业务计算2007年9月当月应交增值税并进行账务处理**

某商品零售企业为增值税一般纳税人，2007年9月发生如下经济业务，其会计账务处理如下（增值税税率17%）。

（1）从某工业企业购入电器一批，取得专用发票，注明价款500 000元，税金85 000元，款已付，货物验收入库。支付运费3 000元，取得运输普通发票。

（2）各营业柜组交来销货款现金877 500元，货款已由财务部门集中送存银行。

（3）从某生产企业（供货方）收到返还资金187 000元（从该生产企业购入货物采用进价销售）。

（4）当月受托代销某商品600件，委托方规定代销价为600元一件（含税），代销手续费为不含税代销额的5%。

（5）采用以旧换新方式销售电冰箱100台，正品零售价每台3 510元，旧冰箱每台作价500元，每台实收差价3 010元。

（6）月底结转当月应交增值税，月初应交税金——应交增值税（进项税额）有借方余额23 000元。

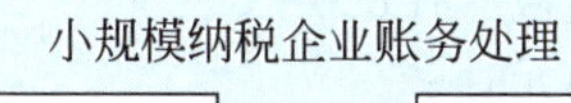

## 任务一　账户设置

小规模纳税人只使用“应交税费——应交增值税”科目，无需设置三级科目。仍沿用三栏式账户，不用在“应交增值税”账户中设置专栏。

## 任务二　账务处理

**业务一：小规模纳税企业购入货物或接受应税劳务的会计处理**

由于小规模纳税企业实行简易办法计算缴纳增值税，其购入货物或接受应税劳务所支付的增值税额应直接计入有关货物及劳务的成本。在编制会计分录时应按支付的全部价款和增值税，借记“物资采购”、“原材料”、“制造费用”、“管理费用”、“经营费用”、“其他业务支出”等，贷记“银行存款”、“应付账款”、“应付票据”等。

**业务二：小规模纳税企业销售货物或提供应税劳务的会计处理**

小规模纳税企业销售货物或提供应税劳务，应按实现的销售收入（不含税）与按规定收取的增值税额合计。

借：银行存款（应收账款等）

贷：主营业务收入（其他业务收入等）

应交税费——应交增值税

发生的销货退回，作相反的会计分录。视同销售行为、价外费用的征税规定对小规模纳税人同样适用。

**业务三：小规模纳税人按规定的纳税期限上缴税款时的会计处理**

借：应交税费——应交增值税

贷：银行存款

收到退回多缴的增值税时，作相反的会计分录。

**【例9-19】**某工业企业核定为小规模纳税企业，本期购入原材料，按照增值税专用发票上记载的原材料成本为100万元，支付的增值税额为17万元，企业开出商业承兑汇票，材料尚未到达；该企业本期销售产品，含税价格为90万元，货款尚未收到。根据上述经济业务作会计分录：

（1）购进货物

借：材料采购　　1 170 000

贷：应付票据　　1 170 000

（2）销售货物

不含税价格＝90÷（1+6%）＝84.9（万元）

应交增值税＝84.9×6%＝5.1(万元)

借：应收账款　　900 000

贷：主营业务收入　　849 000

应交税费——应交增值税　　51 000

（3）上交本月应纳增值税51 000元时：

借：应交税费——应交增值税　　51 000

贷：银行存款　　51 000

*试一试9-18*　**根据下述业务编制会计分录**

某工业企业（增值税小规模纳税人）本期购入原材料500 000元，取得专用发票，支付增值税85 000元，企业开出商业承兑汇票，材料尚未收到。本期销售产品，含税价格为900 000元，货款尚未收到。本月实际缴纳增值税80 000元。

## 项目二　消费税会计处理

### 任务一　科目设置

消费税实行价内征收，企业（包括有金银首饰批发、销售业务的企业）按规定应交的消费税，在“应交税费”科目下设置“应交消费税”明细科目核算。

"应交税费——应交消费税"账户结构

| 发生额 | 借 方 | 贷 方 |
| --- | --- | --- |
| | 反映企业实际缴纳的消费税和待抵扣的消费税 | 反映企业按规定应交的消费税 |
| 余 额 | 反映多交或待抵扣的消费税 | 反映尚未缴纳的消费税 |

## 任务二 账务处理

**业务一：生产销售应税消费品的账务处理**

企业销售产品按规定税率计算出应缴纳的消费税，借记"营业税金及附加"等科目，贷记"应交税费——应交消费税"科目。退税时作相反的会计分录。

**【例9-20】**某公司（一般纳税企业）当月销售摩托车10辆，每辆售价1.5万元（不含增值税），贷款尚未收到，摩托车每辆成本0.5万元。适用消费税税率为10%。根据这项经济业务，公司应作如下会计分录。

应向购买方收取的增值税额＝15 000×10×17%＝25 500（元）

应交消费税＝15 000×10×10% ＝ 15 000(元)

借：应收账款 175 500

　　贷：主营业务收入 150 000

　　应交税费——应交增值税（销项税额） 25 500

借：营业税金及附加 15 000

　　贷：应交税费——应交消费税 15 000

借：主营业务成本 50 000

　　贷：库存商品 50 000

*试一试9-19* **根据业务编制会计分录**

某橡胶生产厂某月销售汽车轮胎，销售收入合计为800 000元，成本为500 000元，增值税税率为17%，消费税税率为3%。货款尚未收到。

**业务二：自产自用和视同销售应税消费品的账务处理**

企业将自产应税消费品用于在建工程、非应税项目、非生产机构、管理部门、提供劳务，以及用于馈赠、赞助、集资、广告、样品、职工福利、奖励等方面的，企业对按规定计算的应交消费税，借记"固定资产"、"在建工程"、"营业外支出"、"管理费用"、"应付职工薪酬"、"生产成本"、"销售费用"等科目，贷记"应交税费——应交消费税"科目。

**【例9-21】**某汽车制造企业（一般纳税企业）将自产的一辆汽车用于在建工程，同类汽车销售价格为20万元，该汽车成本为14万元，适用消费税税率为5%，增值税率为17%。应作如下会计分录。

应交消费税 ＝ 200 000×5% ＝ 10 000（万元）

应交增值税 ＝ 200 000×17% ＝ 34 000（万元）

借：在建工程 184 000

　　贷：库存商品 140 000

应交税费——应交消费税　　10 000
应交税费——应交增值税　　34 000

**试一试9-20　根据业务编制会计分录**

某企业将自产的一辆小汽车转作自用，该小汽车正常售价150 000元，生产成本为80 000元，增值税税率17%，消费税税率为8%。

**业务三：委托加工应税消费品和外购应税消费品的账务处理**

（1）委托加工的应税消费品。受托方将按规定计算的应扣税款金额借记“应收账款”、“银行存款”等科目，贷记“应交税费——应交消费税”科目（受托方加工或翻新改制金银首饰的企业除外）。委托方将委托加工应税消费品收回后，直接用于对外销售或用于其他方面的，委托方应将代收代缴的消费税计入委托加工的应税消费品成本，借记“委托中加工物资”、“生产成本”等科目，贷记“应付账款”、“银行存款”等科目；用于连续生产应税消费品的，按规定准予抵扣的，委托方应按代收代缴的消费税款，借记“应交税费——应交消费税”科目，贷记“应付账款”、“银行存款”科目。

委托加工收加的应税消费品在连续生产应税消费品的过程中，如改变用途，应将改变用途的部分所负担的消费税从“应交消费税”科目的借方转出。

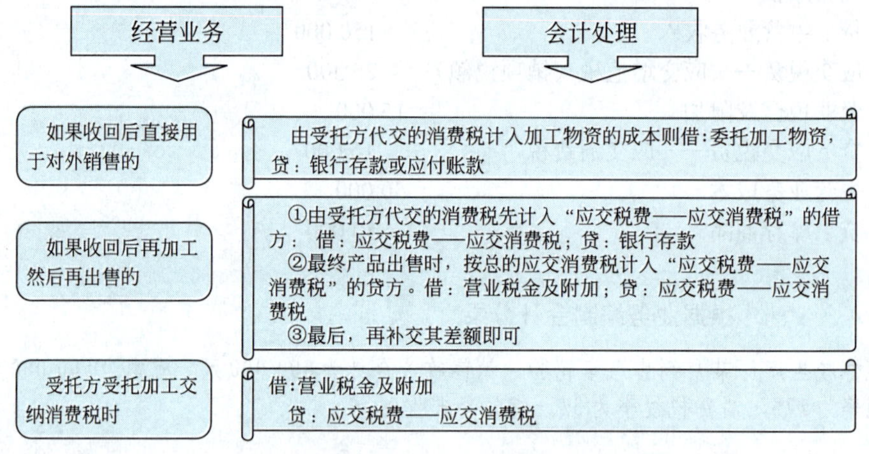


**【例9-22】**黄河公司委托外单位加工材料（非金银首饰）一批，原材料价款为40 000元，加工费用20 000元，收到普通发票一张，由受托方代收代缴的消费税为3 000元，材料已经加工完毕入库，加工费用已经支付。假如黄河公司原材料按实际成本核算。根据上述资料，黄河公司应作如下会计处理。

① 如果委托方黄河公司收回加工后的材料用于继续生产应税消费品：

借：委托加工物资　　40 000
　　贷：原材料　　40 000
借：委托加工物资　　20 000
　　应交税费——应交消费税　　3 000
　　贷：银行存款　　23 000
借：原材料　　60 000
　　贷：委托加工物资　　60 000

② 如果委托方黄河公司收回加工后的材料直接对外销售：

借：委托加工物资　　40 000
　　贷：原材料　　40 000
借：委托加工物资　　23 000
　　贷：银行存款　　23 000
借：原材料　　63 000
　　贷：委托加工物资　　63 000

（2）外购（含进口）应税消费品用于生产应税消费品。按所含税额，借记“应交税费——应交消费税”科目，贷记“银行存款”等科目；用于其他方面或直接对外销售的，不得抵扣，计入其成本。

外购（含进口）应税消费品在生产应税消费品的过程中，改变用途的，如用于非货币性资产交换、债务重组、在建工程等，应将改变用途的部分所负担的消费税从“应交税费——应交消费税”科目的借方转出。

注意：纳税人用委托加工收回的或外购的已税珠宝玉石生产的改在零售环节征收消费税的金银首饰，在计税时一律不得扣除在委托加工或外购环节已纳的税款。企业因受托加工或外购的已税珠宝玉石生产的改在零售环节征收消费税的金银首饰，在计税时一律不得扣除在委托加工或外购环节已纳的税款。

*试一试9-21*　**根据下述业务编制新兴摩托车厂会计分录**

新兴摩托车厂委托江南橡胶厂加工摩托车轮胎500套，新兴摩托车厂提供橡胶5 000千克，单位成本为12元，江南橡胶厂加工一套轮胎耗料10千克，收取加工费10元，代垫辅料10元。新兴摩托车厂收回轮胎后直接对外销售。

**业务四：包装物缴纳消费税的账务处理**

根据税法规定，实行从价定率办法计算应纳税额的应税消费品连同包装销售的，无论包装物是否单独计价，均应并入应税消费品的销售额中缴纳消费税。对于出租出借包装物收取的押金和包装物已作价随同应税产品销售，又另外加收的押金，因逾期未收回包装物而没收的部分，也应并入应税消费品的销售额中缴纳消费税。此外，自1995年6月1日起，对酒类产品生产企业销售除啤酒、黄酒外其他酒类产品而收取的包装物押金，无论押金是否返还与会计上如何核算，均需并入酒类产品销售额中，依酒类产品的适用税率征收消费税。为此，现行会计制度对包装物的有关会计处理方法作了如下规定。

① 随同产品销售且不单独计价的包装物，其收入随同所销售的产品一起计入产品销售收入。因此,因包装物销售应缴的消费税与因产品销售应缴的消费税应一同记入“营业税金及附加”

② 随同产品销售但单独计价的包装物，其收入记入其他业务收入。因此，应缴纳的消费税应记入“其他业务成本”

③ 出租、出借的包装物收取的押金，借记“银行存款”科目，贷记“其他应付款”科目；待包装物逾期收不回来而将押金没收时，借记“其他应付款”，贷记“其他业务收入”科目；这部分押金收入应缴纳的消费税应相应记入“其他业务成本”

④ 包装物已作价随同产品销售，但为促使购货人将包装物退回而另外加收的押金，借记“银行存款”科目，贷记“其他应付款”科目；包装物逾期未收回，押金没收，没收的押金应缴纳的消费税应先自“其他应付款”科目中冲抵，即借记“其他应付款”科目，贷记“应交税费——应交消费税”科目，冲抵后“其他应付款”科目的余额转入“营业外收入”科目

**业务五：进口应税消费品缴纳消费税的账务处理**

进口应税消费品，应在进口时，由进口者缴纳消费税，缴纳的消费税应计入进口应税消费品的成本。根据税法规定，企业进口应税消费品，应当自海关填发税款缴款书的次日起7日内缴纳税款。企业不缴税不得提货。因此，缴纳消费税与进口货物入账基本上没有时间差，为简化核算手续，进口应税消费品缴纳的消费税一般不通过“应交税费——应交消费税”科目核算，在将消费税计入进口应税消费品成本时，直接贷记“银行存款”科目。在特殊情况下，如出现先提货、后缴纳消费税的，或者用于连续生产其他应税消费品按规定允许扣税的，也可以通过“应交税费——应交消费税”科目核算应缴消费税税额。

企业进口的应税消费品可能是固定资产、原材料等。因此，在进口时，应按应税消费品的进口成本连同消费税及不允许抵扣的增值税，借记“固定资产”、“物资采购”等科目，按支付的允许抵扣的增值税，借记“应交税费——应交增值税（进项税额）”科目，按采购成本、缴纳的增值税、消费税合计数，贷记“银行存款”等科目。

**业务六：出口应税消费品的账务处理**

免征消费税的出口应税消费品分不同情况进行会计处理。

（1）属于生产企业直接出口应税消费品或通过外贸企业出口应税消费品，按规定直接予以免税的，可不计算应交消费税。出口后如发生退关或退货，经所在地主管税务机关批准，可暂不办理补税，待其转为国内销售时，再计缴消费税。

（2）通过外贸企业出口应税消费品时，如按规定实行先征后退办法的，其情况如下。

① 属于委托外贸企业代理出口应税消费品的生产企业，应在计算消费税时，按应交消费税额，借记“应收账款”科目，贷记“应交税费——应交消费税”科目。应税消费品出口收到外贸企业退回的税金，借记“银行存款”科目，贷记“应收账款”科目。发生退关、退货而补交已退的消费税，作相反的会计分录。

代理出口应税消费品的外贸企业将应税消费品出口后，收到税务部门退回生产企业缴纳的消费税，借记“银行存款”科目，贷记“应付账款”科目。将此项税金退还企业时，借记“应付账款”科目，贷记“银行存款”科目。发生退关、退货而补交已退的消费税，借记“应收账款——应收生产企业消费税”科目，贷记“银行存款”科目，收到生产企业退还的税款，作相反的会计分录。

② 属于企业将应税消费品销售给外贸企业，由外贸企业自营出口的，其缴纳的消费税视同一般销售业务处理。自营出口应税消费品的外贸企业，应在应税消费品报关出口后申请出口

退税时，借记“其他应收款”科目，贷记“主营业务成本”科目。实际收到出口应税消费品退回的税金，借记“银行存款”科目，贷记“其他应收款”科目。发生退关或退货而补交已退的消费税，作相反的会计分录。

**业务七：金银首饰零售业务等的账务处理**

有金银首饰零售业务的，以及采用以旧换新方式销售金银首饰的企业，在营业收入实现时，按应交消费税额，借记“营业税金及附加”等科目，贷记“应缴税费——应交消费税”科目。有金银首饰零售业务的企业因受托代销金银首饰按规定应缴纳的消费税，应分别不同情况处理：以收取手续费方式代销金银首饰的，其应交的消费税，借记“营业税金及附加”等科目，贷记“应交税费——应交消费税”科目；以其他方式代销首饰的，其缴纳的消费税等，借记“营业税金及附加”等科目，贷“应交税费——应交消费税”科目。

有金银首饰批发、零售业务的企业将金银首饰用于馈赠、赞助、广告、职工福利、奖励等方面的，应于移送时，按应交消费税，借记“营业外支出”、“销售费用”等科目，贷记“应交税费——应交消费税”科目。

## 项目三　营业税会计处理

### 任务一　科目设置

企业按规定应交的营业税，在“应交税费”科目下设置“应交营业税”明细科目核算。应交营业税的账户设置如表9-1所示。

**表9-1　“应交税费——应交营业税”账户结构**

| | 借　方 | 贷　方 |
|---|---|---|
| 发生额 | 反映企业已缴纳的营业税 | 反映应交的营业税 |
| 余　额 | 反映多交的营业税 | 反映尚未缴纳的营业税 |

### 任务二　账务处理

营业税的会计处理一般分为三部分：①企业按营业额和规定的税率计算应缴纳的营业税税额；②根据计算出的营业税税额，解交应缴纳的税款；③会计期末，将计提的税金转入“当期损益”，核算本年利润。

**业务一：提供应税劳务的账务处理**

企业经营工业生产和商品销售以外的营业税劳务所取得的收入，按规定应交的营业税，借记“营业税金及附加”科目，贷记“应交税费——应交营业税”科目。

**【例9-23】**某邮政局2007年2月份取得报刊发行收入额为141 000元，出售各类邮政物品取得收入7 800元，经营其他邮政业务取得收入2 300元，则该邮局2月份应纳营业税额为：

应纳税额＝（141 000＋7 800＋2 300）×3%＝4 533（元）

邮政局2月份应纳的4 533元营业税会计分录如下。

借：营业税金及附加　　4 533

　　贷：应交税费——应交营业税　　4 533

　　实际缴纳时会计分录如下。

借：应交税费——应交营业税　　4 533

　　贷：银行存款　　4533

**试一试9-22　根据下述业务编制会计分录**

一卡拉OK歌舞厅2007年10月份共取得门票收入45 000元，点歌费2 300元，还有提供烟酒饮料收入14 000元。计算卡拉OK歌舞厅应纳营业税额并进行账务处理（经当地税务机关确定，OK厅适用税率为20%）。

**业务二：销售不动产的账务处理**

企业销售不动产，应向不动产所在地主管税务机关申报缴纳营业税。企业销售不动产按规定应交的营业税，借记“固定资产清理”等科目，贷记“应交税费－应交营业税”科目。

【例9-24】某企业出售一栋办公楼，出售收入320 000元已存入银行。该办公楼的账面原价为400 000元，已提折旧100 000元，未曾计提减值准备；出售过程中用银行存款支付清理费用5 000元。销售该项固定资产适用的营业税税率为5%。该企业的有关会计处理如下：

① 该固定资产转入清理

借：固定资产清理　　300 000

　　累计折旧　　100 000

　　贷：固定资产　　400 000

② 收到出售收入320 000元

借：银行存款　　320 000

　　贷：固定资产清理　　320 000

③ 支付清理费用5 000元

借：固定资产清理　　5 000

　　贷：银行存款　　5 000

④ 计算应交营业税

320 000×5%＝16 000(元)

借：固定资产清理　　16 000

　　贷：应交税费——应交营业税　　16 000

⑤ 结转销售该固定资产的净损失

借：营业外支出　　1 000

　　贷：固定资产清理　　1 000

**试一试9-23　根据下述业务编制会计分录**

某公司2007年9月开发部自建楼房一栋竣工、建筑安装总成本4 000万元，公司将其中的40%售给另一单位，其余自用，售价7 000万元，本月预收5 000万元。要求：计算该公司当月应纳的营业税并进行账务处理（当地税务机关确定的成本利润率10%）。

**业务三：转让无形资产的账务处理**

企业转让无形资产使用权的，即出租无形资产，按规定应交的营业税，借记“营业税金及附加”科目，贷记“应交税费——应交营业税”科目；企业转让无形资产所有权的，即出售无形资产，按规定应交的营业税，计入“营业外收入——出售无形资产收益”科目或“营业外支出——出售无形资产损失”科目。

**【例9-25】**A公司与H企业于2007年底达成协议，A公司允许H企业2008年使用其某一商标，H企业于2008年每月月初向A公司支付商标使用费50 000元。则A公司的相关账务处理如下。

① 每月月初收到商标使用费时

借：银行存款　　　　　　　　50 000

　　贷：其他业务收入　　　　　　50 000

② 同时计算出应缴纳的营业税（50 000×5%），并作如下账务处理。

借：其他业务支出　　　　　　2 500

　　贷：应交税费——应交营业税　　2 500

*试一试9-24*　**根据下述业务编制会计分录**

某企业1年前购入一项专利技术，成本为100 000元，法定有效期限为10年，现将其转让给另一家企业，双方协商作价80 000元。

**业务四：扣缴义务人按规定代扣营业税额的账务处理**

为了便于税源控制，扣缴义务人在履行扣缴义务时，往往是先将应扣缴的营业税额从其应付款项中扣除之后，向对方支付款项的，对方实际收到的款项是扣除了营业税额后的余额。扣缴义务人再将代扣的税款按期如数向税务机关缴纳。因而，扣缴义务人在计算代扣营业税额时，一般是借记“应付账款”科目；贷记“应交税费——应交营业税”科目。

**【例9-26】**某建筑安装公司付给承接转包工程的施工队承包款项250 000元，为其代扣代缴营业税额7 500元，应作会计分录如下。

① 计算应支付承包款项时

借：在建工程——转包工程　　　250 000

　　贷：应付账款——××施工队　　250 000

② 计算应代扣的营业税额时

借：应付账款——××施工队　　7 500

　　贷：应交税费——应交营业税　　7 500

③ 实际支付承包款项时

借：应付账款——××施工队　　242 500

　　贷：银行存款　　　　　　　　242 500

**【例9-27】**某企业委托金融企业发放贷款，额度1 200 000元，利息率7.5%，当收到委托贷款利息时，该金融企业应代扣代缴的营业税为：

代扣代缴营业税＝1 200 000×7.5% ×5%＝4 500（元）

收到贷款利息1 200 000×7.5%＝90 000（元）

其会计分录如下。

① 收到贷款利息

借：银行存款　　　　　　　　　　　　　　　90 000

　　贷：应付账款——应付委托贷款利息　　　　　90 000

② 计算代扣的营业税4 500元，会计分录如下。

借：应付账款——应付委托贷款利息　　　　　4 500

　　贷：应交税费——应交营业税　　　　　　　4 500

③ 代缴营业税4 500元时

借：应交税费——应交营业税　　　　　　　　4 500

　　贷：银行存款　　　　　　　　　　　　　　4 500

*试一试9-25*　**根据下述业务编制会计分录**

A建筑公司中标一项建筑工程，总承包额10 000万元，该建筑公司将工程的装修部分分包给B装饰工程公司，分包价款3 000万元，又将工程的设备安装工程分包给设备安装公司，分包价款900万元。工程结束后，建设单位又支付给A建筑公司500万元材料价差和700万元的提前竣工奖，建筑公司又将提前竣工奖支付给两个分包公司各150万元，要求：计算以上三个单位各自应纳或应代扣代缴的营业税并进行账务处理。

## 课题三　财产税会计处理

### 项目一　房产税会计处理

企业按规定缴纳的房产税，应在“管理费用”账户中据实列支。计算应缴房产税时，借记“管理费用”科目。贷记“应交税费——应交房产税”科目；缴纳房产税时，借记“应交税费——应交房产税”科目，贷记“银行存款”科目。

由于房产税是按年征收，分期缴纳（一般是6个月），如果企业分期缴纳的税额较大，可以通过“待摊费用”科目，分期摊入管理费用中去。

**【例9-28】**某企业2007年1月1日拥有房产原值6 600 000元，其中有一部分房产为企业办幼儿园使用，原值1 000 000元。当地政府规定，按原值一次减除20%。计算该企业应纳房产税额并作会计分录。

年应纳税额＝（6 600 000－1 000 000）×（1－20%）×1.2%＝53 760(元)

月应纳税额＝53 760÷12＝4 480(元)

计算房产税时的会计分录如下。

借：管理费用　　　　　　　　　　4 480

　　贷：应交税费——应交房产税　　　　4 480

每月缴税时的会计分录如下。

借：应交税费——应交房产税　　　　4 480

　　贷：银行存款　　　　　　　　　　　4 480

*试一试9-26*　**根据下述业务编制会计分录**

企业拥有房屋原值600万元，将其中一部分房产出租，原值100万元，年租金收入12万元，另有一部分房产用于幼儿园使用，原值50万元。当地政府规定，按原值一次减除25%后的余值纳税。计算该企业季度应纳房产税额，并作出会计分录。

## 项目二　城镇土地使用税会计处理

缴纳城镇土地使用税的单位，应于月度终了时预计应交税额，年度终后再与税务机关结算。预缴时会计分录为借记“管理费用”、“经营费用”、“待摊费用”等，贷记“应交税费——应交土地使用税”。上缴时，会计分录为借记“应交税费——应交土地使用税”，贷记“银行存款”。

**【例9-29】**某工业企业占用土地4 000平方米，该企业位于中等城市，当地人民政府核定该企业的应交土地使用税单位税额为9元/平方米，计算该企业应纳土地使用税并作会计分录。

应纳税额＝4 000×9＝36 000（元）

预计应交税额时的分录

借：管理费用　　36 000

　　贷：应交税费——应交土地使用税　　36 000

与税务机关结算时的会计分录

借：应交税费——应交土地使用税　　36 000

　　贷：银行存款　　36 000

*试一试9-27*　**根据下述业务编制会计分录**

某商业企业占用土地10 000平方米，其中企业办的学校自用地为3 000平方米，当地政府核定的土地使用税税额为2元/平方米。计算该企业应纳土地使用税，并作会计分录。

## 项目三　车船税会计处理

企业设置“应交税费——应交车船税”科目以反映车船税的计提和缴纳情况。按规定缴纳的车船税，应在“管理费用”账户中列支。企业计提税金时，借记“管理费用”，贷记“应交税费——应交车船税”。缴纳税金时，借记“应交税费——应交车船税”，贷记“银行存款”。

**【例9-30】**某公司拥有乘人车2辆，年税额400元；货车120吨位，年每吨税额60元，按季预缴车船税。计算应纳税额并作会计分录。

年应纳税额＝2×400+120×60＝8 000（元）

季应缴税额＝8 000÷4＝2 000（元）

每季预提税金时的会计分录如下。

借：管理费用　　2 000

　　贷：应交税费——应交车船税　　2 000

每季缴纳税金时的会计分录如下。

借：应交税费——应交车船税　　　　　2 000

　　贷：银行存款　　　　　　　　　　2 000

**试一试9-28　根据下述业务编制会计分录**

某商场有送货车6辆，其中一辆出租车，每辆净吨位3吨，20人座班车2辆，客货两用车2辆，乘客座位6人，载货净吨位2吨（10人座以下客车年税额180元/辆，11 ~ 30人座客车年税额250元/辆，货车年税额40元/吨）。

## 项目四　契税会计处理

由于契税是按实际取得的不动产的价格计税，按规定的税额一次征收的，不存在与税务机关结算和清算问题，因此，也不需要通过“应交税费”科目核算。企业按规定计算缴纳的契税，借记“固定资产”、“无形资产”等科目，贷记“银行存款”科目。

【例9-31】某企业以9 800 000元购得一块土地的使用权，当地规定契税税率为3%，计算其应纳契税并作会计分录。

应纳契税＝9 800 000×3%＝294 000（元）

借：无形资产——土地使用权　294 000

　　贷：银行存款　　　　　　　294 000

**试一试9-29　根据下述业务编制会计分录**

某学校张老师购买一套商品房，价格为60万元，因一次性付款，售房单位给予1万元的优惠，同时按当地政策规定，对教师按正常售价优惠5%，当地契税税率4%。

## 项目五　车辆购置税会计处理

企业应设“应交税费——应交车辆购置税”科目来反映车辆购置税的计算和缴纳。计算应纳车辆购置税时，借记“固定资产”，贷记“应交税费——应交车辆购置税”；实际缴纳时借记“应交税金——应交车辆购置税”，贷记“银行存款”。

【例9-32】某企业购入新面包车一辆，含税价117 000元，计算该车购置税并作账务处理。

车辆购置税＝117 000×10%＝11 700（元）

购置车辆时的会计分录如下。

借：固定资产　　　　　　　　　　　128 700

　　贷：应交税费——应交车辆购置税　　11 700

　　　　银行存款　　　　　　　　　　117 000

缴纳车辆购置税时的会计分录

借：应交税费——应交车辆购置税　11 700

　　贷：银行存款　　　　　　　　　11 700

*试一试9-30* **根据下述业务编制会计分录**

某部队在更新武器装备过程中，将设有雷达装置的东风EQ5092TLD雷达车进行更换，该车使用年限为10年，已使用4年，属列入部队武器装备计划的免税车辆，部队更换车辆时将雷达装置拆除，并将其改制为后勤车，由于只改变车厢及某些零部件，经审核，改装后该车的性能技术数据与东风EQ1092.F2002型5吨汽车的性能技术数据相近。东风EQ1092.F2002型5吨汽车核定的最低计税价格为56 000元。

## 课题四 行为税会计处理

### 项目一 城市维护建设税会计处理

城市维护建设税（城建税）是附加性质的税种，凡是企业缴纳营业税、消费税、增值税都要依法缴纳城建税。企业核算应缴纳的城市维护建设税时，应设置“应交税费——应交城市维护建设税”账户，反映城市维护建设税的计算和缴纳情况。按规定计算应缴纳的城建税时，借记“营业税金及附加”科目，贷记“应交税费——应交城建税”科目；缴纳城建税时，借记“应交税费——应交城建税”科目，贷记“银行存款”科目。

**【例9-33】**某汽车厂所在地为省会，当月实际已纳增值税2 750 000元，消费税4 000 000元，营业税250 000元。则：

应交城市维护建设税＝(2 750 000+4 000 000+250 000)×7%＝490 000（元）

借：营业税金及附加　　　　　　　　　490 000

　　贷：应交税费——应交城市维护建设税　　490 000

缴纳税款时：

借：应交税费——应交城市维护建设税　　490 000

　　贷：银行存款　　　　　　　　　　　　490 000

教育费附加的计算方法与城市维护建设税基本相同。会计分录为：

应交教育费附加＝(2 750 000+4 000 000+250 000)×3%＝210 000（元）

借：营业税金及附加　　　　　　　　　210 000

　　贷：应交税费——应交教育费附加　　　210 000

教育费附加是地方教育经费的一项来源，由教育部门统筹安排，专门用于改善中小学教学设施和办学条件。

*试一试9-31* **根据下述业务编制会计分录**

市区企业本月缴纳关税85万元，进口增值税20万元，本月实际缴纳增值税40万元，实纳消费税70万元，实纳营业税8万元，补缴上月应纳增值税6万元，计算企业本月应纳城市维护建设税、教育费附加并进行会计处理。

# 项目二　印花税会计处理

企业缴纳的印花税一般是自行计算、购买、贴花、注销，不会形成税款债务，因此可以不通过“应交税金”账户核算，直接在“管理费用”中列支。计算应纳税时，借记“管理费用”，贷记“银行存款”。如一次购买印花税数额较大，需分期摊入成本，可通过“待摊费用”科目摊销。

**【例9-34】**某公司与其他公司订立预购销售合同200 000 000元。

应纳税额＝200 000 000×3‰＝600 000（元）

签订合同缴纳时：

借：待摊费用　　　600 000

　　贷：银行存款　　　600 000

分3个月摊销，每月摊销时：

借：管理费用　　　200 000

　　贷：待摊费用　　　200 000

企业筹建期间应缴纳的印花税应计入开办费，待企业正式经营后，从开始生产、经营月份的次月起，在不短于5年的期限内分期摊销。

**【例9-35】**新建××公司向市工商行政管理局申请注册登记，取得营业执照。该公司注册资金5 000 000元已全部到账，建立企业账册5本，其中资金账册2本上列实收资本5 000 000元。请计算应纳印花税并作相应的会计处理。

应纳税额：账册3本，3×5＝15（元）

营业执照1份，5元

资金账册（实收资本）50 000×5%＝250（元）

合计 15＋5＋250＝270（元）

新建尚未正式营业应缴的印花税计入开办费：

借：递延资产——开办费　270

　　贷：银行存款　　　　270

自正式开业次月起，按不超过5年的期限内摊销，每年摊销54元：

借：管理费用　　　　54

　　贷：递延资产　　　54

**【例9-36】**某建筑安装公司2007年8月承包某工厂建筑工程一项，工程造价60 000 000元，按照经济合同法，双方签订建筑承包工程合同。订立建筑安装合同，应按合同金额0.3‰贴花。计算应纳税款，并作如下会计分录。

应纳税额＝60 000 000×0.3‰＝18 000（元）

借：管理费用　　　　18 000

　　贷：银行存款　　　18 000

各种合同应于合同正式签订时贴花。建筑公司应在自己的合同正本上贴花18 000元。由于该份合同应纳税额超过500元，所以该公司应向税务机关申请填写缴款书或完税证，将其中一联贴在合同上或由税务机关在合同上加注完税标记。

**【例9-37】**某企业经营情况良好，但自2007年后，只就5份委托加工合同（合同总标的1 500 000元）按每份5元粘贴了印花税票。税务机关稽查后认为其违反了委托加工合同不能按件贴印花税票的规定，同时还查出该企业在此期间还与其他企业签订购销合同20份，合同总标的8 000 000元，尚未缴纳印花税。税务机关作出决定，要求该企业补缴印共花税，并对其偷税行为处以补缴印花税票4倍的罚款。

企业应作如下计算和会计分录。

① 购销合同应补缴印花税额：8 000 000×0.3‰＝2400（元）

② 委托加工合同应补印花税额：15 000 000×0.5‰－25＝725（元）

③ 补缴税款

借：管理费用　　　　　　　　3 125

　　贷：银行存款　　　　　　　　3 125

④ 上缴罚款

借：营业外支出——税务罚款　12 500

　　贷：银行存款　　　　　　　　12 500

*试一试9-32*　**根据下述业务编制会计分录**

某企业2007年度有关资料如下。

（1）实收资本比2006年增加100万元。与银行签订一年期借款合同，借款金额300万元，年利率5%。

（2）与甲公司签订以货换货合同，本企业提供价值350万元的原材料，甲公司的货物价值450万元。

（3）与乙公司签订受托加工合同，乙公司提供价值80万元的原材料，本企业提供价值15万元的辅助材料并收取加工费20万元。

（4）与丙公司签订转让技术合同，转让收入由丙公司按2001 ~ 2005年实现利润的30%支付。

（5）与货运公司签订运输合同，载明运输费用8万元（其中含装卸费0.5万元）。

（6）与铁路部门签订运输合同，载明运输费及保险费共计20万元。

要求：逐项计算该企业2007年应缴纳的印花税并进行会计处理。

## 项目三　资源税会计处理

### 任务一　科目设置

企业按规定应交的资源税，在“应交税费”科目下设置“应交资源税”明细科目核算。应交资源税的账户设置如表9-2所示。

**表9-2　应交税费——应交资源税**

| | 借　方 | 贷　方 |
|---|---|---|
| 发生额 | 反映企业已交的或按规定允许抵扣的资源税 | 反映应交的资源税 |
| 余　额 | 反映多交或尚未抵扣的资源税 | 反映尚未缴纳的资源税 |

## 任务二　账务处理

**业务一：企业对外销售应税产品应纳资源税的账务处理**

企业计算出销售的应税产品应缴纳的资源税，借记“营业税金及附加”等科目，贷记“应交税费——应交资源税”科目；缴纳资源税时，借记“应交税费——应交资源税”科目，贷记“银行存款”科目。

**【例9-38】**某煤矿本月对外销售原煤1 200 000吨，该煤矿所采原煤的资源税单位税额为0.8元/吨，应纳资源税960 000元。则相关会计处理如下。

① 计提资源税时

借：营业税金及附加　　960 000

贷：应交税费——应交资源税　960 000

② 缴纳资源税时

借:应交税费——应交资源税　960 000

贷：银行存款　　960 000

*试一试9-33*　**根据下述业务编制会计分录**

白云煤矿2007年3月份生产销售煤炭10万吨，天然气5 000万立方米。已知该煤矿适用的单位税额为1.5元/吨，煤矿邻近的油田管理局天然气适用的单位税额为8元/千立方米。

**业务二：企业自产自用应税产品应纳资源税的账务处理**

企业计算出自产自用的应税产品应缴纳的资源税，借记“生产成本”、“制造费用”等科目，贷记“应交税费——应交资源税”科目；缴纳资源税时，借记“应交税费——应交资源税”科目，贷记“银行存款”科目。

**【例9-39】**北方某盐场本月将原盐1 250吨加工成精盐1 000吨，根据税法规定企业自用原盐单位税额25元/吨，应缴资源税31 250元，则相关会计账务处理如下。

① 计提资源税时

借：生产成本　　31 250

　　贷：应交税费——应交资源税　31 250

② 缴纳资源税时

借：应交税费——应交资源税　31 250

　　贷：银行存款　　31 250

*试一试9-34*　**根据下述业务编制会计分录**

某油田7月份缴纳资源税4 200 000元，8月份生产原油320 000吨，其中对外销售原油220 000吨，企业自办炼油厂耗用50 000吨。企业同时生产天然气106 000千立方米，向外销售100 000千立方米，自办炼油厂耗用5 000千立方米，取暖方面使用1 000千立方米。该油田原油的单位税额为12元/吨，天然气单位税额为8元/千立方米，税务机关核定该企业纳税期限为10天，按上月税款的1/3预缴，月终结算。

**业务三：独立矿山、联合企业收购未税矿产品扣缴资源税的账务处理**

企业收购未税矿产品，按实际支付的收购款，借记“物资采购”等科目，贷记“银行存款”等科目，按代扣代缴的资源税，借记“材料采购”等科目，贷记“应交税费——应交资源税”科目；缴纳资源税时，借记“应交税费——应交资源税”科目，贷记“银行存款”科目。

**【例9-40】**某炼铁厂收购某铁矿开采厂矿石10 000吨，每吨收购价为125元（其中资源税25元），购进价总计1 250 000元，增值税进项税额212 500元，价税合计1 462 500元，企业代扣代缴资源税款后用银行存款支付收购款。则相关账务处理如下。

借：物资采购 1 250 000
  应交税费——应交增值税（进项税额） 212 500
  贷：银行存款 1 212 500
  应交税费——应交资源税 250 000

*试一试9-35* **根据下述业务编制会计分录**

某炼铁厂收购某铁矿开采厂矿石20 000吨，每吨收购价为250元（其中资源税50元），购进价总计2 500 000元，增值税进项税额425 000元，价税合计2 935 000元，企业代扣代缴资源税款后用银行存款支付收购款。

**业务四：企业外购液体盐加工固体盐应纳资源税的账务处理**

在购入液体盐时，按所允许抵扣的资源税，借记“应交税费——应交资源税”科目，按外购价款扣除允许抵扣资源税后的数额，借记“材料采购”等科目，按应支付的全部价款，贷记“银行存款”、“应付账款”等科目；企业加工成固体盐后，在销售时，按计算出的销售固体盐应交的资源税，借记“营业税金及附加”科目，贷记“应交税费——应交资源税”科目；将销售固体盐应纳资源税扣抵液体盐已纳资源税后的差额上交时，借记“应交税费——应交资源税”科目，贷记“银行存款”科目。纳税人与税务机关结算上月税款，补缴时，借记“应交税费——应交资源税”，贷记“银行存款”；退回税款时，借记“银行存款”，贷记“应交税费——应交资源税”。企业未按规定期限缴纳资源税，向税务部门缴纳滞纳金时，借记“营业外支出”，贷记“银行存款”。

**【例9-41】**某盐厂本月外购液体盐2 000吨，每吨含增值税价款58.5元，液体盐资源税税额为3元/吨，该盐厂将全部液体盐加工成固体盐500吨，每吨含增值税售价为468元，固体盐适用资源税税额为25元/吨。则相关会计账务处理如下。

① 购入液体盐的分录

借：物资采购 94 000
  应交税费——应交资源税 6 000
      ——应交增值税（进项税额） 17 000
  贷：银行存款 117 000

② 验收入库时

借：原材料——液体盐 94 000
  贷：物资采购 94 000

③ 销售固体盐时

借：银行存款 234 000
  贷：主营业务收入 200 000
    应交税费——应交增值税（销项税额） 34 000

④ 计提固体盐应缴的资源税

借：营业税金及附加　　　　　　　12 500

　　贷：应交税费——应交资源税　　　12 500

⑤ 本月应纳资源税＝12 500 － 6 000＝6 500（元）

次月初缴纳资源税时

借：应交税费——应交资源税　　　　6 500

　　贷：银行存款　　　　　　　　　　6 500

*试一试9-36*　**根据下述业务编制会计分录**

蓝天盐厂2007年5月16日、28日分别外购液体盐20 000吨、30 000吨，每吨购进价格假定为250元（含税）。5月份对外销售海盐80 000吨（包括自产和用购入液体盐加工而成的）。另外，蓝天盐场用原盐6 000吨加工成精盐出售。蓝天盐场按月缴纳资源税。

## 项目四　土地增值税会计处理

**业务一：主营或兼营房地产业务的账务处理**

主营房地产业务的企业，应由当期营业收入负担的土地增值税，借记“营业税金及附加”科目，贷记“应交税费——应交土地增值税”科目。

**【例9-42】**某房地产公司开发100栋花园别墅，其中80栋出售，10栋出租，10栋待售。每栋地价14.8万元，登记、过户手续费0.2万元，开发成本包括土地征用及拆迁补偿费、前期工程费、建筑安装工程费等合计50万元，贷款支付利息0.5万元（能提供银行证明）。每栋售价180万元，营业税率5%，城建税税率5%，教育费附加征收率3%。问该公司应缴纳多少土地增值税？

（1）计算应纳土地增值税税额

① 转让收入：180×80＝14 400（万元）

② 取得土地使用权所支付的金额与房地产开发成本合计：（14.8＋0.2＋50）×80＝5 200（万元）

房地产开发费用扣除：0.5×80＋5200×5%＝300（万元）

转让税金支出：14 400×5% ×（1＋5%＋3%）＝777.6（万元）

加计扣除金额：5 200×20%＝1040（万元）

扣除项目合计：5 200＋300＋777.6＋1 040＝7 317.6（万元）

③ 增值额＝14 400 － 7 317.6＝70 82.4（万元）

④ 增值额与扣除项目金额比率＝7 082.4 / 7 317.6×100%＝96.79%

⑤ 应纳增值税税额＝7 082.4×40%－ 7 317.6×5%＝2 467.08（万元）

（2）会计处理

① 转让取得收入时

借：营业税金及附加　　　　　　　　2 467.08

　　贷：应交税费——应交土地增值税　　2 467.08

② 实际上交时

借：应交税费——应交土地增值税　　2 467.08

　　贷：银行存款　　　　　　　　　　2 467.08

**试一试9-37 根据下述业务编制会计分录**

2007年4月30日，某房地产开发公司转让写字楼一幢，共取得转让收入5 000万元，公司即按税法规定缴纳了有关税金（营业税税率5%，城建税等其他税金25万元）。已知该公司为取得土地使用权而支付的地价款和按国家统一规定缴纳的有关费用为500万元，投入房地产开发成本为1 500万元，房地产开发费用中的利息支出为120万元（通常按房地产开发项目计算分摊并提供金融机构证明），比按工商银行同类同期贷款利率计算的利息多出10万元。另知公司所在地政府规定的其他房地产开发费用的计算扣除比例为5%。计算该房地产开发公司转让此楼应纳的土增值税并进行会计处理。

**业务二：转让房地产业务的账务处理**

转让的国有土地使用权连同地上建筑物及其他附着物一并在“固定资产”或“在建工程”等科目核算的，转让时应缴纳的土地增值税，借记“固定资产清理”、“在建工程”等科目，贷记“应交税费——应交土地增值税”科目。

**【例9-43】**西城电信局将其拥有的二座仓库出售给某公司，取得转让收入1 300万元。该仓库固定资产账面原值为500万元，已计提折旧200万元。税务机关确认仓库的评估价格为496．3万元，转让过程中支付有关税费72．15万元。

（1）计算应纳税额

在这项业务中，按照规定，企业出售旧房及建筑物的，应按评估价格计算扣除项目金额。则：

① 出售旧房及建筑物的收入为1 300万元。

评估价格为496.3万元。

② 允许扣除的税金为72.15万元。

扣除项目金额＝496.3＋72.15＝568.45（万元）

③ 增值额＝1 300－568.45＝731.55（万元）

④ 增值率＝731.55÷568.45＝128.69%

⑤ 应纳税额＝731.55×50%－568.45×15%＝365.775－85.267 5＝280.507 5（万元）

（2）会计处理

借：固定资产清理　　　　　　　　280 5075

　　贷：应交税费——应交土地增值税　　280 5075

**试一试9-38 根据下述业务编制会计分录**

某市机械厂于2007年5月份将位于市内的1栋办公楼出售给某单位，取得收入2 000万元，并按国家税法规定缴纳了营业税、城建税、教育费附加和印花税。该厂为建造此楼支付地价款和有关费用60万元，并能提供有关地价款支付情况的凭据。该楼原始造价为1 400万元，已提折旧420万元。经房地产评估机构评定，该楼重置成本价为2 100万元，成新度折扣率为70%。计算该企业销售旧房应纳土地增值税并进行会计处理。另知公司所在地政府规定的其他房地产开发费用的计算扣除比例为5%。计算该房地产开发公司转让此楼应纳的土增值税并进行会计处理。

**业务三：交付使用前转让房地产的账务处理**

企业在项目交付使用前转让房地产取得的收入，按税法规定预交的土地增值税，借记“应交税费——应交土地增值税”科目，贷记“银行存款”科目；待该房地产营业收入实现时，再按上述营业业务的会计处理方法进行处理。该项目全部交付使用后进行清算，收到退回多交的土地增值税，借记“银行存款”科目，贷记“应交税费——应交土地增值税”科目；补缴的土地增值税作相反的会计分录。

企业缴纳土地增值税时，借记“应交税费——应交土地增值税”科目，贷记“银行存款”科目。

# 课题五 所得税会计处理

## 项目一 企业所得税会计处理

企业会计准则是为了规范企业的财务会计行为，保护投资者和股东的利益，对经营者的经营成果在计算标准、内容、方法上所作的规定；而应纳税所得额的确定是按照税法处理国家和纳税人之间的分配关系，两者的目的不同，因此，两者对于收入、成本、费用、利润、资产、负债、所有者权益等的确认与计量亦不完全相同。所以，《中华人民共和国企业所得税暂行条例》（以下简称《所得税条例》，第九条规定：纳税人在计算应纳税所得额时，其财务、会计处理办法同国家有关税收的规定有抵触的，应当按照国家有关税收的规定计算纳税。这就是说，企业当期应交的所得税与当期按会计利润计算的所得税费用之间存在差异。其中，一部分差异是由于会计准则与税法对企业资产和负债的计量的规定不同引起的，在以后会计期间，随着资产价值的收回和负债的支付，这部分差异会逐期转回，因此，根据权责发生制原则（某项应税交易或事项在某一会计期间确认与其相关的所得税影响亦应在该期间确认）和配比原则（同一会计期间的会计利润与所得税费用应相互配比），企业应将这部分差异确认为递延所得税资产和递延所得税负债。

### 任务一 明确资产、负债的计税基础

**业务一：资产的计税基础**

| 资产计税基础含义解释 | 公式表示 | 举例说明 |
| --- | --- | --- |
| 资产的计税基础是指企业收回资产账面价值过程中，按照税法规定计算应纳税所得额时可以自应税经济利益中抵扣的金额。即该项资产在未来使用或最终处置时，允许作为成本或费用在税前列支的金额 | 资产的计税基础＝未来可税前列支的金额 | 例如，对某项已投入使用的固定资产来说，其账面价值等于其入账时的实际成本减去已计提的累计折旧和减值准备后的余额，而其计税基础等于其入账时的实际成本减去已计提的累计折旧后的余额。 |
| | 资产在某一资产负债表日的计税基础＝资产成本－以前期间已税前列支的金额 | 通常情况下，资产在取得时其入账价值（账面价值）与其计税基础是相同的。但由于在后续计量过程中因企业会计准则规定与税法规定不同，使得资产的账面价值与计税基础之间产生了暂时性差异。<br>例如，固定资产折旧与减值准备的计提。假设某项环保设备的原价为1 000万元，使用年限为10年，会计处理时按直线法计提折旧，税收处理时按双倍余额递减法计算税前扣除折旧费用，净残值为0。在使用2年后的会计期末，企业对该项设备计提80万元的固定资产减值准备。则在该会计期末，该项设备的账面价值为1 000－100－100－80＝720（万元），计税基础为1 000－200－160＝640（万元），二者之间的差异为80万元 |

业务二：负债的计税基础

| 负债计税基础含义解释 | 公式表示 | 举例说明 |
| --- | --- | --- |
| 负债的计税基础是指负债的账面价值减去未来期间按照税法规定计算应纳税所得额时可予抵扣的金额 | 负债的计税基础＝负债的账面价值－未来可税前列支的金额 | 通常情况下，短期借款、应付票据、应付账款、其他应付款等负债的确认和偿还，不会对当期损益和应纳税所得额产生影响，因此其计税基础即为账面价值。但在某些情况下，对自费用中提取的负债的确认可能会影响损益，并影响不同期间的应纳税所得额，使其计税基础与账面价值之间产生差额。企业会计准则规定对于预计负债，在满足确认条件时，按照履行现时义务所需支出的最佳估计数确认。假定企业因产品售后服务确认了100万元预计负债，计入当期损益。按照税法规定，与预计负债相关的费用，视相关交易事项的具体情况，一般在实际发生时准予税前扣除，因此该项预计负债的计税基础为零。这就是说，在期末资产负债表中，该项预计负债的账面价值为100万元，计税基础为零，二者之间的暂时性差异为100万元 |

## 任务二　掌握暂时性差异的类型

暂时性差异是指资产或负债的账面价值与其计税基础之间的差额。未作为资产和负债确认的项目，按照税法规定可以确定其计税基础的，该计税基础与其账面价值之间的差额也属于暂时性差异。例如，对企业附有销售退回条件的商品销售尚未确认的收入，按税法规定，应当计缴所得税。这就是说，虽然企业没有将应收的款项确认为一项资产，但仍产生了暂时性差异。

按照暂时性差异对未来期间应税金额的影响，可将暂时性差异分为应纳税暂时性差异和可抵扣暂时性差异。

应纳税暂时性差异是指在确定未来收回资产或清偿负债期间的应纳税所得额时，将导致产生应税金额的暂时性差异。例如，交易性金融资产的公允价值变动。按照企业会计准则规定，交易性金融资产期末应以公允价值计量，公允价值的变动计入当期损益；而税法规定交易性金融资产在持有期间公允价值变动不计入应纳税所得额，即其计税基础保持不变，这就产生了交易性金融资产的账面价值与计税基础之间的差异。

**【例9-44】**假定某企业持有一项交易性金融资产，成本为1 000万元，期末公允价值为1 500万元，即期末账面价值为1 500万元，而计税基础仍维持1 000万元不变。由于该项资产的升值部分500万元，在将来收回时将会产生应交所得税，因此该项资产的账面价值1 500万元与其计税基础1 000万元之间的差额500万元属于应纳税暂时性差异。

**【例9-45】**某企业期末持有一批存货，原账面价值（账面成本）为1 000万元，估计其可变现净值为800万元，按照存货准则规定，计提了存货跌价准备200万元。但是税法规定存货跌价损失在发生实质性损失前不允许税前扣除，因此该批存货的计税基础仍为1 000万元。由于存货跌价准备在存货跌价时可从应纳税所得额中扣除，在期末资产负债表中，该批存货的账面价值800万元与其计税基础1 000万元之间的差额200万元属于可抵扣暂时性差异。

由上可知，资产的账面价值大于其计税基础或者负债的账面价值小于其计税基础的，产生应纳税暂时性差异；资产的账面价值小于其计税基础或者负债的账面价值大于其计税基础的，产生可抵扣暂时性差异。

按照税法规定允许用以后年度的所得弥补的可抵扣亏损及可结转以后年度的税款抵减，按照可抵扣暂时性差异原则处理。

企业在取得资产、负债时，应当确定其计税基础，并在资产负债表日，根据资产的账面价值和计税基础的变化情况，重新计算资产、负债的账面价值和计税基础的期末数。如果资产、负债的账面价值与其计税基础的期末数存在差异的，应当按准则的规定，分别认定为应纳税暂时性差异和可抵扣暂时性差异。

## 任务三　递延所得税资产和递延所得税负债的确认和计量

**业务一：递延所得税资产和递延所得税负债的确认**

期末，企业应按照暂时性差异与适用所得税税率计算的结果，确定递延所得税资产和递延所得税负债。其中，根据可抵扣暂时性差异和适用所得税税率计算的结果为递延所得税资产，根据应纳税暂时性差异和适用所得税税率计算的结果为递延所得税负债。

**【例9-46】**根据【例9-44】、【例9-45】的资料，假定企业适用的所得税税率为33%，递延所得税资产和负债不存在期初余额，则对于存货项目产生的可抵扣暂时性差异200万元，应确认66万元的递延所得税资产；对于交易性金融资产产生的500万元的应纳税暂时性差异，应确认165万元的递延所得税负债。

确认由可抵扣暂时性差异产生的递延所得税资产，应当以未来期间很可能取得用来抵扣可抵扣暂时性差异的应纳税所得额为限。企业在确定未来期间很可能取得的应纳税所得额时，包括未来期间企业正常生产经营活动实现的应纳税所得额，以及在可抵扣暂时性差异转回期间因应纳税暂时性差异的转回增加的应纳税所得额，并应提供相关的证据。资产负债表日，有确凿证据表明未来期间很可能获得足够的应纳税所得额用来抵扣可抵扣暂时性差异的，应当确认以前期间未确认的递延所得税资产。

企业对于能够结转以后年度的可抵扣亏损和税款抵减，应当以很可能获得用来抵扣可抵扣亏损和税款抵减的未来应纳税所得额为限，确认相应的递延所得税资产。

企业对与子公司、联营企业及合营企业投资相关的可抵扣暂时性差异，同时满足下列条件的，应当确认相应的递延所得税资产：

① 暂时性差异在可预见的未来很可能转回；

② 未来很可能获得用来抵扣可抵扣暂时性差异的应纳税所得额。

除下列交易中产生的递延所得税负债以外，企业应当确认所有应纳税暂时性差异产生的递延所得税负债。

① 商誉的初始确认；

② 同时具有以下特征的交易中产生的资产或负债的初始确认：

A. 该项交易不是企业合并；

B. 交易发生时既不影响会计利润也不影响应纳税所得额（或可抵扣亏损）。

企业对与子公司、联营企业及合营企业投资相关的应纳税暂时性差异，应当确认相应的递延所得税负债。但是，同时满足下列条件的除外：

① 投资企业能够控制暂时性差异转回的时间；

② 该暂时性差异在可预见的未来很可能不会转回。

同时具有下列特征的交易中因资产或负债的初始确认所产生的递延所得税资产不予确认：

① 该项交易不是企业合并；

② 交易发生时既不影响会计利润也不影响应纳税所得额（或可抵扣亏损）。

**业务二：递延所得税资产和递延所得税负债的计量**

资产负债表日，对于递延所得税资产和递延所得税负债，应当根据税法规定，按照预期收回该资产或清偿该负债期间的适用税率计量。

适用税率发生变化的，应对已确认的递延所得税资产和递延所得税负债进行重新计量，除直接在所有者权益中确认的交易或者事项产生的递延所得税资产和递延所得税负债以外，应当将其影响数计入变化当期的所得税费用。

递延所得税资产和递延所得税负债的计量，应当反映资产负债表日企业预期收回资产或清偿负债方式的所得税影响，即在计量递延所得税资产和递延所得税负债时，应当采用与收回资产或清偿债务的预期方式相一致的税率和计税基础。

企业不应当对递延所得税资产和递延所得税负债进行折现。

**业务三：递延所得税资产和递延所得税负债的转回**

递延所得税负债和递延所得税资产确认后，相关的应纳税暂时性差异或可抵扣暂时性差异于以后期间转回的，应当调整原已确认的递延所得税资产和递延所得税负债。即在资产负债表日，企业应当对递延所得税资产的账面价值进行复核。如果未来期间很可能无法获得足够的应纳税所得额用以抵扣递延所得税资产的利益，应当减记递延所得税资产的账面价值。在很可能获得足够的应纳税所得额时，减记的金额应当转回。

需要注意的是，企业应当将当期和以前期间应交未交的所得税确认为所得税负债，将已支付的所得税超过应支付的部分确认为所得税资产。这里的所得税资产与所得税负债不同于递延所得税资产和递延所得税负债。在资产负债表日，对于当期和以前期间形成的当期所得税负债（或资产），应当按照税法规定计算的预期应缴纳（或返还）的所得税金额计量。

## 任务四　所得税费用会计核算

企业某一会计期间的所得税费用（或收益），即当期利润表中的所得税费用（或收益），由按税法规定计算的当期所得税费用（即当期应交所得税）和递延所得税费用（或收益）两部分组成。其中递延所得税费用等于因确认递延所得税负债而产生的所得税费用减去因确认递延所得税资产而产生的所得税费用，差额为负数的，即为递延所得税收益。根据【例9-46】，企业当期的递延所得税费用为165 － 66＝97（万元）

| 序号 | 经济业务与账务处理 |
|---|---|
| 1 | 资产负债表日，企业按照税法规定计算确定的当期应交所得税，借记“所得税费用——当期所得税费用”科目，贷记“应交税费——应交所得税”科目 |
| 2 | 资产负债表日，企业根据所得税准则应予确认的递延所得税资产，借记“递延所得税资产”科目，贷记“所得税费用——递延所得税费用”、“资本公积——其他资本公积”等科目。本期应确认的递延所得税资产大于其账面余额的，应按其差额确认；本期应确认的递延所得税资产小于其账面余额的差额，作相反的会计分录。非同一控制下企业合并中取得资产、负债的入账价值与其计税基础不同形成可抵扣暂时性差异的，应于购买日根据所得税准则确认递延所得税资产，同时调整商誉，借记“递延所得税资产”科目，贷记“商誉”科目 |
| 3 | 资产负债表日，预计未来期间很可能无法获得足够的应纳税所得额用以抵扣可抵扣暂时性差异的，按原已确认的递延所得税资产中应减记的金额，借记“所得税费用——当期所得税费用”、“资本公积——其他资本公积”科目，贷记“递延所得税资产”科目 |

续表

| 序号 | 经济业务与账务处理 |
|---|---|
| 4 | 资产负债表日，企业根据所得税准则应予确认的递延所得税负债，借记"所得税费用——递延所得税费用"、"资本公积——其他资本公积"等科目，贷记"递延所得税负债"科目。本期应予确认的递延所得税负债大于其账面余额的，应按其差额确认；应予确认的递延所得税负债小于其账面余额的，作相反的会计分录。非同一控制下企业合并中取得资产、负债的入账价值与其计税基础不同形成应纳税暂时性差异的，应于购买日根据所得税准则确认递延所得税负债，同时调整商誉，借记"商誉"科目，贷记"递延所得税负债"科目 |
| 5 | 企业根据税收优惠政策向税务部门申请获得退回的所得税，无论是在资产负债表日以后、财务报告批准报出日之前收到，还是在财务报告批准报出日之后收到，一律应在实际收到时冲减收到当期的所得税费用，即借记"银行存款"科目，贷记"所得税费用——当期所得税费用"科目 |
| 6 | 资产负债表日，企业结转所得税费用，借记"本年利润"科目，贷记"所得税费用（当期所得税费用、递延所得税费用）"科目 |
| 7 | 企业缴纳所得税时，借记"应交税费——应交所得税"科目，贷记"银行存款"科目 |

## 业务一：科目设置说明

**所得税费用**：企业应设置"所得税费用"科目核算企业根据所得税准则确认的应从当期利润总额中扣除的所得税费用，并按照"当期所得税费用"、"递延所得税费用"进行明细核算。期末，应将该科目的余额转入"本年利润"科目，结转后本科目应无余额

**递延所得税资产**：企业应设置"递延所得税资产"科目核算企业根据所得税准则确认的可抵扣暂时性差异产生的所得税资产，并按照可抵扣暂时性差异的具体项目进行明细核算。该科目期末借方余额反映企业已确认的递延所得税资产的余额。根据税法规定可用以后年度税前利润弥补的亏损及税款抵减产生的所得税资产，也在该科目核算

**递延所得税负责**：企业应设置"递延所得税负债"科目核算企业根据所得税准则确认的应纳税暂时性差异产生的所得税负债，并按照应纳税暂时性差异的具体项目进行明细核算。该科目期末贷方余额反映企业已确认的递延所得税负债的余额

**"应交税费——应交所得税"**：借方登记纳税人已缴纳的企业所得税；贷方登记纳税人应缴纳的企业所得税，贷方表示纳税人应交未交的企业所得税

## 业务二：企业所得税账务处理

【例9-47】甲公司2007年月12月31日和2008年12月31日资产负债表中有关项目金额及其计税基础分别如表9-3、表9-4所示。

表9-3　资产负债表（1）

单位：元

| 序　号 | 项　目 | 账面价值 | 计税基础 | 暂时性差异 | |
|---|---|---|---|---|---|
| | | | | 应纳税暂时性差异 | 可抵扣暂时性差异 |
| 1 | 存货 | 20 000 000 | 22 000 000 | | 2 000 000 |
| 2 | 无形资产 | 600 000 | 0 | 600 000 | |
| 3 | 预计负债 | 1 000 000 | 0 | | 1 000 000 |
| 合　计 | | | | 600 000 | 3 000 000 |

表9-4　资产负债表（2）　　单位：元

| 序　号 | 项　目 | 账面价值 | 计税基础 | 暂时性差异 | |
|---|---|---|---|---|---|
| | | | | 应纳税暂时性差异 | 可抵扣暂时性差异 |
| 1 | 存货 | 16 000 000 | 16 000 000 | | 0 |
| 2 | 无形资产 | 7 000 000 | 8 000 000 | | 1 000 000 |
| 3 | 预计负债 | 600 000 | 0 | | 600 000 |
| 4 | 交易性金融资产 | 4 000 000 | 2 000 000 | 2 000 000 | |
| 合　计 | | | | 2 000 000 | 1 600 000 |

除上述项目外，该公司其他资产、负债的账面价值与其计税基础不存在差异，且递延所得税资产和递延所得税负债2007年不存在期初余额，适用的所得税税率为33%。假定按照税法规定计算确定的2007年应交所得税为600万元，2008年应交所得税为660万元。该公司预计在未来期间能够产生足够的应纳税所得额用来抵扣可抵扣暂时性差异。

2007年12月31日，甲公司计算确认的递延所得税负债、递延所得税资产、递延所得税费用及所得税费用如下。

递延所得税负债＝600 000×33%＝198 000（元）

递延所得税资产＝3 000 000×33%＝990 000（元）

递延所得税费用＝198 000 － 990 000＝－ 792 000（元）

所得税费用＝6 000 000 － 792 000＝5 208 000（元）

所作会计分录如下。

借：所得税费用——当期所得税费用　　6 000 000

　贷：应交税费——应交所得税　　6 000 000

借：所得税费用——递延所得税费用　　198 000

　贷：递延所得税负债　　198000

借：递延所得税资产　　990 000

　贷：所得税费用——递延所得税费用　　990 000

2008年12月31日，甲公司计算确认的递延所得税负债、递延所得税资产、递延所得税费用及所得税费用如下。

期末递延所得税负债2 000 000×33%＝660 000（元）

减：期初递延所得税负债　　198 000

本年递延所得税负债增加　　462 000

期末所得税资产＝1 600 000×33%＝528 000（元）

减：期初递延所得税资产　　990 000

本年递延所得税资产减少　　462 000

递延所得税费用＝462 000＋462 000＝924 000（元）

所得税费用＝6 600 000＋924 000＝7 524 000（元）

所作会计分录如下。

借：所得税费用——当期所得税费用　　6 600 000

　贷：应交税费——应交所得税　　6 600 000

借：所得税费用——递延所得税费用　462 000
　贷：递延所得税负债　462 000
借：所得税费用——递延所得税费用　462 000
　贷：递延所得税资产　462 000

## 任务五　递延所得税的特殊处理

**业务一：直接计入所有者权益的交易或事项产生的递延所得税费用（或收益）**

根据准则规定，与直接计入所有者权益的交易或者事项相关的当期所得税和递延所得税，应当计入所有者权益。

直接计入所有者权益的交易或事项，如可供出售金融资产公允价值的变动，使相关的资产、负债的账面价值与计税基础之间形成暂时性差异的，应按照准则规定确认递延所得税资产或递延所得税负债，并计入资本公积（其他资本公积）。

**业务二：企业合并中产生的递延所得税费用（或收益）**

因企业会计准则规定与税法规定对企业合并类型的划分标准不同，可能造成合并中取得资产、负债的入账价值与其计税基础的差异。因企业合并产生的应纳税暂时性差异或可抵扣暂时性差异的影响，在确认递延所得税负债或递延所得税资产的同时，相关的递延所得税费用（或收益），一般应调整在企业合并中应予确认的商誉。

**【例9-48】**假定甲公司发行6 000万元的股份购入乙公司100%的净资产，该项合并符合税法规定的免税改组条件，购买日各项可辨认资产、负债的公允价值及其计税基础如表9-5所示。

**表9-5　辨认资产、负债的公允价值及其计税基础**　　单位：万元

| | 公允价值 | 计税基础 | 暂时性差异 |
|---|---|---|---|
| 固定资产 | 2 700 | 1 550 | 1 150 |
| 应收账款 | 2 100 | 2 100 | 0 |
| 存货 | 1 740 | 1 240 | 500 |
| 其他应付款 | （300） | （0） | （300） |
| 应付账款 | （1 200） | （1 200） | （0） |
| 不包括递延所得税的可辨认净资产的公允价值 | 5 040 | 3 690 | 1 350 |

假定乙公司适用的所得税税率为33%，则该项交易中应确认递延所得税负债及商誉金额如下。

可辨认净资产公允价值　50 400 000
减：递延所得税负债　4 050 000
可辨认净资产的税后公允价值　46 350 000
加：商誉　13 650 000
企业合并成本　60 000 000

## 任务六　所得税的信息披露

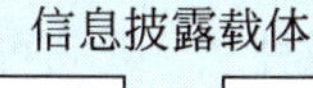

| 信息披露载体 | 信息披露内容 |
| --- | --- |
| 资产负债表 | 递延所得税资产和递延所得税负债应当分别作为非流动资产和非流动负债在资产负债表中列示 |
| 利润表 | 所得税费用应当在利润表中单独列示 |
| 报表附注 | 所得税费用（收益）的主要组成部分。所得税费用（收益）与会计利润关系的说明。未确认递延所得税资产的可抵扣暂时性差异、可抵扣亏损的金额（如果存在到期日，还应披露到期日）。对每一类暂时性差异和可抵扣亏损，在列报期间确认的递延所得税资产或递延所得税负债的金额，确认递延所得税资产的依据。未确认递延所得税负债的，与对子公司、联营企业及合营企业投资相关的暂时性差异金额 |

# 项目二　个人所得税会计处理

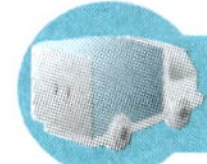

## 任务一　科目设置

个人所得税的会计核算，在“应交税费”下设“应交个人所得税”明细账户，其账户结构如表9-6所示。

表9-6　“应交税费——应交个人所得税”账户结构

| | 借　方 | 贷　方 |
| --- | --- | --- |
| 发生额 | 核算企事业单位代缴的个人所得税 | 核算企事业单位应当代扣的个人所得税 |
| 余　额 | | 表示企事业单位应交未交的个人所得税 |

## 任务二　个人所得税会计处理

**业务一：企事业单位代扣代缴个人所得税账务处理**

根据现行税收政策，企事业单位为税务部门代扣代缴职工的个人所得税有两种情况：一种是企业职工自己承担的个人所得税，企业只负有扣缴义务；另一种是企业既承担职工的个人所得税，又负有扣缴义务。后一种情况又可分为定额负担税款、全额负担税款和按一定比例负担税款。

第一，企业作为个人所得税的扣缴义务人，应按规定扣缴该职工应缴纳的个人所得税。代扣个人所得税时，借记“应付职工薪酬”科目，贷记“应交税费——应交个人所得税（代扣代缴）”科目。

第二，企业为个人代付个人所得税通常有两种情况：一是按照合同或者协议规定，纳税义务人应纳的个人所得税全部或部分由企业负担。这种情况通常是企业的自愿行为。二是因企业未履行扣缴义务，个人所得税由企业赔缴。这种情况是税法对未履行扣缴义务的一种“处罚”。企业除了赔缴税款外，还需按规定缴纳一定数量的滞纳金和罚款。

按工资、薪金所得缴纳的所得税是国际上普遍采用的重要税种之一。它可以由纳税人直接缴纳，也可以由扣缴义务人扣缴。在我国，通常由企事业等单位进行扣缴。

扣缴义务人扣缴的工薪所得税税款实际上是纳税人所得工薪的一部分，对其核算同工薪一样，通过“应付职工薪酬”科目进行，扣缴的税款通过“应交税费”科目进行核算。扣缴义务人扣缴税款时，税务机关应付给2%的手续费，作为扣缴义务人的营业外收入。

（1）企业职工自己承担个人所得税款的账务处理

**【例9-49】**某国有大中型企业一职工，2007年6月份月工资是1 500元，奖金1 000元，则该雇员6月份应缴纳个人所得税计算如下：

应纳税所得额＝1 500＋1 000 － 1 600＝900（元）

应纳税额＝900×10%－25＝65（元）

企业应作会计分录如下。

① 支付工资时，计算应代扣代缴个人所得税额

借：应付职工薪酬　　　　　　　　65

　　贷：应交税费——应交个人所得税　　　65

② 缴纳个人所得税时

借：应交税费——应交个人所得税　　　65

　　贷：银行存款　　　　　　　　　65

**【例9-50】**某大型娱乐城因业务需要，聘请某装潢师对该娱乐城进行装饰，一次性支付劳务报酬费用120 000元，则该装潢师应缴纳个人所得税计算如下。

应纳税所得额＝120 000×（1 － 20%）＝96 000（元）

应纳税额＝20 000×20%＋（50 000 －20 000）×30%＋（96 000 － 50 000）×40%

　　　　＝4 000＋9 000＋18 400＝31 400（元）

该娱乐城应作会计分录如下。

① 支付工资，计算出应代扣代缴个人所得税税款时

借：管理费用　　　　　　　　31 400

　　贷：应交税费——应交个人所得税　　　31 400

② 缴纳个人所得税时

借：应交税费——应交个人所得税　　　31 400

　　贷：银行存款　　　　　　　　　31 400

*试一试9-39*　**计算张三2007年7月应纳个人所得税并为其进行会计处理**

白云公司职工张三2007年7月应发工资5 000元，缴纳社会统筹的养老保险14元，失业保险10元，单位代缴水电费100元。

（2）企业为职工负担个人所得税款的账务处理

情况一：企业为职工全额负担个人所得税款

**【例9-51】**某国内企业发放职工杨某2007年6月份工资3 000元，按照合同约定，杨某的

个人所得税全部由企业承担。该企业财务会计处理如下。

根据《个人所得税代扣代缴暂行办法》规定，个人所得税的计税依据应为含税收入。上例中，正确的个人所得税应纳税额计算应为：应纳税所得额＝（不含税收入－1 600－速算扣除数）÷（1－适用税率）＝（3 000－1 600－25）÷（1－10%）＝1 527.78（元）；应扣缴个人所得税＝1 527.78×10%－25＝127.78（元）。

个人所得税是对取得应税收入的个人征收的一种税，其税款本应由个人负担。企业代纳税人负担的税款属于与企业经营活动无关的支出，应记入“营业外支出”科目。

借：应付职工薪酬　3 000

　　贷：现金　3 000

借：营业外支出　127.78

　　贷：应交税税费——应交个人所得税（代缴个人所得税）　127.78

借：生产成本（管理费用等科目）　3 000

　　贷：应付职工薪酬　3 000

借：应交税费——应交个人所得税（代缴个人所得税）　127.78

　　贷：现金　127.78

情况二：企业为职工定额负担个人所得税款

**【例9-52】**某企业职工月工资、薪金收入3 000元，按规定，企业为职工负担个人所得税月50元。

应纳税所得额＝职工取得的工资、薪金＋企业代职工负担的税款－费用扣除标准＝3 000＋50－1600＝1 900（元）。应缴个人所得税＝1 900×10%－25＝165（元）。职工负担的个人所得税＝165－50＝115（元）。

账务处理如下。

① 计提代付职工定额税款时

借：利润分配——代付个人所得税　50

　　贷：应交税费——代扣代缴个人所得税　50

② 支付职工工资时

借：应付职工薪酬　3 000

　　贷：现金　2 880

　　　　应交税费——代扣代缴个人所得税　115

③ 上缴税款时

借：应交税费——代扣代缴个人所得税　115

　　贷：银行存款　115

情况三：企业为职工负担一定比例的个人所得税款

**【例9-53】**某企业职工月工资薪金3 500元，企业负担其职工应纳税款的30%。

应纳个人所得税＝（3 500－1 600）×10%－25＝165（元）。企业应负担的税款＝165×30%＝49.5（元）。职工负担的个人所得税＝165－49.5＝115.5（元）。

账务处理如下。

① 企业为职工按比例计提税款时

借：利润分配——代付个人所得税　49.5

贷：应交税费——代扣个人所得税　　49.5

② 职工支付工资时

借：应付职工薪酬　　3 500

贷：现金　　3 384.5

应交税费——代扣代缴个人所得税　　115.5

③ 上交税款时

借：应交税费——代扣代缴个人所得税　115.5

贷：银行存款　　115.5

**业务二：承包经营、承租经营所得账务处理**

税法规定：承包经营、承租经营所得是以每一纳税年度扣除必要费用进行计算的。

由于平时的工资已经发放，年终汇算清缴时，可从其应分得的利润中，将应缴的个人所得税一并代扣。承包经营、承租经营所得应纳入代扣代缴个人所得税的计算，同工资、薪金所得代扣代缴所得税的计算一样。应先将纳税人取得的不含税收入换算为应纳税所得，然后再计算其应纳税额。

**业务三：支付劳务报酬、稿酬、特许权使用费、财产租赁，财产转让及利息、股息、红利等税法规定所得的企业、事业单位，应按税法规定代扣代缴个人所得税账务处理**

支付劳务报酬、稿酬、特许权使用费、财产租赁，财产转让及利息、股息、红利等税法规定所得的企业、事业单位，应按税法规定代扣代缴个人所得税。

① 计算代扣个人所得税额时

借：其他应付款——代扣个人所得税

贷：应交税费——代扣个人所得税

② 上缴税款时

借：应交税费——代扣个人所得税

贷：银行存款

③ 企业按代扣个人所得税额计算收到代扣手续费时

借：银行存款

贷：营业外收入

此项收入在计征企业所得税时，可以不计入应纳税所得额。

④ 企业缴纳滞纳金或罚款时（不得在企业所得税前扣除）

借：营业外支出

贷：银行存款

**业务四：个体工商户所得税的会计处理**

① 账户设置。对个体工商户的个人所得税的会计核算应设置“所得税”账户，核算纳税人发生的所得税费用；同时应设置“应交税费——应交个人所得税”账户，核算纳税人应当缴纳个人所得税；期末余额在贷方，表明个体工商户应交未交的所得税。

② 账务处理。对建账反映生产、经营所得的个体工商户，其计算出按规定应缴纳的个人所得税时，借记“所得税”账户，贷记“应交税费”账户；实际缴纳时，借记“应交税费”账户，贷记“银行存款”账户；也可以在实际缴纳所得税时，直接借记“所得税”账户，贷记“银行存款”账户。

**【例9-54】**某个体工商户经营一家饮食店，全年取得收入35 000元，经核定可以扣除的费用为20 000元，试做出有关个人所得税的会计核算。

应纳税额＝(35 000 － 20 000)×20% － 1 250＝1 750（元）

借：所得税　　　　　　　　　　　　1 750

　　贷：应交税费——应交个人所得税　　　1 750

实际用存款缴纳时

借：应交税费——应交个人所得税　　1 750

　　贷：银行存款　　　　　　　　　　　1 750

*试一试9-40*　**根据下述业务编制会计分录**

某个体工商户经营一家饮食店，全年取得收入50 000元，经核定可以扣除的费用为30 000元，试计算个体工商户应纳税额并进行会计核算。

# 纳税筹划

## 学习目标

◆能正确区分纳税筹划与偷税、避税行为

◆明确纳税筹划的前提条件和工作目标

◆领会常用纳税筹划的类别

◆熟悉纳税筹划工作流程和具体内容

◆学会纳税筹划八大技术的操作思路和要点

◆掌握我国现行主体税种的基本纳税筹划思路

◆能根据纳税筹划方法和技术为纳税企业提出可行的纳税筹划建议

◆能为中小企业和个人所得税纳税人设计简单的纳税筹划建议或方案

## 课题一　纳税筹划基础

### 项目一　认识纳税筹划

纳税筹划，又称税务筹划、税收筹划，英文为tax planning或tax saving，指的是纳税人通过筹资、投资、收入分配、组织形式、经营等事项的事先安排、选择和策划，在合法的前提下，以税收负担最小化为目的的经济活动。之所以使用“纳税筹划”，而没有使用“税收筹划”、“税务筹划”，主要是基于这样一个意图，就是站在纳税人的角度，在守法的前提下，谋求最大限度的“省税”。

知识驿站 10-1

**纳税筹划大家谈**

- 国际财政文献局在其《国际税收词典》中对纳税筹划是这样表述的："纳税筹划是指纳税人通过经营和私人实务的安排以达到减轻纳税的活动。"
- 美国南加州W.B. 梅格斯博士在与别人合著的《会计学》中讲道："人们合理而又合法地安排自己的经营活动，使之缴纳尽可能低的税收。"
- 张中秀在《公司避税节税转嫁筹划》一书中从"纳税筹划"所包含的方法上给出定义。他指出："纳税筹划是指纳税人通过非违法的避税方法和合法的节税方法以及税负转嫁方法达到尽可能减少纳税的行为。"可以用框图表示：纳税筹划＝避税筹划＋节税筹划＋转嫁筹划

*试一试10-1*　**根据所提问题，谈谈您的观点**

您以前怎样看待纳税筹划？通过本知识点的学习，现在对纳税筹划有什么新的认识吗？将来您是否对您公司的纳税业务实施筹划呢？

1. ______________________________。
2. ______________________________。
3. ______________________________。

## 任务一　区分纳税筹划相关涉税行为

通过纳税筹划与偷税、避税的比较，可以更清晰地了解纳税筹划的方法，避免使纳税筹划陷进违法的泥潭。具体见表10-1、表10-2。

**表10-1　偷税、避税与纳税筹划概念与特征解析**

| 比较项目 | 定　义 | 特　征 |
|---|---|---|
| 偷税 | 偷税是指负有纳税义务的纳税人，故意违反税法，通过对已发生的应税经济行为进行隐瞒、虚报等欺骗手段以逃避缴纳税款的行为 | ①偷税的目的是非法占有税款；②偷税在手段上采取故意制造错弊、涂改凭证、伪造单据、更改账表等技术，采用欺诈方法达到减轻税负的目的；③属于非法经济行为，造成国家税款的大量流失，导致经济活动不公正和败坏社会风气 |
| 避税 | 纳税人通过个人或企业事务的人为安排，利用税法的漏洞、特例和缺陷，来规避或减轻其纳税义务的行为，避税也已成为一种政府制止的活动 | ①合法性，或称非违法性，即避税所使用的方式是合法的或是非违法的，这是避税区别于偷税之处；②避税的手段表现为巧妙地利用税法漏洞来减轻税负。交易的安排不纯粹是出于正常交易动机，或者纯粹是出于税收动机，或者既包含商业动机，也包含税收动机 |
| 纳税筹划 | 纳税筹划是企业的一种理财活动，是指纳税人为实现经济利益最大化的目的，在国家法律允许的范围内，对自己的纳税事项进行系统安排，以获得最大的经济利益 | ①合法性。纳税筹划完全是在法律允许的范围内作出的决定，是以遵守国家法律为前提。②筹划性。纳税筹划是纳税义务人在从事投资、经营活动之前把税收作为影响最终成果的一个重要因素来进行投资、经营决策，以期获得最大的税后利润。③综合性。企业在进行税收筹划时不能只盯着个别税种税负的高低而应着眼于整体税负的轻重；更重要的是要着眼于总体的管理决策。④目的性。税收筹划的目的是实现税后利润最大化，取得"节税"的税收利益 |

表10-2 纳税筹划与偷税、避税区别比较

| 序号 | 比较项目 | 偷　税 | 避　税 | 纳税筹划 |
|---|---|---|---|---|
| 1 | 性质 | 违法，不合理 | 非违法，不合理 | 合法，合理 |
| 2 | 发生时间 | 纳税义务发生之后 | 纳税义务发生之前（中） | 纳税义务发生之前 |
| 3 | 效果 | 损失（金钱、声誉）大 | 只能获得短期经济利益 | 能获取长期经济利益 |
| | | 对微观无利 | 对微观有利 | 对微观有利 |
| | | 对宏观无利 | 对宏观无利 | 对宏观有利 |
| 4 | 政府态度 | 坚决打击和惩罚 | 反避税 | 保护、鼓励和倡导 |
| 5 | 纳税水平 | 低水平（愚昧者） | 中等水平（精明者） | 高水平（智慧者） |
| 6 | 发展趋势 | 越来越少 | 越来越少 | 越来越多 |

*试一试10-2* **阅读案例，回答所提问题**

下面有三种不同情况的涉税行为。

1. 某公司拥有众多的分支机构，其中有一咨询部不是独立纳税人，但拥有自己的银行账户，它取得的咨询收入长期不入总公司账户。这样，该项收入不仅没有申报缴纳营业税，其净额自然也未申报缴纳企业所得税。

2. 某“三来一补”企业，在3年免税期满时，通过更换招牌又变成了新办企业，从而再次享受免税待遇。

3. 某香港投资机构欲往内地投资，考虑到区域性征收倾斜政策和深圳毗邻香港的地理位置，经过全面权衡决定在深圳投资设厂。办厂后，该投资机构充分享受了法律规定的各种税收优惠待遇，取得较大的税收利益。

问题：以上三种涉税行为，哪一种属于偷税行为？哪一种属于避税行为？哪一种属于纳税筹划行为？

## 任务二　明确纳税筹划前提条件

纳税筹划与其他筹划一样，并不是在任何情况下都能够获得成功的。一般而言，至少应当具备以下几个方面的前提条件。

| 序　号 | 前提条件 | 说　明 |
|---|---|---|
| 1 | 税收政策具有可选择性 | 税收政策的可选择性以税收政策的差别性为前提，没有差别的税收政策不可能有成功的纳税筹划。具体可从以下几个层面作进一步分析：①在国际之间，不同国家的税收政策和税收制度存在着大量的不一致，甚至根本不同，所以存在利用国别税收政策差别在国际之间开展税收筹划的可能。②在同一国家的不同地区之间，税收政策差别普遍存在。③所有的国家都实行多种税的复合税制，各税种之间由于一些立法技术上的原因，存在着在税种之间开展税收筹划的可能 |
| 2 | 税务行政执法严肃公正 | 税务行政执法是否严肃公正不仅直接关系到国家的税收收入和纳税人的税收负担，而且也是影响税收筹划是否能够顺利开展的一个重要的外部条件 |

续表

| 序号 | 前提条件 | 说　明 |
| --- | --- | --- |
| 3 | 筹划主体具备良好的专业素质 | 成功的纳税筹划不仅要求筹划主体以正确的理论做指导，更要求筹划主体具备法律、税收、会计、财务、金融等各方面的专业知识，尤其要熟悉税法、会计法、公司法、合同法、证券法等有关法律规定，还要具备统筹谋划的能力 |
| 4 | 筹划企业应有相当的收入规模 | 企业进行税收筹划需要具备一定的经营规模和收入规模。如果纳税企业的经营规模小，组织结构简单、税收筹划的空间很小，此时进行纳税筹划的费用可能大于纳税筹划的收益，就没有必要开展纳税筹划活动 |

知识驿站 10-2

### 学会从不同角度考察税负点

- 从具体税种角度考察，税率、税基、税收优惠等税制要素，就是不同的税负点，并且同一税制要素又有若干具体的税负点；同时，税源越大的税种税负弹性越大，税负点越多。
- 从宏观经济运行的各个环节考察，税负点又称为税收影响点，一般有下列几个方面：① 对家庭收入的征税，即个人所得税；②对个人消费支出的征税，即消费税或者支出税，目的是鼓励投资和保护资本积累；③对个人储蓄的征税，主要是对储蓄征收的个人所得税；④对零售业务的征税，主要是增值税；⑤对转化为投资的征税，主要是指有些国家对资本额征收的登记税、印花税等，是一种资本支出税；⑥对资本物征收的税，主要是对有形资产、无形资产及证券交易征收的税。
- 从一个纳税人方面考察，法人的税负点主要有：购进、销售、租赁、资本、融资、投资、利润分配和留存等各个环节应纳各税的税负状况；个人的税负点主要有：收入、财产、储蓄、投资等应纳各税的税负状况。
- 从不同国家或地区考察，宏观税负、税负结构、主体税种等税负状况，都是不同的税负点，都具有税负差异性。

## 任务三　明确纳税筹划目标

目标的设定对实践有十分重要的指导意义。直接减轻企业的纳税负担是纳税筹划最本质、最核心的目标。但是，直接减轻税负不是纳税筹划目标的全部，仅仅是该有机体的重要组成部分之一。一个完整合理的目标体系应包括以下几个方面。

目标一 减轻纳税成本负担

减轻自身纳税负担是指相对减少经济的应纳税额。例如，某企业去年应纳税额为300万元，今年应纳税额为400万元，但去年的销售收入仅为1 000万元，而今年的销售收入为2 000万元。很明显，从比例上看，企业通过筹划，纳税负担有所降低，尽管绝对数有所增加，但也是成功的筹划

**目标二 实现涉税零风险**

纳税人在对纳税采取各种应对行为时，都可能涉及风险，如经济风险、法律风险、心理风险、权力税风险等。实现涉税零风险可以避免不必要的经济损失和名誉损失，促使企业账目更加清楚，管理更加有条不紊

**目标三 获取资金时间价值**

资金是具有时间价值的。纳税人运用一定的手段将当期应该缴纳的税款延缓到以后年度缴纳，以取得资金的时间价值，也是纳税筹划目标体系的有机构成之一

**目标四 维护主体合法权益**

对任何市场经济的主体而言，权利与义务总是相伴而生。纳税人作为市场经济主体一方面应该承担依法纳税的义务，另一方面也应该拥有纳税筹划的权利

总之，纳税筹划的目标体系是一个完整的有机整体，既要减轻税负，又要实现涉税零风险，做到合法节税。

*试一试10-3* **请您做下面的连线题**

1. 减轻税负　　A. 应纳的税款延缓到以后年度缴纳
2. 时间价值　　B. 账目清楚，申报正确，缴纳及时，足额
3. 涉税零风险　　C. 不该缴纳的税款，可以理直气壮地拒绝缴纳
4. 合法权益　　D. 相对减少经济主体的应纳税额

## 任务四 了解纳税筹划方法分类

| 序号 | 分类标准 | 分类内容 | 方法说明 |
| --- | --- | --- | --- |
| 1 | 按纳税筹划采用的技术方法分类 | 技术型纳税筹划 | 技术型纳税筹划是指筹划人员广泛采用财务分析技术，包括复杂的现代财务管理原理和技术，利用公式甚至模型来制定可以尽量少缴纳税收的纳税人投资、经营或其他活动的税务方案。这需要筹划人员熟悉技术操作，而且使用的数据资料要丰富和可靠 |
| | | 实用型纳税筹划 | 实用型纳税筹划是指采用简单、直观、实用的方法来制定可以尽量少缴纳税收的纳税人投资、经营或其他活动的税务计划。实用型纳税筹划人士多认为技术型太过烦琐反而起不到作用 |
| 2 | 按纳税筹划采用减轻纳税人税负的手段分类 | 政策型纳税筹划 | 政策型纳税筹划也称节税型纳税筹划，它在实践中通过遵循税法，合乎税法精神进行节税行为。政策型纳税筹划实质上应属于节税 |
| | | 漏洞型纳税筹划 | 漏洞型纳税筹划也被称为避税型纳税筹划。它主要是利用税法规则的漏洞来进行策划，达到减少纳税的目的。漏洞型纳税筹划实际是通过节税和避税两种手段来减轻纳税负担 |
| 3 | 按纳税筹划地区是否跨国分类 | 国内纳税筹划 | 国内纳税筹划是指制定可以尽量少缴纳税收的纳税人境内投资、经营或其他境内活动的税务计划，即凡一国范围之内税收的纳税筹划或对不从事跨国业务的纳税人实施的纳税筹划为国内纳税筹划 |
| | | 国际纳税筹划 | 国际纳税筹划是指通过利用各国税法规定的差异和业务范围的广泛性，对跨国纳税人的跨国收入或所得进行的省税活动。世界经济一体化和中国入世对国际纳税筹划提供了广阔的发展前景，国与国税法规定的巨大差异，也使得国际纳税筹划拥有更大的发展空间 |

续表

| 序号 | 分类标准 | 分类内容 | 方法说明 |
|---|---|---|---|
| 4 | 按纳税筹划服务对象分类 | 企业纳税筹划 | 企业纳税筹划是把经济运行的主体——企业作为纳税筹划的对象，通过对企业组建、筹资、经营各方面的税务运作，达到最小税收负担的目的。以企业作为征税对象的纳税筹划是纳税筹划研究和实施的主要内容 |
| | | 个人纳税筹划 | 个人纳税筹划是把自然人作为纳税筹划的对象，通过对个人的投资、经营、收入分配的税务计划，最终使得个人缴纳的税金最少。由于个人缴纳的税收占各国税收收入总量的比重越来越大，个人纳税筹划的业务内容也在增加 |
| 5 | 按纳税筹划人是纳税人内部人员还是外部人员分类 | 内部纳税筹划 | 内部纳税筹划是指由企业内部会计人员及有关专业人员制定可以尽量少缴纳税收的纳税人投资计划、经营计划或其他活动的规划。比如，由企业总会计师或财务经理组织协调，结合企业全面工作，实施税务规划 |
| | | 外部纳税筹划 | 外部纳税筹划是指由企业聘用注册税务师等外部专业人员，结合本单位的经营业务，策划实现尽量少缴纳税收的规划。比如，委托会计师事务所或税务师事务所为企业作整体的纳税策划 |
| 6 | 按纳税筹划是否仅针对特别税务事件分类 | 一般纳税筹划 | 一般纳税筹划是指在一般情况下制定可以尽量少缴纳税收的纳税人投资、经营或其他活动的税务计划。它是纳税人自己或纳税人委托代理人在日常经济活动中不间断实施的省税的行为 |
| | | 特别纳税筹划 | 特别纳税筹划是指仅针对特别税务事件制定可以尽量少缴纳税收的纳税人投资、经营或其他活动的税务计划。特别税务事件是指企业合并、企业收购、企业解散、个人财产捐赠、个人财产遗赠等。这一类事件具有一次性、突发性的特点，并不是事前进行的安排，有些是事后才进行税务筹划操作。比如，英国遗产税的纳税筹划有些不是由纳税人——死者生前事先进行的，而是在死者去世以后才根据遗产受益人要求进行并追溯退税的 |
| 7 | 按税务计划期限长短分类 | 长期纳税筹划 | 长期纳税筹划是指制定可以尽量少缴纳税收的纳税人长期(通常为 1 年以上)投资、经营或其他活动的税务计划，达到合法省税。有些规模大的企业有专门的税务顾问常年处理涉税事宜，企业对其各种经营活动听取税务顾问的建议 |
| | | 短期纳税筹划 | 短期纳税筹划是指制定可以尽量少缴纳税收的纳税人短期(通常不超过 1 年)投资、经营或其他活动的税务计划，以尽量少纳税。许多针对特别税务事件的纳税筹划多属于短期纳税筹划 |
| 8 | 按纳税筹划类型分类 | 税率式纳税筹划 | 税率式纳税筹划，是指企业通过制定纳税适用国家规定的低税率的纳税计划，以达到总体上减轻税收负担的方法 |
| | | 税基式纳税筹划 | 税基式纳税筹划，是指纳税企业通过缩小税基的方式来减轻纳税的筹划方法。由于税基是计税的根据，是计算应纳税额的数量化，在税率不变的情况下，税基越小，纳税人实际缴纳税款就越少 |
| | | 税额式纳税筹划 | 税额式纳税筹划，是通过利用国家税法规定中的减免税规定来减轻或免除纳税负担的方法 |

## 项目二　纳税筹划工作流程与具体内容

纳税筹划工作流程是筹划人员在实施纳税筹划过程中所采取的基本步骤和方法。制定科学、合理的纳税筹划工作流程是顺利开展筹划活动的首要条件和重要保证。

纳税筹划基本工作流程分六步：

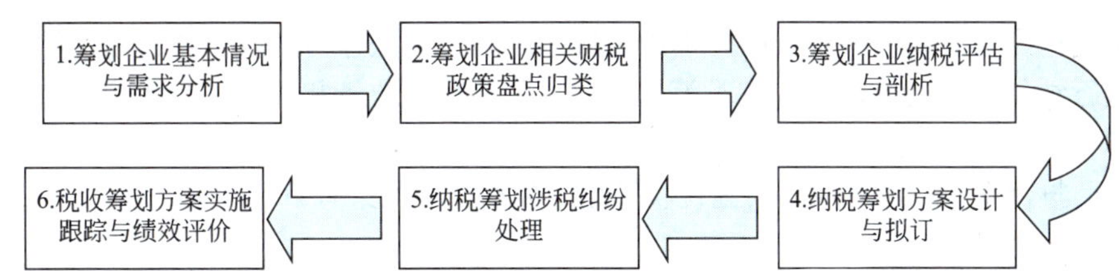

## 任务一　筹划企业基本情况与需求分析

纳税筹划的第一步，是了解纳税企业的基本情况和纳税企业的要求，不同企业的基本情况及要求有所不同，在实施纳税筹划活动时，要了解的筹划企业的基本情况如下。

|  |  |
| --- | --- |
| 企业组织形式 | 对于不同的企业组织形式，其税务待遇不同，了解企业的组织形式可以根据组织形式的不同制定有针对性的税务规划和税收筹划方案 |
| 财务情况 | 企业税收筹划是要合法和合理地节减税收，只有全面、详细地了解企业的真实财务情况，才能制定合法和合理的企业节税方案。财务情况主要包括企业的财务报告和账簿记录资料 |
| 投资意向 | 投资有时可享受税收优惠，不同规模的投资额有时又会有不同的税收优惠；投资额与企业规模（包括注册资本、销售收入、利润等）往往有很大的关系，不同规模企业的税收待遇和优惠政策有时也是不同的 |
| 对风险的态度 | 不同风格的企业领导对节税风险的态度是不同的，开拓型领导人往往愿意冒更大的风险节减最多的税，稳健型企业领导人则往往希望在最小风险的情况下节减税收。节税与风险并存，节税越多的方案往往也是风险越大的方案，两者的权衡取决于多种因素，包括纳税人对风险的态度。了解纳税人对风险的态度，可以制定更符合企业要求的税务筹划方案 |
| 要求增加所得还是资本增值 | 企业对财务利益的要求大致有三种：一种是要求最大程度地增加每年的所得；二是要求若干年后企业资本有最大的增值；三是既要求增加所得，也要求资本增值。针对不同的财务要求，制定的税收筹划方案也应有所不同 |
| 投资要求 | 有些企业只有一个投资意向和取得更大财务收益的要求，此时筹划者可以根据纳税人的具体情况进行税收筹划，提出各种投资建议。但有时企业对投资已经有了一定的意向，包括投资项目、投资地点、投资期限等，这时筹划者就必须了解企业的要求，根据企业的要求来进行税收筹划，提出投资建议或提出修改企业要求的建议。比如，建议投资期限从5年改为3年，以节减更多的税 |

## 任务二　筹划企业相关财税政策盘点归类

不论是作为企业或税务中介的外部纳税筹划顾问，还是作为纳税企业的内部纳税筹划者，在着手进行纳税筹划之前，都应该对筹划企业相关的财税政策和法规进行梳理、整理和归类。全面了解与筹划企业相关的行业、部门税收政策，理解和掌握国家税收政策及精神，争取税务机关的帮助与合作，这对于成功实施税收筹划尤为重要。如果有条件，最好建立企业税收信息资源库，以备使用。

至于与筹划企业相关的财税政策和法规的获取，一般有以下6个渠道。

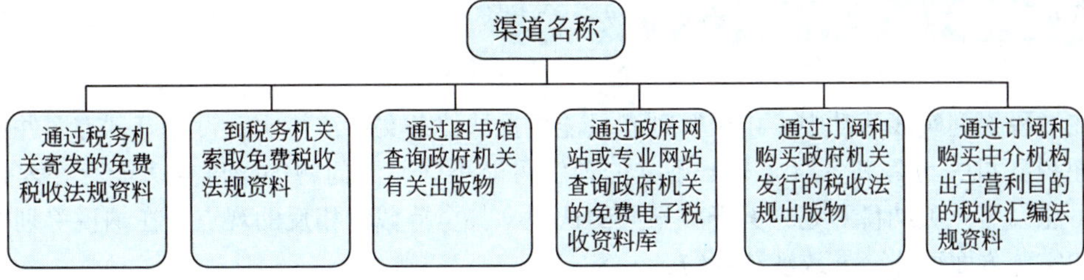

## 任务三　筹划企业纳税评估与剖析

在纳税筹划之前，对筹划企业进行全面的纳税评估极为必要。纳税评估可以了解企业以下8个方面的涉税信息。

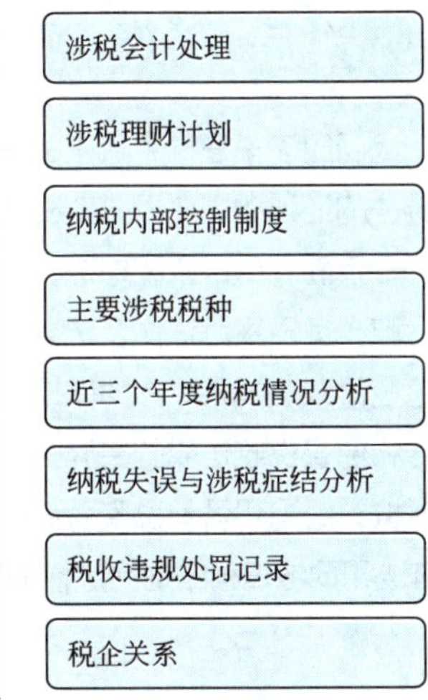

## 任务四　纳税筹划方案设计与拟订

纳税筹划方案的设计是纳税筹划的核心，不同的筹划者在方案形式的设计上可能大相径庭，但是在程序和内容方面具有共同之处，即一般的纳税筹划方案由以下几部分构成。

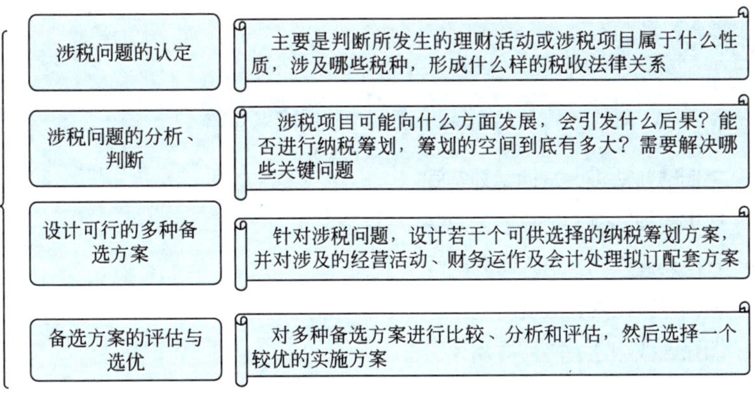

## 任务五　纳税筹划涉税纠纷处理

在纳税筹划实践活动中，由于筹划者只能根据法律条文和法律实践设计筹划方案并作出判别，而税务机关与筹划者对于税法条款的理解可能不同，看问题的角度也可能存在差异，因此，可能会对一项纳税筹划方案形成不同的认识，甚至持截然相反的观点，在纳税筹划方案的认定和实施方面可能会导致涉税纠纷。

在纳税筹划方案的实施过程中，筹划企业应该尽量与税务机关进行充分的交流与沟通，实现税务协调；如果真的导致税收纠纷，筹划企业应该进一步评估筹划方案的合法性，合理合法的方案要据理力争，不合法的筹划方案要放弃。

知识驿站 10-3

### 如何认定纳税筹划方案的合法性？

如何认定筹划方案的合法性，我们应该关注税务机关的理解：一方面，税务机关从宪法和现行法律角度了解合法性，税务机关的征税和司法机关对税务案件的审理，都必须以立法机关制定的宪法和现行法律为依据；另一方面，从行政和司法机关对合法性的法律解释和执法实践角度了解合法性。行政机关依法行政，负责执行法律及法律规定的权力，它们还往往得到立法机关授权制定执行法律的法规，这些行政法规更具体地体现了国家的政策精神，而司法机关依法审判税务案件，负责维护、保证和监督税收法律的实施，它们的判决使国家政策精神体现得更加明确、清晰。人们可以从税务机关组织和管理税收活动以及司法机关受理和审判税务案件中，具体了解行政和司法机关在执法和司法过程中对合法性的界定。

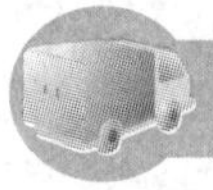

## 任务六　税收筹划方案实施跟踪与绩效评价

实施纳税筹划方案之后，要不断对筹划方案实施情况和结果进行跟踪，并在筹划方案实施后，对筹划方案进行绩效评价，考核其经济效益和最终效果。

知识驿站 10-4

### 纳税筹划实际操作五步走

第一步　掌握最新法规，发现筹划空间

第二步　广集筹划案例，认真解读总结

第三步　寻找通道入口，进入筹划空间

第四步　掌握基本技术，实现筹划目标

第五步　加强请教沟通，防范筹划风险

# 项目三　解读纳税筹划八大技术

因纳税筹划技术所依据的原理不同，采用的方法和手段不同，国内目前一般把纳税筹划技术分为三类：即节税筹划技术、避税筹划技术和转嫁筹划技术，其中，从税制要因素考虑，节税筹划技术可以归纳为八种：免税技术、减征技术、税率差异技术、扣除技术、抵免技术、缓税技术、退税技术和税收优惠技术。在具体操作中，这八大技术不是一成不变的，而是可以相互转化的。

## 任务一　领会退税技术

| | |
|---|---|
| 概念解释 | 退税技术是按照税法的规定将应缴纳的税款，由税务机关在征税时，全部或部分退还给纳税人的一种纳税筹划技术。它与出口退税，先征后退、投资退税一并属于退税的范畴，是一种特殊的免税和减税方式。退税技术所涉及的退税是让税务机关退还纳税人符合国家退税奖励条件的已缴纳的税款 |
| 举例说明 | 我国对外商投资企业的再投资项目，允许退还已缴纳的所得税的40%。又比如，对销售自行开发的软件产品或改造进口软件后对外销售的产品按税法规定按17%税率征税，其增值税实际税负超过3%的部分，实行即征即退的政策，这主要是国家为了鼓励软件开发企业，提高国际市场竞争能力的一种措施 |
| 实施要点 | 实施退税技术的要点：一是尽量争取退税项目的最多化，在税法规定的范围内，尽量争取更多的退税待遇；二是尽量使应退的税额最大化，因为退还的税越大，企业的税后利润也就越大 |

## 任务二　领会免税技术

| | |
|---|---|
| 概念解释 | 免税是国家对特定地区、行业、企业、项目或情况给予纳税人完全免征税收的一种优惠或奖励扶持或照顾的措施。免税一般分为法定免税、特定免税和临时免税三种。在这三类免税中，法定免税是主要方式，特定免税和临时免税是辅助方式，是对法定免税的补充。世界各国一般都对特定免税和临时免税有极严格的控制，尽量避免这类条款产生的随意性和不公正性。由于我国正处于转型时期，所以税法中出现了大量的特定免税条款和临时免税条款。免税实质上相当于财政补贴，一般有两类免税：一类是照顾性免税，另一类是奖励性免税。照顾性免税一般是在比较苛刻的条件下取得的，所以纳税筹划不能利用这项条款达到节税的目的，只有取得国家奖励性质的免税才能达到目的 |
| 举例说明 | 对新办的中外合资经营的开发区企业，合营期在10年以上的，经申请税务机关批准，可以从获利年度起，头2年免征企业所得税 |
| 实施要点 | 免税技术运用过程中，尽量注意做到以下两点：一是尽量使免税期最长化，在合理合法的情况下，尽量使其最长化，免税期越长，节减的税就越多；二是尽量争取更多的免税待遇，在合法合理的情况下，尽量争取免税待遇，争取可能多的免税项目与缴纳的税收相比，免税越多，节减的税收也就越多，企业可以支配的税后利润也就越大 |

## 任务三　领会税收减征技术

| | |
|---|---|
| 概念解释 | 税收减征技术，是按照税收法律、法规减除纳税人一部分应纳税款，是对某些纳税人、征税对象进行扶持、鼓励或照顾，以减轻税收负担的一种特殊规定。与免税一样，税收减征也是税收灵活性与严肃性相结合制定的一项措施，也是各个国家尤其是中国目前采取的一种最普遍的措施。由于免税和减免在税法中经常结合使用，人们习惯上统称为减免技术 |
| 举例说明 | 按照财税字 [2000]26 号文件规定，从 2000 年 1 月 1 日起，对生产销售达到低污染排放量的小轿车、越野车和小客车，按税法规定减征 30% 的消费税；又比如我国对遭受风、火、水、地震等自然灾害的企业在一定时期给予减税优惠待遇，就属于税收照顾性质的减税 |
| 实施要点 | 减税技术在使用时应注意把握两点：一是在合理合法的情况下，尽量使减税期最长化。因为，减税时间越长，节减的税收越多，企业的税后利润也就越多。二是尽量使减税项目最多化，减税项目越多，企业的收益越大 |

## 任务四　领会税率差异技术

| | |
|---|---|
| 概念解释 | 税率差异技术是指在合理合法的情况下，利用税率的差异而直接节减税收的筹划技术。在市场经济条件下，一个企业可以利用税收中税率之间的差异来节减税收实现企业利润的最大化 |
| 举例说明 | 甲地区的税率为 33%，乙地区的税率为 24%，丙地区的税率为 15%，那么，在其他条件相似或基本相同的条件下，投资者到丙地进行投资开办企业，就比甲、乙地区节减不少的税款 |
| 实施要点 | 税率差异技术在运用中应注意两点：一是尽可能地寻找税率最低的地区、产业，使其适用税率最低化，而且税率差异越大，企业的获利能力就越高，可支配的税后利润就越多，企业的竞争力就越强；二是尽量寻求税率差异的稳定性和长期性，税率差异一般具有时间性和稳定性两个特征，但并不是一成不变的，随着时间的推移和税法制度的改变会发生变化，如政策的变化和享受优惠政策时间的到期，税率也会发生变化，因此，应想办法使企业税率差异的时间最长化和稳定化 |

## 任务五　领会缓税技术

| | |
|---|---|
| 概念解释 | 缓税技术，又称延期纳税技术，是对纳税人应纳税款的部分或全部的缴纳期限适当延长的一种特殊规定。为了照顾某些纳税人因缺少资金或其他特殊原因造成纳税困难，许多国家都制定了有关延期纳税的条款。有的是对某个税种规定了准予缓纳，有的则是对所有税种可以缓纳。尽管采用缓纳技术不能使应缴纳的税款免纳或少纳，但它使应该缴纳的税款可以向后推迟一段时间，而且不需支付任何报酬，这就相当于从政府手中拿到了一笔无息贷款，不仅节省了利息支出，而且还带来了因通货膨胀带来的好处，变相降低了应纳税额 |
| 举例说明 | 我国税法规定，对纳税有困难的，经县级以上税务机关批准，其税款可以延期缴纳，但最长时间不能超过 3 个月 |
| 实施要点 | 缓税技术在使用中应该注意两点：一是使缓纳时间最长化，在税法规定的时间内，尽量使缓纳的时间最长，因为延长的时间越长，相对节减的税收也就越多；其次是缓纳的项目最多化，争取在税法允许的范围内，找足找齐各种原因，经税务机关批准，使这些项目纳入缓纳项目的行列，因为缓纳的项目越多，企业当期的现金流量也就越大，节税也就越多 |

## 任务六　领会扣除技术

| | |
|---|---|
| 概念解释 | 扣除技术即税前扣除技术，是指在计算缴纳税款时，对于构成计税依据的某些项目，准予从计税依据中扣除的那一部分税收，扣除技术是税收制度的重要组成部分，许多税种对扣除项目、扣除多少都作了比较详细的规定。这些准予扣除的项目扣除的范围，有些是对所有纳税人通用的，有些则只是对某些特定的纳税人或征税对象而设计的，应严格区分开来 |
| 举例说明 | 根据《企业所得税暂行条例》规定，纳税人来源于境外所得，因已在境外缴纳了企业所得税，在汇总纳税时，准予从中扣除；又如《增值税暂行条例》中规定，企业应纳税额为当期销项税额减去当期进项税额后的余额。再比如，纳税人在计算企业所得税额时，允许将支付给工人工资、限制性支出等项目按照标准进行扣除，从而减少企业应纳税所得额 |
| 实施要点 | 在运用扣除技术时，一般应注意以下三点：一是扣除金额最大化，在税法允许的情况下，尽量使各项扣除的项目按上限扣除，用足用活扣除政策，因为扣除金额的最大化，就意味着应交税基的最小化，扣除的金额越大，交税就最小，企业税后利润就越大；二是扣除项目最多化，企业应尽量按照税法允许的扣除项目一一列出，凡是符合扣除的项目，都要依法给予扣除，列入成本，因为扣除项目越多，计税基数就越小，节减的税就越多；三是扣除最早化，在税法允许的范围之内，尽可能地使各种允许的扣除项目尽早得到扣除，因为扣除越早，企业缴纳的税金就越少，节省的税金就越多，企业早期的现金净流量就越大，相对节减的税收就越多 |

## 任务七　领会抵免技术

| | |
|---|---|
| 概念解释 | 抵免技术是指当对纳税人来源于国内外的全部所得或财产所得课征所得税时，允许以其在国外已缴纳的所得税或财产税税款抵免应纳税款的一种税收优惠方式，是解决国际所得或财产重复征税的一种措施 |
| 举例说明 | 某纳税人源于中国境外的所得为 100 000 元，已在境外缴纳的企业所得税为 30 000 元（该国适用企业所得税率 30%），按照我国税率 33% 计算应补交的税款为 100 000×33% － 30 000 ＝ 3 000（元） |
| 实施要点 | 抵免技术在运用时应注意以下两点：一是抵免项目最多化，在税法规定的可以抵免的范围内，尽可能地把能参与抵免的项目全部抵免，因为参加抵免的项目越多，就意味着节减的利润越多；二是抵免金额最大化，在税法允许的范围内，尽可能地使参加抵免的项目的金额最大化地进行抵免，抵免的金额越大，应纳税额就越小，因而节减的税收就越多，企业实现的税后利润就最大 |

## 任务八　领会延期纳税技术

| | |
|---|---|
| 概念解释 | 延期纳税技术是指在合法和合理的情况下，使纳税人延期纳税而相对节税的税收筹划技术。纳税人延期缴纳本期税收并不能减少纳税人纳税绝对总额，但等于得到一笔无息贷款，可以增加纳税人本期的现金流量，使纳税人在本期有更多的资金扩大流动资本，用于资本投资；如果存在通货膨胀和货币贬值，延期纳税则更有利于企业的获得财务收益 |
| 举例说明 | 税法规定购置的高新技术设备和环保产品设备，可以采用加速折旧法，在其他条件基本相似或利弊基本相抵的条件下，尽管总的折旧额基本相同，但选择加速折旧可以在投资初期缴纳最少的税收，而把税收推迟到以后期间，相当于延期纳税 |
| 实施要点 | 延期纳税技术要点：①延期纳税项目最多化。在合法和合理的情况下，尽量争取更多的项目延期纳税。在其他条件包括一定时期纳税总额相同的情况下，延期纳税的项目越多，本期缴纳的税收就越少，现金流量也越大，相对节减的税收就越多。使延期纳税项目最多化，可以达到节税的最大化。②延长期最长化。在合法和合理的情况下，尽量争取纳税延长期最长化。在其他条件包括一定时期纳税总额相同的情况下，纳税延长期越长，由延期纳税增加的现金流量所产生的收益也将越多，因而相对节减的税收也越多。使纳税延长期最长化，可以达到节税的最大化 |

知识驿站 10-5

**纳税筹划之主流方案**

◆ 利用用工政策。国家规定，新办的服务型企业，安排失业、下岗人员达到30%的，可以免三年营业税和所得税。另外，2004年新的税收政策规定：新办的私营企业安排退役军人达到30%比例的，可以免三年营业税和所得税。所以，如果企业在招收员工中，有意识招收一些下岗职工或者退伍军人，便可以减少税收支出。

◆ 报损减免。每年1月15日之前，企业只要上报应收账款和存货损失，经报批之后，就可以提请税务机关进行税前扣除备案和减免税备案。但是，企业必须注意保留相关的凭证，如发票、库房货物损失的照片、保险索赔的记录等。

◆ 新品研发。国家鼓励“新产品、新技术、新成果”等创新，企业研究开发新产品、新技术、新工艺所发生的费用比上年增长10%以上的，经省辖市税务局批准，可再按实际发生额的50%抵扣应纳税所得额。

◆ 赞助慈善。按照国家相关法律，企业向非关联科研机构和高等学校赞助研究开发经费，或者通过国家机关、政府部门或者境内非营利性社会团体的捐赠，是可以税前扣除的。因此，企业可以充分利用这一渠道进行纳税筹划处理。

*试一试10-4* **下列方案中分别采用了哪些纳税筹划的基本技术？**

以下是中美合资企业奥得利制药公司在设立和运营过程中采用的一些涉税方案。

1. 该企业选择设立在厦门经济特区，享受“两免三减半”优惠后，还享受15%低税率。

2. 美方决定对奥得利制药公司追加投资，追加资金为从该企业分回的股利。

3. 该企业通过测算，认为申请为一般纳税人缴纳增值税更为合适。

4. 该企业兼并了一家亏损的国有制药企业。

# 课题二　纳税筹划实务

## 项目一　增值税纳税筹划思路

### 思路一　依据纳税人身份筹划

增值税条例将增值税纳税人分为一般纳税人和小规模纳税人，两类纳税人适用不同的税率和计征方法。通常情况下，小规模纳税人的税负较重，但如果销售商品的毛利率较高或购进的货物较难取得增值税发票，则小规模纳税人较易节约税收成本。

【例10-1】广州市某从事商品零售工艺精品店，年销售额320万元，会计核算较健全，适用于17%税率，准许从销项抵扣的进项税额占销项税额的20%。

不进行纳税筹划，应纳税额＝320×17%－320×17% ×20%＝43.52（万元）

如果进行纳税筹划，将企业按销售类别分成两个企业，各自独立核算盈亏，其销售额分别为170万元和150万元，则将企业变为小规模纳税人，应纳税额为：

应纳税额＝170×4%＋150×4%＝12.8（万元）

筹划后少交增值税款＝43.52 － 12.8＝30.72（万元）

如何选择纳税人身份对自己有利，其主要判别方法有：增值率的判别法、可抵扣进项占销售额的比重法、含税进货金额占含税销售比重法三种。

*试一试10-5*　**通过网络自学，完成下列3个问题**

1. 增值税纳税人分为一般纳税人和小规模纳税人的标准是什么？

2. 增值率的判别、可抵扣进项占销售额的比重、含税进货金额占含税销售比重三种方法的应用原理和判定标准如何规定？

3. A企业产品不含税销售额为300万元，不含税购进额为220万元，增值税一般纳税人适用税率为17%，小规模纳税人征收率为6%，且该企业增值税纳税人身份的转变成本可忽略不计，试分析企业选择为哪种纳税人身份能节税？

## 思路二　利用固定资产规定进行筹划

政策规定，纳税人销售自己使用过的固定资产（包括游艇、摩托车、汽车），只要是属于企业固定资产目录所列的货物，并且是企业按固定资产管理的已使用货物，其销售价不超过购进该固定资产原值的货物就不纳税。如果不同时具备上述三个条件的，则无论企业会计制度规定如何核算，都要按4%的征收率减半征收增值税。这里有一个纳税与不纳税的问题，我们就要筹划了。

**【例10-2】**某企业准备出售已使用的机器设备等固定资产一批，原值100万元，已计提折旧3万元。

如果销售价定为101万元出售，则应纳税额为＝101÷（1＋4%）×2%＝1.94（万元），出售净收益＝101 － 1.94＝99.06（万元）；

如果销售价定为99.9万元，则不存在纳税义务，其收益增加了0.84万元（99.9 － 99.04），同时由于销售价格降低，企业完全有理由向购买方提出更为有利于己方的付款条件。

*试一试10-6*　**从纳税筹划的角度，请分析以下几个固定资产销售定价方案是否妥当**

1. 某工业企业销售使用过的设备，原值100万元，售价105万元，清理费为5万元。

2. 某商业企业销售使用过的设备一台，原值40万元，售价为41万元，清理费为2万元。

3. 某商业企业销售使用过的设备一台，原值为10万元，售价为12万元，未发生清理费用。

4. 某工业企业销售使用过的固定资产，原值20万元，售价为19万元（市场价为21万元），未发生清理费用。

## 思路三　采用企业分立进行纳税筹划

通过内部机构的分立，充分利用现有的增值税优惠政策，达到少缴或免缴增收，也是一个很好的纳税筹划思路。下面我们通过例子来说明。

**【例10-3】**某乳品厂生产乳制品的鲜奶由内设的牧场提供，可抵扣的进项项目为向农民收购的草料及小部分辅助生产用品，但该企业生产的产品则适用17%的增值税税率，全额减除进项后，其增值税税负达10%以上。

对上述案例的纳税筹划是：将牧场分开独立核算，并办理工商和税务登记，牧场生产的鲜奶卖给乳品厂进行加工销售，牧场和乳制品厂之间按政策购销关系进行结算。

结果：牧场自产自销未经加工的农产品（鲜奶），符合政策规定的农业生产者自产自销的农业产品，可享受免税待遇；乳品厂向牧场收购的鲜奶，按收购额的13%抵扣增值税，因而其税负大大降低。

*试一试10-7*　**为下列钢铁企业提出纳税筹划建议（或方案）**

某钢铁生产企业，其主要原材料废旧钢材，除少数来源于废旧物资单位外，大部分来源于当地“破烂王”（个体捡破烂的）处收购，从废旧物资回收公司购入的材料有合法发票可抵扣进项，而从个人处收购的不能按收购额的10%抵扣进项。

## 思路四　利用联合经营进行纳税筹划

联合经营纳税筹划的一个主要做法，就是把独立的经营变为混合销售，以达到节约税收成本的目的。

一项销售行为，如果既涉及增值税应税货物又涉及非应税劳务，则被称为混合销售行为。现行税法对混合销售的处理规定是：从事货物的生产、批发或零售的企业、企业性单位及个体经营者的混合销售行为，视为销售货物，应当征收增值税；其他单位和个人的混合销售行为，视为销售非应税劳务，不征收增值税。非应税劳务，是指属于应缴营业税的交通运输业、建筑业、金融保险业、邮电通信业、文化体育业、娱乐业、服务业税目征收范围的劳务。从事货物的生产、批发或零售的企业、企业性单位及个体经营者，包括以从事货物的生产、批发或零售为主，并兼营非应税劳务的企业、企业性单位及个体经营者在内。下面通过例子来说明利用此政策进行纳税筹划的做法。

**【例10-4】**某电子器材公司从国外进口通讯设备（传呼机）一批，由于预计销售的利润较高，因而税负率也很高。

纳税筹划：与电信部门联合成立寻呼台，变单纯的销售为提供电信服务和销售传呼机的混合销售，使原来缴纳17%的增值税改为缴纳3%的营业税，税负大幅度降低。

对混合销售行为，缴纳哪种税对纳税人更有利呢？现仍然用增值率的计算来进行判别，给大家提供一个数量标准。

现设定，$W$为含税销售额增值率，$M$为含税销售额，$P$为含税进货额，适用的增值税税率为17%，适用的营业税税率为3%，则增值率可表示为：

$W=(M-P)\div M\times 100\%$

应纳增值税税额 $=M\div(1+17\%)\times 17\%\times W$

应纳营业税税额 $=M\times 3\%$

令增值税和营业税相等，则下式成立：

$M\div(1+17\%)\times 17\%\times W=M\times 3\%$

经过计算得出：$W=20.65\%$

即增值税税率为17%，适用的营业税税率为3%，含税销售额增值率为20.65%时，两者税负相同，当企业含税销售额增值率高于20.65%时，则缴纳营业税的税负比缴纳增值税的税负轻；当企业含税销售额增值率低于20.65%时，则缴纳增值税的税负比缴纳营业税的税负轻。

按上面的计算公式计算，增值税税率为17%，适用的营业税税率为5%时，纳税平衡点为34.41%；增值税税率为13%，适用的营业税税率为3%时，纳税平衡点为20.08%；增值税税率为13%，适用的营业税税率为5%时，纳税平衡点为43.46%。

*试一试10-8*　**请您列举增值税的5项免税项目**

1. ______________________________。
2. ______________________________。
3. ______________________________。
4. ______________________________。
5. ______________________________。

## 项目二　消费税纳税筹划思路

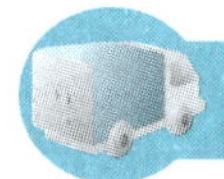

### 思路一　生产不同消费税税率产品的筹划

消费税条例规定：纳税人生产销售不同消费税税率的产品未分别核算的，或将不同消费税税率产品组成成套销售的，适用从高税率征收消费税。因此，如果有生产不同消费税税率产品的企业，应将不同消费税税率的产品分别核算，并分别申报纳税。

**【例10-5】**某酒厂既生产粮食白酒（消费税率为25%），又生产药酒（消费税率为10%），该厂对生产的上述两类酒应分别核算，才能分别申报纳税，否则按消费税率25%征收消费税。

*试一试10-9*　**请您列举消费税的3项减（免）税项目**

1. ______________________________。
2. ______________________________。
3. ______________________________。

## 思路二　包装物纳税筹划

消费税条例规定，实行从价定率办法计征消费税的产品，连同产品一起销售的包装物，无论包装物如何计价，也不论会计如何处理，均应并入消费品的销售额中计算征收消费税。

如果想在包装物的纳税上做文章，其做法是：包装物不能作价随同产品一并销售，而应采用收取包装物“押金”的方式，并且押金应单独开发票和计账，这样包装物就不并入销售额计征消费税。

**【例10-6】**广州市某轮胎生产企业，2003年3月销售汽车轮胎1万个，每个销售价1 000元，其中包装材料价值100元，消费税率为10%。

采用连同包装一并销售，其应纳消费税＝1×1 000×10%＝100（万元）

如果包装物用收取押金的形式销售，且包装物单独开发票并单独记账，则应纳税额为：

应纳消费税＝1×(1 000 － 100)×10%＝90（万元）

很明显，只是把包装物以押金的形式收取，并单独列账，则可少交税款10万元，说明进行纳税筹划是很有必要的。

*试一试10-10*　**根据计算结果，选择不同销售方式下的最佳筹划方案**

神风汽车公司某月销售轮胎2 000个，每个售价2 000元，外加收包装物押金400元，分别计算两种销售方式的应纳消费税额：(1) 包装物一起销售应纳税额；(2) 收取包装物押金应纳消费税额。

## 思路三　委托加工的筹划

委托加工，是指由委托方提供原料和主要材料，由受托方按委托方的要求进行加工，加工完毕后，委托方向受托方支付加工费并收回委托加工的产品，消费税由受托方代扣代缴。委托加工产品收回后，用于连续生产的，由受托方代扣代缴的消费税，可以抵减应纳消费税；用于对外销售的，不再缴纳消费税。

**【例10-7】**甲卷烟厂委托乙厂将价值200万元的烟叶加工成烟丝，支付给乙厂加工费80万元。甲厂收回的烟丝继续加工成卷烟出售，取得销售收入800万元。烟丝税率30%，卷烟税率50%。

甲厂向乙厂支付加工费时，应支付由乙厂代扣代缴的消费税为：

(200＋80)÷(1 － 30% )×30%＝120（万元）

甲厂销售卷烟后应纳消费税＝800×50% － 120＝280（万元）

此批卷烟实际缴纳的消费税＝120＋280＝400（万元）

假如委托加工收回的产品直接用于销售，甲厂委托乙厂直接加工成卷烟，加工费增加到250万元，成本和销售价格不变，甲厂向乙厂支付加工费时，应支付乙厂代扣代缴的消费税为：

(200＋150)÷(1 － 50% )×50%＝350（万元）

甲厂销售卷烟后少交消费税＝400 － 350＝50（万元）

从上面的计算可以看出，用于连续生产和用于直接销售，其应纳消费税税额是不同的。其原因是：委托加工与自行加工计算纳税的税基不同，委托加工时，受托方代扣代缴消费税的计税价是组成计税价或同类产品销售价，而自行加工的计税价为销售价。通常情况下，委托方收回后，其销售价要高于计税价，因此，委托加工应税消费品的税负要低于自行加工的税负，我们可在此方面进行适当筹划。

*试一试10-11*　**根据计算结果，分析说明委托加工方式下的消费税纳税筹划方法**

丰收卷烟厂委托大华工厂将一批价值100万元的烟叶加工成甲类卷烟，烟叶成本不变，加工费用为160万元；加工完毕，运回丰收卷烟厂后，丰收卷烟厂对外售价还是700元。试计算丰收卷烟厂应支付的消费税和应缴税的消费税。

## 项目三　营业税纳税筹划思路

### 思路一　利用混合销售业务纳税筹划

混合销售行为既涉及增值税的问题又涉及营业税问题，所以在营业税的缴纳中，也要注意对混合销售行为进行纳税筹划。《营业税暂行条例》规定：一项销售行为如果既涉及应税劳务又涉及货物，为混合销售行为。从事货物的生产、批发或零售的企业、企业性单位及个体经营者的混合销售行为，视为销售货物，不征收营业税；其他单位和个人的混合销售行为，视为提供应税劳务，应当征收营业税。从事货物的生产、批发或零售的企业、企业性单位及个体经营者，包括以从事货物的生产、批发或零售为主并兼营应税劳务的企业、企业性单位及个体经营者在内。所谓以从事货物的生产、批发或零售为主，是指纳税人的年货物销售额与非增值税应税劳务营业额的合计数中，年货物销售额超过50%，非增值税应税劳务营业额低于50%。

**【例10-8】**某连锁超市商业公司销售空调器1 000台，不含税销售额250万元，当月可抵扣进项税额40万元；同时为客户提供上门安装业务，收取安装费23.4万元。

按税法规定，销售空调器属于增值税的范围，取得的安装费属于营业税中建筑业税目的纳税范围，即该项销售行为涉及增值税和营业税两个税种。但该项销售行为所销售的空调器和收取的安装费又是因同一项销售业务而发生的。因此该连锁超市商业公司的这种销售行为实际上是一种混合销售行为。由于该连锁超市商业公司是从事货物批发、零售的企业，故该连锁超市商业公司取得的安装费收入23.4万元，应并入空调器的价款一并缴纳增值税，不再缴纳营业税。其应纳税额＝［250＋23.4÷（1＋17%）］×17%－ 40＝5.9（万元）。

纳税筹划做法：该连锁超市商业公司把安装空调器的部门独立出来，并实行独立核算，这样，空调器的安装费就不再缴纳增值税，改为缴纳营业税。其应纳税款计算如下：

应纳税额＝250×17%－ 40＋23.4×3%＝2.5＋0.7＝3.2（万元）

与不进行纳税筹划相比可少交税款＝5.9–3.2＝2.7（万元）

一般情况下，营业税的税收负担会轻一些，尤其是在混合销售中进项税额相对较少的情况下更是如此。因此，对于混合销售行为，应考虑税收因素，积极筹划，以减轻自身的税收负担。

*试一试10-12* **如何利用混合销售行为进行营业税纳税筹划？**

广州嘉居建材公司，在主营建筑材料批发和零售的同时，还兼营对外承接安装、装修作业，它是一般纳税人，适用17%的增值税税率。本月销售材料并代客安装，材料购入价100万元，公司以115万元销售并代为安装。试计算并制定合理得纳税筹划方案。

## 思路二　分解营业额的筹划

营业税的特点是，只要取得营业收入，就要缴纳营业税，而不管其成本、费用的大小，即使没有利润，只要有了营业额，也要依法缴税。对此的纳税筹划做法是：通过减少纳税环节，分解应税营业额，达到合理节约税收的目的。

**【例10-9】**某展览公司为外地公司举办各种展览会。2003年3月份在广州市某展览馆成功举办一期出口产品展览会，吸引了300家客商参展，取得营业收入800万元，展览公司收入后，应还展览馆租金400万元。

展览公司的收入，属中介服务，按服务业计征营业税。其应纳营业税税额是：

应纳税额＝800×5%＝40（万元）

如果展览公司举办展览时，让客户分别缴费，展览公司按400万元给客户开票，展览馆按400万元给客户开票。分解后，展览公司应纳的营业税税额为：

应纳税额＝400×5%＝20（万元）

通过纳税筹划，展览公司少交了营业税20万元，并且不会因此而增加其客户和展览馆的税收负担。

*试一试10-13* **如何利用兼营行为进行营业税纳税筹划？**

餐厅是既经营饮食业又经营卡拉OK等娱乐业的，饮食业的适用税率为5%，娱乐业的适用税率为20%，如果未分别核算营业额的，就应按娱乐业适用的20%税率，全额计征营业税。

## 思路三　建筑工程承包纳税筹划思路

现行营业税暂行条件规定：建筑业的总承包人将工程分包或者转包给他人的，以工程的全部承包额减去付给分包人或者转包人的价款后的余额为营业额。对工程承包公司与建设单位是否签订承包合同将营业税划归两个不同的税目。建筑业适用的税率是3%，服务业适用的税率是5%。工程承包公司承包建筑安装工程业务，如果工程承包公司与建设单位签有建筑安装工程承包合同，则无论其是否参与施工，均应按“建筑业”税目征收营业税。如果工程承包公司不与建设单位签订合同，而只负责工程的组织协调等业务，则对工程公司的此项业务收入应按“服务业”5%的税率计征营业税。

**【例10-10】**乙单位有一工程项目需找施工单位承建，在甲工程公司的努力下，由丙建筑公司与乙单位签订承建合同，合同金额为5 000万元，另外乙单位付给甲公司劳务费50万元。

甲公司应纳营业税税额＝50×5％＝2.5（万元）

乙公司应纳营业税税额＝5 000×3％＝150（万元）

两公司合计应纳营业税税额＝2.5＋150＝152.5（万元）

如果甲公司进行筹划，直接与乙单位签订合同，合同金额为5 050万元，然后再将工程以5 000万元转包给丙公司，则：

甲公司应纳税额＝（5 050 － 5 000）×3％＝1.5（万元）

乙公司应纳营业税税额＝5 000×3％＝150（万元）

两公司合计应纳营业税税额＝1.58＋150＝151.5（万元）

节税额＝152.5 － 151.5＝1（万元）

经过纳税筹划后，可以节约营业税额10 000元，但却增加了应交印花税3 000元的支出。因为按照印花税条例规定：甲公司与丙公司签订5 000万元的建筑安装工程公司，双方都要按建筑安装工程承包合同规定的印花税税率为0.3％，计算缴纳印花税，其应纳印花税额合计3 000元，实际节税额为7 000元。

*试一试10-14*　**如何利用合作建房业务进行营业税纳税筹划？**

A、B是两个依法成立独立核算的内资企业，经双方友好协商，决定合作进行商品房开发。合同约定A企业提供土地使用权，B企业提供资金，商品房建成后，经评估该建筑物价值6 000万元，由双方平分。

## 思路四　对外投资的营业税筹划

营业税的又一个特点是，只要企业取得的收入，符合营业税的征税范围，就要缴纳营业税，而不管其是实际的经营收入，还是转让财产物资的收入，都要依法缴纳营业税。对此的纳税筹划做法是：通过变更收入项目，避开营业税的征税范围，达到合理节约税收成本的目的。

**【例10-11】**某内资企业准备与某外国企业联合投资设立中外合资企业，投资总额为6 000万元，注册资本为3 000万元，中方1 200万元，占40％，外方1 800万元，占60％。中方准备以自己使用过的机器设备1 200万元和房屋建筑物1 200万元投入，投入方式有两种：

① 以机器设备作价1 200万元作为注册资本投入，房屋、建筑物作价1 200万元作为其他投入。

② 以房屋、建筑物作价1 200万元作为注册资本投入，机器设备作价1 200万元作为其他投入。

上述两种方案看似是字面上的交换，但事实上蕴含着丰富的税收内涵，最终结果也大相径庭。

方案一：按照税法规定，企业以设备作为注册资本投入，参与合资企业利润分配，同时承担投资风险，不征增值税和相关税金及附加。但把房屋、建筑物直接作价给另一企业，作为新企业的负债，不共享利润、共担风险，应视同房产转让，需要缴纳营业税、城建税、教育费附加及契税，具体数据为：

营业税＝1 200×5％＝60（万元）

城建税、教育费附加＝60×（7％＋3％）＝6（万元）

契税＝1 200×3％＝36（万元）（由受让方缴纳）

方案二：房屋、建筑物作为注册资本投资入股，参与利润分配，承担投资风险，按国家税收政策规定，可以不征营业税、城建税及教育费附加，但需征契税（由受让方缴纳）。同时，税法又规定，企业出售自己使用过的固定资产，其售价不超过原值的，不征增值税。在方案二中，企业把自己使用过的机器设备直接作价给另一企业，视同转让固定资产，且其售价一般达不到设备原价，因此，按政策规定可以不征增值税。其最终的税收负担：

契税＝1 200×3%＝36（万元）（由受让方缴纳）

从上述两个方案的对比中可以看到，中方企业在投资过程中，虽然只改变了几个字，但由于改变了出资方式，最终使税收负担相差66万元。这只是投资筹划链条中的小小一环，对企业来说，投资是一项有计划、有目的的行动，纳税又是投资过程中必尽的义务，企业越早把投资与纳税结合起来规划，就越容易综合考虑税收负担，达到创造最佳经济效益的目的。因此，笔者建议企业从投资开始，把纳税筹划纳入企业总体规划范畴。

试一试10-15 **分析不同行业的税收优惠，请您填写如下表格**

| 不同行业类别 | 税收优惠 |
| --- | --- |
| 建筑业 | |
| 金融业 | |
| 保险业 | |
| 文化体育业 | |
| 无形资产转让 | |
| 服务业 | |

## 项目四　企业所得税纳税筹划思路

企业所得税是我国的主体税种，纳税筹划的关键是降低应税收入，尽可能地扩大准予扣除项目的金额，从而降低应纳税所得额，最终达到降低企业所得税的目的。

知识驿站 10-6

### 企业所得税纳税筹划要点

- 选择投资地区。由于国家税收政策在不同区域内有不同的优惠规定，因此企业在扩大经营对外投资时，可根据不同的税收政策，相应选择低税负地区进行投资。
- 选择材料计价方法。按我国财务制度规定，企业材料费用计入成本的计价方法有先进先出法、加权平均法、移动平均法、个别计价法。而不同的计价方法对企业成本、利润及纳税影响甚大。
- 选择固定资产折旧计算方法。企业对固定资产的折旧核算是企业成本分摊过程，即将固定资产的取得成本按合理而系统的方法，在它的估计有效使用期间内进行摊配。
- 选择费用分摊方法。企业在生产经营中发生的主要费用包括财务费用、管理费用和产品销售费用。这些费用的多少将会直接影响成本的大小。
- 选择就业人员。企业可以根据自身的情况，在适当的岗位上安置相应的上岗人员，以期达到减免征收所得税的目的。

## 思路一　对企业组织形式的纳税筹划

企业所得税的纳税义务人是指在中国境内实行独立经济核算的企业或组织。根据规定，不同的组织形式，对是否构成纳税人，有着不同的结果。公司在设立下属公司时，选择设立子公司还是分公司对企业所得税负担会产生影响。由于子公司是独立法人，如果盈利，其利润不能并入母公司利润，应当作为独立的纳税义务人单独缴纳企业所得税。当子公司所在地税率较低时，子公司可以少纳企业所得税，使公司整体税负较低。而分公司不是独立法人，只能将其利润并入母公司缴纳企业所得税，无论其所在地税负高低，均不能增减公司的整体税负。再者作为公司，其营业利润要缴纳企业所得税，是企业所得税的纳税义务人，而税后利润作为股息分配给投资者，投资者还要缴纳一次个人所得税，又成为个人所得税的纳税义务人。而合伙企业则不作为公司对待，不构成企业所得税的纳税义务人，只课征各个合伙人分得收益的个人所得税。

**【例10-12】**纳税人甲、乙、丙经营一家商店，年应纳税所得额为300 000元。该商店如果按合伙企业课征个人所得税（假定甲、乙、丙分配比例相同），应纳税额为（100 000×35%－6 750）×3＝84 750（元）。如按公司课征所得税，税率33%，应纳税额300 000×33%＝99 000（元），税后利润201 000元全部作为股息分配，甲、乙、丙还要缴纳个人所得税（67 000×35%－6 750）×3＝50 100（元），共纳税99 000+50 100＝149 100（元）。很明显两者税负不一致。因此，甲、乙、丙做出了不组织公司，而办合伙企业的决策。因此，在设立企业时，要考虑好各种组织形式的利弊，做好所得税的税收筹划，才能决定是设立股份有限公司还是设立合伙企业，是设立子公司还是设立分公司。

*试一试10-16*　**根据计算结果，提出纳税筹划建议**

A企业1～11月应纳税所得额为9万元，12月有一笔销售，价款5万元，产品成本3万元，企业可以选择分两期付款结算方式和一次付清的交款提货结算方式，请计算比较两种结算方式的所得税差异。

## 思路二　对企业利用税收优惠政策的纳税筹划

税收优惠是税制设计的基本要素，国家为了实现税收调节功能，一般在税种设计时，都设有税收优惠条款，企业如果充分利用税收优惠条款，就可享受节税效益。企业所得税的优惠政策许多都是以扣除项目或可抵减应税所得制定的，准确掌握这些政策，用好、用足税收优惠政策本身就是税收筹划的过程。例如，财政部和国家税务总局联合颁布的《技术改造国产设备投资抵免企业所得税暂行办法》明确规定，凡在我国境内投资于符合国家产业政策的技术改造项目的企业，其项目所需国产设备投资的40%可以从企业技术改造项目设备购置当年比前一年新增的企业所得税中抵免。这是自实施新税制以来国家制定的对企业所得税纳税影响很大的一项税收优惠政策。企业应当及时抓住这一机遇，进行必要的技术改造和技术创新，促进产品的更新换代，增强产品的市场竞争能力。但选择税收优惠作为税收筹划突破口时，应注意两个问题：一是纳税人不得曲解税收优惠条款，滥用税收优惠，以欺骗手段骗取税收优惠；二是纳税人应充分了解税收优惠条款，并按规定程序进行申请，避免因程序不当而失去应有权益。

**试一试10-17 根据企业所得税的优惠政策，请按要求填写表格**

| 优惠类别 | 税收优惠政策 |
|---|---|
| 税率优惠 | |
| 抵免优惠 | |
| 加计扣除优惠 | |
| 亏损弥补 | |
| 免税收入 | |
| 不征收入 | |

## 思路三 对企业销售收入的税收筹划

纳税人如果能够推迟应纳税所得的实现，则可以使本期应纳税所得减少，从而推迟或减少所得税的缴纳。对一般企业来说，主要的收入是销售商品的收入，因此推迟销售商品收入的实现是税收筹划的重点。我国税法规定，直接收款销售以收到货款或取得索取货款的凭证，并将提货单交给买方的当天作为收入确认时间；分期收款销售商品以合同约定的收款日期为收入确认时间；而订货销售和分期预收货款销售则在交付货物时确认收入实现；委托代销商品销售在受托方寄回代销清单时确认收入。这样企业可以通过销售方式的选择，推迟销售收入的实现，从而延迟缴纳企业所得税。同时企业要综合运用各种销售方式，使企业既能延迟缴纳企业所得税，又能使收入安全收回。

**试一试10-18 根据计算结果，选择合理方案**

某公司目前的损益状况如下表所示。现拟采取下列两个方案：方案一，该公司考虑实施一项广告计划，每月支付广告费10 000元；方案二，该公司计划提高产品销售价格，在销售价格数量不变的条件下每月增加的收入额为10 000元。该企业的所得税税率为30%，请比较税后成本和税后收入差别。

| 项　目 | 目　前 | 增加广告支出 | 调整销售价格 |
|---|---|---|---|
| 销售收入 | 200 000 | 200 000 | 200 000 |
| 新增收入额 | | | 10 000 |
| 成本和费用 | 100 000 | 100 000 | 100 000 |
| 新增广告支出 | | 10 000 | |
| 税前净利 | 100 000 | 90 000 | 110 000 |
| 所得税（30%） | 30 000 | 27 000 | 33 000 |
| 税后净利 | 70 000 | 63 000 | 77 000 |
| 税后成本或税后收入 | －7 000 | ＋7 000 | |

知识驿站 10-7

**对企业费用列支方法的税收筹划时应注意事项**

对于能够合理预计发生额的费用、损失应采用预提方法计入费用

已发生的费用及时核销入账。如已发生的坏账、呆账应及时列入费用，存货的盘亏及毁损应及时查明原因，属于正常损耗部分及时列入费用

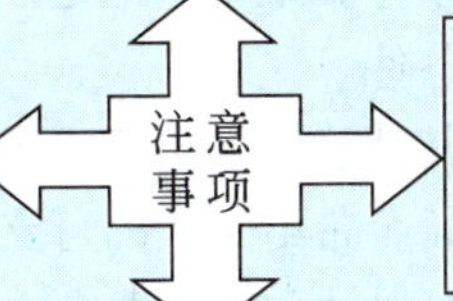


适当缩短以后年度需要分摊列支的费用、损失的摊销期。例如，低值易耗品、待摊费用等的摊销应选择最短年限，增大前几年的费用，递延纳税时间

对于限额列支的费用，如业务招待费及公益救济性捐赠等，应准确掌握其允许列支的限额，争取限额以内的部分充分列支

## 项目五　个人所得税纳税筹划思路

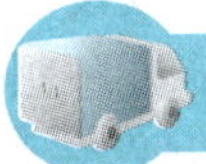

### 思路一　个人身份认定的纳税筹划

个人所得税的纳税义务人，既包括居民纳税义务人，也包括非居民纳税义务人。居民纳税义务人，负有完全纳税义务，必须就其来源于中国境内、境外的全部所得缴纳个人所得税；而非居民纳税义务人仅就其来源于中国境内的所得，缴纳个人所得税。显然，非居民纳税义务人的税负较轻。

对个人身份的筹划，主要是避免成为居民纳税义务人。按照税法规定，居住在中国境内的外国人、海外侨胞和中国香港、澳门、台湾同胞，如果在一个纳税年度里，一次离境超过30日或多次离境累计超过90天的，将不视为全年在中国境内居住。把握住这一尺度就会避免成为个人所得税的居民纳税义务人，使在中国境外的收入避免缴纳个人所得税。

**【例10-13】**某外籍工程师，2007年底到广州市协助地铁工程建设，其工资在我国发放，但其国外总公司每年还发给其工资性补贴。2008年度内，曾回国述职60天，回国探亲40天。由于其离境时间超过90天，故该工程师2008年国外收入不在我国纳税，仅就其在中国取得的收入计算缴纳个人所得税。

*试一试10-19*　**阅读个人所得税案例，分析所列问题**

甲、乙、丙三个德国人同属一家公司，来华工作，同时在德国和中国获得收入。其中甲、乙于2007年12月被派往中国。期间甲于2008年9～11月回国任职二个月；乙2008年多次累计回国任职80天，但没有一次性离境超过30天。丙于2008年3月来华工作。请您界定三人是居民身份还是非居民身份。若存在居民身份可通过何种方法进行纳税筹划以减轻税负。

## 思路二　工资化福利的纳税筹划

工资、薪金所得适用九级超额累进税率，其最低税率为5%、最高税率为45%，当收入达到某一档次时，就按该档次的适用税率计算纳税。但是，工资、薪金所得税是按个人月实际收入来计税的，这就为税务筹划创造了条件。

增加薪金能增加个人的收入满足其消费需求，但由于工资、薪金个人所得税的税率是超额累进税率，当累进到一定程度，新增薪金带给个人的可支配现金将会逐步减少。把个人现金性工资转为提供必需的福利待遇，照样可以达到其消费需求，却可少缴个人所得税。

（1）由企业提供员工住宿，是减少缴纳个人所得税的有效办法。即员工的住房由企业免费提供，并少发员工相应数额的工资。

**【例10-14】** 王经理每月工资收入6 000元，每月支付房租1 000元，除去房租，王经理可用的收入为5 000元。这时，王经理应纳的个人所得税如下。

如果公司不为其提供免费住房，则应纳个人所得税额＝（6 000 － 1 600）×15%－ 125＝535（元）

如果公司为王经理提供免费住房，每月工资下调为5 000元，则工经理应纳个人所得税额（5 000 － 1 600）×15%－ 125＝385（元）

如此筹划后，对王经理一方来说，可节税150元（535 － 385）；对公司来说，不仅没增加支出，并且可以增加在税前列支的费用1 000元（政策规定：企业税前列支的工资是限额的，超过部分必须在税后列支。将工资转化为房租后，其支付不列入工资考核，故全额在税前列支）。

（2）企业提供假期旅游津贴。即由企业支付员工旅游费用，然后降低员工的薪金。企业员工利用假期到外地旅游，将旅游发生的费用单据，以公务出差的名义带回企业报销，企业则根据员工报销额度降低其工资。这样，对企业来讲，并没多增加支出，而对个人来讲则是增加了收入。

（3）企业提供员工福利设施。如果员工正常生活必需的福利设施，尽可能由企业给予提供，并通过合理计算后，适当降低员工的工资，这样，从企业一方，既达到不增加企业费用支出，又能在税前扣除全额费用，并且企业为员工提供充分的福利设施，对外能提高企业的形象；从员工一方，既享受了企业提供的完善的福利设施，又少交了个人所得税，实现真正意义上企业和员工双赢的局面。一般情况企业可为员工提供下列福利：

① 企业提供免费娱乐设施。如游泳池等。

② 由企业提供车辆供职工使用。

③ 企业为员工提供必需家具及住宅设备。

*试一试10-20*　**根据纳税筹划原理，选择个人所得税的计算方法**

某纳税人在某单位月薪3 500元，由于工资较低，其在甲企业找了份兼职，月收入为3 000元。比较计算该纳税人与甲企业存在稳定的雇佣关系和不稳定的雇佣关系时，所应缴纳的税款。解释原因，并选择纳税筹划方案。

## 思路三　稿酬费用化的纳税筹划

根据现行税法规定，个人取得的稿酬所得如果一次收入在4 000元以下的，固定扣除800元，如果一次取得的收入在4 000元以上的，则按20%的比例扣除。由于税率是固定不变的，要想少缴税款，就必须在计税所得上做文章。

对此类型的纳税筹划做法是：尽可能让出版商多提供设备或服务，少要稿酬。也就是将自己在著书过程中应支付的费用转移给出版社来负担，自己基本上不负担费用，使自己的稿酬所得相当于享受到两次费用抵扣，从而减少应纳税额。

**【例10-15】**某作家准备创作一部反映中国改革开放成就的作品，需要到珠三角地区实地考察，出版社和作家签订出版协议，支付稿酬20万元，预计考察费用10万元。

如果该作家自己支付考察费用，其应纳个人所得税额＝20×（1－20%）×20%×（1－30%）＝2.24（万元）

如果改由出版社支付100 000元的费用，则实际支付给该作家的稿酬为10万元，该作家应纳的个人所得税为：

应酬纳税额＝10×（1－20%）×20%×（1－30%）＝1.12（万元）

两者相比节税＝2.24－1.12＝1.12（万元）

*试一试10-21*　**请您通过了解和分析各种获得稿酬的具体情况，制定相应的纳税筹划方法，填写下表**

| 具体情况 | 您的纳税筹划方案 |
|---|---|
| 创作前期需要很多的调查研究费用 | |
| 作品内容丰富、相关且不失独立性 | |
| 作品市场情况良好，有再版可能性 | |
| 存在多个作者合作可能性 | |

## 思路四　集体创作的纳税筹划

如果取得的稿酬所得数额较大，可以考虑采用创作组的方法来进行纳税筹划，即把一本书由一个人写作改为由多人合作写作的做法。这种筹划方法是利用低于4 000元稿酬可扣除800元费用的政策，这项抵扣的结果是高于20%的费用扣除额。

运用这种筹划方法应当注意，由于成立著作组，各人的收入会比单独创作时少，虽然少缴了税款，但对于个人来说最终收益减少了。再者自己写一部书与多人共同创作一部书，其社会效应是不同的，在纳税筹划时应该加以考虑。但是这种筹划方法还是有必要的，尤其是在需要在短时间内出版一整套系列丛书等情况下，既能发挥大家的聪明才智，加快创作速度；又能减轻税收负担，增加个人实际收入；并且对个人来说，又能增加创作成果。

【例10-16】某专家准备写一本财会教材，出版社同意该书出版之后支付稿费20 000元。如果该专家单独著作，其应纳税额=20 000×(1－20％)×20％×(1－30％)=2 240（元）

如果采用创作组筹划法，10个人来著作此教材，则其应纳税额为：

每人应纳税所得=20 000÷10－800=1200（元）

合计应纳个人所得税税额=1 200×20％×(1－30％)×10=1 680（元）

两者相比节税=2 240－1 680=560（元）

## 项目六　其他税种的纳税筹划思路

### 思路一　房产税纳税筹划

现行税法规定，房产税采用从价计征，计税办法分为按计税余值计征和按租金收入计征两种形式。对经营自用的房屋，以房产的计税余值作为计税依据，税率为1.2％；对于出租的房屋，以租金收入为计税依据，税率为12％。两者相比，以房产的计税余值作为计税依据的税负低，以租金收入为计税依据的税负高。

【例10-17】广州市某国有企业，将A厂房（原值500万元，成新率60％），以融资租赁方式租赁给一实业公司，租期为4年，月租金为12万元，承租方在租赁期满后即获该房产的所有权；将B厂房（原值800万元，成新率80％）作为投资，与一开发公司组成联营企业，合同规定，双方利润分红，共担风险。有关计算如下。

应纳税额的计算：A厂房月应纳税额=12×12％=1.44（万元）

A厂房年应纳税额=1.44×12=17.28（万元）

B厂房年应纳税额=800×(1－30％)×1.2％=6.72（万元）

计征方法的税负比较：

A厂房按房产原值计算年税负率=17.28÷500×100％=3.46％

B厂房按房产原值计算年税负率=6.72÷800×100％=0.84％

*试一试10-22*　**对下列事项，请问A企业该如何进行房产税筹划？**

A企业于2007年1月1日将其值为2 000万元的房产出租给B企业，并取得年租金400万元（不考虑其他税费）。

### 思路二　城镇土地使用税纳税筹划

城镇土地使用税是对在城市、县城、建制镇和工矿区内使用土地的单位和个人，以其实际占用的土地面积为计税依据，按照规定的定额税率计算征收的一个税种。对于经营者来说，土地使用税虽然不与经营收入的增减变化相挂钩，但作为一种费用必然是经营纯收益的一个减项。纵观现行土地使用税的法律、行政法规，可以从以下四个方面进行筹划。

**从纳税人身份的界定上考虑筹划**

一是在投资兴办企业的属性上进行选择，即指是开办外资企业还是内资企业。财税字［1988］260号明确规定“外资企业、机构在华用地不征收土地使用税”。

二是在经营范围或投资对象上考虑节税。根据《中华人民共和国城镇土地使用税暂行条例》规定，下列经营用地可以享受减免税的规定：①市政街道、广场、绿化地带等公共用地；②直接用于农、林、牧、渔业的生产用地（不包括农副产品加工场地和生活、办公用地）；③能源、交通、水利设施用地和其他用地；④民政部门举办的安置残疾人占一定比例的福利工厂用地；⑤集体和个人办的各类学校、医院、托儿所、幼儿园用地；⑥高校后勤实体。

三是当经营者租用厂房、公用土地或公用楼层时，在签订合同中要有所考虑。根据国税地字［1988］15号中“土地使用权未确定或权属纠纷未解决的，由实际使用人纳税”，以及“土地使用权共有的，由共有各方分别纳税”之规定，经营者在签订合同时，应该把是否成为土地的法定纳税人这一因素考虑进去。

**从经营用地的所属区域上考虑筹划**

经营者占有并实际使用的土地，其所在区域直接关系到缴纳土地使用税数额的大小。因此经营者可以结合投资项目的实际需要在下列几方面进行选择：一是在征税区与非征税区之间选择。二是在经济发达与经济欠发达的省份之间选择。三是在同一省份内的大中小城市，以及县城和工矿区之间作出选择。在同一省份内的大中小城市、县城和工矿区内的土地使用税税额同样有差别。四是在同一城市、县城和工矿区之内的不同等级的土地之间作出选择。例如广州市的市区土地就划分了十个级别，最高一级与最低一级相差6.5元/平方米。

**从所拥有和占用的土地用途上考虑筹划**

纳税人实际占有并使用的土地用途不同，可享受不同的土地使用税政策。如“对厂区以外的公共绿化和向社会开放的公园用地，暂免征城镇土地使用税”之规定，企业可以把原绿化地只对内专用改成对外公用即可享受免税的照顾。“对水利设施及其管护，以及对兼有发电的水利设施用地，可免征土地使用税”的规定，企业可以考虑把这块土地的价值在账务核算上明确区分开来，以达到享受税收优惠的目的。根据对煤炭、矿山和建材行业的特殊用地可以享受减免土地使用税的规定，企业既可以考虑按政策规定明确划分出采石（矿）厂、排土厂、炸药库等不同用途的用地，也可以把享受免征土地使用税的特定用地在不同的土地等级上进行合理布局，使征税的土地税额最低。

**4. 从纳税义务发生的时间上考虑节税**

一是发生涉及购置房屋的业务时考虑节税。二是对于新办企业或需要扩大规模的老企业，在征用土地时，可以在是否征用耕地与非耕地之间作筹划。三是选择经过改造才可以使用的土地。政策规定，经批准开山填海整治的土地和改造的废弃土地，从使用月份起免征土地使用税5～10年。

*试一试10-23* **列举3项城镇土地使用税的税收优惠政策**

1. ________________________________________。

2. ________________________________________。

3. ________________________________________。

## 思路三　车船税纳税筹划

（1）我国的车船税是一种行为税性质的税种，它仅就使用的车船征税，不使用的车船是不用缴纳车船税的。根据车船税的有关规定，已向交通航运管理机关上报全年停运或者报废的车船，当年不发生车船税的纳税义务，不用缴纳车船税。但是停用后又重新使用的车船，从重新使用的当月起，发生车船使用税的纳税义务。因而如果企业和个人的车船有很长时期将不再使用时，最好上报交通航运管理机关，以获得免税优惠，如果企业和个人不上报这些机关，即使该车船几十年不使用，也应该每年照常缴纳车船税。新购置的车辆如果暂不使用，即尚未享受到市政建设利益，可以不向税务机关申报纳税。但要使用时，应依照车船税的有关规定办理。在某些特殊情况下，在恰当的时候开始使用已购置新车辆可以省去部分税款。

（2）清楚划分筹划法　税法总是规定，如果一批东西适用不同税率，或有的应征税而有的免税，而纳税人不能准确划分，就会以全部数额课以较高的税额。因此对纳税人来说，这时最好的筹划方法就是将不同税目税率及免税项目清楚地区分开，以便最大限度地节省税款。

我国车船税有关法规规定，企业办学校、医院、托儿所、幼儿园自用的车船，如果能够准确核算，明确划分清楚是完全自用的，可以享受免税待遇；划分不清的，应照章纳税。

如免税单位与纳税单位合并办公，所有车辆，能划分者分别征免车船税，不能划分者，应一律照章征收车船税。

**【例10-18】**假定某企业自己创办一所学校，该企业共有8辆3吨的载货汽车，4辆乘人汽车（每车可载25人），其中有2辆载货汽车经常在学校里使用，3辆载人汽车也基本用于学校师生组织各项活动。如果不能划分清楚，则该企业应纳车船使用税税额为（当地政府规定上述规格的载货汽车每净吨位60元，乘人汽车每辆320元）：

应纳税额＝8×3×60＋4×320＝2 720（元）

如果能够准确划分，则该企业每年应纳车船使用税税额为：

应纳税额＝6×3×60＋1×320＝1 400（元）

可以节省税款1 320元。

## 思路四　契税的纳税筹划

**1. 等价交换纳税筹划**

价格相差太大，想办法把价格拉近，如通过装修、装潢等

**【例10-19】**李教授现在居住的房屋是已购买产权的公有住房，已居住5年，面积约80平方米，价值30万元左右。他现在想买的住房也属于单位公有新住房，面积120平方米，价值约60万元。如果李教授直接购买该新房，因其不属于第一次购买，不能享受免征契税的优惠，需要缴纳契税3万元（当地契税税率为5%）。李教授了解到该大学王老师也有资格购买面积120平方米的新房，但因为积蓄少，有心而无力。于是，李教授找到王老师，提出了一个方案：以王老师的名义购买新房，所需资金由李教授提供。新房买下来后，双方再交换。李教授的住房按30万元计算，王老师把手上的20万元存款付给李教授，不足的10万元算是向李教授的借款，免收利息。

通过这样的安排，李教授可以得到自己中意的住房，王老师解决了购房资金不足的问题。最重要的是，李教授仅需在双方交换住房时，按房屋价款差价30万元缴纳契税1.5万元，比自己直接购买新房节约税金1.5万元。

王老师接受了该方案，同时进一步提出，他和李教授交换房屋后，需要对旧房进行装修，如果在交换前装修，可以增加房屋的价值，进一步缩小旧房和新房的差价，李教授缴纳的契税将更少。假设装修费用10万元，原旧房的价值增加到40万元，李教授仅需按差价20万元缴纳契税1万元，可节省税金2万元。

本例中，李教授巧妙运用了税收优惠政策减轻了税负。上述交换方式对李教授而言，比较有利，但有些情况下，则应按相反的方式操作。纳税人在操作时，应具体问题具体分析，注意有关政策规定，谨防操作不当引起其他税费增加。

**2. 把不属于交换的行为想办法变成交换的行为**

**【例10-20】**长江公司在郊区有写字楼一座，价值1 000万元，但由于距离城市中心较远，故准备出售后，在市中心购买新办公楼。江城公司恰好有写字楼一座，价值1 000万元，地处市中心，但是由于政府工业园规划，江城公司去年底在郊区构建新办公楼已快建成，准备迁至郊区，遂准备向将该办公楼出售。得此喜讯，长江公司迅速和其取得联系。同时，汉水公司准备在郊区开办企业，也在联系购买长江公司办公楼。

不考虑纳税筹划：江公司如果先将办公楼卖给汉水公司，那么汉水公司需要缴纳契税50万元（1 000×5%），然后长江公司用这笔资金购买江城公司写字楼，则要缴纳契税50万元（1 000×5%）。

考虑纳税筹划：如果长江公司可以与江城公司达成协议，先将双方的办公用楼进行交换，这样一来，按照现行契税暂行条例的规定，等价交换，交换差额为0，这样一来，长江公司就可以免除契税50万，然后，江城公司将其从长江公司换来的办公楼予以出售给汉水公司，这样，总体税负就得到了减轻。从实际工作中，江城公司确实增加了不必要的麻烦，但是，如果长江公司能够支付江城公司因为采用该方案而增加的交易费用，相信江城公司是可以考虑的，并且，如果江城公司将换回的办公楼以高于1 000万元的价格出售给汉水公司，还可以赚到一笔收益。因此，这一方案是可行的。

## 思路五　车辆购置税纳税筹划

**1. 购买国产车的纳税筹划**

**【例10-21】**王某于2007年3月12日，从广州市某汽车公司购买一辆时代超人桑塔纳轿车供自己使用，支付车款230 000元（含增值税）。另外支付的各项费用有：临时牌照费用200元，购买工具用具3 000元，代收保险金350元，车辆装饰费15 000元。各项款项由汽车销售公司开具发票。

不进行纳税筹划，应纳的车辆购置税为：

计税价格＝(230 000＋200＋3 000＋350＋15 000)÷(1＋17%)＝212 435.90（元）

应纳车辆购置税税额＝212 435.90×10%＝21 243.59（元）

纳税筹划的做法是：将各项费用分开由有关单位（企业）另行开具票据，使其不计车辆购置税。按税法规定：①代收款项应区别对待征税。凡使用代收单位的票据收取的款项，应视为代收单位的价外费用，应并入一并计算征收车辆购置税；凡使用委托方的票据收取，受托方只履行代收义务或收取手续费的款项，不应并入计征车辆购置税，按其他税收政策规定征税。②购买者随车购买的工具件或零件应作为购车款的一部分，并入计税价格征收车辆购置税；但如果不同时间购买或销售方不同，则不应并入计征车辆购置税。③支付的车辆装饰费，应作为价外费用，并入计征车辆购置税；但如果不同时间购买或收款单位不同，则不应并入计征车辆购置税。经过纳税筹划，各项费用另行开具票据，其应纳车辆购置税为：

计税价格＝230 000÷（1＋17%）＝196 581.20（元）

应纳车辆购置税税额＝196 581.20×10%＝19 658.12（元）

相比少纳车辆购置税税额＝21 243.59 － 19 658.12＝1 585.47（元）

**2. 购买进口车的纳税筹划**

**【例10-22】**广州市某进出口公司2007年4月15日从德国进口奔驰600型小轿车2部自用，报关进口时，海关审定的计税价为450 000元／辆（含随同报关的工具件和零部件50 000元／辆），海关课征关税405 000元／辆，海关代征消费税68 400元／辆，增值税156 978元／辆。

该进出口公司不进行纳税筹划，应纳的车辆购置税为：

组成计税价格＝关税完税价格＋关税＋消费税＝450 000＋405 000＋68 400＝923 400（元）

应纳车辆购置税税额＝自用数量×组成计税价格×税率＝2×923 400×10%＝184 680（元）

购置两部轿车实际支付款项＝(450 000＋405 000＋68 400＋156 978)×2＋184 680
＝2 345 436（元）

纳税筹划的做法是：该进出口公司进口报关时，将每部车的工具件和零部件50 000元，单独报关进口，其纳税情况如下。

依照现行关税的有关规定，进口小轿车整车的税率相对较高，而进口零部件的税率则较低，假若进口小轿车整车的税率为90%，进日零部件的税率为45%，则：

应纳关税税额＝400 000×2×90%＋50 000×2×45%＝765 000（元）

少纳关税税额＝405 000×2 － 756 000＝45 000（元）

应纳消费税税额＝(400 000×2＋765 000)×8%＝125 200〔元）

少纳消费税税额＝68 400×2 － 125 200＝11 600（元）

应纳增值税税额＝［(400 000＋50 000)×2＋765 000＋125 200］×17%＝304 334（元）

少纳增值税税额＝156 978×2 － 304 334＝9 622（元）

车辆购置税组成计税价格＝关税完税价格＋关税＋消费税 ＝400 000×2＋765 000＋125 200
＝1 690 200（元）

应纳车辆购置税税额＝组成计税价格×税率＝1 690 200×10%＝169 020（元）

少纳车辆购置税税额＝184 680 － 169 020＝15 660（元）

购置两部轿车实际支付款＝900 000＋756 000＋125 200＋304 334＋169 020＝2 254 554（元）

相比节约税收＝2 345 436 － 2 254 554＝90 882（元）

## 思路六　印花税纳税筹划

**1. 选择低税率的筹划**

依据印花税条例规定：各类经济合同订立后，不论合同是否履行，都应以合同上所记载的金额、收入或费用为计税依据，依照不同项目的适用税率，计算缴纳印花税。

对订立合同纳税筹划的重点之一是：选择低税率的项目。下面通过例子来说明其具体做法。

**【例10-23】**广州市某家具厂接受本市一家私城的委托，负责加工一批家具，总价值为1 000万元，加工所需原材料700万元，零配件100万元。

其纳税筹划方法如下。

① 按总价值签订合同，其应缴纳印花税为：

应纳税额＝1 000万元×0.5‰＝5 000元

② 按材料和加工费分开签订合同，其应缴纳印花税为：

应纳税额＝800万元×0.3‰＋200万元×0.5‰＝3 400元

③ 只是就加工费部分签订合同，则其应缴纳印花税为：

应纳税额＝200万元×0.5‰＝1 000元

**2. 降低计税依据的筹划**

对订立合同纳税筹划的另一重点是：降低计税依据。下面通过例子来说明其具体做法。

**【例10-24】**广州市某房地产开发公司，2007年1月与某建筑工程公司签订甲工程施工合同，金额为8 500万元，合同签订后，印花税已缴纳。由于该工程建筑图纸做重大修改，2008年1月，工程竣工时实际工程结算金额为5 500万元。该公司2008年1月签订乙工程建筑施工合同，合同金额为8 000万元，以甲工程多缴印花税为由，冲减合同金额3 000万元，然后计算缴纳印花税。

虽然存在甲工程合同金额减少等现象，但该公司以冲减后的金额为依据，缴纳印花税的做法是错误的。因为，印花税是对经济活动和经济交往中书立、使用、领受具有法律效力的凭证的单位和个人征收的一种税。印花税是一种具有行为税性质的凭证税，凡发生书立、使用、领受应税凭证的行为，就必须依照印花税法的有关规定，履行纳税义务。应税合同在签订时纳税义务即已发生，应计算缴纳印花税，但如果合同未载明金额的，则先按每件5元贴花，待合同执行后按实际金额计算贴花。

其纳税筹划方法是：尽可能先签订框架合同，或签订不确定金额或确定的合同金额较低的合同，待工程竣工时，按实际工程结算金额计算缴纳印花税，这样就可少交或避免多交印花税。

*试一试10-24*　**阅读印花税案例，选择和回答问题**

乙企业是甲企业的老顾客，且甲、乙企业均是信誉良好的企业，今年年初，乙企业和甲企业签订购销合同，订购1 000万元商品。

1. 如果对此合同进行印花税筹划，您要采取以下哪种方法？

A. 压缩合同金额法　　B. 分次订立合同法

C. 避免成为印花税纳税人　　D. 递延纳税筹划法

E. 不同税率的合同要区分金额

2. 该纳税筹划实施的具体方案及节约税款金额。

## 思路七　土地增值税的纳税筹划

对土地增值税纳税筹划的重点是，充分利用现行的免税和计算扣除的政策。

**【例10-25】**某房地产开发公司2002年开发商品房对外出售，具体情况如下：

按转让产权合同取得收入5 000万元；

支付取得土地使用权的费用1 300万元；

开发成本费用2 000万元；

开发费用300万元；（当地规定的扣除比例为10%）

营业税率5%，城建税率7%，教育附加征收率3%，印花税率0.5‰，所得税税率33%。

（1）未进行纳税筹划　其应纳各税如下。

① 应缴纳的有关税金计算如下。

应纳营业税＝5 000×5%＝250（万元）

应缴纳城市维护建设税＝250×7%＝17.5（万元）

应缴纳教育费附加＝250×3%＝7.5（万元）

应缴纳印花税＝5 000×0.5‰＝2.5（万元）

② 土地增值税：

A. 扣除项目金额＝1 300＋2 000＋（1 300＋2 000）×10%＋250＋17.5＋7.5＋（1 300＋2 000）×20%＝4 565（万元）

B. 增值额＝5 000－4 565＝435（万元）

C. 增值率＝435÷4 565＝9.25%

D. 应缴纳土地增值税＝435×30%＝130.5（万元）

③ 企业所得税：

A. 应纳税所得额＝5 000－1 300－2 000－300－250－17.5－7.5－2.5－130.5＝992（万元）

B. 应缴纳企业所得税＝992×33%＝327.36（万元）

（2）纳税筹划　税法规定，纳税人建造普通标准住宅出售，增值额未超过扣除项目金额20%的免征土地增值税。普通标准住宅，是指按所在地一般民用住宅标准建造的居住用住宅。高级公寓、别墅、度假村等不属于普通标准住宅。由于该商品房开发的增值额只有435万元，低于其扣除项目金额20%（913万元），故可以依据有关规定，向有关部门申请确定为普通标准住宅，这样其商品房开发就不用缴纳土地增值税，仅此一项就可以节约土地增值税税额130.5万元。

**试一试10-25　依据土地增值税纳税筹划原理作出正确选择**

白云房地产公司建造并装修精品房出售，2007年开放楼盘两栋，共1 000套精品房，每套精品房售价为120万元，其中含室内装潢价款为30万元。请您从以下两个方案中进行选择，并进行土地增值税纳税筹划。

A方案：与购房户签订一次性购房合同，累计房地产销售金额为120 000万元。

B方案：楼盘开发完工后与购房户签订购房合同，每套90万元，累计房地产销售金额为90 000元；与户主签订装修合同，每套30万元，累计30 000万元。

# 参考文献

[1] 全国注册税务师执业资格考试教材编写组．税法一．北京：中国税务出版社，2008．
[2] 全国注册税务师执业资格考试教材编写组．税法二．北京：中国税务出版社，2008．
[3] 全国注册税务师执业资格考试教材编写组．财务与会计．北京：中国税务出版社，2008．
[4] 全国注册税务师执业资格考试教材编写组．税务代理实务．北京：中国税务出版社，2008．
[5] 全国注册税务师执业资格考试教材编写组．习题集．北京：中国税务出版社，2008．
[6] 财政部注册会计师考试委员会办公室．税法．北京：经济科学出版社，2008．
[7] 财政部注册会计师考试委员会办公室．会计．北京：经济科学出版社，2008．
[8] 财政部会计资格评价中心．中级会计实务．北京：经济科学出版社，2008．
[9] 财政部会计资格评价中心．经济法．北京：经济科学出版社，2008．
[10] 曾培清等．如何进行纳税筹划．北京：北京大学出版社，2002．
[11] 苏春林．纳税筹划实务．北京：中国人民大学出版社，2005．
[12] 杨博．纳税模拟．北京：中国人民大学出版社，2004．
[13] 高立法．企业会计核算与税务处理图解．北京：经济管理出版社，2004．
[14] 倪永刚．新编纳税实务．北京：中国财政经济出版社，2004．
[15] 陈企盛．小企业纳税实务．北京：中国纺织出版社，2007．
[16] 裴淑红．纳税申报实务操作．北京：中国市场出版社，2006．
[17] http://www.taxnet.net.cn 中财在线
[18] http://www.cpa21.com.cn 北京财会网
[19] http://www.cpa-view.com 注册会计师视野
[20] http://qzglb.yeah.net 会计之友
[21] http://finance.asiaec.com/index.html 财税频道
[22] http://www.esnai.com 中国会计视野
[23] http://www.cicpa.org.cn 中国注册会计师协会
[24] http://www.e521.com 中华财会网

# 参考文献